BERICHTE UND FORSCHUNGEN

JAHRBUCH
DES BUNDESINSTITUTS FÜR
KULTUR UND GESCHICHTE DER DEUTSCHEN
IM ÖSTLICHEN EUROPA

11/2003

BERICHTE UND FORSCHUNGEN

JAHRBUCH
DES BUNDESINSTITUTS FÜR
KULTUR UND GESCHICHTE
DER DEUTSCHEN IM ÖSTLICHEN EUROPA

BAND 11

2003

R. OLDENBOURG VERLAG MÜNCHEN 2003

Redaktion: Eckhard Grunewald

Die Deutsche Bibliothek – CIP-Einheitsaufnahme

Bundesinstitut für Kultur und Geschichte der Deutschen im östlichen Europa <Oldenburg>:
Berichte und Forschungen / Bundesinstitut für Kultur und Geschichte der Deutschen im östlichen Europa: Jahrbuch des Bundesinstituts für Kultur und Geschichte der Deutschen im östlichen Europa. – München : Oldenbourg.
ISSN 0945-2362
Erscheint jährlich. – Aufnahme nach Bd. 1. 1993
Bd. 1. 1993 –

Satz und Layout: Selignow Verlagsservice, Berlin
Druck und Bindung: druckhaus köthen GmbH, Köthen

ISBN 3-486-56742-X
ISSN 0945-2362

Inhalt

Berichte und Forschungen 11 (2003), S. 7–46.

Per Brodersen

Enttäuschte Hoffnungen

Kaliningrader Industriearbeiter und die Neubesiedlung des nördlichen Ostpreußen in der sowjetischen Nachkriegszeit (1945–1953)

2. Teil

3. Bühne der Sowjetisierung – die Königsberger Schichau-Werft

3.1 Neuland unterm Bug – Schichau wird zum Werk Nr. 820

Ob aus Moskau oder Kursk,
Ob aus Pskov oder Smolensk,
Niemals fürchteten wir bei all der Mühe
Irgendwelche Schwierigkeiten.

Ruhe gönnten wir uns keine,
Aus den Ruinen erhob sich bald
Eine neue russische Stadt,
Es war unser Kaliningrad.[1]

Die Statistikverwaltung des Kaliningrader Gebietes hatte 1946 in Sachen Schiffbauindustrie allen Grund zur Freude: „Das Werk für Schiffbau Nr. 820 (der früheren Aktiengesellschaft ‚Schichau'), ausgestattet mit der modernsten technischen Ausrüstung, ist bereit zur Inbetriebnahme."[2] Bereits im Juli 1945 hatten der Kapitän Ersten Ranges, Professor V. Popov, und der Kapitän Zweiten Ranges, Ingenieur S. Bykov, im Auftrage des Volkskommissariats für Schiffbauindustrie das damalige Königsberg besucht mit dem Ziel, einen Instandsetzungs- und Inbetriebnahmeplan für die Schichau-Werft zu entwerfen[3]. Nun meldete der jährliche Konjunkturüber-

1 L. Kolbasenko (Text)/P. Turčaninova (Melodie): V slavnom sorok pjatom [Im ruhmreichen Jahre 1945] (Strophen 3 u. 4) [Übersetzung aus dem Russischen P. B.]. In: Kim Ščekin: Prodolženie podviga [Fortsetzung der Heldentat]. Kaliningrad 1967, S. 34.

2 GAKO f. R–181, o. 1, d. 10, l. 75 (Rückseite), Überblick der Gebietsstatistikverwaltung über die wirtschaftliche Situation des Kaliningrader Gebietes.

3 Marina Klemeševa: Dejatel'nost' vremennych voennych organov vlasti na territorii Kënigsberga i prilegavščich k nemu rajonov [Die Tätigkeit der zeitweiligen Militärorgane auf dem Territorium Königsbergs und der angrenzenden Kreise]. In: V. Isupov et al. (Hg.): Vostočnaja Prussija. S

blick für das Kaliningrader Gebietsparteikomitee, der größte Schiffbaubetrieb im Gebiet sei „mit guter technologischer, energetischer und Kranausrüstung ausgestattet, die eine größtmögliche Einführung automatisierter Herstellungsprozesse" ermögliche[4]. Auch würden sich die Kriegsschäden auf dem Werftgelände in Grenzen halten, das Werk sei „im großen und ganzen erhalten. Die vorhandenen Schäden von Werksgebäuden, Leitungen, Transformatoren und Ausstattung aufgrund von Kriegshandlungen belaufen sich im Ganzen auf zehn bis fünfzehn Prozent seines Gesamtwertes."[5] Die Schichau-Werft war damit eine seltene Ausnahme im nördlichen Ostpreußen: Von den 364 Industriebetrieben dort waren 186 vollständig zerstört worden, die übrigen Unternehmen waren stark beschädigt[6]. Die deutsche Wehrmacht hatte bei ihrem Rückzug eine „Taktik der verbrannten Erde" betrieben und selbst einen Teil der Betriebe zerstört; was übrig blieb, fiel den Kampfhandlungen zwischen Wehrmacht und Roter Armee zum Opfer[7].

Ihre relative Unversehrtheit soll die Schichau-Werft einem Ingenieur russischer Abstammung zu verdanken haben; dieser verhinderte angeblich kurz vor Kriegsende die Sprengung der Werksanlagen. Wenig später soll er die Werft der vorrükkenden Roten Armee übergeben haben[8]. Auf diese Weise blieb die Königsberger Dependance des größten industriellen Unternehmens Ostpreußens erhalten[9]. Der Elbinger Schichau-Konzern 1929 hatte die Werft als „F. Schichau Elbing G. m. b. H, Abt. Königsberg" von der in Konkurs gegangenen Union-Gießerei übernommen[10]. Die Werft baute ab 1918 vor allem kleine Passagier-, Schlepp- und Frachtdampfer, Bagger und andere für die Binnenschiffahrt benötigte Fahrzeuge, da der Bau von Kriegsschiffen durch den Versailler Vertrag erheblichen Beschränkungen unterlag[11]. Nach der Machtübernahme durch die Nationalsozialisten kehrte man zur Produktion von Kriegsschiffen zurück: Dem erwähnten Konjunkturüberblick an das Gebietsparteikomitee zufolge hatte die „grundlegende Produktion des Wer-

drevnejščich vremën do konca vtoroj mirovoj vojny [Ostpreußen. Von den ältesten Zeiten bis zum Ende des Zweiten Weltkrieges]. Kaliningrad 1996, S. 440–458, hier S. 453.

4 CChIDNIKO f. 1, o. 1, d. 104, l. 44, Konjunkturüberblick zur Arbeit der Industrie des Kaliningrader Gebietes für 1946 und Bestand des Inventars zum 1. Januar 1947 an Gebietsparteisekretär Ivanov.

5 Ebd., l. 45.

6 Eckhard Matthes (Hg.): Als Russe in Ostpreußen. Sowjetische Umsiedler über ihren Neubeginn in Königsberg/Kaliningrad nach 1945. 2. Aufl. Ostfildern 2002, S. 188.

7 Klemeševa: Dejatel'nost' (wie Anm. 3), S. 452 f.

8 Vgl. dazu Matthes (Hg.): Russe (wie Anm. 6), S. 190.

9 Für einen Überblick zur Geschichte der Schichau-Werke vgl. u. a. Adolf Bihl: Hundert Jahre Schichau. Elbing 1937; Emil Krueger: Die Schichau-Werke. Elbing 1927; Eberhard Westphal/Ferdinand Schichau: Ferdinand Schichau. Essen 1957; dies.: Ein ostdeutscher Industriepionier. Essen 1957; Die Schichau-Werke in Elbing, Danzig und Pillau. Berlin 1913; Seeschiffswerft Schichau Danzig. Muenchehof 1942; als zeitgenössische Darstellung zur wirtschaftlichen Situation Ostpreußens vgl. Adolf von Batocki: Ostpreußens wirtschaftliche Lage vor und nach dem Weltkriege. Berlin 1920.

10 Fritz Gause: Geschichte der Stadt Königsberg. Bd. 3. Köln 1971, S. 100, sowie Bihl: Hundert Jahre (wie Anm. 9), S. 119 f.

11 Ostpreußen und Freie Stadt Danzig (Heimatbücher der preußischen Provinzen). Berlin 1931, S. 153.

kes [...] in 52 Marine-Minensuchbooten pro Jahr, unter Anwendung neuer vollendeter Technologie, der Fließbandfertigung von Schiffen in großem Maßstab" bestanden[12]. In Kriegszeiten waren rund 19.000 Personen auf der Schichau-Werft tätig gewesen, die Hälfte davon als Zwangsarbeiter[13].

Die sowjetische Verwaltung in Königsberg begann in der zweiten Jahreshälfte 1945 damit, die ihr unterstehenden Industriebetriebe schrittweise zuständigen Ministerien und Unternehmen zu übertragen[14]. Die Entscheidung über die Zukunft der Schichau-Werft fiel dabei auf allerhöchster Ebene: Am 8. Juli 1945 befahl das Staatliche Verteidigungskomitee[15], die Schichau-Werft dem Volkskommissariat für Schiffbauindustrie der UdSSR zu unterstellen[16]. Diese Anordnung unterstrich, daß Moskau der Werft und dem Schiffbau an sich große Bedeutung zumaß[17].

Mit der Zuordnung zu diesem Volkskommissariat (es wurde 1946 wie alle Volkskommissariate seiner Funktion entsprechend in „Ministerium" umbenannt) änderte man auch den Namen der Werft: Sie erhielt nun die offizielle Bezeichnung „Staatliches Werk Nr. 820 des Ministeriums für Schiffbauindustrie der UdSSR"[18]. Die Numerierung folgte einer sowjetischen Gewohnheit: Bereits in den Anfangsjahren der Sowjetunion hatte man Betriebe der Militärindustrie mit Nummern versehen. Der wesentliche Grund für diese Praxis bestand schon damals in einem

---

12 CChIDNIKO f. 1, o. 1, d. 104, l. 44.

13 Gause: Königsberg (wie Anm. 10), S. 156, Anm. 1.

14 Klemeševa: Dejatel'nost' (wie Anm. 3), S. 453.

15 Russ. „Gosudarstvennyj Komitet Oborony" (GKO); zu diesem Zeitpunkt gehörten dieser Art „Kriegskabinett" (M. Hildermeier) neben Stalin, Molotov und Berija zusätzlich Bulganin, Kaganovič, Malenkov, Mikojan, Vorošilov und Voznesenskij an (Manfred Hildermeier: Geschichte der Sowjetunion 1917–1991. Aufstieg und Niedergang des ersten sozialistischen Staates. München 1998, S. 619 f.).

16 CChIDNIKO f. 1, o. 1, d. 104, l. 44, Konjunkturüberblick zur Arbeit der Industrie des Kaliningrader Gebietes für 1946 und Bestand des Inventars zum 1. Januar 1947 an Gebietsparteisekretär Ivanov.

17 Deutlich wurde dies auch in der Diskussion um die personelle Besetzung des entsprechenden Volkskommissariates bzw. Ministeriums auf einer Sitzung des Ministerrates der UdSSR vom 18. März 1946, auf der Iosif Stalin sich für Aleksej Goregljad als zukünftigen Ressortchef aussprach: „Ja, zum Minister für Schiffbau. Das ist eine sehr große und ernsthafte Angelegenheit. Genosse [Ivan – P. B.] Nosenko war dort Minister, aber er kränkelt [*prichvaryvaet*] oft. Wir sind zu dem Schluß gekommen, daß wir Genosse Goregljad dorthin versetzen. Das ist ein Mensch, der die Sache kennt, obwohl er sich mit dem Bau von Schiffen nicht beschäftigt hat. Aber technisch ist er bewandert und ein Mensch der Tat. Wir werden ihm helfen. Das bedeutet also, daß anstelle Nosenkos er Minister sein wird. Es muß so sein, daß Nosenko sein Stellvertreter wird. [...]" (Stenogramm des Plenums des ZK der VKP(b) vom 18. März 1946, RGANI f. 2, o. 1, d. 7, l. 4–6, 32–34, in: Oleg Chlevnjuk et al. (Hg.): Politbjuro CK VKP(b) i Sovet Ministrov SSSR, 1945–1953 [Das Politbüro des ZK der VKP(b) und der Ministerrat der UdSSR 1945–1953] (Dokumenty sovetskoj istorii Bd. 6). Moskau 2002, S. 29. Trotzdem wurde Nosenko am 31. Oktober 1952 erneut Minister für Schiffbauindustrie (Vladimir Ivkin: Gosudarstvennaja vlast' SSSR. Vysšyie organy vlasti i upravlenija i ich rukovoditeli, 1923–1991 [Die Staatsmacht der UdSSR. Die obersten Organe von Staat und Verwaltung und deren Führer 1923–1991]. Moskau 1999, S. 62). Zur sowjetischen Flottenpolitik vgl. Jürgen Rohwer/Mikhail S. Monakov: Stalin's Ocean-Going Fleet. Soviet Naval Strategy and Shipbuilding Programmes, 1935–1953. London 2001.

18 Vgl. dazu GAKO f. 293, o. 11, d. 5, l. 11. Befehl von Werksdirektor Verdnikov vom 14. August 1946 zur verstärkten Überwachung von Kriegsgefangenen.

möglichst umfassenden Schutz von Militärgeheimnissen. Aber auch politische Motive spielten eine Rolle: Man wollte die vorrevolutionäre Firmenbezeichnungen aus dem Sprachgebrauch verdrängen und verfolgte eine Numerierung als Mittel zur Namensgebung[19]. Gerade im frisch annektierten Königsberg, dem Zentrum „schwärzester Reaktion und mittelalterlicher Barbarei“[20], schien es zwingend, diese Gewohnheit aus den Anfangstagen der Oktoberrevolution anzuwenden.

Für Moskau war die frühere Produktion von Marinebooten von besonderem Interesse. Die bei Schichau gewonnenen Erkenntnisse sollten möglichst schnell in die sowjetische Schiffbauindustrie einfließen. Bereits zum 15. September 1945 hatte das Zentrale Krylov-Wissenschaftsinstitut des Volkskommissariats für Schiffbauindustrie[21] in Leningrad einen Bericht erstellt, auf welche Weise möglichst bald entsprechende Untersuchungen in der dafür vorgesehenen Halle der Werft aufgenommen werden könnten. Das große Interesse des Institutes galt dabei der Erforschung eines Torpedobootes der Serie „T“ sowie dem Kreuzer „Lützow“ bzw. „Seidlitz“[22]. Die Kooperation beider Institutionen beschränkte sich auf eine Forderung des CNII-45, ungehindert vom Rest der Schichau-Werft seinen Untersuchungen nachgehen zu können, gleichzeitig jedoch stets technische Hilfeleistung von dort anfordern zu dürfen[23]. Erst bei eigenen Belangen rückte sie in den Horizont der Militärs. Das CNII-45 bemängelte, das eigene Vorhaben könne nur realisiert werden, sobald das Werk Nr. 820 für Starkstrom, Wasser, Kanalisation, Beleuchtung und Heizung sorgen könne[24]. Die werkseigene Infrastruktur mußte in den Augen des CNII-45 nur instandgesetzt werden, um die eigene Arbeit in der Forschungshalle zu gewährleisten. Auf allgemeine Aspekte der Bedingungen im Werk ging der Bericht nicht ein.

Aufgrund dieses Vorhabens genoß das CNII-45 eine gewisse Bevorzugung, was die Wünsche materieller und personeller Ausstattung anbelangte. Unerwartet für die Mitarbeiter des Leningrader Institutes war jedoch, daß man durch den Vorteil einer gesonderten (und daher zügigeren) Behandlung auch schneller mit Problemen in Berührung kam, mit denen die anderen Institutionen erst später konfrontiert wurden. Werksdirektor Verdnikov hatte zum 20. Dezember 1945 eine Bedarfsliste an das Volkskommissariat für Schiffbauindustrie (die in Kopie an das CNII-45 ging) formuliert[25]. Sein Bericht „betreffend Materialien, Geräte, Treib-

---

19 Vgl. dazu Julian Cooper/Keith Dexter/Mark Harrison: The numbered factories and other establishments of the Soviet defence industry, 1927–67: a guide – Part I: Factories and shipyards (University of Birmingham, Centre for Russian and East European Studies, Soviet Industrialisation Project Series, Occasional paper no. 2). Birmingham 1999, S. IV; zitiert nach der PDF-Version 1.0 unter http://www2.warwick.ac.uk/fac/soc/economics/staff/faculty/harrison/vpk/part1/ver1/preface.pdf (Stand Juni 2003).

20 Kaliningradskaja oblast' [Das Kaliningrader Gebiet]. In: „Kaliningradskaja Pravda“ v. 17. November 1948, S. 2.

21 Russ. „Central'nyj Naučno-issledovatel'skij Institut No. 45 im. Akad. A. N. Krylova“ (CNII-45).

22 GAKO f. R–293, o. 11, f. 1, l. 19.

23 Ebd.

24 Ebd.

25 Ebd., l. 28–35.

stoff und Öl, die zur Erfüllung des Plans [der Untersuchung erwähnter deutscher Schiffe – P. B.] unabdingbar sind," nahm die angespannte Ausstattungssituation für das gesamte Werk Nr. 820 vorweg: Die Auflistung dringend benötigter Materialien begann mit „Elektroschweißgeräte – zwei Stück" und endete vier Seiten später mit Posten 101: „Schmirgelpapier – zehn Kilogramm"[26].

Doch selbst wenn der Mangel an technischer Ausstattung zügig behoben worden wäre, war das Vorhaben des CNII-45 nicht gesichert. Die geplanten Untersuchungen erforderten Personal, daß jedoch nicht vorhanden war. Zwar hatte man bereits einen Leiter für die Forschungshalle gefunden, doch war dieser ohne Mitarbeiter: Sämtliche 30 Positionen waren in der Liste mit dem Vermerk „Vakanz" versehen. Nicht einmal eine Reinigungskraft hatte der Hallenleiter gefunden – Moskau sollte sich auch um die Besetzung dieser Stelle bemühen[27].

Ging es bei der Inbetriebnahme der Forschungshalle lediglich um die Besetzung von 30 Arbeitsplätzen, so war der Maßstab für das gesamte Werk Nr. 820 um ein Vielfaches größer. Selbst seine unmittelbar militärtechnische Bedeutung half dem Untersuchungsvorhaben des CNII-45 offenkundig nicht weiter. Für das gesamte Werk Nr. 820 war ein Nutzen dieser Art höchstens mittelfristig abzusehen – was die Chancen auf eine Bevorzugung seitens Moskaus nicht erhöhte.

Die Schwierigkeiten, mit denen das CNII-45 zu kämpfen hatte, waren Indiz für die Zukunft des gesamten Werkes Nr. 820: Sie war direkt abhängig von seiner Versorgung mit Arbeitskräften. Wenig später brachte die „Kaliningradskaja Pravda" auf S. 1 Iosif Stalins Parole „Über den Erfolg der Sache entscheiden die Menschen, die Kader"[28]. Die Personalversorgung blieb das drängendste Problem des Werkes und wirkte sich unmittelbar auf die Produktion aus.

3.2 Schleppender Neuanfang – das Werk Nr. 820 wird in Betrieb genommen

Man sagt:
„Neulandbewohner sind ein starkes Volk."
Wir werden sagen:
„Kaliningrader sind erprobte Menschen."[29]

„Im Gegensatz zu normal tätigen Betrieben nahm das Werk Nr. 820 in seiner Eigenschaft als Beutegut die eigene Arbeit für die Produktion unvorbereitet auf"[30]. Mit diesem Urteil distanzierte sich Werksdirektor Verdnikov Anfang 1947 in einem Bericht an sein Ministerium von der Einschätzung der Kaliningrader Statistiker vom Vorjahr, die ehemalige Schichau-Werft sei nach der Übernahme durch das Mi-

26 Ebd., l. 31 u. 35.
27 Ebd., l. 30–31.
28 Zapadnyj forpost našej Rodiny [Westlicher Vorposten unserer Heimat]. In: „Kaliningradskaja Pravda" v. 2. November 1948, S. 1.
29 Ja. Levit/M. Smech (Hg.): Kaliningrad. Kaliningrad 1966, S. 3.
30 GAKO f. R–293, o. 11, d. 9, l. 3, Erläuternde Angaben zur Haupttätigkeit des Werkes Nr. 820 des Ministeriums für Schiffbauindustrie für 1946 vom 23.2.1947.

nisterium für Schiffbauindustrie (MPS) betriebsbereit gewesen. Als Grund für die späte Inbetriebnahme nannte Verdnikov, es habe zu wenig Zeit zur Verfügung gestanden, um das Werk auf seine zukünftige Bestimmung vorzubereiten[31]. Unabhängig davon, ob Verdnikov mit seinem negativen Urteil möglicherweise eigenes Versagen kaschieren wollte, hatte Moskau sich das zustimmende Urteil der Statistiker bereits zu eigen gemacht und ging von einem betriebsbereiten Werk Nr. 820 aus. 1946 wurden die ersten großen Aufträge nach Kaliningrad vergeben[32]. Dort aber war man mit diesen Projekten vollkommen überfordert: Im gesamten Betrieb waren per 1. Januar 1946 nur ganze 361 Personen beschäftigt[33]. Die personellen Engpässe wurden in allen Abteilungen der Werft deutlich: Neben der Verwaltung litt auch die Energieversorgung unter Personalmangel[34]; als „außergewöhnlich schwierig" galt aber vor allem die Personallage in der Fertigung[35].

Die Behebung des Arbeitskräftemangels hatte höchste Priorität, doch stieß die Werksleitung bei der Rekrutierung von Personal auf erhebliche Probleme: Der naheliegendste Weg der Arbeitskräftebeschaffung, nämlich Arbeitswillige vor Ort einzustellen, war offiziell nicht gangbar; Moskau hatte mit seinen scharfen Meldebestimmungen die Anstellung von unorganisiert und auf eigene Initiative einreisenden Neusiedlern verboten[36]. Damit war es neben dem Werk Nr. 820 auch allen anderen Unternehmen, Einrichtungen und dem Militär unmöglich, legal „freies" Personal vor Ort anzustellen – auch bei beiderseitigem Einverständnis. Diese administrative Hürde wurde im Sommer 1946 noch erhöht: Im Juli wurde neben der Ausgabe von Ausweispapieren an die gesamte (inklusive der deutschen) Bevölkerung eine umfassende Neuanmeldung der Gebietsbewohner verfügt; laut Erlaß des Stellvertretenden Leiters der Gebietszivilverwaltung, Nachaev, vom 12. Juli 1946 waren von dieser Regelung alle Personen ab dem 16. Lebensjahr betroffen[37]. Auf diese Weise sollte die Bevölkerung des Gebietes vollständig erfaßt und illegal eingereiste Neusiedler ausfindig gemacht werden. Die von Moskau initiierten Bestimmungen waren umzusetzen – was die Situation für das Werk Nr. 820 noch erschwerte[38]. Auch eine aktive Anwerbung unter den sich legal im Gebiet aufhalten-

31 Ebd.

32 Ebd.

33 Ebd.

34 Ebd., l. 30, 55

35 Ebd., l. 12, 45.

36 GAKO f. R–332, o. 1, d. 1, l. 5, Anordnung des Militärrates des Besonderen Wehrkreises „Über die Verantwortung hier lebender und anreisender Bürger auf dem Territorium des Besonderen Wehrkreises für den Fall nicht rechtzeitiger polizeilicher Anmeldung und des Verlusts des Anmeldungsnachweises" vom 8. Dezember 1945.

37 GAKO f. R–298, o. 1, d. 4, l. 9; zusätzlich zu dieser Erlaßversion verfügte der Leiter der Zivilverwaltung des Kreises Ragnit (die Umbenennung in Neman erfolgte erst 1947), Afanas'ev, „wo es nötig erscheint, das Alter unter Hilfe von Ärzten zu bestimmen" (GAKO f. R–265, o. 2, d. 2, l. 21, Befehl „Über die Dokumentierung und Zählung der Bevölkerung der Stadt Ragnit" vom 17. Juli 1946); man wollte keinerlei Möglichkeit dulden, die Einberufung zum Wehrdienst zu umgehen.

38 Die Kluft zwischen Moskauer Anordnung und Kaliningrader Durchführbarkeit wurde hier erneut dadurch bestätigt, daß für die Ausstellung der Dokumente Paßbilder vonnöten, Photographen aber im Gebiet rar waren: Die Leiter der Zivilverwaltungen in Städten und Kreisen mußten

den Neusiedlern kam zur Linderung des Personalmangels nicht in Frage: Bereits im Mai hatte die Gebietszivilverwaltung unter Generalmajor Guzij die Anwerbung von Arbeitskräften innerhalb des Gebietes verboten[39]. Allen Leitern von Transport- und Bauunternehmen war es bei Strafe untersagt, ohne entsprechende Genehmigung ihr Personal aktiv vor Ort zu rekrutieren, es also bei anderen Arbeitsstellen abzuwerben – für das Werk Nr. 820 mit seinen teilweise wiederaufzubauenden Anlagen bedeutete dies erneut eine Variante der Personalbeschaffung weniger[40].

Offiziell möglich war allerdings die Anwerbung von ehemaligen Marine- und Armeeangehörigen, und die Werksleitung versuchte mit einigem Einsatz, sie für eine Zukunft auf der Werft zu gewinnen. So war die Flotte der südlichen Ostsee mit ihren Pillauer Unterabteilungen dem Werk „zur vollen Verfügung gestellt" worden, um aus den Reihen dort entlassener Wehrdienstleistender neue Arbeitskräfte zu rekrutieren[41]. Doch die Hoffnungen, gerade auf diesem Wege viel Personal zu gewinnen, wurden enttäuscht: Von den früheren Matrosen sah niemand für sich eine Zukunft im Werk Nr. 820 – „keiner der ehemaligen *krasnoflotcy* wünschte, in Ostpreußen und besonders in Königsberg zu bleiben"[42]. Für heimkehrende Soldaten waren an den Bahnhöfen von Minsk, Brest und Smolensk *agitpunkty* organisiert worden; an diesen „Aktionsständen" wurde für die Werft in Kaliningrad geworben. Doch auch hier war das Ergebnis bescheiden: Nur 76 frühere Rotarmisten konnten für eine Zukunft als Werftarbeiter gewonnen werden[43].

Es blieb damit für die Werksleitung offiziell nur eine Möglichkeit, den Mangel an Arbeitskräften zu beheben: *verbovščiki* sollten Personal in verschiedenen Teilen der Sowjetunion anwerben. Gerade die Werber für das Werk Nr. 820 galten als die aktivsten unter ihresgleichen[44]. Auch wenn das für die Anwerbung von Arbeitskräften 1946 vorgesehene Budget nicht aufgebraucht wurde und 1.010.000 Rubel in das nächste Wirtschaftsjahr übernommen werden mußten[45], zeigte die Anwerbungskampagne erste Erfolge. Im Mai konnten 1.528 Werftarbeiter neu gewonnen werden[46]. Gegen Ende des Jahres belief sich die Zahl der neu eingestellten „820er"

---

zunächst angewiesen werden, binnen zwei Wochen eigens entsprechende Kapazitäten bereitzustellen (GAKO R–298, o. 1, d. 4, l. 11, Befehl des Chefs der Zivilverwaltung „Über Nachweis und Neuanmeldung der Bevölkerung in der Stadt und im Gebiet Kaliningrad" vom 12. Juli 1946).

39 GAKO f. R–332, o. 1, d. 2, l. 236, Befehl „Über die Ordnung der Durchführung organisierter Auswahl und Anwerbung von Arbeitskräften für Industrie, Transport und Bauwesen in den Städten und Kreisen des Königsberger Gebietes" vom 21. Mai 1946.

40 Vgl. dazu GAKO f. R–293, o. 11, d. 9, l. 3, Erläuternde Angaben zur Haupttätigkeit des Werkes Nr. 820 des Ministeriums für Schiffbauindustrie für 1946 vom 23. Februar 1947.

41 Ebd., l. 54.

42 Ebd.

43 Ebd.

44 Vgl. dazu Matthes (Hg.): Russe (wie Anm. 6), S. 37 f.

45 GAKO f. R–293, o. 11, d. 17, l. 3 (Rückseite), Anlage zur Jahresbilanz zum 1. Januar 1948.

46 GAKO f. R–293, o. 11, d. 9, l. 3, Erläuternde Angaben zur Haupttätigkeit des Werkes Nr. 820 des Ministeriums für Schiffbauindustrie für 1946 vom 23. Februar 1947; GAKO f. R–293, o. 11, d. 18, l. 40, Erläuternde Angaben zur Haupttätigkeit des Werkes Nr. 820 des Ministeriums für Schiffbauindustrie für 1947.

bereits auf 2.985 Neuzugänge[47]. Die Belegschaft der Werft setzte sich jetzt aus angeworbenen Arbeitern, Kriegsgefangenen und beim Militär angestellten [*vol'nonaëmnych*] Deutschen zusammen[48].

Doch auch bei steigenden Einstellungszahlen gab es keinen Grund zum Optimismus, wie bald eingestanden werden mußte: Es genügte nicht, einfach die Zahl der Neueinstellungen zu steigern, denn auch die Entlassungen häuften sich – von drei Neuzugängen verließ durchschnittlich einer wieder das Werk[49]. Trotz der hohen Zahl von knapp 3.000 Neueinstellungen waren im Werk im Durchschnitt nur 1.368 Arbeiter beschäftigt; der Beschäftigungsplan, der 2.075 Personen vorsah, wurde somit nur zu zwei Dritteln erfüllt[50].

Diese Entwicklung mußte zwangsläufig auf die wirtschaftliche Leistungsfähigkeit des Werkes Nr. 820 durchschlagen; als „hauptsächlicher Grund für die Nichterfüllung des Planes" erschien Verdnikov in seinem Bericht „die Unterversorgung des Werkes mit Arbeitskräften, sowohl in quantitativer, als auch in qualitativer Hinsicht"[51]. Auch wenn es viele Neueinstellungen gab, so stellten die neu Angeworbenen das Werk „weder nach Berufen, noch nach Qualifikation" zufrieden, bemängelte Verdnikov: „Von der Gesamtzahl der Angeworbenen besaßen insgesamt nur fünf Personen Werftberufe"[52]; 95 Prozent hätten nie in der Schiffbauindustrie gearbeitet[53]. Diese fehlende Qualifikation der neuen Arbeiter erklärte einen Teil der hohen Personalfluktuation: Die Werft konnte kein Interesse an kaum qualifiziertem Personal haben und entließ es; wer selbst vor Ort gewahr wurde, daß er sich nicht für die Arbeit auf einer Werft eignete, verließ das Werk ebenfalls. Es erwies sich nun als nachteilig, daß die *verbovščiki* des Werkes Nr. 820 offenbar praktisch jeden für die Arbeit auf der Werft zu gewinnen suchten: Sie warben Arbeitskräfte aus weit von der Küste entfernten Gebieten der RSFSR an; die vom Werksdirektor gescholtenen Neusiedler kamen aus Städten und Dörfern der Gebiete Moskau, Kujbyšev, Jaroslavl', Gor'kij, Čkalovsk, Saratov und Tatarstans[54]. Als ursprüngliche

47 GAKO f. R–293, o. 11, d. 18, l. 40, Erläuternde Angaben zur Haupttätigkeit des Werkes Nr. 820 des Ministeriums für Schiffbauindustrie für 1947.

48 GAKO f. R–293, o. 11, d. 9, l. 15, Erläuternde Angaben zur Haupttätigkeit des Werkes Nr. 820 des Ministeriums für Schiffbauindustrie für 1946 vom 23. Februar 1947.

49 Vgl. dazu GAKO f. R–293, o. 11, d. 18, l. 40, Erläuternde Angaben zur Haupttätigkeit des Werkes Nr. 820 des Ministeriums für Schiffbauindustrie für 1947.

50 GAKO f. R–293, o. 11, d. 9, l. 15, Erläuternde Angaben zur Haupttätigkeit des Werkes Nr. 820 des Ministeriums für Schiffbauindustrie für 1946 vom 23. Februar 1947; vgl. dazu auch GAKO f. R–293, o. 11, d. 8, l. 36, Jahresbilanz zum 1. Januar 1947.

51 GAKO f. R–293, o. 11, d. 9, l. 15, Erläuternde Angaben zur Haupttätigkeit des Werkes Nr. 820 des Ministeriums für Schiffbauindustrie für 1946 vom 23. Februar 1947; erstaunlicherweise hatten sich damit in dieser Hinsicht die Verhältnisse aus deutscher Zeit kaum geändert: „Das Schichauwerk leidet empfindlichen und störenden Mangel an Spezialarbeitern, wie Kesselschmieden, Formern und Monteuren [...]" (Gustav Schröder: Ostpreußen. In: „Freiheit" v. 31. Mai 1923 [Nr. 231]). Auf dieses Dokument machte Noel Rademacher den Autor aufmerksam.

52 GAKO f. R–293, o. 11, d. 9, l. 15, Erläuternde Angaben zur Haupttätigkeit des Werkes Nr. 820 des Ministeriums für Schiffbauindustrie für 1946 vom 23. Februar 1947.

53 Ebd., l. 53.

54 Ebd., l. 15.

Bewohner von Gegenden, die zwischen 500 und 1.400 Kilometer von der Küste entfernt lagen, konnten sie nicht unbedingt mit dem Bau von Hochseeschiffen vertraut sein.

Auch die auf der Werft tätigen Kriegsgefangenen trugen zu keiner Entspannung der Personallage bei: Dem Werk war ein entsprechendes Lager zugeteilt[55], und die Insassen dort wurden hauptsächlich als Hilfskräfte bei verschiedenen Arbeiten niederen Ranges eingesetzt[56]. Dies lag einerseits an der auch hier fehlenden Qualifikation der Inhaftierten; andererseits wollte man aus Sicherheitsgründen diesen Personenkreis nicht in strategisch wichtigen Schlüsselpositionen arbeiten lassen. Auch dieser Teil der Belegschaft arbeite „mit äußerst unbedeutendem Ergebnis“, so Verdnikov[57]. Dabei hatte der Direktor anfangs durchaus Hoffnungen in diese Arbeitsreserve gesetzt: Noch im August 1946 hatte er verfügt, bei der Bewachung der Kriegsgefangenen im Werk rationell vorzugehen[58]. Auf diese Weise hoffte er, Kriegsgefangene flexibel auf der Werft einsetzen und zugleich den auch im Wachdienst herrschenden Personalmangel kompensieren zu können[59] – offenkundig ohne greifbaren Erfolg.

Die hohe Personalfluktuation führte Verdnikov vor allem auf den schlecht vorbereiteten Empfang angeworbener Neusiedler zurück: Versprochene Wohnhäuser seien halbzerstört, Wohnheime nicht ausreichend instandgesetzt worden; zudem würden Kindergärten und -krippen fehlen[60]. Überall im Lande machten Ministerial- und Gewerkschaftsberichte die schlechte Wohnsituation der Arbeiter, das „Leben wie die Heringe“, für die Personalfluktuation verantwortlich[61]. Wenig motivie-

---

55 So erwähnte der „Konjunkturüberblick zur Arbeit der Industrie im Kaliningrader Gebiet für 1946“, das Werk Nr. 820 „besitze zum 1.2.1947 [...] ein Kriegsgefangenenlager mit 500 Insassen“ (CChIDNIKO f. 1, o. 1, d. 104, l. 45); dies scheint um so interessanter, als sich im gesamten Kaliningrader Gebiet per 20. Februar 1946 nur 2.244 Kriegsgefangene befunden haben sollen (GARF f. 9401, o. 2, d. 142, l. 23–27 [„osobaja papka Molotova“], Bericht von Innenminister Kruglov an Molotov über die zahlenmäßige Zusammensetzung von Kriegsgefangenen der deutschen Armee und ihrer Verteilung zur Arbeit nach Ministerien per 20. Februar 1946 vom 2. März 1946. In: Maksim Zagorul'ko et al. (Hg.): Voennoplennye v SSSR 1939–1956. Dokumenty i materialy [Kriegsgefangene in der UdSSR 1939–1956. Dokumente und Materialien]. Moskau 2000, S. 653–655. Zum Inhalt der Sonderakte Molotovs vgl.: Vladimir Kozlov et al. (Hg.): Archiv novejščej istorii Rossii. „Osobaja papka“ V. M. Molotova. Iz materialov Sekretariata NKVD-MVD SSSR 1944–1956 gg. Katalog dokumentov [Archiv der neuesten Geschichte Rußlands. Die Sonderakte V. M. Molotovs. Aus den Materialien des Sekretariates des Volkskommissariates bzw. Ministeriums für Innere Angelegenheiten der UdSSR 1944–1956. Dokumentenkatalog] (The Russian Archive Series Bd. 2). Moskau 1994, S. 71.

56 GAKO f. R–293, o. 11, d. 9, l. 15, Erläuternde Angaben zur Haupttätigkeit des Werkes Nr. 820 des Ministeriums für Schiffbauindustrie für 1946 vom 23. Februar 1947.

57 Ebd.

58 Ebd., l. 11–12.

59 Ebd., l. 11.

60 Ebd., l. 54.

61 Donald Filtzer: The Standard of Living of Soviet Industrial Workers in the Immediate Postwar Period, 1945–1948. In: Europe-Asia Studies, Vol. 51, No. 6 (1999), S. 1013–1038, hier S. 1030; für das „Heringszitat“ vgl. S. 1038, Anm. 87; für einen Überblick über Lebensbedingungen sowjetischer Arbeiter vgl. auch S. 1028 ff.

rend für die Belegschaft waren auch die geringen Löhne[62]: „Seit Monat September bis jetzt [23. Februar 1947[63] – P. B.]“ stand das Werk wegen fehlender Energieversorgung still, und die Produktivität sank zusehends – auch dies eine Folge von Personalmangel, der sich damit noch verschärfte[64]. Als großes Problem empfand Verdnikov auch, „daß das zuziehende Kontingent keinerlei kulturelle Zerstreuung im Werk oder in der Stadt Kaliningrad hat und es sogar ein großes Problem ist, einen Kinofilm anzuschauen“[65]. Die Konsequenz war, daß ein Teil der Belegschaft verstärkt Alkohol konsumierte, daß es „alkoholische Getränke in der Stadt und in den Werkssiedlungen im Überfluß“ gab; „amoralische Erscheinungen und Rowdytum“ waren die Folge[66].

Auch die medizinische Betreuung und Versorgung der Belegschaft war unzureichend: 136 Arbeiter mußten im Laufe des Jahres 1946 aufgrund ihres Gesundheitszustandes entlassen werden; Typhus und Malaria traten verstärkt auf[67], aber „besonders Magenerkrankungen“ machten den Werftarbeitern zu schaffen[68] – ein deutlicher Hinweis auf die zu dieser Zeit häufige Unterernährung[69]. Entsprechend machte Verdnikovs Bericht die schlechte Versorgungslage mit Milchprodukten und diätetischen Lebensmitteln für diese Zustände verantwortlich, ebenso das Fehlen eines Marktes in Kaliningrad[70]. Doch so schlecht die Lebensmittelversorgung für die Belegschaft auch war: Als Industriebetrieb mit strategisch wichtiger Bedeutung für die sowjetische Flotte konnte das Werk Nr. 820 eher in den Genuß von Privilegien kommen als andere Unternehmen[71]. Viele Kaliningrader mußten auf andere Möglichkeiten ausweichen: Der Schwarzmarkt und die Spekulation mit Lebensmit-

---

62 Auch hier sind die Analogien zwischen deutscher Vor- und sowjetischer Nachkriegszeit erstaunlich: „Da muß festgestellt werden, daß die Löhne der städtischen Arbeiter noch immer entsetzlich gering sind. Stundenlöhne von 5–10 Mark sind durchaus keine Seltenheit. Sogar in Königsberg kommt diese niedrige Entlohnung vor, und in Elbing, der zweitgrößten Stadt der Provinz, wo die Schichauwerke mit ihren berüchtigten Jammerlöhnen ‚führend sind‘, ist sie die Regel. [...] Da der Inhaber der Schichauwerke, Carlson, ihnen [den dortigen Arbeitern – P. B.] eine einigermaßen menschenwürdige Entlohnung nicht zugestehen will, bleibt den Arbeitern nur das Mittel der Auswanderung. [...] Wer einmal den Schichauwerken den Rücken gekehrt hat, kommt nicht wieder“ (Schröder: Ostpreußen [wie Anm. 51]).

63 Vgl. dazu GAKO f. R–293, o. 11, d. 9, l. 74, Erläuternde Angaben zur Haupttätigkeit des Werkes Nr. 820 des Ministeriums für Schiffbauindustrie für 1946 vom 23. Februar 1947.

64 Ebd., l. 55.

65 Ebd., l. 54.

66 Ebd., l. 55.

67 T. Proščina, Problemy zaselenija Kaliningradskoj oblasti v dokumentach Centra chranenija i izučenija dokumentov novejščej istorii [Probleme der Besiedlung des Kaliningrader Gebiets in Dokumenten des Zentrums für Archivierung und Erforschung von Dokumenten der Neuesten Geschichte des Kaliningrader Gebietes]. In: Galina Ščeglova et al. (Hg.): Kaliningradskie archivy. Materialy i issledovanija [Kaliningrader Archive. Materialien und Forschungen]. Band 1. Kaliningrad 1998, S. 14–18, hier S. 18.

68 GAKO f. R–293, o. 11, d. 9, l. 55, Erläuternde Angaben zur Haupttätigkeit des Werkes Nr. 820 des Ministeriums für Schiffbauindustrie für 1946 vom 23. Februar 1947.

69 Vgl. dazu Filtzer: Standard (wie Anm. 61), S. 1025 f.

70 GAKO f. R–293, o. 11, d. 9, l. 55.

71 Vgl. dazu Filtzer: Standard (wie Anm. 61), S. 1023.

teln blühten, und die Zivilverwaltung sah sich ab Oktober 1946 genötigt, verstärkt gegen diese Entwicklung vorzugehen, „die den sowjetischen Handel untergräbt und die ordnungsgemäße Lebensmittelversorgung [...] der Bevölkerung stört"[72]. Zwar hatte es in der Sowjetunion schon immer solche Kampagnen gegeben, aber nach Preiserhöhungen im September 1946 nahmen sie überall im Land an Intensität zu[73, 74]. Daß Neusiedler in Kaliningrad des öfteren versuchten, ihren Arbeitsplatz zu wechseln, um dadurch erneut Lebensmittelkarten zu erhalten, verdeutlicht einmal mehr die schwierige Versorgungslage[75].

Die Unzufriedenheit mit den schlechten Lebensbedingungen spiegelte sich in der Arbeitsdisziplin der Belegschaft wider: Allein für den Monat Dezember 1946 wurden 152 Verwarnungen wegen Verspätungen ausgesprochen; insgesamt wurden in diesem Jahr 363 „Deserteure" und 204 Bummelanten einem Gericht übergeben, davon 24 bzw. 137 verurteilt[76]. Im Zuge der verstärkten polizeilichen Repression 1947/48 gab es immer wieder Massenverhaftungen unter der Zivilbevölkerung – mehr als die Hälfte davon wegen Verletzungen der Arbeitsdisziplin[77]. Wenn aber nicht einmal eine Grundversorgung für die Schwerarbeiter sichergestellt war, so mußte sich dies auch in der Arbeitsmoral niederschlagen.

Fehlende Qualifikation und Enttäuschung waren aber laut Verdnikov nicht die einzigen Gründe für die hohe Fluktuation: Ein guter Teil der neu in Kaliningrad eingetroffenen Siedler wolle gar nicht im Werk arbeiten. Bis zu 15 Prozent der angeworbenen Neuankömmlinge seien nur mit dem Ziel eines „leichten Lebens" nach Kaliningrad gekommen; verschiedentlich seien diese auf der Suche nach Beutegut und begingen Diebstähle gerade unter den Kollegen[78]. Bei Anzeichen von Schwierigkeiten seien solche Arbeiter dann unter verschiedenen Vorwänden „desertiert"; gern werde als Ausrede auf das feuchte Klima verwiesen, das angeblich schlecht zu vertragen sei[79]. Um diesem Problem in Zukunft nicht mehr zu begegnen, sollten ab 1947 vermehrt Werksarbeiter ihre eigenen Verwandten und Bekannten aus Zentralrußland nach Kaliningrad holen; aber auch weiterhin wollte man mit

72 GAKO f. R–265, o. 1, d. 1, l. 7, Befehl der Zivilverwaltung „Über die Verstärkung des Kampfes gegen Spekulation" vom 15. Oktober 1946.

73 Filtzer: Standard (wie Anm. 61), S. 1027.

74 Zum Phänomen der Spekulation und Versorgungsstrategien in der russischen Provinz zu dieser Zeit vgl. auch Jeffrey W. Jones: „People Without a Definite Occupation". The Illegal Economy and „Speculators" in Rostov-on-the-Don, 1943–48. In: Donald J. Raleigh (Hg.): Provincial landscapes: local dimensions of Soviet power, 1917–1953 (Pitt series in Russian and East European studies). Pittsburgh 2001, S. 236–254.

75 Vgl. dazu GAKO f. R–332, o. 1, d. 2, l. 236, Befehl „Über die Abfolge der Durchführung organisierter Auswahl und Anwerbung von Arbeitskräften für Industrie, Transport und Bauwesen in den Städten und Kreisen des Königsberger Gebietes" vom 21. Mai 1946.

76 CChIDNIKO f. 1, o. 1, d. 104, l. 47, Konjunkturüberblick zur Arbeit der Industrie des Kaliningrader Gebietes für 1946 und Bestand des Inventars zum 1. Januar 1947 an Gebietsparteisekretär Ivanov.

77 Filtzer: Standard (wie Anm. 61), S. 1014.

78 GAKO f. R–293, o. 11, d. 9, l. 55, Erläuternde Angaben zur Haupttätigkeit des Werkes Nr. 820 des Ministeriums für Schiffbauindustrie für 1946 vom 23. Februar 1947.

79 Ebd., l. 54.

der bisher praktizierten Anwerbung für neue Arbeitskräfte sorgen[80]. Zusätzlich sollte durch Ausbildung und Fortbildung die Zahl qualifizierten Personals erhöht werden; auch die Versetzung und Anwerbung aus anderen Betrieben, die dem MSP unterstanden, wurden als „unbedingte Hilfe seitens des Ministeriums" von Verdnikov favorisiert[81]. Die Übergabe mehrerer Gebäude an das Werk Nr. 820 durch die Kaliningrader Stadtverwaltung Ende November 1946 sollte zudem den Wohnraummangel lindern[82].

Wie viele sowjetische Werksdirektoren schien auch Verdnikov alles zu versuchen, die Lebensbedingungen der Belegschaft zu verbessern und auf diesem Wege sowohl der Unzufriedenheit als auch der Personalfluktuation zu begegnen[83]. Hatte der Werksdirektor gehofft, sein Rapport von Anfang 1947 mobilisiere zusätzliche Ressourcen aus Moskau, wurde er enttäuscht: Sein Bericht stieß in der Hauptstadt auf wenig Verständnis und wurde in einem Schreiben des zuständigen Ministeriums vom 14. April 1947 brüsk abgelehnt. Statt Kooperationsbereitschaft zu zeigen, paraphrasierte der Stellvertretende Leiter der Dritten Hauptabteilung im MSP, E. Egorov, in seiner Antwort auf die Ausführungen Verdnikovs einfach die Schilderung der Mißstände im Werk und forderte deren zügige Behebung durch die Werksleitung selbst[84]. Daß der Beamte bemängelte, es fehlten in der Jahresbilanz Zahlen zur Anwerbung örtlicher Arbeitskräfte, verdeutlichte einmal mehr die extreme Unkenntnis der Lage vor Ort: Selbst in Moskau hatte man von der Gesetzeslage und dem Verbot einer solchen Anwerbung keine Kenntnis[85]. Die drängenden Probleme des Werkes Nr. 820 harrten damit noch immer ihrer Lösung. Als Werksdirektor saß Verdnikov zwischen den Stühlen: Weder der Dienstherr in Moskau noch die Belegschaft des Werkes war mit seinen Bemühungen zufrieden.

3.3 Trügerischer Schein – Normalität in Kaliningrad?

Für den außenstehenden Betrachter schien 1947 in Kaliningrad sowjetischer Alltag eingekehrt zu sein: Wie noch in der Stadt verbliebene Deutsche berichteten, war längst ein geregelter Schulbetrieb für die Kinder eingerichtet worden, „Autobusse bringen die entfernt wohnenden Schüler jeden Morgen zur Schule und fahren sie am Nachmittag wieder heim"[86]. Im Sommer war in Kaliningrad eine Straßenbahnlinie in Betrieb genommen worden; die deutsche „alte Straßenbahn, die

80 Ebd., l. 56.
81 Ebd.
82 Vgl. dazu Ivan Farutin: Iz dokumentov i issledovanij istorii oblasti. Kak rešalas' žiliščnaja problema v 1945–1947 gg. In: Galina Ščeglova et al. (Hg.): Kaliningradskie archivy. Materialy i issledovanija [Kaliningrader Archive. Materialien und Forschungen]. Band 2. Kaliningrad 2000, S. 95–133, hier S. 121.
83 Vgl. dazu Filtzer: Standard (wie Anm. 61), S. 1022.
84 GAKO f. R–293, o. 11, d. 8, l. 6 u. 14, Entscheidung des Leiters der Dritten Abteilung, betreffend die Jahresbilanz des Werkes Nr. 820 für 1946 vom 14. April 1947.
85 Ebd., l. 8.
86 Lucy Falk: Ich blieb in Königsberg. München 1965, S. 54.

Abb. 3: Revolutionsfeiertag in Kaliningrad, 7. November 1947[87].

jetzt an der Stirnseite einen Sowjetstern trägt", fuhr nun kostenlos, wie deutsche Einwohner verwundert feststellten[88].

87 GAKO 0-5345.
88 Ebd., S. 79 f.

Die Deutschen wurden Zeugen, wie die verstärkte Zuwanderung aus der Sowjetunion auch im Straßenbild deutlich wurde: „Es macht sich sehr bemerkbar, daß viele Russen nach Königsberg zugezogen sind [...]. Die Straßen sind ungleich bevölkerter als früher."[89] Doch nicht nur die Anzahl, auch der Aufzug der Passanten hatte sich verändert: „Man findet da großblumige Sommerkleider über Schaftstiefeln, grellbunte Fähnchen mit Kopftuch, ausgefranste graue Leinenhosen mit dunklem Hemd und roter Krawatte, Uniformhose mit schwarzem Gehrock. Das alles steht da, gähnt, lutscht tropfendes Speiseeis, die Portion kostet gegenüber dem Bismarckstandbild fünf Rubel, und bohrt sich in Ohr oder Nase oder forscht auf eigene Faust seitwärts in den Ruinen."[90] Auch akustisch hatten sich die Reize geändert, „die Russen [hatten] an allen Straßenkreuzungen riesige Lautsprecher angebracht. Die meiste Zeit übertrugen sie wohl Propagandareden. Dazwischen hörte man die herrlichste Musik."[91]

Bemerkenswert schien für den außenstehenden Betrachter das Kulturbewußtsein auch in Form eines regen Interesses an Büchern, wie es sich im Straßenbild manifestierte: Ein deutscher Straßenhändler berichtete, mit der vermeintlichen Normalisierung „begannen intelligente Russen, sich auch für deutsche Bilder und deutsche Bücher langsam zu interessieren. [...] Es fanden sich [am Bücherstand des Berichterstatters – P. B.] auch viele Studenten und Studentinnen ein, aus Moskau und aus Leningrad, die ihre Semesterferien bei den Eltern in Kaliningrad verlebten, sowie Professoren und gebildete Russen, darunter viele Juden."[92]

Wie in anderen Teilen der Sowjetunion wurden auch hier staatstragende Ereignisse festlich begangen: „Der Säulenbau zum Eingang des Nordbahnhofes ruft viele Erinnerungen wach. [...] Jetzt flattern an den Säulen bei Staatsfeiertagen Fahnen, Spruchbänder und Porträts. Eine Tribüne wird dann aufgeschlagen, an der die russischen Regimenter vor hohen Gästen vorbeimarschieren."[93]

Dabei sorgte die allgemeine wirtschaftliche Lage nach dem Krieg, aber auch die relativ kurze Zeit seit der Eingliederung in die Sowjetunion für Komplikationen, wie ein deutscher Arzt aus einem städtischen Krankenhaus zu berichten wußte: „Bei den letzten Vorbereitungen [zum Revolutionsfeiertag am 17. November 1946 – P. B.] entdeckte die Direktion [...] den Mangel einer roten Fahne. [...] Unsere Kommunisten erhielten plötzlich einige Bettlaken und 150 g Prontosil in wässriger Lösung, mit dem sie die Bettlaken färben durften. Nach einer Nacht Trocknung in der Entlausungsanstalt konnte das Krankenhaus ein paar prächtige schmutzig-rotbraune Fahnen zur Straße heraushängen."[94] Auch der 1. Mai wurde typisch sowje-

89 Ebd., S. 70.

90 Hans Deichelmann: Ich sah Königsberg sterben. Minden 1995, S. 169.

91 Michael Wieck: Zeugnis vom Untergang Königsbergs. Ein Geltungsjude berichtet. Heidelberg 1988, S. 322.

92 F.W. Rocke: Der kleine Gräfe und Unzer. Vom deutschen Buchhandel in Kaliningrad 1945–1947. In: Börsenblatt für den Deutschen Buchhandel – Frankfurter Ausgabe Heft 10 (4/1948), S. 213 f., hier S. 214.

93 Falk: Ich blieb (wie Anm. 86), S. 81.

94 Deichelmann: Ich sah (wie Anm. 89), S. 127 f.

tisch begangen, wie Neusiedler berichteten: „An den Straßenständen wurden Pralinen, Schokolade und Getränke verkauft. Es wurden Lieder gesungen und getanzt. [...] Wir gingen in Demonstrationszügen bis zum Siegesplatz [i. e. der Platz am erwähnten Nordbahnhof – P. B.], vorbei an den Ruinen. Auf dem Platz spielte eine Blaskapelle.“[95]

Abb. 4: 1. Mai 1947 in Kaliningrad, Siegesplatz mit Umzugswagen „Stalins Fünfjahresplan“[96].

Der sichtbarste Ausdruck der neuen Zugehörigkeit des Gebietes war – insbesondere für die 1946/47 noch immer zahlreiche deutsche Bevölkerung – die Änderung der Ortsnamen[97]. Die erste Anweisung der sowjetischen Militärverwaltung zur Neubenennung vom 23. November 1945 trug noch die Überschrift: „Über die zeitwei-

95 Matthes (Hg.): Russe (wie Anm. 6), S. 239.
96 GAKO 0-5336.
97 Peter Wörster: Das nördliche Ostpreußen nach 1945 – Verwaltung, Bevölkerung, Wirtschaft. In: Dokumentation Ostmitteleuropa, Heft 1 (4/1978), S. 10 f.; vgl. zur Umbenennung des weiteren Peter Wörster: Das nördliche Ostpreußen nach 1945. Deutsch-russisches und russisch-deutsches Ortsnamenverzeichnis mit einer Dokumentation der Demarkationslinie. In: Dokumentation Ostmitteleuropa Heft 6 (1980); Inna Krivoruckaja: Kampanija pereimenovanij 1946–1947 godov [Die Umbenennungskampagne 1946–1947). In: Ščeglova et al. (Hg.): Archivy. Band 1 (wie Anm. 66). S. 90–106; Proščina: O mitingach. In: Ščeglova et al. (Hg.): Archivy. Band 1 (wie Anm. 66); Matthes (Hg.): Russe (wie Anm. 6), S. 176 ff.; Rudolf Sieber: Die Entwicklung der Stadt Königsberg. In: Dokumentation Ostmitteleuropa, Heft 1/2 (1986); besonders die Identifizierung und Klassifizierung von russischen Straßenbezeichnungen nach Ähnlichkeit mit der vormaligen deutschen [S. 14 ff.]); Vasilij Birkovskij et al.: Istorija našego kraja [Die Geschichte unserer Region]. Kaliningrad 1990, S. 58.

lige Umbenennung von Straßen, Plätzen und Parks der Stadt Königsberg"[98]; jetzt sollten vollendete Tatsachen geschaffen werden – im gesamten Kaliningrader Gebiet. Mit der Umbenennung Königsbergs in Kaliningrad im Juli 1946 war diese Kampagne in Gang gesetzt worden und nahm insgesamt rund zwei Jahre in Anspruch[99]. In den Kreiszivilverwaltungen wurden spezielle Kommissionen gebildet, die Namensvorschläge erarbeiteten; nach deren Billigung in Kaliningrad leitete man sie zur letzten Bestätigung nach Moskau weiter[100]. Die neuen amtlichen sowjetischen Bezeichnungen erinnerten an russische Dichter und Schriftsteller, an russische und sowjetische Feldherren (aus dem Siebenjährigen Krieg, aus den Napoleonischen Kriegen und vor allem aus der Zeit des Zweiten Weltkrieges) und an sowjetische Politiker[101]. Auch die Herkunft der Bewohner und die Lage des Ortes spielten bei der Benennung eine Rolle[102].

Aber der Schein der Normalität trog: Die administrativen Maßnahmen zur Eingliederung in den sowjetischen Staatsverband kamen zwar voran, doch in Teilen der Bevölkerung herrschte Skepsis hinsichtlich der Zukunft des Gebietes. Das Leben hatte sich nicht so weit normalisiert, als daß jeder Zweifel an einer blühenden Zukunft im Schoße der Sowjetunion ausgeräumt war; für die Gebietsbewohner war die Zugehörigkeit der *oblast'* zur Sowjetunion keineswegs so selbstverständlich und unabänderlich, wie es äußerlich schien. Es mußte die politische Führung in Kaliningrad alarmieren, wenn die örtlichen Sicherheitsbehörden in ihren Berichten über die politische Lage im Gebiet wiederholt über kritische Äußerungen verschiedener Bürger berichteten. Im Mai 1947 (nach dem schon geschilderten Besuch Kosygins in Kaliningrad) wurde ein Ingenieur der städtischen Druckerei mit den Worten zitiert: „Kosygin hat sich selbst überzeugt, daß Kaliningrad Hilfe braucht, aber offensichtlich fürchtet er sich, diese zu leisten, weil mit der Zeit Kaliningrad wieder an die Deutschen fällt."[103] Auch das Vertrauen in die örtlichen Behörden hatte mittlerweile schweren Schaden genommen, wie der Bericht attestierte: „In den Städten und Kolchozen des Gebietes wird randaliert und gestohlen, was Unzufriedenheit hervorruft, so daß gesagt wird: ‚Die Miliz kümmert sich nicht um den Schutz der Bevölkerung. In das Gebiet sind viele Leute mit dem Ziel persönlicher Bereicherung gekommen, und deswegen gibt es so oft Fälle von Diebstahl.'"[104] Es kann nicht verwundern, daß auch im Werk Nr. 820 Unzufriedenheit über die bestehenden Verhältnisse herrschte

98 Ruth Kibelka et al.: Leben danach. Leer 1995, S. 7.

99 Krivoruckaja: Kampanija (wie Anm. 97), S. 90.

100 Ebd.

101 Wörster: Ostpreußen. Verwaltung (wie Anm. 97), S. 11.

102 Vgl. dazu die ausführliche Auflistung neuer Bezeichnungen inklusive Begründungen in Krivoruckaja: Kampanija (wie Anm. 97), S. 91–106; interessanterweise behielten die offiziellen sowjetischen Eisenbahnkursbücher noch in den Jahren 1947, 1948 und 1949 die alten deutschen Ortsnamen bzw. führten diese neben den amtlichen sowjetischen Bezeichnungen (vgl. dazu Peter Wörster: Das nördliche Ostpreußen nach 1945 – Politisches und kulturelles Leben. In: Dokumentation Ostmitteleuropa, Heft 1/2 [5/1979], S. 9).

103 CChIDNIKO f. 1, o. 1, d. 58, l. 3, Bericht von Parteisekretär Ivanov an das ZK der VKP(b) über die politische Stimmung im Kaliningrader Gebiet vom 9. Mai 1947.

104 Ebd., l. 4.

und ein Werftarbeiter seine grundsätzliche Kritik mit den Worten äußerte: „Rußland ist ein reiches Land, aber es gibt keinen verantwortlichen Herren.“[105]

Die Gebietsführung mußte handeln, lief sie doch ansonsten Gefahr, das Vertrauen der Bevölkerung in eine sowjetische Zukunft vollends zu verlieren. Ende Mai 1947 wandte sich Gebietssekretär Ivanov in einem persönlichen Brief an Stalin, um sich auf höchster Ebene Gehör für die „eigenartige wirtschaftliche und politische Situation“ zu verschaffen[106]. Der Kaliningrader Parteichef sparte dabei nicht mit Kritik: „Es ist ein Jahr her, seit auf dem Boden des einstigen Ostpreußens das Gebiet Kaliningrad gegründet worden ist. [...] Die Erfassung und Bewachung der Räumlichkeiten und des Beutegutes wurde nicht gebührend organisiert. Die Sachwerte wurden veruntreut, der Wohnungsbestand und Produktionsflächen zerstört. Vertreter verschiedener Ministerien und Ämter betrachten Ostpreußen als besetztes Gebiet, demontieren die Ausrüstungen, schaffen wertvolle Materialien aus den Betrieben weg, was durch die Regierungsbeschlüsse nicht vorgesehen war.“[107] Die Gebietszivilverwaltung habe sich nicht um Industrie gekümmert und „schaffte es nicht, revolutionäre Ordnung in das Gebiet zu bringen und wirkungsvoll auf die ökonomische Wiederherstellung des Gebietes Einfluß zu nehmen. Infolgedessen hat die Industrie den kleinen Plan für das Jahr 1946 nicht erfüllt [...].“[108] Mit Blick auch auf die jüngsten Berichte über die politische Stimmungslage im Gebiet war Ivanov der Ansicht, dies ließe „einerseits bei einem Teil der russischen Bevölkerung Ungewißheiten über ihre Lage auf dem neuem Territorium entstehen und schuf andererseits günstige Bedingungen für die Arbeit der ausländischen Spionagedienste“[109]. Damit stellte Ivanov unmißverständlich eine Verbindung zwischen der sicherheitspolitischen Bedeutung des Gebietes und dessen wirtschaftlichem Aufbau her – spätestens ein solcher Hinweis sollte Moskau aufhorchen lassen. Ivanov fuhr fort: „In den drei Monaten seiner Arbeit [seit der Gründung im März 1947 – P. B.] entstand im Büro des Gebietskomitees der VKP(b) die feste Meinung, daß die Ministerien und Behörden die ökonomische und politische Bedeutung des Gebietes unterschätzen, da sie nichts über seine Reichtümer und potentiellen Möglichkeiten wissen und diese auch nicht untersuchen.“[110] Moskau wurde kritisiert, nur Mitarbeiter zweiter Wahl, „mit begrenztem Horizont“, seien in das Gebiet abkommandiert worden, die sich dort nur bereichern wollten und damit das Vertrauen der Bevölkerung mißbrauchten[111]. Als konkrete Maßnahme forderte der Gebietsparteichef, die Stadt Kaliningrad in eine Gruppe von fünfzehn Städten der Sowjetunion aufzunehmen, deren Wiederaufbau mittels einer speziellen Regierungsentscheidung dekretiert worden war; bisher sei der Wiederaufbau „ohne ernsthafte Hilfe der Ministerien von Repu-

105 Ebd., l. 3.
106 CChIDNIKO f. 1, o. 1, d. 62, l. 4–9, in: Ščeglova et al.: Pervye sekretary ... 1947–1991 [Die Ersten Sekretäre ... 1947–1991], Kaliningrad 2002, S. 13–22, hier S. 13.
107 Ebd.
108 Ebd., S. 15.
109 Ebd.
110 Ebd., S. 17
111 Vgl. dazu ebd.

blik und Union" betrieben worden[112]. Ivanov bemängelte die fehlende Perspektive für das Gebiet, man lebe und arbeite „ohne einen einzigen Plan und ohne eine klare Perspektive. Das Kaliningrader Gebietsparteikomitee hat den Ministerien eine ganze Reihe von Fragen über die Ausbeutung von Bernsteinfundstätten, zum Schiffbau, den Wiederaufbau der Stadt etc. gestellt, aber alle diese Fragen werden nur langsam gelöst, ohne den gebührenden Schwung. Statt dessen werden Entscheidungen nur für einzelne Fragen gefällt, die nicht die Probleme im ganzen lösen", kritisierte Ivanov[113]. – Am 18. Juni 1947 beging der Parteichef Selbstmord[114].

Die massive Kritik, die an der Politik des fernen Zentrums gegenüber der westlichen Peripherie geübt wurde, wurde nicht aufrechterhalten: Auf der I. Gebietsparteikonferenz Anfang Dezember 1947 in Kaliningrad äußerte Ivanovs Nachfolger, der neue Parteisekretär Vladimir Ščerbakov, kein kritisches Wort gegenüber Moskau. Statt dessen kehrte er zum bolschewistischen Prinzip von Kritik und Selbstkritik zurück: Die Verhältnisse seien selbstverschuldet, wobei „die Industrie des Gebietes insgesamt nicht zufriedenstellend arbeitet und die für sie ausgearbeiteten Pläne nicht erfüllt"[115]. Noch deutlicher wurde Ščerbakov bezüglich bestimmter Industriesparten, wobei er ausdrücklich die bisherige Arbeit des Werkes Nr. 820 mißbilligte: „Besonders unterstrichen werden muß die schlechte Arbeit der führenden Industriezweige: Schiffbau, Zelluloseherstellung, Transportmaschinenbau, Holzindustrie, sowie Eisenbahn- und Flußverkehr. Der Jahresplan der Gesamtproduktion wurde für die ersten neun Monate von der Schiffbauindustrie zu 31,6 Prozent erfüllt [...]. Unsere Schiffbauindustrie arbeitet schlecht, obwohl sie dazu bestimmt ist, eine große und mitunter entscheidende Rolle bei der Erfüllung des Stalinschen Plans zu Aufbau und Entwicklung des Gebietes zu spielen."[116] In Kenntnis der Vorwürfe seines Vorgängers Ivanov gegenüber Moskau übte Ščerbakov jedoch Selbstkritik: „Auf dem Gebiet der Entwicklung der hiesigen Industrie muß man geradewegs sagen, daß von uns weniger getan wurde als auf jedem anderen Gebiet der Volkswirtschaft."[117]

Der neue Parteisekretär war sich des Hauptproblems der Industrie bewußt: Auch für ihn bestand das größte Hindernis im Mangel an qualifizierten Arbeitskräften. Auf dem Parteitag machte Ščerbakov den unzureichenden Einsatz der Werksleitenden als Ursache aus: „Es ist bekannt, daß bis vor kurzem die grundlegende Arbeitskraft in vielen Betrieben – und in erster Linie in den rückständigen von ihnen – Kriegsgefangene, Deutsche und Gefängnisinsassen waren. Das gab unseren Wirtschaftlern die Möglichkeit, sich nicht intensiv um Arbeitskräfte zu bemühen, was sie hat verweichlichen lassen."[118] Ščerbakov kritisierte, der vermehrte Zuzug von Neusiedlern habe zu einer neuen Situation in den Betrieben Kaliningrads geführt, „aber unsere

112 Ebd., S. 21
113 Ebd.
114 Ebd., S. 11.
115 CChIDNIKO f. 1, o. 1, d. 1, l. 48, Protokoll der Ersten Kaliningrader Gebietsparteikonferenz vom 2. bis 4. Dezember 1947.
116 Ebd., l. 49.
117 Ebd.
118 Ebd., l. 51.

Wirtschaftler verstanden diese nicht, führten keine Auswahl unter Arbeitskräften jenseits der Grenzen des Gebietes durch, orientieren sich weiterhin an den vorhandenen Arbeitskräften und plärren: ,Gebt uns Kriegsgefangene, Gefängnisinsassen – die Deutschen siedelt ihr selbstverständlich aus, [aber – P. B.] mit was sollen wir denn hierbleiben!'"[119] Wie der Gebietsparteisekretär ausführte, mußten die Folgen der unterlassenen Auswahl gravierend sein: „In unseren Betrieben herrscht ausnahmslos eine große Fluktuation von Arbeitskräften. In den bisherigen neun Monaten verließen 47 Prozent der Arbeiter das Werk Nr. 820 [...]. In vielen Betrieben übersteigt die Zahl der ausscheidenden Arbeiter die der neueingestellten deutlich."[120] Mit dem Überschuß aus dem Jahr zuvor hatte der Werft für 1947 die beträchtliche Summe von rund viereinhalb Millionen Rubeln zur Anwerbung bereitgestanden[121], 23 Werber kamen zum Einsatz[122] – darunter offenkundig selbst der Assistent des Werksdirektors, Jarovoj[123]. In einem Kraftakt kurz vor Bilanzjahresschluß im Dezember 1947 sollten noch elf *verbovščiki* neue Arbeitskräfte werben; allein ihr Budget betrug 653.795 Rubel[124]. Doch auch diese Maßnahme half nicht, den Engpaß zu überwinden: 40 Prozent des vorhandenen Budgets wurden nicht aufgebraucht[125].

Daß auch die von Moskau verordnete Sonderrolle Kaliningrads mit dem Personalproblem in Verbindung stünde, äußerte keiner der Delegierten des Parteitages. Statt sich für eine Erleichterung des Zuzuges einzusetzen, kritisierte der Parteitag die bisherige Kontrolle der Gebietsgrenzen und die unzureichende Einhaltung von Einreisevorschriften und forderte eine noch strengere Überwachung. Mit deutlichen Worten charakterisierte der Leiter der Gebietsverwaltung des Ministeriums für Staatssicherheit (MGB), Rudakov, in seiner Parteitagsrede die Mißstände auf diesem Gebiet: „Nehmen wir noch eine ernstzunehmende Gegend – die Stadt Baltijsk. Dort gibt es einen Markt, wo Fleisch verkauft wird, angeliefert von irgendeinem verdächtigem Typen aus Litauen. Dort werden Zwiebeln verkauft, angeliefert von irgendeinem verdächtigem Typen aus Lettland. Daran wäre nichts Besonderes in der einen oder anderen Sowjetrepublik. Wenn man allerdings bedenkt, wie diese Händler auf den Markt in das Sperrgebiet ohne Genehmigung gelangt sind – heißt das, daß von ihnen niemand eine solche Genehmigung verlangt hat?"[126, 127]

---

119 Ebd.

120 Ebd., l. 52.

121 GAKO f. R–293, o. 11, d. 17, l. 3 (Rückseite), Anlage zur Jahresbilanz zum 1. Januar 1948.

122 Ebd., l. 36.

123 Neusiedler berichteten von einem sehr aktiven Anwerber namens Jarovoj, der auf der Suche nach Arbeitern für das Werk Nr. 820 war und selbst dort arbeitete (Matthes [Hg.]: Russe [wie Anm. 6], S. 38); der Assistent Jarovoj mußte Ende 1946 Bericht über Zahl und Fluktuation von Arbeitskräften für das vierte Quartal im Werk erstatten (GAKO f. R–181, o. 17, d. 4, l. 17).

124 GAKO f. R–293, o. 11, d. 17, l. 36, Anlage zur Jahresbilanz zum 1. Januar 1948.

125 Ebd., l. 3 (Rückseite).

126 CChIDNIKO f. 1, o. 1, d. 1, l. 232, Protokoll der Ersten Kaliningrader Gebietsparteikonferenz vom 2. bis 4. Dezember 1947.

127 Zur Genese sowjetischer Grenzkontrollpraxis vgl. Andrea Chandler: Institutions of Isolation: border controls in the Soviet Union and its successor states, 1917–1993. Montreal, Kingston, London, Buffalo 1998, bes. S. 67–79.

Es war nicht nur die Abschottung des Gebietes, die 1947 dafür sorgte, daß die durchschnittliche Beschäftigtenzahl von 2.019 Personen auf nur noch 1.005 absolut am Jahresende abgesunken war[128]. Auch daß die Arbeitsproduktivität in diesem Jahr nur rund zwei Drittel des vorgesehene Plansolls erreichte, war nicht allein mit dem Gebietsstatus zu erklären[129]. Die Lebensbedingungen für die Werksangehörigen hatten sich bislang nicht grundlegend geändert und waren nach wie vor ein Hauptgrund, warum so viele Beschäftigte das Werk verließen. Direktor Verdnikov hatte in seinem Jahresbericht 1946 die schlechten materiellen Bedingungen für die Belegschaft kritisiert und gleichzeitig zur Behebung des Personalengpasses die Ausbildung von Jugendlichen empfohlen. Mit einer neuen Anweisung sorgte er jetzt selbst für Unmut unter dem Nachwuchs, wie die Gebietszivilverwaltung am 17. März 1947 anmerkte: „Der Direktor des Werkes Nr. 820, Genosse Verdnikov, stellte als vorübergehendes Wohnheim der Handwerksssschule Nr. 1 und der FSO-1 ein ungeeignetes und nicht ausgestattetes Gebäude zur Verfügung. Die Verpflegung der Auszubildenden ist schlecht, die Mensa ist schmutzig und kalt. Für 600 Schüler stehen fünfzig Teller zur Verfügung und dreißig Hocker; Messer, Gabeln und Gläser gibt es nicht. Die Schüler können sich in der Regel nicht waschen, da kein Wasseranschluß vorhanden ist, und schlafen müssen sie in der Tageskleidung, weil die Temperaturen im Wohnheim sechs bis acht Grad nicht übersteigen."[130] Es war nachvollziehbar, daß der Nachwuchs alles daran setzte, solchen Bedingungen zu entkommen; aus Betrieben der sowjetischen Militär- und Schiffbauindustrie flüchtete zwischen Januar und Oktober 1947 über die Hälfte aller neueingestellten Jungarbeiter; knapp ein Drittel von ihnen verließ seinen Platz illegal[131]. Kaum besser waren die Verhältnisse bei den übrigen Werksarbeitern bestellt. In den Medien wurde ausführlich auf dieses Thema eingegangen, so auch in der „Kaliningradskaja Pravda" vom 2. Juli 1947: Die Ausgabe machte auf mit der Überschrift „Arbeitsbedingungen verbessern, sich unermüdlich um die Lebensweise der Arbeiter kümmern" und kritisierte: „In den größten Betrieben der Stadt – dem Ersten Zellulose- und Papierwerk und dem Schiffbauwerk sind Umkleideräume nicht eingerichtet, gibt es keine Becken mit Trinkwasser, keine Duschen, die Sauna hat geringe Kapazität. [...] In den zwei Siedlungen des Schiffbauwerkes sind die Wasserleitungen und die Kanalisation schadhaft, die Werksarbeiter sitzen abends im Dunkeln, weil es keine elektrische Beleuchtung gibt. Als Wohnheim wurde ein Gebäude eingerichtet, das schon lange unverzügliche Grundinstandsetzung erfordert. In den Zimmern ist es dreckig, weder Möbel noch technische Ausstattung reichen aus. Sanitäre Anlagen und Küchen sind nicht eingerichtet. Heißes Wasser im Wohnheim ist zum Luxus geworden."

Diese Zustände blieben nicht ohne Folgen für das soziale Klima auf der Werft. Im Klub des Werkes hatte kurz zuvor im Mai ein Schauprozeß wegen Mordes statt-

128 Vgl. dazu GAKO f. R–293, o. 11, d. 17, l. 17, Anlage zur Jahresbilanz zum 1. Januar 1948.
129 Vgl. dazu CChIDNIKO f. 1, o. 9, d. 86, l. 7, Schreiben von Werksdirektor Šinkarëv an Gebietsparteisekretär Ščerbakov vom 24. April 1951.
130 In: Matthes (Hg.): Russe (wie Anm. 6), S. 299 f.
131 Filtzer: Standard (wie Anm. 61), S. 1036, Anm. 46.

gefunden. Der Arbeiter V. Demidov, der laut „Kaliningradskaja Pravda" „vorsätzlich trank und ein ordnungsloses Leben führte", hatte im betrunkenen Zustand eine Werksarbeiterin getötet[132]. Das Gericht verurteilte Demidov zu zehn Jahren Freiheitsentzug und zur Aberkennung der bürgerlichen Rechte für drei Jahre nach Absitzen der Strafe. Die Publizität eines solchen Prozesses diente im allgemeinen als Warnung und war als abschreckend-erzieherische Maßnahme zur Disziplinierung der Bevölkerung gedacht[133]. Prinzipiell hätte der Prozeß auch an einem anderen Ort stattfinden können. Daß er ausgerechnet im Werk Nr. 820 abgehalten wurde, zeigt, daß man offenkundig mit solchen Geschehnissen auf der Werft rechnete.

An den problematischen Zuständen im Werk mit den entsprechenden Folgen konnte die Parteiarbeit nichts ändern. Das Zentralkomitee des Werkes fiel zur Hebung von Disziplin und Moral aus; denn auch hier litt man unter Mangel an qualifiziertem Personal. Über die „marxistisch-leninistische Erziehung der leitenden Angestellten in Industrie, Transport und Kommunalwirtschaft" berichtete der Leiter der Abteilung für industrielle Kader, Klimenko, an das Gebietskomitee der VKP(b) für Kaderangelegenheiten: „Genosse P*** – Parteiobmann des Zentralkomitees der VKP(b) im Werk Nr. 820 – beschäftigt sich unzureichend mit dem Studium der Geschichte unserer Partei. [...] Ein solches politisches Niveau eines Parteiobmannes des ZK der VKP(b) kann keine richtige Einrichtung parteiorganisatorischer und parteipolitischer Arbeit in einer Parteiorganisation wie der im Werk Nr. 820 gewährleisten."[134] Die Kritik an P*** beschränkte Abteilungsleiter Klimenko jedoch nicht auf rein praktische Aspekte: „Außerdem findet er sich schlecht in Fragen der auswärtigen Politik zurecht. Er weiß nicht, welcher Partei Truman angehört. Er weiß nicht, welche Parteien es in den USA gibt."[135] Von Vorbildfunktion konnte bei einem solchen Parteiobmann keine Rede sein.

Am 24. Juni 1947 mußte Verdnikov seinen Posten als Direktor des Werkes Nr. 820 räumen; keine zwei Jahre hatte er diese Position innegehabt[136]. Sein Nachfolger Lavrov hatte im Auftrage Moskaus kurz nach Dienstantritt einen restriktiveren Kurs im Werk Nr. 820 durchzusetzen, was Mißtrauen zwischen Werksleitung und Belegschaft säte und das Werksklima verschlechterte. Wie der neue Direktor in seinem Erlaß vom 5. August 1947 betonte, „besitzt unter den Arbeitsbedingungen der Schiffbauindustrie die Wahrung von Staatsgeheimnissen allergrößte Bedeutung"; dies gelte besonders für das Werk Nr. 820, „wo uns feindlich gesonnene Ele-

---

132 „Mörder zu zehn Jahren Freiheitsentzug verurteilt" („Kaliningradskaja Pravda" v. 28. Mai 1947).

133 Vgl. dazu auch Filtzer: Standard (wie Anm. 61), S. 1027.

134 CChIDNIKO f. 1, o. 1, d. 45, l. 18, Auskunft über die marxistisch-leninistische Erziehung der Leitenden Angestellten in Industrie, Transport und Kommunalwirtschaft vom Leiter der Abteilung für industrielle Kader, Klimenko an den Sekretär des Gebietsparteikomitees der VKP(b) in Kaderangelegenheiten, S. A. Brovkin; entsprechend der Benutzerordnung des CChIDNIKO ist der Name hier nicht vollständig wiedergegeben.

135 Ebd.

136 Vgl. dazu GAKO f. R–293, o. 11, Findbuch des Bestandes des Staatlichen Werkes Nr. 820; unter Position 16 wird eine 34 Blatt umfassende Akte unter der Bezeichnung „Priëmo-sdatočnyj akt pri smene direktorov zavoda ot 24 Ijunja 1947 g. [Übergabeprotokoll anläßlich der Auswechslung der Direktoren des Werkes vom 24. Juni 1947]" aufgeführt.

mente arbeiten, wie Kriegsgefangene und beim Militär angestellte Deutsche"[137]. Daher sei es Aufgabe „jedes sowjetischen Bürgers und in erster Linie des leitenden Personals, tägliche aufklärerische Arbeit [...] zur Wahrung von Staatsgeheimnissen zu leisten, und aufmerksam gegenüber jedweder möglichen Diversion zu sein"[138]. Über mehrere Werkshallen, die jetzt nur noch mit einem speziellen Passierschein betreten werden durften, wurde ein strenges Kontrollregime verhängt; alle Werksangehörigen mußten sich zum wiederholten Male registrieren lassen[139]. Auch die tägliche Kontrolle über Einhaltung der neuen Vorschriften „zur Ausführung geheimer Arbeiten und Regeln der Konspiration" wurde verschärft. Mindestens einmal pro Monat sollten „Entwurfsaufzeichnungen, Notizblöcke und Schreibhefte mit Kenntnissen geheimen Charakters" der Belegschaft kontrolliert werden[140].

Trotz des Direktorenwechsels setzte die Werksleitung weiterhin darauf, verstärkt Kaliningrader Nachwuchs für die Arbeit auf der Werft auszubilden: Buchstäblich alle Jugendlichen im Alter zwischen 16 und 19 Jahren hätten sich auf die Anzeige in der „Kaliningradskaja Pravda" vom 20. November 1947 melden können, in der auf die verlängerte Bewerbungsfrist für eine Ausbildung zum Werftarbeiter hingewiesen wurde. „Unabhängig vom Bildungsgrad" sollten sich Jugendliche beiderlei Geschlechts für eine solche Ausbildung bewerben können; bestimmte Eingangsvoraussetzungen gab es nicht[141]. Um so plakativer warb man mit den Sozialleistungen, in deren Genuß die zukünftigen Auszubildenden kommen sollten: drei Mahlzeiten pro Tag, Arbeitskleidung und kostenloser Wohnheimplatz[142]. Dennoch blieb die Situation des Werkes prekär.

3.4 Öl ins Feuer – die Deutschen werden aus dem Werk Nr. 820 verdrängt

Mit gemischten Gefühlen wandten sich 1948 Gebietsparteisekretär Ščerbakov und der Vorsitzende des Kaliningrader Gebietsexekutivkomitees, A. Egorov, an Iosif Stalin. In ihrem Brief an den Vorsitzenden des sowjetischen Ministerrates zollten sie Moskau zwar Dank für die bisherige Unterstützung, konnten aber nicht nur Positives zur bisherigen Entwicklung des Gebietes vermelden: „Dank der riesigen Hilfe seitens der Regierung wurden in der städtischen Wirtschaft des Gebietes in kurzer Zeit große Wiederaufbauarbeiten geleistet. Allerdings sind die Zerstörungen der städtischen [...] Wirtschaft so groß, daß das Tempo ihres Wiederaufbaus hinter dem gesamten Tempo der industriellen und kulturellen Entwicklung der Städte zurückbleibt und dem Bedarf der rasch wachsenden Bevölkerung nicht genügt."[143] Daß ein kurz zuvor von Stalin unterschriebener Erlaß dieses geringe Tem-

137 GAKO f. R–293, o. 11, d. 14, l. 10.
138 Ebd.
139 Ebd., l. 11.
140 Ebd., l. 13.
141 „Kaliningradskaja Pravda" v. 20. November 1947, S. 4.
142 Ebd.
143 CChIDNIKO f. 1, o. 2, d. 55, l. 54; ein identisches Schreiben ging an den Vorsitzenden des Ministerrates der RSFSR, Michail Rodionov (CChIDNIKO f. 1, o. 2, d. 55, l. 1).

po des Wiederaufbaus mitverursachte, erwähnten beide Funktionäre nicht: Am 11. Oktober 1947 hatte der Ministerrat der UdSSR unter der Nummer 3547–1169s die „Aussiedlung der Deutschen aus dem Kaliningrader Gebiet der RSFSR in die Sowjetische Besatzungszone Deutschlands [SBZ]" verfügt; die praktische Ausführung dieser Anordnung oblag dem Innenministerium[144]. Betroffen waren praktisch alle noch im Gebiet lebenden Deutschen – zu dieser Zeit insgesamt noch über 100.000 Menschen[145, 146].

Am 22. Oktober 1947 verließ der erste Transportzug Kaliningrad in Richtung SBZ; an Bord waren vorrangig Waisen, Invalide, arbeitsunfähige Familien und Bewohner der Grenzregionen[147]. Man hatte die deutsche Bevölkerung vor allem zum Wiederaufbau des zerstörten Gebietes benötigt; dies erklärte auch, warum die Entscheidung zur Aussiedlung erst mehr als zwei Jahre nach der Annektierung des nördlichen Ostpreußen fiel. Als erste Projekte zur Aussiedlung der deutschen Bevölkerung bekannt wurden, fürchteten die Kaliningrader Behörden eine zu schnelle Durchführung der Maßnahmen zu Lasten der örtlichen Wirtschaft. Der Leiter der Gebietszivilverwaltung, Borisov, wies daher in einem Brief an Stalins Stellvertreter, Vjačeslav Molotov, vom 7. Mai 1947 auf die hohen Beschäftigungsraten von Deutschen im Gebiet hin: In den Sovchozen und Industriebetrieben des Gebietes stellten Deutsche 48 Prozent der Belegschaft, in einer Reihe von Industriezweigen überschreite ihr Anteil sogar 90 Prozent[148]. Offenbar bestand die Angst, daß eine Ausweisung dieser Arbeitskräfte zu einem wirtschaftlichen Kollaps führen könnte.

Die im Werk Nr. 820 beschäftigten Deutschen waren entweder beim Militär Angestellte [*vol'nonaëmnye*] oder Kriegsgefangene. Das Kriegsgefangenenlager, das dem Werk zugeordnet war, zählte Anfang Februar 500 Insassen[149]. Die deutsche Belegschaft im Werk genoß – nach Äußerungen ehemaliger sowjetischer Arbeiter – einen guten Ruf: Besonders zufrieden war man offensichtlich mit der Disziplin der deutschen Arbeiter[150]. Auch die für die deutsche Gebietsbevölkerung erscheinende deutschsprachige Zeitung „Neue Zeit" lobte demonstrativ die deutsche Belegschaft: Unter der Überschrift „Sie arbeiten gut und verdienen gut" wurde ein Abteilungsleiter zitiert, er müsse seine „große Zufriedenheit mit der Arbeit vieler deutscher Arbeiter [...] zum Ausdruck bringen"[151]. Doch auch dieser Umstand ver-

---

144 Jurij Kostjašov: Vyselenie nemcev iz Kaliningradskoj oblasti v poslevoennye gody [Die Aussiedlung der Deutschen aus dem Kaliningrader Gebiet in der Nachkriegszeit]. In: Voprosy istorii, Nr. 6 (1994), S. 186–188, hier S. 187.

145 Ebd., S. 188.

146 Für eine Kontextualisierung dieses Vorganges aus russischer Perspektive vgl. Pavel Poljan: Ne po svoej vole... Istorija i geografija prinuditel'nych migracij v SSSR [Nicht aus eigenem Willen... Geschichte und Geografie der Zwangsmigration in der UdSSR]. Moskau 2001, S. 40–45

147 Matthes (Hg.): Russe (wie Anm. 6), S. 359.

148 Kostjašov, Vyselenie (wie Anm. 144), S. 187.

149 CChIDNIKO f. 1, o. 1, d. 104, l. 45, Konjunkturüberblick zur Arbeit der Industrie des Kaliningrader Gebietes für 1946 und Bestand des Inventars zum 1. Januar 1947 an Gebietsparteisekretär Ivanov.

150 Matthes (Hg.): Russe (wie Anm. 6), S. 330 f. u. 356.

151 „Neue Zeit" v. 10. Juli 1947, S. 1.

hinderte nicht die bevorstehende Aussiedlung. Überliefert ist zwar nur die gewaltsame Aussiedlung eines deutschen Dolmetschers im Werk Nr. 820, es war dies aber mit Sicherheit nicht der einzige Fall[152].

Der Aussiedlung ging eine schrittweise Verdrängung des deutschen Personals voraus; mit Hinweis auf die Gefährdung von Staatsgeheimnissen wurden diese Beschäftigten versetzt oder ganz entlassen. Auf diese Weise war die bevorstehende Deportation der deutschen Belegschaft leichter vor der Gebietsparteiorganisation und der Werksleitung zu rechtfertigen: Es sollte der Anschein erweckt werden, dieser Teil der Belegschaft hätte ohnehin seine Arbeit im Werk nicht fortsetzen können. „Mit der Zielsetzung einer Verstärkung von Wachsamkeit und Schutz von Staatsgeheimnissen im Werk" wies Werksdirektor Lavrov auf Befehl Moskaus am 23. Januar 1948 seinen „Assistenten Gen. Javorov an, den Buchhalter der Hauptbuchhaltung, KELLER, sofort auf einen anderen Posten zu versetzen und durch einen Russen zu ersetzen"[153]. Auch Genosse Schul'ga, Chef der fünften Werkabteilung, wurde befohlen, „den Kommandanten der Werksverwaltung durch einen Russen zu ersetzen und den Deutschen LAEVSKIJ an anderer Stelle einzusetzen"[154]. Untersagt war von nun an auch der Einsatz von „deutschen Frauen als Kuriere in den Werkshallen und [Verwaltungs-]Abteilungen"[155]. Noch bevor man wußte, wer der Nachfolger des deutschen Angestellten sein werde, wurde dessen Versetzung betrieben; das Kriterium für diese Verdrängung war allein die Nationalität, nicht die Qualifikation.

Betrafen diese Maßnahmen nur eine relativ kleine Zahl des deutschen Personals, so zielte der auf Initiative Moskaus zurückgehende Erlaß Lavrovs zwei Wochen später auf alle im Werk beschäftigten Kriegsgefangenen: Lavrov wies „im Zuge der Ausführung der Anordnung Nr. 25 des Ministers [...] die Leiter der Werks- und Verwaltungsabteilungen an, ab dem 18. Februar 1948 die Verwendung von deutschen Kriegsgefangenen zur Arbeit an zu bauenden und zu reparierenden Militärobjekten im Werk und an lebenswichtigen Punkten des Werkes [...] einzustellen"; stattdessen sollten die Kriegsgefangenen und übrigen Deutschen an anderen Orten eingesetzt werden[156]. Eine vollständige Entlassung deutschen Personals hätte das Werk sicherlich kaum verkraftet. Aber auch eine Neuzuteilung von Arbeitsbereichen konnte über die unterschiedlichen Interessen Moskaus und Kaliningrads nicht hinwegtäuschen. Mochte für Moskau die Verdrängung der deutschen Belegschaft eher abstrakte sicherheitspolitische Beweggründe haben, waren die Konsequenzen für das Werk ganz konkreter Natur: Die ohnehin seit langem kritische Personallage verschärfte sich zusehends.

Gebietsparteisekretär Ščerbakov wandte sich wenige Monate nach dem Verbot des Einsatzes deutscher Kriegsgefangener im Werk Nr. 820 erneut an Moskau und

152 Ebd., S. 361.
153 GAKO f. R–293, o. 11, d. 3, l. 2.
154 Ebd.
155 Ebd.
156 Ebd., l. 5.

warnte den Sekretär des ZK und Stalins Stellvertreter im sowjetischen Ministerrat, Georgij Malenkov, vor den sich bereits bemerkbar machenden Folgen einer solchen Politik: „Industriebetriebe arbeiten nicht mit voller Leistung. In den Sovchozen und Industriebetrieben macht sich der große Mangel an Arbeitskräften bemerkbar, der sich im laufenden Jahr [1948] durch die vollständige Ausweisung der deutschen Bevölkerung dramatisch verschärft hat."[157] Dieser unverhohlenen Kritik seitens des Gebietsparteisekretärs an dem Aussiedlungsbeschluß Moskaus folgte ein geradezu tollkühner Vorschlag: Um den Personalnotstand möglichst schnell zu beheben, solle man „das Ministerium für Schiffbauindustrie (Genosse Goregljad) [...] verpflichten, zur Gewährleistung der vollen Nutzung vorhandener Produktionskapazitäten und zur weitestgehenden Industrieentwicklung 27.900 Personen für 1949 und 25.000 Personen für 1950 in seine Betriebe in das Kaliningrader Gebiet im Rahmen einer Versetzung aus anderen Betrieben entsenden [...]"[158]. Offensichtlich war dieser Ruf nach Zehntausenden von Neusiedlern bewußt übertrieben: Der Gebietsparteisekretär stellte diese sehr hohen Forderungen, damit am Ende die gewährten, aber geringeren Zusagen in etwa mit dem realen Bedarf übereinstimmten. Nur so schien es Ščerbakov möglich, die benötigten neuen (und qualifizierten) Werftarbeiter zugewiesen zu bekommen.

Auch der von Ščerbakov vorgelegte Katalog von Maßnahmen, mit denen zusätzliche materielle Anreize für die Übersiedlung nach Kaliningrad geschaffen werden sollten, mutete für die damaligen sowjetischen Verhältnisse utopisch an: Für entsandte Arbeiter, Ingenieure und Angestellte sollten u. a. „Wohnhäuser mit bis zu fünf Zimmern pro Familie im Wert von bis zu 15.000 Rubeln mit einer Stundung des Preises für 15 Jahre" vorgesehen sein, außerdem eine allgemeine Prämie in Höhe von mindestens 1.500 Rubeln für jeden neuen Werftarbeiter, kostenlose Anreise, pro Familie Land bis zu 0,3 Hektar und Verkauf von Haushaltvieh mit Stundung des Kaufpreises bis zu einem Jahr[159]. Es ist davon auszugehen, daß dem Gebietsparteisekretär bewußt war, daß solche Vorstellungen völlig unrealistisch waren.

Die Rechnung Ščerbakovs ging – zumindest was die Bewilligung neuer Arbeitskräfte betraf – auf: Zwar lehnte der Ministerrat die immens hohe Zahl von Versetzungen aus anderen Schiffbaubetrieben nach Kaliningrad ab, zeigte sich aber durchaus offen für eine verbesserte Personalpolitik und eine vertretbare Erweiterung der Belegschaft. In seiner Verordnung von Ende September 1948 „Über Maßnahmen zur Hilfe des Werkes Nr. 820 des Ministeriums für Schiffbauindustrie" wollte der Ministerrat „das Ministerium für Schiffbauindustrie (Genosse Goregljad) verpflichten, die Zahl der im Werk Nr. 820 Arbeitenden innerhalb des Jahres 1949 um 4.000 zu erhöhen"[160]. Das Ministerium für Arbeitsreserven wurde angewiesen, „dem Ministerium für Schiffbauindustrie innerhalb des Jahres 1949 Mittel zur Anwerbung von Arbeitskräften für das Werk Nr. 820 in der Zahl von 1.500

157 CChIDNIKO f. 1, o. 2, d. 55, l. 86.
158 Ebd., l. 93–94.
159 Ebd., l. 94–95.
160 GAKO f. R–293, o. 11, d. 29, l. 5.

Menschen zuzuweisen, darunter städtische Bevölkerung der Weißrussischen und Ukrainischen SSR, sowie des Gebietes Gor'kij [der RSFSR – P. B.]"[161]. Um die Ausbildung von Personal vor Ort zu ermöglichen, beschloß man, noch bis Ende 1948 „die Zahl der Arbeiter des Werkes Nr. 820 auf 3.000 Arbeiter und 500 Ingenieure mit dem Ziel der rechtzeitigen Bildung von Arbeiter- und Ingenieurskadern neuzuerrichtender Unternehmen zu erhöhen"[162]. An das Finanzministerium erging Order, „einen Haushalt zur Anwerbung von Arbeitskräften in Höhe von fünf Millionen Rubeln aufzustellen"; es solle „dem Ministerium für Schiffbauindustrie für das Jahr 1949 fünfzehn Millionen Rubel anweisen für Ausgaben, die verbunden sind mit der Anwerbung und der Anreise von Arbeitskräften zum Werk Nr. 820"[163].

Diese Hilfe wurde großzügig gewährt; allerdings setzte diese Unterstützung nicht an den Stellen an, die als die eindeutigen Ursachen für die Krise des Werkes Nr. 820 galten: Mit der reinen Bewilligung von Mitteln für weitere Anwerbung war nicht sichergestellt, daß ab jetzt ausschließlich qualifizierte Arbeiter in das Werk kamen; nach wie vor bestand die Gefahr, daß bei der Anwerbung gemachte Fehler wiederholt wurden und berufliche Qualifikation auch jetzt eine untergeordnete Rolle spielte. Zusätzlich leisteten die von Ščerbakov vorgeschlagenen materiellen Anreize (in welchem Maße auch immer sie verwirklicht wurden) erneut der Möglichkeit Vorschub, Neusiedler kämen wegen der Vergünstigungen nach Kaliningrad – und nicht aufgrund ihrer Qualifikation.

Dabei bestanden die Gründe, aus denen das Personal dem Werk Nr. 820 wieder den Rücken kehrte, nach wie vor: Gerade erst Ende Januar 1948 hatte sich das Büro des Gebietskomitees mit den schlechten Lebensbedingungen der Werftarbeiter auseinandergesetzt; das Protokoll vom 28. Januar vermerkte unter Punkt 4 „Über den Zustand von Arbeiterwohnheimen des Werkes Nr. 820", „daß der Direktor des Werkes Nr. 820, Genosse LAVROV und der Sekretär des Parteibüros des Werkes, Genosse P***, eine unzulässige, gleichmütig-nachlässige Einstellung gegenüber den Wohnbedingungen der Arbeiter an den Tag gelegt und keine Maßnahmen zur Behebung ernsthafter Unzulänglichkeiten ergriffen haben"[164]. Man beschloß, „den Direktor und den Sekretär des Parteibüros des Werk Nr. 820 zu warnen, daß falls von ihrer Seite nicht sofort entschiedene Maßnahmen zur Einführung von Ordnung und zu deutlicher Verbesserung in den Wohnheimen des Werkes ergriffen werden, sie ernsthaft bestraft werden"[165]. Ob und inwieweit es beiden Funktionären unter den gegebenen Umständen überhaupt möglich gewesen war, die Wohnbedingungen zu verbessern, fand keine Berücksichtigung. Erschwerend zur vorherrschenden Situation kam die sprichwörtlich gewordene „Kofferlaune" hinzu, die beim Führungspersonal im Gebiet festgestellt wurde und das Mißfallen der Par-

161 Ebd.
162 Ebd., l. 6.
163 Ebd.
164 CChIDNIKO f. 1, o. 2, d. 11, l. 97–98; entsprechend der Benutzerordnung des CChIDNIKO sind die Namen hier z. T. nicht vollständig wiedergegeben.
165 Ebd.

tei erregte: „In der letzten Zeit haben Direktoren von Betrieben, Verwalter von Trusts und Leiter von Organisationen des Gebietes keinerlei Anordnungen zur Bevollmächtigung ihrer Stellvertreter gegeben, wenn sie das Gebiet verlassen – damit verletzten sie die angewiesene Ordnung. Sie reisen ab ohne ausreichende Vorbereitung einer Entscheidung grundlegender, zukunftsweisender Fragen zur Arbeit ihrer Betriebe und Organisationen", vermerkte das Sitzungsprotokoll des Büros des Gebietsparteikomitees vom 17. März 1948[166]. „Die Reisen beschränken sich auf die Lösung nebensächlicher aktueller Fragen, während grundlegende Fragen der Arbeit nicht gelöst werden, was der Arbeit von Betrieben und Organisationen schadet"[167] – die Funktionäre schienen jede Gelegenheit zu nutzen, ihre Zeit nicht im Gebiet verbringen zu müssen.

Was aber für das Führungspersonal zutraf, galt auch für die Belegschaften: Es genügte nicht, nach Kaliningrad zu kommen – man mußte auch bleiben. Erst recht nach der Ausweisung der Deutschen aus dem Gebiet.

3.5 Generalverdacht gegenüber Gelsenkirchen – das sowjetische Werkspersonal wird „gesäubert"

In mittlerweile regelmäßigen Abständen trafen negative Nachrichten aus Kaliningrad in Moskau ein: Im März 1949 beklagte Gebietsparteisekretär Ščerbakov in einem Schreiben an Malenkov erneut gravierende Mängel auf der Werft. Nach wie vor sei „das Werk nicht mit qualifizierten, im Schiffbau erfahrenen Kadern versorgt"[168]; die Lebensbedingungen der Arbeiter seien „unbefriedigend": Die 36 Baracken des Werkes seien nicht für die Nutzung als Wohnraum hergerichtet, und allein in den Werkhallen lebten mehr als 400 Menschen[169]. Beim Bau von Wohnraum für die Belegschaft seien 1947 nur acht Prozent des Planes erfüllt worden, und auch 1948 habe man nur 22 Prozent des vorgesehenen Wohnraums errichtet[170]. Dabei war dieser Verzug in der Erstellung neuen Wohnraumes nicht nur allgemein in der sowjetischen Schiffbauindustrie zu beobachten, sondern herrschte auch in der Kohle-, Stahl- und Textilindustrie der UdSSR – um nur einige Industriesparten zu nennen; die allgemein mit sowjetischer Industrie assoziierten Schwierigkeiten lagen u. a. in chronischer Unterversorgung mit Baumaterial, dessen oft fehlerhafter Produktion und unzureichender Lagerung[171]. Nach wie vor forderte Ščerbakov 600 zusätzliche qualifizierte Werftarbeiter und vermehrte Anstrengungen bei der Wohnraumbeschaffung[172]. Das Werk Nr. 820, so der Parteichef, „befindet sich in sehr schwieriger Lage"[173].

---

166 CChIDNIKO f. 1, o. 2, d. 12, l. 57.
167 Ebd.
168 GAKO f. R–293, o. 11, d. 52, l. 16.
169 Ebd.
170 Ebd.
171 Filtzer: Standard (wie Anm. 61), S. 1029.
172 GAKO f. R–293, o. 11, d. 52, l. 16, Schreiben Ščerbakovs an Malenkov vom 21. März 1949.
173 Ebd.

Das Gebietsparteikomitee beschränkte sich jedoch nicht darauf, von Moskau lediglich zusätzliche Hilfe einzufordern; die Kaliningrader Parteifunktionäre wollten den Vorgängen auf der Werft nicht länger tatenlos zuschauen und wurden nun selbst aktiv. Anfang Mai wurden an verschiedenen Stellen im Werk mit Uhren ausgerüstete Beobachter postiert; sie sollten die Vorbildfunktion des leitenden Personals überwachen und die Länge der Mittagspausen genau protokollieren. Die dem Büro des Gebietsparteikomitees vorgelegten Ergebnisse waren desillusionierend: „Am 6. Mai verspäteten sich vom Ingenieurspersonal 26 Personen", vermerkte das Protokoll; so habe der Leiter von Werkhalle 232 um 12 Uhr seinen Dienstplatz verlassen, sei jedoch erst um 15.45 Uhr zurückgekehrt[174]. Am 7. Mai verspäteten sich 34, am 9. Mai sogar 47 Mitglieder des leitenden Personals[175].

Die mangelnde Arbeitsdisziplin wurde mit zunehmender Sorge betrachtet: Nachdem sich das Büro des Gebietskomitees mit seinem Praxistest von den Unzulänglichkeiten der Arbeitsdisziplin im Werk überzeugt hatte, diente die Werft bereits auf dem VII. Plenum des Kaliningrader Gebietsparteikomitees Anfang Juli 1949 als Negativbeispiel: „In vielen Industrie- und Transportbetrieben und im besonderen im Baugewerbe sind Arbeits- und Produktionsdisziplin auf niedrigem Niveau. In den ersten sechs Monaten 1949 gab es allein in der Schiffbaufabrik [Werk Nr. 820 – P. B.] und dem Waggonbauwerk Nichterscheinen in einem Umfang von 4.760 Personaltagen und 589 Fälle von eigenmächtigem Verlassen der Produktion", hieß es im Abschlußkommuniqué[176]. Auch der „Bericht zur Arbeit in produktionswirtschaftlicher, parteiorganisatorischer und politischer Hinsicht im Werk Nr. 820" an das Gebietsparteikomitee von August 1949 hatte das Thema der Arbeitsdisziplin zum Inhalt: „Seit Anfang 1949 wurden 450 Personen wegen Nichterscheinens am Arbeitsplatz getadelt, desertierten aus dem Werk 602 Personen, und insgesamt wurden 1.119 Personen entlassen, darunter 920 Arbeiter, 109 Angehörige des Ingenieurpersonals und 90 Angestellte."[177] Zwar war die durchschnittliche Zahl der Beschäftigten von 2.218 im Jahre 1948 auf jetzt 4.251 gestiegen, aber unter diesen Umständen war die absolute Zahl der Beschäftigten wenig aussagekräftig; auch wenn allein 1.324.000 Rubel für die Anwerbung neuer Arbeitskräfte ausgegeben worden waren, steigerte dies nicht automatisch die Produktivität des Werkes und die Motivation der Belegschaft[178].

Auch wer am Arbeitsplatz anzutreffen war, trug nicht zwangsläufig zur Planerfüllung bei, wie der Bericht konstatierte: „Häufig gibt es Fälle von Trunkenheit in der Arbeitszeit unter den Arbeitern, den Ingenieuren und den leitenden Funktionären des Werkes, sogar unter Kommunisten."[179] Das streng vertrauliche Papier

174 CChIDNIKO f. 1, o. 4, d. 62, l. 40.

175 Ebd.

176 CChIDNIKO f. 1, o. 4, d. 4, l. 147, Beschluß des VII. Plenums des Kaliningrader Gebietsparteikomitees der VKP(b) vom 7. Juli 1949.

177 CChIDNIKO f. 1, o. 4, d. 45, l. 51.

178 GAKO f. R–293, o. 11, d. 60, l. 7, Jahresbilanz zum 1. Januar 1950.

179 CChIDNIKO f. 1, o. 4, d. 45, l. 52, Auskunft über die Erfüllung des Beschlusses des Büros des Gebietsparteikomitees der VKP(b) vom 27. April 1949 „Über die Arbeit in produktionswirtschaft-

benannte in klaren Worten die offensichtlichen Ursachen dieser Zustände: „Im Werk fehlt es an Kampf gegen die Fluktuation von Arbeitskräften. Die Unterversorgung mit Arbeit, die große Anzahl von Wartezeiten, die niedrigen Löhne junger Arbeiter, die unbefriedigenden Wohnbedingungen und das Fehlen gebührender Erziehungsarbeit mit den Kadern führten zu einer äußerst zerrütteten Arbeits- und Produktionsdisziplin."[180] Den Zusammenhang zwischen den schlechten Wohnbedingungen und der hohen Arbeitskraftfluktuation bestätigte zeitgleich ein gewisser Tichomirov in einem Brief an das Gebietsparteikomitee; danach sei es mit Wohnraum „im Werk schlecht bestellt, weswegen viele hochqualifizierte Arbeiter und Ingenieurspersonal die Fabrik verlassen"[181]. Besonderes Mißfallen löste bei dem Leser des Berichtes an das Büro des Parteikomitees über das Werk Nr. 820 jedoch die Mitteilung aus, für die Nutzung der Wohnheime werde verschiedentlich Geld verlangt; dieses Indiz für korrupte Wohnungswirtschaft unterstrich der Leser dick mit Rotstift[182]. Tichomirov wurde in seinem Brief noch deutlicher und stellte fest, daß Wohnheimplätze sogar an betriebsfremde Personen vermietet würden – seiner Auffassung nach gar an Kleinkriminelle: „Gleichzeitig belegen Personen, die keinerlei Beziehung zum Werk haben, viel Platz – zum Beispiel leben A*** und R*** in der Siedlung Šossejnyj, Haus 3–6, fahren nach Kaunas und spekulieren dort."[183]

Die Demotivierung und Frustration schlug sich in der Planerfüllung nieder: „Die Arbeitsproduktivität für die gesamten Monate des ersten Halbjahres überstieg 60 Prozent nicht und betrug für Juli nur 41,5 Prozent des zu erfüllenden Plans", monierte der Wirtschaftsbericht an das Gebietskomitee[184]. Die Bedingungen auf der Werft waren dabei durchaus kein Einzelfall, so daß die Medien im Gebiet diese Probleme zunehmend thematisierten, was der Zensur mißfiel; sie suchte verstärkt Berichte über schlechte Lebensbedingungen von Neusiedlern zu verhindern. Wenn wie in einer Radiosendung vom 9. September 1949 berichtet wurde, „das Exekutivkomitee des Gebietsowjets bemerkte eine Reihe ernsthafter Mängel bei der landwirtschaftlichen Einrichtung der Übersiedler", rief dies die Kaliningrader Gebietsverwaltung für Literatur- und Verlagsangelegenheiten auf den Plan[185]. Auch wenn

---

licher, parteiorganisatorischer und politischer Hinsicht im Werk Nr. 820" von August 1949; Bert Hoppe konnte 1997 das gesamte Dokument einsehen, was dem Autor bei seiner Archivarbeit später selbst nicht möglich war.

180 Ebd., l. 51.

181 CChIDNIKO f. 1, o. 4, d. 62, l. 135.

182 CChIDNIKO f. 1, o. 4, d. 45, l. 53, Auskunft über die Erfüllung des Beschlusses des Büros des Gebietsparteikomitees der VKP(b) vom 27. April 1949 „Über die Arbeit in produktionswirtschaftlicher, parteiorganisatorischer und politischer Hinsicht im Werk Nr. 820" von August 1949.

183 CChIDNIKO f. 1, o. 4, d. 62, l. 135, Schreiben Tichomirovs an das Kaliningrader Gebietsparteikomitee vom 20. August; entsprechend der Benutzerordnung des CChIDNIKO sind die Namen hier nicht vollständig wiedergegeben.

184 CChIDNIKO f. 1, o. 4, d. 45, l. 44, Auskunft über die Erfüllung des Beschlusses des Büros des Gebietsparteikomitees der VKP(b) vom 27. April 1949 „Über die Arbeit in produktionswirtschaftlicher, parteiorganisatorischer und politischer Hinsicht im Werk Nr. 820" von August 1949.

185 GAKO f. R–232, o. 6s, d. 5, l. 8, Textauszug von ca. Oktober 1949 mit Bemerkungen zu einer Sendung des Gebietsrundfunkkomitees am 9. September 1949.

in Zeitungen wie „Krasnoe znamja" vom 13. Oktober ein Interview mit der Deputierten Balanina „über die unzureichende Aufmerksamkeit gegenüber den Übersiedlern des Kolchoz ‚Zvezda'" zu lesen war, waren die Zensoren gefordert: Sätze wie „Für sie [die neuangekommenen Siedler – P. B.] wurden keine normalen Lebensbedingungen geschaffen" waren zu brisant und wurden unterdrückt[186].

Die Brisanz, die diese Mißstände in sich bargen, war offensichtlich. Doch auch nach deren Bekanntwerden wurden keine konkreten Maßnahmen zur Behebung ergriffen. So erhielt Malenkov als Ministerratsvorsitzender am 10. Dezember 1949 erneut Post aus Kaliningrad – diesmal vom mittlerweile dritten Werksdirektor in vier Jahren, N. Olennikov. Auch Olennikov beklagte, das Werk erfülle „systematisch nicht den Plan"; Grund sei „vor allem der Mangel an qualifizierten Kadern, bei dem das Schiffbauministerium sehr wenig hilft"[187]. Insgesamt seien „bis heute für das Werk lebenswichtige Fragen nicht vollständig gelöst" – schließlich hätten „unendliche Kommissionen des Ministeriums, des Gebiets- und Stadtkomitees die Werkshallenleiter und die Verwaltung des Werkes von ihren eigentlichen Verpflichtungen abgehalten"[188]. Besonders unzufrieden schien Olennikov mit dem Sekretär des Stadtkomitees, Genosse M***, zu sein, „der beinahe einen Monat im Werk verbrachte, ohne daß sich anschließend die Parteiarbeit verbesserte"; dieser sei zu dem Schluß gekommen, „daß sozialistischer Wettbewerb auf der Werft ‚gegenstandslos' ist, weil unklar ist, worum man überhaupt wetteifert" – insgesamt sei in Kaliningrad „die Meinung entstanden, daß der Direktor die Lebensbedingungen der Arbeiter nicht verbessert"[189]. Olennikov, Parteimitglied seit 1925[190], verspürte offenbar die Notwendigkeit, sich nach einem solchen Urteil vor dem Stellvertretenden Ministerratsvorsitzenden der UdSSR und Sekretär des ZK rechtfertigen zu müssen; der Nutzen für Werk und Belegschaft jedoch war zweifelhaft.

Das Büro des Gebietskomitees kam nicht umhin, sich im Dezember erneut mit den Lebensbedingungen der Werftarbeiter auseinanderzusetzen. Beließ man es auf der Sitzung vom 17. Dezember mit der bloßen Feststellung der schwierigen Wohnungssituation von Arbeitern und Angestellten des Werkes[191], so mußte sich das Büro elf Tage später wieder mit diesem Thema befassen. Als Folge „geistlos-bürokratische Einstellung der Leiter des Werkes Nr. 820 gegenüber den Wohnbedingungen der Arbeiter" seien „in der Siedlung Komsomol'skoe Wohnhäuser nicht repariert, Arbeiter nicht mit Brennstoff versorgt, es fehlt an medizinischer Versorgung"[192]. Das Protokoll der Sitzung vom 28. Dezember vermerkte, „die Wasser-

186 GAKO f. R–232, o. 6s, d. 5, l. 94, Textauszug von ca. Dezember 1949 mit Bemerkungen zu einem Artikel in „Krasnoe znamja [Rotbanner]" v. 13. Oktober 1949.

187 GAKO f. R–293, o. 11, d. 52, l. 92–93.

188 Ebd., l. 93.

189 Ebd.; entsprechend der Benutzerordnung des CChIDNIKO ist der Name hier nicht vollständig wiedergegeben.

190 Vgl. dazu GAKO f. R–293, o. 11, d. 52, l. 66, Schreiben Olennikovs an die Kommission für Parteikontrolle beim ZK der VKP(b) vom 3. November 1949.

191 CChIDNIKO f. 1, o. 4, d. 25, l. 126.

192 CChIDNIKO f. 1, o. 4, d. 25, l. 200 f., Sitzungsprotokoll des Büros des Gebietsparteikomitees der VKP(b) vom 28. Dezember 1949, Tagesordnungspunkt 6 „Über die geistlos-bürokratische Ein-

versorgung erfolgt aus Brunnen, die in äußerst unhygienischem Zustand sind", eine Kanalisation gebe es nicht[193]. Neben den Wohnbedingungen sei auch die Versorgung mit Lebensmitteln stark verbesserungsbedürftig: „Das einzige Lebensmittelgeschäft arbeitet schlecht. Im Verkauf gibt es oftmals keine Grundnahrungsmittel: Grütze, Zucker, Kartoffeln, Gemüse."[194] Brot sei zwar vorhanden, der Verkauf verliefe jedoch „mit großen Stockungen"[195]. Unter solchen Bedingungen war es nur allzu verständlich, daß das Personal verstärkt seinen Dienst quittierte und dem Werk den Rücken kehrte. Die ständig wiederholte Kritik an den Lebensbedingungen der Arbeiter unterstrich nur den dringenden Bedarf an fähigem und motiviertem Personal.

Daß Moskau in dieser Hinsicht wieder einmal eigene Akzente setzte, war kurz zuvor im September 1949 deutlich geworden. Als sei der Personalverlust durch die von Stalin verfügte Ausweisung der deutschen Bevölkerung mit dem drastischen Absinken der Arbeitsproduktivität nicht schon gravierend genug gewesen, ging man nun daran, auch den verbliebenen, sowjetischen Teil der Belegschaft auszudünnen. Am 11. September 1949 hatten sich zwei Vertreter des Ministeriums für Schiffbauindustrie mit Werksdirektor Olennikov und dem Leiter der Personalabteilung Jarovoj getroffen, um „über die Möglichkeit weiterer Verwendung" von 88 Belegschaftsangehörigen zu beraten[196]. Dazu hatten Olennikov und Jarovoj eine Liste von Personen erstellt, „die der Freistellung von einer Tätigkeit aufgrund der Bedingungen der besonderen Werksordnung unterliegen"[197]; hinter dieser Formulierung verbarg sich das Vorhaben, das Werk von mehreren Dutzend Personen aus sicherheitspolitischen Gründen zu „säubern", also zwangsweise zu entlassen oder zu versetzen. Ungeachtet der Qualifikation der Betroffenen sollten ab Mitte Oktober 1949 insgesamt 88 Beschäftigte nicht mehr ihrer Tätigkeit nachgehen dürfen; gegebenenfalls sollte ein Teil von ihnen im gerade noch zulässigen Bereich des Werkes – dem Wohnungsbau – eingesetzt werden[198]. Der Rest der Belegschaft war nach einer Überprüfung durch die für Sicherheit zuständigen „entsprechenden Organe" für die Arbeit im Werk zugelassen[199].

Die Liste der Betroffenen umfaßte detailliert Name, Geburtsort, Nationalität, Parteizugehörigkeit, Ausbildung, Beginn des Arbeitsverhältnisses, Weg ins Werk und die dort bekleidete Stellung sowie diverse Anmerkungen[200]. An dieser Stelle fand sich für die sowjetischen Behörden auch die Begründung der anvisierten Be-

---

stellung der Leiter des Werkes Nr. 820 gegenüber den Lebens- und Wohnbedingungen der Arbeiter".

193 Ebd., l. 201.

194 Ebd.

195 Ebd.

196 GAKO f. R–293, o. 11, d. 52, l. 52, Sitzungsprotokoll zur Begutachtung einer Liste von Arbeitern des Werkes Nr. 820 über die Möglichkeit von deren weiterer Verwendung im Werk Nr. 820 vom 17. September 1949.

197 Ebd.

198 Ebd.

199 Ebd.

200 Ebd., l. 56–65.

handlung der Aufgelisteten: Viele der 88 Betroffenen hatten in deutsch besetzten Gebieten gelebt und/oder in Deutschland als Zwangsarbeiter arbeiten müssen (darunter etwa in Dresden, Duisburg, Freiburg, Gelsenkirchen, Hamburg, Montabaur oder Soltau) – sogar in Königsberg auf der damaligen Schichau-Werft[201]. Deutsche Kriegsgefangenschaft war ebenfalls ein Hinderungsgrund für die weitere Beschäftigung im Werk; sogar eine frühere Aufklärerin der Roten Armee in besetzten Gebieten entließ man vorsichtshalber[202]. Detailliert aufgelistet wurde auch, durch wen die Zwangsarbeiter oder Kriegsgefangenen befreit worden waren; Hinweise auf „Kanadier" oder „amerikanische Soldaten" waren Anlaß zu größtem Mißtrauen und wurden dick unterstrichen[203].

Fast zwei Drittel der in der Liste aufgeführten Personen waren eigens für die Arbeit auf der Werft angeworben worden[204]; daß sie nun wieder entlassen wurden, bestätigte den Vorrang sicherheitspolitischer Überlegungen vor wirtschaftlichen Interessen. Da der „Generalverdacht" gegenüber Neusiedlern aus ehemals deutsch besetzten Gebieten immer noch bestand, erwies sich der Umstand, in solchen Gegenden besonders leicht Neusiedler gewonnen zu haben, spätestens jetzt als Problem. Auch diesen Werftbeschäftigten waren Vergünstigungen aller Art gewährt worden, nur war ihre weitere Beschäftigung jetzt verboten. Ihre Anwerbung erwies sich für den Staat als Verlustgeschäft. Auch weiterhin standen Moskauer und Kaliningrader Interessen einander diametral entgegen.

3.6 Mit Zuckerbrot und Peitsche – Beginn eines neuen Jahrzehnts?

Zwei Wochen nach dem Neujahrsfest 1950 erhielt Gebietsparteisekretär Ščerbakov einen Brief seines Kollegen vom kommunistischen Jugendverband. In seinem Schreiben vom 17. Januar 1950 empörte sich der oberste Sekretär des Kaliningrader Gebietskomsomol, V. Loginov, über die Bedingungen, unter denen 2.950 junge Werftarbeiter in ihren Wohnheimen leben müßten: „Beinahe alle Jugendwohnheime sind nicht für den Winter vorbereitet", schrieb Loginov lange nach Einbruch der kalten Jahreszeit; „in den Wohnheimen in der Alleja Smelych leben 120 Personen. In den Zimmern ist es kalt, die Heizung funktioniert oft nicht."[205] Der Sekretär des Komsomol kritisierte, die Wasserversorgung werde oft unterbrochen. „In vielen Zimmern fehlen Fensterscheiben, darunter im Waschraum. [...] Es gibt Fälle von Verlausung."[206] Andere Probleme gab es nach Loginovs Worten im Wohnheim Block Nr. 100, die jedoch nicht minder elementar waren: „In den Fluren und Toiletten gibt es kein Licht. In der Küche für 300 Personen gibt es einen Herd, keine

---

201 Der 1924 in Nikolaev geborene Ukrainer Nikolaj Taranov war von 1943 bis zur Befreiung durch die Rote Armee 1945 Zwangsarbeiter auf der Werft und kam durch Anwerbung aus Nikolaev erneut an seinen früheren Arbeitsplatz; dort arbeitete er nun als Schlosser (ebd., l. 62).

202 Ebd., l. 54.

203 Vgl. dazu beispielsweise ebd., l. 54 u. l. 55.

204 Ebd., l. 53–65.

205 CChIDNIKO f. 1, o. 6, d. 80, l. 4.

206 Ebd.

Tische, vorsätzlich kein Brennholz, weswegen die Arbeiter keinerlei Möglichkeit haben, Essen zuzubereiten."[207] Der Umstand einer praktisch unbenutzbaren Küche wog um so schwerer, als sich die jungen Bewohner des Wohnheimes oftmals kaum eine Kantinenmahlzeit leisten konnten[208]. Daß solche Zustände seit längerem kein Einzelfall waren, war auch in Moskau bekannt und zwang den sowjetischen Ministerrat offenbar zum Handeln; Gebietsparteisekretär Ščerbakov hatte Malenkov über ergriffene Maßnahmen Bericht zu erstatten. Am 24. Februar 1950 konnte der Kaliningrader Gebietsparteichef vermelden, momentan würden „Arbeiten im großen Maßstab zur Verbesserung aller Wohnheime des Werkes durchgeführt"[209].

Arbeiten „im großen Maßstab" schienen nach der harschen Kritik im Vorjahr auch für die Parteiorganisation der Werft notwendig. Noch im Februar hatte Ščerbakov auf dem Zweiten Kaliningrader Gebietsparteitag die Situation der Schiffbauindustrie als „besonders unbefriedigend" bezeichnet und kritisiert: „Das Schiffbauwerk und die Werften halten die Regierungsfristen für die Produktion und Lieferung von Schiffen nicht ein."[210] Das Gebietskomitee war durch die zahlreichen Eingaben über die Zustände im Bilde und erhoffte sich von einer verbesserten Parteiarbeit im Werk auch eine Stärkung des gesamten Betriebes: Im Mai 1950 beschloß das Büro des Komitees die Entsendung einer dreiköpfigen *propgruppa* ins Werk Nr. 820; für zwei Monate sollte diese „Propagandamannschaft" zur „praktischen Hilfe der Werksparteiorganisation in parteiorganisatorischer und parteipolitischer Hinsicht" beitragen[211]. Nach der ideologischen Festigung nahm sich das Büro einen Monat später die materielle Stärkung der Belegschaft vor: Im Juni 1950 mahnte es in Moskau mehr Wohnraum für das Werk an. Dabei sei für das kommende Jahr die Errichtung von 23.000 qm Wohnraum allein für Angehörige der Schiffbauindustrie[212] nötig; mit diesem Bedarf lag das Werk Nr. 820 weit vor der Fischindustrie (18.000 qm) und dem Militär plus Flotte (je 5.000 qm)[213]. Auch mit seinem „Beschluß zur Verbesserung der Lebensmittelversorgung der Arbeiter des Werkes Nr. 820" im Monat darauf wollte das Büro des Gebietskomitees den unzureichenden Lebensbedingungen vor Ort ein Ende setzen[214]. Dabei entspannte sich zu die-

---

207 Ebd., l. 5.

208 Filtzer: Standard (wie Anm. 61), S. 1029 f.

209 CChIDNIKO f. 1, o. 6, d. 80, l. 13, Brief von Ščerbakov an Malenkov vom 24. Februar 1950.

210 CChIDNIKO f. 1, o. 6, d. 1, l. 30 f., Protokoll des Zweiten Parteitages der Kaliningrader VKP(b) vom 10. Februar 1950.

211 CChIDNIKO f. 1, o. 6, d. 26, l. 47, Sitzungsprotokoll des Büros des Gebietsparteikomitees der VKP(b) vom 18. Mai 1950.

212 Das Werk Nr. 820 war allerdings der einzige Betrieb dieser Gattung im Kaliningrader Gebiet (vgl. dazu CChIDNIKO f. 1, o. 6, d. 135, l. 1, Auskunft des Leiters der Abteilung für Partei-, Gewerkschafts- und Komsomolorgane des Gebietsparteikomitees der VKP(b), P. Tiškin vom 14. Mai 1950).

213 CChIDNIKO f. 1, o. 6, d. 54, l. 24, Anlage zum Brief von Ščerbakov und Egorov an Malenkov von ca. Juni 1950 über anstehende Wohnungsbaumaßnahmen für Angehörige verschiedener Industriezweige für 1951.

214 CChIDNIKO f. 1, o. 6, d. 27, l. 188–190, Sitzungsprotokoll des Büros des Gebietsparteikomitees der VKP(b) vom 18. Juli 1950.

ser Zeit bereits die allgemeine Lage der Lebensmittelversorgung; doch mit Wohnraum und Arbeitsfluktuation stand es auch in anderen Teilen der Sowjetunion weiterhin schlecht[215].

Jede durchgreifende Änderung zum Besseren blieb aus. Wie schon sein Vorgänger blieb Werksdirektor Olennikov nicht länger als zwei Jahre im Amt und mußte seinen Posten räumen. Olennikovs Nachfolger, I. Šinkarëv hatte in seiner Zwischenbilanz von August 1950 dramatische Entwicklungen zu vermelden: „In den ersten sieben Monaten wurden 1.123 Personen eingestellt, 1.007 entlassen.“[216] Der Effekt der Neueinstellungen war damit wirkungslos geworden. Wie in all den Jahren zuvor war es auch jetzt nicht gelungen, die Qualifikation der Belegschaft zu steigern: „Ein Großteil der Belegschaft von Arbeitern und Ingenieuren im Werk besitzt keine ausreichende Arbeitserfahrung in der Produktion an sich und besonders im Schiffbau. Mehr als 80 Prozent der Arbeiter benötigen dringend qualifizierter Beobachtung ihrer Arbeit seitens des technischen Personals“, warnte der neue Direktor[217]. Die Personalsituation blieb nicht ohne Auswirkungen auf die Effektivität des Werkes: Der Jahresplan sei im ersten Halbjahr mit 32,2 Prozent untererfüllt worden und damit deutlich unter dem Soll geblieben, teilte zur gleichen Zeit der Abteilungsleiter für Partei-, Gewerkschafts- und Komsomolorgane des Gebietskomitees, P. Tiškin, mit[218]. Hoffnungen, die ergriffenen Maßnahmen würden Wirkung zeigen, wurden am Jahresende enttäuscht: Der Plan war 1950 bei 91,4 Prozent untererfüllt worden[219], und auch die geplante Mitarbeiterzahl von 6.455 laut Jahresbilanz mit 4.648 Personen weit hinter Anforderungen und Erwartungen zurückgeblieben[220]. Die 1.317.000 Rubel, die für die Anwerbung neuen Personals ausgegeben worden waren, hatten sich als Fehlinvestition erwiesen[221].

Insgesamt hatten weder zusätzlicher Wohnraum und verbesserte Wohnbedingungen, noch zusätzliche Parteiarbeit und Direktorenwechsel greifbare Ergebnisse gebracht. Es wurde deshalb auf andere Varianten des Kampfes gegen die Personalfluktuation zurückgegriffen: Mit Hinweis darauf, daß das Werk „seit Dezember 1948 regelmäßig seinen Produktionsplan“ nicht erfülle, wandte sich der Leiter der Abteilung für Schwerindustrie beim Gebietskomitee, A. Nekipelov, am 23. Januar 1951 mit einem Schreiben an das Gebietsparteikomitee; Nekipelov brachte zur Behebung des Mangels an qualifizierten Arbeitskräften „die Versetzung von erfahrenen Ingenieuren, Technikern und qualifizierten Arbeitern aus anderen Werken des Ministerium für Schiffbauindustrie ins Werk Nr. 820“ wieder ins Gespräch[222].

215 Filtzer: Standard (wie Anm. 61), S. 1031.

216 CChIDNIKO f. 1, o. 9, d. 86, l. 55, Bericht von Šinkarëv vom 20. August 1950.

217 Ebd., l. 56.

218 Vgl. dazu CChIDNIKO f. 1, o. 6, d. 135, l. 16, Auskunft des Leiters der Abteilung für Partei-, Gewerkschafts- und Komsomolorgane des Gebietsparteikomitees der VKP(b), P. Tiškin, vom 14. Mai 1950.

219 CChIDNIKO f. 1, o. 9, d. 86, l. 7, Schreiben von Šinkarëv an Ščerbakov vom 24. April 1951.

220 GAKO f. R–293, o. 11, d. 75, l. 7, Jahresbilanz zum 1. Januar 1951.

221 Ebd.

222 CChIDNIKO f. 1, o. 9, d. 86, l. 1.

Quantität statt Qualität favorisierten dagegen der Nachfolger des mittlerweile abgesetzten Gebietsparteisekretärs Ščerbakov, Vasilij Černyšëv, und der Vorsitzende des Kaliningrader Gebietsexekutivkomitees, Egorov, in ihrem Brief an Malenkov in Moskau: „Die Produktionsressourcen des Werkes werden nur zu einem Drittel genutzt. Um die vorhandenen Kapazitäten vollständig zu nutzen, ist es unabdingbar, die Zahl der Arbeiter und des ingenieurtechnischen Personals von 5.000 auf 12.000 zu vergrößern und entsprechend Wohnraum zu schaffen."[223] Mit ebenso großen Schritten müßte auch in den folgenden Jahren vorangegangen werden, wie beide in einem Entwurf für eine Anordnung des sowjetischen Ministerrates deutlich machten. In ihrer Anlage schlugen sie vor, „die Zahl der arbeitenden Personen im Werk Nr. 820 [...] 1952 auf 9.000, 1953 auf 11.000 und 1954 auf 12.000 zu erhöhen". Später zeigte sich, daß nicht einmal die Hälfte der für die Anwerbung neuen Personals vorgesehenen zwei Millionen Rubel 1951 ausgegeben wurde[224].

Die Qualifizierung und zusätzliche Erweiterung der Belegschaft stand offensichtlich außer Frage; dabei waren trotz zahlreicher Beschwerden von verschiedener Seite immer noch keine grundlegenden Verbesserungen der Lebensbedingungen für die Werftarbeiter erreicht. Neben den Wohnheimen fehlte es auch in den Werkskantinen „an unbedingt nötiger Ausstattung und Inventar", wie das Gewerkschaftszentralkomitee der Arbeiter der Schiffbauindustrie in Moskau am 24. März 1951 gegenüber dem Gebietsparteisekretär bemängelte; die Speiseräume „befinden sich in äußerst unhygienischem Zustand. So haben die Kantinen Nr. 2, 5 und 12 keine Kühlschränke, die Ventilation funktioniert nicht, die Heißwasserversorgung stockt, und in der Kantine Nr. 2 gibt es gar kein heißes Wasser, in den Eßsälen ist es kalt."[225] Auch die übrigen Umstände waren prekär: „Das zubereitete Essen schmeckt nicht und ist immer gleichartig. Es gibt Fälle falschen Abwiegens und Abrechnens, von Unfreundlichkeit und Trunkenheit seitens des Bedienungspersonals."[226] Eine solche Mittagspause diente keiner produktiven Erholung der Werksbelegschaft, zumal die Mahlzeiten relativ teuer waren und für Niedriglohnarbeiter (Auszubildende, junge Arbeiter) beinahe ein ganzes Tagesgehalt kosten konnten[227]. Eine Statistik Šinkarëvs von August 1951 illustrierte das Ausmaß der Arbeitskraftfluktuation seit Inbetriebnahme des Werkes sechs Jahre zuvor: Nur zehn Prozent aller Werksangehörigen waren seit dieser Zeit ununterbrochen im Werk tätig gewesen[228].

Unter diesem Phänomen litt zunehmend das Klima unter der Belegschaft: Wenn stets neues Personal in das Werk kam, konnte kein Gemeinschaftsgefühl entstehen. Letzte Stütze einer *corporate identity* war die werkseigene Zeitung; unter dem Titel

223 CChIDNIKO f. 1, o. 9, d. 86, l. 44.
224 GAKO f. R–293, o. 11, d. 99, l. 11.
225 CChIDNIKO f. 1, o. 9, d. 86, l. 33–34.
226 Ebd.
227 Filtzer: Standard (wie Anm. 61), S. 1016.
228 Laut Bilanz zum 1. Januar 1951 waren 4.648 Personen im Werk beschäftigt (GAKO f. R–293, o. 11, d. 75, l. 4); Šinkarëvs Statistik nennt für die Kategorie der länger als fünf Jahre Beschäftigten die Zahl von 471 (CChIDNIKO f. 1, o. 9, d. 86, l. 69, Anlage zum Brief Šinkarëvs an Černysëv vom August 1951).

„Der Werftarbeiter"[229] erschienen regelmäßig für die Belegschaft Berichte und Informationen – bis Dezember 1951. Noch immer war die Werft ein militärstrategisch sensibles Objekt, und das Geheimhaltungsregime galt weiterhin – auch hier überwachte die Kaliningrader Gebietsverwaltung für Literatur- und Presseangelegenheiten als faktische Zensurbehörde den Informationsfluß. Von deren Leiter, F. Ternovoj, erhielt Gebietsparteisekretär Černyšëv kurz vor Jahresende 1951 einen Brief, dessen Inhalt die allgegenwärtige Spionagehysterie der späten Stalinzeit treffend charakterisiert: „Die Werkszeitung der Schiffbauwerkes heißt ‚Der Werftarbeiter', was indirekt auf die Zugehörigkeit zur Schiffbauindustrie verweist, die jedoch zu militärischen Betrieben gerechnet wird. Daraus folgt, daß ‚Der Werftarbeiter' in einem militärischen Betrieb herausgegeben wird. [...] Der Name muß daher geändert werden."[230, 231] Zeitungsnamen und Berufsbezeichnungen galten damit als Staatsgeheimnis und wurden mit einem Bann belegt, wobei das Werksklima – zusätzlich zu den in Kaliningrad allgemein herrschenden Bedingungen – Schaden nahm. Der neue Titel der Zeitung war verallgemeinender und weniger integrativ – er lautete „Vorwärts" [*Vperëd*][232].

„Vorwärts" als Parole hatten sich auch Partei und Werksleitung zu eigen gemacht, um die Produktivität des Werkes auf diesem Gebiet zu steigern, und griffen nun zum Prinzip „Zuckerbrot und Peitsche", indem Säumige bestraft, vorbildliche Arbeiter hingegen belohnt wurden. So berichtete der Abteilungsleiter für Partei-, Gewerkschafts- und Komsomolorgane des Gebietskomitees, P. Tiškin, am 3. Januar 1952: „Die Behandlung von Fällen im Genossengericht hat großen Einfluß auf Verletzer der Arbeitsdisziplin gegenüber dem Staat."[233] Gleichzeitig hatte man damit begonnen, Kandidaten für die Belohnung besonders verdienten Personals auszuwählen; das Büro des Gebietsparteikomitees befaßte sich Mitte März mit dem „Vorschlag der Werksleistung hinsichtlich einer Vorstellung zu Regierungsauszeichnungen von Arbeitern und Angestellten des Werk Nr. 820 für langjährige und tadellose Arbeit in der Schiffbauindustrie"[234]. Die Werksleitung stand unter Druck, da der für die Werft vorgesehene Plan auch in der Folgezeit trotz der vielen Versuche und Maßnahmen nicht erfüllt wurde. Auf dem Dritten Gebietsparteitag Mitte Sepember 1952 übte Werksdirektor Šinkarëv Selbstkritik: „Nur mit ernsthaften Mängeln in wirtschaftlicher und parteilicher Leitung des Werkes kann man vor allem die Nichterfüllung des staatlichen Planes seitens des Werkes von Monat zu Monat, von Jahr zu Jahr erklären"; die seit Jahren gleich bleibenden Personalprobleme

---

229 Russ. „Sudostroitel'".

230 CChIDNIKO f. 1, o. 9, d. 86, l. 177.

231 Die Geheimhaltung des Werkes in der Tagespresse war zuvor schon in der „Neuen Zeit", der Zeitung für die deutsche Gebietsbevölkerung, deutlich geworden: In einem Artikel über deutsche Werftarbeiter wurde das Werk nicht namentlich erwähnt, sondern lediglich umschrieben als Werk, „in dem Gen. Lavrov Direktor ist" (vgl. dazu Anm. 151).

232 Vgl. dazu CChIDNIKO f. 1, o. 13, d. 16, l. 219, Sitzungsprotokoll des Büros des Gebietsparteikomitees der VKP(b) vom 29. Dezember 1953.

233 CChIDNIKO f. 1, o. 11, d. 96, l. 1.

234 CChIDNIKO f. 1, o. 11, d. 14, l. 245, Sitzungsprotokoll des Büros des Gebietsparteikomitees der VKP(b) vom 21. März 1953.

fanden hingegen keine Erwähnung[235]. Um zumindest auf dem Papier den Erfordernissen gerecht zu werden, war bereits im Vorjahr der Beschäftigungsplan um 25 Prozent gesenkt worden: Nur so konnte 1951/52 die Personalsituation den vorgesehen Zahlen entsprechen[236]. Für 1952 aber war der Plan wieder angehoben worden, und die absolute Beschäftigtenzahl sank nun noch zusätzlich[237].

Es erscheint beachtenswert, daß Gebietsparteisekretär Černyšëv nach dem Tode Stalins im März 1953 nun der neuen Führung die Erhöhung der Arbeiterzahlen auf 7.000 meldete – obwohl die altbekannten Probleme weiterhin bestanden, wie Černyšëv selbst einräumte: „Das Werk hat mit ernsthaften Schwierigkeiten aufgrund von Mangel an Wohnraum, unabdingbaren kulturellen und Wohnbedingungen, von Lehr- und Heilanstalten zu kämpfen, ebenso in Folge des Rückstands beim Bau einiger Industrieobjekte. Aus diesen Gründen wird die Produktionskapazität des Werkes nicht vollständig genutzt."[238] Als wolle er die schriftliche Bestätigung dieser Mißstände durch Moskau, drängte er auf die Feststellung derselben per Beschluß durch den sowjetischen Ministerrat[239].

Wie problematisch es im Werk zu dieser Zeit aussah, erwähnte der Gebietsparteisekretär nicht; bei seinem Bericht nach Moskau hielt er sich nicht mit Einzelheiten auf. Die Sicherheitsbehörden vor Ort zeichneten ein drastischeres Bild von der Situation im Werk. Der Leiter der Gebietsverwaltung des Innenministeriums, M. Efimenko, meldete Mitte September 1953 an Černyšëv, seine Behörde habe „eine Reihe von Signalen über äußerst unbefriedigende Zustände im Werk Nr. 820 erhalten": „In den Werkshallen [...] besteht eine große Unterversorgung mit Arbeitskräften, Leute werden tagelang aufgehalten, haben ein niedriges Einkommen, infolge dessen sich Unzufriedenheit breitmacht."[240] Ein großes Problem stelle weiterhin die Arbeitsdisziplin dar, denn „Arbeiter verspäten sich zur Arbeit und verlassen sie zu früh, es gibt Fälle von Trunkenheit während der Arbeitszeit"[241]. Die Folgen der Trunksucht äußerten sich in drastischer Form, wie Efimenko schrieb: „Es gab Fälle von Verbrechen in der Stadt seitens des Werkspersonals. So schlug beispielsweise am 10. Juni 1953 der Werkshallenmeister S*** in betrunkenem Zustand einen Fahrer des Werkes, E***, zusammen. Am gleichen Tag beging ein Maler der Werkshalle Nr. 43, S***, aus familiären Gründen und in betrunkenem Zustand Selbstmord."[242]

---

235 CChIDNIKO f. 1, o. 11, d. 2, l. 278 Protokoll des Dritten Parteitages der Kaliningrader VKP(b) vom 10. Februar 1950.

236 Vgl. dazu für 1950 GAKO f. R–293, o. 11, d. 75, l. 7 (Jahresbilanz zum 1. Januar 1951) sowie für 1951 GAKO f. R–293, o. 11, d. 99, l. 16 (Jahresbilanz zum 1. Januar 1952).

237 Vgl. dazu für 1951 GAKO f. R–293, o. 11, d. 99, l. 16 (Jahresbilanz zum 1. Januar 1952) sowie für 1952 GAKO f. R–293, o. 11, d. 129, l. 25 (Jahresbilanz zum 1. Januar 1953).

238 CChIDNIKO f. 1, o. 13, d. 66, l. 84, Brief von Černišëv an Malenkov und Chruščëv mit einem Entwurf eines Beschlusses des Ministerrates der UdSSR ohne Datum, jedoch kaum früher als August 1953.

239 Ebd., l. 85.

240 CChIDNIKO f. 1, o. 13, d. 83, l. 23.

241 Ebd.

242 Ebd., l. 23 f.; entsprechend der Benutzerordnung des CChIDNIKO sind die Namen hier nicht vollständig wiedergegeben.

Nach diesen Meldungen ließen die positiven Meldungen, die jetzt nach Moskau gingen, aufhorchen; hatte Gebietsparteisekretär Černyšëv noch kurz zuvor über die Unproduktivität der Werft geklagt, meldete er jetzt einen Tag nach der Ernennung Nikita Chruščëvs zum Ersten Sekretär der KPdSU am 13. Oktober 1953 in einem Brief an diesen: „Das Werk Nr. 820 [...] hat nach langer Zeit der Nichterfüllung von Produktionsplänen in letzter Zeit seine Arbeit merklich verbessert."[243] Es entstand beinahe der Eindruck, diese seit langer Zeit ersten Erfolge könnten mit dem Tod Iosif Stalins in Verbindung stehen, indem Černyšëv anmerkte: „Der Plan [...] wird seit März 1953 systematisch übererfüllt. Für diese Zeit erfüllte das Werk ebenso den Plan für die gesamte Bruttoproduktion."[244] Doch selbst wenn der Gebietsparteisekretär sich nicht bloß mit der neuen Moskauer Führung gut stellen wollte und von tatsächlichen erfreulichen Entwicklungen im Werk Nr. 820 berichten konnte, mußte Černyšëv Einschränkungen machen: „Allerdings ruft der Inhalt der Werksabrechnungen eine ernsthafte Gefährdung für die weitere Situation des Werkes inklusive Erfüllung des Produktionsplanes und normaler Versorgung mit Arbeitern hervor."[245]

Die Rückschläge in den vergangenen neun Jahren waren zu groß gewesen, als daß nun alle Fehlentwicklungen auf einmal korrigiert sein konnten.

Anhang

1. Statistiken

Auch bei der Untersuchung von demographischen Vorgängen das Kaliningrader Gebiet betreffend gilt: Mit statistischen Vergleichen bewegt man sich auf sehr dünnem Eis.

Für die Erstellung aller wiedergegebenen Tabellen und Grafiken wurden – wenn nicht anders angegeben – Unterlagen der Gebietsstatistikverwaltung verwandt, die sogenannten „svedenija o peredviženii naselenija po mestu" (ab 1952 nur noch „peredviženie naselenie za [...] god").[246] Diese großformatigen Listen wurden für Kaliningrad, die gesamte städtische Bevölkerung des Gebietes und/oder die entsprechende ländliche Bevölkerung für jedes Jahr erstellt; zuständig für diese Aufgabe war die Kaliningrader Gebietsstatistikverwaltung. Aufgefächert nach Sowjetrepubliken und – bei entsprechender Größe – nach deren Gebieten, verzeichnen diese Dokumente die Zu- bzw. Abwanderung in das Kaliningrader Gebiet bzw. aus dem Gebiet; unterschieden wurde hier jeweils noch nach städtischer oder ländlicher Herkunft bzw. Zielort (prinzipiell ermöglicht diese Erfassung eine noch differenziertere Betrachtung der Herkunft von Neusiedlern; ein solches Vorhaben hätte

243 CChIDNIKO f. 1, o. 13, d. 83, l. 10; die Anlage des Briefes war nicht zur Einsicht freigegeben.
244 Ebd.
245 Ebd.
246 Zu finden unter GAKO f. R–181, o. 2, d. 282, l. 5–8; GAKO f. R–181, o. 3, d. 4, l. 5–10; GAKO f. R–181, o. 5, d. 2, l. 3–7; GAKO f. R–181, o. 5, d. 7, l. 8–13; GAKO f. R–181, o. 7, d. 3, l. 85–92; GAKO f. R–181, o. 9, d. 4, l. 5–8.

jedoch den Rahmen der vorliegenden Arbeit gesprengt). Diese Statistiken wurden ab 1948 geführt (die sog. „Ėšelonnye spiski", auf denen die organisiert anreisenden Neusiedler erfaßt wurden, werfen ein Schlaglicht auf Tendenzen in den Jahren 1946 und 1947); ab 1954 wurde ein neuer Berechnungsmodus der Statistikerstellung zugrunde gelegt, durch den sich Zu- und Abwanderung nicht mehr wie für die Jahre zuvor feststellen lassen. Obwohl das Material durch eine Behörde allein erstellt wurde, stellt es aufgrund des relativ langen Untersuchungszeitraumes und der Mannigfaltigkeit der Erhebungsvarianten keine geschlossene Quelle dar; vielmehr handelt es sich hier um mehrere Quellen, deren Angaben einer gewissen Variation unterliegen und mit entsprechender Vorsicht zu betrachten sind. Die Tabellen und Grafiken zeigen also eher Entwicklungstendenzen auf, als daß ihre Angaben als absolut zu werten sind.

Des weiteren ist Folgendes zu berücksichtigen:

- In etwa gleichzusetzen sind „städtische Neusiedler" mit „Arbeitskräfte für die Industrie" bzw. „ländliche Neusiedler" mit „Arbeitskräfte für die Landwirtschaft";
- alle demographischen Angaben beziehen sich auf Zu- und Abwanderung *innerhalb* der Sowjetunion, d. h. Repatriierte, die aus dem Ausland kamen, fanden hier keine Berücksichtigung (zwar weisen einige Statistiken diese Kategorie auf, doch mußte sie um einer einheitlichen Aussage willen an diesen Stellen unberücksichtigt bleiben);
- Militärangehörige wurden nicht in die Statistiken aufgenommen;
- die Aussiedlung der Deutschen fand ihren Eingang auch in die Zahlen der abreisenden Bevölkerung (vgl. dazu GAKO f. R–181, o. 17, d. 21, l. 5);
- für 1948 konnten nur Zahlen für die Stadt Kaliningrad ermittelt werden (nicht für die gesamte städtische Bevölkerung des Gebietes; markiert mit „*"); Grund hierfür waren große administrative Probleme, wie das Büro des Gebietsparteikomitees am 27. März 1948 feststellte: „Über den Stand der Bevölkerungszahlen im Kaliningrader Gebiet – [...] Ein bedeutender Teil der Stadtbevölkerung des Gebietes lebt ohne polizeiliche Anmeldung. Die Bewegung der Bevölkerung kann nicht rechtzeitig und vollständig festgestellt werden." (CChIDNIKO f. 1, o. 2, d. 12, l. 91);
- gar keine Zahlen lagen für die ländliche Bevölkerung für das 1949 vor; hier sind die angegebenen Werte aus denen von 1948 und 1950 gemittelt (markiert mit „**").

2. Unveröffentlichte Quellen

2.1 Staatsarchiv des Kaliningrader Gebietes [Gosudarstvennyj Archiv Kaliningradskoj Oblasti; GAKO]:

- f. R–20 (persönlicher Fond Ė. Kolganovas [KOLGANOVOJ: ĖNERGIJA MAKAR'EEVNA [1925 g.], kandidat istoričeskich nauk, staršij prepodavatel', zav.

kafedroj Kaliningradskogo Pedagogičeskogo Universiteta, IVAN PAVLOVIČ [1919–1974 gg.] istorik, kraeved]);
- f. R–181 (Statistikverwaltung des Kaliningrader Gebietes der Zentralen Statistikverwaltung Gosplan beim Ministerrat der UdSSR [Statističeskoe Upravlenie Kaliningradskoj Oblasti Central'nogo Statističeskogo Upravlenija Gosplana pri Sovmina SSSR]);
- f. R–183 (Kaliningrader Gebietsabteilung zur Verwendung von Arbeitsressourcen [Kaliningradskij Oblastnoj Otdel po Ispol'zovaniju Trudovych Resursov. Kaliningradskogo Oblispolkoma]);
- f. R–232 (Verwaltung zum Schutz von Staatsgeheimnissen in der Presse [Kaliningradskoe Oblastnoe Upravlenie po Ochrane Gosudarstvennych Tajn v Pečati];
- f. R–265 (Verwaltungen für Zivilangelegenheiten der Gebietskreise: Sovetsker Kreis [Ragniter Kreis] [Upravlenija po Graždanskim Delam Rajonov Oblasti: Sovetskogo [Ragnitskogo]]);
- f. R–293 (Staatliches Unionswerk Nr. 820 [Gosudarstvennyj Sojuznyj Zavod No. 820]);
- f. R–298 (Verwaltung für Zivilangelegenheiten des Kaliningrader Gebiets [Upravlenie po Graždanskim Delam Kaliningradskoj Oblasti]);
- f. R–332 (Übergangsverwaltung für Zivilangelegenheiten beim Militärrat des Sondermilitärbezirkes [Vremennoe Upravlenie po Graždanskim Delam pri Voennom Sovete Osobogo Voennogo Okruga]);
- Photokatalog des GAKO (Einträge f. 0-xxxx).

2.2 Zentrum für Archivierung und Erforschung von Dokumenten der Neuesten Geschichte des Kaliningrader Gebietes [Centr Chranenija i Izučenija Dokumentov Novejščej Istorii Kaliningradskoj Oblasti; CChIDNIKO]:

- f. 1 Gebietsparteikomitee der KPdSU [Obkom KPSS]).

2.3 Staatsarchiv der Russischen Föderation [Gosudarstvennyj Archiv Rossijskoj Federacii; GARF]:

- f. 9478 (Hauptverwaltung des Innenministeriums der UdSSR für den Kampf gegen das Banditentum [Glavnoe upravlenie po bor'be s banditismom Ministerstva vnutrennych del SSSR. 1938–1950]).

Berichte und Forschungen 11 (2003), S. 47–58.

Miroslava Kyselá

Die regionale deutsche Presse in Mährisch-Ostrau

Die Stadt Mährisch-Ostrau/Ostrava hatte keine besondere Bedeutung für das Land bis zur Entdeckung der Kohle am Ende des 18. Jahrhunderts. Im 19. Jahrhundert wurde Mährisch-Ostrau intensiv industrialisiert: Als bedeutende wirtschaftliche Faktoren erwiesen sich neben dem Kohlebergbau der Maschinenbau, die Eisen- und Chemie-Industrie sowie der Eisenbahnverkehr.

Im 19. Jahrhundert erlebte Mährisch-Ostrau einen enormen Zuwachs an Einwohnern, gleichsam eine Bevölkerungsexplosion. Die Entwicklung der unbedeutenden Stadt zu einer modernen industrialisierten Großstadt von europäischem Rang fällt in die Zeit von 1830 bis 1880. Die Nationalitätsstruktur der ursprünglich tschechischen Stadt wurde wesentlich verändert. Es entwickelte sich hier eine tschechisch-, slowakisch-, polnisch- und vor allem deutschsprachige Bevölkerung. Die meisten Juden betrachteten Deutsch als ihre Muttersprache.

Von Anfang an war das Pressewesen ein wichtiger Teil der Verlagstätigkeit in Mährisch-Ostrau. Es erschienen:

- allgemein-informative Zeitungen,
- Zeitschriften mit einer speziellen Thematik (Fach-, Jugend-, kulturelle, religiöse u. a. Zeitschriften),
- amtliche Zeitschriften,
- selbständige Beilagen,
- mehrsprachige Zeitschriften,
- Kalender.

1. Die Entwicklung der deutschen Presse in Mährisch-Ostrau vor dem Ersten Weltkrieg

Als erste deutsche Zeitung erschien ab dem Jahre 1875 der „Lokalanzeiger für Mährisch-Ostrau und Umgebung“, der am 1. und 15. jeden Monats herausgegeben wurde. Er hatte eine Beilage, die „Flugblätter des allgemeinen österreichischen Flugschriften-Vereines für Aufklärung und Volksbildung“. Dieses gemäßigt fortschrittliche Blatt reflektierte und analysierte die politische Situation in Mährisch-Ostrau und stand dem Klerus und dem Kapital kritisch gegenüber. Aus Mangel an Abonnenten wurde das Blatt nach drei Jahren eingestellt.

Im Jahre 1876 folgte der „Mährisch-schlesische Grenzbote“. Diese Zeitung wurde jeden Sonntag in einer Auflage von 2.000 Stück herausgebracht. Den Inhalt bildeten vor allem Lokalnachrichten und Inserate. In nationaler Hinsicht war die Zeitung tolerant und erfreute sich der Unterstützung der Stadtbehörden. Seit 1879 erschien der „Mährisch-schlesische Grenzbote" auch donnerstags. Im Jahre 1901 wurde das Blatt vom Chefredakteur E. Heblig in „Ostrauer Tagblatt" umbenannt und erschien fortan täglich, außer an Sonn- und Feiertagen. Heblig verkaufte die Zeitung an Julius Kittl. Dieser hatte 1883 seine Buchdrucklizenz erworben und gab die Blätter „Ostrauer Zeitung" (ab 1890) und „Ostrauer Tagblatt" (ab 1901) heraus. Die „Ostrauer Zeitung" erschien donnerstags und sonntags. Verantwortlicher Redakteur war eine in Mährisch-Ostrau bekannte Persönlichkeit: Franz Wattolik. Es herrschte ein gutes Einvernehmen mit dem Ostrauer Rathaus. Als Beilage der Zeitung wurde auf Kosten des Rathauses das deutsche und tschechische „Amtsblatt der Gemeinde Mährisch-Ostrau – Úřední noviny města Moravské Ostravy" herausgegeben. Seit 1920 erschien die „Ostrauer Zeitung" täglich, seit 1923 auch abends, also zweimal täglich: als „Morgenausgabe" und als „Abendausgabe". In den Jahren 1925–1937 enthielt sie die Beilage „Kinderzeitung von Onkel Max". Im Jahre 1939 wurde sie in „Völkisches Abendblatt" umbenannt.

In Kittls Verlag erschien ab 1886 das Monatsblatt „Philatelistischer Börsen-Courier", ab 1891 zweimal pro Monat. Sein Herausgeber war der Offizial der Nordeisenbahn Karl Sauer; ab 1892 übernahm Julius Kittl selbst die Redaktion.

Am Ende des 19. Jahrhunderts beunruhigte die Fabrikanten die wachsende sozialistische Arbeiterbewegung. Deshalb wurde nach Wiener Vorbild auf Initiative des Direktors des Eisenwerks Witkowitz, Paul Kupelwieser, in Mährisch-Ostrau ein Arbeiterbildungsverein gegründet. Auf Kosten des Eisenwerks wurde eine antisozialistische Bildzeitschrift „Arbeiterfreund" jeden zweiten Sonntag herausgegeben. Sie erreichte jedoch keine große Popularität. Die deutschen Arbeiter im Eisenwerk Witkowitz gründeten den Deutsch-sozialen Verein und begannen im Jahre 1911, das Blatt „Deutsches Mahnwort" herauszugeben. Auch dieses Blatt wurde mangels Nachfrage bald eingestellt. Ein Jahr später gründeten die sozialdemokratischen Arbeiter das „Ostrauer Volksblatt".

An der Wende vom 19. zum 20. Jahrhundert erlebte die deutsche Presse in Mährisch-Ostrau einen erheblichen Aufschwung. Sie konzentrierte sich auf Politik, Kultur und auf das Interesse der verschiedenen gesellschaftlichen Gruppen. 1899/1900 erschien – freilich nur ein Jahr lang – zweimal pro Monat die Zeitschrift „Weltverkehr", die dem Handel und Reiseverkehr gewidmet war. Als langlebiger erwies sich „Das freie Blatt", eine Monatszeitschrift für Politik, Wirtschaft und Handel, die von 1904 bis 1914 erschien.

Im Jahre 1885 wurde das Deutsche Stadttheater in Mährisch-Ostrau gegründet, das sich zuerst im Deutschen Haus befand. Im Jahre 1907 wurde ein neues Theatergebäude zur Verfügung gestellt. Dieses Ereignis zog die Gründung des Blatts „Der Schürfer" nach sich. Seit 1907 war Sigmund Reis dessen Herausgeber und Redakteur. Von 1911 an enthielt der „Schürfer" auch die Beilage „Mitteilungen des Museums für Kunst, Industrie und Gewerbe im Ostrau-Karwiner Revier". Redakteur dieser Beilage war ein Lehrer des deutschen Gymnasiums, Dr. Rudolf Prisching. Seit 1913 wurde diese Beilage dann als selbständige Zeitschrift unter dem Titel „Nachrichten des Museums für Kunst, Industrie und Gewerbe im Ostrau-Karwiner Revier" herausgegeben. „Der Schürfer" erhielt im gleichen Jahr den neuen Namen „Mährisch-Ostrauer illustrierte Theaternachrichten". Diese „Theaternachrichten" redigierte J. Beschliessmayer, Herausgeber war Julius Kittl. Die Zeitung konzentrierte sich auf Theaterkunst und Musik; sie gehörte zu den Ostrauer Zeitschriften mit dem höchsten Niveau. Im Jahre 1917 wurde die Zeitschrift erneut umbenannt – in „Theaterzettel". Der „Theaterzettel" erschien täglich und veröffentlichte Theaterprogramme, Inserate und Fahrpläne. Die Redaktion übernahm der Theaterdirektor Wilhelm Popp; im November 1918 wurde die Zeitschrift eingestellt.

Der Prager Verleger Wilhelm Mercy gab ab September 1913 die „Oesterreichische Morgenzeitung und Handelsblatt" heraus. Diese Zeitung übernahm nach dem Krieg die Zeitungsverlags- und Druckindustriegesellschaft Julius Kittls Nachfolger, Keller & Co., in Mährisch-Ostrau und führte sie unter dem Titel „Morgenzeitung und Handelsblatt" (mit der Beilage „Der kecke Kiebitz") weiter. In der Redaktion waren ausgezeichnete Journalisten und Mitarbeiter tätig, u. a. Erich Walter Czech, August Sauer, Karl Kuntschek oder der spätere Redakteur der „Prager Presse" Wilhelm von Neffzern. Ab 1934 erschien die Zeitung als „Morgenzeitung", im Jahre 1939 als „Völkisches Tagblatt".

Seit 1916 gab der Katechet der deutschen Schulen Alois Schammel in Witkowitz fünfmal pro Monat die belehrende und unterhaltende Zeitschrift „Witkowitzer Hausblätter" heraus. In den Jahren 1917 bis 1923 erschien das Blatt monatlich zweimal.

Im Jahre 1903 erschien die „Gendarmerie-Zeitung", die den Interessen der Polizei gewidmet war. Das Blatt wurde dreimal pro Monat gedruckt; Chefredakteur war Felix Drexler aus Krakau.

Zu den langlebigen amtlichen Blättern gehörte das „Amts-Blatt der Bezirkshauptmannschaften und der Bezirksschulräthe in Mährisch-Ostrau und Mistek". Es wurde seit 1896 von der Bezirkshauptmannschaft herausgegeben. Nach mehrmaligem Titelwechsel erschien es ab 1928 als „Amtsblatt der Bezirksbehörde in Mährisch-Ostrau". Von Anfang an wurde dieses Blatt parallel in tschechischer Sprache herausgegeben, unter dem Titel „Úřední list okresních hejtmanství a okresních školních rad v Moravské Ostravě a Místku".

Der Erste Weltkrieg und die Zensurpflicht wirkten sich ungünstig auf das Pressewesen aus, viele Periodika stellten aufgrund finanzieller Schwierigkeiten ihr Erscheinen ein oder wurden behördlich verboten.

2. Die Entwicklung der Ostrauer Presse in der Tschechoslowakischen Republik

Nach dem Ersten Weltkrieg expandierte die Produktion von Presseerzeugnissen, und es wurden neue Verlage gegründet. In den 30er Jahren waren in Mährisch-Ostrau 105 Verlage tätig.

Im Jahre 1930 lebten in Mährisch- und Schlesisch-Ostrau 125.304 Einwohner, im Ballungsraum Ostrau 220.026, davon in der Stadt 21.753 Deutsche, im Ballungsraum 24.697. In der Stadt lebten 2.267 – mehrheitlich deutsch sprechende – Juden, im Ballungsraum 2.648. (In Mährisch-Ostrau und Umgebung lebten insgesamt etwa 10.000 Juden; sie konnten sich zu verschiedenen Nationalitäten und zu verschiedenen Religionen zugehörig erklären, was der Verfassung der Tschechoslowakei entsprach. Zur jüdischen Religion bekannten sich 6.865 Einwohner.)

In der Ersten Tschechoslowakischen Republik wurden drei politische und elf unabhängige überparteiliche Zeitungen und Zeitschriften in deutscher Sprache herausgegeben, neben zahlreichen amtlichen – mehrsprachigen – Vereins-, Industrie-, Bergbau- und anderen Periodika.

Seit dem 1. Januar 1919 erschien das „Jüdische Volksblatt", das die kulturellen, nationalen und wirtschaftlichen Interessen der jüdischen Bürger vertrat. Es war für die Juden in der Tschechoslowakei und in Galizien bestimmt und wurde zweimal wöchentlich im Jüdischen Verlag herausgegeben. Chefredakteur war Hugo Herrmann, der spätere Rektor der Hebräischen Universität in Jerusalem. Seit 1922 wurde dieses Blatt in Prag unter dem Titel „Selbstwehr" publiziert (bis 1939).

Ab 1928 erschienen einmal pro Monat die tschechisch-deutschen „Zprávy – Nachrichten" mit zionistischer Ausrichtung. Sie wurden im Verlag Julius Kittls Nachfolger veröffentlicht und von Franz Kohn redigiert.

Vor dem Ersten Weltkrieg wurde in Troppau das Blatt „Deutsche Post" herausgegeben; nach dem Krieg zog die Redaktion nach Mährisch-Ostrau um, und hier erschien die Zeitung unter dem Titel „Ostrauer Deutsche Post". Das Blatt diente als Organ der nationalen und national-sozialen Partei. Im Jahre 1934 wurde es behördlich verboten; es erschien dann weiter unter dem Namen „Neues Tagblatt für Schlesien und Nordmähren". Neben der „Ostrauer Zeitung" und der „Morgenzeitung und Handelsblatt" war dies die einzige politische Tageszeitung in Mährisch-Ostrau.

In den Jahren 1939–1945 gab man im Verlag Böhmisch-mährische Verlags- und Druckerei Ges. m. b. H. das Tageblatt „Mährisch-schlesische Landeszeitung" als Ersatz für die eingestellten Tageszeitungen „Ostrauer Zeitung" und „Morgenzeitung" heraus.

Manche Zeitungen und Zeitschriften hatten nur eine kurze Lebensdauer. So erschien z. B. die unpolitische „Illustrierte Woche", von Emil Bogdal verlegt, nur eineinhalb Jahre – vom 15. Juli 1926 bis Dezember 1927. In der gleichen Zeit gab E. Bogdal auch das Wochenblatt „Mährisch-schlesische illustrierte Welt" heraus. F. Knapp, Inhaber eines Bankhauses, veröffentlichte vom 15. April 1927 bis Juni 1929 das deutsch-tschechische Monatsblatt „Knapps Glückszeitung – Knappovy noviny štěstí".

In Mährisch-Ostrau und der Region befanden sich unter den Arbeitern der Eisenwerke und Berggruben viele Sympathisanten der linksgerichteten Parteien. Es gab mehrere politische sozialdemokratische und kommunistische Zeitschriften. Der sozialdemokratische Verein für den Mährisch-Ostrauer Bezirk gründete im Jahre 1912 das Wochenblatt „Ostrauer Volksblatt". Es wurde zuerst im Verlag Wilhelm Niessner in Brünn herausgegeben, seit 1917 im Verlag Josef Herrmann in Mährisch-Ostrau. Ab März 1921 erschien das Blatt – täglich – unter dem Titel „Der Kampf", nun als Organ der Kommunistischen Partei der Tschechoslowakei, Sektion der Kommunistischen Internationale. Ein Jahr später wurde die Redaktion nach Reichenberg verlegt. An die Jugend wandte sich das kommunistische Wochenblatt „Komsomoletz", von dem nur zwei Nummern – im Dezember 1925 und im Januar 1926 – herausgegeben wurden.

Als die langlebigste sozialdemokratische Zeitung erwies sich die „Volkspresse". Sie erschien in den Jahren 1904–1938 und war für den Wahlkreis Mährisch-Ostrau – Troppau bestimmt.

Im Industriegebiet Mährisch-Ostrau waren selbstverständlich viele Periodika auf die Interessen der Industrie, des Handels und verschiedener Berufsgruppen ausgerichtet. Der Verein der deutschen Verwaltungsbeamten des Bergbaus gab in den Jahren 1920–1921 und noch einmal im Jahre 1926 die Zeitschrift „Hammer und Schlägel" heraus. Im Verlag J. Kittls Nachfolger erschien im Jahr 1938 die Monatsschrift für die Geschäfts- und Steuerpraxis „Die Evidenz. Mitteilungen"; sie war das Monatsblatt der Ortsgruppe des Deutschen Handels- und Angestelltenverbands in Mährisch-Ostrau und wurde in den Jahren 1928–1938 in einem eigenen Verlag publiziert. Der Polytechnische Verein in Mährisch-Ostrau organisierte die Herausgabe der „Mitteilungen des Polytechnischen Vereins in der Čechoslowakischen Republik". Das Monatsblatt erschien regelmäßig von 1921 bis 1928, danach unregelmäßig und wurde im Jahre 1940 auf behördliche Anweisung eingestellt. Das Halbmonatsblatt „Tschechoslowakischer Industriemarkt" informierte in den Jahren 1925–1940 über die Verhältnisse in der Schwerindustrie, aktuelle Preise und Marktperspektiven. In den Jahren 1940–1944 wurde das Monatsblatt „Witkowitzer Werksruf. Blätter für die Gefolgschaft der Witkowitzer Eisenwerke und Gruben" im Verlag Eisenwerk Witkowitz herausgegeben.

Eine Rarität ist das Monatsblatt für Kaminfeger. Von 1921 bis 1936 erschien es unter dem Titel „Das Rauchfangkehrergewerbe" und wurde dann in „Kaminfegergewerbe. Organ für Gesamtinteressen der Rauchfangkehrermeister und deren Angehörigen im čechoslowakischen Staate" umbenannt; es existierte bis 1938.

Als erste kulturelle Zeitschrift wurde die Halbmonatsschrift für Theater, Kunst und Literatur „Maske" herausgebracht. Unter der Redaktion von Otto Hilf erschienen nur sieben Nummern von Dezember 1919 bis Januar 1920. Ignaz Buchsbaum gab von April 1933 bis Dezember 1937 die Vierteljahresschrift „Literarische Kurzberichte" mit dem Untertitel „Kritische Zeitschrift für Neuerscheinungen auf dem Gebiete der Literatur und Kunst" heraus. Diese Zeitschrift brachte vor allem Rezensionen von Büchern, die in Mährisch-Ostrau erschienen waren und von den lokalen kulturellen Ereignissen handelten.

Der Zeitungsverlag J. Kittls Nachfolger, Keller & Co., gab in den Jahren 1926–1939 die Halbmonatsschrift „Literarischer Anzeiger der Buchhandlung Jul. Kittls Nachfolger" heraus, die über die eigene Buchproduktion informierte.

Der Bildung, besonders dem Erwerb der tschechischen Sprache, waren mehrere Zeitschriften gewidmet. Ignaz Buchsbaum gab in seinem Verlag 1931–1938 das Monatsblatt „Ich lerne spielend tschechisch" mit dem Untertitel „Lustige Sprachzeitschrift" heraus. Mit dem gleichen Untertitel erschienen unter seiner Redaktion auch die Monatsblätter „Tschechisch für Anfänger" (1928–1931) und „Tschechisch für Fortgeschrittene" (1929–1931). Buchsbaum war auch Redakteur und – in den Jahren 1930–1933 – Herausgeber der „Quelle des Wissens. Monatsschrift für Selbstbildung und Selbsterziehung".

In der ersten Hälfte des 20. Jahrhunderts wurde der Sport zur Mode. In Mährisch-Ostrau wurden damals verschiedene Sportvereine gegründet und viele Sportveranstaltungen organisiert. Neben den regelmäßigen Sportrubriken in den Tageszeitungen wurden Sportblätter herausgegeben, die nicht nur aktuelle Sportereignisse behandelten, sondern auch Angelegenheiten der Verwaltung und Organisation.

Der Versuch, eine „Sport-Revue" herauszugeben, scheiterte. Im Verlag Albert Klein erschienen 1920 nur drei Nummern dieser Wochenschrift für den gesamten Sport. Noch kurzlebiger waren die „Mitteilungen des Deutschen Sportvereines Witkowitz", die 1926 nur einmal erschienen. Der Verein Touring-Club gab in den Jahren 1927–1930 unter der Redaktion von Roland Wechsberg „Mitteilungen des Touring-Clubs" heraus. Die Monatsschrift „Moto-Auto-Sport" erschien seit 1931 unter der Redaktion von J. Sýkora auf tschechisch und deutsch als offizielles Organ des Auto-Moto-Klubs in Mährisch-Ostrau.

Nie genug Abonnenten fanden die religiösen Zeitschriften. Sie waren entsprechend kurzlebig. In den Jahren 1933–1935 erschien „Evangelisches Leben. Eine Monatsschrift für Glaube, Volkstum und Kultur für die deutschen evangelischen Gemeinden in den Sudetenländern". Das „Kirchenblatt der römisch-katholischen Pfarrgemeinde Mährisch-Ostrau, Witkowitz und Umgebung" brachte es im Jahre 1931 nur auf drei Ausgaben und erschien danach unregelmäßg.

Die Redaktion des Tageblattes „Morgenzeitung und Handelsblatt" brachte in den 30er Jahren die „Morgenzeitung – Familienkalender" heraus, in einer Auflage von 45.000 Exemplaren. Bemerkenswert war im Jahre 1928 der Versuch, einen dreisprachigen Kalender zu publizieren. Er erschien unter dem Titel „Gewerk. Jahrbuch" im Verlag E. Riedel in deutscher, polnischer und tschechischer Sprache – ergänzend hierzu das „Arbeiter Liederbuch – Spiewnik Robotniszy – Dělnický zpěvník".

*

Die Blätter „Ostrauer Zeitung" und „Morgenzeitung und Handelsblatt" verhielten sich gegenüber der Tschechoslowakischen Republik sehr loyal und identifizierten sich mit der tschechoslowakischen Nation. Die „Ostrauer Deutsche Post" war deutsch-national orientiert, was sich in den 30er Jahren zuspitzte und sie mit den Behörden in Konflikt geraten ließ.

Die Tageszeitung der 40er Jahre, die „Mährisch-schlesische Landeszeitung", war durch die nationalsozialistische Ideologie geprägt.

Während viele deutsche Periodika in der Tschechoslowakei schon seit den 20er Jahren in lateinischer Schrift gedruckt wurden, behielten die Ostrauer Tageblätter noch in den 30er Jahren die deutsche Druckschrift bei.

Die Ostrauer Presse bediente sich in der Regel einer kultivierten deutschen Sprache und spiegelte das Leben der Stadt und der Region in seiner ideologischen, politischen, kulturellen und sprachlichen Vielfalt. Die Periodika vermittelten so ein anschauliches und plastisches Bild der Zeit. Die Entwicklung der deutschen Presse in Mährisch-Ostrau wurde nach dem Zweiten Weltkrieg unterbrochen und fand bislang keine Fortsetzung.

3. Quellen und Forschungen

Bibliographische Informationen über die regionale Presse in Mährisch-Ostrau bieten vor allem:

- Jaromír Kubíček: Bibliografie novin a časopisů na Moravě a ve Slezsku v letech 1918–1945 [Bibliographie der Zeitungen und Zeitschriften in Mähren und Schlesien in den Jahren 1918–1845]. SVK Brno 1989 [im folgenden: Kub] und
- Milada Wurmová: Soupis moravských novin a časopisů z let 1848–1918 [Verzeichnis der mährischen Zeitungen und Zeitschriften aus den Jahren 1848–1918]. KN Brno 1955 [im folgenden: Wur].

Die regionalen Zeitungen und Zeitschriften sind vorwiegend in der Universitätsbibliothek in Olomouc/Olmütz [UKOl], in der Staatlichen wissenschaftlichen Bibliothek in Olomouc/Olmütz [SVKOl] und im Stadtarchiv Ostrava/Mährisch-Ostrau [AMO] aufbewahrt.

Die nachfolgende Bibliographie umfaßt die Zeitungen und Zeitschriften von 1875 (Erscheinungsjahr der ersten Ostrauer Zeitung) bis 1945 (Ende der deutschen Presse in Mährisch-Ostrau).

4. Bibliographie

1. Amtsblatt der k. und k. Bezirkshauptmannschaft und des k. k. Bezirksschulrates für den Landbereich Mähr.-Ostrau und Mistek
Mistek, 1896–1918
Wur
UKOl

Amts-Blatt der politischen Bezirksverwaltungen und der Bezirksschulräthe in Mährisch-Ostrau und Mistek
Jg. 26, Jan. 1921 – 28. Okt. 1923
Monatsblatt

Amts-Blatt der politischen Bezirksverwaltungen und der Bezirksschul-Ausschüsse in Mährisch-Ostrau und Mistek
Jge 28–29, Nov. 1923 – Dez. 1924
Monatsblatt

Amts-Blatt der politischen Bezirksverwaltung und Bezirksschul-Ausschusses in Mähr.-Ostrau
Jge 30–33, Jan. 1925 – Nov. 1928
Monatsblatt
Kub
UKOl

2. Anzeiger des Revierrates in Mähr.-Ostrau
M.-Ostrau, Jge 1–12, 3. März. 1921 – 21. Dez. 1932
Halbmonatsschrift
Kub
AMO, SVKOl

3. Der Arbeiterfreund. Wochenblatt zur Unterhaltung und Belehrung für Arbeiter und deren Familien
Mähr.-Ostrau, 23. Dez. 1883 – 1893
Wochenblatt, ab 1886 Halbmonatsblatt
Wur
AMO, UKOI

4. Arbeiterwille
M.-Ostrau, 1. Febr. 1921 – 1. Mai 1922
Dreimal wöchentlich
Red.: Josef Hermann
Kub
Nicht vorhanden

5. Der bolschewistische Funktionär. Mitteilungsblatt des Ausschusses des 18. Kreises der KPČ
1927
Monatsblatt, fünf Nummern erschienen
Kub
Archiv Opava/Troppau

6. Deutsche Grenzwacht. Unabhängiges deutsch-völkisches Wochenblatt
Mähr.-Ostrau, Sept. 1897 – 30. Dez. 1897
Wochenblatt, vier Nummern erschienen
Wur
UKOl

7. Deutsches Mahnwort
M.-Ostrau – Oderfurt, 1911
Zwei Nummern erschienen
Wur
Nicht vorhanden

8. Deutsches Witkowitzer Wochenblatt
M.-Ostrau – Witkowitz, 25. März 1899 – 13. Jan. 1900
Wochenblatt
Wur
UKOl

9. Das freie Blatt
M.-Ostrau, 19. Nov. 1904 – Mai 1905
Wochenblatt
Wur
UKOI

10. Evangelisches Leben. Eine Monatsschrift für Glaube, Volkstum und Kultur für die deutschen evangelischen Gemeinden in den Sudetenländern
Okt. 1934 – Dez. 1935
Monatsblatt
Hg.: Arpad Boser, Adolf Jensch
Kub
SVKOl

11. Gendarmerie-Zeitung
M.-Ostrau, 14. Okt. 1903 – 15. Nov. 1903
(weiter in Krakau)
Dreimal monatlich
Wur
Nicht vorhanden

12. General-Anzeiger
M.-Ostrau, Sept. 1912 – Febr. 1913
Wochenblatt
Wur
UKOl

13. General-Anzeiger für Handel, Verkehr, Industrie und Technik, Vergnügungen und Theater, Stellenanzeiger
M.-Ostrau, 7. Sept. 1912 – Okt. 1912
Wochenblatt
Beilage: Ostrauer Fliegende
Wur
Nicht vorhanden

14. Hammer und Schlägel. Fachblatt des Verbandes der Bergbau- und Hüttenangestellten
M.-Ostrau, 1920/21, 1926
Monatsblatt
Kub
Archiv in Brünn, Prag

15. Hechalus
M.-Ostrau, 1930
Monatsblatt, drei Nummern erschienen
Kub
Nicht vorhanden

16. Ich lerne spielend Tschechisch. Lustige Sprachzeitschrift
M.-Ostrau, 1931–1938
Monatsblatt
Verlag: I. Buchsbaum
Kub
Wissenschaftliche Bibliothek Brünn

17. Illustrierte (Mährisch-)Ostrauer Theaternachrichten
M.-Ostrau, 1913–1914
Wochenblatt
Wur
Nicht vorhanden

18. Illustrierte Woche
M.-Ostrau, 15. Juli 1926 – Dez. 1927
Wochenblatt
Verlag: Emil Bogdal
Kub
Nicht vorhanden

19. Jüdisches Volksblatt. Nationaldemokratisches Organ
M.-Ostrau, 10. Jan. 1919 – 31. Dez. 1921
Zweimal wöchentlich
Ab 6. Jan. 1922 in Prag als „Selbstwehr" erschienen
Jüdischer Verlag
Kub
Universitätsbibliothek Prag

20. Kameradschaftsblatt. Zeitschrift des Mährisch-Schlesischen Landesbundes der Unterstützungsvereine gedienter Soldaten mit dem Sitze in M.-Ostrau
M.-Ostrau, 15. Okt. 1924 – Dez. 1931
Monatsblatt
Kub
UKOl

21. Kirchenblatt der römisch-katholischen Pfarrgemeinde M.-Ostrau, Witkowitz und Umgebung
M.-Ostrau, 1. Jan. 1931 – 1. März 1931
Monatsblatt, danach unregelmäßig
Kub
UKOl

22. Knapps Glückszeitung – Knappovy noviny štěstí
M.-Ostrau, 15. April 1927 – Juni 1929
Monatsblatt.
Hg.: F. Knapp
Kub
Archiv Brünn

23. Komsomoletz. Organ der bolschewistischen Jugendschulen
M.-Ostrau, 26. Dez. 1925 – 10. Jan. 1926
Wochenblatt
Kub
Nicht vorhanden

24. Literarische Kurzberichte. Kritische Zeitschrift für Neuerscheinungen auf dem Gebiete der Literatur und Kunst
M.-Ostrau, April 1933 – Dez. 1937
Vierteljahresblatt
Verlag: I. Buchsbaum
Kub
Wissenschaftliche Bibliothek Brünn

25. Literarische Monatsschrift für Ingenieur-, Berg- und Hüttenkunde
M.-Ostrau, 1890

Monatsheft
Wur
Nicht vorhanden

26. Literarischer Anzeiger der Buchhandlung Jul. Kittls Nachfolger
M.-Ostrau, 25. Sept. 1926 – 27. Mai 1939
Halbmonatsblatt
Kub
Staatsbibliothek Prag

27. Lokalanzeiger für Mährisch-Ostrau und Umgebung
M.-Ostrau, 17. Dez. 1875 – 1. März 1878
Halbmonatsschrift
Wur
AMO, UKOI

28. Mährisch-schlesischer Grenzbote
M.-Ostrau, 3. Dez. 1876 – Dez. 1900
Dann Ostrauer Tagblatt. Organ für Mähr.-Ostrau und Witkowitz, Oderfurt und Umgebung
M.-Ostrau, 2. Jan. 1901 – Juli 1908
Tageblatt
Wur
AMO, UKOl

29. Mährisch-schlesischer Grenzbote
M.-Ostrau, Juli 1908 – 1914
Halbmonatsschrift
Wur
AMO, UKOI

30. Mährisch-schlesische Landeszeitung
M.-Ostrau, 1939–1945
Tageblatt
Böhmisch-Mährische Verlags- u. Druckerei Ges. m. b. H.
Kub
AMO, UKOl

31. Mährisch-schlesischer Realitäten und Geschäftsanzeiger
M.-Ostrau, seit April 1913
Halbmonatsschrift
Wur
Nicht vorhanden

32. Die Maske. Halbmonatsschrift für Theater, Kunst und Literatur
M.-Ostrau, 15. Sept. 1919 – 10. Jan. 1920
Halbmonatsblatt
Verlag: O. Hilf
Kub
AMO, UKOl

33. Merkantil
M.-Ostrau, 1. Jan. 1922 – 21. April 1922
Monatsblatt
Verlag: T. Beneš
Kub
Nicht vorhanden

34. Mitteilungen. Zeitschrift der Ortsgruppe Mähr.-Ostrau des D. H. V.
M.-Ostrau, 19. Sept. 1928 – Sept. 1938
Monatsblatt
Kub
Archiv Brünn

35. Mitteilungen des Deutschen Sportvereins Witkowitz
M.-Ostrau, 15. März 1926
Unregelmäßig
Kub
UKOl

36. Mitteilungen des Polytechnischen Vereines in der Čechoslowakischen Republik
M.-Ostrau, 1921–1928 regelmäßig, bis 1940 unregelmäßig
Monatsblatt
Verlag: Polytechnischer Verein
Kub
Archiv Prag

37. Mitteilungen des Touring-Club
M.-Ostrau, 1927–1930
Monatsblatt
Kub
Nicht vorhanden

38. Morgenzeitung und Handelsblatt
M.-Ostrau, 1903–1939 (1913–1917 als Oesterreichische Morgenzeitung und Handelsblatt)
Tageblatt
Böhmisch-Mährische Verlags- und Drukkereigesellschaft
Wur, Kub
AMO, UKOI

39. Nachrichten des Museums für Kunst, Industrie und Gewerbe im Ostrau-Karwiner Revier

M.-Ostrau, 1913–1914
Wochenblatt
Wur
Nicht vorhanden

40. Neue Illustrierte
M.-Ostrau, 15. Juli 1926 – Dez. 1929
Wochenblatt
Verlag: Emil Bogdal
Kub
Archiv Brünn

41. Neueste Nachrichten
M.-Ostrau, ab Nov. 1916
Tageblatt
Wur
UKOl

42. Ostrauer Deutsche Post
M.-Ostrau, 30. Okt. 1922 – 31. Dez. 1933
Tageblatt
Verlag: A. Drechsler, Opava (Troppau)
Kub
AMO

43. Ostrauer Theater- und Musikblätter. Kritisch-literarische Wochenschrift
M.-Ostrau, 1907–1909
Dann: Der Schürfer, Theater-, Musik- und Kunstblätter. Kritisches Wochenblatt für Bühne, Musik, Kunst und Literatur
M.-Ostrau, 1909–1914
Wochenblatt
Beilage: Nachrichten des Museums für Kunst, Industrie und Gewerbe im Ostrau-Karwiner Revier
M.-Ostrau, 1911–1913
Wur
AMO, UKOl

44. Ostrauer Volksblatt. Sozialdemokratisches Organ für den Mähr.-Ostrauer Bezirk
Ab 1. Juli 1919: Organ der Deutschen sozialdemokratischen Arbeiterpartei für das Ostrauer Industriegebiet
Brünn, M.-Ostrau 1912–1921
Verlag: Wilhelm Niessner, Brünn (1912–1917), Josef Herrmann, M.-Ostrau (1917–1921)
1921–1922 unter dem Titel „Der Kampf. Tagblatt für Mähren und Schlesien. Organ der Kommunistischen Partei der Tschechoslowakei, Sektion der kommunistischen Internationale“ weiter in Brünn und Reichendorf
Wochenblatt
Wur, Kub
AMO, UKOl

45. Ostrauer Zeitung. Unabhängiges Organ für bürgerlichen Fortschritt und heimliche Interessen
M.-Ostrau, 6. Jan. 1889 – 1918
Zweimal wöchentlich, dann 1920–1939 Tageblatt
Druckerei des Allgemeinen Zeitungsverlags
Wur, Kub
AMO, UKOI

46. Quelle des Wissens. Monatsschrift für Selbstbildung und Selbsterziehung
M.-Ostrau, 1930–1933
Monatsblatt
Verlag: I. Buchsbaum
Kub
AMO

47. Das Rauchfangkehrergewerbe
M.-Ostrau, 1927–1935, 1936–1938 unter dem Titel „Kaminfegergewerbe. Organ für Gesamtinteressen der Rauchfangkehrermeister und deren Angehörigen im Čechoslowakischen Staate“
Monatsblatt
Hg.: A. F. Riedel
Kub
Wissenschaftliche Bibliothek Brünn

48. Sport-Revue. Wochenschrift für den gesamten Sport der Tschechoslowakischen Republik
M.-Ostrau, 4. Sept. 1920 – 18. Sept. 1920
Hg.: A. Klein
Kub
Nicht vorhanden

49. Theaterzettel des Mähr.-Ostrauer Stadttheaters
M.-Ostrau, ab Sept. 1917
Wur
Nicht vorhanden

50. Tschechisch für Anfänger. Lustige Sprachzeitschrift
M.-Ostrau, 1928–1930
Monatsblatt
Verlag: I. Buchsbaum
Kub
Stadtbibliothek Prag, UKOl

51. Tschechisch für Fortgeschrittene. Lustige Sprachzeitschrift
M.-Ostrau, 1929–1931
Monatsblatt
Verlag: I. Buchsbaum
Kub
AMO, Stadtbibliothek Prag

52. Tschechoslowakischer Industriemarkt
M.-Ostrau, 1925–1940
Halbmonatsblatt
Hg.: F. Adamus
Kub
Archiv Brünn

53. Volkspresse. Organ der deutschen sozdemokratischen Partei in der ČSR. Für den Wahlkreis Mähr.-Ostrau – Troppau
M.-Ostrau, 1922–1938
Dreimal wöchentlich
Druck- und Verlagsanstalt Vorwärts, Opava (Troppau)
Kub
Wissenschaftliche Bibliothek Prag

54. Der Weltverkehr
M.-Ostrau, 12. Nov. 1899 – 12. April 1900
Halbmonatsschrift
Wur
UKOl

55. Witkowitzer Hausblätter
M.-Ostrau, 1. Jan. 1906 – 1907
Fünfmal monatlich, dann 1917–1923 Halbmonatsschrift
Wur, Kub
UKOl

56. Witkowitzer Simchas-Thora-Post. Organ für Ironie und Verblöderung
M.-Ostrau – Witkowitz, Okt. 1901
Wur
Nicht vorhanden

57. Witkowitzer Werksruf. Blätter für die Gefolgschaft der Witkowitzer Eisenwerke und Gruben
M.-Ostrau, 1940–1944
Monatsblatt
Hg.: Eisenwerk Witkowitz
Kub
Museum Ostrava

58. Zeitschrift für Neuheiten
M.-Ostrau, 1907
Monatsschrift
Wur
Nicht vorhanden

59. Die Zukunft
M.-Ostrau, 1921–1922
Monatsblatt
Red.: V. Bräuner
Kub
Staatsbibliothek Prag

Berichte und Forschungen 11 (2003), S. 59–141.

Deutschsprachige Presse in Ungarn 1850–1920

Bibliographie
2. Teil: Zeitungen

Zusammengestellt, mit Vorwort und Register versehen von

Maria Rózsa

Vorbemerkung

Die vorliegende Bibliographie umfaßt die von 1850 bis 1920 auf dem Gebiet des historischen Ungarn erschienenen deutschsprachigen politischen Zeitungen. Aufgenommen sind alle Periodika, die wöchentlich, wöchentlich mehrere Male, täglich, sogar täglich zweimal erschienen sind.

Einige Bemerkungen zur zeitlichen Begrenzung der Bibliographie: Nachdem mit der Arbeit an der ungarischen nationalen Pressebibliographie begonnen worden war, erschien 1986 die von Margit V. Busa zusammengestellte „Magyar sajtóbibliográfia [Ungarische Pressebibliographie] 1705–1849“, ein Werk, das mit Anspruch auf Vollständigkeit alle (auch die fremdsprachigen) auf dem Gebiet Ungarns erschienenen Periodika mit bibliographischen Angaben bzw. Angabe der Aufbewahrungsorte enthält. Nach Beginn unserer Materialsammlung legte Busa 1996 eine Fortsetzung ihrer Bibliographie vor, die die bis 1867 erschienenen Periodika umfaßt. Auf die in der letztgenannten Veröffentlichung verwendeten Nummern wird in unserer Arbeit mit „Busa II ...“ hingewiesen. Als Abschlußjahr gilt für unsere Bibliographie 1920, das Jahr, in dem der Vertrag von Trianon unterzeichnet wurde, der die Auflösung der Habsburgermonarchie mit sich brachte und nach dem Ungarn fast zwei Drittel seiner Fläche einbüßte, darunter große Gebiete mit deutscher Bevölkerung. Die Bearbeitung der deutschsprachigen Periodika in den Nachfolgestaaten gehört nicht zu den Zielen unserer Arbeit. Soweit eine Zeitschrift über die von uns gesetzte zeitliche Grenze hinaus existierte, geben wir nur das Jahr und nicht das genaue Datum an.

Die Bibliographie gliedert sich in drei Teile: In die erste Gruppe A gehören Zeitungen mit deutschem bzw. ungarisch-deutschem Titel (Hinweise hierauf in den Registern mit Nummer ohne Buchstabe) in die zweite (B), solche Zeitungen, deren Titel teilweise deutsch ist, die aber ausschließlich ungarische Texte enthalten. Eine gesonderte Gruppe bilden die sog. Steindrucke (Hinweise mit St). Diese auf einfache Weise vervielfältigten Druckwerke dienten ausschließlich für die Weitergabe von Nachrichten an die Zeitungsredaktionen. Viele sind nur aus der Fachliteratur bekannt und nicht im Original erhalten geblieben. An die Bibliographie der Zeitungen schließt sich eine Ergänzung zum ersten, im Jahrbuch „Berichte und Forschungen" 9 (2001), S. 7–198, veröffentlichten Teil (Zeitschriften und Fachblätter) an.

Bei der Zusammenstellung der Bibliographie wurde auch das 1935 erschienene Buch von Heinrich Réz „Deutsche Zeitungen und Zeitschriften in Ungarn von Beginn bis 1918" berücksichtigt, das eigentlich nur eine Titelliste bietet, wobei bemerkt werden muß, daß unsere Bibliographie zahlreiche prinzipielle Abweichungen von dieser Arbeit aufweist. Unsere Bibliographie steht auf neuen Grundlagen und will den bei Busa erstmals angewandten, richtungsweisenden modernen bibliographischen Prinzipien folgen.

Die Titelaufnahmen, d. h. die bibliographischen Einheiten, bestehen aus: *Titel* (die mehrsprachigen Blätter, die einen Titel in mehreren Sprachen haben, sind im Alphabet unter demjenigen Titel zu finden, der im Blatt selbst an erster Stelle steht; unter dem anderen Titel findet sich ein Verweis auf den Ort der bibliographischen Beschreibung). *Untertitel* (soweit vorhanden; bei den Untertiteln mehrsprachiger Zeitschriften geben wir ausschließlich den deutschen Untertitel an). *Erscheinungsort.* Von den Zeitschriften, die außerhalb Ungarns, auf dem Gebiet der ehemaligen Monarchie, erschienen sind, wurden in unsere Bibliographie nur diejenigen aufgenommen, die über einen ungarischen Druckort verfügten (z. B. in Wien erschienene Blätter nur, wenn sie in Preßburg oder Sopron gedruckt wurden). Die Städtenamen sind in derjenigen Sprache angeführt, die im Blatt selbst verwendet wird. *Beginn des Erscheinens* und *Zeitpunkt der Einstellung* des Blattes. Name des verantwortlichen *Redakteurs.* Die Vornamen der Redakteure geben wir kursiviert in der Sprache des Originals, jedoch in deutscher Reihenfolge an, um deutschsprachigen Forschern die Orientierung zu erleichtern. *Periodizität* (wöchentliche, wöchentlich mehrmalige, tägliche oder täglich zweimalige Erscheinungsweise) und *Format* (25 cm: Oktav, 26–35 cm: Quart, 36–50 cm: Folio, größer als 50 cm: Plakatformat). Soweit vorhanden, geben wir Hinweise auf die einschlägige *Fachliteratur,* wobei immer die neueste Literatur an erster Stelle steht. Die Bibliographie wird erschlossen durch ein Verzeichnis der Namen der Redakteure und ein Ortsregister, in dem auch die Periodizität erfaßt wird. Das Ortsregister enthält Erscheinungsorte und nicht Druckorte. In den Registern wird auf die Titel unter Angabe des Buchstabens (ausgenommen Gruppe A) und der Nummer verwiesen.

Das Material wurde aufgrund der Bestände der Széchényi-Nationalbibliothek Budapest zusammengestellt, die dem Pflichtexemplargesetz gemäß alle in Ungarn erscheinenden Periodika hätte erhalten sollen und die die größte Sammlung besitzt. Ergänzungen erfolgten durch Angaben aus den Sammlungen anderer Budapester sowie ungarischer Bibliotheken, weiterhin aus der Fachliteratur. Trotzdem konnte eine große Anzahl von Blättern – neben den Steindrucken auch solche, die Réz vor dem Zweiten Weltkrieg noch einsehen konnte – heute aus verschiedenen Gründen nicht aufgefunden werden oder ist zur Zeit nicht zugänglich.

Die Bibliographie ist in mehrjähriger Arbeit entstanden. Meine Forschungen wurden durch freundliche Unterstützung der Stiftung „Pro Renovanda Cultura

Hungariae“ sowie meiner Arbeitsstelle, der Széchényi-Nationalbibliothek, ermöglicht. Mein besonderer Dank gilt meinen Kollegen Herrn Dr. Sándor Dörnyei, der mich zu dieser Arbeit ermunterte, und Frau Éva Lakatos, die mich mit ihren Ratschlägen ständig begleitete. Meine Familie leistete mir ebenfalls fortwährend Unterstützung, besonders bei der Überwindung technischer Schwierigkeiten, ferner bei der Zusammenstellung der Register.

Literaturhinweise

Ambrovits, Hans: Bibliographie der Zeitungen und Zeitschriften Preßburgs. In: Südost-Forschungen 7 (1942), S. 607–625.

Bács-Kiskun megyei sajtóbibliográfia [Pressebibliographie des Komitats Bács-Kiskun]. Zsg. von Edit Birck. Kecskemét 1986.

Berkeszi, István: A temesvári könyvnyomdászat és hírlapirodalom története [Geschichte des Temeswarer Buchdrucks und Pressewesens]. Temesvár 1900.

Bikicki, Milana/Kaćanski, Anica: Bibliografia novosadske štampe 1924–1918 [Bibliographie der Drucke aus Neusatz]. Novi Sad 1977.

Brachfeld, Siegfried: Geschichte des Pester Lloyd. In: ders.: Deutsche Literatur im Pester Lloyd zwischen 1933 und 1944 (Budapester Beiträge zur Germanistik 3). Budapest 1971, S. 9–29.

Busa, Margit V.: Magyar sajtóbibliográfia [Ungarische Pressebibliographie] 1850–1867. Budapest 1996.

Dunăreanu, Elena/Avram, Mircea: Presa sibiană în limba germană (1778–1970) [Die deutschsprachige Presse in Hermannstadt (1778–1970)]. Sibiu 1971.

Győr-Moson-Sopron megye időszaki sajtójának bibliográfiája [Pressebibliographie des Komitats Győr-Moson-Sopron]. Red.: József Horváth. Győr 2000.

Kemény, György: Magyarország időszaki sajtója 1911-től 1920-ig [Die periodische Presse Ungarns von 1911 bis 1920]. Budapest 1942.

Kipsová, Mária a kollektív [u. Koll.]: Slovenská národná bibliografia. Bibliografia slovenských a inorecových novín a časopisov na Slovensku rokov 1919–1938 [Slowakische Nationalbibliographie. Bibliographie der in der Slowakei von 1918 bis 1938 erschienenen slowakischen und fremdsprachigen Zeitungen und Zeitschriften]. Martin 1968.

Krajevszky, Gizella/Takács, Miklós: Vas megyei hírlapok és folyóiratok bibliográfiája [Bibliographie der Zeitungen und Zeitschriften des Komitats Vas] 1777–1963. Szombathely 1964.

Krischan, Alexander: Die deutsche periodische Literatur des Banats. 1771–1971. München 1987.

Krischan, Alexander: Die „Temesvarer Zeitung“ als Banater Geschichtsquelle (1852–1949). München 1969.

Lakatos, Éva: Sajtószolgák – a kőnyomatosok [Diener der Presse – die Steindrukke]. In: Magyar Könyvszemle [Ungarische Bücherevue] 4/2000 (Jg. 116), S. 464–477.

László Gézáné Szarka Ágota: Szabolcs-Szatmár-Bereg megye (a történelmi Bereg, Szabolcs, Szatmár, Ugocsa és Ung vármegyék) sajtóbibliográfiája (1845–2000) [Pressebibliographie des Komitats Szabolcs-Szatmár-Bereg (der historischen Komitate Bereg, Szabolcs, Sathmar, Ugocsa und Ung)]. Nyíregyháza 2002.

Lay, Heinrich: Lugosch und seine periodischen Veröffentlichungen von ihren Anfängen bis zur Gegenwart (1853–1995). Ein Kapitel Kulturgeschichte aus der Stadt an der Temesch. Töging am Inn 1996.

A magyar munkásmozgalmi sajtó bibliográfiája [Bibliographie der Presse der ungarischen Arbeiterbewegung] 1848–1948. Als Manuskript. Bd. I–III. Budapest 1951, Erg.-Band: Budapest 1959.

Potemra, Michal: Slovenská národná bibliografia. Bibliografia slovenských a inorecových novín a časopisov na Slovensku do roku 1918 [Slowakische Nationalbibliographie. Bibliographie der in der Slowakei bis 1918 erschienenen slowakischen und fremdsprachigen Zeitungen und Zeitschriften]. Martin 1963.

Réz, Heinrich: Deutsche Zeitungen und Zeitschriften in Ungarn von Beginn bis 1918. München 1935.

Rózsa, Maria: A *Pester Lloyd* ismeretlen utolsó számai az Osztrák Nemzeti Könyvtárban [Die unbekannten letzten Nummern des *Pester Lloyd* in der Österreichischen Nationalbibliothek]. In: Magyar Könyvszemle 111 (1995), Nr. 2, S. 195 f.

Sigerus, Emil: Die deutsche periodische Literatur Siebenbürgens 1778 bis 1. September 1925. In: Mitteilungen zur Kenntnis des Deutschtums in Großrumänien. Hermannstadt 1925, S. 1–8.

Surján, Miklós: Baranya megye sajtóbibliográfiája [Pressebibliographie des Komitats Baranya] 1852–1984. Pécs 1992.

Tafferner, Anton: Der Donauschwabe und seine Presse. Versuch einer Überschau und Wertung bis 1918. In: Der Donauschwabe und sein geistiges Profil. Weg und Schicksal. Festgabe für Prälat Josef Nischbach. Stuttgart 1969, S. 179–202.

Turányi, Kornél: Mezőgazdasági szakfolyóirataink bibliográfiája [Bibliographie unserer landwirtschaftlichen Fachblätter] I: 1796–1899. Budapest 1958.

Voit, Krisztina: A budapesti sajtó adattára [Budapester Pressearchiv] 1873–1950. Budapest 2000.

In der Bibliographie verwendete Abkürzungen

Ill.	Illustriert
Jg./Jge	Jahrgang/Jahrgänge
Nr.	Nummer
o. D.	ohne Datum
o. Nr.	ohne Nummer
o. O.	ohne Ort
Red.	Redakteur (gemeint ist immer der verantwortliche Redakteur)
SzN	Széchényi-Nationalbibliothek, Budapest

A: DEUTSCHSPRACHIGE ZEITUNGEN

1. AGNETHLER WOCHENBLATT
Agnetheln
1909
Red.: *Josef Schmidt*
Wöchentlich
Nicht vorhanden
Lit.: Réz 4 a

2. AGRAMER WOCHENBLATT
Agram
1873–1876
Red.: *Julius Hühn*
Nicht vorhanden
Lit.: Réz 5

3. AGRAMER ZEITUNG
Agram
Nr. 1 2. Jan. 1897 – Nr. 73 31. März 1897 Jg. 72
Red.: *Ivan Souvan*
Täglich/Folio
Inhalt/Rubriken: Politik, Inserate
Réz kennt die Jge 1826–1912
Lit.: Réz 6

4. ALIBUNÁRER WOCHENBLATT. Organ für Volkswirthschaft und öffentliches Leben für Alibunár und Umgebung
Alibunár
Nr. 1 2. Juli 1905 Jg. 1 – Nr. 25 24. Juni 1906 Jg. 2
Red.: *Philipp Engels*
Wöchentlich/Folio
Inhalt/Rubriken: Wochenchronik, Feuilleton, Inserate
Lit.: Réz 9

5. ALLGEMEINE JÜDISCHE ZEITUNG
Klausenburg, gedruckt in Budapest
Nr. 1 o. D. 1888 Jg. 1 – Nr. 60 29. März 1919 Jg. 32
Red.: *Mór Ehrentheil* u. *Miksa Szabolcsi,* ab 5. Juni 1891: *Lipót Freund*, ab 17. Aug. 1892: *Lipót Großberg*, ab 9. Okt. 1893: *Mór Dornbusch* u. *Lipót Großberg*, ab 7. Jan. 1919: *Moricz Zobel*, ab 11. Jan. 1919: *Lipót Lobowitsch*
Wöchentlich zweimal, ab 2. März 1893: wöchentlich fünfmal/Folio
Inhalt/Rubriken: Deutscher Text mit hebräischen Buchstaben
Lit.: Kemény, Réz 21

6. ALLGEMEINE VOLKS-ZEITUNG. Organ für soziale und kulturelle Interessen des Volkes
Reschitza
Nr. 47 24. Nov. 1889 Jg. 3 – Nr. 52 30. Dez. 1894 Jg. 8
Red.: *Oskar Beran*, ab 18. Mai 1890: *József Schneider,* ab 31. Juli 1892: *János Bayer*, ab 12. Mai 1893: *Adolf Weisz*
Wöchentlich/Folio
Inhalt/Rubriken: In erster Linie lokale Nachrichten in der Rubrik Nachrichten aus unserer Umgebung, weiterhin Nachrichten aus der Ferne, im Feuilleton Belletristik
Früher: RESCHITZAER ZEITUNG
Beilagen: HUMORISTISCHES WOCHENBLATT, 1890; LEUCHTKUGELN, 1892
Lit.: Réz 32

7. ALLGEMEINE WOCHENSCHRIFT
Oedenburg
1903
Red.: *Karl Litfaß*
Nicht vorhanden
Lit.: Horváth 21, Réz 33

8. ALLGEMEINE ZEITUNG
Budapest
1880
Red.: –
Nicht vorhanden

APATIN UND UMGEBUNG siehe: APATIN ÉS VIDÉKE

9. APATIN ÉS VIDÉKE – APATIN UND UMGEBUNG. Wochenblatt für Volkswirtschaft, Cultur- und sociale Interessen
Apatin
Nr. 1 28. März 1896 Jg. 1 – Nr. 13 26. März 1898 Jg. 3
Red.: *István Bászler*, ab 1. Jan. 1898: *Josef Witzmann*

Wöchentlich/Folio
Inhalt/Rubriken: Gewerbeangelegenheiten, Neuigkeiten, Landwirtschaft, Inserate. Zweisprachig
Ab 2. April 1898: BÁCSKAI ÚJSÁG
Lit.: Réz 1341

APATINER ZEITUNG siehe: APATINI HÍRLAP

10. APATINI HÍRLAP – APATINER ZEITUNG. Organ für Volkswirthschaft, Cultur- und sociale Interessen
Apatin
Nr. 2 23. Nov. 1895 Jg. 1 – Nr. 7 15. Febr. 1896 Jg. 2
Red.: *Jakab Hild*
Wöchentlich/Folio
Inhalt/Rubriken: Neuigkeiten, Belletristik, Inserate. Zweisprachig
Lit.: Réz 1342

11. ARADER ANZEIGER. Ab 13. Dez. 1855: ARADER ZEITUNG, ab 26. März 1861: ARADER ZEITUNG ABENDBLATT, ab 2. Juli 1861: ABENDBLATT zur ARADER ZEITUNG. Ein Organ für Handels- und Gewerbs-Interessen
Arad
Nr. 1 3. Juli 1852 o. Jg. – Nr. 265 22. Aug. 1862
Red.: *Henrik Goldscheider*
Wöchentlich zweimal, ab 18. Sept. 1860: täglich, ab 2. Okt. 1862: wöchentlich dreimal/Quart, ab 29. Aug. 1852: Folio, 2. Juli 1862: Quart
Inhalt/Rubriken: Anzeigeblatt für Handels- und Gewerbewesen
Lit.: Busa II 23, Réz 51

12. ARADER MONTAGSBLATT
Arad
1. Juli 1875 – 7. Dez. 1892
Red.: *Stephan Hantos* u. *Albert Ungerleider*, ab 1892: *Moritz Hauser*
Wöchentlich
Nicht vorhanden
Lit.: Réz 53

13. ARADER ZEITUNG
Arad
Nr. 1 13. Dez. 1855 Jg. 1 – Nr. 146 29. Juni 1875 Jg. 24
Red.: *Henrik Goldscheider*, ab 20. Apr. 1873: *Lipót Rosenberg*, ab 12. Mai 1874: *István Hatos*
Wöchentlich zweimal/Folio
Inhalt/Rubriken: Aus- und inländische Nachrichten, im Feuilleton Belletristik, Inserate
Vorher: ARADER ANZEIGER, siehe auch dort
Tafferner und Réz kennen die Jge 1855–1918
Lit.: Tafferner, Réz 54

14. ARADER ZEITUNG. Organ für politische, municipale und volkswirthschaftliche Interessen
Arad
Nr. 1 17. Juni 1877 Jg. 1 – Nr. 125 15. Nov. 1877 Jg. 1
Red.: *Leopold Rosenberg*
Täglich/Quart
Inhalt/Rubriken: Politik, Feuilleton, Inserate

15. ARADER ZEITUNG
Arad
15. Aug. 1884 (Probeblatt)
Red.: *E. M. Dimitrovics*
Nicht vorhanden
Lit.: Réz 55

16. ARADER ZEITUNG
Arad
1890
Red.: *Móricz Szekula*
Wöchentlich
Nicht vorhanden
Lit.: Réz 56

17. ARBEITERPRESSE. Organ für die Interessen der Arbeiter, ab 14. April 1893: Zentral-Organ der ungarländischen Sozialdemokratischen Partei
Budapest
Nr. 1 5. Jan. 1891 Jg. 19 – Nr. 20 18. Mai 1894 Jg. 22
Red.: *I[gnácz] Radó*, ab 9. Sept. 1892: *F[erenc] Kittel*, ab 30. Dez. 1892: *F[erenc] Bauer*, ab 22. Sept. 1893: *F[erenc] Reisch*
Wöchentlich/Folio
Inhalt/Rubriken: Interessenvertretung, soziale Rundschau, Berichte über Versammlungen, Vereinsanzeiger, Feuilleton, Inserate
Früher: ARBEITER-WOCHEN-CHRONIK,

später: VOLKSSTIMME
Lit.: Réz 58

18. ARBEITER-WOCHEN-CHRONIK. Sozial-ökonomisches Volksblatt, ab 30. März 1873: Sozial-ökonomisches Volksblatt. Organ der ungarländischen Arbeiter-Partei, ab 18. Mai 1873: Sozial-ökonomisches Volksblatt. Organ der ungarländischen Arbeiter, ab 5. Mai 1878: Sozialökonomisches Volksblatt. Organ der Nichtwahlberechtigten Ungarns, ab 1. Febr. 1880: Sozial-ökonomisches Volksblatt. Zentralorgan der Ungarländischen Allgemeinen Arbeiterpartei
Pest
Nr. 1 5. Jan. 1873 – Nr. 52 28. Dez. 1890 Jg. 18
Red.: *A[ntal] Ihrlinger*, ab 25. Febr. 1877: *Leo Frankel*
Wöchentlich/Folio
Inhalt/Rubriken: Interessenvertretung, Vereinsnachrichten, Feuilleton, Inserate
Früher: ARBEITERPRESSE
Lit.: Réz 60

19. ARBEITER-ZEITUNG. Organ der sozialistischen Partei, Stadt und Komitat Sopron, ab 29. März 1908: Organ für die Interessen des werktätigen Volkes in Stadt und Land. Zentralorgan der Landarbeiter Ungarns
Sopron
1. Sept. 1907 – Nr. 1 3. Jan. 1909 Jg. 3
Red.: *Béla Wajdits*, ab 14. Juni 1908: *Mathias Felber,* ab 8. Nov. 1908: *Ignatz Schambauer*
Wöchentlich/Folio
Im Archiv von Sopron, aber nicht aufzufinden
Lit.: Horváth 33

20. BÁCS-BODROGHER PRESSE. Für den Geschäfts-, Gewerbe- und Landmann. Organ für ämtliche Notizen und alle Arten Anzeigen; für Gewerbekunde, Gartenkunst, Land- und Hauswirtschaft, ab Nr. 6 1860: Für den Geschäfts-, Gewerb- und Landmann, ab Nr. 1 1877: Organ für Politik, Volkswirtschaft, sozial- und Kulturinteressen, ab 1. April 1900: Organ für Politik und gemeinnützige Interessen, ab 2. Sept. 1900: Organ für Cultur und gemeinnützige Interessen, ab 16. Okt. 1910: Gemeinnütziges Wochenblatt
Neusatz
[Nr. 1 24. Dez. 1857 Jg. 1] in der SzN vorhanden: Nr. 28 9. Juli 1893 Jg. 38 – Nr. 45 5. Nov. 1905 Jg. 50; Nr. 1 5. Jan. 1908 Jg. 53 – Nr. 26 28. Juni 1908 Jg. 53; Nr. 1 2. Jan. 1910 Jg. 55 – Nr. 52 25. Dez. 1910 Jg. 55; Nr. 27 30. Juni 1912 Jg. 57 – Nr. 53 30. Dez. 1916 Jg. 61
Red.: *Ignaz Fuchs,* Nr. 9 1877: *Jos. Thiard Laforest,* ab Nr. 24 1866: *Emil Fuchs,* ab 7. Okt. 1900: *Carl Biemietzki*, ab 4. Jan. 1903: *Johann Mack*, ab 2. Jan. 1910: *August Fuchs,* ab 2. Apr. 1911: *Stefan Reisz*, ab 12. Juli 1912: *Alexander Pummer*
Wöchentlich/Folio
Inhalt/Rubriken: Artikel und längere Erklärungen zu den Nachrichten, Vermischte Nachrichten, Feuilleton, Inserate
Beilagen: ILLUSTRIERTES SONNTAGSBLATT 1893–1910, LUSTIGE BLÄTTER
Laut Tafferner erschien das Blatt ab 1856
Lit.: Bikicki 8, Tafferner, Kemény, Réz 74

21. BÁCS-BODGROGHER ZEITUNG. Politisch-freisinniges Organ
Apatin
Nr. 1 1. Jan. 1905 Jg. 7 – Nr. 44 29. Okt. 1905 Jg. 7; Nr. 10 4. März 1906 Jg. 8 – Nr. 27 30. Juni 1907 Jg. 9; Nr. 1 1. Jan. 1908 Jg. 10 – Nr. 39 26. Sept. 1910 Jg. 12; Nr. 40 4. Okt. 1914 Jg. 16 – Nr. 1 1. Jan. 1916 Jg. 18
Red.: *Mathias Gaß*, ab 4. Apr. 1915: *Josef Gaß*
Wöchentlich/Folio
Inhalt/Rubriken: Lokale Nachrichten, Feuilleton, Inserate
Lit.: Kemény, Réz 75

22. BÁCSKAER BOTE. Organ für Politik, Volkswirtschaft und Cultur
Újvidék
Nr. 54 30. Nov. 1871 Jg. 15; Nr. 3 5. Jan. 1873 Jg. 17 – Nr. 147 29. Dez. 1875 Jg. 19
Red.: *Ignatz Fuchs*
Wöchentlich dreimal/Folio
Inhalt/Rubriken: Politische Rundschau, Journal-Revue, Feuilleton, Inserate
Réz kennt die Jge 1856–1876
Lit.: Busa II 32, Réz 77

23. BÁCSKAER VOLKSBLATT. Organ für Kultur-, Volkswirthschaftslehre und all-

gemeine Interessen
Zombor
Nr. 1 1. Apr. 1889 Jg. 1 – Nr. 52 29. Dez. 1906 Jg. 18
Red.: *Julius Oppenländer*, ab 5. Okt. 1889: *Carl Oblát*
Wöchentlich/Folio
Inhalt/Rubriken: Neuigkeiten, prinzipielle Beschlüsse in Gewerbeangelegenheiten, Berichte über Volkswirtschaft, Inserate
Lit.: Réz 78

24. BÁCSKAER VOLKSZEITUNG. Organ für Fortschritt, Volksbelehrung, Volkswirtschaft und gesellschaftliches Leben
Zombor
Nr. 1 3. Apr. 1906 Jg. 1 – Nr. 30 28. Juli 1918 Jg. 13
Red.: *Emerich Csernicsek*
Wöchentlich/Folio
Inhalt/Rubriken: Lokale Nachrichten, Inserate
Beilage: SONNTAGSBOTE
Réz kennt die Jge 1905–1918
Lit.: Kemény, Réz 79

25. BÁCSKAER ZEITUNG. Organ für volkswirtschaftliche, soziale und Culturinteressen
Zombor
Nr. 1 24. Juni 1894 Jg. 1 – Nr. 20 4. Nov. 1894 Jg. 1
Red.: *I. Hild*, ab 1. Juli 1894: *Ign. Schleifer*
Wöchentlich/Folio
Inhalt/Rubriken: Neuigkeiten, Volkswirtschaft, Feuilleton, Inserate
Lit.: Réz 80

BÁCSKAER ZEITUNG (1898–1913) siehe: BÁCSKAI ÚJSÁG

26. BÁCSKAI ÚJSÁG – BÁCSKAER ZEITUNG. Wochenblatt für Volksbelehrung, Volkswirtschaft, Sozial- und Kultur-Interessen
Apatin
Nr. 14. 2. Apr. 1898 Jg. 3 – Nr. 26 29. Juni 1913 Jg. 17
Red.: *Josef Witzmann*, ab 1. Juli 1899: *Adam Horn*, ab 23. Dez. 1899: *Josef Szavadill*, ab 8. Sept. 1901: *Josef Witzmann*, ab 27. Sept. 1903: *Josef Szavadill*
Wöchentlich/Folio
Inhalt/Rubriken: Apatiner Nachrichten, Tagesneuigkeiten, Feuilleton. Zweisprachig
Früher: APATIN ÉS VIDÉKE. – APATIN UND UMGEBUNG
Lit.: Kemény, Réz 1365

27. BANATER COURIER. Ab: 2. August 1851: BANATER TELEGRAPH. Zeitschrift für Belletristik, Industrie und Handel
Temesvár
Nr. 4 Aug. – Nr. 52 31. Dez. 1851
Red.: *Joseph Beichel*
Wöchentlich/Quart, ab 1. Nov. 1851: Folio
Inhalt/Rubriken: Banater Wegweiser, Kundmachungen, Inserate
Lit.: Busa II 38, Réz 85, Berkeszi

28. BANATER POST. Organ für Politik, soziale und volkswirtschaftliche Interessen
Pancsova
Nr. 20 7. März 1875; Nr. 1 2. Jan. 1876 Jg. 7 – Nr. 104 29. Dez. 1881 Jg. 12; Nr. 7 24. Jan. 1884 Jg. 15 – Nr. 109 29. Dez. 1889 Jg. 20
Red.: *Béla Almási*, ab 7. März 1880: *Gyula Feymann*, ab 11. Jan. 1885: *Károly Wittigschlager*, ab 7. Nov. 1889: *Gyula Feymann*
Wöchentlich/Folio
Inhalt/Rubriken: Politische Rundschau, Chronik, volkswirtschaftliche Nachrichten, Feuilleton, Inserate
Fortsetzung: DONAU-TEMES-BOTE
Lit.: Réz 87

BANATER TAGBLATT siehe: DEUTSCHE WACHT

BANATER TELEGRAPH siehe: BANATER COURIER

29. DIE BERZAWA. Resitza-Bogsaner Wochenblatt. Organ für öffentliches Leben, Bergbau, Hüttenindustrie, Handel und Verkehr, ab 5. Okt. 1879: Reschitza-Bogsaner Wochenblatt, ab 2. Jan. 1887: Reschitzaer Wochenblatt, ab 8. Mai 1887: Reschitza-Bogsaner Wochenblatt, ab 7. März 1887: Reschitza-Bogsaner Wochenblatt. Organ des Vereines zur Verbreitung der ungarischen Sprache in Resiczabánya, ab 5. Febr. 1888: Reschitza-Bogsaner Wochenblatt
Reschitza

Nr. 1 6. Jan. 1878 Jg. 3 – Nr. 52 25. Dez. 1904 Jg. 29
Red.: *Franz Ullmann*, ab 4. Mai 1884: *Julius Wunder*, ab 30. Okt. 1887: *Josef Eisler*, ab 21. Dez. 1902: *Nikolaus Popovics*, ab 19. Apr. 1903: *Josef Eisler*
Wöchentlich/Folio
Inhalt/Rubriken: Locales, Vermischtes, Belletristik, Inserate
Lit.: Réz 385

30. BISTRITZER DEUTSCHE ZEITUNG. Organ für völkische Interessen
Bistritz
Nr. 1 7. März 1913 Jg. 1 – Nr. 40 27. Sept. 1918 Jg. 6
Red.: *Hans Rührig*, ab 1. Jan. 1916: *Gustav Zikeli*
Wöchentlich/Folio
Inhalt/Rubriken: Politische Rundschau, Nachrichten, Inserate
Ab 16. März 1916 integriert in die BISTRITZER WOCHENSCHRIFT
Lit.: Kemény, Réz 107

31. BISTRITZER WOCHENSCHRIFT. Organ des Bistritzer Landwirtschaftsvereines, ab 1895: Organ für soziales Leben, Volks- und Landwirtschaft
Bistritz
1. Jan. 1872 Jg. 1 – 26. März 1916 Jg. 45
Red.: *Karl Schell*
Wöchentlich/Quart
Inhalt/Rubriken: Neben Vereinsnachrichten beschäftigte sich das Blatt mit den Ergebnissen der 1871 in Nassod errichteten Landwirtschaftlichen Fachschule, es berichtete außerdem über lokale Neuigkeiten. Ab 1895 erschien es mit neuem Untertitel und mit verändertem Inhalt. Es war in erster Linie ein politisches Organ, offizieller Berichterstatter des Komitats Bistritz-Nassod und beschäftigte sich nur daneben mit der Landwirtschaft
Beilagen: 1874–1916: ILLUSTRIERTES UNTERHALTUNGS-BLATT, 1881–1916: DER OEKONOM
Lit.: Turányi 27, Kemény, Réz 109

32. BISTRITZER ZEITUNG. Politisches Wochenblatt. Organ für gewerbliche und landwirtschaftliche Interessen
Bistritz
Probenummer 29. Nov. 1890 Jg. 1; Nr. 1 3. Jan. 1891 Jg. 1 – Nr. 52 22. Dez. 1894 Jg. 4; Nr. 1 2. Jan. 1897 Jg. 7 – Nr. 27 29. Juni 1918 Jg. 28
Red.: *Carl Ludwig*, ab 6. Apr. 1895: *Gustav Kelp*, ab 11. Juli 1896: *Carl Schell*, ab 18. Juli 1896: *Gustav Kelp*, ab 2. Jan. 1897: *Fritz Clemens*, ab 9. Juli 1898: *Gustav Kelp*, ab 23. Juli 1898: *Fritz Clemens*, ab 22. Sept. 1900: *Joh[ann] Hann*, ab 16. Mai 1903: *Johann Höchsmann*
Wöchentlich/Folio
Inhalt/Rubriken: Politische Übersicht, Tagesnachrichten, Feuilleton
Lit.: Kemény, Réz 110

33. BISTRIZER [!] WOCHENBLATT
Bistritz
Nr. 1 5. Jan. 1869 Jg. 7 – Nr. 12 22. März 1870 Jg. 8
Red.: *Georg Keintzel*
Wöchentlich/Quart
Inhalt/Rubriken: Tagesnachrichten, Inserate
Lit.: Busa II 47, Réz 108

BOGSÁNER SONNTAGS-ZEITUNG
siehe: BOGSÁNER ZEITUNG

34. BOGSÁNER ZEITUNG, ab Nr. 1 3. Jan. 1883 Jg. 1: BOGSÁNER SONNTAGS-ZEITUNG. Organ für Handel, Gewerbe und öffentliches Leben, ab 9. Okt. 1883: Nichtpolitisches Organ zur Unterhaltung, Volkswirthschaft, Handel und Gewerbe
Organ für Gemeinde- und Volksinteressen
Deutsch-Bogsán
Nr. 1 30. Juli 1882 – Nr. 34 16. Dez. 1883 Jg. 1
Red.: *Johann Geistlinger*, ab Jan. 1883: *Heinrich Fidrant*
Wöchentlich, ab 9. Okt. 1883: zweiwöchentlich/Folio, ab Jan. 1883: Quart, ab Okt. 1883: Folio
Inhalt/Rubriken: Kleine Mitteilungen, Chronik, Volkswirtschaft, Feuilleton
Lit.: Réz 119, 120

35. BOGSÁNER ZEITUNG. Organ für ämtliche [!] Kundgebungen, für Cultur und gemeinnützige Interessen, ab 4. März 1906: Organ für Politik, sociale und kulturelle In-

teressen
Deutsch-Bogsán
Nr. 1 7. Jan. 1900 Jg. 9 – Nr. 39 29. Sept. 1918 Jg. 27
Red.: *Adolf Rosner*
Wöchentlich/Folio
Inhalt/Rubriken: Tages-Neuigkeiten, Feuilleton, Inserate
Früher: KRASSÓ-SZÖRÉNYER POST
Lit.: Kemény, Réz 121

36. BUDAI HÍRLAP – OFNER JOURNAL
Budapest
Nr. 1 5. Okt. 1902 Jg. 1 – Nr. 288 5. Apr. 1908 Jg. 7
Red.: *Vilmos Fischer*, ab 16. Aug. 1903: *Árpád Füzesséry*, ab 10. Jan. 1904: *Vilmos Fischer*
Wöchentlich/Quart
Inhalt/Rubriken: Nachrichten und Berichte über die Interessen des I., II. und III. [Budaer] Bezirks
5. Okt. 1902 – 1. Nov. 1903: zweisprachig, ab 28. Dez. 1902 fällt der deutsche Titel weg
Lit.: Réz 1371

37. BUDAPESTER ABENDBLATT, Liberales Organ
Budapest
Nr. 1 31. Okt. 1899 Jg. 1 – Nr. 6 5. Nov. 1899 Jg. 1
Red.: *Arthur Singer*
Täglich/Folio
Inhalt/Rubriken: Tagesneuigkeiten, Volkswirtschaft, Gerichtssaal, Budapester Börse, Theaterprogramme, Belletristik, Inserate
Titeländerung ab Nr. 7 6. Nov. 1899: NEUES BUDAPESTER ABENDBLATT
Lit.: Réz 131

38. BUDAPESTER JOURNAL
Budapest
Nr. 1 18. Dez. 1886 Jg. 1 – Nr. 208 30. Juli 1887 Jg. 2
Red.: *Ignác Devecseri*
Täglich/Folio
Inhalt/Rubriken: Nachrichten aus dem Ausland, Lokal-Anzeiger, städtische Neuigkeiten, Theater, Kunst und Literatur
Lit.: Voit 418, Réz 159

39. BUDAPESTER LOCAL-ZEITUNG
Budapest
2. Jan. 1876
Red.: –
Wöchentlich
Nicht vorhanden
Lit.: Voit 426, Réz 163

40. BUDAPESTER MONTAGSPOST
Budapest
1905–1906
Red.: *Josef Eugen Kun*
Wöchentlich
Nicht vorhanden
Lit.: Voit 431, Réz 165

41. BUDAPESTER MONTAGSZEITUNG. Politisches Organ
Budapest
Nr. 1 10. Apr. 1899 Jg. 2; erschienen bis 1938
Red.: *Wilhelm Baján-Büchler*
Wöchentlich/Folio
Inhalt/Rubriken: Tagesneuigkeiten, Telegramme
Lit.: Kemény, Réz 166

42. BUDAPESTER PRESSE
Budapest
10. Dez. 1911 Jg. 1 – Nr. 153 29. Juni 1912 Jg. 2
Red.: *Alexander Pfeifer*
Täglich/Folio
Inhalt/Rubriken: Berichte und Kommentare zu in- und ausländischen Ereignissen, Feuilleton. Zielsetzung des Blattes: Brückenschlag zwischen der abendländischen Zivilisation und Ungarn
Lit.: Voit 436, Kemény, Réz 170

43. BUDAPESTER SONN- UND MONTAGSZEITUNG. Organ für politische, soziale und volkswirthschaftliche Interessen
Nr. 3 18. Jan. 1904 Jg. 2 – Nr. 33 22. Aug. 1904 Jg. 2; Nr. 1 5. Jan. 1914 Jg. 12 – Nr. 32 14. Dez. 1914 Jg. 12; Nr. 23 9. Okt. 1916 Jg. 14 – Nr. 29 25. Dez. 1916 Jg. 14; Nr. 2 22. Jan. 1917 Jg. 15 – Nr. 32 31. Dez. 1917 Jg. 15
Red.: *S. Eichner*
Wöchentlich/Folio

Inhalt/Rubriken: Tagesneuigkeiten, Feuilleton, Belletristik, Inserate
Sehr lückenhaft in der Szabó-Ervin-Zentralbibliothek Budapest vorhanden
Lit.: Réz 172

44. BUDAPESTER TAGBLATT. Täglich erscheinendes demokratisches Organ
Budapest
Nr. 1 30. Juli 1878 Jg. 1 – Nr. 47 14. Sept. 1878 Jg. 1
Red.: *L. B. Buchbinder*
Täglich/Folio
Inhalt/Rubriken: Politische Neuigkeiten, Gerichtshalle, volkswirtschaftliche Themen, Inserate
Lit.: Réz 174

45. BUDAPESTER TAGBLATT
Budapest
Nr. 1 1. Mai 1884 Jg. 1 – Nr. 75 2. Apr. 1915 Jg. 32
Red.: *Karl Grecsák*, ab 31. Juli 1887: *Josef Vészi*, ab 8. Dez. 1889: *Franz Bolgár*, ab 1. Juli 1891: *Julian Weiß*, ab 22. Juli 1891: *Franz Bolgár*, ab 10. Nov. 1891: *Julian Weiß*, ab 8. Dez. 1891: *Franz Bolgár*, ab 2. Jan. 1892: *Julian Weiß*, ab 2. Febr. 1892: *Franz Bolgár*, ab 19. Juli 1894: *Julian Weiß*, ab 30. Aug. 1894: *Franz Bolgár*, ab 23. Juni 1897: *Julian Weiß*, ab 1. Aug. 1897: *Franz Bolgár*, ab 22. Febr. 1905: *Julian Weiß*, ab 23. Febr. 1907: *Péter Somogyi*, ab 21. Juli 1908: *Izor Schmidek*, ab 9. Juli 1912: *Zoltán Benedek*, ab 31. Mai 1914: *Ottó Alscher*
Täglich/Folio
Inhalt/Rubriken: Reichstagsneuigkeiten, Inserate
Beilagen: AUSSTELLUNGS-ZEITUNG DES BUDAPESTER TAGBLATTS, 1885, FRAUEN ZEITUNG, 1888–1892
Lit.: Kemény, Réz 175

46. BUDAPESTER TAGESBOTE. Ein Blatt für's Volk
Budapest
Nr. 1 2. März 1875 Jg. 1 – Nr. 30 6. Apr. 1875 Jg. 1
Red.: *Vilmos Gerlai*
Täglich/Folio
Inhalt/Rubriken: Vom hauptstädtischen Magistrat, Vom Theater, Was gibt's Neues in Budapest?, Inserate
Lit.: Réz 176

47. BUDAPESTER WOCHENPOST
Budapest
1892–1911
Red.: *Michael Szendrey*
Nicht vorhanden
Lit.: Réz 179

47 a. BUDAPESTER ZEITUNG
Nr. 1 24. März 1919 Jg. 1 – Nr. 2 31. März 1919 Jg. 1
Red.: *Jenő Ney J.*
Wöchentlich/Folio
Inhalt/Rubriken: Politisches Wochenblatt
Zwei Nummern in der Parlamentsbibliothek vorhanden
Laut Voit existierte die Zeitung vom Febr. 1919 bis 1927
Lit.: Voit 459

48. BUDAPESTER 2 kr. [KREUTZER] JOURNAL
Budapest
Nr. 1 13. Sept. 1875 Jg. 1 – Nr. 126 6. Mai 1876 Jg. 2
Red.: *Friedrich Reusche*
Täglich/Folio
Inhalt/Rubriken: Tagesneuigkeiten, Belletristik, Vom Theater, Inserate
Lit.: Réz 180

49. BÜRGER-ZEITUNG
Preßburg
1907
Red.: *Ferdinand Winkler-Heiling*
Wöchentlich
Nicht vorhanden
Lit.: Potemra 65, Réz 187

BUZIASER ANZEIGER siehe: BUZIÁSI HÍRADÓ

50. BUZIASER BLÄTTER. Organ für gemeinnützige und Bade-Interesssen
Buzias
Nr. 1 29. Apr. 1894 Jg. 1 – Nr. 21 16. Sept. 1894 Jg. 1
Red.: *Siegmund Feigl*
Wöchentlich/Folio
Inhalt/Rubriken: Tagesnachrichten, Buziaser

Nachrichten
Lit.: Réz 183

51. BUZIÁSI HÍRADÓ – BUZIASER ANZEIGER. Wochenblatt für gemeinnützige und Bade-Interessen, ab 5. Jan. 1902: Wochenblatt für gemeinnützige Interessen
Buziás
Nr. 1 18. Febr. 1900 Jg. 1 – Nr. 124 29. Juni 1902 Jg. 3
Red.: *Milos Dimitrovits*, ab 22. Sept. 1901: *Franz Ulmann*
Wöchentlich/Folio
Inhalt/Rubriken: Tages-Nachrichten, Feuilleton, Inserate. Deutschsprachig
Lit.: Réz 1391

52. CARLSBURGER WOCHENSCHRIFT. Organ für volkswirthschaftliche, kommunale und sociale Interessen, ab 22. Okt. 1882: Organ für Unterhaltung, volkswirthschaftliche und kommunale Interessen
Gyula-Fehérvár
7. Aug. 1881 (Probenummer) Jg. 1–21. Okt. 1884 Jg. 6
Red.: *August Behal*, ab 28. Aug. 1881: *Volz u. Körner*, ab 22. Okt. 1882: *V. Volz*
Wöchentlich/Folio, ab 13. Febr. 1887: Quart
Inhalt/Rubriken: Berichte über Volkswirtschaft, Local- und Tages-Chronik, Feuilleton, Inserate
Nicht erschienen: 9. Okt. 1881 – 22. Okt. 1882
Später: ab 28. Okt. 1884: DEUTSCHE LESEHALLE FÜR ALLE STÄNDE, ab 27. Juni 1886: GYULAFEHÉRVÁRI HETILAP, ab 13. Febr. 1887: GYULAFEHÉRVÁRI IPAROSOK HIVATALOS KÖZLÖNYE
Lit.: Réz 189

53. CHRISTLICHES OEDENBURGER TAGBLATT. Organ für Bürger, Bauer und Arbeiter
Sopron
Nr. 1 29. Aug. 1919 Jg. 1 – Nr. 145 1. Juli 1922 Jg. 4
Red.: *Johann Meister-Kentnersheim*
Wöchentlich sechsmal/Folio
Inhalt/Rubriken: Lokalberichte, Schulnachrichten, Feuilleton, Inserate
Im Archiv von Sopron vorhanden
Lit.: Horváth 83

54. CONSTITUTIONELLES PESTER JOURNAL. Politisches Tageblatt
Pest
Nr. 1 11. Juli 1872 Jg. 1 – Nr. 52 11. Nov. 1872 Jg. 1
Red.: *Ignatz Schnitzer*
Täglich/Folio
Inhalt/Rubriken: Politisches vom Tage, Tagesnachrichten, städtische Neuigkeiten, Lokal-Anzeiger, Theater und Kunst, Inserate
Laut Tafferner bestand das Blatt bis 1897
Fortsetzung: NEUES PESTER JOURNAL
Lit.: Tafferner, Réz 204

55. CSÁKOVA ÉS VIDÉKE – CSÁKOVAER ZEITUNG. Organ für Land-, Volkswirtschaft und soziales Leben
Csákova
Nr. 1 1. Jan. 1903 – Nr. 52 26. Dez. 1915
Red.: *Győző Wittlin*, ab 30. Juli 1905: *Péter Gradl*, ab 31. März 1907: *Rezső Kohn*, ab 3. Mai 1908: *Péter Gradl*
Wöchentlich/Folio
Inhalt/Rubriken: Wochenchronik, Berichte über Gewerbeangelegenheiten, Feuilleton, Inserate
Früher: CSÁKOVAER ZEITUNG 1882–1902
Lit.: Kemény, Réz 1404

56. CSAKOVAER WOCHENBLATT. Organ für Volkswirthschaft und öffentliches Leben
Csakova
Nr. 1 4. Dez. 1881 Jg. 1 – Nr. 48 26. Nov. 1882 Jg. 2
Red.: *F. I. Wettel*
Wöchentlich/Quart
Inhalt/Rubriken: Nachrichten, Course, Preise-Notierungen der Temesvarer Lloyd-Gesellschaft, Inserate
Lit.: Réz 210

57. CSÁKOVAER ZEITUNG. Organ für Land-, Volkswirthschaft und sociales Leben
Csákova
Nr. 1 1. Okt. 1882 Jg. 1 – Nr. 52 28. Dez. 1902 Jg. 21
Red.: *Eugen Chudy*, ab 29. Apr. 1900: *Peter Gradl*
Wöchentlich/Quart
Inhalt/Rubriken: Wochenchronik, Kleine Chro-

nik, Berichte über Gewerbeangelegenheiten, Feuilleton, Inserate
1903–1915: CSÁKOVA ÉS VIDÉKE
Lit.: Réz 211

CSÁKOVAER ZEITUNG (1903–1915)
siehe: CSÁKOVA ÉS VIDÉKE – CSÁKOVAER ZEITUNG

58. DÉLVIDÉKI HÍRADÓ – SÜDUNGARISCHE PRESSE. Wochenblatt für öffentliche Interessen
Pancsova
Probenummer: 24. Dez. 1893; Nr. 1 1. Jan. 1894 – Nr. 35 1. Sept. 1895
Red.: *Xavér Horváth*, ab 6. Juli 1895: *Simon Víg*
Wöchentlich/Folio
Inhalt/Rubriken: Nachrichten, Volkswirtschaft, Feuilleton, Inserate. Zweisprachig
Lit.: Réz 1411

59. DETTAER ZEITUNG. Organ für Volkswirthschaft, Handel, Gewerbe und öffentliches Leben, ab 13. Juni 1886: Haus- und Familienblatt. Organ [...], ab 15. Jan. 1893: Organ für Politik, Volks- und Landwirthschaft, Handel, Gewerbe und öffentliches Leben
Detta
Nr. 1 30. Okt. 1881 Jg. 1 – Nr. 52 29. Dez. 1918 Jg. 38
Red.: *M. Million*, ab 23. Juli 1882: *Julius Fackler*, ab 6. Jan. 1889: *F. Kaurek*, ab 12. Okt. 1890: *Adolf Singer*, ab 30. Nov. 1890: *Jakab Roos*, ab 7. Dez. 1890: *János Károly Dankó*, ab 5. Nov. 1893: *Julius Winkle*, ab 7. Jan. 1894: *Jenő Binder*, ab 1. Jan. 1899: *Jenő Binder, Bernhard Dreschler*, ab Juni 1901: *Bernhard Dreschler*, ab 3. März 1912: *László Tringl*
Wöchentlich/Folio
Inhalt/Rubriken: Landes- und Tageskronik [!], Feuilleton
Lit.: Kemény, Réz 370

60. DEUTSCHE BÜRGERZEITUNG für Politik und Volkswirtschaft
Hermannstadt
Nr. 1 6. Dez. 1908 Jg. 1 – Nr. 26 29. März 1914 Jg. 7
Red.: *Joh. Gürtler*, ab 3. Okt. 1909: *Johann Bukovan*
Wöchentlich, ab 29. Okt. 1911: wöchentlich zweimal/Folio
Inhalt/Rubriken: Politische Wochenschau, Lokal-Nachrichten, Volkswirtschaft, Mitteilungen der Organisationen der gewerbe- und handeltreibenden Arbeitgeber, Inserate
Ab Apr. 1914: SIEBENBÜRGISCH-DEUTSCHE TAGESPOST
Lit.: Kemény, Réz 371

61. DEUTSCHE FREIHEIT
Sopron
7. März 1919 – Nr. 2 11. März 1919 Jg. 1
Red.: *Karl Thüringer*
Wöchentlich zweimal/Folio
Inhalt/Rubriken: –
Laut Bibliographie im Archiv von Sopron, aber nicht aufzufinden
Lit.: Horváth 117

62. DEUTSCHE WACHT, ab Nr. 180 18. Nov. 1919 Jg. 1: BANATER TAGBLATT (DEUTSCHE WACHT). Schwäbische deutsche Tageszeitung, ab 18. Nov. 1919: Organ der Deutsch-schwäbischen Volkspartei
Temesvar
Nr. 1 5. Apr. 1919 Jg. 1 – Nr. 60 16. März 1921 Jg. 3
Red.: *Viktor Orendi-Hommenau*
Täglich/Folio
Inhalt/Rubriken: Tagesneuigkeiten, Volkswirtschaft, Theater, Kunst und Literatur, Inserate
Lit.: Tafferner, Kemény, Réz 89

63. DEUTSCHE ZEITUNG
Budapest
1882
Red.: *Moritz Schwartz*
Wöchentlich
Nicht vorhanden
Lit.: Réz 375

64. DEUTSCHER VOLKSFREUND
Werschetz
1900–1914
Red.: –
Wöchentlich
Nicht vorhanden
Lit.: Réz 376

65. DEUTSCHES TAGBLATT FÜR UNGARN
Temesvar
Nr. 1 16. Dez. 1900 Jg. 1 – Nr. 73 31. März 1903 Jg. 4
Red.: *Alwin Cramer*, ab 14. Sept. 1902: *Koloman Fleisthammel*
Täglich/Folio
Inhalt/Rubriken: Tagesnachrichten, Aus aller Welt, Volkswirtschaft, Aus dem Banat, Theater, Kunst, Literatur, Feuilleton, Inserate
Beilagen: ALLGEMEINE MITTEILUNGEN Dez. 1902 – März 1903, PRAKTISCHE MITTEILUNGEN 8. Jan. 1903 – 19. März 1903, ILLUSTRIERTES FAMILIENBLATT 4. Jan. 1903 – 29. März 1903
Ab 6. Dez. 1903: DEUTSCH-UNGARISCHER VOLKSFREUND
Lit.: Réz 378

66. DEUTSCHES TAGEBLATT
Budapest
Nr. 33 9. Febr. 1919 Jg. 3 – Nr. 70 28. März 1919 Jg. 3
Red.: *Otto Alscher*
Täglich/Folio
Inhalt/Rubriken: Tagesneuigkeiten, Volkswirtschaft, Deutsche Nachrichten, Deutsche Dichtung, Belletristik, Inserate
Lit.: Kemény

67. DEUTSCHES VOLKSBLATT FÜR SYRMIEN
Ruma
1. Januar 1904 – ?
Red.: –
Wöchentlich
Nicht vorhanden, bei Réz auch fragwürdig
Lit.: Réz 379

68. DEUTSCH-UNGARISCHER VOLKSFREUND. Organ für Handel, Gewerbe, Landwirtschaft, gesellschaftliches Leben und kulturelle Interessen
Temesvár, ab 8. Febr. 1907: Versec
Nr. 1 4. Dez. 1903 Jg. 4 – Nr. 76 29. Sept. 1918 Jg. 19
Red.: *Viktor Orendi-Hommenau*, ab 16. Sept. 1905: *Kálmán Feisthammel*, ab 23. Sept. 1905: *Viktor Orendi-Hommenau*, ab 1. Mai 1906: *K. Feisthammel*, ab 13. März 1908: *Viktor Orendi-Hommenau*, ab Juni 1910: *József Herber*, ab 6. Juni 1913: *Johann Maul*, ab 5. Mai 1916: *Viktor Orendi-Hommenau*, ab 20. Jan. 1917: *Wilhelm Wettel*
Wöchentlich, ab 8. Febr. 1917: wöchentlich zweimal/Quart, ab 1904: Folio
Inhalt/Rubriken: Aus Nah und Fern, lokale Nachrichten, Volkswirtschaft, Kunst und Wissenschaft, Belletristik, Inserate
Früher: DEUTSCHES TAGBLATT FÜR UNGARN
Lit.: Kemény, Réz 382

69. DEWALDS ILLUSTRIERTE KRONEN- UND WOCHEN-ZEITUNG
Preßburg
1898–1901
Red.: –
Wöchentlich
Nicht vorhanden
Lit.: Potemra 86, Réz 382b

70. DONAU-TEMES-BOTE. Organ für Politik, soziale und volkswirtschaftliche Interessen
Pancsova
Nr. 1 1. Jan. 1890 Jg. 21 – Nr. 40 29. Sept. 1918 Jg. 49
Red.: *Karl Wittigschlager*
Wöchentlich zweimal/Folio
Inhalt/Rubriken: Lokales, Feuilleton, Inserate
Vorher: BANATER POST
Lit.: Kemény, Réz 448

71. DIE DRAU. Organ für Politik und Volkswirtschaft
Osijek
Nr. 47 22. Apr. 1870 Jg. 3; Nr. 192 24. Aug. 1912 Jg. 45 – Nr. 199 2. Sept. 1912 Jg. 45; Nr. 222 28. Sept. 1915 Jg. 48 – Nr. 299 29. Dez. 1915 Jg. 48
Red.: *Julius Pfeiffer*
Täglich/Folio
Inhalt/Rubriken: Neuigkeiten, Berichte über den Weltkrieg, Inserate
Lit.: Réz 393

72. ECHO AUS SIEBENBÜRGEN. Wochenblatt für Politik, für communale, sociale und Handels-Interessen
Carlsburg
Nr. 1 30. Jan. 1870
Red.: *Max Felsthal*

Wöchentlich/Folio
Inhalt/Rubriken: Politische Rundschau, lokale Nachrichten, Handelsnachrichten, Feuilleton
Eine einzige Nummer vorhanden
Lit.: Réz 452

73. EISENBURG. Politisches Wochenblatt
Steinamanger
Nr. 1 1. Jan. 1898 Jg. 1 – Nr. 17 28. Apr. 1901 Jg. 5
Red.: *Béla Füredi,* ab 15. Juli 1900: *József Bertalanffy*
Wöchentlich/Folio
Inhalt/Rubriken: Politische Übersicht, Nachrichten, übernommen aus der Zeitung VASVÁRMEGYE, Original Nachrichten, Tagesneuigkeiten, Markt-Preise, Feuilleton, Inserate
Lit.: Krajevszky 36, Réz 459

74. EISENBURGER NACHRICHTEN. Organ für sämmtliche Interessen des socialen Lebens
Steinamanger
Nr. 1 1. Jan. 1874 Jg. 2 – Nr. 40 4. Okt. 1877 Jg. 5
Red.: Jan. 1874: *Julius Ellert,* ab 2. Juli 1874: *Josef Prager,* ab 7. Juni 1877: *Heinrich Seiler*
Wöchentlich/Folio
Inhalt/Rubriken: Lokal-Nachrichten, Berichte über Landwirtschaft, Markt-Berichte, Effekten- und Wechselkurse der k. k. öffentlichen Börse in Wien, Feuilleton
Krajevszky kennt auch den Jg. 1873, er ist im Staatsarchiv des Komitats Vas in Szombathely vorhanden
Lit.: Krajevszky 37, Réz 460

75. EISENSTÄDTER ZEITUNG. Organ für sociale und wirthschaftliche Interessen, Januar 1890: Organ für politische, sociale und wirthschaftliche Interessen, 4. Juli 1897: Organ für sociale und wirthschaftliche Interessen
Eisenstadt
Nr. 2 8. Jan. 1888 Jg. 3 – Nr. 52 25. Dez. 1898 Jg. 13
Red.: *Karl Litfass,* ab 8. Jan. 1888: *Eduard Dick,* ab 6. Mai 1888: *M. Laschober,* ab 4. Juli 1897: *Eduard Dick*
Wöchentlich/Folio
Inhalt/Rubriken: Lokales, Feuilleton, Inserate
Beilage: ILLUSTRIRTES UNTERHALTUNGSBLATT 1888–1892, 1897–1898, ILLUSTRIRTES SONNTAGSBLATT 1892–1897
Fortsetzung: KISMARTONER ZEITUNG
Lit.: Horváth 176, Réz 462

76. ESSEKER LOKALBLATT UND LANDBOTE
Essek
1864–1870
Red.: *Karl Lehmann*
Nicht vorhanden
Lit.: Réz 470

77. EXPRESS. Central-Anzeiger. Unparteiische Zeitung
Ödenburg
Nr. 1 1. März 1896 Jg. 1 – Nr. 14 15. Juni 1896
Red.: *Zoltán Eördögh*
Wöchentlich/Folio
Inhalt/Rubriken: Nachrichten
Réz kennt die Jge 1896–1901
Lit.: Horváth 227, Réz 489

78. FEHÉRTEMPLOMI LAPOK – WEISSKIRCHNER BLÄTTER. Wochenblatt für städtische, wirthschaftliche, literarische, Komitats- und Schulinteressen
Fehértemplom
Nr. 5 1. Jan. 1885 Jg. 1
Red.: *Péter Simon*
Wöchentlich/Folio
Inhalt/Rubriken: Lokalnachrichten, Berichte über das Theater in Temesvar, Feuilleton. Zweisprachig
In der SzN nur eine Nummer vorhanden

FIUMANER ZEITUNG siehe: GAZETTA DI FIUME

79. FORTSCHRITT
Gyula-Fehérvár
Nr. 1 27. Juni 1880 Jg. 1 – Nr. 19 8. Mai 1881 Jg. 2
Red.: *Béla Herczfelder*
Wöchentlich/Folio
Inhalt/Rubriken: Mannigfaltiges, Locales, Anzeigen
Lit.: Réz 503

80. DER FREIE BÜRGER
Kaschau
Nr. 2 7. Aug. 1879 – Nr. 25 3. März 1880
Red.: *Eugen Deil*
Zweimal wöchentlich, ab 28. Dez. 1879: dreimal wöchentlich/Folio
Inhalt/Rubriken: Kleinere Berichte allgemeinen Inhalts, Belletristik, Inserate
Lit.: Réz 257

81. DER FREIE BÜRGER. Politisches Wochenblatt. Landes-Central-Organ für die Interessen der Bauern und der Gewerbetreibenden, ab 19. Juni 1895: Unparteiisches Organ für allgemeine Bürgerinteressen
Budapest
8. Dez. 1894 Jg. 1 [Probenummer] – Nr. 27 28. Juli 1895 Jg. 2
Red.: *Anton Kádár*
Wöchentlich/Folio
Inhalt/Rubriken: Börsenberichte, Probleme der Landwirtschaft und Volkswirtschaft
Lit.: Réz 258

82. DER FREIE BÜRGER. Unabhängiges Wochenblatt, Organ aller Volksinteressen
Temesvar
Nr. 1 22. Dez. 1906 Jg. 1 – Nr. 17 28. Apr. 1907 Jg. 2
Red.: *Anton Kádár*
Wöchentlich/Folio
Inhalt/Rubriken: Nachrichten, Inserate
Vorhanden in der Parlamentsbibliothek Budapest
Lit.: Réz 260

83. DER FREIE BÜRGER. Organ der Unabhängigkeits- und 48er Partei
Sopron
Nr. 1 1. Apr. 1906 Jg. 1 – Nr. 5 29. Apr. 1906 Jg. 1
Red.: *Abel Berecz*
Wöchentlich/Folio
Inhalt/Rubriken: Parteipolitisches Blatt, Nachrichten und Propaganda
Lit.: Horváth 265, Réz 259

84. DER FREIE BÜRGER. Organ der Unabhängigkeits- und 48-er Partei
Sopron
Nr. 1 14. Apr. 1907 Jg. 1 – Nr. 96 7. Febr. 1909 [Jg. 3]
Red.: *Koloman Székely*
Wöchentlich/Folio
Inhalt/Rubriken: Parteipolitische Nachrichten und Propaganda
Fortsetzung von DER FREIE BÜRGER (1906)
Lit.: Horváth 266, Réz 259

85. DER FREIE BÜRGER IN STADT UND LAND. Zeitschrift für Staats- und Volkswirtschaftslehre, Kultur, sociales und Gemeindeleben
Beilage zum *ILLUSTR. UNTERHALTUNGSBLATT*
Budapest
Nr. 1 2. Jan. 1875 Jg. 2 – Nr. 53 31. Dez. 1876 Jg. 3
Red.: *Josef Rill*
Wöchentlich/Folio
Inhalt/Rubriken: Populärwissenschaftliche Artikel, Feuilleton
Lit.: Réz 261

DAS FREIE WORT siehe: IGAZ SZÓ

86. DER FREIMÜTIGE. (Stadt und Landbote). Organ für Politik und öffentliche Interessen
Temesvár
2. Jan. 1915 – Nr. 38 26. Sept. 1918
Red.: *Anton Kádár*, ab 1893: *Franz Blaskovits*
Wöchentlich/Folio
Vorher: DER FREIMÜTIGE LANDBOTE
Inhalt/Rubriken: Nachrichten, Leitartikel, Inserate
Lit.: Kemény, Réz 262

87. DER FREIMÜTIGE LANDBOTE. Politisches Wochenblatt. Organ für öffentliche und volkswirthschaftliche Interessen, ab 1. Sept. 1888: (Stadt- und Landbote). Organ für Politik und öffentliche Interessen
Temesvár
Nr. 1 1. Jan. 1887 Jg. 1 – Nr. 52 29. Dez. 1888 Jg. 3
Red.: *Antal Kádár*
Wöchentlich/Folio
Inhalt/Rubriken: Wochenbericht, Vermischtes, Für Haus und Hof, Was gibt's Neues?, Roman-

Theil, Inserate
Lit.: Réz 263, Berkeszi

88. FRÜH-JOURNAL
Budapest
1901
Red.: *Artur Singer*
Täglich
Nicht vorhanden
Lit.: Voit, Réz 512

89. FÜNFKIRCHNER ZEITUNG. Für Politik und Kulturinteressen, 16. Januar 1876: Organ für Politik und Kulturinteressen, ab 3. Jan. 1878: Organ für Politik-, Kultur- und volkswirtschaftliche Interessen, ab 10. Juli 1898: Organ für Kultur- und volkswirtschaftliche Interessen
Fünfkirchen
Nr. 1 1. Mai 1870 – Nr. 25 29. März 1906 Jg. 37
Red.: *H. Gutmann*, ab 25. Febr. 1886: *K. Wachauer*, ab 3. Jan. 1889: *Ludwig Lenkei*, ab 24. Dez. 1899: *Armin Verboi*, ab 8. Nov. 1900: *Ludwig Lenkei*, ab 18. Nov. 1900: *Elemér Harkay*, ab 6. Dez. 1900: *Ludwig Lenkei*
Wöchentlich zweimal/Folio
Inhalt/Rubriken: Politische Rundschau, Lokalneuigkeiten, Geschäftsberichte, Inserate
In der SzN sehr lückenhaft
Lit.: Surján 218, Réz 515

90. GAZETTA DI FIUME – FIUMANER ZEITUNG
Fiume
Nr. 1 3. Sept. 1867 – Nr. 19 15. Okt. 1867
Red.: *L[udwig] von Südenhorst*
Wöchentlich dreimal/Quart
Inhalt/Rubriken: Amtliche Notierungen der Waaren- und Effecten-Course, Geschäftsberichte, Schiffahrtsberichte, Fiumaner Bahnfragen, Nachrichten
In der SzN nur auf Mikrofilm vorhanden, deshalb Größe nicht feststellbar
Jede Nummer parallel in italienischer und deutscher Sprache
Lit.: Busa II 156, Réz 500

91. DER GEMEINDEBOTE. Organ für Volkswirthschaft, Handel, Gewerbe und öffentliches Leben
Detta
Nr. 1 28. Apr. 1878 – Nr. 35 29. Dez. 1878
Red.: *F. I. Wettel*
Wöchentlich/Folio
Inhalt/Rubriken: Vermischtes, Lokales, Saatenstands- und Geschäftsbericht, Feuilleton, Inserate
Lit.: Réz 267

92. GRÄNZBOTE, ab 21. Juli 1861: GRENZBOTE. Organ für Politik, Handel und sociales Leben
Temesvár
Nr. 1 2. Juli 1861 Jg. 1 – Nr. 217 17. Nov. 1861 Jg. 1
Red.: *Wilhelm Hazay*
Täglich/Folio
Inhalt/Rubriken: Tagesneuigkeiten, Geschäftsbericht, Feuilleton
Lit.: Busa II 160, Réz 528, Berkeszi

93. DER GRENZBOTE. Wochenblatt für Politik, Volkswirthschaft und Cultur-Interessen der unteren Donau- und Saveländer
Semlin
Nr. 5 3. Febr. 1870 Jg. 2 – Nr. 34 24. Aug. 1871 Jg. 3
Red.: *J. C. Suppan*
Wöchentlich/Folio
Inhalt/Rubriken: Lokalangelegenheiten, Volkswirtschaftliches, Korrespondenz der Redaktion, Inserate
Lit.: Réz 529

94. GRENZPOST. Politisches Volksblatt für Westungarn
Sopron
Nr. 729 28. Sept. 1913 Jg. 19; erschienen bis 1922
Red.: *Geza Zsombor*, ab 4. Dez. 1913: *Justus*, ab 16. Apr. 1914: *D. Rottenberg*, ab 10. Okt. 1915: *Geza Zsombor*, 9. Febr. 1919 – 23. März 1919: *N. Lazarovits*, ab 7. Aug. 1919: *Artur Zika*, ab 8. Aug. 1919: *R. Keram*, 9. Aug. 1919 – 5. September 1919: *Veritas*
Täglich/Folio
Inhalt/Rubriken: Politische Rundschau, Belletristik. Ill.
Vorher 1900–1913: RADIKAL
Lit.: Horváth 877, Réz 530

95. GROSS-BECSKEREKER WOCHENBLATT. Organ für amtliche Verordnungen und alle Arten Anzeigen, für Gewerbkunde, Gartenkunst, Land- und Hauswirtschaft, ab 1909: Organ für gemeinnützige Interessen
Großbecskerek
[1851] Nr. 12. Jan. 1864 Jg. 14 – Nr. 53 30. Dez. 1916 Jg. 66
Red.: *Karl Pleisz*, ab 1909: *Rudolf Mayer*
Wöchentlich/Quart
Inhalt/Rubriken: Lokales, Handels- und Marktberichte, Vermischte Nachrichten, Miscellen, Kundmachungen, Theater, literarische Notizen, Feuilleton, Anzeigen. Zweisprachig
Laut Busa nur in Zrenjanin, im städtischen Archiv vorhanden, die SzN besitzt einen Mikrofilm
Später: 1917–1918: SÜDUNGARISCHES VOLSKBLATT, Beilagen: ILLUSTRIRTES SONNTAGSBLATT 1886, ILLUSTRIRTES UNTERHALTUNGSBLATT 1887–1916, TORONTALER LANDWIRTH 1888
Lit.: Busa II 588, Réz 531

96. GROSSBECSKEREKER ZEITUNG
Großbecskerek
1880
Red.: *Anton Mallász*
Wöchentlich
Nicht vorhanden
Lit.: Réz 532

97. GROSSKIKINDAER WOCHENBLATT. Organ für kulturelle und volkswirtschaftliche Interessen
Gr.-Kikinda
Nr. 1 29. Apr. 1883 Jg. 1 – Nr. 26 27. Juni 1886 Jg. 4
Red.: *Gabriel Szemere*
Wöchentlich/Folio
Inhalt/Rubriken: Wochenchronik, Kommunal-Angelegenheiten, Staatenbericht, Licitationen, Feuilleton, Inserate
Lit.: Réz 533

98. GROSS-KIKINDAER ZEITUNG. Organ für Politik, Volkswirtschaft, Sozial- und Kultur-Interessen, ab 13. Sept. 1913: Vereinigte Nagy-Kikindaer Zeitung und Nagykikinda und Umgebung
Groß-Kikinda
Nr. 49 5. Dez. 1886 Jg. 12 – Nr. 196 3. Nov. 1916 Jg. 43
Red.: *Ignaz Scheinberger*, ab 1899: *Artur Korn*, ab 1902: *J. Heß*, ab 1903: *David Adam*, ab Juli 1911: *Eugen Telbisz*, ab 1914: *Marzell Türk*
Wöchentlich zweimal/Folio
Inhalt/Rubriken: Wochenchronik, Licitationen, Offene Sprechhalle, Feuilleton, Inserate
1913 vereinigt mit NAGYKIKINDA UND UMGEBUNG, ab 10. Dez. 1916: NAGYKIKINDAER ZEITUNG
Réz kennt die Jge 1875–1916
Lit.: Kemény, Réz 534

99. GROSS-KOKLER BOTE. Aemtliches Kundmachungsblatt
Schäßburg
Nr. 888 5. Jan. 1896 Jg. 18 – Nr. 2094 9. März 1919 Jg. 41
Red.: *Friedrich Horeth*
Wöchentlich/Folio
Inhalt/Rubriken: Lokal- und Tages-Nachrichten, Inserate
Lit.: Kemény, Réz 535

100. GÜNSER ANZEIGER. Organ für communale, sociale, geistige und volkswirtschaftliche Interessen, ab 17. Febr. 1918: Wochenblatt für sociale und kulturelle Volksinteressen für Stadt und Land, ab 24. Febr. 1918: Organ für communale, sociale, geistige und volkswirtschaftliche Interessen
Güns
Nr. 1 5. Jan. 1889 Jg. 16 – Nr. 12 24. März 1918 Jg. 45
Red.: *Friedrich Feigl*, ab 13. Nov. 1897: *G. Adolf Feigl*, ab 24. Febr. 1918: *Friedrich Rónai*
Wöchentlich/Folio
Inhalt/Rubriken: Vermischte Nachrichten, Feuilleton, Inserate
Beilagen: ILLUSTRIERTES UNTERHALTUNGSBLATT 1891–1892
Später: GÜNSER ZEITUNG 1882–1938
Lit.: Kemény, Réz 539

101. GÜNSER ZEITUNG. Patriotisches Organ für sociale, volkswirtschaftliche und culturelle Volksinteressen für Stadt und Land

Güns
Nr. 1 7. Jan. 1883 Jg. 2; erschien bis 31. Dez. 1938
Red.: *F. Leitner,* 27. Sept. 1885 – 13. Febr. 1886: *Josef Zeitinger,* 8. März 1908 – 29. Sept. 1918: *Friedrich Rónai*
Wöchentlich/Quart
Inhalt/Rubriken: Tagesneuigkeiten, Inserate
Lit.: Kemény, Réz 540

102. GÜSSINGER ZEITUNG
Güssing
1913–1918
Red.: –
Wöchentlich
Nicht vorhanden
Lit.: Réz 541

103. HARMONIA, ab 3. Jan. 1864: OEDENBURGER LOKAL-BLATT, ab 2. Okt. 1867: OEDENBURGER BOTE. Wochenschrift für Wissenschaft und Kunst, geistige Anregung und Erholung, harmonischen Lebens- und Geschäftsverkehr, Auskünfte und Anzeigen, ab 1. Jan. 1862: Organ für Wissenschaft und Kunst, Geistige Anregung und Erholung, Lebens- und Geschäftsverkehr, Auskünfte und Anzeigen, ab 6. Okt. 1867: Organ für Handel, Industrie, Landwirtschaft und Belletristik, Auskünfte und Anzeigen
Oedenburg
Nr. 1 14. Juli 1861 Jg. 1 – Nr. 56 12. Juli 1868 Jg. 8
Red.: *Ferdinand Botgorschek,* ab 16. Juli 1862: *Adolf Seyring,* ab 1. Nov. 1863: *Ferdinand Botgorschek,* ab 12. Juli 1868: *Karl Romwalter*
Wöchentlich zweimal/Quart
Inhalt/Rubriken: Miscellen, Belletristik, Literarischer Sammler, Inserate
Lit.: Horváth 460, Busa II 176, Réz 552, 854

104. HATZFELDER ZEITUNG. Organ für lokale Interessen, Landwirthschaft, Handel, Verkehr und öffentliches Leben
Hatzfeld
Probenummer 18. Dez. 1887, Nr. 1 1. Jan. 1888 Jg. 1 – Nr. 36 9. Sept. 1917 Jg. 30, in der SzN vorhanden noch Jg. 1924
Red.: *Rudolf Wunder*
Wöchentlich/Folio
Inhalt/Rubriken: Wochen-Chronik, Fremdenliste, Feuilleton, Lottoziehungen, Anzeigen
Ab Nr. 13 1. Apr. 1900 Jg. 13: ZSOMBOLYAER ZEITUNG (HATZFELDER ZEITUNG)
Lit.: Kemény, Réz 553

105. A HAZAFI – DER PATRIOT
Budapest
10. Nov. 1878 Jg. 1 (Probenummer) – Nr. 3 24. Nov. 1878
Red.: *Josef Nehrer*
Wöchentlich/Folio
Inhalt/Rubriken: Berichte über Nationalökonomie, Landwirtschaft, Feuilleton. Zweisprachig
Beilage: REGÉNY-UJSÁG – ROMAN-ZEITUNG
Lit.: Réz 311

106. HERMANNSTÄDTER ZEITUNG. Zeitung für vaterländische Interessen, Geschichte und Landeskunde
Hermannstadt
Nr. 1 3. Jan. 1861 Jg. 1 [die Jge 1865–1866 fehlen in der SzN], dann Nr. 307 28. Dez. 1867 Jg. 7 vorhanden, Nr. 1 1. Jan. 1868 – Nr. 23 27. Jan. 1907 Jg. 123, [erschienen bis 16. Febr. 1907]
Red.: *M. Binder,* ab 1. Jan. 1863: *Heinrich Schmidt,* 16. Sept. – 18. Sept. 1865: *Theodor Steinhausen,* ab 2. Okt. 1877: *Georg Essig,* ab 30. Juni 1882: *Adolf Reissenberger,* ab 30. Juni 1884: *Adolf Persz,* ab 15. Apr. 1884: *Adolf Reissenberger,* ab 21. Apr. 1896: *Friedrich Roth*
Täglich/Folio
Inhalt/Rubriken: Politische Uebersicht, Telegramme, Lokalnachrichten, Feuilleton, Inserate
Vormals: ab 1788: DER KRIEGSBOTE, ab 1792: DER SIEBENBÜRGER BOTE, ab Nr. 1 1. Jan. 1863 Jg. 3 HERMANNSTÄDTER ZEITUNG vereinigt mit dem SIEBENBÜRGER BOTEN
Lit.: Busa II 468, Dunăreanu 149, Réz 562, Sigerus 40

107. HÓDSÁGER ZEITUNG. Allgemeines Volksblatt
Hodsag
Nr. 1 4. Dez. 1904 Jg. 1 – Nr. 52 23. Dez. 1906 Jg. 3
Red.: *Johann Horn,* ab 1905: *Johann Raab*
Wöchentlich/Folio
Inhalt/Rubriken: Was gibt's Neues auf der Welt, Neuigkeiten aus Nah und Fern, Auszug aus dem

Matrikelamte, Humoristisches, Feuilleton, Inserate
Ab 28. Jan. 1906: HÓDSÁGI ÚJSÁG – HÓDSÁGER ZEITUNG, blieb aber weiterhin deutschsprachig
Lit.: Réz 565

HÓDSÁGI ÚJSÁG siehe: HÓDSÁGER ZEITUNG

108. HÓDSCHAG UND UMGEBUNG
Hodschag
1902–1915
Red.: *Josef Pfister*
Wöchentlich
Nicht vorhanden
Lit.: Réz 564

109. HUNGARIA. Social ökonomisches Volksblatt
Budapest
Nr. 1 – Nr. 3 1882
Red.: *József Wohlfahrt*
Nicht vorhanden

110. IGAZ SZÓ – DAS FREIE WORT. Politisches Wochenblatt
Pozsony
Nr. 1 7. Jan. 1912 Jg. 1 – Nr. 27 4. Juli 1914 Jg. 3
Red.: *Gyula Reisz*, ab 1. Juni 1912: *Béla Stekelhuber*
Wöchentlich/Folio
Inhalt/Rubriken: Tagesneuigkeiten, Kommunales, Inserate. Zweisprachig
Lit.: Potemra 299, Kemény, Réz 1454

111. JÜDISCHE PESTER ZEITUNG
Pest
Nr. 83 5. Dez. 1870 Jg. 2 – Nr. 22 16. März 1871; Nr. 14 16. Febr. 1874 – Nr. 64 8. Juni 1888
Red.: *Reis Mayer*, ab 17. März 1884: *M. Ehrenstück*
Wöchentlich/Folio
Inhalt/Rubriken: Deutscher Text mit hebräischen Buchstaben
Lit.: Réz 629

112. JÜDISCHER PESTER LLOYD
Buda-Pest
Nr. 1 1. Jan. 1875 Jg. 1 – Nr. 52 26. Aug. 1875 Jg. 1
Red.: *Julius Dessauer*
Wöchentlich/Folio
Inhalt/Rubriken: Deutscher Text mit hebräischen Buchstaben
Lit.: Réz 630

113. JÜDISCHES TAGEBLATT. Ab 26. Apr. 1901: Organ der orthodoxen Juden Ungarns
Budapest
Nr. 1 25. Juli 1899 Jg. 1 – Nr. 205 24. Okt. 1901 Jg. 3
Red.: *Jakob Gabel*, ab 29. Aug. 1900: *Mar-Drór*
Wöchentlich fünfmal/Folio
Inhalt/Rubriken: Deutscher Text mit hebräischen Buchstaben
Lit.: Réz 632

114. JÜDISCHES VOLKSBLATT
Budapest
Nr. 1 22. Juni 1891 Jg. 1 – Nr. 41 27. Febr. 1893 Jg. 3
Red.: *Mór Dornbusch*
Wöchentlich dreimal, ab 1893: wöchentlich fünfmal/Folio
Inhalt/Rubriken: Deutscher Text mit hebräischen Buchstaben
Lit.: Réz 633

115. KARANSEBESER WOCHENBLATT. Organ für Landwirtschaft, Handel und Industrie, 1. Okt. 1911: Organ für Land- Volkswirtschaft und öffentliches Leben
Karánsebes
Nr. 1 1. Juli 1888 Jg. 1 – Nr. 46 13. Dez. 1914 Jg. 27
Red.: *Anton Orehoja*, ab 7. Apr. 1895: *Josef Jacobovits*, ab 1. Okt. 1911: *Eduard Tomann*, ab 1. Febr. 1914: *Arthur Lazits*
Wöchentlich/Folio
Inhalt/Rubriken: Lokale Nachrichten, Feuilleton, Inserate
Lit.: Réz 636

116. KARANSEBESER ZEITUNG, ab 8. Jan. 1877: SZÖRÉNYER ZEITUNG. Organ für Politik und Volkswirthschaft
Karansebes
Nr. 1 1. Jan. 1877 Jg. 1 – Nr. 2 4. Jan. 1877

Jg. 1
Red.: *Adolf Reiner*
Wöchentlich zweimal/Folio
Inhalt/Rubriken: Kleine Chronik, Neueste Post, Original-Telegramm, Volkswirthschaftliches, Offene Sprechhalle, Course der Münzen, Feuilleton, Inserate
Später: SZÖRÉNYER ZEITUNG, SÜDUNGARISCHER BOTE
Lit.: Réz 637

117. KARLSBURGER WOCHENSCHRIFT. Organ für volkswirthschaftliche, kommunale und sociale Interessen
Gyula-Fehérvár, ab 22. Okt. 1881: Carlsburg
7. Aug. 1881 Jg. 1 (Probenummer) – Nr. 642 21. Okt. 1884 Jg. 4
Red.: *August Behal*
Wöchentlich/Folio
Inhalt/Rubriken: Local- u. Tages-Chronik, Offener Sprechsaal, Ungarisches Theater
Lit.: Réz 639

118. KARLSBURGER ZEITUNG. Organ für Volkswirthschaft, Sozial- und Kultur-Interessen
Karlsburg
Nr. 1 10. Nov. 1878 Jg. 1 – Nr. 36 22. Sept. 1881 Jg. 4
Red.: *Adalbert Cserni*
Wöchentlich/Folio
Inhalt/Rubriken: Lokalnachrichten, Wochenchronik, Marktberichte, Feuilleton, Inserate
Nicht erschienen: Oktober 1879 – Oktober 1880
Lit.: Réz 640

119. KARLSDORFER WOCHENBLATT
Karlsdorf
4. Dez. 1887 – 27. März 1888
Red.: –
Wöchentlich
Nicht vorhanden
Lit.: Réz 641

120. KÁROLYFALVAER VOLKSBLATT
Károlyfalva
1905
Red.: *Alexander Glaser*
Wöchentlich
Nicht vorhanden
Lit.: Réz 642

121. KÁROLYFALVAER WOCHENBLATT. Organ für Volkswirthschaft, Sozial- und Kultur-Interessen
Károlyfalva
1897 Jg. 1 – 1904 Jg. 8
Red.: *Johann Verner*, ab 16. Sept. 1900: *Robert Oberläutner*, ab 1901: *Franz Schneider*, ab 1902: *Hugo Kovács*, ab 1904: *Friedrich Grunwald*
Wöchentlich/Folio
Inhalt/Rubriken: Tagesneuigkeiten, Wochenbericht, Feuilleton, Inserate
Lit.: Réz 643

122. KÁROLYFALVAER WOCHENREVUE. Organ für Volkswirthschaft, öffentliches Leben und Cultur-Interessen, ab 1. Jan. 1898: Organ für Volkswirthschaft, Gewerbe, Handel, öffentliches Leben und Cultur-Interessen
Károlyfalva
Nr. 1 1. Jan. 1898 Jg. 1 – Nr. 53 25. Dez. 1898 Jg. 1
Red.: *Hugo Kovács*, ab 19. Juni 1898: *Alexander Wainz*
Wöchentlich/Folio
Inhalt/Rubriken: Nachrichten, Wochenmarkts-Bericht, Feuilleton, Inserate
Lit.: Réz 644

123. KÁROLYFALVAER ZEITUNG
Karlsdorf
1904
Red.: –
Wöchentlich
Nicht vorhanden
Lit.: Réz 645

124. KASCHAUER ILLUSTRIERTE ZEITUNG
Kaschau
1872–1896
Red.: –
Nicht vorhanden
Lit.: Réz 648

125. KASCHAUER ZEITUNG. Lokalblatt für Volks-, Haus- und Landwirtschaft,

Industrie und geselliges Leben
Kaschau
Nr. 6 20. Jan. 1872 Jg. 34 – Nr. 88 4. Aug. 1914 Jg. 76
Red.: *Gustav Urban,* ab 15. Febr. 1877: *Ferdinand Dornstein,* ab 3. März 1881: *Albin Müller,* ab 17. Jan. 1882: *Sigmund von Rorwell,* ab 8. Jan. 1910: *Karl Werfer*
Wöchentlich dreimal/Folio
Inhalt/Rubriken: Neueste Nachrichten, Lokalnachrichten, Neues aus der Nähe und Ferne, Handel, Markt und Gewerbe, Theater, Kunst, Literatur, Inserate
Früher: KASCHAU-EPERJESER KUNDSCHAFTSBLATT – KASSA-EPERJESI ÉRTESÍTŐ
Lit.: Potemra 337, Réz 650

126. DER KATHOLIK. Conservativ-fortschrittliches Organ für Politik und Volkswirthschaft, für Wissenschaft, Kunst und Literatur
Preßburg
Nr. 2 21. März 1872 Jg. 1 – Nr. 299 31. Dez. 1873 Jg. 2
Red.: *Gerhard. v. Marosy*
Wöchentlich zweimal/Quart
Inhalt/Rubriken: Alle im Untertitel angegebenen Themen
Réz kennt Jge 1871–1874
Später: DAS RECHT
Lit.: Potemra 369, Réz 287

KEVEVÁRAER WOCHENBLATT siehe: KEVEVÁRAI HETILAP – KEVEVÁRAER WOCHENBLATT

127. KEVEVÁRAI HETILAP – KEVEVÁRAER WOCHENBLATT. Organ für Volkswirtschaft und öffentliches Leben für Temes-Kubin und Umgebung
Temes-Kubin, Kevevára
Nr. 5 29. Jan. 1911 Jg. 13 – Nr. 52 24. Dez. 1911 Jg. 13
Red.: *M. Oberläuter*
Wöchentlich/Folio
Inhalt/Rubriken: Wochenchronik, lokale Angelegenheiten, Belletristik, Anzeigen. Deutschsprachig
Früher: TEMES-KUBINI HETILAP – TEMES-KUBINER WOCHENBLATT 1899–1911, später: 1912–1914: KEVEVÁRA
Lit.: Kemény, Réz 1474

128. KISMARTON ÉS VIDÉKE
Kismarton
Nr. 1 3. Febr. 1901 Jg. 1 – Nr. 4 26. Jan. 1902 Jg. 2
Red.: *Lajos Metzingh*
Wöchentlich/Folio
Inhalt/Rubriken: Nachrichten, Feuilleton, Inserate. Zweisprachig
Lit.: Réz 1476

129. KISMARTONER WOCHENSCHRIFT. Unabhängiges Organ für allgemeine Interessen
Kismarton
Nr. 1 8. März 1903 Jg. 1 – Nr. 52 25. Dez. 1904 Jg. 2
Red.: *Samuel Breier*
Wöchentlich/Quart
Inhalt/Rubriken: Wochenbericht, Kommunal-Zeitung, Feuilleton
Lit.: Horváth 628, Réz 658

130. KISMARTONER ZEITUNG. Organ für politische, sociale und wirthschaftliche Interessen
Kismarton
Nr. 1 1. Jan. 1899 Jg. 14 – Nr. 15 12. Apr. 1908 Jg. 23
Red.: *Eduard Dick,* ab 5. Mai 1901: *Samuel Breier,* ab Febr. 1903: *M. Laschober,* ab 19. Aug. 1906: *Timon,* ab 30. Dez. 1906: *Wilhelm Herrmann*
Wöchentlich/Folio
Inhalt/Rubriken: Locales, Feuilleton, Inserate
Früher: EISENSTÄDTER ZEITUNG
Lit.: Réz 659

131. KLEINER LLOYD. Tages-Journal über Alles, für Alle. Ab 4. Mai 1870: Pester Tagblatt, ab 29. Mai 1870: Belletristisch-volkswirthschaftliches Beiblatt der *FAKKEL*
Pest
Nr. 1 3. Apr. 1870 Jg. 1 – Nr. 39 18. Mai 1870 Jg. 1
Red.: *Robert Boldini*
Täglich, ab 29. Mai 1870: wöchentlich, ab 1871: unregelmäßig
Inhalt/Rubriken: Tages-Chronik, Feuilleton,

Theater- und Kunstberichte, Inserate
Lit.: Réz 661

132. KLEINES JOURNAL. Unabhängiges Volksblatt, ab 28. März 1898: Politisches Tageblatt
Budapest
Nr. 1 20. Juli 1897 Jg. 1 – Nr. 119 15. Nov. 1903 Jg. 7
Red.: *Moritz Fischer*
Täglich/Quart
Inhalt/Rubriken: Interessantes vom Tage, Plaudereien, viel Belletristik, Inserate
Lit.: Réz 662

133. KÖZVÉLEMÉNY
Vág-Szered
Nr. 1 21. Aug. 1902 Jg. 1 – Nr. 1 2. Jan. 1913 Jg. 12
Red.: *Károly Salgó*, ab 30. März 1907: *Mihály Gyikos,* ab 5. Sept. 1907: *Béla Horogszeghy*, ab 17. Okt. 1907: *Lajos Szabó*, ab 6. Nov. 1907: *Eduárd Kállai*, ab 13. Nov. 1907: *Lajos Szabó*, ab 19. Jan. 1912: *János Antal*, ab 10. Mai 1912: *Károly Salgó*
Wöchentlich/Folio
Inhalt/Rubriken: Lokale Nachrichten, Belletristik im Feuilleton, Inserate. Zweisprachig
Lit.: Kemény, Réz 1488

134. KRASSÓER ZEITUNG. Ab 1. Jan. 1871: Organ für Fortschritt, soziale Interessen, Haus- und Volkswirtschaft und Unterhaltung
Lugos
Nr. 1 6. Juli 1861 Jg. 4 – Nr. 52 25. Dez. 1880 Jg. 23
Red.: *Johann Wentzely*
Wöchentlich, 1. Jan. 1877 – 30. Sept. 1877: wöchentlich zweimal, danach wöchentlich/Folio
Inhalt/Rubriken: Komitats-Verhandlungen, Lokales, Rundschau, Belletristik im Feuilleton, Inserate
Früher: LUGOSER ANZEIGER
Lit.: Lay, S. 11, Busa II 254

135. KRASSÓ-SZÖRÉNYER POST. Organ für ämtliche Kundgebungen, für Cultur und gemeinnützige Interessen
Deutsch-Bogschan
Nr. 1 1. Nov. 1892 Jg. 1 – Nr. 53 31. Dez. 1899 Jg. 8
Red.: *August Zeier*, ab 14. Mai 1899: *Adolf Rosner*
Wöchentlich zweimal, 13. Aug. 1893: wöchentlich/Folio
Inhalt/Rubriken: Tages-Neuigkeiten, Feuilleton, Inserate
Lit.: Réz 672

136. KRASSÓ-SZÖRÉNYER ZEITUNG. Organ für Fortschritt, soziale Interessen, Haus- und Landwirtschaft
Lugos
Nr. 1 1. Jan. 1881 Jg. 24 – Nr. 52 30. Dez. 1900 Jg. 43
Red.: *Johann Virányi*
Wöchentlich zweimal, ab 1882: wöchentlich/Folio
Inhalt/Rubriken: Tagesneuigkeiten, Feuilleton
Lit.: Lay, S. 12, Réz 673

137. KREUZERBLATT
Budapest
1874
Red.: –
Nicht vorhanden
Lit.: Réz 675

138. KREUZER-JOURNAL. Tagesblatt für das Volk
Pest
Probeblatt: 31. Dez. 1869, Nr. 1 1. Jan. 1870 – Nr. 26 30. Jan. 1870
Red.: *Lazar Tettau*
Täglich/Folio
Inhalt/Rubriken: Tagesneuigkeiten, Feuilleton
Lit.: Réz 676

139. KRONSTÄDTER ANZEIGER FÜR HANDEL, GEWERBE UND OEKONOMIE
Kronstadt
1856
Red.: –
Nicht vorhanden
Lit.: Réz 683

140. KRONSTÄDTER TAGEBLATT
Kronstadt
Nr. 1 28. März 1895 Jg. 1 – Nr. 302 31. Dez. 1900 Jg. 6
Red.: *Karl Schmidt*, ab 1898: *Johann Stoof*, ab

Aug. 1900: *Guido Wächter*, ab 3. Sept. 1900: *Hermann Schroff*
Täglich/Folio
Inhalt/Rubriken: Politische Uebersicht, Tagesneuigkeiten, örtliche Angelegenheiten, Feuilleton
Lit.: Réz 684

141. KRONSTÄDTER WOCHENBLATT
Kronstadt
Nr. 1 5. Jan. 1901 Jg. 1 – Nr. 4 30. Jan. 1904 Jg. 4
Red.: *Wilhelm Gabany*
Wöchentlich/Quart
Inhalt/Rubriken: Tagesneuigkeiten, Bunte Chronik, Hauswirtschaftliches, Gemeinnütziges, Kronstädter Eisenbahnverkehr, Kronstädter Marktberichte, Belletristik
Lit.: Réz 685

142. KRONSTÄDTER ZEITUNG
Kronstadt
26. März 1849 – 24. Aug. 1944
Red.: *Johann Gött*, *Hermann Schroff*, ab 13. Okt. 1902: *Guido Wächter*, ab 15. Dez. 1910: *A. Polony*
Wöchentlich viermal, ab 4. Jan. 1858: wöchentlich dreimal, ab 3. Jan. 1859: wöchentlich viermal/Folio
Inhalt/Rubriken: Politische Uebersicht, Oertliche Angelegenheiten, Tagesneuigkeiten, verschiedenene Nachrichten, Feuilleton, Inserate
Früher: 1837–1849: SIEBENBÜRGER WOCHENBLATT
Lit.: Busa II 258, Kemény, Réz 686

143. DER LANDBOTE. Politisches Wochenblatt
Temesvar
Nr. 1 3. Dez. 1871 Jg. 1 (Probenummer), Nr. 5 30. Jan. 1892 Jg. 21 – Nr. 52 26. Dez. 1915, Nr. 1 1. Jan. 1917 Jg. 46 – Nr. 53 30. Dez. 1917 Jg. 46
Red.: *Karl Kraushaar*
Wöchentlich/Probenummer: Oktav, dann Quart
Inhalt/Rubriken: Politische Rundschau, Kriegsnachrichten, Briefkasten der Redaktion
Die Erscheinungsdaten spiegeln den Bestand der SzN wider; die Zeitung ist laut Fachliteratur bis 1918 erschienen
Lit.: Tafferner, Kemény, Réz 294, Berkeszi

144. LEITSTERN. Unparteiisches Organ für alles jüdische Interesse
Kaschau
2. Jan. 1866 – 10. Juni 1866
Red.: *H. Schönmann*
Wöchentlich/Quart
Inhalt/Rubriken: Deutscher Text mit hebräischen Buchstaben
Lit.: Busa II 264, Réz 702

145. LIPPAER ZEITUNG. Organ für Weinbau, Handel, Gewerbe und öffentliches Leben
Lippa
Nr. 1 6. Jan. 1884 o. Jg. – Nr. 3 19. Jan. 1890 Jg. 11
Red.: *Wilhelm Seiner*, ab 14. Juni 1885: *Emanuel Seiner*, ab 1. Jan. 1887: *Josef Gercsek*, ab 9. Jan. 1887: *Emil Máhr*, ab 6. Jan. 1889: *Josef Gercsek*
Wöchentlich/Folio
Inhalt/Rubriken: Tages-Chronik, Humoristisches, Feuilleton, Verstorbene
Lit.: Réz 706

146. LOCAL-PRESSE
o. O.
1877
Red.: –
Wöchentlich
Nicht vorhanden
Lit.: Réz 711

147. LUGOSER ANZEIGER. Ein Organ für ämtliche Verordnungen und alle Arten Anzeigen
Lugos
Nr. 1 4. Juni 1853 – Nr. 27/28 10. Dez. 1853
Red.: *Carl Traunfellner*
Wöchentlich/Quart
Inhalt/Rubriken: Informations- und Inseratenblatt
Lit.: Lay, S. 9 f., Réz 714

148. LUGOSER ANZEIGER. Zeitschrift für Belletristik, Industrie und Handel
Lugos
Nr. 1 5. Mai 1858 Jg. 1 – Nr. 12 23. März

1861 Jg. 4
Red.: *Johann Wentzely*
Wöchentlich/Folio
Inhalt/Rubriken: Belletristik, gemeinnützige Mitteilungen, Handels- und Marktberichte, Lokal-Nachrichten
Später: KRASSÓER ZEITUNG 1861–1877
Lit.: Lay, S. 10 f., Busa II 254, Réz 714

149. LUGOSER ZEITUNG. Politisches Wochenblatt
Lugos
Nr. 1 17. März 1898 Jg. 1 – Nr. 110 27. Sept. 1899 Jg. 2
Red.: *Jakob Pinkus*
Wöchentlich zweimal, ab 1899: wöchentlich dreimal/Folio
Inhalt/Rubriken: Lokales, Oesterreich-Ungarn, Aus Südungarn, Ausland, Feuilleton, Vermischte Nachrichten, Volkswirtschaft, Theater, Kunst und Literatur, Inserate
Lit.: Lay, S. 20 f., Réz 716

150. LUGOSER ZEITUNG. Organ für öffentliche Interessen, 15. Nov. 1905: Politisches Organ für Volksinteressen
Lugos
Nr. 1 10. Okt. 1905 Jg. 1 – Nr. 105 31. Dez. 1917 Jg. 13 (laut Lay erschienen bis 1919)
Red.: *Ludwig Frühwald*, ab 7. März 1907: *Viktor Mehoffer*
Wöchentlich zweimal/Quart
Inhalt/Rubriken: Chronik, Ökonomie, Briefkasten der Redaktion, Inserate
Lit.: Lay, S. 21 f., Réz 717

151. MAGYAR-OSZTRÁK SZABAD SAJTÓ – UNGARISCH-ÖSTERREICHISCHE FREIE PRESSE
Budapest
Nr. 1 4. Nov. 1877 Jg. 1 – Nr. 5–6 13. Dez. 1877 Jg. 1
Red.: *Julius von Perczel*
Wöchentlich/Folio
Inhalt/Rubriken: Verkehrsnachrichten, Volkswirtschaft, Theater, Kunst und Literatur. Zweisprachig
Lit.: Réz 1543

152. DER MARCHTALER BOTE. Nichtpolitisches Wochenblatt für die Bezirke Malaczka, Preßburg, Holics, Szevicz und Zistersdorf, ab 7. März 1896: Wochenblatt für die Marchthaler Gegend
Malaczka
Nr. 1 1. Juni 1895 Jg. 1 – Nr. 33 15. Aug. 1896 Jg. 2
Red.: *Viktor Nehr*, ab 7. März 1896: *Alfred Wiesner*
Wöchentlich/Folio
Inhalt/Rubriken: Aus der Umgebung, Tagesneuigkeiten
Lit.: Potemra 484, Réz 300

153. MEDIASCHER WOCHENBLATT. Politisches Organ
Mediasch
Nr. 159 16. Mai 1896 Jg. 4 – Nr. 37 14. Sept. 1918 Jg. 26
Red.: *Franz Biehl*, ab 1902: *Karl Hietsch*, ab 1904: *G. A. Reissenberger*, ab 1912: *Gustav Schuster*, ab 1916: *G. A. Reissenberger*, ab 13. Apr. 1918: *Otto Reissenberger*
Wöchentlich/Folio
Inhalt/Rubriken: Lokal- und Tagesnachrichten, Berichte über Konzerte und Theateraufführungen, Vermischte Nachrichten
Lit.: Kemény, Réz 728

154. MÓDOS ÉS VIDÉKE – MÓDOS UND UMGEBUNG. Organ für Gesellschaft, Volkswirthschaft und oeffentliche Interessen
Módos
Nr. 9 26. Febr. 1893 Jg. 2 – Nr. 13 25. März 1900 Jg. 9
Red.: *Zsigmond Vadász*, ab 26. Febr. 1893 (des deutschen Textes): *Albert Homolai,* ab Apr. 1893: *György Staits*, ab 16. Juni 1894: *Sándor Oblat*
Wöchentlich/Folio
Inhalt/Rubriken: Nachrichten, Feuilleton, Inserate. Zweisprachig
Lit.: Réz 1591

155. MÓDOSER ZEITUNG. Organ für geselliges Leben, Landwirtschaft, Handel und Gewerbe
Módos
Nr. 1 10. Juni 1888 Jg. 1 – Nr. 30 24. Juli 1892 Jg. 5
Red.: *August Zeier*
Wöchentlich/Folio
Inhalt/Rubriken: Kleine Chronik, Reichstags-

Neuigkeiten, Feuilleton, Inserate
Lit.: Réz 755

MÓDOS UND UMGEBUNG siehe: MÓDOS ÉS VIDÉKE

156. MOHÁCSER WOCHENBLATT. Geschäft-, Gewerbe- und Landmann
Mohács
Nr. 1 29. März 1879 – Nr. 36 18. Dez. 1880
Red.: *Josef Ullein*
Wöchentlich/Quart
Inhalt/Rubriken: Lokales, Volkswirtschaftliches, Feuilleton, Inserate
Lit.: Réz 765

157. MOHÁCSER ZEITUNG
Mohács
16. Apr. 1882
Red.: –
Nicht vorhanden, nur die MOHÁCS ÉS VIDÉKE berichtet am 19. März 1882 über ihr Erscheinen
Lit.: Surján 941

158. DER MONTAG. Budapester Sonn- und Montagszeitung
Budapest
Nr. 1 5. Jan. 1920 Jg. 18; erschienen bis 1923
Red.: *A. Eichner*
Wöchentlich/Folio
Inhalt/Rubriken: Tagesneuigkeiten, Volkswirtschaft, Theater, Kunst und Literatur, Feuilleton
Beilage: BUDAPESTER BÖRSE
Réz kennt die Jge 1903–1918
Lit.: Réz 302

159. MONTAGBLATT
Budapest
Nr. 29 20. Juli 1891 Jg. 3 – Nr. 12 24. März 1919 Jg. 31
Red.: *Max Viola*
Wöchentlich/Folio
Inhalt/Rubriken: Tagesneuigkeiten, Börse und Handel, Feuilleton, Inserate
Früher: SONNTAG-ABENDBLATT
Lit.: Kemény, Réz 762

160. MONTAGSPOST. Organ für soziale, volkswirtschaftliche und lokale Interessen
Preßburg
2. Juli 1888
Red.: –
Nicht vorhanden
Lit.: Potemra 498

MOSONER KOMITAT siehe: MOSONMEGYE

161. MOSONMEGYE – MOSONER KOMITAT
Ungarisch-Altenburg
1902–1910
Red.: –
Wöchentlich
Nicht vorhanden
Lit.: Réz 1592

162. MÜHLBACHER WOCHENBLATT
Mühlbach
1886/88
Red.: *J. Stegemann*
Wöchentlich
Nicht vorhanden
Lit.: Réz 766 a

MÜLLER'S BÜRGERFREUND siehe: UNGARISCHE POST

163. NAGYKIKINDA, ab Januar 1911: NAGYKIKINDA UND UMGEBUNG. Organ für öffentliche Interessen
Nagykikinda
Nr. 1 1. Aug. 1895 Jg. 1 – Nr. 36 31. Aug. 1913 Jg. 20
Red.: *Johann Hochstrasser*
Wöchentlich/Folio
Inhalt/Rubriken: Nachrichten aus Nah und Fern, Nagykikinda und Umgebung, Feuilleton, Inserate
1913 integriert in GROSS-KIKINDAER ZEITUNG
Lit.: Kemény, Réz 772

164. NAGYKIKINDAER ZEITUNG
Nagykikinda
Nr. 1 10. Dez. 1916 Jg. 1 – Nr. 46 10. Nov. 1918 Jg. 3
Red.: *Karl Sziller*
Wöchentlich/Folio
Inhalt/Rubriken: Nachrichten aus Nah und Fern, Kriegsnachrichten, Inserate

Réz kennt das Blatt nicht
Lit.: Kemény

165. NAGY-SZENT – MIKLÓSER ZEITUNG. Organ für allgemeine Interessen
N. Szt.-Miklós
Nr. 1 11. Jan. 1903 Jg. 1 – Nr. 51 27. Dez. 1903 Jg. 1
Red.: *Peter Klein*
Wöchentlich/Folio
Inhalt/Rubriken: Neuigkeiten, Leitartikel, Der Volkswirth, Inserate
Lit.: Réz 774

166. NAGYSZOMBATI HETILAP – TIRNAUER WOCHENBLATT
Nagyszombat
Nr. 4 25. Jan. 1880 Jg. 12 – Nr. 13 31. März 1918 Jg. 50
Red.: *János Henrik Thinágl*, ab 11. Okt. 1908: *Emil Hudyma*, ab 21. Mai 1911: *Géza Veszely*, ab 7. Jan. 1917: *Pál Gáspár*
Wöchentlich/Folio
Inhalt/Rubriken: Zweisprachig, ab 14. Sept. 1902 wird der deutschsprachige Teil immer unbedeutender, dann verschwindet er ganz
Lit.: Potemra 508, Kemény, Réz 1601

167. NAGYSZOMBATI HÍRLAP
Nagyszombat
Nr. 11 12. März 1904 Jg. 2 – Nr. 52 29. Dez. 1906 Jg. 4
Red.: *Károly Salgó*, ab 7. Apr. 1906: *Géza Kapsz* u. *Vilmos Kramár*
Wöchentlich/Folio
Inhalt/Rubriken: Nachrichten. Das Blatt existierte 1903–1912, enthielt aber deutschsprachige Texte nur in den angegebenen Jahren.
Lit.: Potemra, Réz 1602

168. DIE NERA. Organ für Weinbau, Handel, Gewerbe und öffentliches Leben
Weißkirchen – Fehértemplom
Nr. 1 2. Jan. 1870; Nr. 18 30. Apr. 1871 Jg. 5; Nr. 1 1. Jan. 1893 Jg. 27 – Nr. 52 30. Dez. 1894 Jg. 28; Nr. 1 4. Jan. 1914 Jg. 48 – Nr. 13 30. März 1919 Jg. 53
Red.: *Julius Wunder*
Wöchentlich/Folio
Inhalt/Rubriken: Locales, Inserate
Réz kennt die Jge 1867–1918. In der SzN lückenhaft
Lit.: Kemény, Réz 418

169. NEU-ARADER ZEITUNG
Neu-Arad
1901
Red.: –
Wöchentlich
Nicht vorhanden
Lit.: Réz 779 a

170. NEUE ARADER ZEITUNG
Arad
Nr. 1 1. Juli 1875 Jg. 1 – Nr. 280 7. Dez. 1892 Jg. 18
Red.: *Stephan Hatos*, ab 3. Nov. 1880: *Albert Ungerleider*, ab 25. Juni 1882: *Móric Hauser*
Täglich/Quart
Inhalt/Rubriken: Zur Tagesgeschichte, Neuestes, Tages-Kalender, Kleine Chronik, Feuilleton, Inserate
Beilage: DER ERZÄHLER
Früher: ARADER ZEITUNG
Lit.: Réz 779

171. NEUE BISTRITZER WOCHENSCHRIFT
Bistritz
1871
Red.: *Georg Fischer*
Wöchentlich
Nicht vorhanden
Lit.: Réz 780

172. NEUE JÜDISCHE PESTER ZEITUNG
Budapest
Nr. 1 28. Apr. 1884 Jg. 1 – Nr. 65 11. Juni 1888 Jg. 5
Red.: *M. Ehrenteil*
Wöchentlich dreimal/Folio
Inhalt/Rubriken: Deutscher Text mit hebräischen Buchstaben
Lit.: Réz 782

173. NEUE JÜDISCHE ZEITUNG
Budapest
Nr. 1 11. Febr. 1881 Jg. 1 – Nr. 97 18. Sept. 1884 Jg. 4
Red.: *Carl Lederer*
Unregelmäßig/Folio
Inhalt/Rubriken: Deutscher Text mit hebräi-

schen Buchstaben
Lit.: Réz 783

174. NEUE LIPPAER ZEITUNG. Organ für Volkswirtschaft und Kulturinteressen
Lippa
Nr. 1 1. Jan. 1887 Jg. 1 – Nr. 51 17. Dez. 1899 Jg. 13
Red.: *Josef Zach*, ab 2. Juli 1893: *Peter Gradl*, ab 26. Jan. 1896: *Josef Zach*, ab 11. Juni 1899: *Peter Gradl*
Wöchentlich/Folio
Inhalt/Rubriken: Wochenchronik, Feuilleton, Inserate
Lit.: Réz 784

175. NEUE LUGOSER ZEITUNG
Lugos
1909–1910
Red.: *Heinrich Anwender*
Wöchentlich
Nicht vorhanden
Lit.: Réz 785

176. NEUE POST. Politisches Tagblatt
Budapest
Nr. 226 2. Okt. 1917 Jg. 21 – Nr. 258 31. Okt. 1920 Jg. 24
Red.: *Johannes Huber*, ab 25. März 1919: *Johann Paul Farkas*, ab 21. Okt. 1919: *Johannes Huber*
Täglich/Folio
Inhalt/Rubriken: Tagesneuigkeiten, Volkswirtschaft, Belletristik, Inserate
Nicht erschienen 28. März 1919 – 21. Okt. 1919
Früher: NEUES KLEINES JOURNAL, ab 3. Nov. 1920: PESTER ZEITUNG
Lit.: Kemény, Réz 787

177. NEUE SÜDUNGARISCHE ZEITUNG
Temesvar
25. Dez. 1887 (Probeblatt), regelmäßig ab Nr. 1 1. Jan. 1888 Jg. 1 – Nr. 184 10. Aug. 1888 Jg. 1
Red.: *Moriz Totis*, ab 19. Juli 1888: *Friedrich Reusche*
Täglich/Folio
Inhalt/Rubriken: Berichte über Volkswirtschaft, Wochen-Geschäfts-Revue, Feuilleton
Lit.: Réz 788

178. NEUE TEMESVARER ZEITUNG. Organ für Politik und Volkswirtschaft
Temesvár
[Nr. 2 3. Jan. 1868 Jg. 1]; 1872 Jg. 5 [Der Jg. 1896 fehlt in der SzN.] – Nr. 296 29. Dez. 1912 Jg. 45
Red.: *Albert Strasser*, ab 4. Juli 1882: *Friedrich Reusche*, ab 13. Nov. 1887: *Cornel Guidkofszky*, ab 1. Nov. 1892: *Franz Dévay*
Täglich/Folio
Inhalt/Rubriken: Locales, Kleine Chronik, Volkswirthschaftliches, Kunst und Literatur, Preise-Notierungen
Lit.: Kemény, Réz 789, Berkeszi

179. NEUE TRENCHINER ZEITUNG
Neutra
1870–1876
Red.: *J. Weiß*
Wöchentlich
Nicht vorhanden
Lit.: Réz 791

180. NEUE WERSCHETZER ZEITUNG. Organ für Volkswirthschaft und öffentliches Leben, ab 11. Juli 1897: Organ für Politik, Volkswirtschaft und öffentliches Leben, ab 4. März 1916: Organ für die Interessen des Arbeitenden Volkes
Werschetz
Nr. 1 2. Okt. 1881 Jg. 1 – Nr. 14. 16. Febr. 1919 Jg. 39
Red.: *Josef Veronits*, ab 4. März 1916: *Emanuel Buchinger*, ab 11. März 1916: *Josef Bader*
Wöchentlich zweimal/Folio
Inhalt/Rubriken: Geschäfts-Berichte, Nachrichten, Inserate
Beilagen: SÜDUNGARISCHE WEIN- U[ND] ACKERBAU-ZEITUNG 1877–1879, 1893, 1895–1896
Lit.: Tafferner, Kemény, Réz 794

181. NEUE ZEITUNG. Politisches Blatt für Stadt und Komitat Sopron
Sopron
Nr. 1 13. Nov. 1898 Jg. 1 – Nr. 78 28. Sept. 1899 Jg. 2; Nr. 119 10. Okt. 1901 Jg. 4 – Nr. 150 29. Dez. 1904 Jg. 7
Red.: *Karl Arnhold*
Wöchentlich zweimal, ab 2. Okt. 1900: wöchentlich dreimal/Folio
Inhalt/Rubriken: Gerichtshalle, Vereinsnach-

richten, Feuilleton, Theater, Kunst und Literatur, Inserate
Lit.: Horváth 842, Réz 796

182. NEUER FREIER LLOYD. Zeitschrift für Politik, Finanz- und Verkehrswesen, Handel und Industrie, ab 2. Mai 1872: Zeitschrift für sociale, Finanz- und Verkehrsinteressen, Handel und Industrie und für das Versicherungswesen
Pest
Nr. 1 1. Juni 1869 Jg. 1 – Nr. 53 25. Dez. 1872 Jg. 4
Red.: *Eduard Horn*, ab 30. Nov. 1871: *C. Frankenberg*, ab 25. Juli 1872: *Julius Stein*
Täglich zweimal, ab 11. Okt. 1870: täglich, ab 23. März 1871: wöchentlich/Folio
Inhalt/Rubriken: Tagesneuigkeiten, Aus dem Reichstage, Handel und Volkswirtschaft, Börse, Amtlicher Vergnügungs-Anzeiger, Pester Geschäftsbericht
Ab 30. Nov. 1871: NEUER FREIER LLOYD UND BÖRSEN- UND ASSEKURANZBLATT
Lit.: Réz 799

183. NEUER LANDBOTE
Temesvar
3. Apr. 1886–1887
Red.: *Anton Kádár*
Wöchentlich
Nicht vorhanden
Fortsetzung: Ab 1887: DER FREIMÜTIGE LANDBOTE
Lit.: Tafferner, Réz 802, Berkeszi

184. NEUER ORAVITZAER BERGGEIST
Oravitza
1870–?
Red.: *J. Wunder*
Wöchentlich
Nicht vorhanden
Lit.: Réz 803

185. NEUES BUDAPESTER ABENDBLATT. Liberales Organ
Budapest
Nr. 7 6. Nov. 1899 Jg. 1 – Nr. 48 28. Febr. 1920 Jg. 22
Red.: *Arthur Singer*, ab 1. Aug. 1900: *Theodor Barna*, ab 24. Aug. 1900: *Arthur Singer*, ab 6. Juli 1901: *Daniel Lukács*, ab 31. Juli 1901: *Arthur Singer*, ab 17. Sept. 1901: *Eugen László*, ab 6. März 1903: *M. Herz*, ab 13. Juli 1903: *Arthur Singer*, ab 20. Nov. 1903: *M. Herz*, ab 21. Dez. 1903: *Arthur Singer*, ab 13. Juli 1906: *Armin Verboi*, ab 30. Aug. 1906: *Arthur Singer*, ab 7. Dez. 1906: *Eduard Kadocs-Krausz*, ab 4. Mai 1907: *Arthur Singer*, ab 7. Jan. 1909: *Richard Seichter*, ab 5. Febr. 1909: *Arthur Singer*, ab 2. Jan. 1912: *Ludwig Rotter*
Täglich/Folio
Inhalt/Rubriken: Kurze interessante Nachrichten, Theaternachrichten, Inserate
Setzt die Numerierung seines Vorgängers, des BUDAPESTER ABENDBLATTs, fort
Nicht erschienen: 16. Nov. 1899 – 17. Jan. 1900, 13. Mai 1919 – 27. Sept. 1919
Lit.: Kemény, Réz 804

186. NEUES KLEINES JOURNAL. Ab 25. März 1898: Politisches Tageblatt
Budapest
Nr. 1 11. Okt. 1897 Jg. 1 – Nr. 225 30. Sept. 1917 Jg. 21
Red.: *Félix Weisz*, ab 14. Jan. 1898: *Félix Vida*, ab 3. Juli 1912: *Wilhelm Schönmann*, ab 16. Apr. 1913: *Eugen László*, ab 3. Mai 1913: *Arthur Singer*, ab 19. Aug. 1913: *Izor Schmidek*, ab 1. Aug. 1917: *Johannes Huber*
Täglich/Folio
Inhalt/Rubriken: Tagesbericht, Depeschen, Gerichtshalle, Der Oekonomist, Feuilleton
Ab 2. Okt. 1917: NEUE POST, 1920–1921: PESTER ZEITUNG
Lit.: Kemény, Réz 805

187. NEUES PANCSOVAER WOCHENBLATT
Pancsova
Nr. 42 15. Okt. 1871 Jg. 2
Red.: *Carl Wittigschlager*
Wöchentlich/Folio
Inhalt/Rubriken: Handel und Verkehr, Geschäftsberichte, Verordnungen, Offener Sprechsaal, Inserate
Eine einzige Nummer vorhanden
Fortsetzung: BANATER POST
Réz kennt die Jge 1870–1872
Lit.: Réz 806

187a. NEUES PESTER JOURNAL, Nr. 84 – Nr. 133: NEUES FREIES PESTER JOURNAL. Demokratisches Tageblatt
Pest
Nr. 1 15. Mai 1870 Jg. 1 – Nr. 152 8. Juli 1871 Jg. 2
Red.: *Otto Löbe*
Täglich/Folio
Inhalt/Rubriken: Nachrichten, Lokale Rundschau, Tageschronik, Aus dem Gerichtssaal, im Feuilleton: Belletristik, Inserate
Lit.: Réz 807, Voit 4042

188. NEUES PESTER JOURNAL
Pest, Budapest
Nr. 1 12. Nov 1872 Jg. 1 – Nr. 170 31. Juli 1925 Jg. 54
Red.: *Ignaz Schnitzer*, ab 14. März 1880: *Armin Bexheft*, ab 8. Apr. 1896: *Lajos Bródy*
Täglich, ab 20. Juli 1876: wöchentlich zweimal, ab 1907: täglich/Folio
Inhalt/Rubriken: Lokale Rundschau, Tageschronik, Telegraphisches, Aus dem Gerichtssaal, Inserate
Früher 1872: CONSTITUTIONELLES PESTER JOURNAL
Lit.: Réz 808

189. NEUES POLITISCHES VOLKSBLATT
Budapest
Nr. 1 14. Okt. 1877 Jg. 1 – Nr. 245 29. Sept. 1940 Jg. 64
Red.: *Paul Tenzer*, ab 24. Okt. 1891: *Albert Vukovári*, ab 9. Okt. 1892: *Lajos Rotter*, ab 1. Aug. 1897: *Alexander Fleischmann*, ab 15. Nov. 1916: *Oszkár Mérei*
Täglich/Folio
Inhalt/Rubriken: Politische Nachrichten, Neuestes, Volkswirt, Glossen, Feuilleton
Lit.: Kemény, Réz 809

NEUSATZER JOURNAL siehe: UJVIDÉKI UJSÁG

NEUSATZER KREISBLATT (1856–1860) siehe: NEUSATZER LOKALBLATT

190. NEUSATZER LOKALBLATT, ab Nr. 6 1. Febr. 1862: NEUSATZER LOKALBLATT, ab 22. Apr. 1865: NEUSATZER LOKALBLATT UND BACSKAER BOTE. Für den Geschäfts-, Gewerb- und Landmann. Organ für ämtliche Notizen und alle Arten Anzeigen; für Gewerbekunde, Gartenkunst, Land- und Hauswirthschaft
Neusatz
Nr. 11 10. März 1860 Jg. 4 – Nr. 20 13. Mai 1871 Jg. 15
Red.: *Ignaz Fuchs*
Wöchentlich/Folio
Inhalt/Rubriken: Lokales, Verschiedenes, Aus dem Vaterlande, Geschäftsberichte, Belletristik, Witterungsverhältnisse, Verstorbene, Inserate
Lit.: Busa II 364, Réz 813

191. NEUSATZER ZEITUNG
Neusatz
1884–1887
Red.: *Stephan Keller*, ab 1887: *Franz Obermüller*
Nicht vorhanden
Lit.: Bikicki 70, Réz 814

192. NEUSIEDLER WOCHENSCHRIFT. Unabhängiges Organ für sociale, volkswirthschaftliche und culturelle Interessen
Neusiedl am See
Nr. 1 1. Jan. 1894 Jg. 3 – Nr. 24 13. Juni 1897 Jg. 6
Red.: *Koloman Erdős*, ab 4. Aug. 1895: *Béla Horváth*
Wöchentlich/Folio
Inhalt/Rubriken: Nachrichten, Briefkasten, Feuilleton, Inserate
Réz kennt die Jge 1892–1898
Lit.: Horváth 843, Réz 815

193. NEUTRAER BOTE. Zeitschrift für Cultur, Volkswirthschaft, Industrie und Belletristik
Neutra
18. Dez. 1870 (Probe-Nummer), Nr. 1 1. Jan. 1871 Jg. 1 – Nr. 53 31. Dez. 1871 Jg. 1
Red.: *Nathan Grünfeld*
Wöchentlich/Folio
Inhalt/Rubriken: Vermischte Nachrichten, Handel und Verkehr, Statistisches, Wiener Börse, Feuilleton, Inserate
Lit.: Potemra 545, Réz 816

194. NEUTRAER ZEITUNG. Organ für locale und sociale Interessen
Neutra
Nr. 1 14. Nov. 1890 Jg. 1 – Nr. 39 26. Sept. 1903 Jg. 14
Red.: *Nathan Grünfeld*
Wöchentlich/Folio
Inhalt/Rubriken: Wochenchronik, Belletristik im Feuilleton, Inserate
Ab 3. Okt. 1903: NYITRAI HIRLAP. NEUTRAER ZEITUNG, ab14. Mai 1915: NYITRAVÁRMEGYE
Lit.: Potemra 546, Réz 817

NEUTRAER ZEITUNG (1903–1915) siehe: NYITRAI HÍRLAP – NEUTRAER ZEITUNG

195. NEUTRA-TRENCHINER NACHRICHTEN. Zeitschrift für Volkswirthschaft, Vaterlandskunde, Kunst, Industrie, Handel und Gewerbe, sociales und communales Leben
Neutra
Nr. 1 7. Nov. 1869 Jg. 1 – Nr. 8 30. Jan. 1870 Jg. 2
Red.: *A. Proksch*
Wöchentlich/Folio
Inhalt/Rubriken: Lokales, Neutraer Nachrichten, Chronik, Miszellen, Fruchtmarkt-Preise, Wiener Geld-Börse, Inserate
In der SzN nur die letzte Nummer vorhanden
Lit.: Potemra 547, Réz 818

196. NEUTRA-TRENCHINER ZEITUNG. Organ für Kulturinteressen, Vaterlandskunde und Belletristik, ab 20. Febr. 1881: Politisches Wochenblatt, ab 27. März 1881: Organ für Volkswirthschaft, Industrie, Handel und Kulturinteressen
Neutra
Nr. 1 27. Nov. 1870 Jg. 1 – Nr. 48 18. Dez. 1881 Jg. 12
Red.: *Johann Ruzsek*, ab 26. März 1871: *Josef Weiß*
Wöchentlich/Folio
Inhalt/Rubriken: Wochenchronik, Fruchtmarkt-Preise, Wiener Geldbörse, Handel und Industrie, Feuilleton, Inserate. Zweisprachig
Lit.: Potemra 548, Réz 819

197. NEZSIDER-RUSZTER SEUFERBOTE
Laut Horváth: [Sopron], laut Réz: Nezsider
Laut Horváth: 13. Jan. 1911?, laut Réz: 1910
Red.: *Adolf Ferenc Beilschmidt*
Wöchentlich
Nicht vorhanden
Später: WESTUNGARISCHER VOLKSFREUND
Lit.: Horváth 845, Réz 820

198. NYITRAI HÍRLAP – NEUTRAER ZEITUNG. Organ für politische, locale und sociale Interessen
Neutra
Nr. 1 5. Jan. 1901 Jg. 12 – Nr. 19. 8. Mai 1915 Jg. 26
Red.: *Nathan Grünfeld*, ab 11. Jan. 1908: *Arzén Libertiny*, ab 22. Aug. 1908: *Nathan Grünfeld*, ab 2. Jan. 1915: *Fülöp Faith*
Wöchentlich/Folio
Inhalt/Rubriken: Wochenchronik, Belletristik, Inserate. Zweisprachig
Lit.: Potemra 581, Réz 1613

199. NYITRAI LAPOK – NEUTRA-TRENCHINER ZEITUNG
Nyitra
Nr. 49 4. Dez. 1881 Jg. 12 – Nr. 38 29. Sept. 1918 Jg. 54
Red.: *József Weiß*
Wöchentlich/Folio
Inhalt/Rubriken: Nachrichten, lokale Neuigkeiten, Inserate. Zweisprachig
Früher: NEUTRA-TRENCHINER ZEITUNG
Lit.: Potemra 585, Réz 1614

200. OBERUNGARISCHE ZEITUNG
Kaschau
1. Jan. 1852 – 28. Febr. 1852
Red.: –
Wöchentlich
Nicht vorhanden
Lit.: Busa II 373, Potemra 592, Réz 826

201. OBERUNGARISCHER LLOYD – FELSŐMAGYARORSZÁGI LLOYD. Wochenblatt für Handel, Gewerbe, Volks-, Haus- und Landwirtschaft
Eperjes

5. Juli 1871 Jg. 1 (Probenummer) – Nr. 103 31. Dez. 1873 Jg. 3
Red.: *E. Börkey* u. *S. Rosenberg*
Wöchentlich, ab 1872: wöchentlich zweimal/Folio
Inhalt/Rubriken: Börsenberichte, Sároser Comitats-Angelegenheiten, Tagesneuigkeiten, Produktenpreise, Berichte über den Wochenmarkt größerer oberungarischer Städte, Verschiedenes, Feuilleton (Belletristik), Anzeigen
Lit.: Potemra 613, Turányi 252, Réz 827

202. OBERWARTHER SONNTAGS-ZEITUNG. Nichtpolitisches Wochenblatt für das gesammte Volksinteresse. Mit einer illustrirten Romanbeilage
Oberwarth
(Probeblatt: 1. Dez. 1879) Nr. 1 1. Jan. 1880 Jg. 1; erschienen bis 1934?
Red.: *Béla Libieczek*, ab 10. Jan. 1897: *Ludwig Schodisch,* ab 1. Jan. 1911: *Friedrich Reisz*, ab 24. Aug. 1919: *Albin Lingauer*, ab 7. Sept. 1919: *Rudolf Békeffy*, ab 30. Nov. 1919: *Friedrich Reisz*
Wöchentlich/Folio
Inhalt/Rubriken: Aus dem Komitate und dessen Umgebung, Aus Nah und Fern, Landwirtschaft, Korrespondenzen, Feuilleton, Inserate
Lit.: Krajevszky 169, Réz 828

203. OEDENBURGER ANZEIGER. Politisches Organ
Oedenburg
Nr. 1 2. Aug. 1913 Jg. 1–10. Febr. 1914
Red.: *F. A. Beilschmidt*
Wöchentlich zweimal, ab 29. Nov. 1913: wöchentlich/Folio
Inhalt/Rubriken: Amtliche Mitteilungen, Nachrichten
Nur im Soproner Archiv vorhanden
Lit.: Horváth 867, Kemény

204. OEDENBURGER ARBEITER-RAT. Amtliches Organ der Sozialistischen Partei in Stadt und Komitat Oedenburg, ab 26. Apr. 1919: Amtliches Organ der Sozialistischen Partei von Westungarn, Politisches Tagblatt für den deutschwestungarischen Gau, ab 24. Juni 1919: Sozialistisch-Kommunistisches politisches Tagblatt für den deutschwestungarischen Gau
Oedenburg
Nr. 1 1. Apr. 1919 Jg. 1 – Nr. 75 6. Juli 1919 Jg. 1
Red.: –
Wöchentlich sechsmal/Folio
Inhalt/Rubriken: Tagesneuigkeiten, wirtschaftliche Nachrichten, Telegramme, Theater und Kunst, Inserate
Im Soproner Archiv vollständig vorhanden, in der SzN einige Nummern
Lit.: Horváth 868

205. OEDENBURGER BOTE FÜR STADT UND LAND. Organ für wirtschaftliche und sociale Interessen
Oedenburg
Nr. 1 2. Jan. 1881 Jg. 1 – Nr. 104 30. Dez. 1883 Jg. 3
Red.: *Franz Schindler*, ab 3. Juli 1881: *Carl Litfass*, ab 1. Okt. 1882: *Carl Arnhold*, ab 1. Juli 1883: *Carl Litfass*
Wöchentlich zweimal/Folio
Inhalt/Rubriken: Kleine Nachrichten, volkswirtschaftliche Themen, Feuilleton
Lit.: Horváth 869, Réz 850

206. OEDENBURGER INTELLIGENZ- UND ANZEIGE-BLATT
Oedenburg
Nr. 2 7. Sept. 1855 – Nr. 38 31. März 1862 Jg. 8
Red.: *Adolf Seyring*, ab 18. Febr. 1856: *Adolf Reichard*
Wöchentlich zweimal, ab 12. Dez. 1856: wöchentlich dreimal, ab 4. Jan. 1858: wöchentlich, ab 2. Juli 1858: wöchentlich dreimal/Quart
Inhalt/Rubriken: Artikel allgemeinen Inhalts, Vermischte Nachrichten, Locales, Theater, Belletristik, Inserate
Ab 2. Jan. 1861: OEDENBURGER INTELLIGENZ- UND ANZEIGEBLATT. SOPRONI ÉRTESÍTŐ
Nicht erschienen: 17. Juli 1856 – 1. Aug. 1856
Lit.: Horváth 872, Busa II 375, Réz 853

OEDENBURGER LOKALBLATT siehe: HARMONIA

207. OEDENBURGER NACHRICHTEN. Organ für Handel, Industrie und Landwirtschaft, dann für soziale Interessen überhaupt

Oedenburg
Nr. 7 16. Juli 1868 Jg. 1 – Nr. 78 30. Juni 1875 Jg. 8
Red.: *Franz Schindler*, 12. Jan. 1873 – 1. März 1874: *Adolf Weininger*, ab 3. April 1874: *Ernst Marbach*
Wöchentlich/Folio
Inhalt/Rubriken: Nachrichten, Kultur, Inserate
Später: Nr. 79 2. Juli 1875–1944: OEDENBURGER ZEITUNG
Lit.: Horváth 874, Réz 855

208. OEDENBURGER POST. Volkswirtschaft, Land- und Hauswirtschaft, dem Handel und Gewerbe
Oedenburg
[1889?] – Nr. 105 31. Dez. 1893 Jg. 5
Red.: *Friedrich Rónai*, ab 9. Sept. 1891: *F. Ruhe*, ab 1. Juni 1892: *Friedrich Rónai*
Wöchentlich dreimal, ab 1. Apr. 1892: wöchentlich sechsmal, ab 1. Jan. 1893: wöchentlich zweimal/Folio
Inhalt/Rubriken: Lokal- und Komitatsnachrichten, Feuilleton
Lit.: Horváth 876, Réz 856

OEDENBURGER PROLETARIER siehe: PROLETARIER

209. OEDENBURGER RUNDSCHAU. Radikales Volksblatt, Publikationsorgan des Vereines der Oedenburger Wirthschaftsbürger, Weinbauern und deren Hilfsarbeiter, ab 10. Mai 1896: Radikales Volksblatt, ab 8. Febr. 1900: Politisches radikales Volksblatt
Oedenburg
Nr. 1 4. Aug. 1895 – Nr. 370 9. Aug. 1900
Red.: *Farkas Reich*, ab 1896: *Géza Zsombor*
Zweimal monatlich, ab 3. Mai 1896: wöchentlich, ab 3. Apr. 1898: wöchentlich zweimal, ab 1. Okt. 1898: wöchentlich sechsmal, ab 27. Okt. 1898: wöchentlich zweimal/Folio
Inhalt/Rubriken: Lokale Ereignisse, Belletristik, Inserate
Später: 1900–1913: RADIKAL
Lit.: Horváth 877, Réz 857

OEDENBURGER VOLKSBLATT siehe: WESTUNGARISCHES VOLKSBLATT

210. OEDENBURGER VOLKSFREUND. Freisinniges Volksblatt, ab 11. Sept. 1898: Freimüthiges Volksblatt. Organ für kommunale und allgemeine Interessen
Sopron
Nr. 1 16. Jan. 1898 Jg. 1 – Nr. 40 1. Okt. 1899 Jg. 2
Red.: *Andreas Boór*, ab 1. Mai 1898: *Josef Berghofer*
Wöchentlich/Folio
Inhalt/Rubriken: Nachrichten, Original-Korrespondenz, Fruchtpreise, Inserate
Nur im Soproner Archiv vorhanden
Lit.: Horváth 879, Réz 859

211. OEDENBURGER ZEITUNG. Organ für Politik, Handel, Industrie und Landwirthschaft, dann für sociale Interessen überhaupt. Politisches Tagblatt, ab 9. März 1890: Organ für Politik, Handel, Industrie und Landwirtschaft, sowie für soziale Interessen, ab 31. Dez. 1892: Politisches Tagblatt, 1. Jan. 1896 – 31. Dez. 1896: Politisches Tagblatt. Organ der Oedenburger Liberalen Partei, ab 1. Jan. 1898: Politisches Tagblatt
Oedenburg/Sopron
Nr. 79 2. Juli 1875 Jg. 8 – Nr. 273 1. Dez. 1944 Jg. 77
Red.: ab 7. August 1919: *Stephan Palovits*, ab 20. Mai 1920: *Gustav Röttig*, ab 18. Sept. 1920: *Arthur Paintner*, ab 2. Juli 1921: *Alois Krisch*, ab 1. Jan. 1924: *Adolf Pálffy*, ab 24. Mai 1932: *Ignaz A. Schiller*, ab 17. Juni 1932: *Ignaz Schiller*
Wöchentlich sechsmal/Folio
Inhalt/Rubriken: Tagesbericht, Nachrichten aus Oedenburg und Umgebung, aus Oesterreich-Ungarn, Berichte über Theater, Kunst und Literatur, Inserate
Früher: OEDENBURGER NACHRICHTEN,
Beilagen: 6 UHR BLATT, DIDASKALIA, VOLKSBLATT, ILLUSTRIERTES SONNTAGSBLATT, MITTAGSZEITUNG, UNSERE SONNTAGSZEITUNG
Lit.: Horváth 874, Réz 860

212. OEDENBURG-KANIZSAER BOTE. Organ für Handel, Industrie, Landwirtschaft und Belletristik

Oedenburg – Gr. Kanizsa
[1866?] – Nr. 127 19. Sept. 1867 Jg. 2
Red.: *Franz Schindler*
Wöchentlich zweimal/Folio
Inhalt/Rubriken: Verschiedene Mittheilungen, Oedenburger Nachrichten, Handel und Verkehr, Oedenburger und Wiener Frucht-Preise, Coursberichte, Feuilleton, Inserate
Im Archiv von Sopron vorhanden
Lit.: Horváth 880

213. OFENER ZEITUNG
Budapest
1898
Red.: –
Wöchentlich
Nicht vorhanden
Lit.: Réz 829

OFNER JOURNAL siehe: BUDAI HÍRLAP

214. OFNER STADT-BLATT
Ofen
Nr. 1 5. Juli 1858 Jg. 1 – Nr. 26 27. Dez. 1858 Jg. 1
Red.: *Gustav Birnbaum*
Wöchentlich/Folio
Inhalt/Rubriken: Chronik, Lokal-Zeitung, Belletristik
Lit.: Busa II 378, Réz 833

215. ORAVICZAER WOCHENBLATT. Organ für öffentliches Leben, Handel und ämtliche Verlautbarungen
Oravicza
Nr. 1 Jan. 1888 Jg. 17 – Nr. 52 27. Dez. 1903 Jg. 23
Red.: *J. Wunder*, ab 14. Apr. 1889: *Karl Wunder*
Wöchentlich/Folio
Inhalt/Rubriken: Tages-Neuigkeiten, Lokales, Feuilleton, Inserate
Lit.: Réz 840

216. ORAVICZAER ZEITUNG. Organ für amtliche Kundgebungen, für Cultur und gemeinnützige Interessen, ab 18. Sept. 1898: Nichtpolitisches Wochenblatt für die gesammten Volks-Interessen, ab 14. Apr. 1901: Wochenblatt für das gesamte Volksinteresse, ab 19. Juni 1904: Wochenblatt für kulturelle und volkswirthschaftliche Interessen
Oravicza
Nr. 1 19. Mai 1889 – Nr. 34 21. Aug. 1904 Jg. 16
Red.: *Ferdinand Raischl*, ab 6. Jan. 1904: *Victor Kehrer*, ab 17. Jan. 1904: *Felix Weiß*
Wöchentlich/Folio
Inhalt/Rubriken: Tagesneuigkeiten, Feuilleton
Lit.: Réz 841

217. ORSOVA. Sociales und volkswirthschaftliches Wochenblatt
Orsova
Nr. 105 2. Jan. 1887 Jg. 3 – Nr. 14 31. März 1889 Jg. 5
Red.: *Jakab Tillmann*, ab 13. Mai 1888: *János Németh*
Wöchentlich/Folio
Inhalt/Rubriken: Neuigkeiten, Offener Sprechsaal, Wasserstand, Feuilleton. Zweisprachig, nachher in ungarischer Sprache
Früher: OSTBOTE

218. ORSOVAER WOCHENBLATT. Organ für die Interessen Aller
Orsova
Nr. 1120 6. Jan. 1895 Jg. 23 – Nr. 2153 7. März 1915 Jg. 43
Red.: *Geza Hutterer*
Wöchentlich/Folio
Inhalt/Rubriken: Lokales, Tagesneuigkeiten, Feuilleton, Inserate
Kemény und Réz kennen die Jge 1873–1915
Lit.: Kemény, Réz 847

219. OSTBOTE. Organ für volkswirtschaftliche und sociale Interessen
Orsova
25. Dez. 1884 Jg. 1 (Probenummer), regelmäßig ab Nr. 1 1. Jan. 1885 Jg. 1 – Nr. 102 12. Dez. 1886 Jg. 2
Red.: *J[akob] Tillmann*
Wöchentlich/Folio
Inhalt/Rubriken: Lokales, Berichte über den Wasserstand, Feuilleton, Inserate
Vorher: ORSOVA
Lit.: Réz 848

220. OSTGRENZE. Freies, unabhängiges Organ für Politik, soziale, commercielle und industrielle Interessen

Kronstadt
Nr. 1 2. Febr. 1872 Jg. 1 – Nr. 25 30. Apr. 1872 Jg. 1
Red.: *Wilhelm von Fehrentheil*
Wöchentlich/Folio
Inhalt/Rubriken: Lokales, Kleine Chronik, Politische Übersicht, Markt-Preise, Wiener Börsen-Courier, Handel und Verkehr, Feuilleton
Lit.: Réz 849

221. PALÁNKA. Bezirks-Organ für locale und allgemeine Interessen
Palánka
Nr. 1 4. Jan. 1908 Jg. 4 – Nr. 52 24. Dez. 1908 Jg. 4
Red.: *Robert Büchler*
Wöchentlich/Folio
Inhalt/Rubriken: Nachrichten, Inserate. Das deutsche Blatt ist ein Beiblatt des ungarischen.
Réz kennt die Jge 1903–1904
Lit.: Réz 1632

PALANKAER BEZIRKSBLATT siehe: PALÁNKAI JÁRÁSI KÖZLÖNY

222. PALÁNKA JÁRÁSI KÖZLÖNY – PALANKAER BEZIRKSBLATT. Landwirtschaftliches und belletristisches Wochenblatt von localer [!] und allgemeiner [!] Interesse
Német-Palánka
Nr. 1 3. Febr. 1903 Jg. 1 – Nr. 26 26. Juni 1904 Jg. 2
Red.: *Ödön Krenedits*
Wöchentlich/Folio
Inhalt/Rubriken: Landwirtschaftliche Themen, Neuigkeiten. Zweisprachig
Lit.: Réz 1632

223. PANCSOVAER DEUTSCHE ZEITUNG. Blatt für Alle
Pancsova
Nr. 7 5. Febr. 1870 Jg. 1
Red.: *Gustav Rauschan*
Wöchentlich/Folio
Inhalt/Rubriken: Lokales, Tagesneuigkeiten, Correspondenz, Inserate
Eine einzige Nummer vorhanden
Lit.: Réz 869

224. PANCSOVAER WOCHENBLATT. 1871: Organ für Volks-, Haus- und Landwirtschaft, Handel, Industrie, geselliges Leben
Pancsova
Nr. 22 29. Mai 1870 Jg. 3 – Nr. 46 26. Nov. 1871 Jg. 4
Red.: *Alexander Schmalbach*, ab 1871: *Julius Pflug*
Wöchentlich/Folio
Inhalt/Rubriken: Lokales, Kundmachungen, Angekommene Fremde, Inserate
Réz kennt die Jge 1868–1871
Lit.: Réz 870

225. PANCSOVAER ZEITUNG
Pancsova
1877
Red.: –
Nicht vorhanden
Lit.: Réz 871

226. PANCSOVAER ZEITUNG
Pancsova
1898
Red.: –
Wöchentlich
Nicht vorhanden
Lit.: Réz 871 a

227. PANCSOVA ÉS VIDÉKE. Wochenblatt für Politik und sociale Interessen
Pancsova
Nr. 1 30. Jan. 1887 Jg. 1 – Nr. 53 18. Dez. 1892 Jg. 6
Red.: *Imre Beck*, ab 14. Apr. 1887: *Zakariás Vizoly*
Wöchentlich/Folio
Inhalt/Rubriken: Städtische Neuigkeiten, Komitatsleben, Umgebung, Inserate. Zweisprachig
Lit.: Réz 1634

228. PANNONIA. Zeitschrift für sociale und volkswirtschaftliche Interessen. Organ der Kaschauer Handels- und Gewerbekammer, ab 2. Okt. 1887: Zeitschrift für sociale, politische und volkswirtschaftliche Interessen. Organ für Handel und Industrie, ab 4. Apr. 1891: Zeitschrift für sociale, industrielle und lokale Interessen Oberungarns
Kaschau
Nr. 1 17. März 1872 (Probenummer) regelmäßig ab Nr. 1 1. Apr. 1872 – 1897 Jg. 26, ab

1. Aug. 1897 in ungarischer Sprache
Red.: *Carl Meissel*
Zweimal wöchentlich/Folio
In der SzN ist der Jg. 1897 nur ab September vorhanden
Inhalt/Rubriken: Tagesneuigkeiten, Getreidegeschäfte, Sparkassen, Theater, Inserate
Lit.: Potemra 631, Réz 875

DER PATRIOT siehe: A HAZAFI

229. PERJAMOSER BÜRGER ZEITUNG. Organ für allgemeine [!] Interesse
Perjamos
Nr. 2 21. Mai 1897 Jg. 1 – Nr. 52 30. Dez. 1898 Jg. 2
Red.: *Alois Pirkmayer*
Wöchentlich/Folio
Inhalt/Rubriken: Lokale Nachrichten, Volkswirtschaftliches, Belletristik, Inserate
Ab 10. Dez. 1897: SÜDUNGARISCHE BÜRGER-ZEITUNG
Lit.: Réz 880

230. PERJÁMOS UND UMGEBUNG. Organ für Landwirtschaft, Gewerbe, Sozial- u. Kultur-Interessen
Perjámos Szt. Miklos
Nr. 1 16. Mai 1897 Jg. 1 – Nr. 24 17. Juni 1906 Jg. 10
Red.: *Aurel Gatter*, ab 1903: *Josef Frischmann*
Wöchentlich/Folio
Inhalt/Rubriken: Wochenchronik, landwirtschaftliche Nachrichten, Handel und Gewerbe, Feuilleton, Inserate
Réz kennt die Jge 1897–1907
Lit.: Réz 881

231. PESTER BOTE. Zeitung für Politik, Handel, Gewerbe und sociales Leben
Pest
Nr. 2 3. Mai 1864 Jg. 1 – Nr. 264 30. Sept. 1865 Jg. 2
Red.: *Viktor Hornyánszky*
Täglich/Folio
Inhalt/Rubriken: Inland, Ausland, Wochen-Revue, Handels- und Börsennachrichten, Politische Übersicht, Tagesneuigkeiten, Feuilleton, Pester Plaudereien, Programm des Deutschen Theaters, Inserate
Lit.: Busa II 398, Réz 884

232. PESTER GESCHÄFTSBLATT
Pest
Nr. 1 31. Juli 1860 Jg. 1 – Nr. 43 21. Apr. 1861 Jg. 2
Red.: *Adolf Dux*, ab 9. Jan. 1861: *M. Kún*, ab 20. Jan. 1861: *S. Stein*, ab 23. Jan. 1861: *B. Modern*
Wöchentlich dreimal/Oktav, ab 31. Aug. 1860: Quart
Inhalt/Rubriken: Frucht- und Productenpreise, Wiener Börse, Auswärtige Märkte, Pester Tagesberichte
Lit.: Busa II 400, Réz 889

233. PESTER INTELLIGENZBLATT. Organ für Belletristik, volkswirthschaftliche und kaufmännische Interessen
Pest
Nr. 1 18. März 1871 Jg. 1 – Nr. 43 28. Dez. 1871 Jg. 1
Red.: *Adolf Eckstein*
Wöchentlich/Folio
Inhalt/Rubriken: Volkswirtschaftliche Fragen, Industrie, Verkehrs- und Versicherungswesen, Feuilleton
Lit.: Réz 891

234. PESTER JOURNAL. 2. Juli 1867: Politisches Tageblatt
Pest
Nr. 5 5. März 1867 Jg. 1 – Nr. 223 24. Sept. 1872 Jg. 6
Red.: *Lazar Tettau*, ab 1. Juni 1867: *Mór Morländer*, ab 1. Juli 1868: *Adolf Sternberg*, ab 20. Juli 1869: *Otto Löbe*, ab 10. Okt. 1869: *Ignaz Schnitzer*, ab 16. Febr. 1870: *I. Kohn*, ab 16. Apr. 1871: *Ignaz Schnitzer*, ab 11. Juli 1872: *István Méthy*
Täglich/Folio
Inhalt/Rubriken: Tagesneuigkeiten, Aus der Provinz, Allerlei aus Nah und Fern, Handel und Industrie, Theater und Musik
Beilagen: PESTER FAMILIEN JOURNAL, 1867; ZWISCHENAKT, 1863–1864, MORLÄNDER'S ZWISCHENAKT, 1864–1869
Lit.: Busa II 401, Réz 892

235. PESTER JOURNAL
Pest
Nr. 1 16. März 1874 Jg. 1 – Nr. 119 30. Apr. 1884 Jg. 11
Red.: *Adolf Sternberg*

Täglich/Folio
Inhalt/Rubriken: Nachrichten, Tagesneuigkeiten, Politische Uebersicht, Inserate
Beilagen: ILLUSTRIERTE FAMILIENBEILAGE, ROMAN BEILAGE
Lit.: Réz 893

236. PESTER KUNDSCHAFTS- UND AUCTIONS-BLATT, ab 30. Dez. 1851: PESTHER KAISERLICHES KÖNIGLICHES PRIVILEGIRTES KUNDSCHAFTS- UND AUCTIONS-BLATT, ab 2. Jan. 1852: KAISERLICH-KÖNIGLICH PRIVILEGIRTES PESTER KUNDSCHAFTS- UND AUCTIONS-BLATT, ab 12. Juni 1852: PEST-OFNER KUNDSCHAFTS- UND AUCTIONS-BLATT
Pest
Nr. 1 3. Jan. 1851 Jg. 63 – Nr. 104 29. Dez. 1857 Jg. 69
Red.: *Wittw. Joseph Weber*, ab 20. Jan. 1852: *Wilhelm Lechner*
Wöchentlich zweimal/Quart
Inhalt/Rubriken: Ausschließlich Verkäufe und Inserate
Fortsetzung von PESTER KUNDSCHAFTS BLATT, 1806
Lit.: Réz 928

237. PESTER LLOYD
Pest, ab 1873: Budapest
31. Dez. 1853 (Probeblatt) – erschienen bis Nr. 74 1. Apr. 1945 (in Sopron)
Red.: *Karl Weißkircher*, ab 8. Dez. 1867: *Emanuel Blau*, ab 20. Dez. 1867: *Max Falk*, ab 13. Juli 1877: *Leo Weigelsberg*, ab 3. Sept. 1877: *Max Falk*, ab 4. Okt. 1906: *Sigmund Schiller*, ab 3. Mai 1916: *Ernst Deutsch*, ab 28. Sept. 1919: *Theodor Friedrich*
Täglich, ab 1. Jan. 1908: täglich zweimal/Quart, ab 1. Febr. 1854: Folio
Inhalt/Rubriken: Leitartikel, Tagesneuigkeiten, Wiener Börsencourse, Geschäftsberichte, Amtsblatt, Theater, Feuilleton; im Abendblatt: Auslandsschau, Inserate
Wir hielten es für notwendig, die von uns in der ÖNB gesehenen letzten Nummern der bedeutendsten deutschsprachigen Zeitung Ungarns auf diese Weise noch einmal bekanntzugeben, da in der Fachliteratur immer noch falsche Angaben über den Zeitpunkt und die Umstände des Eingehens des PESTER LLOYD zu finden sind
Lit.: Busa II 405, Brachfeld, Réz 896

238. PESTER MONTAGSBLATT
Pest
Nr. 1 2. Febr. 1850 Jg. 1 – Nr. 227 29. Dez. 1850 Jg. 1
Red.: *Albert Hugo*
Täglich/Folio
Inhalt/Rubriken: Offizielle Nachrichten, Feuilleton, Inserate
Bei Réz ist der Titel: PESTER MORGENBLATT
Lit.: Busa 408, Réz 902

239. PESTER NACHRICHTEN
Pest
Nr. 13 25. März 1866 Jg. 7 – Nr. 30 26. Juli 1868 Jg. 9
Red.: *B. Neumann*
Wöchentlich/Folio
Inhalt/Rubriken: Wochen-Revue, Wiener Börse, Deutsches Theater, Feuilleton, Inserate
Lit.: Busa II 409, Réz 903

240. PESTER POST
Pest
Nr. 1 1. Jan. 1853 Jg. 1 – Nr. 300 31. Dez. 1854 Jg. 2
Red.: *Sigmund Saphir*
Täglich/Folio, ab 1. Apr. 1854: Quart
Inhalt/Rubriken: Stadtneuigkeiten, Letzte Post, Tageschronik, Miszellen, Theater, Kunst und Literatur
Lit.: Busa II 410, Réz 904

241. PESTER SONN- UND MONTAGSZEITUNG
Pest
5. Juli 1869 Jg. 1 (Probenummer) – Nr. 10 12. Sept. 1869 Jg. 1
Red.: *Adolf Sternberg*
Wöchentlich/Folio
Inhalt/Rubriken: Neuigkeiten, Pest-Ofner Zustände, Briefe aus der Provinz, Geschäftskalender, Fremdenführer, Wasserstand, Witterung, Mortalitäts-Statistik der abgelaufenen Woche, Theater, Belletristik
Lit.: Réz 907

242. PESTER TAGEBLATT
Pest
25. März 1866 Jg. 1 (Probeblatt); Nr. 49
31. Mai 1866 Jg. 1 – Nr. 149 30. Sept. 1866 Jg. 1
Red.: *Lazar Tettau*
Täglich/Folio
Inhalt/Rubriken: Tagesneuigkeiten, Original-Correspondenz, Vom Lande, Pester Börsenhalle, Handelsübersicht der Woche, Handels- und Gewerbe-Nachrichten, Inserate
Lit.: Busa II 412, Réz 909

243. PESTER VOLKSBLATT. Politisches und Gemeinnütziges Wochenblatt
2. Dez. 1866 Jg. 1 (Probenummer) – Nr. 44 29. Sept. 1867 Jg. 2
Pest
Red.: *Adolf Boleman*
Wöchentlich/Folio
Inhalt/Rubriken: Nachrichten aus der Provinz, Ausland, Tagesneuigkeiten, Politische Rundschau, Aus dem Reichtsage, Neueste Telegramme, Miscellen, Marktbericht, Landwirtschaftliches, Wiener Fruchtbörse, Wirtschaftliches, Feuilleton, Inserate
Lit.: Busa II 414, Réz 914

244. PESTER WOCHENBLATT
Pest
Nr. 1 24. Juni 1850 – Nr. 28 30. Dez. 1850
Red.: *K. J. Schröer*
Wöchentlich/Quart
Inhalt/Rubriken: Politische Wochenschau, Miscellen, Kunst und Literatur, Neuestes, Anzeigen
Lit.: Busa II 415, Réz 915

245. PESTER ZEITUNG
Pest
Nr. 1 30. März 1845 Jg. 1 – Nr. 150 30. Dez. 1852 Jg. 8
Red.: *Eduard Glatz*
Täglich/Folio
Inhalt/Rubriken: Städtische Berichte, Komitatsberichte, Feuilleton, Inserate
Fortsetzung ab 3. Jan. 1853: PEST-OFNER ZEITUNG
Lit.: Busa II 416, Réz 916

246. PESTHER LOCALBLATT. Ab 20. Sept. 1851: PESTH-OFNER LOCAL-BLATT, ab 12. März 1858: PESTH-OFNER LOCALBLATT UND LANDBOTE, ab 2. Dez. 1860: DER UNGAR [ab 1. Mai 1864:] PESTH-OFNER LOCALBLATT
Nr. 1 1. Sept. 1850 Jg. 1 – Nr. 155 31. Dez. 1865 Jg. 15
Pesth
Red.: *Gustav Birnbaum*, ab 1864: *Jos[ef] Seidner*
Täglich/Quart, ab 20. Aug. 1865: Folio
Inhalt/Rubriken: Nachrichten, Revue der ungarischen Journale, Tagesneuigkeiten, Korrespondenz, Localblatt, Theater, Literatur und Wissenschaft, Wiener Börse, Feuilleton, Inserate
Lit.: Busa II 416, Réz 346

PESTH-OFNER LOCALBLATT siehe: PESTHER LOCALBLATT

247. PESTHER SONNTAGSBLATT
Pest
Nr. 1 1. Sept. 1850 – Nr. 300 31. Dez. 1851
Red.: *Gustav Birnbaum*
Täglich/Quart
Inhalt/Rubriken: Theaterprogramme mit Spielplänen im Jahr 1851
Lit.: Busa II 418

PEST-OFNER BÜRGER-ZEITUNG siehe: UNGARISCHE POST

248. PEST-OFNER LOCAL-BLATT. Organ für kommunale Interessen, Volkswirthschaft, Kommunikation, Kunst, Literatur, Wissenschaft und Unterrichtswesen
Pest-Ofen
Nr. 1 23. Okt. 1870 Jg. 1; Nr. 2 8. Jan. 1871 Jg. 2
Red.: *Ferdinand von Pfisterer*
Quart
Nur diese zwei Nummern vorhanden
Inhalt/Rubriken: Kommunal-Nachrichten, Wochenchronik, National-Oekonomie

249. PEST-OFNER ZEITUNG
Pest
Nr. 1 1. Jan. 1853 – Nr. 74 30. März 1862
Red.: *Eduard Glatz*, ab 1. Jan. 1856: *Otto Müller*, ab 1. Dez. 1860: *Gustav Emich*, ab 20. Dez. 1860: *Karl Horschetzky*, ab 29. Juni 1861: *Gusztáv Vándory*
Täglich, ab 22. Juli 1856: täglich zweimal/

Folio
Inhalt/Rubriken: Nichtamtlicher Theil, Inland, Ausland, Pest-Ofner Lokalcourier, Handelsberichte, Miszellen, Amtliche Anzeigen, Inserate
1845–1852: PESTER ZEITUNG
Lit.: Busa II 416, Réz 932

250. POLITISCHES VOLKSBLATT
Budapest
Nr. 1 26. Nov. 1875 Jg. 1 – Nr. 129 30. Mai 1920 Jg. 46
Red.: *Pál Zilahy*, ab 12. Jan. 1876: *Pál Tencer*, ab 11. Okt. 1877: *Izidor Gaiger*, ab 25. Okt. 1877: *Gyula Beermann*, ab 2. Apr. 1881: *Z. Spitz*, ab 1. Jan. 1916: *Dániel Bródy*
Täglich/Folio
Inhalt/Rubriken: Politik, Belletristik, Inserate
Beilagen: FAMILIEN-BLATT bis 1917, ROMAN ZEITUNG 1912–1913
Lit.: Kemény, Réz 941

251. PÖSTYÉN. Organ für lokale und allgemeine Interessen
Pöstyén
Nr. 1 18. Mai 1903 Jg. 1; 1904 fehlt; Nr. 1 31. Mai 1905 Jg. 2 – Nr. 4 28. Juni 1906 Jg. 3; Nr. 20 20. Juli 1912 Jg. 7 – Nr. 53 1. Okt. 1914 Jg. 9
Red.: *Ignácz Gipsz*
Wöchentlich/Quart
Inhalt/Rubriken: Nachrichten, amtliche Kundmachungen, Fremdenliste, Angelegenheiten des Badeortes, Belletristik, Inserate. Zweisprachig
Lit.: Potemra 678, Réz 1644

252. PRESSBURGER JOURNAL
Preßburg
Nr. 1 14. Juli 1890 Jg. 1 – Nr. 27 Okt. 1890 Jg. 1
Red.: *Josef Kellermann*
Wöchentlich/Folio
Inhalt/Rubriken: Lokale Nachrichten, Kleine Chronik, Theater, Kunst und Literatur, Feuilleton, Inserate
Lit.: Potemra 686, Ambrovits 324, Réz 952

253. PRESSBURGER LEBEN
Preßburg
1880
Red.: –
Nicht vorhanden
Lit.: Potemra 690

254. PRESSBURGER PRESSE. Unabhängiges Organ für communale und locale Interessen, ab 14. Okt. 1901: Unabhängiges Organ für die Interessen, ab 5. Jan. 1903: Unabhängiges politisches Organ für Interessen des Ung. Städtewesens
Preßburg
Nr. 1 31. Jan. 1898 Jg. 1 – Nr. 1073 6. Jan. 1919 Jg. 22, danach erschienen 1920–1928
Red.: *Alois Langer u. Eugen Engyeli*, ab 12. Nov. 1900: *Eugen Engyeli*
Wöchentlich/Folio
Inhalt/Rubriken: Fragmente von der Woche, Feuilleton
Lit.: Potemra 693, Réz 956

255. PRESSBURGER REVUE
Preßburg
Nr. 21 28. Febr. 1887 Jg. 2 – Nr. 41 18. Juli 1887 Jg. 2
Red.: *Fritz Erdélyi (Gsund)*
Wöchentlich/Quart
Inhalt/Rubriken: Locales, Theater, Belletristik, Inserate
Réz kennt die Jge 1886–1887
Lit.: Potemra 693, Réz 957

256. PRESSBURGER TAGBLATT
Preßburg
Nr. 19 6. Mai 1870 – Nr. 1 1. Jan. 1871 Jg. 2 [1873]
Red.: *F. R. Mayer*, ab 1. Okt. 1870: *A. Quaglio*, ab 2. Apr. 1871: *Carl Pfeiffer*, ab 20. Juli 1871: *Adolf Krätzer*
Täglich/Folio
Inhalt/Rubriken: Kleine Mittheilungen, Marktberichte, Neueste Depeschen, Feuilleton, Inserate
Potemra und Réz kennen die Jge 1870–1873
Lit.: Potemra 696, Réz 959

257. PRESSBURGER TAGBLATT. Unabhängiges politisches Organ für christlich-locale Volksinteressen
Preßburg
Nr. 1 1. Apr. 1896 Jg. 1 – erschien bis 1923
Red.: *Theodor Binder v. Biedersfeldt*, ab 15. Apr. 1898: *Carl Schankebank v. Bledény*, ab 3. Juli 1899: *Alois Pichler*, ab 14. Okt. 1902: *Julius v. Nemessányi*, ab 29. Okt. 1902: *Alexander Gaibl*, ab 1. Jan. 1911: *Otto v. Fabricius*, ab 2. Dez. 1912: *Alexander Gaibl*, ab 8. Febr.

1914: *Gabriel Fambri*, ab 2. Sept. 1914: *Josef Reimann*, ab 19. Jan. 1915: *Alexander Gaibl*, ab 22. Febr. 1915: *Josef Reimann*, ab 11. Okt. 1918: *Alexander Gaibl*, ab 12. Dez. 1918: *Johann Tobler*
Täglich/Folio
Inhalt/Rubriken: Politische Rundschau, Neues vom Tage, Kleine Chronik, Aus aller Welt, Handel und Industrie, Kunstnachrichten, Feuilleton, Inserate
Lit.: Potemra 697, Réz 960

258. PRESSBURGER ZEITUNG
ab 1. Jan. 1861: *STÄDTISCHE PRESSBURGER ZEITUNG*
Pressburg
Nr. 1 14. Juli 1764 – Nr. 76.994 22. August 1929
Red.: ab 1. Juli 1850: *Richard Rotter*, ab 20. Nov. 1851: *Hermann Höchell*, ab 19. Sept. 1852: *Matthias Pablasek*, ab 1. Jan. 1861: *August Posch*, ab 30. März 1861: *Hermann Höchell*, ab 11. Jan. 1871: *Ludwig Némethy*, ab 2. Jan. 1874: *Ignacz Deutsch*, ab 10. Juli 1875: *Carl Koller*, ab 5. Dez. 1880: *Carl Angermayer*, ab 1. Juli 1883: *Daniel Molec*, ab 1. Jan. 1885: *Rudolf Lövő*, ab 1. Aug. 1907: *Alois H. Pichler*
Wöchentlich sechsmal, ab 1880: täglich zweimal/Folio
Inhalt/Rubriken: Städtische Neuigkeiten, ausländische Nachrichten, Vereinsnachrichten, Verordnungen, Berichte über das Theater, Feuilleton, Inserate
Lit.: Busa 434, Potemra 698, Réz 962

259. DER PROLETARIER. Organ für die Interessen der Arbeiter
Budapest
1891
Red.: *J. Radó*
Nicht vorhanden
Lit.: Réz 317

260. DER PROLETARIER. Sozialistisches Tagblatt für Westungarn. Ab 3. Apr. 1919: Amtliches Organ der Sozialistischen Partei für Stadt und Komitat Oedenburg. Sozialistisches Tagblatt für Westungarn, ab 27. Apr. 1919: Amtliches Organ der Sozialistischen Partei von Westungarn. Sozialistisches Tagblatt, ab 26. Juni 1919: Amtliches Organ der Sozialistischen Partei von Westungarn, Sozialistisch-kommunistisches politisches Tagblatt für den deutschwestungarischen Gau, ab 2. Aug. 1919: Sozialistisches politisches Tagblatt für den deutschwestungarischen Gau
Oedenburg
[Nr. 1 2. Apr. 1919 Jg. 1]; Nr. 31 9. Mai 1919 Jg. 1 – Nr. 47 28. Mai 1919 Jg. 1; [Nr. 105 6. Aug. 1919 Jg. 1]
Red.: –
Täglich/Folio
Inhalt/Rubriken: Nachrichten, Parteipolitik, Theater
Réz kennt das Blatt nicht
Früher GRENZPOST, ab 8. Juli 1919: OEDENBURGER PROLETARIER
Lit.: Horváth 925

261. RADIKAL. Politisches radikales Volksblatt. Ab 16. Aug. 1900: Politisches Volksblatt,
Oedenburg
Nr. 371 12. Aug. 1900 Jg. 6 – Nr. 1728 25. Sept. 1913 Jg. 19
Red.: *Michael Mahr*, ab 21. Nov. 1901: *Géza Zsombor*, ab 10. Jan. 1904: *Michael Gruber*, ab 14. Jan. 1904: *Oskar Jenkner*, ab 6. Nov. 1904: *Géza Zsombor*, ab 28. Jan. 1906: *Julius Rath*, ab 2. Jan. 1908: *Richard Seyler*, ab 16. Juli 1908: *Géza Zsombor*, ab 3. Dez. 1908: *Franz A. Beilschmidt*, ab 1. Jan. 1911: *Géza Zsombor*, ab 7. Mai 1911: *Franz A. Beilschmidt*, ab 5. Juni 1913: *Géza Zsombor*
Wöchentlich zweimal/Folio
Inhalt/Rubriken: Volkswirtschaftliches, Aus den Comitaten, Inserate
Früher: OEDENBURGER RUNDSCHAU, ab 28. Sept. 1913: GRENZPOST
Lit.: Horváth 877, Réz 971

262. DAS RECHT. Conservativ-fortschrittliches Organ für Politik und Volkswirtschaft, für Wissenschaft, Kunst und Literatur
Preßburg
Nr. 1 1. Jan. 1874 Jg. 3 – Nr. 52 29. Dez. 1877 Jg. 6; erschien bis 31. Januar 1879
Red.: *Karl Otocska*
Wöchentlich/Folio
Inhalt/Rubriken: Tagesneuigkeiten, Verschiedenes, Verkehr, Meteorologische Beobachtungen,

Landwirtschaftliches, Inserate
Lit.: Potemra 703, Ambrovits 289

263. DIE REFORM
Budapest
1880
Red.: *Moritz Fischer*
Nicht vorhanden
Lit.: Voit 4584, Réz 425

264. DIE REFORM. Organ für Politik, Land- und Volkswirtschaft und öffentliches Leben
Werschetz
Nr. 6 7. Febr. 1897 Jg. 1 – Nr. 52 25. Dez. 1897 Jg. 1
Red.: *Franz Adelmayer*
Wöchentlich/Folio
Inhalt/Rubriken: Ausland, Inland, Lokales, Börsenberichte, Feuilleton, Inserate
Lit.: Réz 426

265. DIE REFORM
Preßburg
Nr. 302 18. Mai 1902 – Nr. 852 6. Apr. 1913
Red.: *Alois L. Zalkai*
Wöchentlich/Folio
Inhalt/Rubriken: Rundschau, Verschiedenes, Lokales, Feuilleton, Inserate
Früher: WESTUNGARISCHE VOLKS-ZEITUNG 1896–1902
Potemra 704, Réz 977

266. DER REPSER BURGVOGT
Reps
1903–1907
Red.: *W. Hermann*
Nicht vorhanden
1908 mit dem REPSER WOCHENBLATT vereinigt
Lit.: Réz 320 a

267. REPSER WOCHENBLATT. Publikations-Organ für Reps und Umgebung
Reps
Nr. 27 3. Juli 1909 Jg. 7 – Nr. 31 2. Aug. 1914 Jg. 12
Red.: *Michael Fielker*, ab 14. Mai 1914: *Hans Teutsch*
Wöchentlich/Folio
Inhalt/Rubriken: Lokal- und Tagesnachrichten, marktamtliche Kundmachungen, Repser Marktberichte, Inserate
Réz kennt die Jge 1903–1914
Lit.: Kemény, Réz 985

268. RESICZAER ZEITUNG. Organ für lokale, soziale und kulturelle Interessen
Resicza
Nr. 1 8. Jan. 1887 Jg. 1 – Nr. 46 17. Nov. 1889 Jg. 3; Nr. 14 7. Apr. 1895 Jg. 9 – Nr. 43 27. Okt. 1918 Jg. 32
Red.: *Moritz Vadász*
Wöchentlich/Folio
Inhalt/Rubriken: Lokales, Chronik, Volkswirtschaftliches, Effekten-Börse, meteorologische Tabelle, Feuilleton, Inserate
Lit.: Kemény, Réz 986

269. DER ROMANCIER. Zeitung für Unterhaltung und Adressenverbreitung
Preßburg
1895
Red.: *J. Pollak*
Nicht vorhanden
Lit.: Potemra 710, Réz 321

270. SÄCHSISCHES VOLKSBLATT. Politische Wochenzeitung für Stadt und Land
Elisabethstadt
15. Dez. 1911 (Probeblatt) – Nr. 51 20. Dez. 1912 Jg. 2
Red.: *Guido Gündisch*, ab 12. Juli 1912: *Karl Gündisch*, ab 13. Sept. 1912: *Guido Gündisch*
Wöchentlich/Folio
Inhalt/Rubriken: Lokale Nachrichten, Berichte über lokale Probleme
Beilage: HUMORISTISCHE BLÄTTER
Lit.: Kemény, Réz 1002

271. SÄCHSISCH-REGENER WOCHENBLATT. Organ für gewerbliche und landwirtschaftliche Interessen, ab 2. Juni 1895: Organ für gewerbliche, landwirtschaftliche und belletristische Interessen, mit der Beilage: *ILLUSTRIERTES FAMILIENBLATT*
Sächsisch-Regen
Nr. 1 14. Jan. 1894 Jg. 1 – Nr. 7 16. Febr. 1919 Jg. 26
Red.: *Carl Sebesch*, ab 2. Juni 1895: *Viktor Orendi*, ab 3. Januar 1897: *Carl Sebesch*
Wöchentlich/Folio

Inhalt/Rubriken: Tages- und Lokal-Nachrichten, Vermischtes, Feuilleton, Inserate
Lit.: Kemény, Réz 1003

272. SAUERBRUNNER KUR- UND LOCALZEITUNG
Sauerbrunn [Savanyúkút]
Laut Horváth: Jan. 1914, laut Réz: 1913–1914
Red.: *Wilhelm Beck*
Wöchentlich
Nicht vorhanden
Lit.: Horváth 965, Réz 1000

273. SCHÄSSBURGER ANZEIGER
Schäßburg
Nr. 1 7. Febr. 1872 Jg. 1 – Nr. 51 25. Dez. 1900 Jg. 28
Red.: *Friedrich Jördens*
Wöchentlich/Folio
Inhalt/Rubriken: Amtliches, Forstwirtschaftliches, Tagesnachrichten, Marktpreise, Telegraphischer Wiener Cours, Feuilleton
Lit.: Réz 1004

SCHÄSSBURGER ANZEIGER (1911–1918) siehe: SCHÄSSBURGER ZEITUNG

274. SCHÄSSBURGER ZEITUNG
Schäßburg
Nr. 1 1. Jan. 1901 Jg. 29 – Nr. 39 28. Sept. 1918 Jg. 46, die Jge 1905–1906 fehlen in der SzN
Red.: *Gustav Bresler*, ab 3. Juni 1911: *P. Philippi*, ab 30. Juni 1911: *Gustav Bresler*, ab 2. Nov. 1912: *Hans Leicht*, ab 17. Sept. 1913: *Gustav Bresler*, ab 24. Dez. 1913: *Albert Fritz*
Wöchentlich, ab Nr. 23 1911 – 1916: wöchentlich zweimal, 1917–1918: wöchentlich/Folio
Inhalt/Rubriken: Lokal- und Tagesnachrichten, Amtliches, Feuilleton, Inserate
Fortsetzung von SCHÄSSBURGER ANZEIGER
Lit.: Kemény, Réz 1005

275. SEMLINER VOLKSBLATT
Semlin
1902–1914
Red.: *Valentin Kurtz*
Nicht vorhanden
Lit.: Tafferner

276. SEMLINER WOCHENBLATT. Für Volkswirthschaft und Kulturinteressen
Semlin
Nr. 1 1. Jan. 1893 Jg. 1 – Nr. 28 8. Juli 1894 Jg. 2
Red.: *Ignaz Soppron*, ab 8. Juli 1894: *G. G. v. Zerboni*
Wöchentlich/Folio
Inhalt/Rubriken: Nachrichten, Aus Nah und Fern, Feuilleton, Inserate
Réz kennt die Jge 1880–1894
Lit.: Réz 1016

277. DER SIEBENBÜRGER BEOBACHTER. Organ für Handel, Industrie, Gewerbe und relig. Interessen
Kronstadt
1873
Red.: *Ludwig Sternau*
Nicht vorhanden
Lit.: Réz 330

278. DER SIEBENBÜRGER BOTE
Hermannstadt
2. Jan. 1833 Jg. 47 – Nr. 307 Dez. 1862
Red.: *Heinrich Schmidt*, ab 23. März 1850: *Theodor Steinhausen*, ab 16. Aug. 1850: *Carl Fabritius*, ab 2. Okt. 1850: *Th. Steinhausen*, ab 9. Jan. 1852: *Heinrich Schmidt*, ab 27. Febr. 1852: *Th. Steinhausen*, ab 2. Juli 1852: *Aloysius Senz*
Wöchentlich viermal, ab 8. April 1854: wöchentlich fünfmal/Folio
Inhalt/Rubriken: Amtlicher Theil, Nichtamtlicher Theil
Von 1792 bis 1833: DER KRIEGSBOTE, ab 3. Jan. 1863: HERMANNSTÄDTER ZEITUNG vereinigt mit dem SIEBENBÜRGER BOTEN
Das Datum der letzten Nummer aus 1862 ist weder aus der Fachliteratur noch durch Autopsie feststellbar, da der letzte Band, der laut Busa in Cluj-Napoca in der Bibliothek der Akademie vorhanden sein sollte, von uns nicht aufgefunden werden konnte
Lit.: Busa II 468, Réz 331, Sigerus 5

279. SIEBENBÜRGISCH-DEUTSCHE TAGESPOST

Hermannstadt
Nr. 35 10. Apr. 1914 Jg. 7 – Nr. 278 30. Nov. 1918 Jg. 10
Red.: *Oskar Kraemer*
Täglich/Folio
Inhalt/Rubriken: Hermannstädter Nachrichten, Original-Telegramme, Feuilleton, Inserate
Früher 1908–1914: DEUTSCHE BÜRGER-ZEITUNG FÜR POLITIK UND VOLKSWIRTSCHAFT
Lit.: Kemény, Réz 1025

280. SIEBENBÜRGISCH-DEUTSCHES TAGEBLATT
Hermannstadt
Nr. 1 1. Jan. 1874 – Nr. 13.720 30. Nov. 1918; Nr. 84.156 25. Juni 1920 Jg. 47; erschienen bis 11. Sept. 1944
Red.: *Karl Wolff*, ab 22. Aug. 1885: *Heinrich Hähner*, *Josef Drotleff*, ab 22. Okt. 1885: *Heinrich Hähner*, ab 1. Juli 1886: *Ludwig Fritsch*, ab 6. Juli 1896: *Julius Teutsch*, ab 3. Jan. 1900: *Rudolf Schuller*, ab 15. Mai 1900: *Ludwig Weiß*, ab 9. August 1900: *Emil Neugeboren*, ab 20. Juni 1910: *Hermann Plattner*, ab 12. Febr. 1915: *Emil Neugeboren*, ab 18. Sept. 1916: *Josef Paschek*, ab 6. Nov. 1916: *Emil Neugeboren*, ab 1. Aug. 1918: *Hans Otto Roth*, ab 23. Aug. 1918: *Emil Neugeboren*, ab 12. Okt. 1918: *Hans Otto Roth*, ab 19. Nov. 1918: *Emil Neugeboren*
Täglich/Folio
Inhalt/Rubriken: Politische Uebersicht, Local- und Tages-Chronik, Feuilleton, Inserate
Beilagen: HERMANNSTÄDTER VERGNÜGUNGS-ANZEIGER 1897, BLÄTTER FÜR HANDEL UND GEWERBE 1914, DAS WELT-BILD 1915
Früher: SIEBENBÜRGISCH-DEUTSCHES WOCHENBLATT
Lit.: Dunăreanu 150, Kemény, Réz 1026, Sigerus 60

281. SIEBENBÜRGISCH-DEUTSCHES WOCHENBLATT
Hermannstadt
Nr. 1 3. Juni 1868 Jg. 1 – Nr. 63 31. Dez. 1873 Jg. 6
Red.: *Franz Gebbel*
Wöchentlich/Folio
Inhalt/Rubriken: Wochenschau, Handel, Gewerbe und Landwirtschaft, Verschiedenes, Inserate
Lit.: Dunăreanu 151, Réz 1027

282. SIEBENBÜRGISCHE BLÄTTER
Hermannstadt
Nr. 1 16. Jan. 1867 – Nr. 103 28. Dez. 1872
Red.: *Gustav Lindner* u. *Franz Schreiber*, ab 1869: *Franz Kautzner*, ab 3. Mai 1871: *Franz Schreiber*
Wöchentlich zweimal/Folio
Inhalt/Rubriken: Tages-Chronik, Inland, Ausland, Hermannstädter Marktbericht, Feuilleton
Lit.: Dunăreanu 152, Réz 1028, Sigerus 52

283. SIEBENBÜRGISCHE POST
Karlsburg
1881
Red.: *Béla Herzfelder*
Nicht vorhanden
Lit.: Réz 1029

284. DER SIEBENBÜRGISCHE VOLKSFREUND. Ein Sonntagsblatt für Stadt und Land
Kronstadt
Nr. 1 4. Apr. 1886 Jg. 1 – Nr. 51 2. Dez. 1895 Jg. 10
Red.: *Franz Herfurth*
Wöchentlich/Quart
Inhalt/Rubriken: Kleinere Abhandlungen, Buchbesprechungen, Inserate, Ill.
Lit.: Réz 333, Sigerus 70

285. SONNTAG-ABENDBLATT
Budapest
1889–1890
Red.: –
Später: MONTAGBLATT
Nicht vorhanden
Lit.: Réz 1042

286. SONNTAGSBOTE
Zombor
Nr. 1 7. Apr. [1907] – Nr. 5 4. Febr. 1912 Jg. 6
Red.: *Emerich Csernicsek*
Wöchentlich/Folio
Inhalt/Rubriken: Lokale Nachrichten, Belletristik, Inserate
Lit.: Réz 1049

287. SONNTAGS-ZEITUNG. Illustriertes Volksblatt für Belehrung und Unterhaltung, nebst politischen Nachrichten. Ab 4. Juli 1858: Illustriertes Volksblatt für Belehrung und Unterhaltung
Pest
7. Jan. 1855 – Nr. 53 30. Dez. 1860 Jg. 6
Red.: *Sigmund Saphir*
Wöchentlich/Quart
Inhalt/Rubriken: Politische Rundschau, Nachrichten, Gemeinnütziges, Kleine Zeitung, Inserate
Ab 3. Jan. 1864: PESTER SONNTAGS-ZEITUNG (siehe unsere Bibliographie Teil 1, Nr. 797)
Lit.: Busa II 486, Réz 1051

288. SONNTAGSZEITUNG. Politisches Wochenblatt. Organ für wirthschaftliche, communale und soziale Interessen
Temesvár
Nr. 1 10. Jan. 1904 Jg. 1 – Nr. 52 31. Dez. 1905 Jg. 2
Red.: *Armin Barát*
Wöchentlich/Folio
Inhalt/Rubriken: Artikel über Handel, Landwirtschaft, Marktpreise, Inserate. Ill.
Lit.: Réz 1052

289. DER SPIEGEL
Pest
Nr. 25 26. Mai 1867 Jg. 1 – Nr. 150 30. Mai 1868 Jg. 2
Red.: *Edgar L. Spiegel*
Täglich/Folio
Inhalt/Rubriken: Berichte über die Sitzungen des Landtags, Pester Chronik, Tagesneuigkeiten, Fremdenliste, Theater und Kunst, in jeder Nummer sehr viel Belletristik, Inserate
Lit.: Busa II 489, Réz 335

ST. GOTTHARD siehe: SZENT GOTTHÁRD

290. SÜDBACSKAER ZEITUNG. Nichtpolitisches Wochenblatt für das gesamte Volksinteresse. Vertritt die Interessen sämmtlicher Gemeinden der südlichen Bacska
Verbass-Cservenka
Nr. 1 1. Jan. 1889 Jg. 1 – Nr. 44 29. Okt. 1905 Jg. 10
Red.: *Michael Sergej Trobojevics*
Wöchentlich/Folio
Inhalt/Rubriken: Lokal-Nachrichten, Landwirtschaftliches, Vermischte Nachrichten, Inserate
Lit.: Réz 1060

291. SÜDSLAVISCHE RUNDSCHAU. Organ für die Interessen der Kroaten, Serben und Slovenen
Zagreb
Nr. 1 6. Dez. 1917 Jg. 1 – Nr. 6/7 20. Dez. 1918 Jg. 2
Red.: –
Wöchentlich/Quart
Inhalt/Rubriken: Interessenvertretung der Südslaven, Kulturpolitik u. Landeskunde, Rechtsfragen

292. SÜDSLAVISCHE ZEITUNG
Agram
1848–1852
Red.: –
Täglich
Nicht vorhanden
Lit.: Réz 1061

293. SÜDSLAVISCHE ZEITUNG
Sziszek
Nr. 14 4. Febr. 1871
Red.: *Kl. Božić*
Wöchentlich dreimal
Nicht vorhanden
Réz kennt das Blatt nicht

294. SÜDUNGARISCHE BÜRGER-ZEITUNG. Organ für allgemeine Interessen. Politisches Wochenblatt (vereinigt mit der *TORONTALER ZEITUNG*)
Perjamos-Nagy Szent-Miklós
Nr. 2 21. Mai 1897 Jg. 1 – Nr. 103 29. Dez. 1918 Jg. 36
Red.: *Alois Pirkmayer*
Wöchentlich dreimal/Folio
Inhalt/Rubriken: Was gibt es Neues?, Volksstimmen, Belletristik, Inserate
Fortsetzung: die mit der TORONTALER ZEITUNG vereinigte PERJÁMOSER BÜRGER-ZEITUNG
Lit.: Kemény, Réz 1064

295. SÜDUNGARISCHE PRESSE
Temesvar

Nr. 1 1. Okt. 1885 Jg. 1 – Nr. 10 18. Okt. 1885 Jg. 1
Red.: *Adolf Reiner*
Täglich/Folio
Inhalt/Rubriken: Ausland, Lokal-Chronik, Aus Nah und Fern, Telegraphische Budapester Course, Theater, Kunst und Literatur, Inserate
Lit.: Réz 1068, Berkeszi

SÜDUNGARISCHE PRESSE (1893–1895) siehe: DÉLVIDÉKI HÍR-ADÓ – SÜDUNGARISCHE PRESSE

296. SÜDUNGARISCHE REFORM. Demokratisches Organ
Temesvár
Nr. 1 1. Juli 1889 – Nr. 63 17. März 1917 Jg. 29
Red.: *Carl Steiner junior*
Täglich/Folio
Inhalt/Rubriken: Tagesneuigkeiten, Ausland, Handelsberichte, Volkswirtschaft, Allerlei, Telegramme, Inserate
Aus dem Jahr 1917 ist nur die letzte Nummer bekannt
Beilage: UNSERE GESUNDHEIT 1898
Lit.: Kemény, Réz 1069, Berkeszi

297. SÜDUNGARISCHE RUNDSCHAU. Organ zur Förderung von agrarischen und allgemeinen Interessen
Nagybecskerek
Nr. 1 2. Jan. 1908 Jg. 1 – Nr. 53 30. Dez. 1916 Jg. 9
Red.: *Stefan Kaufmann*
Wöchentlich/Folio
Inhalt/Rubriken: Aus Nah und Fern, lokale Nachrichten, Landwirtschaft, Bücherschau, Belletristik, Inserate
Lit.: Kemény, Réz 1071

298. SÜDUNGARISCHER BOTE. Organ für politische, soziale und volkswirtschaftliche Interessen
Lugos, ab 10. Dez. 1881: Temesvar
Nr. 159 15. Apr. 1879 Jg. 3 – Nr. 208 15. Nov. 1882 Jg. 6
Red.: *Adolf Reiner*, ab 20. Mai 1880: *A. Bachruch*, ab 18. Juli 1880: *Adolf Reiner*
Wöchentlich zweimal/Folio
Inhalt/Rubriken: Kleine Chronik, Volkswirtschaftliches, Fremdenliste
Der SÜDUNGARISCHE BOTE in Temesvar war die Fortsetzung der KARANSEBESER bzw. SZÖRÉNYER ZEITUNG in Lugos und erschien fortlaufend numeriert
Lit.: Lay, S. 17 f., Réz 1077, Berkeszi

299. SÜDUNGARISCHER BOTE. Organ für Politik und alle öffentlichen Interessen
Lugos
[1. Oktober 1899] Nr. 1 3. Jan. 1900 Jg. 2 – Nr. 12 9. Febr. 1919 Jg. 21
Red.: *Adolf* Reiner, ab 1916: *Wilhelm Landesberg*
Wöchentlich dreimal, ab Jan. 1909 täglich, ab Juli 1917: wöchentlich zweimal/Folio
Jan. 1909–1910: KRASSÓ-SZÖRÉNYI HÍRLAP (SÜDUNGARISCHER BOTE) und zweisprachig
Inhalt/Rubriken: Chronik, Politische Rundschau (Nachrichten), Volkswirthschaft, Literatur im Feuilleton, Inserate
Lit.: Lay, S. 18 f., Kemény, Réz 1078

300. SÜDUNGARISCHER GENERAL-ANZEIGER FÜR STADT UND LAND. Unparteiische und unabhängige Zeitung
Versecz
Nr. 2 24. Dez. 1905 Jg. 1 – Nr. 25 1. Apr. 1917 Jg. 18
Red.: *Wilhelm Wettel*
Wöchentlich/Folio
Inhalt/Rubriken: Kleinere Artikel, politische Rundschau, Tages-Neuigkeiten, Lokales, Feuilleton, Inserate. Ill.
Fortsetzung: DER UNGARISCHE VOLKSFREUND
Lit.: Kemény, Réz 1079

301. SÜDUNGARISCHER GRENZBOTE
Gr.[oß]-Becskerek
Nr. 1 1. Jan. 1893 Jg. 9 – Nr. 7 13. Febr. 1898 Jg. 14
Red.: *J. Jokly*
Wöchentlich/Folio
Inhalt/Rubriken: Kleine Chronik, Feuilleton, Inserate
Réz kennt die Jge 1885–1898
Ab 20. Febr. 1898: TORONTALER PRESSE
Lit.: Réz 1080

302. SÜDUNGARISCHER LLOYD. Volkswirtschaftlich-politisches Tagblatt
Temesvar
Nr. 1 16. Nov. 1882 Jg. 6 – Nr. 69 25. März 1887 Jg. 12/6
Red.: *Albert Strasser* u. *Adolf Reiner*, ab 1884: *Adolf Reiner*, ab Apr. 1895: *Armin Barát*
Täglich/Folio
Inhalt/Rubriken: Tagesneuigkeiten, Geschäftsberichte, Handelsnachrichten, Fremdenliste, Wasserstand, Inserate
Früher: 1. Aug. 1882 – 16. Nov. 1882: TEMESVARER LLOYD, im März 1887 integriert in die TEMESVARER ZEITUNG
Lit.: Réz 1082, Berkeszi

303. SÜDUNGARISCHES VOLKSBLATT. Wochenschrift für allgemeine Interessen, geselliges Leben, Landwirtschaft und Gewerbe
Nagy-Szent-Miklós, ab 9. Apr. 1889: Nagy-Szent-Miklós, Perjámos, ab 5. Mai 1895: Temesvár-Nagy-Szent-Miklós
Nr. 9 23. Mai 1880 Jg. 1 – Nr. 24 7. Juli 1895 Jg. 16
Red.: *Salomon König*, ab 11. Sept. 1892: *Xavér Horváth*, ab 24. Dez. 1893: *Salomon König*
Wöchentlich/Folio
Inhalt/Rubriken: Kurze Neuigkeiten, Nachrichten, Feuilleton, Inserate
Beilage: DER GEWERBEMANN 1886, SÜDUNGARISCHER BAUER 1885–1887
Lit.: Réz 1083

304. SÜDUNGARISCHES VOLKSBLATT
Groß-Becskerek
Nr. 1 5. Jan. 1917 Jg. 67 – Nr. 39 27. Sept. 1918 Jg. 68
Red.: *Stefan Kaufmann*
Wöchentlich/Folio
Inhalt/Rubriken: Südungarn, Lokales, Volkswirtschaft, Vereinsnachrichten, Mannigfaltiges
Lit.: Réz 1084

305. SÜDUNGARN. Organ für Verwaltung, Cultur und Volkswirtschaft, ab Jan. 1894: Demokratisches Organ, ab 1916: Politisches Organ für alle Stände
Lugos
1. Jan. 1893 Jg. 1 – Nr. 13 13. Febr. 1919 Jg. 27
Red.: *Kornel Guidkovsky*, ab Jan. 1894: *Emil Teichner*, März – Oktober 1899: *Sigmund Lányi*, 1890–1908: *Emil Teichner*, 1908–1910: *Johann Hoffer*, 1910–1916: *Moritz Rosenzweig*, Mai 1917 – Febr. 1918: *Heinrich Anwender*, ab 30. Sept. 1918: *Alexander Vlahovits*
Wöchentlich zweimal, ab Jan. 1894: wöchentlich dreimal/Quart
Inhalt/Rubriken: Tagesneuigkeiten, Aus Südungarn, städtische Nachrichten, Feuilleton, Inserate
Lit.: Lay, S. 19 f., Kemény, Réz 1085

306. SZENT GOTTHÁRD – ST. GOTTHARD. Wochenblatt für gesellschaftliche und culturelle Interessen
Szent Gotthárd
Nr. 1 1. Dez. 1895 Jg. 1 – Nr. 26 30. Mai 1897 Jg. 2
Red.: *Victor Schmidt*, ab 7. Febr. 1897: *Julius Halmy*
Wöchentlich/Folio
Inhalt/Rubriken: Landes- und Komitatsnachrichten, Inserate. Jede Nummer parallel in deutscher und ungarischer Sprache
Lit.: Réz 1668

307. SZEPESI ÉRTESÍTŐ – ZIPSER ANZEIGER. Wochenblatt zur Belehrung und Unterhaltung
Leutschau
Nr. 1 3. Jan. 1863 Jg. 1 – Nr. 52 29. Dez. 1867 Jg. 4
Red.: *Carl Seeliger*, ab 4. Juni 1864: *F. Édeskúty*, ab 18. Juni 1864: *Carl Seeliger*
Wöchentlich/Folio
Inhalt/Rubriken: Zipser Chronik, Feuilleton. Zweisprachig
Lit.: Busa II 601, Potemra 757, Réz 1669

308. SZEPESI HÍRNÖK – ZIPSER BOTE. Wochenblatt für Zipser Interessen. Organ des Zipser landwirtschaftlichen Vereins
Leutschau
Nr. 1 7. Jan. 1882 Jg. 20 – Nr. 5 15. Febr. 1919 Jg. 57
Red.: *Viktor Greschik*, ab 1. Jan. 1910: *Ernő Maléter*, ab 3. Okt. 1914: *János Mirkva*, ab 12. Dez. 1914: *János Mirkva*, *Jenő Förster*, ab 27. März 1905: *János Mirkva*, ab 28. Nov. 1916: *József Ábrányi*

Wöchentlich/Folio
Inhalt/Rubriken: Lokale und Vereinsneuigkeiten
Réz kennt die Jge 1882–1918
Lit.: Potemra 759, Kemény, Réz 1670

309. SZÖRÉNYER ZEITUNG. Organ für Politik und Volkswirthschaft
Karansebes
Nr. 3 8. Jan. 1877 Jg. 1 – Nr. 11 16. März 1879 Jg. 3
Red.: *Adolf Reiner*
Wöchentlich zweimal, ab 6. Mai 1877: wöchentlich/Folio
Inhalt/Rubriken: Kleine Chronik, Volkswirtschaftliches, Neueste Post, Feuilleton, Inserate
Früher: KARANSEBESER ZEITUNG, später 1879: SÜDUNGARISCHER BOTE
Lit.: Réz 1088

310. TAGBLATT FÜR FIUME UND ABBAZIA
Volosca-Abbazia
Nr. 172 19. Dez. 1889 Jg. 1
Red.: *Ludwig Brenner*
Täglich/Folio
Inhalt/Rubriken: Tageschronik, Feuilleton, Inserate
Eine einzige Nummer vorhanden
Lit.: Réz 1089

311. TELECSKA. Wochenblatt für Volkswirthschaft, Social- und Cultur-Interessen
Kula
Nr. 1 30. Sept. 1883 Jg. 1 – Nr. 53 31. Dez. 1887 Jg. 5
Red.: *Fülöp Lackner*
Wöchentlich/Quart
Inhalt/Rubriken: Illustriertes Unterhaltungsblatt. Zweisprachig
Réz kennt die Jge 1883–1905
Lit.: Réz 1678

312. TEMES-KUBINER WOCHENBLATT. Ab 6. Febr. 1910: TEMES-KUBINI HETILAP – TEMES KUBINER WOCHENBLATT. Organ für Volkswirthschaft und öffentliches Leben für Temes-Kubin und Umgebung
Temes-Kubin
Nr. 1 7. Mai 1899 Jg. 1 – Nr. 52 25. Dez. 1910 Jg. 12
Red.: *Robert Oberläuter*
Wöchentlich/Folio
Inhalt/Rubriken: Wochenchronik, Feuilleton, Inserate. Ab 6. Febr. 1910: zweisprachig
Fortsetzung: KEVEVÁRAI HETILAP – KEVEVÁRAER WOCHENBLATT
Lit.: Kemény, Réz 1100, 1679

TEMES-KUBINI HETILAP siehe: TEMES-KUBINER WOCHENBLATT

313. TEMES-RÉKASER ZEITUNG. Organ für Landwirtschaft, Weinbau, Handel und Gewerbe
Temes-Rékas
Nr. 2 18. Mai 1902 Jg. 1 – Nr. 26 28. Juni 1903 Jg. 2
Red.: *Ágost Mayr*
Wöchentlich/Quart
Inhalt/Rubriken: Rékas und Umgebung, Rundschau, Feuilleton

314. TEMESVARER ANZEIGER. Wochenblatt für Industrie, Handel und Gewerbe
Temesvar
Nr. 27 2. Juli 1871
Red.: –
Wöchentlich/Folio
Inhalt/Rubriken. Anzeigen, Theaterprogramme
Eine einzige Nummer vorhanden
Réz kennt die Jge 1868–1901
Lit.: Réz 1104, Berkeszi

315. TEMESVARER JOURNAL
Temesvar
1901
Red.: *Georg Bayer*
Nicht vorhanden
Lit.: Réz 1106

316. TEMESVARER LLOYD. Volkswirtschaftlich-politisches Tageblatt
Temesvar
Nr. 1 1. Aug. 1882 Jg. 1 – Nr. 89 15. Nov. 1882 Jg. 1
Red.: *Albert Strasser*
Täglich/Folio
Inhalt/Rubriken: Tagesneuigkeiten, Ausland, Inland, Aus Nah und Fern, Gerichtshalle, Original-Telegramme, Coursbericht, Geschäftsberichte, Feuilleton, Inserate

Ab 16. November 1882, nach Verschmelzung mit dem SÜDUNGARISCHEN BOTEN, erschienen unter dem Titel SÜDUNGARISCHER LLOYD
Lit.: Réz 1107, Berkeszi

317. TEMESVARER MITTAGBLATT. Nichtpolitisches Organ für locale Interessen
Temesvar
Nr. 1 1. Dez. 1882 Jg. 1 – Nr. 60 1. März 1883 Jg. 2
Red.: *Hans Fulda*
Täglich/Folio
Inhalt/Rubriken: Localcorrespondenz, Gemeinnütziges, Aus dem Gerichtssaal, Inserate
Lit.: Réz 1109, Berkeszi

318. TEMESVÁRER NEUE POST
Temesvár
Nr. 226 5. Okt. 1917 Jg. 9 – Nr. 217 30. Sept. 1918 Jg. 10
Red.: *Julius Czapik*
Täglich/Folio
Inhalt/Rubriken: Nachrichten, Telegramme, Theater, Kunst und Literatur, Belletristik, Inserate
1909–1917 unter dem Titel: DIE ZEITUNG
Lit.: Kemény, Réz 1110

319. TEMESVARER TAGBLATT. Organ für lokale und sociale Interessen
Temesvar
1. Okt. 1884 Jg. 1 – Nr. 27 31. Okt. 1884 Jg. 1
Red.: *S. Pelzer*
Täglich/Folio
Inhalt/Rubriken: Tages-Neuigkeiten, Programm der Temesvarer Handels- und Gewerbekammer, Provincial-Nachrichten, volkswirthschaftliche Notizen, Jahrmarkts-Anzeigen, Offert-Ausschreibungen
Lit.: Réz 1112, Berkeszi

320. TEMESVARER TAGBLATT. Unabhängiges Organ für sociale, volkswirthschaftliche Interessen
Temesvar
4. Mai 1887 – 18. Dez. 1887
Red.: *Oskar Beran*
Täglich/Folio
Nicht vorhanden
Lit.: Réz 1113, Berkeszi

321. TEMESVARER VOLKSBLATT. Organ für alle gemeinnützigen Interessen
Temesvar
Nr. 1 16. Juli 1876 Jg. 1 – Nr. 18 12. Nov. 1876 Jg. 1
Red.: *Adolf Reiner*
Wöchentlich/Folio
Inhalt/Rubriken: Aus Stadt und Land, Volkswirtschaftliches, Feuilleton, Inserate
Lit.: Réz 1114, Berkeszi

322. TEMESVARER VOLKSBLATT. Politisches Tagblatt. Demokratisches Organ
Temesvar
Nr. 1 30. Jan. 1902 Jg. 1 – Nr. 218 30. Sept. 1918 Jg. 17
Red.: *Samuel Kastriener*
Täglich/Folio
Inhalt/Rubriken: Inland, Ausland, Tagesneuigkeiten, Gerichsthalle, Theater, Kunst, Wissenschaft, Feuilleton
Lit.: Kemény, Réz 1115

TEMESVARER VOLKSTRIBUNE siehe: VOLKSTRIBUNE

323. TEMESVARER WOCHENBLATT für Unterhaltung, Handel, Industrie und Gewerbe
Temeschburg
Nr. 1 1. Okt. 1862 – Nr. 27 31. Dez. 1862
Red.: *Karl Gustav Förk*
Wöchentlich/Quart
Inhalt/Rubriken: Locales, Marktberichte, Verstorbene der Stadt, Notizen, Theater, Inserate
Réz kennt die Jge 1862/1866
Lit.: Busa II 537, Réz 1119

324. TEMESVARER WOCHENBLATT
Temesvar
1875–1876
Red.: *Karl Gustav Förk*
Wöchentlich
Nicht vorhanden
Lit.: Réz 1120, Berkeszi

325. TEMESVARER ZEITUNG
Temesvar
[Nr. 1 15. Januar 1852] In der SzN sehr lükkenhaft; vorhanden nur ab Nr. 96 1. Juli 1854 Jg. 3–1859, 1861, 1866–1867,

1870–1874, 1887–1918; erschienen bis 1949
Red.: *Andreas Flatt*, ab 1. Febr. 1857: *A. J. Mayer*, ab 17. Sept. 1857: *Carl Hirschfeld*, ab 1. Apr. 1858: *Karl Junck*, ab 3. Apr. 1861: *Carl Hirschfeld*, ab 1. Nov. 1866: *Michael Niamessny*, ab 1. Mai 1867: *Albert Strasser*, ab 4. Nov. 1867: *Martin Uhrmann*, ab 11. Nov. 1867: *Paul Zilahy*, ab 15. Dez. 1868: *Emmanuel Blau*, ab 16. Aug. 1870: *Adolf Silberstein*, ab 5. Mai 1870: *Martin Uhrmann*, ab 1. Juli 1871: *Adolf Sternberg*, ab Herbst 1882: *Ludwig Vaiss*, ab Herbst 1883: *Samuel Eichner*, ab Juli 1884: *Franz Netzl*, ab Sept. 1884: *Franz v. Bolgar*, ab Juli 1885: *Norbert Schmidt*, ab Juli 1886: *Emanuel Weißberger*, ab 1. Sept. 1886: *Adolf Sternberg*, ab 26. März 1887: *Armin Barát*, ab 1. Jan. 1906: *Berthold Kabos*, ab 1. Mai 1907: *Anton Heim*, ab 1. Okt. 1912: *Anton Lovas*, ab 24. Dez. 1916: *Alexander Mangold*
Täglich/Folio
Inhalt/Rubriken: Bis 1860 offizielles Organ der Serbischen Woiwodschaft und der Temeser Banschaft; im „Amtlichen Theil" wurden die offiziellen Kundgebungen der Behörden, im „Nichtamtlichen Theil" die politischen Nachrichten veröffentlicht, außerdem Handels- und Marktberichte, Börsenberichte, Marktpreise, die Fremdenliste und Inserate
Am 1. Okt. 1912 vereinigt mit der NEUEN TEMESVARER ZEITUNG
Lit.: Krischan, Réz 112, Berkeszi

326. TIRNAUER WOCHENBLATT. Organ zur Belehrung, Fortschritt und Unterhaltung
Tirnau-Nagyszombat
Nr. 1 3. Jan. 1869 Jg. 1 – Nr. 26 29. Juni 1873 Jg. 5
Red.: *Sigmund Winter*, ab 7. Jan. 1872: *Ludwig Ujházy*, ab 7. Juli 1872: *S. Winter*
Wöchentlich/Folio
Inhalt/Rubriken: Allgemeine Rundschau, Nachrichten, Verlosungs-Anzeigen, Handels- und Markt-Berichte, Frucht-Preise, Wiener Börse, Feuilleton
Potemra kennt die Jge 1869–1880, Réz 1869–1886
Lit.: Potemra 804, Réz 1127

TIRNAUER WOCHENBLATT (1880–1918) siehe: NAGYSZOMBATI HETILAP

327. TORONTALER BOTE
Großbecskerek
1881
Red.: –
Wöchentlich
Nicht vorhanden
Lit.: Réz 1128

328. TORONTALER NACHRICHTEN. Organ für soziale, kulturelle und volkswirtschaftliche Interessen, Unabhängig-demokratisches Volksblatt für Politik und Volkswirtschaft
Perjamos
Nr. 1 1. Juli 1906 Jg. 1 – Nr. 1 39. Sept. 1918 Jg. 13
Red.: *Josef Frischmann*
Wöchentlich zweimal/Quart
Inhalt/Rubriken: Nachrichten, Inserate
Beilage: ILLUSTRIERTES FAMILIEN-BLATT
Lit.: Kemény, Réz 1129

329. TORONTALER PRESSE. Organ für Volkswirtschaft, Sozial- und Kultur-Interessen
Gr.-Becskerek
Nr. 1 20. Febr. 1898 Jg. 1 – Nr. 29 22. Juli 1905 Jg. 8
Red.: *Leopold Jokly*, ab 5. Jan. 1901: *J. Jokly*
Wöchentlich/Folio
Inhalt/Rubriken: Kleine Chronik, Nachrichten, Feuilleton, Inserate
Früher: SÜDUNGARISCHER GRENZBOTE
Lit.: Réz 1130

330. TORONTALER VOLKSBLATT. Organ für Politik und Volkswirtschaft
Nagybecskerek
Nr. 1 22. Apr. 1905 Jg. 1 – Nr. 37 30. Dez. 1905 Jg. 1
Red.: *Béla Billitz*
Wöchentlich/Folio
Inhalt/Rubriken: Tagesberichte, Komitatswesen, Gerichtshalle, Volkswirtschaft, Inserate
Lit.: Réz 1131

331. TORONTALER ZEITUNG. Organ für öffentliches Leben, Volkswirtschaft, Handel usw.
Perjamos
Nr. 1 16. Sept. 1883 Jg. 1 – Nr. 13 13. Febr. 1902 Jg. 20
Red.: *Alois Pirkmayer*
Wöchentlich zweimal/Quart
Inhalt/Rubriken: Leitartikel, Bunte Chronik, Feuilleton, Inserate
Beilagen: ALLGEMEINE MITTEILUNGEN ÜBER LAND- UND HAUSWIRTSCHAFT 1897–1898, ILLUSTRIRTES UNTERHALTUNGS BLATT 1891–1899
1902 integriert in die SÜDUNGARISCHE BÜRGER-ZEITUNG
Lit.: Réz 1133

332. ÚJ BÁCS-KULAI HÍRLAP
Kula
Nr. 1 12. März 1904 Jg. 1 – Nr. 1 1. Mai 1904 Jg. 1
Red.: *János Peitsche*
Unregelmäßig/Folio
Inhalt/Rubriken: Nachrichten. Zweisprachig
Lit.: Réz 1692

332a. UJVIDÉKI UJSÁG – NEUSATZER JOURNAL
Freisinniges politisches Organ. Deutsche Ausgabe der *UJVIDÉKI UJSÁG*
Ujvidék
Nr. 1 1. Sept. 1901 Jg. 1 – Nr. 9 29. Jan. 1902 Jg. 2
Red.: *Josef Mayer*, ab 4. Sept. 1901: *Aladár Balla*, ab 2. Nov. 1901: *Benő Hirschenhauser*
Zweimal wöchentlich/Folio
Inhalt/Rubriken: Politische Rundschau, Neuigkeiten, Volkswirtschaft, Feuilleton, Inserate
In zwei Ausgabenvarianten, ab 2. Nov. 1901 nur in deutscher Sprache, der ungarische Titel wird aber weiter beibehalten
Lit.: Bikicki 99

333. DIE UNABHÄNGIGKEIT. Organ für Alles und Alle
Pest
Nr. 1 29. Okt. 1871 Jg. 1
Red.: *Samuel Jung*
Eine einzige Nummer vorhanden/Quart
Inhalt/Rubriken: Nachrichten, Gerichtshalle, Geschäftsberichte, Landwirtschaft und Gewerbe, Kunst- und Theaternachrichten, Schulwesen

DER UNGAR siehe: PESTHER LOCALBLATT

334. UNGARISCHE NACHRICHTEN. Abendblatt
Pest
Nr. 1 1. Apr. 1862 Jg. 1 – Nr. 224 30. Sept. 1865 Jg. 4
Red.: *Josef v. Bauszner*, ab 30. Apr. 1862: *Eduard Glatz*, ab 1. Juli 1864: *Josef Bauszner*
Täglich/Folio
Inhalt/Rubriken: Nachrichten, Ausland, vermischte Nachrichten, Handels- und Geschäftsbericht, Feuilleton
25. Sept. 1863 – 1. Juli 1864: ABENDBLATT DER UNGARISCHEN NACHRICHTEN
Früher: PEST-OFNER ZEITUNG
Lit.: Busa II 559, Réz 1163

335. UNGARISCHE POST
Nr. 1 16. Juni 1855 – Nr. 162 30. Dez. 1855
Pest-Ofen – Wien
Red.: *Otto von Müller*, ab 1856: *Carl Müller*
Täglich, ab 2. Juni 1861: zweimal wöchentlich, ab 1862: wöchentlich/Folio
Inhalt/Rubriken: Tagesneuigkeiten, Inserate
Lebte weiter unter wechselnden Titeln: ab 1856: MÜLLER'S BÜRGERFREUND (nicht vorhanden), ab 1. Jan. 1860: PEST-OFNER BÜRGER-ZEITUNG, ab 19. Jan. 1862: UNGARISCHE WOCHEN-POST, ab 1868: BÜRGERFREUND (siehe unsere Bibliographie Teil 1, Nr. 199)
Lit.: Busa II 560, Réz 1165

336. UNGARISCHE PRESSE. Politisches und gemeinnütziges Wochenblatt
Pest
5. Juli 1868 Jg. 1 (Probenummer), Nr. 1 12. Juli 1868 Jg. 1 – Nr. 6 11. Febr. 1871 Jg. 3
Red.: *Julius Beermann*, ab Nov. 1869: *A. Sternberg*
Wöchentlich/Folio
Inhalt/Rubriken: Tagesneuigkeiten, Marktberichte, Verlosungen, Lottoziehungen, Feuilleton, Inserate
Früher: DER VOLKSFREUND
Lit.: Réz 1166

337. DER UNGARISCHE VOLKSFREUND
Versec
o. J.
Red.: –
Fortsetzung von SÜDUNGARISCHER GENERALANZEIGER FÜR STADT UND LAND
Nicht vorhanden
Lit.: Tafferner

338. UNGARISCHE WOCHEN-POST
Pest
Nr. 1 12. Jan. 1862 Jg. 1 – Nr. 18 1. Mai 1864 Jg. 3
Red.: *Karl Müller*
Wöchentlich/Folio
Inhalt/Rubriken: Stadt-Courier, Belletristik, Inserate
Lit.: Busa II 560, Réz 1180

339. UNGARISCHE WOCHENPOST
Budapest
18. Juni 1880 – 18. Juli 1880
Red.: *Raimond Heilmann*
Wöchentlich
Nicht vorhanden
Lit.: Voit 5460, Réz 1181

340. UNGARISCHER LLOYD. Morgen- und Abendblatt
Pest
Nr. 1 25. Dez. 1867 – Nr. 59 12. März 1876 Jg. 10
Red.: *Karl Weißkircher*
Täglich zweimal/Folio
Inhalt/Rubriken: Zur Tagesgeschichte, Geschäftsberichte, Aus dem Reichstage, Wasserstand, Witterung, Feuilleton, Inserate
Beilagen: 1867: DER LANDWIRTH, 1868–1870: GEWERBE ZEITUNG, 1871–1873: BLÄTTER FÜR LANDWIRTSCHAFT UND GEWERBE, 1873–1876: ZEITUNG FÜR LANDWIRTSCHAFT UND GEWERBE
Lit.: Voit 5468, Busa II 561, Réz 1189

341. UNGARISCHE VOLKSZEITUNG
Budapest
1874
Red.: *Karl Mayerffy*
Nicht vorhanden
Lit.: Réz 1175

342. UNGARISCHER VOLKSBOTE. Politisches Journal für Jedermann
Pest
Nr. 2 11. Dez. 1870 Jg. 2 – Nr. 38 29. Sept. 1872 Jg. 4
Red.: *Johann Fellermayer*, ab 19. Febr. 1871: *Josef Romeiser*
Wöchentlich/Quart
Inhalt/Rubriken: Amtliches, Nachrichten aus dem Reichstag, Nachrichten aus dem Ausland, Inserate
Lit.: Voit 5472, Réz 1192

UNGARISCH-ÖSTERREICHISCHE FREIE PRESSE siehe: MAGYAR-OSZTRÁK SZABAD SAJTÓ

343. UNGARISCH-WEISSKIRCHNER VOLKSBLATT. Politisches Wochenblatt, zugleich Organ für Handel, Gewerbe, Landwirtschaft, Wissenschaft, Kunst, Literatur und soziales Leben
Ung.-Weißkirchen
Nr. 1 1. Jan. 1896 Jg. 1 – Nr. 39 29. Sept. 1918 Jg. 23
Red.: *Jakob Schümichen*, ab 1905: *Peter Kuhn*
Wöchentlich/Folio
Inhalt/Rubriken: Politische Wochen-Rundschau, Lokal-Zeitung
Laut Tafferner existierte das Blatt noch 1919
Lit.: Tafferner, Kemény, Réz 1140

344. UNPARTEIISCHE ZEITUNG
Preßburg
1900–1901
Red.: *F. Hochreiner*
Wöchentlich
Nicht vorhanden
Lit.: Potemra 828, Réz 1217

345. DER UNTERWALD. Wochenschrift für soziales Leben, Handel, Gewerbe und Landwirtschaft
Mühlbach
Nr. 1 7. Jan. 1900 Jg. 2 – Nr. 25 24. Juni 1900 Jg. 2
Red.: *Viktor Roth*
Wöchentlich/Folio
Inhalt/Rubriken: Haus- und Landwirtschaft,

Lokales und Tageschronik
Beilage: NEUE GARTENLAUBE
Lit.: Réz 352

346. VÁGVÖLGYI LAP
Trencsén
Nr. 1 20. Okt. 1873 Jg. 1 – Nr. 39 29. Sept. 1918 Jg. 45
Red.: *Ferencz Skarnitzl*, ab 27. Sept. 1903: *Ferencz Sándor*
Wöchentlich/Folio
Inhalt/Rubriken: Nachrichten, Berichte über lokale Angelegenheiten, Feuilleton. Zweisprachig
Lit.: Potemra 838, Réz 1712

347. VERBÁSZ ÉS VIDÉKE – VERBÁSZ UND UMGEBUNG. Nichtpolitisches Wochenblatt
Újverbász
Nr. 1 1. Jan. 1898 Jg. 3 – Nr. 52 24. Dez. 1898 Jg. 3
Red.: *Bálint Schneider*
Wöchentlich/Folio
Inhalt/Rubriken: Aus dem Amtsblatte, Lokal-Nachrichten, Wochen-Chronik, Inserate. Deutschsprachig
Ab 1899: SÜD-BÁCSKAER ZEITUNG
Lit.: Réz 1722

347 a. VERBÁSZER VOLKSBLATT
Ujverbász
Nr. 1 22. Jan. 1903 Jg. 1 – Nr. 5 22. Febr. 1903 Jg. 1
Red.: *Karl Radovanovits*
Wöchentlich/Quart
Inhalt/Rubriken: Tagesneuigkeiten (kleine Nachrichten), Gerichtssaal, Belletristik im Feuilleton, Buntes Allerlei, Getreidepreise, Inserate
Nur in der Somogyi-Bibliothek in Szeged vorhanden

348. VOLKSBLATT der OEDENBURGER ZEITUNG
Oedenburg
Nr. 1 27. Febr. 1897 Jg. 1 – Nr. 295 25. Dez. 1897 Jg. 1
Red.: *Ernst Marbach*
Wöchentlich/Folio
Inhalt/Rubriken: Was gibts denn Neues?, Vom Reichstage, Land- und Hauswirtschaft, Volkswirtschaft, Fruchtpreise, Feuilleton
Lit.: Horváth 1204, Réz 1240

349. VOLKSBLATT. Demokratische Tagespresse
Pancsova
26. Apr. 1914 – 10. Sept. 1914
Red.: *Alexander Sajóviz*, ab 4. Aug. 1914: *Stefan Raisz*
Wöchentlich/Folio
Inhalt/Rubriken: Neuigkeiten, Volkswirtschaftliches, Die Geschäftswoche, Telegramme, Inserate
Lit.: Kemény, Réz 1242

350. VOLKSBLATT. Organ für Fortschritt, Volksbelehrung, Volkswirtschaft und gesellschaftliches Leben
Neusatz
Nr. 1 7. Apr. 1906 Jg. 1 – Nr. 4 28. Jan. 1912 Jg. 6
Red.: *Emerich Csernicsek*
Wöchentlich/Folio
Inhalt/Rubriken: Kleinere Artikel allgemeinen Inhalts, Belletristik, Inserate
Lit.: Bikicki 115, Kemény, Réz 1241

351. DER VOLKSFREUND. Politisches Wochenblatt
Steinamanger
Nr. 1 13. Nov. 1883 Jg. 1 – Nr. 26 24. Juni 1916 Jg. 34
Red.: *Elemer Sarkady*, ab 6. Sept. 1884: *Georg Marczibányi*, ab 13. Dez. 1884: *August Gábriel*, ab 23. Apr. 1910: *Karl Zimmermann*, ab 3. Okt. 1914: *Joachim Heitler*
Wöchentlich/Folio
Inhalt/Rubriken: Politische Uebersicht, Tagesneuigkeiten, Allerlei, landwirtschaftliche Zeitung, Inserate
Lit.: Krajevszky 308, Kemény, Réz 358

352. DER VOLKSFREUND
Groß-Kikinda
1889–1891
Red.: *Karl Kraushaar*
Nicht vorhanden
Lit.: Tafferner

353. VOLKSSTIMME. Organ der sozialdemokratischen Partei Ungarns, ab 28. Sept. 1895: Parteiorgan der ungarländischen Sozialdemokratie, ab 1. Jan. 1897: Organ der sozialdemokratischen Partei Ungarns, ab 12. März 1898: Beilage zur

NÉPSZAVA, ab 12. Aug. 1898: Deutsche Beilage der *NÉPSZAVA,* ab 12. Juli 1900: Organ der ungarländischen sozialdemokratischen Partei für die arbeitende Bevölkerung von Stadt und Land, ab 14. Mai 1903: Zentralorgan der sozialdemokratischen Partei Ungarns für die arbeitende Bevölkerung in Stadt und Land
Budapest
Nr. 21 25. Mai 1894 Jg. 22 – Nr. 6 21. Juni 1924 Jg. 52
Red.: *Johann Gion*, ab 26. Okt. 1894: *B. Földes*, ab 1. Mai 1895: *Dezső Bokányi*, ab 28. Sept. 1895: *Józsesf Csebrenyák*, ab 8. Febr. 1896: *Miksa Großmann*, ab 6. Aug. 1897: *Viktor Löwe*, ab 13. Aug. 1897: *Stefan Schafranek,* ab 12. März 1898: *Heinrich Kalmár*, ab 17. Apr. 1898: *Emerich Tóth*, ab 19. Aug. 1898: *Sándor Pethő*, ab 29. Nov. 1899: *J. Kardos*, ab 26. Apr. 1900: *J. Karczagi,* ab 15. Juni 1905: *Ernő Garami,* ab 14. Juni 1906: *Max Großmann*, ab 11. Sept. 1908: *Adolf Redlinger,* ab 20. Nov. 1908: *Emanuel Buchinger,* ab 6. Febr. 1919: *Moriz Rothenstein*
Wöchentlich, ab 28. Sept. 1895: wöchentlich zweimal, ab 4. Jan. 1896: wöchentlich/Folio
Vorher: 1891–1894: ARBEITERPRESSE
18. Sept. 1895 – 18. Dez. 1896: NEUE VOLKSSTIMME
Beiblatt 25. Mai 1894 – 26. Apr. 1895: NÉPSZAVA
Inhalt/Rubriken: Interessenvertretung, Nachrichten der Arbeiterpartei, Vereinsnachrichten
Beilage: 6. Febr. 1909 – 28. Aug. 1913: DER BERGARBEITER
Lit.: Réz 1249, 1250

354. VOLKSSTIMME. Organ für die Interessen des werktätigen Volkes, ab 31. Juli 1920: Organ des werktätigen Volkes
Pressburg
Nr. 58 24. Juli 1919 Jg. 16 (1) – Nr. 173 31. Juli 1920 Jg. 17 (2)
Red.: *Fr. Heintz*, ab 31. Juli 1920: *H. Hoffmann*
Täglich/Folio
Inhalt/Rubriken: Vertretung der Interessen der Arbeiter, Vereinsnachrichten
Früher: WESTUNGARISCHE VOLKSSTIMME
Lit.: Kipsová 1542

355. VOLKSTRIBUNE. Unabhängiges Organ für allgemeine Volksinteressen
Temesvar
Nr. 1 7. Okt. 1899 Jg. 1 – Nr. 13 30. Dez. 1899
Red.: *Anton Kádár*
Wöchentlich/Folio
Inhalt/Rubriken: Ausländische und lokale Nachrichten, im Feuilleton Belletristik, Inserate
Lit.: Réz 1252, Berkeszi

356. VOLKSWILLE. Organ für die Interessen des arbeitenden Volkes Südungarn's, ab 19. Jan. 1894: Organ der „Sozialdemokratischen Arbeiterpartei Ungarns", ab 1. Apr. 1898: Organ für die Interessen des arbeitenden Volkes Südungarns, ab 8. Nov. 1905: Sozialdemokratisches Organ Südungarns für Politik und Volkswirtschaft, ab 28. März 1908: sozialdemokr. Organ Südungarns für Volkswirtschaft, ab 1. Jan. 1909: sozialdemokr. Organ Südungarns
Temesvár
Nr. 1 1. Mai 1893 Jg. 1 – Nr. 74 1. Apr. 1919 Jg. 28
Red.: *Wilhelm Paul*, ab 1. Apr. 1905: *Robert Blum*, ab 24. März 1899: *Johann Dobrillovich*, ab 6. Apr. 1900: *Anton Zabilsky*, ab 1. März 1901: *Anton Unterwiener*, ab 24. Okt. 1902: *Josef Schwarz*, ab 9. Jan. 1903: *Peter Karl*, ab 22. Mai 1903: *Gyula Horacsek*, ab 29. Apr. 1904: *János Biró*, ab 20. Mai 1904: *Béla Czeizel*, ab 8. Nov. 1905: *János Tóth*, ab 10. Nov. 1906: *Rudolf Kruppa*, ab 11. Apr. 1908: *János Maul*, ab 16. Mai 1908: *Gyula Freund*, ab 17. Juni 1908: *J. Maul*, ab 10. Okt. 1908: *Ferenc Nedl*, ab 6. Jan. 1909: *J. Schönberger*, ab 5. Juni 1909: *Lajos Fried*, ab 23. Juni 1909: *Mihály Back*, ab 24. Nov. 1909: *József Herber*, ab 5. Jan. 1910: *Vilmos Sehorsch*, ab 16. Juli 1910: *György Bauer*, ab 4. März 1911: *Mátyás Miklen*, ab 19. März 1911: *Ferenc Geistlinger*, ab 11. Jan. 1913: *Józsesf Gabriel*
Wöchentlich, ab 8. Nov. 1905: wöchentlich zweimal, ab 8. Aug. 1914: wöchentlich, ab 25. Jan. 1919: täglich/Folio
Inhalt/Rubriken: Parteinachrichten
Nr. 5–8 1917 unter dem Titel: VOLKSWILLE

Réz kennt die Jge 1892–1918
Lit.: Kemény, Réz 1254

357. VOLKSZEITUNG. Sozial-ökonomisches Wochenblatt
Budapest
Nr. 1 27. Nov. 1881 Jg. 1 – Nr. 14 2. Apr. 1882 Jg. 2
Red.: –
Wöchentlich/Folio
Inhalt/Rubriken: Kleine Mittheilungen, Soziale Rundschau, Wochenbericht, Feuilleton
Lit.: Réz 1262

358. DIE WACHT
Palanka
Nr. 5 16. Dez. 1905 Jg. 1 – Nr. 39 1918 Jg. 14
Red.: *Emerich Csernicsek*
Wöchentlich/Folio
Inhalt/Rubriken: Nachrichten, Matrikelnachrichten, Haus- und Familienblatt, Inserate
Laut Kemény erschien das Blatt mit fast völlig identischem Inhalt wie die BÁCSKAER VOLKSZEITUNG und DIE WOCHE
Lit.: Kemény, Réz 437

359. DER WANDERER. Politisches Tagblatt
Preßburg
13. Sept. 1878 – 22. Sept. 1878
Red.: *A. F. Heksch*
Täglich, ab 22. Sept. 1878: wöchentlich/Quart
Nicht vorhanden
Lit.: Potemra 861, 871, Réz 363

360. WECKRUF. Unabhängiges deutsches Wochenblatt für Westungarn
Oedenburg
[Jan.] 1919 – Nr. 6 16. Febr. 1919 Jg. 1
Red.: *Friedrich Gottschalk*
Wöchentlich zweimal/Folio
Inhalt/Rubriken: Nachrichten, Orts- u. Tagesrundschau, Belletristik
Im Soproner Ferenc Liszt Museum vorhanden
Lit.: Horváth 1207

WEISSKIRCHNER BLÄTTER siehe: FEHÉRTEMPLOMI LAPOK

361. WERSCHETZER ANZEIGER
Werschetz
o. J.
Red.: –
Nicht vorhanden
Lit.: Tafferner

362. WERSCHETZER GEBIRGSBOTE. Organ für Land-und Volkswirtschaft und öffentliches Leben, ab 4. Jan. 1880: Organ für Politik, Land- und Volkswirtschaft und öffentliches Leben
Versec
Nr. 9 28. Febr. 1864 Jg. 8 – Nr. 51 18. Dez. 1864 Jg. 8; Nr. 31 4. Aug. 1867 Jg. 11 – Nr. 74 1. Juli 1906 Jg. 50; Nr. 103 22. Sept. 1912 Jg. 56 – Nr. 31 16. März 1919 Jg. 63
Red.: *L. Wodetzky*, ab 6. Febr. 1870: *M. Million*, ab 4. Jan. 1906: *Ernő Kirchner*
Wöchentlich/Folio
Inhalt/Rubriken: Locales, Tages-Nachrichten, Geschäfts-Berichte, Werschetzer Marktbericht, Chronik, Feuilleton, Inserate
Beilagen: ILLUSTRIRTES SONNTAGSBLATT (1884, 1888–1889, 1901–1903, 1905, 1917–1918), STRÄUSSCHEN UNGARISCHER BLÜTHEN UND BLUMEN FÜR PATRIOTEN DEUTSCHER ZUNGE (1886–1887, 1889)
Tafferner und Réz kennen die Jge 1857–1918
Lit.: Busa II 587, Tafferner, Kemény, Réz 1273

363. WERSCHETZER VOLKSBLATT. Organ für kulturelle und volkswirtschaftliche Interessen sowie gesellschaftliches Leben
Versec
Nr. 1 3. Apr. 1904 Jg. 1 – Nr. 8 20. Febr. 1916 Jg. 13
Red.: *Heinrich Neumann*, ab 25. Jan. 1912: *Jakob Charvat*, ab 29. Febr. 1912: *Johann Kuditek*, ab 19. Jan. 1913: *Johann Reichrat*, ab 6. Dez. 1914: *Johann Seemayer*
Wöchentlich/Folio
Inhalt/Rubriken: Rundschau, Aus Nah und Fern, Aus Werschetz und Umgebung, Vermischtes, Schiffahrt, Inserate
Lit.: Kemény, Réz 1275

364. WERSCHETZER VOLKS-ZEITUNG. Wochenblatt für Gemeinde- und Schulangelegenheit, Volks- und Landwirtschaft, Handel und Industrie
Versec

Nr. 1 15. Dez. 1870 Jg. 1 – Nr. 19 23. Apr. 1871 Jg. 1
Red.: *Michael Lötzek*
Wöchentlich/Folio
Inhalt/Rubriken: Neuestes aus Nah und Fern, Lokales, Feuilleton
Lit.: Bei Réz fälschlich als WERSCHETZER VOLKSBLATT angegeben 1274

365. WESTUNGARISCHE VOLKSSTIMME. Organ der ungarländischen sozialdemokratischen Partei für die arbeitende Bevölkerung in Westungarn
Preßburg
Nr. 1 18. März 1902 Jg. 1 – Nr. 84 31. Okt. 1918 Jg. 15
Wöchentlich/Folio
Red.: *Heinrich Kalmár*, ab 29. Juli 1905: *Paul Wittich*, ab 23. Mai 1914: *H. E. Kalmár*, ab 23. Mai 1914: *Josef Balham*, ab 22. Sept. 1914: *Paul Wittich*
Inhalt/Rubriken: Politische Rundschau, Lokalzeitung, Allerlei von der Woche, Vereine und Versammlungen, Parteinachrichten, Wahlfragen, politische Rundschau, Inserate
Lit.: Potemra 867, Réz 1281

366. WESTUNGARISCHE VOLKSZEITUNG. Organ für die Interessen des arbeitenden Volkes
Preßburg
Nr. 1 5. Apr. 1896 Jg. 1 – Nr. 301 11. Mai 1902 Jg. 7
Red.: *Alois L. Zalkai*
Wöchentlich/Folio
Inhalt/Rubriken: Rundschau, Ausland, Locales, Verschiedenes, Feuilleton, Inserate
Lit.: Potemra 868, Réz 1282

367. WESTUNGARISCHER GRENZBOTE. Politisches Tageblatt
Preßburg
Nr. 1 1. Mai 1872 Jg. 1 – Nr. 16347 31. Dez. 1919 Jg. 48
Red.: *Julius Földes*, ab 15. Dez. 1872: *Iván v. Simonyi*, ab 2. Okt. 1878: *Ignác Deutsch*, ab 5. Nov. 1881: *Iván v. Simonyi* u. *Anton Windisch*, ab 1. Jan. 1882: *Iván v. Simonyi*, ab 8. Juni 1890: *Wolfgang Riepl*, ab 7. Febr. 1900: *Iván v. Simonyi*, ab 15. Mai 1900: *Gustav Mauthner*
Täglich/Folio
Inhalt/Rubriken: Preßburger Neuigkeiten, Vermischte Nachrichten, Volkswirtschaftliches, Inserate
Lit.: Potemra 869, Réz 1283

368. WESTUNGARISCHER VOLKSFREUND. Ab 19. Juni 1917: UNGARLÄNDISCHER VOLKSFREUND. Zeitung für das Volk
Sopron
Nr. 1 30. Apr. 1910 Jg. 1 – Nr. 983 o. D. 1919 [Jg. 9]
Red.: *Adolf F. Beilschmidt*, ab 26. März 1911: *Franz Beilschmidt*, ab 8. Juni 1911: *Géza Zsombor*, ab 30. Nov. 1911: *Justus*, ab 8. Juni 1913: *Géza Zsombor*, ab 19. Apr. 1914: *D. Rottenberg*, ab 12. Okt. 1915: *Géza Zsombor*
Wöchentlich/Quart
Inhalt/Rubriken: Gewerbenachrichten, Bauernstube, Briefkasten. Ill.
Lit.: Horváth 1214, Kemény

369. WESTUNGARISCHER VOLKSFREUND – 4 HELLER
Sopron
Nr. 93 7. Jan. 1912 Jg. 3 – Nr. 132 29. Febr. 1912 Jg. 3
Red.: *Heinrich Meyer*
Täglich/Folio
Inhalt/Rubriken: Rundschau, Zeit und Wetter, Inserate
Beiblatt zum WESTUNGARISCHEN VOLKSFREUND
Lit.: Horváth 1215

370. WESTUNGARISCHES VOLKSBLATT. Politisches Wochenblatt, ab 18. März 1894: Politisches Organ.
Oedenburg, Sopron
Nr. 1 19. März 1893 Jg. 1 – Nr. 38 24. Apr. 1919 Jg. 27
Red.: *Josef Haller*, ab 31. Aug. 1893: *Michael Kriegler*, ab 4. Jan. 1894: *Hermann Reininger*, ab 10. Sept. 1895: *Johann Mittendorfer*, ab 4. Aug. 1896: *Franz Klenka*, ab 1. Jan. 1897: *Paul Binder*, ab 6. Mai 1899: *Johann Chernyoczky*, ab 14. Juni 1902: *Karl Beitl*, ab 4. Jan. 1906: *Kálmán Török*, ab 24. Nov. 1906: *Jenő Tómai*, ab 1. Jan. 1908: *János Huber*, ab 31. Okt. 1908: *Heinrich Molnár*, ab 1. Oktober 1918: *Eduard Wrenkh*, ab 22. März 1919:

Josef Kath
Wöchentlich, ab 30. Apr. 1893: wöchentlich zweimal, ab 18. März 1894: wöchentlich dreimal, ab 4. Apr. 1919: wöchentlich zweimal/Folio
Inhalt/Rubriken: Politische Rundschau, Was gibt's Neues in der Welt?, Communale Angelegenheiten, Feuilleton, Inserate
Ab 1893 als OEDENBURGER VOLKSBLATT erschienen, ab 19. März 1894: WESTUNGARISCHES VOLKSBLATT
Lit.: Horváth 878, Kemény

371. WESTUNGARISCHES VOLKSBLATT – 4 HELLER AUSGABE. Politisches Organ
Sopron
Nr. 1 4. Jan. 1914 Jg. 1 – Nr. 52 31. Dez. 1916 Jg. 24
Red.: *Heinrich Molnár*
Wöchentlich/Folio
Inhalt/Rubriken: Politische Rundschau, Localnachrichten, Inserate
Beilage zum WESTUNGARISCHEN VOLKSBLATT
Lit.: Horváth 1215, Kemény

372. WIENER-NEUSTÄDTER ANZEIGER
Wiener-Neustadt, gedruckt in Ödenburg
21. Juli 1860 Jg. 1 – Nr. 18 28. Sept. 1860 Jg. 1
Red.: *Carl Weiß*
Wöchentlich zweimal/Folio
Inhalt/Rubriken: Local-Bericht, Angekommene Fremde, Verstorbene der Stadt, Markt-Preise, Börsen-Cours
Lit.: Horváth 1221, Réz 1809

373. WIESELBURGER VOLKSFREUND
Magyaróvár
[1897?, 1899? – 1900?]
Red.: *Josef Berghofer*
Nur aus der Literatur bekannt, nicht vorhanden
Lit.: Horváth 1218 a

374. WIESELBURGER ZEITUNG. Unparteiisches Organ für gesellschaftliche Interessen
Wieselburg (Moson), 17. Apr. 1904: Magyar-Óvár
[10. Febr.] Nr. 3 24. Febr. 1901 Jg. 1 – Nr. 41 9. Okt. 1904 Jg. 4
Red.: *Josef Manninger*
Wöchentlich/Folio
Inhalt/Rubriken: Tages-Neuigkeiten, Feuilleton, Inserate
Lit.: Horváth 1219, Réz 1288

375. DIE WOCHE. Haus- und Familienblatt. Organ für Fortschritt, Volksbelehrung, Volkswirthschaft und gesellschaftliches Leben, ab 2. Jan. 1910: Organ für Fortschritt, Volksbelehrung, Volkswirtschaft und gesellschaftliches Leben, ab 22. Sept. 1912: ohne Untertitel
Palanka
Nr. 14 5. Apr. 1906 Jg. 2 – Nr. 30 28. Juli 1918 Jg. 14
Red.: *Emerich Csernicsek*
Wöchentlich/Folio
Inhalt/Rubriken: Nachrichten, Belletristik, Inserate
Lit.: Kemény, Réz 441

376. DIE ZEITUNG. Politisches Tagblatt
Temesvár
Nr. 1 30. Aug. 1909 – Nr. 225 3. Okt. 1917
Red.: *Michael Kartjé*, ab 5. Okt. 1915: *Julius Czapik*
Täglich/Folio
Inhalt/Rubriken: Neueste Nachrichten, Allerneuestes, Telegramme, Telefonische und Express-Nachrichten
Lit.: Kemény, Réz 443

377. ZIPSER BOTE. Wochenblatt für Zipser Interessen. Organ des Zipser landwirtschaftlichen Vereines
Leutschau
Nr. 1 4. Jan. 1879 Jg. 17 – Nr. 53 31. Dez. 1881 Jg. 19
Red.: *Gustav Hoepfner*
Wöchentlich/Folio
Inhalt/Rubriken: Lokales, Correspondenzen, Notizen, Inserate
1882–1908: SZEPESI HÍRNÖK – ZIPSER BOTE, ab 2. Jan. 1909: SZEPESI HÍRNÖK
Réz kennt die Jge 1867–1882
Lit.: Potemra 884, Réz 1312

ZIPSER ANZEIGER siehe: SZEPESI ÉRTESÍTŐ

ZIPSER BOTE (1882–1908) siehe: SZEPESI HÍRNÖK – ZIPSER BOTE

378. ZOMBORER ZEITUNG
Zombor
o. J.
Red.: *Jakob Hild*
Wöchentlich
Nicht vorhanden
Lit.: Réz 1313

379. ZSOMBOLYAR POLITISCHES VOLKSBLATT. Organ der Unabhängigkeits- und 48er Partei. Wochenschrift für lokale und öffentliche Interessen
Zsombolya
[1906] Nr. 16 19. Apr. 1914 Jg. 9 – Nr. 26 27. Juni 1915 Jg. 10
Red.: *J[ohann] L[udwig] Viszkocsill*
Wöchentlich/Folio
Inhalt/Rubriken: Wochen-Chronik, Feuilleton, Inserate
Lit.: Kemény, Réz 1317

380. ZSOMBOLYAER VOLKSBLATT. Freies unabhängiges Organ für die kulturellen und volkswirtschaftlichen Interessen Aller
Zsombolya
Nr. 1 4. Juli 1915 Jg. 1 – Nr. 24 12. Dez. 1915 Jg. 1
Red.: *Johann Ludwig Viszkocsill*
Wöchentlich/Folio
Inhalt/Rubriken: Kriegsnachrichten, Inserate
Lit.: Kemény, Réz 1318

381. ZSOMBOLYAER ZEITUNG. Organ für Politik, locale und öffentliche Interessen Zsombolyas und Umgebung
Zsombolya
Nr. 13 1. Apr. 1900 Jg. 13 – Nr. 2 13. Jan. 1918 Jg. 31
Red.: *Rudolf Wunder*, ab 1905: *Johann Koch*
Wöchentlich/Folio
Inhalt/Rubriken: Wochen-Chronik, Feuilleton, Inserate
Lit.: Kemény, Réz 1319

B: ZEITUNG MIT DEUTSCHEM TITEL, ABER MIT UNGARISCHEM TEXT

1. CSÁKOVA ÉS VIDÉKE – CSAKOVAER ZEITUNG
Csákova
Nr. 1 1. Jan. 1903 Jg. 1 – Nr. 52 26. Dez. 1915 Jg. 13
Red.: *Győző Wittlin, Péter Grádl*
Wöchentlich/Folio
Inhalt/Rubriken: Nachrichten, Belletristik, Inserate
Lit.: Réz 1404

STEINDRUCKE

Eine gesonderte Gruppe bilden die Steindrucke, die Vorläufer des Pressedienstes. Die auf einfache Weise, auf schlechtem Papier hergestellten Blätter enthielten regionale und ausländische Nachrichten für die Redaktionen der Regional- und Landeszeitungen, d. h. sie waren nur für begrenzte Kreise zugänglich. Ihre Bedeutung sank nach der Erfindung des Telegraphen und des Rundfunks. In Ungarn sind die Steindrucke in sehr begrenzter Zahl erhalten geblieben. Viele sind aus einer Studie von Éva Lakatos bekannt, außer dem Titel besitzen wir aber keine weiteren Angaben über sie. – In den Registern wird auf diese Gruppe mit „St" verwiesen.

1. INTERNATIONALE POLITISCHE CORRESPONDENZ – CORRESPONDANCE POLITIQUE
Budapest
13. Okt. 1912 Jg. 1 – 11. Febr. 1913 Jg. 2
Red.: *Oszkár Solymássy E.*, ab 18. Nov. 1912: *Vilmos Balla*, ab 25. Nov. 1912: *Samu Frydman Békey*
Folio
Lit.: Lakatos, Kemény

2. KORRESPONDENZ HUNGARIA
Budapest
1900–1903
Red.: –
Wöchentlich zweimal
Nicht vorhanden

3. NACHRICHTENBLATT DES KM [KRIEGSMINISTERIUMS]. Ab Nr. 36 14. Mai 1918: NACHRICHTENBLATT DES K[ÖNIGLICHEN] U[ND] K[AISERLICHEN] KRIEGSMINISTERIUMS
o. O. [Budapest]
Nr. 1 4. Jan. 1918 – Nr. 70 12. Okt. 1918
Red.: –
Unregelmäßig/Folio
Inhalt: Verlautbarungen, Mitteilungen, statistische Angaben über die ungarische Armee
Lit.: Lakatos

4. PESTER AUTOGRAMM CORRESPONDENZ
Pest
1866–1870
Red.: –
Zweimal täglich
Nicht vorhanden

5. PESTER CORRESPONDENZ
Pest, Budapest
1866–1867, 1871–1874, 1885, 1903–1908, 1914
Red.: *F. Lajos Lichtenstein*
Zweimal täglich/Folio
Inhalt: Finanzielle und wirtschaftliche Nachrichten
Lit.: Voit 4394, Lakatos

6. POLITISCHE CORRESPONDENZ
Red.: *Lajos Dóczy (Dux), Frigyes Fejérváry*
Nicht vorhanden
Lit.: Lakatos

7. UNGARISCHE INFORMATION
Budapest
1900–1915
Red.: *S. Eichner*
Lit.: Lakatos

8. UNGARISCHE POST
Budapest
[1880] – [1916]
Red.: *Hugo Maszák, Géza Egyesy*, ab 1907: *Sámuel Radó*
Nicht vorhanden
Lit.: Lakatos

9. UNGARISCHER ACTIONÄR
Pest, Budapest
1868–1875
Red.: *F. Lajos Lichtenstein*
Nicht vorhanden
Lit.: Lakatos

10. UNGARISCHES TELEGRAFEN-CORRESPONDENZ-BUREAU
Budapest
1900/1901
Nicht vorhanden
Lit.: Lakatos

ERGÄNZUNGEN ZUM 1. TEIL: ZEITSCHRIFTEN UND FACHBLÄTTER

Im folgenden werden Titel aufgelistet, die im ersten Teil unserer Bibliographie – „Berichte und Forschungen“ 9 (2001), S. 7–198 – keine Berücksichtigung gefunden haben. In einigen Fällen werden bereits verzeichnete Titel bibliographisch ergänzt. In den Registern wird auf diese Gruppe mit „E“ verwiesen.

1. ALLGEMEINE MITTEILUNGEN ÜBER LAND- UND HAUSWIRTSCHAFT
Beilage zur *TORONTALER ZEITUNG* in Perjámos
Perjámos
Nr. 3 o. D. 1898 – Nr. 51/52 Dez. 1902
Red.: *Alois Pirkmayer*
Wöchentlich/Quart
Inhalt/Rubriken: Landwirtschaftliche Fachberichte, Ratschläge
Nr. 11 1898 – Nr. 50 1902 [1899 mit einigen Lücken, 1900 vollständig] nur in der Somogyi-Bibliothek in Szeged vorhanden

ALLGEMEINE MÜHLEN NACHRICHTEN (siehe unsere Bibliographie Teil 1, Nr. 26)
Ergänzung: Nr. 262 5. Jan. 1894 Jg. 12/17 – Nr. 287 23. Dez. 1894 in Landesinstitut und Bibliothek für Technik in Budapest vorhanden

2. AMTSBLATT FÜR DAS GOUVERNEMENT DEUTSCH-WESTUNGARN. Ab 26. Apr. 1919: AMTSBLATT FÜR DEN GAU DEUTSCH-WESTUNGARN, ab 15. März 1920: AMTSBLATT
Ab 15. März 1920: Organ des Deutschen Hauses (Hauptamt für Deutsch-Westungarn) in Oedenburg, ab 26. Nov. 1920: Organ des Deutschen Hauses (Expositur des kgl. ung. Ministeriums der nationalen Minoritäten) in Sopron
Sopron
[März] 1919 – Nr. 15 23. Dez. 1920 Jg. 2
Red.: –
Monatlich zweimal/Quart
Inhalt/Rubriken: Verordnungen, amtliche Mitteilungen
Lit.: Horváth 26, Kemény

3. AMTS-BLATT DER K[AISERLICHEN] UND K[ÖNIGLICHEN] POST UND TELEGRAPHEN-DIREKTION FÜR DIE BUKOWINA
Bistritz [Beszterce]
Nr. 14 11. Sept. 1917 Jg. 20 – Nr. 1 1918 Jg. 21
Red.: –
Wöchentlich/Quart
Inhalt/Rubriken: Postverordnungen
Lit.: Kemény

4. ARBEITER-KORRESPONDENZ
Budapest
o. Nr., o. D. [1919]
Red.: *Jakob Weltner*
Eine einzige Nummer vorhanden/Quart
Inhalt/Rubriken: Der ganze Inhalt besteht aus einem gegen ungarische Annexionisten gerichteten Artikel
In der Bibliothek des Instituts für Politikgeschichte vorhanden

5. ARBEITER-ZEITUNG
Organ der sozialistischen Partei, Stadt und Komitat Sopron, ab 29. März 1908: Organ für die Interessen des werktätigen Volkes in Stadt und Land. Zentralorgan der Landarbeiter Ungarns
Sopron
1. Sept. 1907 – Nr. 1 3. Jan. 1909 Jg. 3
Red.: *Béla Wajdits*, ab 8. Nov. 1908: *Ignatz Schambauer*
Wöchentlich/Folio
Inhalt/Rubriken: –
Im Archiv von Sopron, aber nicht aufzufinden
Lit.: Horváth 33

6. ARCHAEOLOGISCHER ANZEIGER. Deutscher Auszug aus *ARCHAEOLÓGIAI ÉRTESÍTŐ*

Budapest
1915 Jg. 35 – 1917 Jg. 37
Red.: *Géza Nagy*, ab Nr. 1/2 1915: *Elemér Varju*
Unregelmäßig/Quart
Inhalt/Rubriken: Wissenschaftliche Beiträge zur Archäologie
Lit.: Kemény

AUF DER REISE siehe: ÚTKÖZBEN

7. AUSZUG DER MONATSSCHRIFT EGYETEMES PHILOLOGIAI KÖZLÖNY
Budapest
Nr. 1 1914 Jg. 38; Nr. 1 1924 Jg. 48 – Nr. 5/10 1931 Jg. 55
Red.: *Jakab Bleyer*, ab Jan. 1915: *Jakab Bleyer, Aurél Förster, Gyula Czebe*, Jan.–Juli 1916: *Jakab Bleyer, Aurél Förster*, Jan.–Juli 1923: *Jakab Bleyer, Tivadar Thienemann*, Jan.–Dez. 1924: *Aurél Förster, János Koszó*, Jan.–März 1926: *Károly Kerényi*
Monatlich/Oktav
Inhalt/Rubriken: Beiträge zur Literaturwissenschaft
Lit.: Kemény

8. BARLANGKUTATÁS (HÖHLENFORSCHUNG)
Budapest
März Heft 1 1913 Jg. 1 – Bd. 17 Heft 1 1944
Red.: *Mihály Lenhossék, Ottokár Kadić*, ab Nr. 2 1916: *Tivadar Kormos, Ottokár Kadić*, ab Nr. 1 1919: *Ottokár Kadić, Viktor Vogl*
Vierteljährlich/Folio
Inhalt/Rubriken: Geologische Mitteilungen. Ill. Zweisprachig
Lit.: Kemény

9. BŐRIPARI SZEMLE
Budapest
Nr. 12 1. Juli 1903 Jg. 2 – Nr. 24 15. Dez. 1927 Jg. 26
Red.: *Jakab Hüvös*
Monatlich zweimal, ab 10. Juli 1911: monatlich dreimal, ab 1. Jan. 1913: monatlich zweimal/Quart
Unregelmäßig erscheinende deutschsprachige Beilagen: 1911: *LEDER-REVUE*, 1914–1915: *LEDER RUNDSCHAU, LEDERTECHNIK*
Inhalt/Rubriken: Nachrichten des Industriezweiges, Inserate
Die Jge sind in der SzN lückenhaft vorhanden: 1903–1915, 1918–1920, 1922–1927
Lit.: Kemény

10. BÖRSE FÜR EISENHÄNDLER. Fachblatt für den gesamten oesterreichisch-ungarischen Metall- und Metallwarenhandel
Bruckneudorf – Királyhida
Nr. 28 13. Juli 1911 Jg. 7 – Nr. 52 25. Dez. 1913 Jg. 8; Nr. 13 6. Apr. 1916 Jg. 12 – Nr. 25/26 29. Juni 1916 Jg. 12
Red.: *Anton Dikovich*, ab 20. Febr. 1913: *C. G. Vogel*
Wöchentlich/Quart
Inhalt/Rubriken: Inserate
Lit.: Kemény

11. DER BOTSCHAFTER
Budapest
11. Sept. 1880 – 31. Okt. 1880
Red.: *Károly Popper*
Wöchentlich/Folio
Inhalt/Rubriken: Soziale Rundschau, Belletristik
Früher: *DER WANDERER*, später: *DER OMNIBUS*
In der Bibliothek des Institus für Politikgeschichte vorhanden
Lit.: Voit 317, Bibliographie der Presse der ungarischen Arbeiterbewegung, Bd. I

12. BRENN-NESSEL. Beilage zum *RADICAL*. Zeitschrift zum Aergerniss gewisser Leute und zum Ergötzen für das Volk
Sopron
Nr. 1 12. Apr. 1903 Jg. 1 – Nr. 9 27. März 1904 Jg. 2
Red.: –
Unregelmäßig/Quart
Inhalt/Rubriken: Humoristisches Blatt. Ill.
Lit.: Horváth 75

13. BRÜDERLICHKEIT. Organ für die Interessen der Arbeiter Ungarns.
Budapest
Nr. 2 12. Febr. 1871 Jg. 1
Red.: *Zsig[mond] Politzer*
Wöchentlich/Quart
Inhalt/Rubriken: –

Beiblatt: TESTVÉRISÉG
Eine einzige Nummer. Nicht vorhanden
Lit.: Bibliographie der Presse der ungarischen Arbeiterbewegung, Bd. I

BUDAPESTER FREMDENFREUND UND TASCHEN-ADRESSBUCH siehe: BUDAPESTI IDEGENBARÁT ÉS ZSEBCÍMTÁR

14. BUDAPESTI IDEGENBARÁT ÉS ZSEBCÍMTÁR – BUDAPESTER FREMDENFREUND UND TASCHEN-ADRESSBUCH
Budapest
23. Mai 1911 Jg. 1 – 1. Dez. 1913 Jg. 3
Red.: *Béla Alföldi,* ab 4. Juli 1911: *Miksa Arnheim,* ab 30. Sept. 1913: *A. Tibor Kollár*
Wöchentlich/Oktav
Inhalt/Rubriken: Führer durch die Stadt, Programme. Zweisprachig. Ill.
Lit.: Kemény

15. DENTISTEN BLATT. Deutsche Beilage zur *FOGÁSZOK LAPJA*. Offizielles Organ für die Interessen der ungarländischen Zahntechniker
Budapest
Nr. 11 1913 Jg. 3 – Nr. 6 Juni 1914 Jg. 4
Red.: *Kamill Doehner*, ab Mai 1914: *József Kreuter*
Monatlich/Quart
Inhalt/Rubriken: Fachliteratur
Lit.: Kemény

16. DEUTSCHE KARPATHEN-ZEITUNG
Máramarossziget
Nr. 1 1. Dez. 1916 Jg. 1 – Nr. 242 11. Nov. 1917 Jg. 2
Red.: *R. Herrmann*
Täglich/Folio
Inhalt/Rubriken: Heeresberichte, Humoristisches, Rätsel
Beilagen: KAMPF-BLÄTTER DES DEUTSCHEN KARPATHENKORPS und DER BÜCHERFREUND
Lit.: Kemény

PO DOROGI siehe: ÚTKÖZBEN

17. ÉLELMEZÉSI MUNKÁS – LEBENSMITTEL-ARBEITER. Fachorgan der Bäcker-, Fleischhauer-, Selcher-, Mühlen-, Conditorei- und Lebzeltner-Arbeiter
Budapest
1. Jan. 1908 Jg. 3 – Nr. 24 16. Dez. 1908 Jg. 3
Red.: *Kálmán Kardics*
Monatlich zweimal/Quart
Inhalt/Rubriken: Nachrichten des Industriezweiges
Die deutsche Ausgabe erschien als Beilage zu der ungarischen
In der Bibliothek des Instituts für Politikgeschichte vorhanden
Lit.: Bibliographie der Presse der ungarischen Arbeiterbewegung, Bd. II

18. ÉLŐ UJSÁG – LEBENDE ZEITUNG
Fehértemplom
o. Nr. 1. Febr. 1910
Red.: –
(Gelegenheitsblatt)/Quart
Eine einzige Nummer vorhanden
Inhalt/Rubriken: Belletristik, Nachrichten, Sport, Annoncen. Zweisprachig

19. EVANGELISCHE KIRCHE. Ein Erbauungsblatt
Deutsch-Jarendorf [Németjárfalu]
Juni 1918 – Dez. 1918
Red.: *Christian Hildebrand*
Monatlich/Oktav
Inhalt/Rubriken.: –
Nicht vorhanden
Lit.: Horváth 225

FACHBLATT DER FLEISCHGEWERBE-ARBEITER siehe: HÚSIPARI MUNKÁSOK LAPJA

20. FAMUNKÁSOK SZAKLAPJA. Organ zur Wahrung der Fach- und gesellschaftlichen Interessen der organisirten Tischler, Zimmerer [...] Glaserer, sowie der Holzbearbeitungs-Maschinenarbeiter
Budapest
Nr. 2 14. Mai 1898 Jg. 1 – Nr. 3 28. Jan. 1899
Red.: *Sándor Steinberger*
Monatlich zweimal/Folio
Inhalt/Rubriken: Vereinsnachrichten, Rundschau

Deutsche Beilage zur FAMUNKÁSOK SZAKLAPJA, ab 30. Apr. 1898 Deutscher Theil
Lit.: Bibliographie der Presse der ungarischen Arbeiterbewegung, Bd. I

FOGÁSZOK LAPJA siehe: DENTISTEN BLATT

21. FORTSCHRITT. Sozial-ökonomisches Wochenblatt
Budapest
Nr. 1 9. Okt. 1881 Jg. 1 – Nr. 7 20. Nov. 1881 Jg. 1
Red.: –
Wöchentlich/Folio
Inhalt/Rubriken: Soziale Rundschau, Belletristik, Inserate
In der Bibliothek des Instituts für Politikgeschichte vorhanden

22. FREIÄMTER VOLKSFREUND
Mit der Fastnachtbeilage: *DAS NEBELHORN*
Völlig parteiloses, ultrasocialconservatives Antipoursemitenblatt
Budapest
Nr. 1 7. Jan. 1918 Jg. 21
Red.: –
Gelegenheitsblatt, eine einzige Nummer vorhanden/Folio
Inhalt/Rubriken: Politische Nachrichten, Tageschronik, Inserate
Lit.: Kemény

23. DIE FREIE KRANKENKASSA. Organ der oppositionellen Mitglieder der Budapester allgemeinen Arbeiter-Kranken-Unterstützung
Budapest
Nr. 1 14. Juli 1894 Jg. 1
Red.: *János Ormodi*, ab Nr. 2: *János Olhauser*
Wöchentlich/Quart
Nicht vorhanden
Lit.: Bibliographie der Presse der ungarischen Arbeiterbewegung, Bd. I

24. FREMDENVERKEHR. Deutsche Beilage zu *IDEGENFORGALOM*
Kassa
Nr. 1 Jan. 1912 – Nr. 3 März 1917 Jg. 7
Red.: *Aladár Siposs*
Monatlich/Quart
Inhalt/Rubriken: Ausflüge im Tatra-Gebirge, Geschäftsnachrichten, kleine Nachrichten. Ill.
Lit.: Potemra 212, Kemény

25. FÜR ALLE. Illustriertes Familienblatt für Ungarn
Budapest
Nr. 4 24. Jan. 1904 Jg. 5 – Nr. 11 12. März 1905 Jg. 6
Red.: *Th. Biberauer*
Wöchentlich/Quart
Inhalt/Rubriken: Belletristik, religiöse Themen

26. GEGENWART. Sozial-ökonomisches Wochenblatt
Budapest
Nr. 1 10. Apr. 1881 Jg. 1 – Nr. 13 3. Juli 1881 Jg. 1
Red.: –
Wöchentlich/Folio
Inhalt/Rubriken: Soziale Rundschau, Belletristik, Inserate
In der Bibliothek des Instituts für Politikgeschichte vorhanden
Später: NEUE ZEIT

27. GEISTESKNOSPEN. Literarische Zeitschrift der Oedenburger katholischen Obergymnasial-Jugend
Oedenburg
Febr. 1858 – 1859
Red.: –
Wöchentlich
Nicht vorhanden
Handschriftlich
Lit.: Horváth 276

DER GLASER siehe: AZ ÜVEGES

DIE GRAMMOFON INDUSTRIE siehe: A GRAMMOFON IPAR

28. A GRAMMOFON IPAR – DIE GRAMMOFON INDUSTRIE. Fachorgan, Ratgeber- und Offertenblatt zur Hebung der ungarischen Sprechmaschinen-Industrie und des Handels. Ständige Beilage des Fachorgans der ungarischen Fahrrad-, Nähmaschinen- u. Fahrmotoren-Industrie
Budapest
Nr. 1 1911 Jg. 1 – Nr. 6 Juni 1914 Jg. 4

Red.: *Dávid Müller*
Monatlich/Quart
Beiblatt zu MAGYAR VARRÓGÉP- ÉS KERÉKPÁR UJSÁG
Lit.: Kemény

29. HANDELS- UND INDUSTRIE-BOTE. Monatschrift für Handel und Industrie
Oedenburg
Nr. 1 1. Mai 1888 Jg. 1 – Nr. 4 1. Aug. 1888 Jg. 1
Red.: *Béla Ujvári*
Monatlich/Folio
Inhalt/Rubriken: Industrie-Berichte, Inserate
Lit.: Horváth 450

30. DAS HERZ. Organ der „Herz Jesu" Bundesgenossenschaft
Budapest
Nr. 1 2. Juni 1917 Jg. 1 – Nr. 42 15. März 1919 Jg. 2
Red.: *Johannes Huber*, ab 25. Jan. 1918: *Franz Xav. Bíró*
Wöchentlich/Folio
Inhalt/Rubriken: Belletristik, Berichte über das religiöse Leben
Lit.: Kemény

31. HETI JELENTÉS – WOCHENBERICHT. Allg. Arbeiter Krankenunterstützungs-Kasse
Budapest
39. Woche 27. Sept. 1891 – 26. Nov. 1895
Red.: –
Wöchentlich/Quart
Inhalt/Rubriken: Berichte der Krankenkasse
In der Bibliothek des Instituts für Politikgeschichte vorhanden
Lit.: Bibliographie der Presse der ungarischen Arbeiterbewegung, Bd. I

HÖHLENFORSCHUNG siehe: BARLANKUTATÁS

HOLZARBEITER FACHBLATT siehe: FAMUNKÁSOK SZAKLAPJA

32. HÚSIPARI MUNKÁSOK LAPJA
Budapest
Nr. 1 15. Aug. 1907 Jg. 2; erschienen bis 1938, dann 1945–1948
Red.: *Mór Reisz*, ab 1. März 1919: *János Éhen*
Monatlich, ab 1. Sept. 1913: monatlich zweimal, ab 1. Sept. 1915: monatlich, ab 1. Jan. 1916: monatlich zweimal, ab 1. Febr. 1916: monatlich, ab 15. Mai 1917: monatlich zweimal, ab 1. Mai 1920: unregelmäßig/Quart, ab 15. März 1909: Folio, ab 1. Mai 1910: Quart, ab 1. Sept. 1910: Folio
Inhalt/Rubriken: Vereinsnachrichten
Deutsches Beiblatt: FACHBLATT DER FLEISCHGEWERBE-ARBEITER. Offizielles Organ der Fleischgewerbe-Arbeiter. Zweisprachig: 15. Mai 1907 – 1. Mai 1917, dann nur eine Seite auf deutsch
Früher: MÉSZÁROS- ÉS HENTESSEGÉDEK LAPJA

IDEGENFORGALOM siehe: FREMDENVERKEHR

33. IRODALMI HIRDETŐ – LITERARISCHER ANZEIGER. Monatliches Verzeichnis der bedeutenden Novitäten der ung. und ausländischen Literatur
Budapest
Nr. 4 März 1876
Red.: *S. Zilahy*
Monatlich/Oktav
Inhalt/Rubriken: Neuerscheinungen

34. DER JÜDISCHE ARBEITER
Preßburg – Wien
Nr. 1 1. Febr. 1918 Jg. 1
Red.: *Mendel Singer*
Eine einzige Nummer vorhanden
Inhalt/Rubriken: Deutscher Text mit hebräischen Buchstaben
Lit.: Bibliographie der Presse der ungarischen Arbeiterbewegung, Bd. I

35. A KISVENDÉGLŐS – DER KLEINE GASTWIRTH. Offizielles Fachblatt der Gewerbegenossenschaft der Gast-, Schankwirthe und Kellner
Budapest
Nr. 24 20. Nov. 1902 Jg. 3 – Nr. 42 18. Okt. 1903 Jg. 4
Red.: *Géza Nikházy*
Wöchentlich/Folio
Inhalt/Rubriken: Vereinsnachrichten, Correspondenz, Inserate

Die deutsche Ausgabe entspricht der ungarischen

DER KLEINE GASTWIRTH siehe: A KISVENDÉGLŐS

36. DER KOMMUNIST. Zeitschrift für Socialpolitik, Volkswirtschaft und Literatur
Budapest
Nr. 1 März 1882 Jg. 1 – Nr. 3 Apr. 1882 Jg. 1
Red.: *Rud[olf] Hoffmann*
Wöchentlich/Quart
Inhalt/Rubriken: Nachrichten
In der Bibliothek des Institus für Politikgeschichte vorhanden
Lit.: Bibliographie der Presse der ungarischen Arbeiterbewegung, Bd. I

36a. A KŐMŰVES – DER MAURER
Budapest
Nr. 1 4. Aug. 1910 Jg. 1 – Nr. 19 15. Dez. 1910 Jg. 1
Red.: *Elek Markó*
Wöchentlich/Quart
Inhalt/Rubriken: Nachrichten des Fachbereiches
Eine Seite deutscher Text
In der Bibliothek des Instituts für Politikgeschichte vorhanden
Später MAGYARORSZÁGI KŐMŰVES – MAURER
Lit.: Bibliographie der Presse der ungarischen Arbeiterbewegung, Bd. II

37. LAND- UND FORSTWIRTSCHAFTLICHES ANKÜNDIGUNGSBLATT
Preßburg
1900
Red.: –
Nicht vorhanden
Lit.: Ambrovits

38. LANDWIRTSCHAFTLICHES VOLKSBLATT. Volksthümliches Fachblatt für Kleingrundbesitzer. Organ des Landwirtschaftlichen Vereines des Comitates Baranya, und des Bundes der Milchgenossenschaften von Baranya
Pécs
Nr. 1 Jan. 1913 Jg. 39 – Nr. 7 Juli 1915 Jg. 40; erschienen bis Nov. 1932
Red.: *Eugen Förster*
Monatlich/Quart
Inhalt/Rubriken: Vereinsnachrichten, Verschiedenes, Feuilleton, Inserate
Lit.: Surján 362, Kemény

LEBENDE ZEITUNG siehe: ÉLŐ UJSÁG

LEBENSMITTEL-ARBEITER siehe: ÉLELMEZÉSI MUNKÁS

DIE LEDERTECHNIK siehe BŐRIPARI SZEMLE

39. LEDER- UND SCHUHMARKT. Fachschrift für Häute, Leder, Gerbstoffe, Schuhe und verwandte Zweige
Budapest
Nr. 1 12. Mai 1917 Jg. 1 – Nr. 8 10. März 1919 Jg. 3
Red.: *Arthur Conrid,* ab 15. Dez. 1917: *Mihály Veres,* ab 20. Dez. 1918: *Szilárd Pártos*
Wöchentlich/Folio
Inhalt/Rubriken: Nachrichten und Informationen der Lederindustrie, Inserate
Beiblatt zu BŐR ÉS CIPŐ
Lit.: Kemény

40. DIE LUPE. Halbmonatschrift für Deutsch-Westungarn
Oedenburg
Nr. 1/2 1. Jan. 1919 – Nr. 5/6 März 1919
Red.: *Odo Röttig*
Monatlich zweimal/Oktav
Inhalt/Rubriken: Belletristik
Im Archiv von Sopron vorhanden
Lit.: Horváth 695

41. MAGYARORSZÁGI KŐMŰVES – MAURER
Budapest
Nr. 1 14. Febr. 1913 Jg. 4 – Nr. 2 15. März 1913 Jg. 4
Red.: *István Tóth*
Monatlich zweimal/Quart
Inhalt/Rubriken: Rundschau, Berichte über Streiks
In ungarischer Sprache, vereinzelt deutsche Texte
Lit.: Bibliographie der Presse der ungarischen Arbeiterbewegung, Bd. II

42. MAGYARORSZÁGI MUNKÁSOK ROKKANT-ÉS NYUGDÍJEGYLETÉNEK HIVATALOS KÖZLÖNYE
Budapest
Nr. 1 1. Dez. 1901 Jg. 1 – Nr. 12 Dez. 1926 Jg. 25
Red.: *Sándor Pethő*, ab 1. Febr. 1916: *Antal Katits*, ab 1. März 1916: *Sándor Hipper*, ab 15. Okt. 1918: *Ferenc Bárdos*
Monatlich/Folio
Inhalt/Rubriken: Vereinsnachrichten, Korrespondenz der Redaktion
In ungarischer Sprache mit Auszug aus dem ungarischen Teil auf deutsch
Lit.: Bibliographie der Presse der ungarischen Arbeiterbewegung, Bd. II

43. MAGYAR PAPÍRUJSÁG – UNGARISCHE PAPIERZEITUNG. Wochenblatt für das Papier- und Schreibwarengewerbe und die grafischen Künste
Budapest
1. Mai 1918 – Nr. 16 24. Apr. 1919
Red.: *Armand Sasvári*, 8. Mai 1918: *Győző Gergely*
Wöchentlich/Quart
Inhalt/Rubriken: Berichte über die Papierindustrie. Jede Nummer in beiden Sprachen, dann in ungarischer Sprache
Lit.: Kemény

44. MAGYAR VARRÓGÉPKERESKEDŐK ORSZÁGOS KÖZLÖNYE – ZEITSCHRIFT DER UNGARISCHEN NÄHMASCHINEN-HÄNDLER
Nyíregyháza
Nr. 1 15. März 1911 Jg. 1 – Nr. 5 15. Mai 1912 Jg. 2
Red.: *E. K. Blumgrund*
Wöchentlich/Quart
Inhalt/Rubriken: Vermischte Nachrichten, Export-Import, Fachprobleme, Inserate. Zweisprachig
Lit.: László 416, Kemény

DER MAURER siehe: A KŐMŰVES

45. MÉSZÁROS- ÉS HENTESSEGÉDEK LAPJA. Ab 15. Aug. 1907: HÚSIPARI MUNKÁSOK LAPJA
Budapest
Nr. 4 15. Nov. 1906 Jg. 1 – Nr. 6 15. Okt. 1908 Jg. 3
Red.: *Mór Reisz*
Monatlich/Quart
Inhalt/Rubriken: Vereinsnachrichten
Beiblatt ab 15. Mai 1907: FACHBLATT DER FLEISCHER- UND SELCHERGEHILFEN. Offizielles Organ der Fleischgewerbe-Arbeiter
Lit.: Bibliographie der Presse der ungarischen Arbeiterbewegung, Bd. II

MŰVEZETŐK LAPJA – WERKMEISTER-ZEITUNG (siehe unsere Bibliographie Teil 1, Nr. 708)
Ergänzung: Das deutschsprachige Beiblatt ist nur bis Nr. 12 1918 Jg. 21 erschienen

46. NEPPENDORFER BLÄTTER. Einzige humoristisch-satyrische Wochenschrift Siebenbürgens
Nagyszeben
Nr. 1 Aug. 1903 – Nr. 12 Dez. 1904
Red.: *Josef Botschner*
Monatlich/Oktav
Inhalt/Rubriken: Belletristik
Lit.: Kemény

47. NEUE ZEIT. Sozial-ökonomisches Wochenblatt
Budapest
Nr. 1 10. Juli 1881 Jg. 1 – Nr. 13 2. Okt. 1881 Jg. 1
Red.: –
Wöchentlich/Folio
Inhalt/Rubriken: Soziale Rundschau, Belletristik, Inserate
In der Bibliothek des Instituts für Politikgeschichte vorhanden
Früher: GEGENWART

48. OEDENBURGER HANS-JÖRGEL. Humoristisch-satyrische Wochenschrift
Oedenburg
Nr. 1 8. Jan. 1899 Jg. 1 – Nr. 22 6. Aug. 1899 Jg. 1
Red.: *„D. Eisenbart"*
Wöchentlich/Quart
Inhalt/Rubriken: Humoristisch-belletristisches Blatt. Ill.
Im Archiv von Sopron vorhanden
Fortsetzung: 'S LUSTIGE ALT-OEDENBURG
Lit.: Horváth 871, Réz 852

49. DER OMNIBUS
Budapest
7. Nov. 1880
Wöchentlich/Folio
Red.: *Ferdinand Kichnel*, ab 7. Juli 1881: *Lajos Simandel*, ab 14. Juli 1881: *Artúr Alloni I.*, ab 13. Nov. 1881: *József Wohlfahrt*, ab 24. Aug. 1882: *János Schneider*
Inhalt/Rubriken: Soziale Rundschau, Belletristik
In der Bibliothek des Institus für Politikgeschichte vorhanden
Früher: DER BOTSCHAFTER
Später: DER ZEITGEIST
Lit.: Voit 4130, Erg.-Band zur Bibliographie der Presse der ungarischen Arbeiterbewegung

50. DER OSTEN. Sozial-ökonomisches Wochenblatt
Budapest
Nr. 1 30. Jan. 1881 Jg. 1 – Nr. 10 3. Apr. 1881 Jg. 1
Red.: *Jakab Mundstein*
Wöchentlich/Folio
Inhalt/Rubriken: Nachrichten der Arbeiterbewegung
In der Bibliothek des Instituts für Politikgeschichte vorhanden
Früher: DER WEGWEISER
Später: GEGENWART
Lit.: Voit 4262, Erg.-Band zur Bibliographie der Presse der ungarischen Arbeiterbewegung

51. ÖSTERREICHISCH-UNGARISCHER COMMERCIELLER BEOBACHTER. Streng vertrauliche Mitteilungen
Budapest
8. Juli 1911 – Nr. 6 13. Mai 1918 Jg. 8
Red.: *Viktor Szász*, ab 24. Febr. 1912: *Andor Kun*
Wöchentlich/Quart
Inhalt/Rubriken: Insolvenzlisten
Lit.: Kemény

52. PESTER WOCHEN-CHRONIK. Reportblatt
Budapest
Nr. 1 22. Sept. 1919 – Nr. 2 1. Okt. 1919
Red.: *Kornel Tábori*
Wöchentlich/Oktav
Inhalt/Rubriken: Kleine Artikel zu aktuellen Themen (z. B. Lebensmittelprobleme, weibliche Terroristen, Ungarns wirtschaftliche Zukunft, Suspendierungen der Lehrer und Professoren). Nach der Räterepublik in kommunistenfeindlichem Ton. Ill.
Beide Nummern in der Bibliothek des Instituts für Politikgeschichte vorhanden
Lit.: Kemény

53. PHOTO-HEROLD. Beiblatt zu *AZ AMATŐR*. Internationales deutsch-ungarisches Fachblatt für sämtliche Photographen, Händler Ungarn's und Österreich's, Deutschland's, Russland's und des Balkan's
Budapest
Nr. 1 10. Jan. 1911 Jg. 1
Red.: *Artúr Kohlmann*
Monatlich zweimal/Quart
Eine einzige Nummer vorhanden
Inhalt/Rubriken: Technische Neuigkeiten, Inserate
Lit.: Kemény

54. ROSENKRANZ-FABRIKATION-HAUSINDUSTRIE
Kalocsa
März Nr. 1–3 1913
Deutsche Ausgabe von *RÓZSAFÜZÉR-KÉSZÍTŐ HÁZIIPAR*
Red.: *Ferenc Tantos*
Vierteljährlich/Oktav
Lit.: Birck 507, Kemény

EN ROUTE siehe: ÚTKÖZBEN

55. RUND UM DEN STADTTURM. Deutsches Beiblatt für das Humoristisch-satirische Wochenblatt *VÖRÖS HÉT*
Oedenburg
Nr. 1 5. Mai 1919 Jg. 1 – Nr. 4 24. Mai 1919 Jg. 1
Red.: *Ignacz Schiller*
Wöchentlich/Oktav
Inhalt/Rubriken: Belletristik, Theaterprogramme
Im Archiv von Sopron vorhanden
Lit.: Horváth 960

RUTEM siehe: ÚTKÖZBEN

56. SIEBENBÜRGISCHE VERKEHRS-ZEITUNG. Wochenschrift für Handel und Gewerbe

Segesvár
1. Folge 6. Okt. 1910 Jg. 1–22. Folge 1. Juni 1911 Jg. 2
Red.: *G. J. Philippi*
Wöchentlich/Quart
Inhalt/Rubriken: Preislisten, Inserate
Lit.: Kemény

SPIRITUSINDUSTRIE siehe: A SZESZIPAR

57. A SÜTŐMUNKÁS
Budapest
Nr. 1 6. Dez. 1904 Jg. 1 – Nr. 16 30. Aug. 1905 Jg. 2
Red.: *Ferencz Holits*
Monatlich zweimal/Quart
Inhalt/Rubriken: Nachrichten der Gewerkschaft
In ungarischer Sprache, vereinzelt deutsche Texte
Lit.: Bibliographie der Presse der ungarischen Arbeiterbewegung, Bd. II

58. SZAKKÖZLÖNY – FACHORGAN
Budapest
Nr. 1 1911 Jg. 1 – Nr. 3 1919 Jg. 9
Red.: *Dávid Müller*
Monatlich/Quart
Inhalt/Rubriken: Inserate. Zweisprachig
Beilage zu MAGYAR VARRÓGÉP- ÉS KERÉKPÁR-UJSÁG
Lit.: Kemény

59. SZATMARER ALLG[EMEINE] JÜDISCHE ZEITUNG
Szatmar
Nr. 1 28. Nov. 1902 Jg. 1 – Nr. 22 5. Juni 1903 Jg. 2
Red.: *Gyula Klein*
Wöchentlich/Folio
Inhalt/Rubriken: Deutscher Text mit hebräischen Buchstaben
In der Bibliothek des Reformierten Kollegiums zu Debrecen vorhanden
Lit.: László 753

60. A SZESZIPAR – SPIRITUSINDUSTRIE
Budapest
Nr. 1 1. Jan. 1912 Jg. 2 – Nr. 12/13 24. Juli 1914 Jg. 4
Red.: *Lajos Vogel, Henrik Vida*
Zweiwöchentlich/Quart
Inhalt/Rubriken: Interessenvertretung der Spiritusindustrie
In der Bibliothek der Universität für Volkswirtschaft vorhanden

61. TABAKARBEITER. Organ der Tabakarbeiterinnen und -Arbeiter Ungarns. Die Interessen der ungarländischen Tabakarbeiterinnen und -Arbeiter vertretendes Fachblatt
Budapest
1. Febr. 1918 Jg. 1–1. Juli 1919 Jg. 2
Red.: *Frau Josef Keresztény*
Monatlich/Quart
Inhalt/Rubriken: Wirtschaftliche Lage, Organisationsleben, Versammlungen, Aufgaben, Interessenvertretung
Nur der Jg. 1919 vorhanden
Lit.: Kemény

62. TELEPHON. Wochenblatt für das gesammte Volk
Nr. 1 12. Sept. 1880 Jg. 1 – Nr. 1 7. Jan. 1883 Jg. 2
Red.: –
Wöchentlich/Folio
Inhalt/Rubriken: Kleine Mitteilungen, Soziale Rundschau
In der Bibliothek des Instituts für Politikgeschichte vorhanden
Lit.: Bibliographie der Presse der ungarischen Arbeiterbewegung

DER TEXTILARBEITER (1918–1919) siehe: A TEXTILMUNKÁS

63. DER TEXTILARBEITER. Amtliches Organ des Verbandes der Textilarbeiter und Arbeiterinnen Ungarns, ab 7. März 1907: Volkswirtschaftliches und soziales Organ der ungarländischen Textilarbeiter
Budapest
Nr. 1 7. Juni 1906 Jg. 1 – Nr. 12 21. Juni 1907 Jg. 2
Red.: *Samu Schwarz*, ab 21. März 1907: *Ferenc Pápai*
Monatlich zweimal/Quart
Inhalt/Rubriken: Nachrichten des Industriezweiges, Interessenvertretung
Lit.: Bibliographie der Presse der ungarischen Arbeiterbewegung, Bd. III

64. A TEXTILMUNKÁS
Budapest
1. März 1918 Jg. 5 – Nr. 8 1. Aug. 1919 Jg. 6
Red.: *Simon Herczog*
Monatlich/Quart
Inhalt/Rubriken: Internationale Rundschau, Nachrichten aus der Arbeiterbewegung
In ungarischer Sprache, nur eine Seite auf deutsch
Lit.: Bibliographie der Presse der ungarischen Arbeiterbewegung, Bd. III

TRAVELLING siehe: ÚTKÖZBEN

UNGARISCHE FRAUENZEITUNG siehe: MAGYAR NŐK LAPJA

65. DER UNGARISCHE VOLKSWIRT
Sept. 1917 – 20. Jan. 1919: DER UNGARISCHE VOLKSWIRT UND ORIENT-BOTE.
Zeitschrift für Handel, Industrie, Verkehr und Volkswirtschaft
Budapest
Nr. 1 5. Juli 1916 Jg. 1 – Nr. 2 1919 Jg. 4
Red.: *Nikolaus Schmidt,* ab 20. Sept. 1916: *Emanuel Barta*
Monatlich zweimal/Quart
Inhalt/Rubriken: Berichte aus den Bereichen Handel, Industrie, Landwirtschaft, Viehzucht, Finanzielles, Bücherschau
Lit.: Kemény

66. UNGARISCHE ZUKUNFT. Unabhängige Zeitschrift für öffentliches Leben
Budapest
Jan. 1917 Jg. 2–1. Dez. 1918 Jg. 3
Red.: *Eduard Kadossa*
Monatlich/Oktav
Inhalt/Rubriken: Wirtschaftliche Berichte, Bank- und Assekuranzwesen, Börse, Belletristik (ungarische Literatur in Übersetzungen)
Lit.: Kemény

67. ÚTKÖZBEN – AUF DER REISE – EN ROUTE – TRAVELLING – NEL VIAGGIO – RUTEM – PO DOROGI. Belletristische, gesellschaftliche und volkswirtschaftliche Zeitschrift, die dem Interesse des reisenden Publikums dient und demselben gratis zur Verfügung steht
Budapest
Nr. 1 1909 Jg. 2 – Nov. 1910 Jg. 3, Nr. 1 1912
Red.: *Zoltán Sümeghy, Nándor Korcsmáros,* 1912: *Szilárd Pártos*
Monatlich/Quart
Inhalt/Rubriken: Plan von Budapest, Städte Ungarns, Eisenbahn-Fahrpläne, volkswirtschaftliche Berichte, Inserate. Zweisprachig: ungarisch-deutsch. Ill.
Lit.: Kemény

68. ÜVEGES. Ab Nr. 5 1914: ÜVEGMUNKÁS
Budapest
Nr. 1 1. Sept. 1908 Jg. 1 – Nr. 7 10. Juli 1914 Jg. 7
Red.: *József Guttmann*, ab Nr. 6 1911: *Mihály Heifeld*
Monatlich/Quart
Inhalt/Rubriken: Vereinsnachrichten
In ungarischer Sprache mit einer deutschsprachigen Beilage: DER GLASER. Organ der ungarländischen Glas- und Verwandarbeiter

69. DER VERKEHR. Offizielles Organ des Gremiums der beh. Konz. Vermittler des Realitäten-, Geschäfts- und Hypotheken-Verkehrs sämtlicher im Reichsrathe vertretenen Königreiche und Länder. Beilage zur *GRUNDBESITZER-ZEITUNG*
Wien, gedruckt in Oedenburg
15. Okt. 1905 – 15. Juni 1917
Red.: *Hans Roth*
Monatlich/Folio
Inhalt/Rubriken: Versammlungsprotokolle, Geschäfts-Anzeiger
Lit.: Horváth 1190

NEL VIAGGIO siehe: ÚTKÖZBEN

70. VIERBURGENLAND. Illustrierte Halbmonatschrift für Literatur, Kunst, Kritik und Humor. Offizielles Organ des Kulturbundes für Deutschwestungarn
Oedenburg
Nr. 1 Juli 1919 Jg. 1 – Nr. 6 2. März 1920 Jg. 2
Red.: *Odo Röttig*
Monatlich zweimal/Quart
Inhalt/Rubriken: –
Im Archiv von Sopron vorhanden, aber nicht aufzufinden
Lit.: Horváth 1195

71. DIE VOLKSWIRTSCHAFT UNGARNS, BULGARIENS UND DER TÜRKEI. Periodische Mitteilungen
Budapest
2. Folge Jan. 1918
Red.: –
Eine einzige Nummer vorhanden/Oktav
Inhalt/Rubriken: Berichte über Bank- und Kreditwesen
Lit.: Kemény

72. VOLKS-ZEITUNG. Sozial-ökonomisches Wochenblatt
Budapest
Nr. 1 27. Nov. 1881 Jg. 1–2. Apr. 1882
Red.: –
Wöchentlich/Folio
Inhalt/Rubriken: Soziale Rundschau, Belletristik, Inserate
Früher: FORTSCHRITT
Lit.: Bibliographie der Presse der ungarischen Arbeiterbewegung, Bd. IV

73. DER WANDERER
Budapest
1. Aug. 1880 Jg. 1 – Sept. 1880 Jg. 1
Red.: *Raimund Heilmann*
Wöchentlich/Folio
Inhalt/Rubriken: Soziale Rundschau, Belletristik
In der Bibliothek des Instituts für Politikgeschichte vorhanden
Später: DER BOTSCHAFTER
Lit.: Voit 5801, Bibliographie der Presse der ungarischen Arbeiterbewegung, Bd. III

74. DER WEGWEISER. Sozial-ökonomisches Wochenblatt
Budapest
Nr. 1 12. Dez. 1880 Jg. 1 – Nr. 4 23. Jan. 1881 Jg. 2
Red.: –
Wöchentlich/Folio
Inhalt/Rubriken: Soziale Rundschau, Belletristik, Inserate
In der Bibliothek des Instituts für Politikgeschichte vorhanden
Früher: DER ZEITGEIST
Später: DER OSTEN
Lit.: Bibliographie der Presse der ungarischen Arbeiterbewegung, Bd. III

75. DER WELTMARKT. Volkswirtschaftliche Wochenschrift
Budapest – Wien – Berlin
23. Dez. 1915 Jg. 1 – Mai 1918 Jg. 4
Red.: *Nikolaus Kósa*
Wöchentlich/Oktav, ab 13. Jan. 1917: Quart
Inhalt/Rubriken: Volkwirtschaftliche Berichte
Lit.: Kemény

76. 208-er FEST-ZEITUNG. Kaisers Geburtstag
Zt. Alt-Pazua/Stara Pazuva
o. D. 1916
Red.:–
Gelegenheitsblatt, eine einzige Nummer/Quart
Inhalt/Rubriken: Gedichte zum Geburtstag des Herrschers
Lit.: Kemény

REGISTER DER REDAKTEURE

REGISTER DER ERSCHEINUNGSORTE

„W“ kennzeichnet die Wochenblätter, „T“ die Tageszeitungen oder die wöchentlich mehrmals erscheinenden Zeitungen. Zeitschriften aus der Rubrik „Ergänzungen“, die unregelmäßig oder zweiwöchentlich erschienen, sind unter „Wochenblätter“ aufgenommen. Die monatlich erscheinenden Zeitschriften werden mit „M“, die vierteljährlichen mit „V“ gekennzeichnet.

Berichte und Forschungen 11 (2003), S. 143–158.

Annemarie Weber

Die rumäniendeutsche Kinder- und Jugendliteratur 1944–1989

Die Aufmerksamkeit, die man in der Bundesrepublik Ende der 1980er, Anfang der 1990er Jahre der rumäniendeutschen Literatur widmete, ist heute merklich abgeflaut, die Inhalte der damaligen Diskussion zumeist vergessen. Interessant, ja phänomenal erschien zu jener Zeit der Umstand, daß es sich nicht um einzelne Autoren, sondern um eine vollständige deutsche Literatur handelte, die hinter dem Eisernen Vorhang, im Rumänien Ceauşescus zu einer bemerkenswerten Vielfalt und Qualität gediehen war. Diese Literatur, die aufgrund der Aussiedlung der meisten Autoren mittlerweile in der (bundes)deutschen Literatur aufgegangen ist, entstand in einem zwar geschlossenen, aber ebenso kompletten System von literarischer Produktion, Rezeption und kritischer Reflexion. Ende der sechziger, Anfang der siebziger Jahre erreichte dessen institutionelle Entwicklung ihren Höhepunkt (danach erfolgte eine Rückentwicklung). Welches waren die „Säulen", auf die sich das System der rumäniendeutschen Literatur stützte?

- Deutschsprachige Printmedien: die in Bukarest erscheinende Tageszeitung „Neuer Weg" (NW), dazu die regionalen Zeitungen „Hermannstädter Zeitung" (HZ, ab 1971 „Die Woche") und „Neue Banater Zeitung" (NBZ), die kulturpolitische Wochenschrift „Karpatenrundschau" (KR), die monatlich erscheinende, speziell für die Kulturheime gedachte Zeitschrift „Volk und Kultur" (VuK), die ebenfalls monatlich erscheinende Literaturzeitschrift „Neue Literatur", die historisch orientierte Fachzeitschrift „Forschungen zur Volks- und Landeskunde" sowie die von der deutschsprachigen Evangelischen Kirche A. B. (der die überwiegende Mehrzahl der Siebenbürger Sachsen angehören) herausgegebene Zeitung „Kirchliche Blätter"
- Deutschsprachige Radio- und Fernsehsendungen: 120 Minuten täglich Radioprogramme in deutscher Sprache von Radio Bukarest und Radio Temeswar; 105 Minuten wöchentlich landesweit ausgestrahltes deutschsprachiges Fernsehprogramm[1]
- Deutschsprachige Abteilungen in mehreren Verlagen – die wichtigsten: *Kriterion, Ion Creangă, Didaktischer Verlag, Politischer Verlag, Albatros* (alle Bukarest), *Dacia* (Klausenburg/Cluj-Napoca), *Facla* (Temeswar)
- Anerkennung der deutschsprachigen Autoren durch Mitgliedschaft im rumänischen Schriftstellerverband und Förderung durch Literaturpreise

---

1 Vgl. Monica Barcan/Adalbert Millitz: Die deutsche Nationalität in Rumänien. Bukarest 1977, S. 106.

- Ein flächendeckender, staatlich organisierter Buchhandel, der die einheimische deutsche Verlagsproduktion und kontingentierte Mengen aus dem Buchimport (vor allem aus der DDR) anbot
- Ein komplettes und den Schülern in ihrer Zahl und geographischen Streuung Rechnung tragendes deutsches Schulsystem bis zum Abitur. In den Lyzeen (Gymnasien) gab es deutsche Schülerzeitungen und Literaturkreise (In der NBZ erschienen regelmäßig Sonderseiten der einzelnen Banater Lyzeen sowie „Universitas“, eine Beilage der Temeswarer Studenten)
- Germanistikfakultäten an den Hochschulen von Bukarest, Klausenburg/Cluj-Napoca, Jassy/Iaşi, Temeswar, Hermannstadt/Sibiu mit Literaturkreisen der Studenten und Publikationsmöglichkeiten (z. B. die rumänisch-, ungarisch- und deutschsprachige Studentenzeitschrift „Echinox“ in Klausenburg)
- Ein Institut der Rumänischen Akademie, in dem das Siebenbürgisch-Sächsische Wörterbuch erarbeitet und zu Themen der rumäniendeutschen Geschichte und Literaturgeschichte geforscht wurde
- Deutschsprachige Theater in Temeswar (selbständige Institution) und Hermannstadt (je eine deutsche Abteilung am Schauspieltheater und am Puppentheater)
- Literaturkreise der deutsch schreibenden Autoren in Bukarest, Temeswar, Arad, Reschitza, Hermannstadt
- Staatlich geförderte, wenn auch kontrollierte Brauchtumspflege und Freizeitkultur
- Reise- und Austauschmöglichkeiten mit dem deutschsprachigen Ausland: In Bibliotheken, Instituten und Redaktionen lag – wenn auch mit eingeschränktem Zugang – deutsche Presse und deutsche Fachliteratur aus; einige rumäniendeutsche Schriftsteller lasen in der DDR, der Bundesrepublik und in Österreich
- Eine zumindest in ästhetischen Fragen liberalisierte Öffentlichkeit
- Ein relativ reger Kontakt aller Rumäniendeutschen zu den ausgesiedelten Verwandten in Deutschland und Österreich.

Die rumäniendeutsche Literatur umfaßte Lyrik, Prosa, dramatische Dichtung, Literaturkritik, Sachliteratur. Ebenso gab es eine relativ reiche Kinder- und Jugendliteratur (KJL). Etliche rumänische Verlage unterhielten deutsche Abteilungen; ihr Ziel war, möglichst die gesamten Leseinteressen der deutschen Bevölkerung abzudecken. Die Möglichkeit, bei den Buchhändlern nach deutschen und österreichischen Katalogen zu bestellen, wie sie vor dem Krieg für die deutschsprachigen Leser bestanden hatte, gab es im sozialistischen Rumänien kaum noch. Importe wurden staatlich gesteuert und kamen fast ausschließlich aus der DDR und der UdSSR.

In der deutschen Presse Rumäniens wurde der Buchmarkt in seinen verschiedenen Facetten (Produktion, Vertrieb, Angebot und Nachfrage) im Rahmen der staatlich vorgegebenen ideologischen und politischen Grenzen immer wieder reflektiert und dadurch in seiner Entwicklung beeinflußt.

1. Verlage mit deutscher Kinder- und Jugendliteratur

Eine Bibliographie der rumäniendeutschen Kinder- und Jugendliteratur 1944–1989, die an der Universität Bielefeld erarbeitet wurde[2], umfaßt rund 1.300 Titel. Es handelt sich dabei ausschließlich um Bücher, die in rumänischen Verlagen in deutscher Sprache im angegebenen Zeitraum erschienen sind. Die meisten Titel erschienen im *Jugendverlag* bzw. seinem Nachfolger *Ion Creangă*; viel Kinder- und Jugendliteratur brachte auch der 1970 gegründete *Kriterion Verlag* heraus, weniger der Jugendbuchverlag *Albatros* und das Temeswarer Verlagshaus *Facla*. Das Profil, die Reihen und die Lektoren der deutschsprachigen Titel sollen hier im Überblick dargestellt werden.

1.1 Jugendverlag (Editura tineretului)

1948 – 15. Dezember 1969. Ende 1948 wurde der Verlag als Publikationsorgan des *Verbandes der Werktätigen Jugend* (VdWJ) gegründet. Bis einschließlich 1953 trugen die hier edierten Bücher in der Regel den Verlagsvermerk *Jugendverlag des ZK des VdWJ*, danach setzte sich allmählich die vereinfachte Form *Jugendverlag* durch, die 1956 und 1957 durchgehend beibehalten wurde; 1958 tauchte gelegentlich wieder die politisierte Langform auf, bevor sie ab 1959 endgültig fallengelassen wurde.

Der Verlag gab von Anfang an auch Bücher in den Sprachen der mitwohnenden Nationalitäten heraus, allerdings handelte es sich zunächst ausschließlich um Übersetzungen. Die jeweiligen Sprachenabteilungen hatten kein selbständiges herausgeberisches Profil oder auch nur sprachkompetente Leiter, wie eine Schilderung in der Bukarester Zeitung „Neuer Weg“ zeigt:

> Wie aber stand es bis jetzt? Das Manuskript wurde einem Sprachkundigen zur Durchsicht und zum Stilisieren übergegeben. Nachher erhielt es ein zweiter Stilist und oft noch ein dritter, da manche Mitglieder des Verlages die deutsche Sprache nicht genügend beherrschen. Nun kam es oft vor, dass jeder dieser Stilisten das Manuskript mit verschiedenen, untereinander unzusammenhängenden Bemerkungen versah, was dazu führte, dass die Mitarbeiter des Verlages im Einzelfall der Arbeit skeptisch gegenüberstanden und nicht mehr wussten, wie sie die Arbeit beurteilen sollten.
> Wesentlich anders wäre es, sässe in der deutschen Abteilung, wenn die gegenwärtig auch noch klein ist, auch nur ein Genosse, der selbständig handeln könnte und die Verantwortung trüge.[3]

---

2 Forschungsprojekt an der Fakultät für Linguistik und Literaturwissenschaft der Universität Bielefeld (2000–2002) unter der Leitung von Norbert Hopster und Petra Josting, gefördert vom Beauftragten der Bundesregierung für Kultur und Medien. Die Verfasserin war wissenschaftliche Mitarbeiterin an diesem Projekt und bereitet derzeit die Bibliographie der rumäniendeutschen Kinder- und Jugendliteratur 1944–1989 für den Druck vor.

3 Elly Winkler: Einige kritische Bemerkungen zur Tätigkeit des Jugendverlags. Warum gibt es nicht genügend Jugendbücher? In: NW 688/16.6.1951.

1950 veranstaltete der *Jugendverlag* ein literarisches Preisausschreiben, bei dem auch deutsche Beiträge prämiert wurden, die jedoch nicht veröffentlicht wurden[4].

Als verantwortliche Redakteure (Lektoren) zeichneten (in chronologischer Reihenfolge):

Margarete Grossmann (Grosman)	1952–1960
Hedi Hauser	1956–1969, ab 1961 Leiterin
Ruth Lissai	1957–1969
Eugen Filotti	1962–1967
Dieter Roth	1967–1969
Herta Spuhn	1967

Für die verschiedenen Lesealter und Buchgenres richtete der Verlag feste Reihen ein, die zum Teil auch von der deutschen Abteilung übernommen wurden:

Kleine Schulbücherei
Ab 1957, ab 1961 numeriert (insgesamt 40 Nummern); erschien 1970 kurze Zeit bei *Albatros* und wurde von *Kriterion* fortgesetzt
Zielgruppe: 9–14jährige. Die Reihe wollte die in den Lehrbüchern angeführte Pflichtlektüre zugänglich machen
Format: 180 x 120 mm

Praktischer Ratgeber für Pioniere und Schüler
Fünf Nummern in der Bibliographie, 1957–1959
Sachbücher, Bastelbücher

Die schönsten Gedichte
Ab 1963; wurde nach Auflösung des Verlags von *Albatros* fortgesetzt
Klassiker-Anthologien für Schüler
Format: 140 x 100 mm
Einheitliches Layout.

Märchensäckel
Ab 1960; wurde vom *Ion Creangă Verlag* zeitweilig fortgesetzt
Märchenbücher im Pocket-Format, Erstlesebücher
Format: 140 x 100 mm

Wissenschaft siegt
Sachbuchreihe. Nur zwei Titel in der Bibliographie

Der Verlag brachte nicht nur Kinder- und Jugendliteratur, sondern auch „Literatur junger Autoren“ bzw. „Junge Literatur“ heraus, womit ein relativ breites literarisches Spektrum abgedeckt wurde (Kurzprosa, Romane, Lyrik). In die KJL-Bi-

4 Ergebnisse des literarischen Preisausschreibens des Jugendverlags. In: NW 663/19.5.1951.

bliographie wurden nur Titel aufgenommen, die entweder bereits durch die Edition oder – in Zweifelsfällen – in ihrer Rezeption durch die rumäniendeutsche Presse als an Kinder bzw. Jugendliche adressiert erkennbar waren.

Bestseller:
Josef Haltrich: „Sächsische Volksmärchen aus Siebenbürgen“ (14 Auflagen)
Hedi Hauser: „Waldgemeinschaft ‚Froher Mut‘“ (neun Auflagen)
Richard Jacobi: „Das Mädchen und die Bärin“ (vier Auflagen sowie zwei bei *Ion Creangă*)

1.2 Ion Creangă

Der Verlag ist 1970 aus der Erbmasse des *Jugendverlags* hervorgegangen.

Lektoren/Abteilungsleiter:

Ruth Lissai	1970–1976
Werner Söllner	1976–1982
Annemarie Mesch	1982–1984
Herbert Gruenwald	1985–1988
Daniela Ştefănescu	1988–1989

Reihen:

Meine erste Bibliothek
Zielgruppe: Schulkinder (Klassen 1–4)
Format[5]: 120 x 165 mm
Ausstattung: Schwarzweiß-Illustrationen

Die Märchentruhe
Ab 1972
Zielgruppe: Schulkinder (Klassen 1–4)
Märchen und Geschichten, die im Schulprogramm (als Zusatzlektüre) vorgesehen waren
Format: 120 x 160 mm

Märchensäckel
Zielgruppe: Schulkinder (Klassen 1–4)
Volksmärchen aus aller Welt
Format: 140 x 130 mm
Ausstattung: folkloristische Farb-Illustrationen

5 Unter Format wird das am häufigsten verwendete Format angegeben. Aufgrund unterschiedlicher Bogengröße und Papierqualität der Verlage haben auch Festformate nicht immer einheitliche Ausmaße.

Bücherei für alle Kinder
Zielgruppe: Schulkinder (Klassen 5–8)
Kinderliteratur aus aller Welt (nach Schulprogramm)
Format: 140 x 210 mm
Ausstattung: eine ganzseitige Illustration im Vierfarben-Offsetdruck und Schwarz-weiß-Textillustrationen

ALFA
Zielgruppe: 10–16jährige
Sachbuch Wissenschaft

ABC
Zielgruppe: 7–10jährige (bis 1975), dann 10–16jährige
Zunächst Sachbuch Wissenschaft, dann Politik und Ideologie

Abenteuer der Weltliteratur
Nur ein Titel in der Bibliographie
Format: 165 x 120 mm

Gegenwartsbibliothek
Nur ein Titel in der Bibliographie
Format: 170 x 100 mm
Reportagen
Bestseller:
Ion Creangă: Märchen (fünf Auflagen)

1.3 Kriterion

Am 15. Dezember 1969 als Verlag für die mitwohnenden Nationalitäten gegründet. Bücher in zehn Sprachen: rumänisch, ungarisch, deutsch, serbo-kroatisch, ukrainisch, jiddisch, slowakisch, türkisch und altrussisch. Als Leiterin der deutschen Abteilung und gleichzeitig Chefredakteurin des Verlags wurde Hedi Hauser eingesetzt, sie blieb bis nach der Wende im Verlag. *Kriterion* gab auch Kinder- und Jugendbücher heraus.

Lektoren:

Hedi Hauser	1970–1989
Erica Constantinescu	1970–1976
Michael Bürger	1970–1974
Dieter Roth	1970–1978
Elisabeth Axmann	1971
Rolf Frieder Marmont	1973–1988
Traian Ştefănescu	1978–1979
Jürgen Salzer	1979–1986

Klaus Hensel	1980–1981
Rolf Bossert	1984
Dietmar Schell	1986–1988

Reihen für Kinder und Jugendliche:

Kleine Schulbücherei
Vom *Jugendverlag* über *Albatros* übernommen
55 Titel (49 Nummern) bis 1972, dann ersetzt durch:

Kriterion Schulausgaben (KSA)
Ab 1972
Textkritische Ausgaben klassischer und moderner Autoren
Zielpublikum: Schüler der höheren Klassen und Studenten
Format: 190 x 120 mm; einheitliches Layout

Ferienbuch
Abenteuerbücher, darunter etliche Klassiker der Kinder- und Jugendliteratur
Format: 165 x 120 mm, ab 1977: 190 x 120 mm; Paperback

Kriterion-Märchenbücher
Ab 1976
Gebundene Märchenbuchausgaben mit Schutzumschlag
Format: 195 x 125 mm

Die „gelbe Reihe"
Ab 1971
Märchensammlungen, Anthologien von Volksdichtung mit wissenschaftlichem Apparat, fest gebunden mit gelbem Schutzumschlag (daher der inoffizielle Name)

Weltliteratur
Ab 1984 übernahm diese Reihe die Editionsprinzipien und das Zielpublikum der KSA

Bestseller der Kinder- und Jugendliteratur:
Hedi Hauser (Hg.): „Der Wunschring" (vier Auflagen)
Josef Haltrich: „Sächsische Volksmärchen aus Siebenbürgen" (fünf Auflagen)
„Die schönsten Tiergeschichten" (sechs Auflagen)
„Der tapfere Ritter Pfefferkorn" (sechs Auflagen)

1.4 Verlag für didaktische und pädagogische Literatur (Editura Didactică şi Pedagogică)

Der rumänische Lehrbuchverlag gab seit Beginn der fünfziger Jahre alle bis zum Abitur benötigten Lehrbücher heraus. Ab Mitte der sechziger Jahre erschienen in diesem Verlag in deutscher Sprache auch Märchensammlungen und Anthologien deutscher Literatur für den Gebrauch von Schülern und Studenten. Ebenso wurden Klassiker der deutschen Kinder- und Jugendliteratur für Deutsch-Lernende herausgegeben.

1.5 Albatros

1970 gegründet, übernahm er aus dem *Jugendverlag* einige Ressorts. Er behielt nur die Reihe *Die schönsten Gedichte.* Trotz gleicher Aufmachung dieser Reihe wie im *Jugendverlag* verzichtete der Verlag auf eine konsequente Ausrichtung auf ein jugendliches Publikum – gemäß der Philosophie seines Leiters Petre Ghelmez: „Wir wollen Bücher für junge Leser bringen, wobei der Begriff zwar streng, aber weit gefasst ist. Jugend gibt es zwischen 15 und 90 Jahren."[6]

1.6 Facla

1972 in Temeswar gegründet, gab der Verlag vor allem Bücher Banater Autoren heraus. Lektorin für deutsche Bücher (1973–1981) war Wilma Michels.

1.7 Dacia

1970 in Klausenburg/Cluj gegründet mit eigener deutscher Abteilung (Leiter: Franz Hodjak), beschränkte sich der Verlag nicht auf siebenbürgische Autoren und Themen. Es wurden etliche Debütbände junger Autoren herausgegeben, sporadisch auch Kinder- und Jugendliteratur.

2. Kinder- und Jugendliteratur in den Printmedien

Die seit 1949 gegründeten rumäniendeutschen Zeitungen waren durchweg KJL-relevante Medien, sei es durch gesonderte Kinder- bzw. Jugendseiten, sei es durch die Rezeption der Kinder- und Jugendliteratur oder andere Formen der Auseinandersetzung mit diesem Gegenstand. Es handelt sich um: „Neuer Weg", „Die Wahrheit", „Neue Banater Zeitung", „Volkszeitung", „Hermannstädter Zeitung/Die Woche", „Karpatenrundschau". Hinzu kommen zwei Zeitschriften, die der Kinder- und Jugendliteratur ebenfalls Beachtung schenkten: „Banater Schrifttum/ Neue Literatur", „Kultureller Wegweiser/Volk und Kultur/Cântarea României".

6 Bernd Kolf: Über-setzen von Werten. Aus der Werkstatt des „Albatros"-Verlags. In: KR 31/ 4.8.1972.

2.1 „Neuer Weg"

Das Blatt erschien erstmals am 13. März 1949 als Organ des *Deutschen Antifaschistischen Komitees in der Rumänischen Volksrepublik*, ab 5. Januar 1993 als „Allgemeine Deutsche Zeitung für Rumänien". Als Bukarester Tageszeitung galt sie als sog. Zentralzeitung und war/ist landesweit erhältlich. Regionalblätter konnten dagegen nur im jeweiligen Landkreis bezogen werden.

Bereits 1949 richtete die Zeitung Sonderseiten ein: „Für unsere Kinder", „Kulturschau", „Das Wort der Frau", „Vom Wirken und Schaffen der werktätigen Jugend". Auf der Kinderseite erschienen Bildgeschichten (Comics) mit dem Pionier Fridolin: „Fridolin und die Kollektivwirtschaft", „Fridolin und seine Kameraden helfen den schwachen Schülern", „Fridolin sammelt Schmetterlinge". Thematisiert wurde auch die Heimkehr des Vaters von der durchweg positiv dargestellten Aufbauarbeit in der Sowjetunion (zu der die arbeitsfähigen Rumäniendeutschen im Januar 1945 zwangsverschickt worden waren).

Am 3. Februar 1951 erschien die erste Pionier-Rubrik unter dem Titel (es handelt sich dabei um die Standard-Parole der Pioniere) „Seid bereit, immer bereit!", danach auch unter dem Rubriktitel „Weg der Pioniere". Am 17. Januar 1952 wurde daraus eine ganze Seite. Sie hieß nun, ebenfalls nach einer Parole der Organisation, „Immer vorwärts!". Als 1953 die Zeitung ihr Format vergrößerte, schrumpfte die Pionier-Seite zeitweilig wieder zur Rubrik.

1954 erschien zum ersten Mal „Unsere Beilage für Literatur und Kunst", später „Kunst und Literatur" als Wochenbeilage.

Am 3. November 1955 veranstaltete die Zeitung ein literarisches Preisausschreiben. Im Ausschreibungstext wurde zwar die Kinder- und Jugendliteratur erwähnt („Besonders auf dem Gebiete der Literatur für Kinder und Jugendliche ist so manches nachzuholen"), sie wurde aber nicht gesondert ausgewiesen. Der Wettbewerb wurde vielmehr nach der herkömmlichen Gattungsgliederung ausgelobt: Gedichte, Lieder, Prosa, Theater. Über 700 Einsendungen trafen bei der Redaktion ein.

Ab 1958 hieß die Pionier-Seite – weniger militant – „Für Pioniere und Schüler". In der Nummer 5926 vom 24. Mai 1968 wurde aus der Pionier-Seite eine Pionier-Beilage, die „Raketenpost" (zwei ganze Zeitungsseiten bzw. vier Seiten im Halbformat) mit wöchentlichem Erscheinungsrhythmus und eigener Numerierung. Die Farbe der Titelschrift variierte anfangs von Ausgabe zu Ausgabe, später blieb man bei Blau, mit Ausnahme von Feiertagen, an denen Rot verwendet wurde.

Zur Standardausstattung der Beilage gehörten: ein Aufmacher aus dem Pionierleben, den die Reporterfigur Fritzchen Wanderer unterzeichnete, Comics zu erzieherischen Themen (über Jahre vom Hauskarikaturisten der Zeitung, Helmut Lehrer, gezeichnet), Beiträge zu Sachthemen, eine Leserbriefe-Rubrik, Märchen und Kurzgeschichten unter dem Rubriktitel „Der Sandmann kommt". Eine Redakteurin, Anni Fronius, stellte die Seite allein zusammen. Das Bestreben, politisch auf Linie zu sein, war offensichtlich. Bereits im November 1971, noch bevor der Personenkult die Mantelzeitung erfaßte, begann die „Raketenpost" eine hagiographisch-biographische Folge „Aus dem Leben des Genossen Nicolae Ceaușescu", die bis in den Januar 1972, den Geburtsmonat des Generalsekretärs, geführt wurde. Zum 50. Jahrestag der RKP im März 1971 titelte die „Raketenpost“: „Wir wollen fleissig lernen und folgsam sein“.

Vieles übernahm die „Raketenpost“ aus Printmedien der DDR und deutschen Medien der UdSSR, zumeist ohne Quellenangaben. Die Beilage wurde auch von Lehrern gelesen und für den Unterricht genutzt. Dabei stieß nicht alles auf Zustimmung. Die kritische Reflexion fand prinzipiell außerhalb der Beilage statt. Eine Lehrerin beschwerte sich z. B. in der Leserbriefe-Rubrik der Mantelzeitung über den naiv-akklamatorischen Bericht von einer gruppenkünstlerischen Pionieraktion, in deren Verlauf Schmetterlingsflügel zu patriotischen Bildmontagen zusammengefügt wurden:

> Als Erzieherin verfolge ich mit grosser Aufmerksamkeit ihre „Raketenpost“ und ich freue mich oft über die lehrreichen und erzieherischen Beiträge, die Sie bringen. Leider kann ich dieses über den Artikel „Bilder aus Schmetterlingsflügeln“ (NW Nr. 6723) nicht auch sagen. [...] für einen unverzeihlichen Erziehungsfehler halte ich die Tatsache, von der Sie berichteten, dass im Labor der kleinen Naturwissenschaftler Bilder aus Schmetterlingsflügeln hergestellt werden. Ich kann Ihnen versichern, dass es mir kalt über den Rücken lief, als ich las, dass dort Kinder dazu angehalten werden, Schmetterlinge, „blaue, rote, gelbe und weisse“ – zu fangen und zu töten, um daraus „bunte Bilder von Bauern und Bäuerinnen in Volkstracht“ zu kleben.
> Wo liegt der erzieherische Wert dieser Tätigkeit?[7]

Gelegentlich wurden von der „Raketenpost“ auch Bücher empfohlen. Dies geschah oft in einem tantenhaft-belehrenden Ton und in einem dilettantischen Stil, wie er sonst in der Zeitung kaum anzutreffen war. Offenbar galt redaktionsintern die Pionier-Beilage nur als politisches Alibi. Auch von außen kam in diesem Punkt kein Widerspruch: Die rumäniendeutsche Literaturkritik der siebziger und achtziger Jahre ignorierte die einzige rumäniendeutsche Kinderzeitung völlig.

2.2 „Volkszeitung“

Die „Volkszeitung“ (VZ) erschien in Kronstadt/Braşov mit dem Profil einer Lokalzeitung für die 152.000 Einwohner *deutscher Nationalität* der damaligen Region Kronstadt/Braşov. Die durchschnittliche Auflage betrug 8.000 Exemplare, die VZ hatte 5.000 Abonnenten.

Bis 1963 erschien die „Volkszeitung“ als Wochenblatt mit acht Seiten, danach zweimal wöchentlich mit jeweils vier Seiten. Mit der Nummer 826 vom 18. Februar 1968 wurde die Zeitung eingestellt, die Redaktion gab kurz darauf die „Karpatenrundschau“ heraus.

In den ersten zwei Jahren ihres Bestehens verstand sich die „Volkszeitung“ als Sprachrohr deutscher Initiativen in Siebenbürgen, sie reflektierte lesernah eine Vielzahl von Neugründungen und Projekten, stellte Deutsche mit Spitzenleistun-

---

7 Maja Philippi: Unverzeihlicher Erziehungsfehler. In: NW 6738/6.1.1970.

gen (auch im Sport) vor; sie wurde als Kommunikationsmedium der Siebenbürger Deutschen landesweit und in allen sozialen Schichten ernst genommen; unter ihren Korrespondenten befanden sich regelmäßig auch siebenbürgische Studenten in Klausenburg und Bukarest.

In der 31. Ausgabe vom 26. Dezember 1957 wurde eine Kulturseite eingerichtet unter dem Titel „Kulturspiegel. Seite für Literatur, Kunst, Kritik". Im Oktober 1959 wurde der Seitentitel abgeändert in „Kultur und Leben"; die Seite erschien ab 1960 nur in jeder zweiten Ausgabe und wurde 1961 im Zuge der parteipolitischen Vereinnahmung und thematischen Gleichschaltung der Publikation eingestellt. 1963 zeigte sich die beginnende ideologische Entkrampfung im Land nicht zuletzt in der Wiedereinführung der Kulturseite unter dem (entspannten) Titel „Für den Feierabend". Sie erschien jetzt jeden Freitag[8]. Die Kinder- und Jugendliteratur wurde auf der Kulturseite mitrezensiert, ohne daß eine systematische Auseinandersetzung mit dieser Literatur stattfand. Auf der Jugendseite (mit Nummer 30 vom 19. Dezember 1957 unter dem Titel „Jugend, das geht dich an!" als monatliche Sonderseite eingeführt) wurde 1958 eine Diskussion über die Lektüre von Jugendlichen geführt, in der zum ersten- und gleichzeitig letztenmal eine freie Meinungsäußerung zu diesem Thema möglich war. Neben politisch korrekten Stellungnahmen (ein Leser empfahl zur Charakterbildung der Jungkommunisten die Sowjetromane „Die Geschichte eines wahren Menschen" von Boris Polevoi und „Wie der Stahl gehärtet wurde" von Nikolai Ostrowski[9]) konnte auch die Lust an reiner Unterhaltungsliteratur und sogar die Ablehnung der „pädagogisch wertvollen" Belehrungsliteratur artikuliert werden:

> Da hab ich vor einigen Tagen Karl Vekens „Abenteuer mit Viktor"[10] beendet. Na, das ist mir aber eine schwache Sache. Schön langsam krieg ich die Nase voll von der ewigen Moral über Jugenderziehung und so. Dass diesen heutigen Schriftstellern keine besseren Dinge einfallen; Themen, von denen man sich auch begeistern könnte. Da war selbst ein Courths-Mahler- oder einer jener strammen Kriminalromane von früher ganz was anders. Für so was muss ein Junge doch auch heute mehr übrig haben, für was Pikantes wie „Lois Beretti" oder wie ein Sherlock- Holmes. Das nenne ich mir Jugendbücher. Aus sowas kann man fürs Leben was mitbekommen. Daneben sind doch „Schiffe, Schilf und Schienen"[11] u. ä. wirklich schwache Dinger. Wie kann man sich für sowas überhaupt begeistern?[12]

1959 wurde die Jugendseite eingestellt und durch die Rubrik „Wir diskutieren Jugendfragen" ersetzt. (Die Seite wurde erst 1965 unter dem Titel „Du und deine Zeit" wieder eingeführt und erschien nun im Zweiwochentakt.) Relativ stabil, aber

---

8 Alle Informationen nach Annemarie Schuller: Die Literatur in der „Volkszeitung" (1957–1968). Diplomarbeit Babeş-Bolyai-Universität Klausenburg 1976 (Typoskript).

9 Andreas Gombosch: Ein gutes Buch – der beste Freund! In: Rund um das Buch. In: VZ 80/4.12.1958: Jugend, das geht dich an!

10 Erschienen in der DDR (Anm. A.W.).

11 Jugendbuch von Erich Pfaff, erschienen im Jugendverlag Bukarest 1957 (Anm. A.W.).

12 Walter Schnell: Ne schwache Sache. In: VZ 80/4.12.1958.

auch ähnlich wie die „Raketenpost" politisch besonders linientreu war die Pionierseite der „Volkszeitung". Sie wurde mit Nummer 28 vom 5. Dezember 1957 als „Die VZ der Kleinen" mit monatlichem Erscheinen eingeführt und ab November 1959 unter dem Titel „Das rote Halstuch" weitergeführt (zunächst als ganze Seite, dann als Rubrik). 1967 kehrte man zur ursprünglichen Bezeichnung zurück. Kinder- und Jugendliteratur wurde hier weder abgedruckt noch rezensiert.

2.3 „Hermannstädter Zeitung"

1968 wurde das Gebiet um Hermannstadt/Sibiu verwaltungsmäßig aus der Abhängigkeit von Kronstadt entlassen. Der neugegründete Verwaltungsbezirk (*judeţ*) Sibiu erhielt eigene Regionalzeitungen, darunter die „Hermannstädter Zeitung" (HZ) für die deutsche Bevölkerung der Region.

Die „Hermannstädter Zeitung" erschien wöchentlich, was ihr 1971, als die deutschen Ortsnamen im öffentlichen Gebrauch verboten wurden, die Umbenennung in „Die Woche" erleichterte. Sofort nach dem Sturz des Ceauşescu-Regimes im Dezember 1989 kam die Zeitung wieder unter ihrem ursprünglichen Namen „Hermannstädter Zeitung" heraus.

Lesernähe durch das Aufgreifen von aktuellen Themen des täglichen Lebens und die journalistische Begleitung (und Initiation) von gemeinschaftsstiftenden Veranstaltungen (wie Volksfesten, Sportveranstaltungen, Kulturabenden) prägten das Profil der Zeitung. Politik wurde im Hinblick auf ihre lokale Relevanz behandelt. Die „Hermannstädter Zeitung" erschien in der wärmsten Tauwetterperiode der Nachkriegszeit, was sich auf Stil und Inhalte auswirkte. 1968 und 1969 begann die Zeitung als erste eine Serie von Gedichtinterpretationen, die unter dem Titel „Wir und die moderne Lyrik" erschienen und großen Anklang in der Leserschaft fanden.

1969 führte die „Hermannstädter Zeitung" eine Kinderseite ein, die 1970 den Titel „Für Pioniere und Schüler" erhielt. Nach unregelmäßigem Erscheinen wurde sie schließlich wieder eingestellt. Dagegen behauptete sich die Jugendseite (eingeführt im Dezember 1969) auch nach 1974, als Format und Umfang der Zeitung drastisch reduziert wurden (DIN A3 und acht Seiten wöchentlich).

Die „Hermannstädter Zeitung" und „Die Woche" rezensierten regelmäßig die Aufführungen des Hermannstädter Puppentheaters. Die rumäniendeutsche Buchproduktion wurde in Titellisten angezeigt, jedoch nicht systematisch rezensiert. Mit Kinderliteratur als einem Teil der rumäniendeutschen Literatur setzte sich die Zeitung zwischen 1977 und 1982 auf ihrer Kulturseite verstärkt auseinander.

2.4 „Die Wahrheit"/„Neue Banater Zeitung"

Anfang Februar 1957 wurde unter dem Namen „Die Wahrheit" (DWA) eine deutsche Lokalzeitung in Temeswar (parallel zur VZ in Kronstadt) gegründet als „Organ des Temesvarer Regionskomitees der RAP und des Regionsvolksrates" (nach der Verwaltungsreform von Ende 1960: „Organ des Banater Regionskomitees der RAP und des Regionsvolksrates"). Die Zeitung hatte das große Format des Bukarester „Neuen Wegs", dem sie auch inhaltlich ähnlich war; sie kam anfangs als Wochenzeitung heraus und erschien ab 10. Dezember 1957 dreimal die Woche: am Dienstag, Donnerstag und Samstag. Die zunächst einmal, dann zweimal im Monat erscheinende schüleradressierte Seite (ab Nummer 48/14. Dezember 1957) hieß „Unsere Seite", später (ab Nr. 968/9. November 1963) „Lernen, schaffen, fröhlich sein". (Unter diesem Titel wurde sie auch in der „Neuen Banater Zeitung" weitergeführt.) Das angesprochene Zielpublikum waren Pioniere und Angehörige des kommunistischen Jugendverbandes. Beginnend mit dem Jahr 1967 verzichtete man auf die beiden Organisationswappen im Seitentitel, womit auch eine politische Entkrampfung der Inhalte einherging.

1968 – im Zuge der Verwaltungsreform – erhielten auch die Banater Deutschen eine neue Zeitung, die „Neue Banater Zeitung" (NBZ), das heißt: Zunächst erschien „Die Wahrheit" unter neuem Namen. Im Untertitel wurde die „Neue Banater Zeitung" zunächst als „Organ des Kreiskomitees der RKP und des Provisorischen Kreisvolksrates Temesch" ausgewiesen, nach den Kommunalwahlen, ab Nummer 1959/4. März 1969 wurde der einschränkende Zusatz („Provisorischen") getilgt. Die „Neue Banater Zeitung" erschien täglich (außer Montag) und verstand sich von Anfang an als deutsche Zeitung für die ganze Region – das Banat –, nicht nur für den Landkreis Temesch.

Unter dem Chefredakteur Nikolaus Berwanger (ab 1969) veränderten sich Aufmachung und Profil der Zeitung. Zunächst (mit der Ausgabe vom 1. November 1969), wurde das Format verkleinert (etwa auf DIN A3). Es wurden zahlreiche Sonderseiten der einzelnen Banater Lyzeen eingerichtet (den Anfang machte am 7. November 1969 das Lyzeum Nr. 10 unter seinem Direktor Erich Pfaff); die Hochschüler erhielten ihre eigene (monatliche) Beilage, sie nannten sie „Universitas". Die „Neue Banater Zeitung" bot auf diese Weise den zukünftigen Autoren wichtige Artikulationsfreiräume. Bis zum Abschluß des Schuljahres 1969/70 erschienen insgesamt 43 Schulbeilagen. Sie wurden ausschließlich von Schülern geschrieben, wobei in regelmäßigem Turnus jede der sieben deutschsprachigen Lyzealabteilungen des Banats ihre eigene Seite zusammenstellte[13]. Das liberale Klima der „Neuen Banater Zeitung" und ihre großzügigen Publikationsmöglichkeiten waren der Nährboden, auf dem sich die *Aktionsgruppe Banat* entwickelte.

Nach dem gleichen Prinzip der selbstverantwortlichen Redaktion wurden auch etliche Lokalbeilagen eingeführt, die in den jeweiligen Orten von lokalen Reporterteams zusammengestellt und von einem NBZ-Redakteur redigiert wurden: „Arader Kurier", „Heideblatt" (Hatzfelder Beilage), „Aranka Post" (Großsanktnikolaus), „Reschitzaer Nachrichten", „Lugoscher Anzeiger".

Kulturell und literarisch war die „Neue Banater Zeitung" sehr banatzentriert und heimatorientiert, was sich nicht zuletzt in der „Pipatsch", einer reichbebilderten Mundartbeilage, dokumentierte (sie erschien anfangs monatlich, dann zweimal monatlich, schließlich jedes Wochenende, bis 1984 mit acht, ab 1975 mit zwei Sei-

---

13 Vgl. Kleine Chronik der NL-Reise zu den Banater Schülern. In: NL 2/1971, S. 4–13.

ten). Die Kulturseite, genannt „NBZ-Kulturbote" erschien in den Anfangsjahren wöchentlich, dann zweimal monatlich (auch unregelmäßig) und ab 1976 mit vier Seiten einmal im Monat. Heimatkundliche Beiträge überwogen, es wurden jedoch auch zahlreiche spracherzieherische Beiträge, Anfang der siebziger Jahre auch Gedichtinterpretationen abgedruckt. Die Tätigkeit der Literaturkreise in der Region wurde regelmäßig und ausführlich behandelt.

Als 1974 allen Zeitungen das Papiersparen verordnet wurde, erschien die „Neue Banater Zeitung" in der Regel nur noch mit vier Seiten, konnte aber dank der Lokalbeilagen öfter auch auf acht Seiten kommen. Eingestellt wurden die Studenten- und die einzelnen Schulseiten. Unter dem Sammeltitel „Unsere Schule" erschien zweimal monatlich eine gemischte, redaktionell gestaltete Seite für große und kleine Schüler, die an die vormalige „Unsere Seite" der „Wahrheit" erinnerte. In größeren Abständen erschien die monatlich geplante Jugendseite „treffpunkt" (früher „Jugendtribüne").

„Die Wahrheit" rezensierte einheimische und immer auch Bücher aus der DDR. Die „Neue Banater Zeitung" brachte selten Rezensionen. Die Verlagsproduktion wurde in Vorausschauen präsentiert. Erst Ende der siebziger, Anfang der achtziger Jahre erschienen des öfteren Kurzrezensionen unter dem Rubriktitel „Neuerscheinungen". Zu dem Zeitpunkt waren etliche junge Autoren als NBZ-Redakteure beschäftigt: Balthasar Waitz (tätig 1979–1990), Franz Schleich (1971–1981), William Totok (1982–1985), Horst Samson (1977–1984). In dieser Zeit erschienen auch die meisten und die kritischsten literarischen Texte, die zum Teil heftige Polemiken in der Leserschaft auslösten (1981 etwa „Das schwäbische Bad" von Herta Müller).

2.5 „Karpatenrundschau"

Die „Karpatenrundschau" (KR) wurde 1968 als „Wochenschrift für Gesellschaft, Kultur, Politik" von der Redaktion und dem Chefredakteur der damals abgewickelten „Volkszeitung", Eduard Eisenburger, gegründet. Eisenburger war ZK-Mitglied der Rumänischen Kommunistischen Partei, gehörte also zum innersten Zirkel der Macht im Rumänien Ceaușescus. Das erklärt den oft hagiographischen Ton politischer Beiträge auf der ersten Seite und der Festtagsausgaben, aber auch das eigenverantwortliche Behandeln von Themen größerer Relevanz. Die KR regte umfangreiche editorische Projekte an: eine Geschichte der rumäniendeutschen Literatur, eine Geschichte der Rumäniendeutschen, eine Volkskunde der Rumäniendeutschen (keines dieser Projekte wurde abgeschlossen); sie stiftete einen Literaturpreis (*Die Silberdistel*) und initiierte regelmäßige Treffen der Mundartautoren. Literarischen und künstlerischen Themen widmete sie wöchentlich eine Doppelseite. Im Unterschied zur „Hermannstädter Zeitung" wurde in der „Karpatenrundschau" zunächst nur Prosa interpretiert, die Redaktion konnte sich aber auch der Faszination der Lyrikinterpretation nicht entziehen (Rubriktitel: „Eine halbe Stunde Gefühl?").

Die „Karpatenrundschau" wirkte für den öffentlichen Diskurs der Rumäniendeutschen zeitweilig stilbildend, unter anderem durch eine sprachkritische Rubrik

(„Fundsachen", 1971) und eine regelmäßige kritische Besprechung der deutschen Sendung des Rumänischen Fernsehens (1971–1985).

1969 richtete die „Karpatenrundschau" eine Kinderseite ein, die in den achtziger Jahren unter dem Seitentitel „Die Kleine KR" erschien. Mitte der achtziger Jahre wurde auch eine „Kleinere KR" mit Texten für Eltern und methodischen Anleitungen für Kindergärtnerinnen eingerichtet. Ab 1983 wurde Kinder- und Jugendliteratur regelmäßig rezensiert und auch theoretisch reflektiert.

2.6 „Volk und Kultur"

Die Zeitschrift wurde 1949 als „Kultureller Wegweiser" (KW) zur Anleitung der Kulturhäuser gegründet. Herausgeber: Das Kulturhaus N. Bălcescu. Nach anfangs wechselnden Angaben zur Herausgeberschaft bezeichnete sich der KW 1955 als „Zeitschrift des Zentralhauses für künstlerisches Volksschaffen des Kulturministeriums". Zunächst war sie nur eine Übersetzung der rumänischen Ausgabe ins Deutsche, was aber bereits 1950 als problematisch empfunden wurde.

Im August 1956 änderte die Zeitschrift ihren Namen in „Volk und Kultur" (VuK). Die Redaktion arbeitete mit eigenen Recherchen und ging auf die Belange der deutschen Bevölkerung ein. Die Publikation erschien nun monatlich (vorher zeitweilig im Zweimonatstakt). Ihr Profil blieb erhalten. Sie war dazu bestimmt, „vor allen Dingen den Laienkunst- und Laienspielgruppen der städtischen und dörflichen Kulturhäuser Berater und Helfer zu sein und für sie geeignetes Vortragsmaterial zu veröffentlichen"[14].

Nach einer ausgesprochen folkloritischen und auf die spezifische Kultur der Rumäniendeutschen zentrierten Phase wurde die Zeitschrift 1960 erneut radikal umgestaltet, nun wieder zu einer gesichtslosen deutschsprachigen Ausgabe der auf „Kulturarbeit im Dienste der Produktion"[15] ausgerichteten rumänischen Hauptzeitschrift.

Mit Nummer 1/1968 machte der inzwischen zum Chefredakteur aufgerückte Schriftsteller Franz Storch „Volk und Kultur" wieder zu einer facettenreichen kulturellen Publikation, in der Literatur und Vermittlung von Literatur einen zentralen Platz erhielten. 1968 erschienen hier – wie damals in allen deutschsprachigen Medien – Interpretationen moderner Lyrik[16]. Von 1968 bis 1983 wurden in einer ständigen Rubrik („Das Buch") regelmäßig die deutschen Neuerscheinungen der rumänischen Verlage präsentiert. Unter dem Obertitel „Von unseren Verlagen – für Sie" u. ä. wurden die Bücher einspaltig abgebildet und mit einem kurzen Text vorgestellt. Auch Kinder- und Jugendbücher wurden möglichst lückenlos dokumentiert. Hinzu kamen Interviews mit Autoren und im Repertoire-Teil Puppenspiele, kurze Stücke für Schüler, Gedichte, Lieder.

14 Die Redaktion „Volk und Kultur": „Volk und Kultur". In: NW 2283/19.8.1956.
15 Titel in VuK 2/1960.
16 Serie von Dieter Schlesak in: VuK 4–6/1968.

1984 wurde die Rubrik „Von unseren Verlagen – für Sie“ aufgegeben, zeitweise in anderer Form weitergeführt, doch erlosch der Anspruch auf Vollständigkeit (was die Verlagsproduktion anbelangt) und Prägnanz (in der Präsentation).

1986 endete die selbständige Existenz der Zeitschrift. Die Beiträge der deutschen Redaktion (wie auch der ungarischen) erschienen fortan jeweils als Faszikel in einer einheitlichen Mantelzeitschrift („Cântarea României“). Nach 1990 versuchte die vormalige Chefredakteurin Anna Bretz die Zeitschrift „Volk und Kultur“ noch einmal zu beleben – jedoch ohne Erfolg.

2.7 „Neue Literatur“

Die „Neue Literatur“ (NL) wurde im August 1949 unter dem Titel „Banater Schrifttum“ von der *Temesvarer Filiale des Schriftstellerverbandes in der Rumänischen Volksrepublik* als literarisches Jahrbuch in Temeswar herausgebracht. Das zweite Heft erschien im Januar 1951, das dritte (als „Almanach“) im Oktober des gleichen Jahres. Erst ab 1956 hieß die Publikation „Neue Literatur“; sie wies sich mit Heft 2/1955 als „Zeitschrift des Schriftstellerverbandes der RVR“ aus. Die „Neue Literatur“ erschien nun vierteljährlich. Ende 1958 wurde die Redaktion nach Bukarest verlegt, ab 1960 kamen jährlich sechs Hefte heraus, ab 1968 zwölf.

Ziele der Zeitschrift waren die Förderung der einheimischen deutschen Literatur, der Brückenschlag zur rumänischen Literatur sowie die Erschließung der zeitgenössischen Literatur anderer Länder, mit einem Schwerpunkt auf dem deutschsprachigen Raum. 1965 brachte die „Neue Literatur“ ein Kafka-Heft heraus, 1968 wurden Tzara und Apollinaire vorgestellt. Es wurden junge Literaten gefördert (z. B. die *Aktionsgruppe Banat*) und Fragen des kulturellen und literarischen Selbstverständnisses der Rumäniendeutschen diskutiert. 1975 wurde in mehreren Folgen die junge unbotmäßige Lyrikergeneration der DDR mit umfangreichen Textabdrucken vorgestellt. Die „Neue Literatur“ wurde in einer Auflage von 3.000 Exemplaren im Land verkauft, einige hundert gingen ins Ausland. Von Zürich bis Berlin (Ost) galt die „Neue Literatur“ als „eines der interessantesten, lebendigsten und lesenswertesten deutschsprachigen Literaturorgane unserer Tage“[17]. In den achtziger Jahren verlor die Zeitschrift wie alle rumäniendeutschen Publikationen an Niveau und Offenheit.

Die Kinder- und Jugendliteratur wurde generell nicht thematisiert, doch wurden die neu erscheinenden Kinder- und Jugendbücher in der Rubrik „Kleine Bücherschau“ mit einer gewissen Regelmäßigkeit besprochen. Die Rezensenten traten hier weitgehend anonym auf. Außer den NL-Redakteuren selbst verfaßten auch immer wieder freie Mitarbeiter Annotationen.

---

17 Ausspruch von Alfred Kittner, zitiert von Bernd Kolf in: Gerhardt Csejka: Gespräch über Gespräche mit Bernd Kolf. In: NL 3/1975, S. 32.

Berichte und Forschungen 11 (2003), S. 159–164.

Eike Gringmuth-Dallmer

Die „Kommission zur Erforschung von Sammlungen archäologischer Funde und Unterlagen aus dem nordöstlichen Mitteleuropa“ (KAFU)

Am 21. Juni 2001 wurde in Berlin die „Kommission zur Erforschung von Sammlungen archäologischer Funde und Unterlagen aus dem nordöstlichen Mitteleuropa (KAFU)“ gegründet. Sie verdankt ihre Entstehung der Notwendigkeit, endlich nähere Informationen über den Verbleib der archäologischen Sammlungen aus den ehemals deutschen Gebieten östlich von Oder und Neiße zu erhalten, die sich infolge des Zweiten Weltkrieges mit seinen Grenzverschiebungen nicht mehr in ihren ursprünglichen Zusammenhängen befinden, und unabhängig von noch ungeklärten juristischen Fragen die wissenschaftliche Arbeit mit den noch vorhandenen Funden und Unterlagen zu ermöglichen. Die politischen Voraussetzungen für ein solches Unterfangen schufen erst die Veränderungen der 1990er Jahre in allen betroffenen Ländern. Im Jahre 1997 ergriffen deutsche und polnische Fachleute aus Museen und Universitäten die Initiative zur Gründung einer Kommission, die sich die genannten Aufgaben zum Ziel setzte. Anfang 2001 entstand dann die Möglichkeit, die Arbeit auf eine solidere organisatorische Grundlage zu stellen, indem das Deutsche Archäologische Institut E. Gringmuth-Dallmer zum Museum für Vor- und Frühgeschichte SMB-PK abordnete, um die Geschäftsführung der formal noch nicht gegründeten Kommission zu übernehmen. Die offizielle Gründung erfolgte am 21.6.2001 in Berlin, Vorsitzender wurde Prof. Dr. W. Menghin[1].

1. Die Aufgaben der Geschäftsstelle

Wichtigste Aufgabe der Geschäftsstelle ist der Ausbau eines Informationssystems, das gegenwärtig aus folgenden Dateien besteht:

a. Museen/Institutionen mit Beständen aus/in heute anderen Staaten
b. Nachlässe (einschließlich der Nachlässe von früher im Arbeitsgebiet ansässigen Wissenschaftler[inne]n)
c. Museen und Sammlungen mit Altbeständen/Verlusten außerhalb Deutschlands
d. Literatur
e. Die Aufgaben der KAFU betreffende Aktivitäten

---

1 Vgl. ausführlicher Eike Gringmuth-Dallmer: Die Kommission zur Erforschung archäologischer Funde und Unterlagen aus dem nordöstlichen Mitteleuropa (KAFU). In: Archäologisches Nachrichtenblatt 6 (2001), S. 363–366.

f. Abgeschlossene und in Arbeit befindliche Hochschularbeiten
g. Adressen
h. Kurzbiographien im Arbeitsgebiet ansässiger Wissenschaftler/innen, Museumsleute und Heimatforscher, die für die KAFU relevantes Material zusammengetragen haben
i. Stiftungen etc., von denen eventuell Gelder für die Arbeiten der KAFU zu erhalten sind, insbesondere Promotionsstipendien oder Druckkostenzuschüsse.

Bis März 2003 wurden in Deutschland 123 Fragebogen verschickt, von denen 79 (64,2%) beantwortet wurden, was sicherlich kein schlechtes Ergebnis ist. Angeschrieben wurden hauptsächlich Fach- und Heimatmuseen, außerhalb des engeren Arbeitsgebietes v. a. Museen, die auf landesherrliche Sammlungen zurückgehen aus Zeiten, in denen man noch alles sammelte. Einbezogen wurden auch alle Universitätsinstitute, weil im Fall eigener Sammlungen in der Regel alles genommen wird, was zu bekommen ist, außerdem sind dorthin manchmal Nachlässe von übergesiedelten Gelehrten gelangt. Schließlich galt das Augenmerk Forschungsinstitutionen wie dem Bundesinstitut für Kultur und Geschichte der Deutschen im östlichen Europa in Oldenburg sowie Archiven und anderen Institutionen, die sich mit dem Arbeitsgebiet beschäftigen, darunter verschiedenen sog. „Landesmuseen" (z. B. für Ost- und Westpreußen), die in der Vergangenheit teilweise einer gewissen politischen Problematik nicht entbehrten.

Die Zahl der Institutionen mit Beständen aus heute anderen Staaten ist mit über 70 allein in Deutschland erstaunlich groß. Hinzu kommt eine Aufstellung der Museen bzw. Institutionen ohne Bestände bzw. mit Totalverlusten. Ziel der Geschäftsführung ist es, für alle Institutionen einen so vollständigen Überblick über die die KAFU betreffenden Bestände zu erlangen, daß Auskünfte darüber gegeben werden können, ob eine Anfrage dort sinnvoll ist. Zur ersten Orientierung steht eine aktualisierte Kurzfassung mit den grundlegenden Informationen zur Verfügung, aus der auch hervorgeht, wie vollständig die in Berlin vorliegenden Informationen sind und ob die Bestände publiziert wurden.

Der Umfang der in den einzelnen Museen und Institutionen aufbewahrten Materialien ist äußerst unterschiedlich und reicht von einem einzelnen Fund oder Fundkomplex bis hin zu großen Beständen an Fundmaterial oder auch Akten. Den größten Bestand besitzt das Museum für Vor- und Frühgeschichte in Berlin aufgrund seiner europaweiten Sammeltätigkeit und der Tatsache, daß es bis 1938 für die Bodendenkmalpflege in der Provinz Brandenburg zuständig war. Umfangreichere Bestände lagern vor allem auch an weiteren Orten, deren Zuständigkeitsbereich früher beide Seiten von Oder und Neiße umfaßte. So besitzen die Museen Stettin/Szczecin und Stralsund jeweils größere Bestände der anderen Seite, in Sachsen gilt Entsprechendes für das Landesamt für Archäologie mit Landesmuseum für Vorgeschichte Dresden und für das Kulturhistorische Museum Görlitz. Das Brandenburgische Landesamt für Denkmalpflege und Archäologische Landesmuseum verwahrt den gesamten Aktenbestand des ehemaligen Brandenburgischen Landesamtes für Vorgeschichte, der insbesondere für die Neumark gut ausgebaut war; hier gibt es für jede Gemarkung eine Akte. Auch das Stadtmuseum Berlin/Märkisches Museum gehört zu den wichtigen Einrichtungen.

In bezug auf die ehemaligen Ostgebiete bestehen v. a. in Breslau/Wrocław hervorragende Voraussetzungen für die Arbeit mit den Altbeständen, da die Vorkriegsfunde und -unterlagen den Krieg fast unbeschadet überstanden haben. Sie werden vom Leiter des Archäologischen Museums, K. Demidziuk, in Form von Katalogen systematisch aufbereitet. Für die Altkreise Breslau, Glogau und Lüben sind daraus umfangreiche Bände entstanden[2]; Gebiete mit weniger Funden werden in Zeitschriftenartikeln vorgestellt.

Eine weitere Datei enthält bisher 51 Nächlässe bzw. Teilnachlässe aus 24 Institutionen in Deutschland, Polen, Litauen, Lettland, Estland und Schweden, die für die KAFU relevantes Material enthalten können.

Besonders wichtig ist die Sammlung von Informationen über den Verbleib der Sammlungen der ehemals deutschen Museen, deren Material in der älteren Literatur enthalten ist. Hier liegen die Grundinformationen inzwischen vor. In vielen Fällen konnte ermittelt werden, ob sich die Bestände am alten Ort befinden, in andere Museen verlagert wurden oder als Verlust gelten müssen.

Die Literaturdatei erfaßt systematisch alle Institutionen und Persönlichkeiten direkt betreffenden Titel, unter allgemeinen Publikationen darüber hinaus auch das, was Material enthält, das den Bereich der Kommission betrifft. Hierbei wird keine Vollständigkeit angestrebt, da Aufwand und Ergebnis in keinem Verhältnis stehen würden.

Die Datei „Die Aufgaben der KAFU betreffende Aktivitäten“ erfaßt eine Vielzahl von Aktivitäten im Sinne der Zielstellung der KAFU, deren weitere Untergliederung nicht sinnvoll erscheint. Dazu gehören:

- Materialbearbeitungen, bisher hauptsächlich erfaßt bei Funden und Unterlagen aus dem Museum für Vor- und Frühgeschichte SMB-PK Berlin.
- Hochschulaktivitäten wie das Hauptseminar „Ur- und Frühgeschichte Brandenburgs und Westpolens. Unter besonderer Berücksichtigung der Neumark und der Uckermark“, abgehalten von A. Leube an der Humboldt-Universität Berlin im Sommersemester 1998. Im Kommentar hieß es: „Mit dem archäologischen Fundgut, den Archivalien und den Publikationen wird die Kultur- und Besiedlungsgeschichte Brandenburgs erarbeitet. Dazu erfolgen Materialaufnahmen in verschiedenen Museen Berlins und seiner Umgebung.“ Veranstaltungsort war das Museum für Vor- und Frühgeschichte Berlin. Aus dem im Wintersemester 1999/2000 angebotenen Hauptseminar „Die Vorgeschichte der Neumark“ (A. Leube/M. Meyer) in Zusammenarbeit mit dem Posener Universitätsinstitut erwuchsen eine von Studenten organisierte Exkursion in die Neumark sowie zwei Magisterarbeiten über die bronzezeitliche und die mittelalterliche Besiedlung des Raumes..

---

2 K. Demidziuk: Archiwalia archeologiczne z terenu Wrocławia do 1945 roku. Wrocław 1998; ders.: Archiwalia do archeologii dawnego obszaru Kreis Glogau. Głogów 2000; ders.: Archiwalia do archeologii dawnego obszaru Kreis Lüben. Wrocław, Lubin 2001.

- Parallelaktivitäten: 1998–2000 wurde ein befristetes Projekt zur Erfassung der Antikenbestände der ehemaligen deutschen Ostgebiete am Winckelmann-Institut der Humboldt-Universität Berlin durchgeführt; Bearbeiter war B. Faensen. Das Ergebnis war eine Aufstellung der bisher bekannten Sammlungen mit Kurzcharakterisierung.
- Presseberichte, die im weitesten Sinne die Problematik der KAFU betreffen.
- Sammlung unpublizierter Arbeiten, die die Aufgaben der KAFU betreffen.

Der Aufbau eines Informationssystems stellt natürlich keinen Selbstzweck dar. War es bisher schon ganz selbstverständlich üblich, die betreffenden Bestände in übergreifende Materialvorlagen (z. B. im Rahmen des Corpus-Werkes „Prähistorische Bronzefunde") oder in die Bearbeitung bestimmter Kulturen einzubeziehen, so hat sich die Kommission jetzt das Ziel gesetzt, die Vorlage und Auswertung des relevanten Fundmaterials systematisch voranzutreiben. Das geschieht außer durch die Kommissionsmitglieder selbst vor allem auf dem Wege der Vergabe von Hochschularbeiten. Diese wird mit besonderer Intensität mit einem Schwerpunkt auf der Römischen Kaiser- und Völkerwanderungszeit durch W. Nowakowski von Warschau und durch M. Mączyńska von Łódź aus betrieben, in Deutschland in Kiel durch C. von Carnap-Bornheim, ferner sind hier die Universitäten Göttingen (R. Müller) und München (V. Bierbrauer) sowie die Humboldt-Universität Berlin (A. Leube, E. Gringmuth-Dallmer) zu nennen.

2. Weitere Aktivitäten

Zu den wichtigsten Aufgaben der Geschäftsstelle gehört die wissenschaftliche Betreuung des nach Berlin gelangten Teils der Prussia-Sammlung[3]. Im Prussia-Museum in Königsberg befand sich bis 1945 eine der bedeutendsten archäologischen Sammlungen Mitteleuropas. Nach dem Krieg gelangte ein Teil von ihr ins Museum für Vor- und Frühgeschichte Berlin, ein weiterer nach Olsztyn (Allenstein). Inzwischen sind auch große Teile der vor Ort verbliebenen Bestände in Kaliningrad wieder entdeckt worden. Die KAFU versucht nun, unabhängig von noch umstrittenen Rechtsfragen auf der Arbeitsebene die Erschließung der Materialien wieder in Gang zu bringen. Die 1992 in äußerst desolatem Zustand ins Museum für Vor- und Frühgeschichte Berlin gelangten Bestände sind, v. a. mit Hilfe von ABM-Kräften, inzwischen so weit aufbereitet, daß ihre wissenschaftliche Bearbeitung wieder möglich und auch bereits angelaufen ist.

Welche enorme Arbeit allein an den Archivalien geleistet worden ist, geht aus einem Bericht des Archivleiters H. Junker hervor. Danach bestand die Aufgabe darin, „fast 50.000 in größtmögliche Unordnung geratene lose Blätter erneut zu sichten, archivalisch zu bewerten und nach formalen und inhaltlichen Gesichtspunkten über 2.000 definierten Sachtiteln zuzuweisen. Mit geradezu detektivischem Gespür gelang es den beiden Fachleuten zudem, tausende zerrissene Aktenstücke wieder

3 Ausführliche Informationen unter http://www.prussia-museum.de

zusammenzusetzen und selbst kleinste Blattfragmente richtig zuzuordnen. Selbst umfangreiche Grabungsberichte konnten fast vollständig rekonstruiert werden". Heute liegen vor: 2.500 Jurismappen aus Spezialkarton mit Berichten, Briefen, Notizen, Fundmeldungen, Grabungstagebüchern, Plänen und Zeichnungen zu Bodendenkmalen und Bodenfunden aus der Region zwischen Weichsel und Memel. Weiterhin 2.000 fotografische Negative und Abzüge von archäologischen Ausgrabungen und Funden in Ostpreußen, 3.000 Karteikarten zu den Gegenständen der Prussia-Sammlung und die wissenschaftlichen Nachlässe dreier Königsberger Gelehrter: Otto Tischler, Heinrich Kemke und Kurt Vogtmann. Zu den wertvollsten Wiederentdeckungen im Bestand zählt eine Sammlung von Skizzen und Beschreibungen historischer Stätten (Burgwälle, Schlösser, Kirchen), Stadtgrundrissen und Ortsansichten des Leutnants Giese aus den Jahren 1826–1828, eine frühe Form systematischer Verzeichnung von Baudenkmalen im östlichen Teil des preußischen Königreiches. Insgesamt konnten von den ca. 50.000 Blättern lediglich 2–3 % nicht zugeordnet werden!

Inzwischen ist mit der umfassenden archivalischen Erschießung des Bestandes begonnen worden. Für über 2.200 Fundorte wurde die heutige polnische, russische und litauische Bezeichnung ermittelt und in den Fundort-Thesaurus des MVF eingegeben; eine Übernahme auf die Prussia-Website des MVF ist geplant. Außerdem begann die archivalische Verzeichnung und dokumentarische Erschließung der Ortsakten für die Provinz Ostpreußen, wovon ca. 700 Aktenvorgänge fertig bearbeitet wurden mit Registrierung von Fundorten, Personen, Körperschaften, Inventarnummern, Objektansprachen und Ausgrabungsaktivitäten.

In Vorbereitung ist die Digitalisierung des gesamten historischen Fotobestandes des Prussia-Archivs.

Auch die Bearbeitung der Funde kommt gut voran. Seit Oktober 2001 ist Frau Dr. A. Becker-Hagen als vierte ABM-Kraft mit der Aufarbeitung der Sammlung befaßt. Bei Übernahme ihrer Arbeit waren 25 der ursprünglich 64 Kisten noch nicht ausgepackt, heute sind es noch 12. Der Schwerpunkt der Bearbeitung liegt auf einer Reihe großer Gräberfelder, deren – teilweise bereits in Angriff genommene – Auswertung wesentliche weiterführende Erkenntnisse zur Entwicklung des Raumes im 1. Jahrtausend n. Chr. verspricht. Die Probleme sind teilweise denen im Archiv vergleichbar, indem viele Funde weder eine Inventarnummer noch einen Fundzettel aufweisen. Auch hier ist jedoch durch einen Vergleich mit den Akten oder mit Publikationen vielfach noch eine Zuordnung möglich. Insgesamt beläuft sich der Prussia-Bestand in Berlin heute auf ca. 45.000 Objekte.

3. Die Sitzungen und Kolloquien der Kommission

Die „Kommission zur Erforschung von Sammlungen archäologischer Funde und Unterlagen aus dem nordöstlichen Mitteleuropa" tagt einmal jährlich, um die anstehenden Aufgaben und Probleme zu besprechen. Verbunden ist diese Sitzung jeweils mit einem eintägigen Kolloquium. Während anläßlich der Gründungsversammlung am 21./22.6.2001 in Berlin zunächst ein Überblick über die wichtigsten für die Kommission relevanten Bestände vermittelt wurde, belegten auf der Tagung in Warschau am 29./30.6.2002 junge polnische Archäologinnen und Archäologen unter dem Thema „Auf der Suche nach der ‚verlorenen Archäologie'" eindrucksvoll, in welcher Weise dort die betreffenden Bestände bereits genutzt werden. Entsprechendes ist von deutscher Seite auf der diesjährigen Tagung am 21./22.6. in Schleswig geschehen.

4. Bitte um Mitwirkung und Hinweis auf weitere Informationen

Es hat sich herausgestellt, daß an ganz überraschenden, von der Geschäftsstelle mit den üblichen Mitteln nicht zu erfassenden Stellen archäologische Funde und Unterlagen aus den Gebieten östlich von Oder und Neiße lagern, von denen wir nur durch andere erfahren können. Wir bitten deshalb herzlich um Hinweise auf Ihnen bekannte Altbestände oder auch Publikationen, die die Aufgabenstellung der Kommission betreffen. Unter Altbeständen sind dabei auch Nachlässe von früher im Arbeitsgebiet der Kommission ansässigen Wissenschaftlern zu verstehen. Vor allem für die „Kurzbiographien", sofern sie nicht Fachwissenschaftler/innen betreffen, erscheinen häufig Informationen (z. B. Nachrufe) in schwer zugänglichen Publikationen, an denen wir sehr interessiert sind.

Über die Arbeit der Kommission erscheint jährlich ein Bericht in der Zeitschrift „Acta Praehistorica et Archaeologica", der jeweils den Zeitraum zwischen den in der Jahresmitte liegenden Kommissionssitzungen abdeckt. Eine eigene Homepage ist in Vorbereitung.

Kontakt:
Prof. Dr. Eike Gringmuth-Dallmer
Kommission zur Erforschung von Sammlungen
archäologischer Funde und Unterlagen
aus dem nordöstlichen Mitteleuropa
Museum für Vor- und Frühgeschichte SMB-PK
Schloß Charlottenburg, Langhansbau
D-14059 Berlin

Berichte und Forschungen 11 (2003), S. 165–168.

Kurt Dröge

Der Wissenschaftliche Informationsdienst (WID) – eine Zwischenbilanz

Im Dezember 1991 erschien in Oldenburg ein 66 Seiten starkes Heft unter der laufenden Nummer 1, mit dem nüchternen, einerseits unverbindlichen, auf der anderen Seite aber vielleicht gerade deshalb bei jedem Wissenschaftler Neugierde weckenden Titel „Wissenschaftlicher Informationsdienst“ und dem einschränkenden und gleichzeitig präzisierenden Untertitel „Dokumentation aktueller Forschungen zu Kultur und Geschichte Ost- und Westpreußens, Pommerns, Ostbrandenburgs, Schlesiens sowie der Deutschen im östlichen Europa“. Diesem ersten Heft folgte kein weiteres, denn der WID fand bereits ein gutes Jahr später, mit seiner zweiten Ausgabe, Aufnahme in das neue Jahrbuch „Berichte und Forschungen“, das seit 1993 vom Bundesinstitut für Kultur und Geschichte der Deutschen im östlichen Europa (damals noch: Bundesinstitut für ostdeutsche Kultur und Geschichte) herausgegeben wird, nunmehr im elften Jahrgang. Anders als in allen Jahren zuvor enthält das aktuelle Jahrbuch jedoch die zu erwartende zwölfte Folge des WID nicht mehr.

Von Beginn an bestand das Ziel des WID darin, aktuelle, im Entstehen begriffene und noch unpublizierte Forschungsarbeiten zur Kultur und Geschichte der historischen deutschen Ostprovinzen sowie der Deutschen und ihrer Nachbarn im östlichen Europa zu dokumentieren, eine Service-Funktion für alle einschlägigen Forschungsdisziplinen zu übernehmen und damit eine wichtige Ergänzung zu den etablierten bibliographischen Hilfsmitteln zu bilden. Nicht selten ist diese Dokumentation dennoch fälschlich selbst als Bibliographie aufgefaßt worden, und es wird über die nunmehr zielgerichtet durchgeführte Neugestaltung hinaus auch in Zukunft immer wieder deutlich zu machen sein, daß bereits erschienene Schriften keine Aufnahme finden und statt dessen in Fach- und Regionalbibliographien eingehen sollten.

Im WID wurde und wird auf der Grundlage von zum jeweiligen Jahreswechsel durchgeführten Umfragen sowie der Auswertung einschlägiger wissenschaftlicher Fachorgane ein möglichst großer Teil aller in Bearbeitung befindlichen Editionen, Kataloge, Monographien, Aufsätze, Beiträge zu Sammelwerken und Lexika, Habilitationsschriften, Dissertationen, Magister- und Staatsexamensarbeiten nachgewiesen. Gegliedert war und ist die Zusammenstellung in drei Abschnitte (A: Geschichte/Volkskunde/Musik, B: Literatur und Sprache, C: Kunstgeschichte, letztere mit eigenem Gliederungsschema). Die Abschnitte A und B sind in identischer Weise regional untergliedert, im Abschnitt B behandelte Autoren sind entweder in der entsprechenden Region geboren oder ihr literarisch verbunden. Der WID bildet die umfangreichste Erhebung des Bundesinstituts. Ihm darf eine zentrale Informationsfunktion zugesprochen werden, um Doppelforschungen zu vermeiden, Verständigungsschwierigkeiten zu überwinden und zu einer überregionalen und internationalen Koordinierung von Forschungsaktivitäten sowie Kooperation von Wissenschaftlern beizutragen. Auf der Grundlage der Dokumentation ist das Bundesinstitut in den letzten Jahren in die Lage versetzt worden, eine personelle, institutionelle und thematische Übersicht über die einschlägige Forschungslandschaft im In- und Ausland zu erhalten und auf diese Weise auch Desiderate der Forschung zu ermitteln.

Zehn Jahre hindurch ist der WID ein konstitutiver Bestandteil des Jahrbuches gewesen, jährlich aktualisiert und mit zu Beginn rasch wachsendem und dann unvermindert großem Titelaufkommen. Verschiedene Gründe haben dazu geführt, den WID nun aus dem Jahrbuch herauszunehmen und ihn in weitgehend unveränderter Form, aber mit der Möglichkeit rascherer Aktualisierung, nur noch im Internet, auf der Homepage des Bundesinstituts, zu veröffentlichen. Diese Veränderung mag als Anlaß dienen, eine kurze Rückschau und Zwischenbilanz zu versuchen, nicht um den WID zum Bestandteil einer vergangenen Geschichte zu machen, sondern, eher im Gegenteil, um seine erweiterten – und noch zu erweiternden – Möglichkeiten und Perspektiven aufzuzeigen. Im Jahrbuch wird in Zukunft nur noch ein Hinweis auf den Internet-Standort des WID erscheinen.

Ein Vorteil der gedruckten Fassung des WID, nämlich seine jährlich aktualisierende und weiterführende Pflege im Hinblick auf einen Austausch über unpublizierte Forschungsarbeiten und Projekte, ist zugleich seine größte Schwäche gewesen. Denn bereits nach jeweils einem einzigen Jahr durfte – oder besser: mußte – die dann vorletzte Fassung inaktuell erscheinen, füllte aber weiterhin dauerhaft die Seiten jedes Jahrbuches. Mit der Online-Publizierung und dem Verzicht auf die Print-Version entfällt dieses auch in finanzieller Hinsicht relevante Manko, und das Jahrbuch kann sich konzeptionell anderen Schwerpunkten und nachhaltiger wirksamen Inhalten öffnen. Gleichzeitig und parallel wird die grundsätzliche Möglichkeit geschaffen, eine den Jahresrhythmus durchbrechende, noch größere Aktualität der Titelnennungen zu erreichen.

Damit einher gehen maßgebliche Rechercheverbesserungen, die mit einer Überführung der Textdatei des WID in eine komplexe Datenbank verbunden sind. Neben der weiterhin praktizierbaren Freitextsuche werden erweiterte Abfragemöglichkeiten mit Listenfunktion geschaffen, die den Anwendern das Anlegen und Exportieren von Registern und Indizes erleichtern bzw. ermöglichen. Auf diese Weise sollen alle Daten sowohl bezüglich der Autoren und Institutionen als auch zu den Themen und Arbeitsbereichen der in den verschiedenen Ländern betriebenen einschlägigen historischen Forschung möglichst optimal verlinkt werden können. Personenbezogene Daten werden dabei selbstverständlich nur in Abstimmung mit den Beteiligten ins Netz gestellt.

Als 1991 der erste WID erschien, umfaßte er etwas mehr als 1.000 Titel, für eine solche Startausgabe mit erstmalig durchgeführter Umfrage bereits eine beachtliche Anzahl. Im Folgejahr waren im ersten Jahrgang des Jahrbuches dann bereits 1.724 Titelnennungen vertreten. Mit der dritten Ausgabe erhielt die Rubrik „Kunstgeschichte" ein eigenes Gliederungsschema; die Zahl der aufgenommenen Titelmeldungen wuchs in der Folgezeit bis zum Jahr 2000 auf etwa 2.500 und ist seitdem in etwa konstant geblieben. Angeschrieben werden derzeit in jedem Jahr etwa 2.300 fachwissenschaftlich tätige Personen, womit nicht zuletzt eine stetige, beträchtliche Korrespondenzverwaltung verbunden ist, die über die reine Einpflege gemeldeter Titel zum Teil deutlich hinausgeht und im übrigen neben englisch- und französischsprachigen auch polnische, tschechische, rumänische, russische und baltische Sprach- und Textkontakte umfaßt.

Die Steigerungen im Interesse, Engagement und in der Zahl der Meldungen betrafen dabei sowohl das In- als auch das Ausland, wobei die Zahl der Forscherinnen und Forscher aus den östlichen Nachbarstaaten Deutschlands, die sich regelmäßig an der Erhebung beteiligen, in kurzer Zeit maßgeblich angestiegen ist. Verringerte politische Vorbehalte dürften hierbei eine nicht geringe Rolle spielen in Verbindung mit zahlreichen institutionellen, aber auch direkten persönlichen Kooperationen, die von den Mitarbeitern der vier Fachbereiche des Bundesinstituts in den letzten zehn Jahren aufgebaut und gepflegt werden konnten. Eine wesentliche Basis der Mit- und Zusammenarbeit bilden namentlich angeschriebene Einzelforscher, so daß nicht nur alle relevanten Forschungseinrichtungen, sondern auch darüber hinaus zahlreiche aktive und zum Teil im Ruhestand befindliche Wissenschaftler mit erfaßt werden.

Daß die Kultur und Geschichte der Deutschen und ihrer Nachbarn im östlichen Europa in der historisch orientierten Forschungslandschaft kein Thema ist, das nur in den betroffenen Regionen selbst oder gar nur in Deutschland von Interesse wäre, vermag eine kleine Statistik der für den WID 2002 angeschriebenen Länder mit der Zahl der jeweiligen Adressaten zu erweisen:

Australien: 1
Dänemark: 2
Deutschland: 1.251
England: 3
Estland: 49
Finnland: 6
Frankreich: 6
Griechenland: 1
Großbritannien: 12
Irland: 3
Israel: 4
Italien: 2
Japan: 2
Jugoslawien: 1
Kroatien: 2
Lettland: 32
Litauen: 10
Niederlande: 4

Neuseeland: 1
Österreich: 75
Polen: 355
Portugal: 1
Rumänien: 78
Rußland: 13
Schweden: 13
Schweiz: 20
Slowakei: 7
Slowenien: 5
Südafrika: 1
Tschechische Republik: 67
Ukraine: 3
Ungarn: 66
USA: 23

Die Tabelle zeigt, daß neben deutschen Forschern die polnischen Wissenschaftler die größte Gruppe ausmachen. Als besonders bemerkenswert darf sicherlich das Vorkommen von Ländern wie Australien, Japan oder Südafrika gewertet werden.

In Zukunft soll nach einer Übergangsphase nicht nur die Publizierung der Ergebnisse des WID, sondern auch die zugrunde liegende Umfrage selbst online erfolgen. Die erforderlichen Voraussetzungen verändern sich im Augenblick stetig und rasch, so daß davon ausgegangen werden darf, daß in absehbarer Zeit alle Partner des WID per E-Mail erreichbar sein werden und bei einer Umfrage mit einem online verfüg- und ausfüllbaren Fragebogen auf die überkommene Papierform mit portoaufwendigem Postversand verzichtet werden kann. Im Augenblick reicht allerdings die Zahl der gespeicherten elektronischen Adressen noch nicht aus, um den Wechsel sofort und vollständig zu vollziehen.

Da der WID in den letzten Jahren bereits parallel zur Printversion ins Internet eingestellt worden ist, wenngleich mit relativ beschränkten Recherchemöglichkeiten, liegen auch bereits Erfahrungswerte zur Benutzerfrequentierung vor. Diese darf als stark ansteigend bezeichnet werden, wodurch nicht zuletzt die Bearbeitungszeit für Anfragen, Auskünfte und die Weiterleitung von Informationen im Bundesinstitut deutlich angestiegen ist. Der WID hat erwiesenermaßen in den nunmehr 13 Jahren seines Bestehens die Schaffung und den Ausbau eines Forschungsnetzwerkes befördert, das längst den nationalen Rahmen hinter sich gelassen hat, europaweit geknüpft ist und sich über den Kontinent hinaus orientiert, durchaus im Sinne des erdumspannenden Mediums, dessen er sich in Zukunft ausschließlich bedienen wird.

Berichte und Forschungen 11 (2003), S. 169–212.

Immanuel-Kant-Stipendien

Berichte über aktuelle Forschungen

Das von der Beauftragten der Bundesregierung für Kultur und Medien vergebene Immanuel-Kant-Stipendium dient zur Förderung von Promotionsvorhaben (bis 2002 auch Habilitationsvorhaben), die sich mit der Geschichte und Kultur der Deutschen im östlichen Europa und den damit verbundenen Themen, insbesondere den wechselseitigen Beziehungen zwischen den Nachbarvölkern, befassen. Der Arbeitsbereich umfaßt folgende Regionen:

– historische Ostprovinzen Schlesien, Ostbrandenburg, Pommern, Ost- und Westpreußen in den heutigen Staaten Polen und Rußland
– frühere und heutige Siedlungsgebiete der Deutschen in Ost-, Ostmittel- und Südosteuropa, vornehmlich in Tschechien und der Slowakei, in der ehemaligen Sowjetunion und in den baltischen Staaten sowie in Ungarn, Rumänien und dem ehemaligen Jugoslawien.

Die Funktion der geschäftsführenden Stelle für die Vergabe der Stipendien wurde im Jahre 2000 dem Bundesinstitut für Kultur und Geschichte der Deutschen im östlichen Europa, Johann-Justus-Weg 147 a, 26127 Oldenburg, übertragen (Informationen/Vergaberichtlinien unter: http://www.bkge.de).

Das Bundesinstitut bietet den Immanuel-Kant-Stipendiat(inn)en in seinem Jahrbuch die Möglichkeit, ihre Forschungsprojekte einer breiteren Öffentlichkeit vorzustellen. Die im Folgenden publizierten Exposés sind nach Regionen und innerhalb der Regionen nach der Chronologie der behandelten Gegenstände angeordnet.

Baltikum:
Sebastian Plüer: Die Entwicklung des Herzogtums Kurland unter Gotthard Kettler (1561–1587)

Ost- und Westpreußen:
Dorothee Herbert: Vorrats- und Versorgungswirtschaft ausgewählter Deutschordensburgen in Preußen (1350–1450)
Ralf Meindl: Erich Koch – Gauleiter von Ostpreußen. Eine politische Biographie
Per Brodersen: Am weitesten im Westen. Das nördliche Ostpreußen im Bewußtsein seiner russischen Bewohner 1945–1970

Schlesien:

Elke Schlenkrich: Alltagsleben während der späten Pestzüge des ausgehenden 17. und frühen 18. Jahrhunderts (1680 bis um 1720) in Schlesien, Obersachsen und Böhmen. Eine vergleichende Untersuchung

Karen Lambrecht: Kommunikation und Kulturtransfer – ein Forschungsprojekt zur katholischen Aufklärung und Johann Ignaz von Felbiger (1724–1788)

Beate Dudek: Juden als Stadtbürger in Schlesien – Glogau und Beuthen im Vergleich (1808–1871)

Polen:

Katinka Seemann: Langlebige Synonymien ausgewählter deutscher Lehnwörter im Polnischen als Schlüssel zum polnisch-deutschen Zusammenleben. Eine sozialgeschichtliche Analyse

Beata Kołodziejczyk: Die deutsche Minderheitenpresse in Polen 1919–1939 und ihr Polen- und Judenbild

Ungarn:

Norbert Spannenberger: Migration und Ansiedlung der Deutschen in Ungarn. Die grundherrschaftliche Kolonisationstätigkeit der Fürsten Esterházy in Süd-Transdanubien im 18. Jahrhundert

Rumänien:

Kurt Markel: Die rumäniendeutsche Literatur in ihrem sozialpolitischen Kontext 1944–1989

Rußland/Sowjetunion:

Victor Dönninghaus: Moskau und die Deutschen in der Sowjetunion 1917–1941. Die Politik der sowjetischen Zentralorgane gegenüber der deutschen Minderheit.

Sebastian Plüer: Die Entwicklung des Herzogtums Kurland unter Gotthard Kettler (1561–1587)

Im 16. Jahrhundert verlor der Deutsche Orden in weniger als zwei Menschenaltern seine Besitzungen an der Ostsee, in Preußen und in Livland. Über die territorialen und machtpolitischen Verschiebungen hinaus gilt die Säkularisation Preußens als ein Meilenstein der deutschen Reformationsgeschichte. Mit der erstmaligen Säkularisation eines geistlichen Territoriums wurde ein wichtiges Signal für die weitere Ausbreitung und Umsetzung reformatorischen Gedankengutes gesetzt, dessen Bedeutung Luther schon früh erkannte und entsprechend förderte und unterstützte. Eingebettet in die gesellschaftlichen, politischen und religiösen Gesamtzusammenhänge kam dabei der Persönlichkeit des letzten Ordensmeisters Albrecht von Brandenburg-Ansbach eine treibende und entscheidende Rolle zu. In seiner Person wurde mit dem Übertritt zur lutherischen Lehre, dem Ablegen des Ordenskleids und dem Lehnseid als preußischer Herzog der Transformationsprozeß Preußens für die Zeitgenossen greifbar. Obwohl für Livland eine – zeitlich verzögerte – erstaunlich parallele Entwicklung zu konstatieren ist, die in die Gründung des Herzogtums Kurland mündete, ist die Geschichte dieses Herzogtums außerhalb der Fachhistorie kaum bekannt, ja hat selbst innerhalb dieser kaum Beachtung gefunden, obwohl sich hier hervorragend die Prozesse frühneuzeitlicher Staatsbildung studieren lassen. Eine wesentliche Ursache ist wohl darin zu sehen, daß das preußische Herzogtum in seiner Verbindung zum brandenburgischen Herrscherhaus zu einer der Keimzellen und zum Namensgeber einer europäischen Großmacht der Neuzeit wurde, während das Herzogtum Kurland nie über den Status eines Kleinstaates hinauskam und 1795 von der politischen Landkarte verschwand.

Parallelen zwischen der Entwicklung der ehemals preußischen und livländischen Ordensgebiete lassen sich jedoch nicht nur auf der territorialen, sondern auch auf der personalen Ebene finden. Die Rolle Albrechts von Brandenburg-Ansbach in Preußen nahm in Livland der aus westfälischem Adel stammende letzte Landmeister des Deutschen Ordens Gotthard Kettler ein. Anders als in Preußen jedoch war die livländische geistliche Konföderation bereits in den Wirren des Livländischen Krieges (1558–1582) versunken und das Land in weiten Teilen von fremden Truppen besetzt, als Gotthard den Schritt Albrechts nachvollzog, sich für eine der Kriegsparteien entschied (Polen-Litauen) und den Orden in Livland auflöste. So befand er sich in einer politisch schwachen Position und erhielt 1561 aus den Trümmern des livländischen geistlichen Territorialverbundes zu seiner Enttäuschung nur ein Teilgebiet als erbliches Lehnsherzogtum, das Herzogtum Kurland und Semgallen, kurz Herzogtum Kurland. Es gelang Gotthard, das Herzogtum durch die Kriegswirren zu führen (er leistete bis zu seinem Tode 1587 vor allem auf geistlich-religiösem Gebiet – ähnlich Albrecht – Beachtenswertes) und eine Dynastie zu gründen, die in Kurland bis 1737 herrschte. Trotz dieser bedeutenden historischen Rolle innerhalb der livländischen bzw. baltischen Geschichte hat sich bis heute kein Biograph Gotthards gefunden. Zudem ergeben die vorliegenden Teilstudien und Erwähnungen Gotthards in größeren Darstellungen zur baltischen Geschichte ein höchst widersprüchliches, konträres Bild. In einer Vorstudie[1] zu dieser Arbeit ist das sich wandelnde Bild Gotthards in der Historiographie einer genaueren Betrachtung unterzogen worden. Dabei ließen sich zwei charakteristische Stränge in der Beurteilung Gotthards beobachten: Zum einen das aus dem 19. Jahrhundert stammende, von nationalen Gesichtspunkten geprägte Bild. Für die modernen livländischen, d. h. deutsch-baltischen Historiographen, die in ihrem Schaffen in hohem Maße von ihrem biographischen Hintergrund beeinflußt waren, wurde der Mann, der Livland fremden Mächten ‚ausgeliefert' und die Epoche politischer Selbständigkeit beendet hatte, zum Inbegriff des Verräters. Vor allem vor dem Hintergrund

1 Sebastian Plüer: Gotthard Kettler, letzter Ordensmeister in Livland und erster Herzog von Kurland – eine umstrittene Persönlichkeit in der Geschichtsschreibung. In: Erwin Oberländer (Hg.): Das Herzogtum Kurland. Verfassung, Wirtschaft, Gesellschaft. Bd. 2. Lüneburg 2001, S. 11–53.

der verschärften Russifizierungsmaßnahmen in den baltischen Provinzen der 1880er Jahre wurde Gotthard als Prototyp des die nationale Sache verratenden, den inneren Zusammenhalt der Deutschen in Livland sprengenden und nur den Eigennutz im Sinn habenden Herrschers angesehen. Insbesondere von Carl Schirren, einem der einflußreichsten (und auch politisch wirksamsten) deutsch-baltischen Historiker wurde Gotthard mit scharfen Worten als nationaler Verräter gegeißelt. Die Mehrzahl der deutsch-baltischen Historiker schloß sich Schirren in teils differenzierenden, teils polemischen Beurteilungen an und trug so zu einem teilweise bis heute tradierten, negativen Bild Gotthards bei, dessen Wurzeln gleichwohl in den Vorbehalten des nationalen Zeitalters liegen. Daneben gibt es zu dieser negativen Traditionslinie vor allem in bezug auf das Wirken Gotthards als Herzog, als evangelischer Landesfürst eine schon viel früher einsetzende, ungemein positive Würdigung, ja teilweise hymnische Überhöhung und Idealisierung der Person und des Wirkens Gotthards, vor allem in der zeitgenössischen Chronistik und im Zeitalter der Aufklärung, das in ihm den fürsorglichen Landesvater sah. Es ist interessant zu beobachten, daß sich die lettische Historiographie dieser älteren positiven Einschätzung im wesentlichen anschloß, Gotthard gar als einen der ‚wenigen guten' unter den Herrscherfiguren der deutschen Oberschicht bezeichnete[2], womit sie dessen geistliche Fürsorge für die lettische bäuerliche Bevölkerung würdigte.

Daß die Konstruktion eines bestimmten Bildes bereits zu Gotthards Lebzeiten politisch instrumentalisiert wurde, muß bei der Auseinandersetzung mit den zeitgenössischen Quellen stets beachtet werden. Dies trifft vor allem für die zeitgenössischen Chroniken zu, die neben dem „Kurländisch Herzoglichen Archiv" (KHA) die Hauptquellen für die Beschäftigung mit der Frühzeit des Herzogtums Kurland darstellen. Das KHA bietet trotz der durch zahlreiche Teilungen und Verlagerungen erlittenen Verluste noch immer eine verhältnismäßig gute Quellenlage. Es befindet sich heute im Lettischen Staatsarchiv in Riga (Latvijas Valsts Vestures Arhivs [LVVA]).[3]

Wollte man das Bild, das das KHA bezüglich der Regierungszeit Gotthards bietet, in einem Begriff zusammenfassen, so könnte man diese Zeit als „permanente Entwicklung" charakterisieren. Darunter ist der Prozeß einer Territorialbildung zu verstehen, in dem sich zwar zu Beginn ein staatsrechtlich sanktioniertes Gebilde formierte[4], dessen innere Strukturen aber erst noch gefunden werden mußten und sich aus der Austarierung machtpolitischer Interessen zwischen den konkurrieren-

---

2 So Alfred Bilmanis: „The few good men among the German Balts will always be remembered. Foremost among these is Duke Gotthard of Courland (1561–1587) [...]", in: ders.: Grandeur and Decline of the German Balts. In: The Slavonic and East European Review. American Series III, 4 (21) 1944, S. 50–80, hier S. 50.

3 Zur Geschichte des KHA vgl. Beata Krajevska/Teodors Zeids: Zwei Kurländische Archive und ihre Schicksale. In: Erwin Oberländer/Ilgvars Misans (Hg.): Das Herzogtum Kurland. Verfassung, Wirtschaft, Gesellschaft. Bd. 1. Lüneburg 1993, S. 13–28.

4 Am 28. November 1561 wurde der Unterwerfungsvertrag (Pacta Subiectionis) zwischen Gotthard Kettler und dem polnischen König Sigismund August geschlossen, mit dem die Herrschaft des Deutschen Ordens in Livland endete und zugleich das Herzogtum Kurland aus der Taufe gehoben wurde.

den Kräften der herzoglichen und ständischen Macht ergaben. (Diese Machtbalance wurde vor allem auf den kurländischen Landtagen gefunden und fand ihren Niederschlag in den Landtagsrezessen[5].) Der kurländische Adel besaß mit dem ebenfalls 1561 ausgestellten „Privilegium Sigismundi Augusti" umfangreiche Vorrechte, die ihm gegenüber dem Herzog eine starke Stellung sicherten. Trotz dieses potentiellen Spannungsverhältnisses gestaltete sich das Verhältnis zwischen Herzog und Adel zufriedenstellend, da man wohl auf beiden Seiten daran interessiert war, dem Oberlehnsherrn nicht zu viel Einfluß auf die innerkurländischen Verhältnisse zu gewähren bzw. sich der Bedeutung innenpolitischer Stabilität angesichts des fortdauernden Livländischen Krieges bewußt war. Für Gotthard bedeutete die starke Stellung des Adels allerdings einen eingeschränkten innenpolitischen Handlungsspielraum. Jedoch eröffnete sich ihm auf dem Gebiet der Kirchenverhältnisse ein wichtiges Betätigungsfeld, auf dem sich persönlicher Glaubenseifer und innenpolitische Gestaltungsmöglichkeiten trafen. So desolat das Kirchenwesen Kurlands nach dem Ende der Ordensherrschaft und dem partiellen Eindringen des reformatorischen Gedankensguts zu Ordenszeiten auch war (und dem damit verbundenen Verfall der alten kirchlichen Strukturen), so unbeirrt nahm Gotthard die Aufgabe an, dieses Kirchenwesen wieder aufzurichten. Seine Maßnahmen waren vielfältig und reichten von der Herausgabe der kurländischen Kirchenordnung über den Kirchenbau, Visitationen (an denen Gotthard teilweise selbst teilnahm), der Anwerbung von Pfarrern bis zum Druck religiöser und geistlicher Schriften, vor allem für die lettischsprachige Bevölkerung. Nach der bisherigen Quellendurchsicht, aber auch nach den mit Vorsicht zu betrachtenden zeitgenössischen Zeugnissen scheint Gotthard diese Kirchenpolitik aus echter innerer Überzeugung und Zuneigung zur lutherischen Glaubenslehre betrieben zu haben. Mit seinen kirchenpolitischen Maßnahmen, vor allem auch der Kirchenordnung, gelang Gotthard der Aufbau einer lutherischen Landeskirche, die die gesamte Bevölkerung umfaßte, also auch den Adel einschloß. Hervorzuheben ist hier, daß im Gegensatz zwischen Landesherrn und Ständen kein konfessionspolitischer Konflikt zum Ausdruck kam, die konfessionspolitischen Verhältnisse eher denen von Reichsterritorien ähnelten als denen ostmitteleuropäischer Territorien.

Der Prozeß der Konfessionalisierung, der sich natürlich nicht nur auf kirchenpolitische Maßnahmen beschränkt, steht in dieser Untersuchung im Mittelpunkt der Betrachtung. Konkret bedeutet dies eine Konzentrierung auf die innenpolitischen Entwicklungen Kurlands unter dem Gesichtspunkt der Verbindung von Konfessionalisierungsprozeß und Entstehung des frühmodernen Staates in der Auseinandersetzung zwischen Landesherrn und Ständen, der landesherrlichen Funktionalisierung des Kirchenwesens und dessen Verschränkung mit den staatlich-weltlichen Strukturen im Sinne eines modernisierenden Impulses sowie den sozialen Auswirkungen dieser Prozesse. Bei der Betrachtung dieser Vorgänge werden die wichtigen Faktoren des polnischen Lehnsherrn und des polnisch-li-

---

5 KHA 11/34a, lfd. Nr. 38 u. KHA 11/34b, lfd. Nr. 38.

tauischen Adels als äußere Bezugspunkte hinzugezogen. Durch die Einbeziehung Kurlands in die aktuelle Diskussion innerhalb des Fachbereichs „Frühe Neuzeit" eröffnen sich auch Vergleichsmöglichkeiten mit West- und Mitteleuropa, die über den baltischen Raum hinausweisen[6].

Besondere Aufmerksamkeit ist dem Bereich der herzoglichen Religionspolitik gewidmet bzw. den Auswirkungen der religionspolitischen Maßnahmen, die unter Gotthard initiiert wurden. Dieser in der Forschung als „Sozialdisziplinierung" bezeichnete Vorgang ist gerade in bezug auf die lettische bäuerliche Bevölkerung von Bedeutung. In welcher Weise die Kirchenzucht auf die bäuerliche Lebenswelt eingewirkt und die reformatorischen Bemühungen um die Wortverkündigung in der Volkssprache erst eine wirkliche Christianisierung ermöglicht haben, ist für den baltischen Raum bisher wenig untersucht worden. Auch die Auswirkungen der reformatorischen Bildungsmaßnahmen sind hier von Interesse, ebenso die Akzeptanz, mit der der obrigkeitlichen Religionspolitik seitens der bäuerlichen Bevölkerung begegnet wurde. Für diese Fragestellungen sind Visitationsberichte und Berichte aus zeitgenössischen Chroniken die quellenmäßige Basis.

Indem man den „lettischen Faktor" der kurländischen Geschichte aufgreift, also die Masse der bäuerlichen Bevölkerung als Untersuchungsgegenstand einbezieht, eröffnet sich die Chance, sich aus der sonst häufig üblichen Beschränkung und Konzentration auf die politisch und wirtschaftlich dominierende deutsche Oberschicht (die ja nur einen geringen Prozentsatz der Gesamtbevölkerung ausmachte) zu lösen und zu einer umfassenderen landesgeschichtlichen Darstellung im eigentlichen Sinne zu gelangen.

Dorothee Herbert: Vorrats- und Versorgungswirtschaft ausgewählter Deutschordensburgen in Preußen (1350–1450)

Preußen unter der Herrschaft des Deutschen Ordens bietet in vielerlei Hinsicht Anlaß für Forschungen verschiedenster Ausrichtung: Die besondere Form der Landesherrschaft einer geistlichen Korporation in einem recht kleinen Gebiet, in dem bis 1350 ein voll funktionstüchtiges Staatswesen mit hochstrukturierter Verwaltung, überregional tätiger Wirtschaft und ausgebildetem Rechtssystem entstanden war, bietet nicht nur für die Erforschung politischer Zusammenhänge, sondern insbesondere auch für alltagsgeschichtliche Fragestellungen eine Vielzahl von Ansätzen. Sind die politischen Vorgänge sowie das Wirtschaftsgebaren des Deutschen Ordens in Preußen für die Zeit zwischen 1350 und 1450, v. a. im Zusammenhang mit der Hanse, zwar weitestgehend erforscht, so liegt das Alltagsleben der Ordens-

6 Zwar hat die Konfessionalisierungsdebatte mittlerweile in größerem Maßstab auch den ostmitteleuropäischen Raum erreicht (vgl. dazu: Joachim Bahlcke/Arno Strohmeyer (Hg.): Konfessionalisierung in Ostmitteleuropa. Wirkungen des religiösen Wandels im 16. und 17. Jahrhundert in Staat, Gesellschaft und Kultur. Stuttgart 1999), doch wird der kurländische Raum bisher nur am Rande behandelt.

mitglieder, abgesehen von einigen durch die Statuten des Ordens bekannten Rahmenbedingungen, doch weitestgehend im Dunkeln.

Das Ziel des Dissertationsvorhabens „Vorrats- und Versorgungswirtschaft ausgewählter Deutschordensburgen in Preußen (1350–1450)" ist, einen zwar zentralen, in der Deutschordensforschung bisher aber eher stiefmütterlich behandelten Aspekt des ritterlichen Lebens zu untersuchen. Im Zentrum steht die Frage, woraus die Ernährung der Brüder bestand und wie sie organisiert wurde. Woher kamen die auf den Ordensburgen eingelagerten Vorräte an Getreide, Fleisch, Gemüsen, Getränken und Fisch und welcher Standard konnte mit dem Vorhandenen gewährleistet werden? Welchen Anteil an der Versorgung deckte die Eigenwirtschaft des Ordens und welchen die Einnahmen aus Naturalabgaben? Mußten Lebensmittel oder Schlachtvieh zugekauft werden und welche Rolle spielten Hilfslieferungen anderer Komtureien in Krisenzeiten?

Neben dem zentralen Aspekt der Beschaffung der Vorräte und der Organisation des Versorgungsprozesses steht die Frage nach der Planmäßigkeit und eventuellen zentralen Lenkung der Bevorratung der einzelnen Häuser. Angesichts mehrfacher kriegerischer Auseinandersetzungen während des Untersuchungszeitraums – herausragend ist hier die für das weitere Schicksal des Ordens in Preußen ausschlaggebende Schlacht von Tannenberg im Jahre 1410 – muß auch der Zusammenhang zwischen politischen und militärischen Krisen und der Versorgung der Ordensbrüder während dieser Phasen untersucht werden. Die Untersuchung bleibt jedoch auf die Versorgung und Bevorratung der Ordensburgen beschränkt, die Versorgung im Feld wird nicht mit einbezogen.

Bereits bei der Beschäftigung mit den geographischen Gegebenheiten des Ordenslandes Preußens fällt eine Varietät der Anbaugebiete ins Auge. So bestanden zum einen Komtureien mit direktem Zugang zur Ostsee, während im Osten Preußens Seenlandschaften vorherrschen. In anderen Teilen des Landes wechseln sich Sandböden mit leichten Hügeln ab. Diese für Landwirtschaft und Nahrungsbeschaffung von Komturei zu Komturei unterschiedlichen Bedingungen führen zu der Frage, ob es bei der Versorgung zu Spezialisierungen oder zu durch Standortvorteile bedingten Besonderheiten gekommen ist. Auch gilt es, sich mit ganz lebensnahen Aspekten des Themas auseinander zu setzen: Wie wurden die Vorräte zum Zielort transportiert, wie und wo wurden sie dort gelagert und welche Speisen wurden daraus zubereitet?

Das besondere Gewicht der Untersuchung liegt auf der Darstellung des Organisationsprozesses der Versorgung innerhalb der einzelnen Komtureien. Im Zusammenhang mit der Bevorratung der Burgen soll die Eigenwirtschaft des Ordens analysiert und anhand des Versorgungsprozesses der Grad der Selbständigkeit dieser Verwaltungseinheiten geklärt werden. Die Art und die Verwertung der Vorräte auf einer Burg können in ihrer Veränderung über einen Zeitraum von etwa neunzig Jahren einen Einblick in die Wandlung der täglichen Ernährung und ihrer Qualität geben.

Die Erforschung der Geschichte des Deutschen Ordens ist hinsichtlich der politischen und militärischen Geschichte bereits weit fortgeschritten. Auf dem Bereich der Stadtgeschichte hat die polnische Forschung in den letzten 15 Jahren erhebliche Fortschritte verzeichnet. Grundlegend für die Wirtschaftsgeschichte des Deutschen Ordens ist das 1993 erschienene Werk Jürgen Sarnowskys zur Wirtschaftsführung des Ordens in Preußen[7]. Hier finden sich u. a. Analysen von Kosten für Lebensmittel und Untersuchungen zur Eigenwirtschaft der Komtureien und somit wichtige Ansätze für das Dissertationsvorhaben, dessen Schwerpunkt neben einer quantitativen Auswertung der Bestände und Leistungsfähigkeit der Burgen und Vorwerke auf der Untersuchung des qualitativen Standards liegt.

Kulturgeschichtliche Forschungen zum Thema Essen und Trinken sind v. a. in den achtziger und neunziger Jahren des 20. Jahrhunderts verstärkt durchgeführt worden und bieten eine Vielzahl von Informationen zu Entwicklung und Art der Ernährung und Versorgung.

Die verwendbaren Quellen sind breit gefächert: Neben dem umfangreichen Bestand des Ordensbriefarchives (OBA), den Ordensfolianten und Pergamenturkunden verwahren die Staatsarchive in Thorn und Danzig wichtige Quellen zur städtischen und regionalen Wirtschaftsgeschichte, zur Geschichte der preußischen Hansestädte sowie Korrespondenzen zwischen den Städten und Amtsträgern des Ordens. Zins- und Schuldbücher des Ordens geben Aufschluß über Handelsgüter, Umsatzmengen und Preise der Waren. Städtische Rechenbücher bieten Orientierung über die Preislandschaft. Weitere Informationen über das Wirtschaftsgebaren des Ordens enthalten das Große Zinsbuch, das Marienburger Konvents- und Tresslerbuch sowie das Ausgabenbuch des Marienburger Hauskomturs. Anhaltspunkte für das Schicksal einzelner Komtureien in Krisenzeiten bieten die Schadenbücher. Weiterführende Informationen zu Handel und Wirtschaft des Ordens finden sich im Preußischen Urkundenbuch sowie in den Hanserezessen. Sehr aufschlußreich ist der „Elbinger Wirtschaftsplan", der die These einer zwar strukturierten, aber dennoch flexiblen Organisation der Versorgung unterstützt.

Die Hauptquelle für die vorliegende Untersuchung ist das Große Ämterbuch (GÄB) des Ordens. Hier sind für den Zeitraum von 1364 bis ca. 1520 für sämtliche Komtureien Übergabeprotokolle verzeichnet, die beim Amtswechsel eines Komturs erstellt wurden. Diese Listen der auf der Burg vorhandenen Vorräte an Waffen, Geld, Korn, Lebensmitteln, Vieh, Kleidung und Gerätschaften dienten zur Kontrolle und zur Orientierung für den neuen Amtsinhaber. Die Inventare der Zeit um 1400 sind zumeist ausführlicher als die späteren und die wechselnde Reihenfolge der Auflistungen könnte ein Indiz für die sich wandelnde Wertigkeit der verschiedenen Kategorien sein.

Trotz der Fülle des Quellenmaterials ist die lokale Überlieferung recht begrenzt, da nur wenige Schuldbücher vorhanden sind. Für die einzelnen Ämter ist wichtiges Material verlorengegangen. Hier können vor allem die Briefe Hinweise liefern.

Die Versorgungswirtschaft des Ordens in Preußen erschien nach Lektüre der einschlägigen Literatur zunächst als hierarchisch strukturiert und zentral gesteuert.

---

7 Jürgen Sarnowsky: Die Wirtschaftsführung des Deutschen Ordens in Preußen (1382–1434) (Veröffentlichungen aus den Archiven Preußischer Kulturbesitz 34). Köln, Weimar, Wien 1993.

Die Quellen vermitteln jedoch den Eindruck einer autarken regionalen Versorgungswirtschaft, die von den Komturen eigenverantwortlich geleitet wurde. Bereits in der Beschreibung des Status und der Aufgaben der Komture in den Statuten des Ordens erscheint die Komturei als weitreichend autarke ökonomische Einheit. Diese These soll anhand der Untersuchung der Versorgung mit Nahrungsmitteln untermauert werden. Die Auswahl der untersuchten Burgen ist bedingt durch die Quellenlage, die für die größeren und mittleren Komtureien günstiger ist als für kleinere. Um jedoch einen möglichst umfassenden Querschnitt der Versorgungsprozesse bieten zu können, wurden auch die kleineren Komtureien wie z. B. Roggenhausen und Thorn in die Untersuchung einbezogen. So ergeben sich drei nach räumlicher Ausdehnung gestaffelte Gruppen[8].

Nach der tabellarischen Erfassung der Inventare des GÄB wurden diese unter Berücksichtigung der personellen Besetzung der Ordenshäuser zum Verzeichnungstermin, der Aufschluß über die Verbrauchsmengen geben kann, und spezieller geographischer Faktoren im Hinblick auf Schwankungen und Besonderheiten ausgewertet. Diese Untersuchung wurde auch für die Vorwerke der jeweiligen Komtureien durchgeführt. Die Quellen für die Untersuchung der Eigenwirtschaft fließen zwar recht spärlich, doch lassen sich Zusammenhänge in der Versorgung der Haupthäuser und der Höfe nachweisen. Die Inventare bieten außer den gelegentlich erwähnten Gesamtsummen der Ausgaben während der abgelaufenen Amtszeit keine Preise, so daß städtische Rechnungen und Briefe herangezogen werden müssen. Hier läßt sich das zweite Standbein der Versorgung einer preußischen Ordensburg, nämlich der Kontakt zur städtischen Wirtschaft, ausmachen.

Die bisherige Untersuchung der drei großen Komtureien Danzig, Königsberg und Brandenburg, der mittelgroßen Christburg, Osterode, Memel und Tuchel sowie der kleinen Verwaltungseinheiten Thorn und Roggenhausen läßt starke Unterschiede in der Versorgung der Ordensburgen erkennen. Sie manifestieren sich in der qualitativen und quantitativen Bandbreite der Vorräte, die bei den großen Komtureien höher ist als bei den kleineren. Dies hängt zum einen mit ihrer politischen Bedeutung, zum anderen aber auch mit ihrer günstigeren Anbindung an Wasser- und Landwege zusammen, die den überregionalen Handel und somit den direkten Zugriff auf Importwaren ermöglichten. In Komtureien, die nicht direkt an die Handelswege angebunden waren, wie z. B. Osterode, ist eine deutlich niedrigere Quote von Importwaren wie Rheinwein und Gewürzen, aber auch an Seefischen zu beobachten. Die Auflistungen insbesondere der Getreidevorräte auf den Burgen lassen regionale Besonderheiten im Anbau erkennen. Hier schlägt sich auch die durch Dürren, Überschwemmungen und kriegsbedingte Verwüstungen beeinflußte Situation der Landwirtschaft und die davon abhängige und schwankende Fähigkeit der Zinsbauern zur Zahlung der Abgaben nieder. Angaben über diese Faktoren finden sich in zeitgenössischen Chroniken.

---

8 Große Komtureien: Danzig, Königsberg, Brandenburg, Balga; mittlere Gruppe: Elbing, Christburg, Osterode, Memel, Tuchel; kleine Komtureien: Rehden, Thorn, Roggenhausen, Bütow.

Die Analyse der Vorwerke ergibt Spezialisierungen auf Viehzucht oder Ackerbau. Der Zusammenhang zwischen der Erzeugung auf den ordenseigenen Höfen und der Versorgung der Burgen läßt sich gut durch den Vergleich der Mengen an Schlachtvieh auf den Höfen und den Fleischvorräten auf der Burg nachvollziehen. Im Verlauf des Beobachtungszeitraums sind auf den Vorwerken Umstellungen erkennbar, die weniger durch eine bedarfsbedingte Veränderung der Produktion, sondern eher durch die Umorientierung beim Wiederaufbau nach Kriegszügen zu erklären sind. Die Zerstörungen betrafen vor allem die südlichen und damit mittleren und kleineren Komtureien. Diese haben hier hinsichtlich des Standards und der Kontinuität der Versorgung häufige Brüche hervorgerufen. Eine weitere Veränderung des Standards ist ab ca. 1440 zu erkennen: Während die Mengen der Vorräte zurückgehen, was in Korrelation zu den sinkenden Besatzungszahlen der Burgen steht, kommen neue Lebensmittel wie z. B. viele verschiedene Bier- und Weinsorten, Käse aus dem Ausland und Wildbret hinzu. Die Erhöhung der Qualität ist Zeichen einer tiefgreifenden Änderung in der Ernährung der Ritter: Stand in früheren Jahren die Erhaltung der Kampfkraft durch nahrhafte Lebensmittel im Mittelpunkt, die sich dennoch auf recht hohem qualitativem Niveau bewegte, so setzt sich nun eine mehr genußorientierte Versorgungsweise durch.

Vor allem anhand der Briefe des OBA läßt sich hinsichtlich der Organisation des Versorgungsprozesses eine weitgehende Eigenständigkeit der Komture und ihrer untergebenen Amtsträger ausmachen. Von absoluter Selbständigkeit kann jedoch nicht die Rede sein: Zwar hatten die Komture freie Hand in der lokalen Verwaltung ihres Gebietes und auch in der Organisation der Versorgungsgüter für ihre Burg, doch hatten sie sich den vom Hochmeister gestellten Forderungen für Hilfslieferungen an andere Komtureien zu fügen. Zahlreiche briefliche Anfragen und Beschwerden bezüglich der Organisation der lokalen Versorgung an den Hochmeister beweisen, daß eine zentrale Überwachung eines ausreichenden Versorgungsstandards existierte. Auch sorgte der Hochmeister für die Ausstattung jener Ordenshäuser, die aufgrund ihrer unwirtlichen Lage am Rande des Ordenslandes und ihrer unmittelbaren Nachbarschaft zu potentiellen Angreifern (wie z. B. Litauen) nicht in der Lage waren, ihre Versorgung aus eigener Kraft zu sichern.

Die Existenz der Amtsübergabeprotokolle spricht bereits für eine kontrollierte Selbständigkeit des Versorgungsprozesses. Der Elbinger Wirtschaftsplan und weitere Auflistungen des Bedarfs und der geplanten Versorgung anderer Häuser machen ein in ganz Preußen verbreitetes System der Organisation der Versorgung mit Nahrungsmitteln wahrscheinlich. Dies darf jedoch nicht mit zentraler Steuerung verwechselt werden: Die Anweisungen gingen von den Komturen aus und sind von ihnen an die untergeordneten Amtsträger weitergegeben worden. Im Zuge der Ämterrotation in Preußen konnte sich eine Anweisungspolitik weiterverbreiten, die zu einer stabilen, in Krisenzeiten flexiblen Versorgungspolitik führte.

Ralf Meindl: Erich Koch – Gauleiter von Ostpreußen. Eine politische Biographie

Die Gauleiter gehörten nicht nur zu den Parteifunktionären, die innerhalb der Partei den größten Anteil am Aufstieg des Nationalsozialismus hatten, sie bildeten auch eine der wichtigsten Führungsgruppen des Dritten Reiches. Sie waren für die Indoktrination der Bevölkerung im Sinne des Regimes zuständig – wodurch sie das regionale Antlitz des Nationalsozialismus maßgebend prägten –, ihre Einsetzung in eine Doppelfunktion als Parteiführer einerseits und Reichsstatthalter bzw. Oberpräsident andererseits bildete zugleich den Anfang eines Umbaus des deutschen Staatsapparats ganz nach Hitlers Diktum „Die Partei befiehlt dem Staat". Die für das künftige „Großdeutsche Reich" vorgesehene zentrale Funktion und Position der Gauleiter wurde bereits durch ihre herausgehobene Stellung in der Besatzungsverwaltung im Zweiten Weltkrieg deutlich, als die Verwaltung aller für die zukünftige Gestaltung eines „germanischen Europa" wichtigen Gebiete Gauleitern übertragen wurde.

Nicht zu unterschätzen ist auch die Bedeutung der Kompetenzkämpfe dieser „Territorialfürsten" Hitlers untereinander, aber auch und vor allem gegen die zentralisierten Instanzen des NS-Staates wie die SS, die nicht unerheblich zur Radikalisierung des Regimes, die im „Vernichtungskrieg" und im Holocaust kulminierte, beitrugen.

Angesichts dieser Bedeutung der Gauleiter ist erstaunlich, wie wenig Aufmerksamkeit die Historiographie ihnen bisher gewidmet hat. Trotz der übergreifenden, strukturell ausgerichteten Studie Peter Hüttenbergers aus dem Jahr 1969[9] wurden einzelne Gauleiter erst in den neunziger Jahren näher untersucht, vor allem im Kontext regionaler Studien. Selbst Ian Kershaw beschäftigte sich im Rahmen seiner Forschungen zu Hitler und dessen Herrschaftstechnik[10] nicht explizit mit den Gauleitern, obwohl gerade sie als regionale Vertreter Hitlers für Kershaws These des „dem-Führer-zuarbeiten" eine zentrale Stellung einnehmen. Wissenschaftliche Biographien gibt es, wenn man von einer größeren Anzahl von Aufsätzen absieht, nur vier von sehr unterschiedlicher Qualität und stark differentem Forschungsinteresse, zudem behandeln sie Gauleiter von sehr unterschiedlicher Bedeutung[11].

---

9 Peter Hüttenberger: Die Gauleiter. Studie zum Wandel des Machtgefüges in der NSDAP. Stuttgart 1969.

10 Ian Kershaw: Der Hitler-Mythos: Führerkult und Volksmeinung. Stuttgart 1987; ders.: Hitler. 1889–1936. Stuttgart 1998; ders.: Hitler. 1936–1945. Stuttgart 2000; ders.: Hitlers Macht: das Profil der NS-Herrschaft. 2., durchges. Aufl. München 2000.

11 Franz Kühnel: Hans Schemm. Gauleiter und Kultusminister (1891–1935). Nürnberg 1985; Ulf Pedersen: Bernhard Rust: ein nationalsozialistischer Bildungspolitiker vor dem Hintergrund seiner Zeit. Braunschweig, Gifhorn 1994; Dieter Schenk: Hitlers Mann in Danzig. Albert Forster und die NS-Verbrechen in Danzig-Westpreußen. Bonn 2000; Stephanie Zibell: Jakob Sprenger (1884–1945): NS-Gauleiter und Reichsstatthalter in Hessen. Darmstadt, Marburg 1999. – Die Biographie Rusts beschränkt sich fast ausschließlich auf die Darstellung des Bildungspolitikers Rust, diejenige Forsters legt sehr großen Wert auf juristische Aspekte. Schemm starb bereits 1935, Sprenger blieb als Politiker außerhalb seines Gaus relativ blaß.

Die Person Erich Kochs, der bereits von seinen Zeitgenossen als besonders mächtiger und unabhängiger, aber auch skrupelloser und machtgieriger Parteiführer beschrieben wurde, bietet sich für eine vertiefende Studie zu dieser Ebene des nationalsozialistischen Führerkorps geradezu an: Koch gehörte zu den „ältesten Kämpfern" der „Bewegung" – er war seit 1921/22 Parteigenosse –, war einer der am längsten amtierenden Gauleiter – von 1928 bis 1945 amtierte er als Gauleiter von Ostpreußen –, er „regierte" einen der größten und exponiertesten Gaue der Partei und war einer der streitbarsten Unterführer Hitlers, weshalb er in eine Vielzahl der internen Auseinandersetzungen, also der „dynamisierenden Rivalitäten", die den Charakter des Dritten Reiches prägten, involviert war. Im Zweiten Weltkrieg war er als Reichskommissar für die Ukraine derjenige Paladin Hitlers, der das größte und wertvollste Beutestück zur Verwaltung übertragen bekam, beim Untergang des Dritten Reiches spielte er wegen seiner Mitverantwortung für die bei der Flucht der ostpreußischen Bevölkerung entstandenen Leiden eine letzte unrühmliche Rolle.

Koch gehörte unzweifelhaft zu den bedeutendsten Gauleitern Hitlers, an Kochs Vita können viele der im Dritten Reich wirksamen Strukturen und Entwicklungen und vor allem deren Verschränkung mit den persönlichen Überzeugungen und Motiven der Akteure exemplarisch dargestellt werden. Die Biographie Kochs soll sich an ähnlich konzipierten Arbeiten wie Ian Kershaws Hitlerbiographie, die sich mit der Spitze des Reiches beschäftigt, oder Ulrich Herberts Studie über Best[12], die an Hand des Organisators des Reichssicherheitshauptamtes die Intellektuellen der SS untersucht, orientieren.

Ebenso wie in diesen Biographien können in einer Biographie Kochs nur Ausschnitte aus der komplexen Realität des Dritten Reiches behandelt werden. Neben einer Untersuchung der *Persönlichkeit Kochs* selbst, die vor allem die Frage beantworten soll, warum Koch sich der NSDAP anschloß und was ihn bewegte, in der Weise zu handeln, in der er es tat, soll das Beispiel Kochs in erster Linie zur Erforschung folgender Themenkomplexe beitragen:

– *Gauleiter als Parteiführer*: Koch kann in diesem Punkt als geradezu idealtypischer Gauleiter gesehen werden. Er entsprach sowohl in seiner sozialen Herkunft, seinem politischen Werdegang als auch seinem Verständnis vom Nationalsozialismus und seiner Sicht von und seinem Verhältnis zu Hitler dem Typus des „Alten-Kämpfer-Gauleiters" der ersten Stunde. Alle Kampfmethoden, Macht- und Herrschaftstechniken, die von Hitlers Unterführern zur Anwendung gebracht wurden, sei es zum persönlichen Aufstieg oder zur Festigung und Ausweitung der eigenen Position innerhalb der Partei, im Kampf um die politische Macht in der Weimarer Republik oder aber zur Durchsetzung und Festigung des Nationalsozialismus nach der Machtergreifung, kamen durch ihn in einer für diese Methoden besonders charakteristischen Weise zur Anwendung. Auch Kochs Auftreten als Parteiführer wie dann auch seine Stilisierung als „Vater der Pro-

12 Ulrich Herbert: Best. Biographische Studien über Radikalismus, Weltanschauung und Vernunft 1903–1989. Bonn 1996.

vinz" ist für diese NS-Führerschicht typisch, ebenso wie seine stark an den regionalen Spezifika seines „Heimatgaues" orientierte Politik.

– *Regionalgeschichte Ostpreußens im Dritten Reich*: Diese bisher kaum erforschte Epoche wurde stark von der Person Kochs geprägt. Er, der als „sozialistischer", ja sogar „bolschewistischer" Gauleiter galt, verstand es, gerade mit seinem „Sozialismus", einer Verbindung von sozialrevolutionären Thesen und nationalen Forderungen, die in erster Linie nicht von Hitler stammte, sondern aus Kochs persönlichen Jugend- und Kriegserfahrungen entstanden war, die Menschen der agrarisch strukturierten, konservativen Provinz zu gewinnen und Ostpreußen so zu einer Hochburg der NSDAP zu machen. Durch diesen Erfolg konnte er in Ostpreußen eine so starke Hausmacht aufbauen, daß er die Provinz während des Dritten Reiches wie ein „kleiner Gaukönig" – so seine Zeitgenossen – beinahe autokratisch beherrschen konnte. Kochs starke Position wie auch seine Erfolge als Oberpräsident z. B. beim Wirtschaftsaufbau im östlichsten Gau des Reiches waren aber auch der „abgetrennten" und „bedrohten" Lage der Provinz zu verdanken, die das Geschehen in Ostpreußen zum einen aus dem Fokus der Berliner bzw. Münchner Zentrale nahmen – Kochs Schwächen und Verfehlungen blieben so länger unbeachtet –, zum anderen es Koch ermöglichten, die schwierige Lage Ostpreußens immer als Argument für eine bevorzugte Behandlung der Provinz oder auch seiner Person heranzuziehen – in Ostpreußen sei wegen der Gefahr einer polnischen Intervention nicht nur in besonderem Maße Wirtschaftshilfe zu leisten, sondern auch auf eine einheitliche und starke politische Führung zu achten; Angriffe gegen ihn seien daher auch Angriffe auf die Sicherheit des Reiches, so seine Argumentation. Die Bedeutung der „Insellage" Ostpreußens für Kochs Position kann daher kaum überschätzt werden. Andererseits trugen Kochs Elan und seine Durchsetzungskraft, aber auch sein Pragmatismus und seine Anpassungsfähigkeit, dazu bei, daß, anders als in den meisten anderen Gauen, ehrgeizige Infrastrukturpläne nicht nur entwickelt, sondern auch tatsächlich in Angriff genommen wurden. Obwohl oder gerade weil diese Pläne aus eher konservativen denn nationalsozialistischen Kreisen stammten, war es weitgehend das Verdienst Kochs, der sich diese Pläne zu eigen machte und in Berlin vertrat, daß Ostpreußen im Dritten Reich einen ungeahnten wirtschaftlichen Aufschwung nahm.

– *Innere Struktur, Funktionsweise und Herrschaftstechniken im Dritten Reich*: Das wichtigste Herrschaftsinstrument Hitlers war sein Mythos als dem Alltag entrückter Führer, als letzte Entscheidungs- und Mittlerinstanz über den Konfliktparteien innerhalb des Regimes. Die Versuche seiner Unterführer, durch vorauseilenden Gehorsam und möglichst eifrige Erfüllung des vermuteten Führerwillens die Gunst des Unnahbaren zu erreichen, von Kershaw als „dem-Führer-zuarbeiten" beschrieben, führten zu einer Radikalisierung des Systems, die letztlich den Holocaust ohne größeres aktives Zutun Hitlers, also ohne den von Historikern lange vergeblich gesuchten direkten Befehl des Diktators über die Vernichtung der Juden, möglich machte. Auch auf Koch wirkten diese „dynamisierenden Rivalitäten" in besonderer Weise: Vertrat er 1933/34 noch eine Politik der Annäherung an die „jungen Völker des Ostens“ und galt als eine Art Oppositioneller innerhalb der Partei, so mutierte er unter dem Eindruck der parteiinternen Konflikte, die ihn Ende 1935 fast seine Ämter kosteten – ihn rettete nur ein Schiedsspruch Hitlers –, zu einem vorbildlichen „Zuarbeiter“ des Führers, was sich besonders in seiner brutalen Besatzungspolitik in der Ukraine zeigte, wo er sich unter Berufung auf den Führer sogar als fanatischerer „Herrenmensch“ gebärdete als die SS-Offiziere. An Kochs Beispiel wird hier die Rolle Hitlers nicht als starker oder schwacher Diktator, sondern als innere Triebkraft aller nationalsozialistischer Politik fernab von der direkten Regelung banaler Alltagsdinge deutlich.

– *Verhältnis von Partei und Staat*: Hitler versuchte peu à peu, das von der Weimarer Republik übernommene Verwaltungssystem nicht nur zu kontrollieren, sondern es durch ein System von Sonderbeauftragten und Personalunionen vollständig auszuhebeln und durch eine nationalsozialistisch geprägte Verwaltungsform, bestehend aus territorialen Einheiten mit „verantwortlichen Führern“ an ihrer Spitze, zu ersetzen. Koch verkörperte als Gauleiter und Oberpräsident Ostpreußens genau den Typus des „Einheitsführers“, der langfristig die neue Mittelinstanz in der deutschen Verwaltung bilden sollte. Er versuchte einerseits, in dieser Position die größtmögliche Unabhängigkeit gegenüber den Reichsministerien zu erreichen, andererseits war er bemüht, dieses Modell auch in seinem Territorium durchzusetzen, vor allem durch Personalunionen zwischen Kreisleitern und Landräten. Auch in diesem Bemühen ging Koch wiederum radikaler vor als die meisten anderen Gauleiter und konnte zum Teil auch größere Erfolge erzielen. Hier wird deutlich, wie sehr auch die Initiative der Gauleiter zum Umbau des Staatsapparates und zur Herausbildung spezifisch nationalsozialistischer Charakteristika der Staatsverwaltung beitrug.
– *Besatzungspolitik*: Von der eroberten Ukraine erhoffte sich die Führung des Dritten Reiches die Sicherung der Nahrungsmittel- und Rohstoffversorgung während des Krieges und den angestrebten Lebensraum zur Besiedlung. Die Übertragung dieses Gebietes an den ehemaligen „Dissidenten“ Koch zeigt die Hochschätzung, die der erfolgreiche ostpreußische Gauleiter bei Hitler genoß. Kochs Fehden mit dem Reichsminister für die besetzten Ostgebiete Rosenberg und mit Heinrich Himmler zeigen aber auch die innere Mechanik der Besatzungspolitik, die sich ebenfalls aufgrund „dynamisierender Rivalitäten“ brutalisierte.

An Kochs Vita lassen sich also einige der zentralen Aspekte des Nationalsozialismus auf der mittleren Entscheidungsebene des Dritten Reiches darstellen. Obwohl in der Forschung seit Peter Hüttenbergers Polykratiethese[13] die Bedeutung der mittleren Ebene immer stärker betont wird und auch die große Bedeutung der Einzelperson im nationalsozialistischen Staat unbestritten ist, fehlen auf diesem Feld noch biographische Studien. Ziel der hier beschriebenen Arbeit ist es daher, dazu beizutragen, diese Forschungslücke zu schließen.

13 Peter Hüttenberger: Nationalsozialistische Polykratie. In: Geschichte und Gesellschaft 2 (1976), S. 417–442.

Per Brodersen: Am weitesten im Westen. Das nördliche Ostpreußen im Bewußtsein seiner russischen Bewohner 1945–1970

Nach Auffassung des sowjetischen Zentrums begann die Geschichte der westlichsten *oblast'* der UdSSR mit der Erstürmung Königsbergs Anfang April 1945. Vor diesem Ereignis, das zum Gründungsmythos Kaliningrads gerann, existierte nach dieser Auffassung keinerlei Vorgeschichte. Die Eroberung, Einnahme und Besetzung Königsbergs war eine Art Initialisierung jenes Raumes, in dem sich die 700-jährige Geschichte Königsbergs vollzogen hatte. Hier wurden Sowjetbürger vor allem aus Zentralrußland angesiedelt, die Königsberg nur aus Gerüchten und vom Hörensagen kannten und sich kein eigenes Bild von dieser Region an der Ostsee hatten machen können. Das Aufeinandertreffen von russisch-sowjetischer und deutscher Kultur machte viele der Neusiedler ratlos: Vieles, was sie hier antrafen, kannten sie nicht aus ihrer Heimat und hatten sie nie zuvor gesehen. Die Region wirkte fremd auf sie.

Das Dissertationsprojekt setzt sich mit den Formierungen und Artikulierungen Kaliningrader Identitäten zwischen 1945 und 1970 auseinander[14]. Von Interesse sind in diesem Zusammenhang insbesondere die vom Zentrum Moskau und der Peripherie Kaliningrad perpetuierten Bilder, Vorstellungen und Repräsentationen Kaliningrads für diesen Zeitraum mitsamt ihren Konjunkturen und Formierungsprozessen. Die Beschäftigung mit Artikulationen regionaler Identitäten erscheint für das ehemalige nördliche Ostpreußen besonders lohnend, weil sich dort die Entstehung eines sich bar jeden historischen Regionalbezuges herausbildenden (in erster Linie sowjetischen) Regionalbewußtseins vermuten ließe. Aus verschiedenen Gebieten der Sowjetunion kommend, ohne landsmannschaftliche Bindung durch *zemljačestvo* untereinander, konnten die Siedler erst mit der Neubesiedlung des Gebietes ab 1945 ein Bewußtsein dafür entwickeln, Bewohner dieser Region zu sein. Diese Zäsur in der Geschichte der Region ist als Initialzündung für Formierung und Artikulierung regionalen Bewußtseins der neuen Bewohner deutlich zu fassen und ermöglicht, diese sukzessive zu verfolgen.

Vor dem Hintergrund der deutschen Vergangenheit der Region und der Tatsache, daß es noch über mehrere Jahre – bis zur für alle Seiten gänzlich unerwarteten Aussiedlung der Deutschen ab 1947 – ein Nebeneinander von sowjetischen Neusiedlern und deutscher Bevölkerung gab, ist ein Fragenkomplex von zentraler Bedeutung: Welchen Stellenwert besaß dieses Aufeinandertreffen zweier Kulturen auf die Formierung regionalen Bewußtseins? Welchen Einfluß hatte diese Konstellation auf das Vorhaben, das frisch annektierte Gebiet zu einem Teil der Sowjetunion zu machen? Und wie wirkte sich dieser Tatbestand auf das Potential aus, in der Region eine sowjetische „Standardkultur" zu etablieren – eine Gesamtheit von Ritualen, Denk- und Handlungsweisen ohne Bezug auf regionale Eigenheiten?

---

14 Neben dem Immanuel-Kant-Stipendium erfuhr das Dissertationsprojekt Förderung seitens des Deutschen Akademischen Austauschdienstes, der Marga und Kurt Möllgaard-Stiftung, des Kennan Institute of the Woodrow Wilson International Center for Scholars, Washington (USA) sowie des Promotionskollegs Ost-West an der Ruhr-Universität Bochum.

Der Sonderstatus des Gebietes hatte lange Zeit die Forschung zur Region beeinträchtigt; die sowjetische *kraevedenije* mußte auch im Falle des nördlichen Ostpreußen Rücksicht auf politisch-ideologische Vorgaben nehmen. Mit der Krise und schließlich dem Fall des sowjetischen Systems 1991 konnten vermehrt Arbeiten russischer Provenienz zur Gebietsgeschichte erscheinen, die sich deutlich von der bisherigen sowjetischen Historiographie absetzten. Einen wesentlichen Platz nahm nun die bis dato als Tabu behandelte deutsche Geschichte von Stadt und Region ein[15]. Wie schwierig das Verhältnis zu diesem Teil der Geschichte aber auch weiterhin ist, belegt die Tatsache, daß die Ergebnisse eines *oral history*-Projektes zur unmittelbaren Nachkriegszeit erst nach mehr als einem Jahrzehnt auf russisch veröffentlicht wurden – und auch nicht in Kaliningrad selbst[16]. Von deutscher Seite aus wurde vor allem dem Schicksal der in Königsberg verbliebenen deutschen Bevölkerung besondere Beachtung geschenkt[17]; doch auch die neuen, sowjetischen Bewohner rückten zunehmend in das Gesichtsfeld hiesiger Forschung[18]. Nach wie vor gilt aber, daß die Geschichtsschreibung zum nördlichen Ostpreußen nach 1945 noch weitgehend am Anfang steht.

Als problematisch erweist sich hier auch das allgemeine Defizit der Geschichtsschreibung der sowjetischen Nachkriegsperiode, das gerade mit Blick auf die russische Provinz augenscheinlich wird: Nur wenige Arbeiten können hier wertvolle Anregungen zur Kontextualisierung der Geschichte Kaliningrads liefern[19]. Auch in

---

15 In Auswahl sind zu nennen: Anatolij Bachtin: Zur Situation der Baudenkmäler im Königsberger Gebiet am Beispiel der Sakralbauten. In: Friedemann Kluge (Hg.): Ein schicklicher Platz? Königsberg/Kaliningrad in der Sicht von Bewohnern und Nachbarn. Husum 1994, S. 103–130; Bernhard Fisch/Marina Klemeševa: Zum Schicksal der Deutschen in Königsberg 1945–1948. In: Zeitschrift für Ostmitteleuropaforschung, Nr. 44/3 (1995), S. 391–400; Kaliningradskie archivy. Materialy i issledovanija [Kaliningrader Archive. Materialien und Forschungen]. Kaliningrad 1998–2003 (Bd. I–III); Jurij Kostjašov: Zaselenie Kaliningradskoj oblasti posle Vtoroj mirovoj vojny [Die Besiedlung des Kaliningrader Gebietes nach dem Zweiten Weltkrieg]. In: Gumanitarnaja nauka v Rossii: Sorovskie laureaty (Bd. II). Moskau 1996, S. 82–88; Vostočnaja Prussija. S drevnejščich vremën do konca Vtoroj mirovoj vojny [Ostpreußen. Von den ältesten Zeiten bis zum Ende des Zweiten Weltkrieges]. Kaliningrad 1996.

16 Jurij Kostjašov et al.: Vostočnaja Prussia glazami sovetskich pereselencev [Ostpreußen mit den Augen sowjetischer Übersiedler]. Sankt Petersburg 2002 (deutsch: Eckhard Matthes [Hg.], Als Russe in Ostpreußen. Sowjetische Umsiedler über ihren Neubeginn in Königsberg/Kaliningrad nach 1945. Ostfildern 1999 u. 2002).

17 Gerhild Luschnat: Die Lage der Deutschen im Königsberger Gebiet 1945–1948. Frankfurt/M. 1996; Ruth Kibelka: Ostpreußens Schicksalsjahre. Berlin 2000.

18 Bert Hoppe: Auf den Trümmern von Königsberg. Kaliningrad 1946–1970 (Schriftenreihe der Vierteljahreshefte für Zeitgeschichte 80). München 2000; Eckhard Matthes (Hg.): Als Russe in Ostpreußen (wie Anm. 16); ders.: Verbotene Erinnerung. Die Wiederentdeckung der ostpreußischen Geschichte und regionales Bewußtsein im Gebiet Kaliningrad (1945–2001). Ostfildern 2002; Per Brodersen: Enttäuschte Hoffnungen. Kaliningrader Industriearbeiter und die Neubesiedlung des nördlichen Ostpreußen in der sowjetischen Nachkriegszeit (1945 – 1953). 1. Teil. In: Berichte und Forschungen. Jahrbuch des Bundesinstituts für Kultur und Geschichte der Deutschen im östlichen Europa 10 (2002), S. 117–143.

19 So etwa Kees Boterbloem: Life and Death under Stalin: Kalinin Province, 1945–1953. Montreal, Kingston 1996; Karl D. Qualls: Local-Outsider Negotiations in Postwar Sevastopol's Reconstruction, 1944–53. In: Donald J. Raleigh (Hg.): Provincial landscapes: local dimensions of Soviet

der russischen Regionalhistoriographie ab 1991 sind die Lücken in Hinblick auf das nördliche Ostpreußen deutlich spürbar. Für eine systematische Regionalgeschichte fehlt es in den bisherigen Arbeiten insgesamt sowohl an räumlicher als auch an chronologischer Vielfalt. Vergleichende Untersuchungen fehlen ganz.

Das Projekt basiert auf Materialien aus zentralen und regionalen Archiven Rußlands, darunter des Staatsarchives der Russischen Föderation (GARF), des Russischen Staatsarchives für Sozial- und Politikgeschichte (RGASPI), des Russischen Staatsarchives für Wirtschaft (RGAĖ) und des Russischen Staatsarchives für Neueste Geschichte (RGANI) in Moskau; in Kaliningrad waren dies das Staatsarchiv des Kaliningrader Gebiets (GAKO) und des Zentrums für Erforschung und Aufbewahrung von Dokumenten der Neuesten Geschichte des Kaliningrader Gebietes (CChIDNIKO). Hier finden sich Dokumente, mit deren Hilfe die Region in den Alltagswelten ihrer sowjetischen Bewohner greifbar erscheint – so Archivunterlagen der Kaliningrader Kultureinrichtungen, des örtlichen „Bevollmächtigten für religiöse Kulte" und der Gesellschaft für den Erhalt von Denkmälern in der Region. Den Akten der früheren Parteiarchive, des CChIDNIKO in Kaliningrad wie des RGASPI und RGANI in Moskau kommt mit den Sitzungsprotokollen entscheidungstragender Instanzen ebenfalls zentrale Bedeutung zu. Presseerzeugnisse schließlich reflektieren Entwürfe Kaliningrader Selbstverständnisses und können eine offizielle Selbstdarstellung des Gebietes liefern: Herangezogen werden soll hier vor allem die Tageszeitung „Kaliningradskaja Pravda". Dazu war es möglich, die Bestände der Kaliningrader Wissenschaftlichen Gebietsbibliothek einzusehen sowie Materialien der Library of Congress in Washington, DC zu nutzen.

Ausgehend von einem kulturhistorischen Ansatz, der seine Aufmerksamkeit auf Sprechweisen, Repräsentationen und Praktiken richtet, um die Verhältnisse zwischen symbolischen Formen und sozialer Welt zu begreifen, und der symbolische Bedeutungen als individuelle Verhaltensweisen bzw. kollektive Rituale versteht und sich somit von einer unmittelbar dokumentarisch gearteten Lesart von Texten und Bildern absetzt, widmet sich das Projekt stellvertretenden Prozessen einer Imaginierung Kaliningrads bis 1970. Herausgearbeitet werden soll deren Charakter als Aneignungsstrategie, deren Ziel darin bestand, das Kaliningrader Gebiet auch mental inkorporiert zu wissen.

Elke Schlenkrich: Alltagsleben während der späten Pestzüge des ausgehenden 17. und frühen 18. Jahrhunderts (1680 bis um 1720) in Schlesien, Obersachsen und Böhmen. Eine vergleichende Untersuchung

Die Ereignisse des Jahres 2003 haben mehr denn je in aller Deutlichkeit gezeigt, daß die Beschäftigung mit Seuchen und insbesondere mit der Pest keinesfalls den

---

power, 1917–1953 (Pitt series in Russian and East European studies). Pittsburgh 2001, S. 276–298.

vermeintlich „weltfremden" Gegenständen der Geschichtsforschung zuzuordnen ist, sondern daß sich hier vielmehr historische und aktuelle Dimensionen miteinander verbinden. Beredter Ausdruck dessen sind beispielsweise die Behandlungsoptionen bei SARS, zu denen auch das Gebet zählt, ebenso die gegenüber den Krankenhausangestellten in China ausgesprochene Empfehlung der Essigdampf-Inhalation als Vorsorgemaßnahme. Gleichfalls wären Bestrebungen zu nennen, nicht über diese neue Krankheit des 21. Jahrhunderts zu sprechen, um so zu verhindern, daß zu viele Medienberichte in der Öffentlichkeit Unruhe verursachen könnten[20]. Hierin spiegeln sich noch in der Postmoderne Verhaltensmuster wider, die sich über Jahrhunderte bei der Abwehr und Bekämpfung der Pest u. a. in Schlesien, Obersachsen und Böhmen nachweisen lassen.

Nachfolgend ist ein Projekt vorzustellen, das unter dem Aspekt der späten Pestzüge des ausgehenden 17. und der ersten Jahrzehnte des 18. Jahrhunderts, deren Erforschung als allgemeines Desiderat gilt, einen Baustein zur transnationalen Geschichtsforschung sowie zur Verflechtungs- und Beziehungsgeschichte (Süd-)Ostmitteleuropas liefern soll. Zugleich vermag dieses Forschungsvorhaben aus historischer Perspektive zu einer besseren Transparenz gegenwärtigen Verhaltens beim Auftreten von Seuchen beizutragen.

Die Aufmerksamkeit für die Thematik erwuchs aus Forschungen zur Geschichte der Armut in Sachsen[21], die den Blick auf die bisher völlig unzureichende Untersuchung des Gegenstandes Pest im obersächsischen Raum, zugleich aber auch auf die faszinierende Fülle der hiesigen archivalischen Überlieferung lenkten und zudem das dringende Erfordernis erkennen ließen, die Untersuchungsgeographie auf die benachbarten Räume Schlesien und Böhmen auszuweiten, wobei auch für diese Territorien kaum Forschungstraditionen zur Pest zu konstatieren sind.

Das avisierte Forschungsziel besteht darin, aus vergleichender Perspektive einen Beitrag zum Alltagsleben im späten 17. und frühen 18. Jahrhundert unter den Bedingungen des Wütens der Pest zu leisten. Hierbei werden die im Wandel befindlichen Strukturen der Gesellschaft untersucht, wobei ermittelt wird, in welchem Umfang die Pest auf krisenhafte Erscheinungen einwirkte, andererseits aber auch zur Entstehung von Elementen der gesellschaftlichen (Re-)Stabilisierung beitrug. Mittels der Methode des Vergleichs wird dabei herausgearbeitet, inwiefern unter den Bedingungen von Pestgefahr und Pest adäquate Verhaltensmuster, Lernprozesse in zeitlich fortschreitender Perspektive, aber ebenso regional zu differenzierende Handlungsweisen in den drei Kernuntersuchungsräumen zum Tragen kamen. In diesem Kontext werden acht Schwerpunkte analysiert: Maßnahmen zur Abwehr und Bekämpfung der Pest; Pestbedienstete; Wirkung der Pest auf den

20 Vgl. dazu „Die Zeit" v. 3.4.2003, S. 27.

21 Hierbei handelte es sich um das von der VW-Stiftung geförderte Projekt „Schriftliche und bildliche Quellen zu Armut und Armenpolitik in sächsischen Städten bis um 1800. Ein sachthematisches Inventar". Nunmehr liegen die Ergebnisse der Projektarbeit auch in gedruckter Form vor: Helmut Bräuer/Elke Schlenkrich (Bearb.): Armut- und Armutsbekämpfung. Schriftliche und bildliche Quellen bis um 1800 aus Chemnitz, Dresden, Freiberg, Leipzig und Zwickau. Ein sachthematisches Inventar. 2 Halbbde. CD-ROM. Leipzig 2002.

städtischen Alltag; medizinischer Alltag und medizinisches Personal; Pest auf dem Land; Religiösität, Mentalität und Frömmigkeit; Demographie sowie ökonomische Auswirkungen. Die Umsetzung eines solchen Forschungsprogramms setzt natürlich die Kompensation fehlender Forschungsvorleistungen durch Zusammentragen eines entsprechenden qualitativ und quantitativ umfassenden Materialfonds voraus.

Selbstredend bedingt(e) dies intensive Archivaufenthalte in schlesischen, obersächsischen und böhmischen Archiven, ebenso eine umfangreiche Recherchetätigkeit in den Handschriftenabteilungen und Altbeständen der Universitätsbibliotheken. Ausgangspunkte der Archivarbeit bildeten größere Bestandseinheiten bzw. die jeweiligen Gesamtbestände. Auf diese Weise konnte vermieden werden, die Breite der Erfassungsarbeit von Anbeginn an einzugrenzen und mögliche wichtige Überlieferungen zur Thematik zu übersehen, was leicht hätte geschehen können, wenn sich die Recherche etwa nur auf offenkundig themenorientierte Schwerpunkte, die den Begriff Pest oder „Contagionswesen" ausweisen, konzentriert hätten. So wurden u. a. zeitlich relevante Ratsprotokolle, Rechnungen, Akten zum Armen- und Bettelwesen sowie zum Handwerk herangezogen.

Neben der reichen Überlieferung an gedruckten Pestordnungen und -schriften, die in umfassender Weise die Normative unter dem Aspekt Pest widerspiegeln, bilden die im Lauf des Grassierens der Pest entstandenen umfangreichen Akten, die oftmals tagebuchähnlich geführt sind, die vielfältige Berichterstattungen über der Pestgeschehen enthalten und in denen facettenreich und detailliert über die Alltagsrealitäten während der Pest reflektiert wird, Kernstücke der Untersuchung. Hinzu kommen Kranken- und Totenverzeichnisse, welche die Grundlage für Quantifizierungen und demographische Untersuchungen bilden.

Bislang erfolgte eine systematische Aufnahme entsprechender Archivalien im Sächsischen Hauptstaatsarchiv Dresden, den Stadtarchiven Dresden, Chemnitz, Freiberg, Görlitz, Leipzig, Meißen, Oschatz und Zwickau sowie dem Universitätsarchiv Leipzig. Gleiches wurde im Staatsarchiv Breslau im Rahmen der Überlieferung der Bestände Fürstentümer Brieg, Liegnitz, Neisse, Glogau, Oels, Breslau, Grafschaft Glatz, Landständisches Archiv der Oberlausitz, Archiv der Grafen Hatzfeld und der Stadtbestände Breslau, Wansen, Strehlen, Schweindnitz, Ohlau, Reichenbach und Glatz realisiert. In der Laubaner Außenstelle des Staatsarchivs Breslau erfolgte die Sichtung der Stadtbestände Lauban und Bunzlau. (Recherchen zur im Staatsarchiv Oppeln verwahrten Überlieferung zu 14 Städten, u. a. zu Oppeln, Glogau und Rosenberg, brachten leider kein nennenswertes Ergebnis, da 17. und frühes 18. Jahrhundert mittels archivalischer Überlieferung kaum dokumentiert sind.)

Parallel zu den vorgenannten Arbeiten wurden die einschlägigen Bestände in den Universitätsbibliotheken Breslau und Leipzig erfaßt, ebenso die der Sächsischen Landesbibliothek – Staats- und Universitätsbibliothek Dresden sowie der Oberlausitzischen Bibliothek der Wissenschaften in Görlitz und der Ratsschulbibliothek Zwickau. In Prag sind gegenwärtig noch Recherchen zum Abschluß zu bringen. Diese sehr umfangreiche Materialsammlung bildet nunmehr in systematisierter und strukturierter Form die Grundlage für die Erarbeitung der Habilitationsschrift[22].

Karen Lambrecht: Kommunikation und Kulturtransfer – ein Forschungsprojekt zur katholischen Aufklärung und Johann Ignaz von Felbiger (1724–1788)

In der Epoche der Aufklärung erlebten Briefe und Bücher als die wichtigsten ortsungebundenen Medien der Kommunikation einen neuen Verbreitungsgrad. Vor allem über diese beiden Kommunikationsmittel konnte auch ein Austausch zwischen den (städtischen) Zentren und der Peripherie stattfinden. Der Brief diente als Ersatz für persönliche Begegnungen. Durch das Medium des Schriftverkehrs konnte man mit Persönlichkeiten der Aufklärung in Verbindung bleiben, wichtige Informationen über Neuerscheinungen und sonstige wissenschaftlich-literarische Neuigkeiten erlangen und so mit dem Fortgang des Kulturlebens Schritt halten.

Der noch kaum ausgewertete, umfangreiche Briefwechsel des katholischen Schulreformers Johann Ignaz von Felbiger (rund 450 Briefe) kann für die Kommunikationsstrukturen neue Erkenntnisse liefern. Wie geschah die Kontaktaufnahme, wie entwickelte sich ein gelehrtes Beziehungsnetz, wie wurden Informationen vermittelt, und welche Briefe waren vielleicht schon gleich zur Veröffentlichung gedacht? Mit welchen Personen nahm Felbinger Kontakt auf, mit welchen nicht? Wo und wie wurden Konflikte ausgetragen? Untersucht wird, ob sich die Korrespondenz vor allem mit Gelehrten im Alten Reich vollzog, also ein Anschluß an eine zentraleuropäische Öffentlichkeit und einen europäischen Diskurs gelang, obwohl sich die unmittelbare Wirksamkeit zunächst auf die vorgeblichen Peripherien der Aufklärung (die östlichen Gebiete von Preußen und Habsburg) erstreckte. In diesem Zusammenhang kann die oft behauptete Rückständigkeit Ostmitteleuropas problematisiert werden, dessen Regionen durch die Schulreform einen Modernisierungsschub erlebten. Diese Phänomene und Bewegungen der Modernisierung (Europäisierung) meinen hier sowohl eigenständige, vom übrigen Europa unterschiedene kulturelle Ausprägungen als auch die Rezeption allgemeiner europäischer Kulturströmungen. Gerade im Bereich des Elementarschulwesens bemühten sich die Reformer um eine möglichst flächendeckende Erneuerung. Durch die Rezeption der Werke Felbigers und durch seine Briefe entstanden verschiedene Netzwerke, in die Felbiger unterschiedlich eingebunden war.

---

22 Zu Einzelaspekten vgl. vorab: Elke Schlenkrich: Johann Gregor Gutturff. Vom Leben und von der Arbeit eines Pestbarbiers im 17. Jahrhundert. In: Medizin, Gesellschaft und Geschichte. Jahrbuch des Instituts für Geschichte der Medizin der Robert Bosch Stiftung 21 (2002), S. 23–62; dies.: Zwischen Niedergang und Hoffnung auf Neubeginn. Bausubstanz, Berufs- und Haushaltsstruktur der Stadt Glatz im späten 17. Jahrhundert. Erscheint in FS für Herwig Ebner. Graz 2003; dies.: Hygiene in obersächsischen und schlesischen Städten unter den Bedingungen von Pestgefahr und Pest im späten 17. Jahrhundert. Vorgesehen für Jahrbuch für Regionalgeschichte 23 (2004).

Felbiger nutzte zugleich bewußt und aktiv die Möglichkeiten des Druckes. Die Wahl eines reproduzierbaren Mediums richtete sich an ein Publikum, auch wenn der Kommunikationspartner eine unbekannte Öffentlichkeit war. In seiner Funktion als Abt des Saganischen Augustinerklosters ließ er bereits für seine Klosterbrüder Zirkulare drucken, veröffentlichte Briefe als Vorreden in Druckwerken, die ebenfalls ein vielfältiges Beziehungsnetz aufzeigen.

Die Einführung der Schulreform ging folgerichtig mit der Übernahme von Lehrbüchern und dem von Felbiger mitverfaßten katholischen Katechismus einher. Zunächst für das inzwischen preußisch gewordene Schlesien, ab 1774 besonders aber im habsburgischen Vielvölkerstaat, der sich von Galizien bis Italien erstreckte, legte Felbiger das Schwergewicht der Reformen auf die Herausgabe der erforderlichen Schulbücher und auf die Lehrerausbildung nach der sogenannten Normalmethode. So wurden von Felbiger selbst kompilierte und umgewandelte Methoden und Lehrbücher weitervermittelt und dann häufig wiederum umgeformt und den lokalen Verhältnissen angepaßt. Diese Umformung mußte oftmals durch von Felbiger selbst ausgebildete Bearbeiter vor Ort geschehen, denn die slavischen Sprachen eigneten sich nicht für die Buchstabenmethode. Felbigers „Anleitung zur Rechenkunst“ von 1777 war die Grundlage für die ersten von Teodor Janković und Gheorghe Şincai verfaßten Rechenbücher in rumänischer Sprache. Sein „Methodenbuch“ wurde in alle Sprachen der Monarchie übersetzt. Durch die Gründung von Schulbuchverlagen, die Einführung einheitlicher Schulbücher und den massenhaften Druck von Gebrauchsbüchern, deren Auflagen jedoch heute kaum noch nachzuweisen sind, entstand eine Kanonisierung und Festigung traditioneller Sichtweisen. Vermittels der von Felbiger ausgebildeten Schülerschaft, die seine Ideen in ganz Europa verbreitete (wie etwa der Serbe Jankovíc, der ab 1782 von St. Petersburg aus das Schulwesen Rußlands reformierte), kam es zugleich zu einer langen Nachwirkungsgeschichte bis weit ins 19. Jahrhundert hinein.

In den multiethnischen und multikonfessionellen Regionen Ostmitteleuropas bot das Sprachenproblem gerade im Schulwesen immer wieder ein Konfliktpotential. Insbesondere in Form von Übersetzungen läßt sich die Rezeption von Büchern gut beobachten. Man kann feststellen, was übersetzt wurde, und die Veränderungen im Detail untersuchen. Je freizügiger übersetzt wurde, desto mehr erfährt man von der unterschiedlichen Wahrnehmung fremder Kultur und Wertesysteme. Die Schulbücher wurden häufig zweisprachig publiziert und hatten so zum erstenmal seit dem Humanismus auch eine sprachwissenschaftliche Dimension.

Felbigers breitgefächerte Kontakte und die konkrete Umsetzung seiner Ideen bewirkten einen kulturellen Austausch und einen Wandel, der ein geeignetes Feld für die Untersuchung von Kulturtransfer darstellt. Die Untersuchung der Dynamik von Austauschprozessen rückt die vielfältigen Durchdringungs- und Rezeptionsvorgänge in den Mittelpunkt. Das Kulturtransferkonzept fragt nach den jeweiligen Ausgangs- und Rezeptionsbedingungen, nach den Vermittlern, den Medien und den konkreten kulturellen Gütern des Transfers sowie nach der Verwandlung dieser Güter im Übernahmeprozeß durch Anpassung an die Rezeptionskultur (Kontext, Vorwissen, Erwartungen und Bedürfnisse der Empfänger) und kann deshalb in verschiedenen Themenbereichen und Disziplinen Anwendung finden. Wichtig sind in diesem Zusammenhang die regionalen Unterschiede, die deutsche Kultur und Sprache im Spannungsfeld unterschiedlicher Kulturen sowie die Rolle Felbigers als Vermittler zwischen West und Ost.

Beate Dudek: Juden als Stadtbürger in Schlesien – Glogau und Beuthen im Vergleich (1808–1871)

In der Arbeit sollen am Beispiel der Städte Glogau (Niederschlesien) und Beuthen (Oberschlesien) der Umfang und die Grenzen der jüdischen Einbeziehung in die schlesische Gesellschaft des 19. Jahrhunderts untersucht werden. Den Schwerpunkt der Arbeit soll die Zeit von 1808 (Einführung der Städteordnung) bis 1871 (die volle staatsbürgerliche Gleichstellung) bilden, wobei auch die frühere Geschichte der Glogauer und Beuthener Juden berücksichtigt werden muß.

Wie in vielen Teilen Mitteleuropas war auch im Selbstverständnis der schlesischen Juden das Ende des 18. Jahrhunderts eine Zeit des Aufbruchs, als die jüdische wie die nichtjüdische Aufklärung und die daraus resultierenden Emanzipationsdiskussionen immer mehr an Einfluß gewannen und den Weg für den gleichberechtigten Eintritt der Juden in die bürgerliche Gesellschaft des 19. Jahrhunderts bahnten.

Das Hauptaugenmerk des Projekts richtet sich auf den Verlauf der Emanzipation und Akkulturation der jüdischen Bevölkerung in zwei schlesischen Städten mit unterschiedlicher konfessioneller Zusammensetzung und voneinander abweichender stadtgeschichtlicher Entwicklung. Anhand dieser Charakteristiken soll die Eingliederung der Juden im 19. Jahrhundert in eine überwiegend protestantische und in eine überwiegend katholische Umgebung mit unterschiedlicher urbaner Struktur untersucht werden.

Die nordwestlich von Breslau gelegene Stadt Glogau war die einzige Stadt in Niederschlesien, in der sich Juden seit Jahrhunderten niederlassen durften. Die ununterbrochene Anwesenheit der Juden in dieser Stadt ist seit dem 13. Jahrhundert bezeugt. Glogau hatte schon seit Jahrhunderten den Charakter einer Festungs- und Soldatenstadt. Die räumliche und wirtschaftliche Entwicklung Glogaus stand unter dem hemmenden Einfluß der Rayonbestimmungen einer Landfestung[23]. Seit dem dritten Jahrzehnt des 19. Jahrhunderts, mit der Verbesserung der Straßenverkehrsbedingungen (Anschluß an die Eisenbahnlinie ab 1844) und mit der günstigen Entwicklung der Oderschiffahrt kam es allmählich zu einem wirtschaftlichen Aufschwung der Stadt. Im Laufe des 19. Jahrhunderts hat sich die Bevölkerungszahl Glogaus fast auf das Doppelte vergrößert. Im Vergleich zum Jahre 1787 (8.252 Per-

---

23 Erst 1903, nach der Auflassung fast aller Festungsanlagen, konnte die systematische Erweiterung der Stadt in Angriff genommen werden. Zur Stadtentwicklung vgl. Schlesien. Handbuch der historischen Stätten. Hg. von Hugo Weczerka. Stuttgart 1977 (Glogau: S. 127–134).

sonen) war die Zahl der Einwohner im Jahre 1880 auf 15.470 angestiegen[24]. Die Anzahl der jüdischen Bürger ist im Laufe des 19. Jahrhundert jedoch zurückgegangen[25]. Die Ursache für die Abwanderung der Juden war vermutlich der langsame wirtschaftliche Aufschwung. Städte wie Berlin und Breslau waren damals die wirtschaftlichen und kulturellen Zentren, die auch auf die Glogauer Juden eine große Anziehungskraft ausübten.

Im Gegensatz zu Glogau ist eine kontinuierliche Ansiedlung von Juden in Beuthen erst ab dem 17. Jahrhundert nachweisbar. Der Aufbau der jüdischen Gemeinde in dieser Stadt vollzog sich allmählich, und erst die rasche Entwicklung der oberschlesischen Industrie ließ Beuthen bald zu einem jüdischen Zentrum werden. Im Laufe des 19. Jahrhunderts entwickelte sich Beuthen von einer kleinen Ortschaft zu einer expandierenden Industriestadt. Sie lag inmitten des entstehenden Industriereviers und wurde ein Sammelpunkt für die Versorgungseinrichtungen (Gewerbe, Handel, Banken) des Ballungsraumes. Der entscheidende Wirtschaftsfaktor der Stadt war der bereits 1136 belegte Bergbau. Neben Eisen- und Zinkbergbau stand der Kohlenbergbau im Vordergrund. Es entstanden hier zahlreiche Gruben und Hüttenwerke. Die günstigen wirtschaftlichen Bedingungen führten zu einem rapiden Bevölkerungsanstieg, was wiederum eine räumliche Ausdehnung der Stadt zur Folge hatte[26]. Mit dem Aufblühen der Industrie kam es zu einer Zunahme der jüdischen Bevölkerung. Im Jahre 1800 wohnten in Beuthen 188 Juden, im Jahre 1855 1.110 Juden und im Jahre 1885 2.290 Juden.[27]

Der lokale Rahmen ermöglicht es, Ereignisse, Prozesse und Strukturen der jüdisch-nichtjüdischen Beziehungen in ihrem gesellschaftlichen Kontext zu analysieren. Anhand der beiden schlesischen Städte, die eine voneinander abweichende stadtgeschichtliche Entwicklung und unterschiedliche konfessionelle Zusammensetzung aufwiesen – Glogau mit einer Mehrzahl von Protestanten, Beuthen mit einer Mehrzahl von Katholiken –[28], soll der Einfluß der Umgebung bei dem Eintritt der Juden in das Bürgertum des 19. Jahrhunderts untersucht werden.

---

24 Angaben aus: Heinrich Bartsch: Die Städte Schlesiens. Daten und Fakten und ihre landes-, kultur-, wirtschafts- und sozialgeschichtliche Entwicklung und Bedeutung. Dortmund 1977, S. 99.

25 Im Jahre 1828 lebten in Glogau 1.160 Juden, 1831 sank ihre Zahl auf 1.107 und 1834 auf 1.029. 1880 machte ihr Anteil bei 1.010 Personen 5,42 % der Glogauer Gesamtbevölkerung aus. Angaben aus: Franz D. Lucas/Margret Heitmann: Stadt des Glaubens. Geschichte und Kultur der Juden in Glogau. Hildesheim u. a. 1991, S. 152.

26 Im Jahre 1795 hatte die Stadt 1.558 Einwohner, im Jahre 1840 waren es schon 4.079 und 1880 22.811 Einwohner. Angaben aus: Heinrich Blaschke: Die Städte Schlesiens. Dortmund 1977, S. 47. Zur geschichtlichen Entwicklung der Stadt vgl. Schlesien (wie Anm. 23), S. 20–25.

27 Peter Maser/Adelheid Weiser: Juden in Oberschlesien. Teil I: Historischer Überblick. Jüdische Gemeinden. Berlin 1992, S. 76.

28 Im Jahre 1880 lebten in Glogau 1.010 jüdische (5,4 % der Gesamtbevölkerung), 12.116 evangelische (65,2 % der Gesamtbevölkerung) und 5.465 katholische (29,4 % der Bevölkerung) Einwohner. Angaben aus: Lucas/Heitmann: Stadt des Glaubens (wie Anm. 25), S. 322. – Die jüdischen Einwohner Beuthens lebten im 19. Jahrhundert fast ausschließlich in einer katholischen Umgebung. Im Jahre 1880 kamen in der Stadt Beuthen auf 22.811 Einwohner 18.068 Katholiken, also 79,2 % der Gesamtbevölkerung. Die Protestanten machten 11,1 % (2.523 Einwohner) und die Juden 9,6 % (2.185 Einwohner) der Gesamtbevölkerung aus. Angaben aus: Heinrich Silbergleit:

Im Mittelpunkt der Arbeit wird die bürgerliche und politische Gleichstellung der Glogauer und Beuthener Juden stehen. Es wird hier versucht, anhand von zentralen Bereichen des jüdisch-nichtjüdischen Kontakts die Struktur und den Wandel der gegenseitigen Annäherung zu analysieren. Dabei werden zunächst die Wirtschaftstätigkeit, die berufliche Zusammensetzung, die Einkommensstruktur und die Frage nach deren Bedeutung für das Verhältnis zwischen Juden und nichtjüdischer Bevölkerung untersucht. Auch das Erziehungswesen und die städtische Politik sind zu berücksichtigen. Weiterhin sollen die öffentliche und die private Geselligkeit, insbesondere das jüdische und das allgemeine Vereinswesen, analysiert werden.

Die Arbeit widmet sich der Zeit, in der aus den tolerierten jüdischen Einwohnern allmählich gleichberechtigte Staatsbürger wurden. Das Emanzipationsedikt vom 11. März 1812 brachte den Juden in Preußen und damit auch den schlesischen Juden die lang erhoffte staatsbürgerliche Gleichstellung, wenn auch noch mit Einschränkungen. Sie eröffnete ihnen neue Möglichkeiten wirtschaftlicher und gesellschaftlicher Betätigung, die zur Umstrukturierung innerhalb der jüdischen Gemeinden führten. Dieser Wandel von der traditionsgebundenen jüdischen Lebenswelt zum neuzeitlichen Judentum erschütterte die inneren Strukturen der jüdischen Gemeinschaft. Die innergemeindliche Auseinandersetzung betraf vor allem die Gottesdienstordnung, das Bildungswesen, den Sprachwandel vom Jiddischen zur deutschen Sprache.

Die historiographische Aufarbeitung der Geschichte der Juden in Schlesien ist bis heute in sehr unterschiedlichem Ausmaße erfolgt. Bei der Erforschung dieses Themas ist man meist auf ältere Literatur angewiesen, die allerdings nicht über das 18. Jahrhundert hinausreicht. Die neuere historische Forschung hat sich bisher wenig damit befaßt. Doch lassen einige relativ neue Publikationen zur Geschichte der Juden in Schlesien auf einen Wandel hoffen. Hier wäre vor allem die „Bibliographie zur Geschichte der Juden in Schlesien" von Margret Heitmann und Andreas Reinke (München u. a. 1995) zu nennen. Auch die Geschichte der jüdischen Bevölkerung in den schlesischen Städten hat wenig Berücksichtigung in der historischen Fachliteratur gefunden[29]. Mit Ausnahme von Franz D. Lucas und Margret Heitmann: Stadt des Glaubens. Geschichte und Kultur der Juden in Glogau (Hildesheim u. a. 1991) und Peter Maser und Adelheid Weiser: Juden in Oberschlesien, Teil I: Historischer Überblick. Jüdische Gemeinden (Berlin 1992) existieren keine neueren Studien über die Geschichte der Juden in Glogau und Beuthen, die sich auf der Höhe des Forschungsstandes bewegen und neue Quellenbestände erschließen. Intensiver hat sich die Forschung mit der Stadt Breslau beschäftigt, für die detaillierte sozialge-

---

Preussens Städte: Denkschrift zum 100jährigen Jubiläum der Städteordnung vom 19. November 1808. Berlin 1908, S. 56 (Bevölkerung nach der Konfession bei der Volkszählung von 1880).

29 Für die Geschichte der Juden in Glogau und Beuthen ist man auf den älteren Forschungsstand angewiesen. Für Glogau: Julius Blaschke: Geschichte der Stadt Glogau und des Glogauer Landes. Glogau 1913; R. Bernd: Geschichte der Juden in Groß-Glogau. Glogau 1874. Für Beuthen: Markus Kopfstein: Geschichte der Synagogen-Gemeinde in Beuthen O.-S. Beuthen 1891; E. Zivier: Geschichte der Juden in Beuthen. Beuthen 1924; W. Immerwahr: Zur Geschichte der jüdischen Gemeinde in Beuthen. Beuthen 1925.

schichtliche Studien vorliegen: Andreas Reinke: Juden und Wohlfahrtspflege in Deutschland: Das jüdische Krankenhaus in Breslau 1726–1944 (Hannover 1999) und Till van Rahden: Juden und andere Breslauer. Die Beziehungen zwischen Juden, Protestanten und Katholiken in einer deutschen Großstadt von 1860–1925 (Kritische Studien zur Geschichtswissenschaft 139) (Göttingen 2000).

In den letzten Jahren sind vermehrt auch polnischsprachige Arbeiten zur allgemeinen und lokalen Geschichte der Juden in Schlesien erschienen. Hier müssen vor allem die Aufsätze der schlesischen historischen Vierteljahresschrift „Sobótka" erwähnt werden. Sie behandeln Teilaspekte (Verhalten der Kirche gegenüber den Juden, Rechte der jüdischen Bevölkerung, Verfolgung der schlesischen Juden) der Geschichte der schlesischen Juden[30]. Für die Erforschung der Geschichte der Juden in der Stadt Beuthen wäre hier der Aufsatz von W. Podbucki: Ślady działalności gminy żydowskiej [Spuren der jüdischen Gemeinde] (Beuthen 1988) zu nennen. Über die Geschichte der Juden in Glogau ist in der polnischen historischen Forschung nichts erschienen.

Zur Geschichte der Juden in Glogau und Beuthen gibt es keinen geschlossenen Quellenbestand. Um dem Anspruch gerecht zu werden, jüdische und allgemeine deutsche Geschichte zu verbinden, stützt sich die Arbeit auf vielfältige gedruckte Materialien und archivalische Quellen. Neben der überregionalen und regionalen jüdischen Presse („Allgemeine Zeitung des Judentums", „Der Orient", „Jüdische Zeitung für Ostdeutschland", „Der Israelit", „Der Schild") und den lokalen Blättern („Glogauer Kreisblatt", „Glogauer Stadt- und Landbote", „Glogauisches Wochenblatt", „Beuthener Stadtblatt", „Beuthener Kreisblatt") basiert die Arbeit vor allem auf archivalischen Materialien.

Aus meinen Recherchen zur Geschichte der jüdischen Gemeinde in Glogau ging hervor, daß nach dem II. Weltkrieg ein Teil der behördlich geführten Akten über die Glogauer Juden (sofern sie im Laufe der Kriegsereignisse nicht vernichtet worden sind) an das Archiwum Państwowe w Zielonej Górze (Staatsarchiv Grünberg) kamen und einige wenige auf Umwegen nach Deutschland gelangten. Im Staatsarchiv Grünberg mit Sitz in Stary Kisielin (Polnisch Kessel, ab 1937 Altkessel) befindet sich der größte Teil der amtlichen Akten der Stadt Glogau[31]. Das Archiwum Państwowym w Katowicach (Staatsarchiv Kattowitz) beherbergt die Aktenbestände der Stadt Beuthen[32].

---

30 Zu nennen sind hier: Kazimierz Bobowski: Ze studiów nad prześladowaniami i pogromami żydów na Śląsku w dobie średniowiecza [Aus den Studien über die Verfolgung und Pogrome der Juden in Schlesien]. In: Sobótka 44 (1989), S. 5–14; Jan Drabina: Kościół wobec żydów na średniowiecznym Śląsku [Die Kirche im mittelalterlichen Schlesien den Juden gegenüber]. In: Sobótka 44 (1989), S. 18–33; Marcin Ptak: Żydzi w śląskich ordynacjach ziemskich [Die Juden in den schlesischen Landordnungen]. In: Sobótka 44 (1989), S. 55–64.

31 Akten der Stadt Glogau (1774–1944), der evangelischen Kirche in Glogau (1677 bis Anfang des 20. Jahrhunderts), der Schulen in Glogau (1815–1925), der Schlesischen Kriegs- und Domänenkammer in Glogau (1778–1806, 1827), der Kreis Urbarien Commission (1715–1851), des Evangelischen Konsistoriums in Glogau (1742–1812), des Landratsamtes zu Glogau (1778–1941).

32 Akten der Stadt Beuthen (1742–1945), des Landesamtes Beuthen (1743, 1815–1938), des Kreisausschusses in Beuthen (1847, 1872–1944), des Kreisschulinspektors in Beuthen (1845,

Neben den Archiven in Polen befindet sich ein Teil der Akten zur Geschichte der Juden in Glogau und Beuthen in verschiedenen Archiven und jüdischen Instituten in der Bundesrepublik Deutschland wie z. B. im Archiv der Stiftung „Neue Synagoge Berlin-Centrum Judaicum“ (31 Akteneinheiten über die jüdische Gemeinde Glogau und 123 Akteneinheiten über die Gemeinde Beuthen), im Geheimen Staatsarchiv Preußischer Kulturbesitz (20 Akteneinheiten zu Juden in Glogau und 4 Akteneinheiten zu Juden in Beuthen) und im Jüdischen Museum in Frankfurt a. M. (hier vor allem der Brilling-Nachlaß). Außerdem liegt ein Teil der archivalischen Materialien in den Central Archives for the History of the Jewish People in Jerusalem (23 Akteneinheiten zur Geschichte der Juden in Glogau und 37 Akteneinheiten zur Geschichte der Juden in Beuthen).

Auf dieser Basis soll eine Darstellung der Geschichte der Juden in Schlesien am Beispiel der Städte Glogau und Beuthen im 19. Jahrhundert entstehen und damit ein Beitrag zu einem bisher vernachlässigten Gebiet der deutsch-jüdischen Geschichte geleistet werden.

Katinka Seemann: Langlebige Synonymien ausgewählter deutscher Lehnwörter im Polnischen als Schlüssel zum polnisch-deutschen Zusammenleben. Eine sozialgeschichtliche Analyse

1. Historischer und linguistischer Hintergrund

Mit der Westwanderung slavischer Völker und der seit dem hohen Mittelalter einsetzenden entgegengerichteten Bewegung von vorwiegend aus dem deutschen Sprachraum stammenden Kolonisten ist ein nahezu 1.000 km tiefes ethnisches und kulturelles Mischgebiet entstanden, in dem es aufgrund der Divergenz von Kommunikations- und Sprachgemeinschaften zu vielfältigen Sprachkontakten gekommen ist. Letztere haben in den beteiligten Sprachen bleibende Spuren hinterlassen, deutlich sichtbar vor allem im Wortschatz. Das Deutsche fungierte dabei aufgrund des West-Ost-Kulturgefälles als Quell- bzw. Mittlersprache von Entlehnungen für die west- und südslavischen Nachbarsprachen[33]. So hat die polnische Hochsprache im vergangenen Jahrtausend ca. 2.500 deutsche Lehnwörter aufgenommen (d. h. direkt aus dem Deutschen entlehnte Lexeme germanischer Etymologie, Ableitun-

1879–1941), des Katasteramtes Beuthen (1865–1944), des Landgerichtes Beuthen-Kattowitz (1861, 1879–1945), des Amtsgerichts Beuthen (1648, 1880–1945), der Schulen (1834, 1867–1944), des Kreisarztes in Beuthen (1810–1923), des Standesamtes Beuthen (1874–1898) und die Aktensammlung des ehemaligen Stadtarchivs Beuthen (1501–1900).

33 Vgl. Helmut Glück: Deutsch als Fremdsprache vom Mittelalter bis zur Barockzeit. Berlin, New York 2000, S. 366. – Entlehnungen gibt es auch in gegenläufiger Richtung (etwa *Gurke*, *Quark* oder *Grenze*; vgl. Günter Bellmann: Slavoteutonica. Lexikalische Untersuchungen zum slawisch-deutschen Sprachkontakt im Ostmitteldeutschen. Berlin, New York 1971, S. 97, 135, 228), es sind indes deutlich weniger.

gen nicht eingerechnet)[34]. Dabei besteht eine deutliche Korrelation zwischen der Intensität des Sprachkontakts und der Entlehnungsquantität: Die Zeit der mittelalterlichen deutschen Ostbewegung sowie die Zeit der polnischen Teilungen entsprechen den zwei nachweisbaren Hochphasen der Entlehnung[35].

Im Bestand der deutschen Lehnwörter im Polnischen sind nicht nur sog. *Kulturwörter* zu finden, die der sprachlichen Bedarfsdeckung dienen (z.B. *ratusz* ‚Rathaus' oder *banhof*), sondern auch Entlehnungen, die als Modewörter zu bezeichnen wären (etwa *glik* ‚Glück' oder *rychtyk* ‚richtig, genau') oder Elemente, die stilistische Differenzierung, Vermeidung innersprachlicher Homonymie oder Ersetzung „abgenutzter" affektgeladener Wörter bewirken[36]. Hier sind vielfach (teil-)synonymische Konstellationen eines indigenen mit einem entlehnten Wort festzustellen. Solche wenig sprachökonomischen Dubletten werden gewöhnlich entweder zugunsten eines der Lexeme durch Schwinden des anderen oder durch eine Differenzierung im denotativen oder im konnotativen Bereich aufgelöst[37]. Während – vereinfachend formuliert – gegenstandsbezogene Wandlungen einen Einblick in die Realiengeschichte erlauben können, verspricht die Sphäre der inhärenten sprachlichen Wertungen eher Aspekte der gegenseitigen Wahrnehmung zu erschließen. Diese eröffnen, so die Arbeitshypothese der Untersuchung, im diachronen Schnitt möglicherweise Anknüpfungspunkte für stereotype Einstellungen zum polnisch-deutschen Zusammenleben.

2. Datengrundlage und Stichprobengewinnung

Als Materialgrundlage dient das „Wörterbuch der deutschen Lehnwörter im Polnischen" (WDLP; s. Anm. 34), aus dem in „Handarbeit" für die empirische Untersuchung eine Stichprobe von fünf deutschen Lehnwörtern zusammengestellt wurde. Mit den entsprechenden Synonyma umfaßt die Untersuchung insgesamt 20 Lexeme. Die geringe Anzahl von Beispielwörtern erklärt sich aus der großen Datenmenge, die pro Wort für eine mehrere Jahrhunderte umfassende semantische Untersuchung zusammenzutragen ist, und vor allem aus der Absicht, die soziohistorische Dimension der Fälle tiefergehend zu erhellen.

Als Auswahlkriterien galten die Langlebigkeit einer polnisch-deutschen Wortkonkurrenz sowie eine potentielle „Konnotierungsneigung" der deutschen Lehn-

---

34 Auf diese Zahl kommt das „Wörterbuch der deutschen Lehnwörter im Polnischen. Von den Anfängen bis ins 20. Jahrhundert" (WDLP; in Vorbereitung von André de Vincenz und Gerd Hentschel). Rechnete man die Entlehnungen in den polnischen Dialekten mit, so läge die Zahl der deutschen Lehnwörter deutlich höher; hierfür fehlt bislang eine umfassende Erhebung.

35 Vgl. Gerd Hentschel: Das deutsche Lehnwort in der Geschichte der polnischen Sprache: Quantitäten in chronologisch qualitativer Perspektive. In: Karol Sauerland (Hg.): Kulturtransfer Polen – Deutschland. Bd. 2. Bonn 2001, S. 171–182.

36 Vgl. Johannes Bechert/Wolfgang Wildgen: Einführung in die Sprachkontaktforschung. Darmstadt 1991, S. 76.

37 Vgl. Günter Bellmann: Sprachkontakt und Semantik. In: Wolfgang Meid/Karin Heller (Hg.): Sprachkontakt als Ursache von Veränderungen der Sprach- und Bewußtseinsstruktur. Innsbruck 1981, S. 13 f.

wörter. Damit war der Kreis in Frage kommender Untersuchungsgegenstände erheblich eingeengt, da die Mehrzahl der Lemmata aus eher fachsprachlichen Bereichen stammt (etwa Handwerk, Rechtswesen oder Administration) und somit semantisch wenig variabel ist. In konnotativer Hinsicht besonders interessant stellt sich die Gruppe der aus dem Deutschen übernommenen Personenbezeichnungen dar, einerseits, weil diese womöglich auf deutsche Personen referieren und so die soziale Wirklichkeit in direkter Weise widerspiegeln können, andererseits, weil konkret-personale Bezeichnungen i. d. R. weniger semantisch differenziert und daher in ihrer Bedeutungsentwicklung überschaubarer zu fassen sind. Aus diesem Grunde nehmen sie in der Untersuchungsgruppe überwiegenden Raum ein (vgl. Abschn. 4). Ein weiteres Wort zeichnet sich demgegenüber durch größere Abstraktheit und – was damit häufig einhergeht – stärkere Polysemität aus. Wie zwei der anderen ausgewählten Wörter gehört es (u. a.) zum Sinnbezirk „Landwirtschaft", womit sich hier die historische Rekonstruktion auf einen in der Vergangenheit elementaren Bereich konzentriert. Zwei der Personenbezeichnungen zählen eher zur städtischen Kultur. Es handelt sich bei den Beispielen ausschließlich um Substantive; diese Wortart macht auch mit Abstand die größte Gruppe unter allen Lehnwörtern aus[38].

3. Auf dem Wege zur Konnotationsanalyse

Die Annäherung an die Bedeutungs- und Realiengeschichte erfolgt notwendig sowohl auf der Mikro- wie auf der Makro-Ebene. Konkret bedeutet dies einmal ein sehr aufwendiges Herantasten an semantische Veränderungen auf der empirischen Ebene anhand von Wörterbüchern[39], um die Entwicklung der Wörter vom Altpolnischen bis in die Gegenwart nachzuzeichnen. Zum anderen sind heuristisch die geeignetsten Bereiche und Ebenen für eine solche Untersuchung aufzuspüren über die einschlägige historische Fachliteratur. Ursprünglich war beabsichtigt, über die Wörterbuchinformation hinaus zu Originalquellen vorzustoßen, um unter soziolinguistischem Blickwinkel eine Kontextanalyse der

Lexemvariation anzustellen. Aussichtsreich erschien in diesem Zusammenhang etwa der Zugang über deutsch-polnische Sprachlehrbücher, die seit dem ersten Viertel des 16. Jahrhunderts entstanden sind, da diese authentisch vermitteln könnten, wie und worüber man miteinander sprach. Leider zeigt die bisherige Untersu-

---

38 Der allgemeinen Beobachtung nach werden am häufigsten Substantive entlehnt, gefolgt von Adjektiven und Verben (Donald Winford: An Introduction to Contact Linguistics. Oxford 2003, S. 51).

39 Für die altpolnische Epoche (Mitte des 12. bis Anfang des 16. Jahrhunderts) sowie für das 16. Jahrhundert liegen Wörterbuchbearbeitungen des aus den schriftlichen Dokumenten rekonstruierbaren Wortschatzes vor. Auf das Lexikon des 17. Jahrhunderts läßt sich über eine Datenbank polnischer Barocktexte zugreifen. Das 18. Jahrhundert wird im Wörterbuch der polnischen Sprache von Bogusław Samuel Linde (1807) erfaßt – eine umfangreiche, wenn auch nicht immer ganz korrekte Quelle. Seit Mitte des 19. Jahrhunderts erscheinen vermehrt Wörterbücher, darunter Dialekt- und Herkunftswörterbücher.

chung, daß die Beispielwörter zwar z. T. enthalten sind, mangels Einbettung in größere Kontexte aber keine konnotative Analyse möglich ist[40]. Bei einer gerade für die landwirtschaftliche Kontaktebene informativen Sammlung von Urkunden zur Ansiedlung von Deutschen in Polen (16.–19. Jahrhundert) besteht dagegen eine forschungspraktische Schwierigkeit: Die Dokumente stammen aus über 70 „heute meist schwer zugänglichen Quellen“[41] und liegen in der Sammlung nur als deutsche Übersetzungen der polnischen Originalquellen vor. Die älteste altpolnische Übersetzung der Magdeburger Urteile wiederum enthält kaum ein Element der Stichprobe[42]. Aufgrund derartiger Sackgassen bleibt die Untersuchung auf das vorhandene Wörterbuch- und Datenbankmaterial beschränkt, und der Schwerpunkt der Betrachtung verlagert sich zugunsten der sozialgeschichtlichen Rekonstruktion.

4. Fallbeispiele

Ausgewählt wurden folgende Lehnwörter[43]: *gbur* ‚(Groß-)Bauer; ungehobelter Mensch‘, *leman* ‚Vasall, Lehnsmann, auch: freier Bauer‘, *fraucymer* ‚Frau‘, *szturarz/fuszer* ‚Handwerker, der außerhalb der Zunft arbeitet; Stümper‘ und *gwałt* ‚Rechtsverletzung; Kraft, Stärke; Zwangsarbeit, Fron‘. Im folgenden wird kurz die Bedeutungsentwicklung der Lehnwörter im Verhältnis zu ihren polnischen Konkurrenten umrissen.

gbur: Dieses Lexem, belegt seit 1387, steht in seiner Bedeutung ‚Bauer‘ bis ins 17. Jahrhundert in Konkurrenz vor allem zu *chłop*, *kmieć* und *wieśniak*. Diese Bedeutung schwindet in der Hochsprache vor Ende des 18. Jahrhunderts, erhalten bleibt indes der zweite Inhalt ‚ungehobelter Mensch‘ (seit 1564). Auch die polnischen Konkurrenten trugen zwischenzeitlich diese Bedeutung; möglicherweise haben sie diese Bedeutungskomponente an das deutsche Lehnwort abgegeben – hier läßt sich eine schleichende Pejoratisierung feststellen. Dagegen hat sich *gbur* im Kaschubischen, in den Mundarten des früheren Ordensstaats, im angrenzenden Nord- und Mittelkujawien sowie in Oberschlesien sogar als ‚reicher Bauer‘ gehalten.

leman: Belegt seit 1513, konkurriert *leman* mit *hołdownik*, *lennik* und (dem lateinischen) *wasal*. Das Wort wurde wahrscheinlich aus der Umgangs- und Schriftsprache

40 Im ältesten dieser Lehrbücher finden sich etwa die drei aufeinander folgenden Sätze: „Ja tobie nie pozyczé. – Ich leych dyr nicht. Ja tobie nie borguié. – Ich borg dyr nicht. Ja zacié réczycz nie bédé. – Ich werde fur dich borge nicht.“ (Eyn kurtze und gruntliche Underweisung beyder sprachen/zu reden und zu lesen Polnisch und Deutsch. Krotkie ij gruntowne ukazanye ij nauka/oboyey mowy mowić/ij czise Polskye ij Nyemyeckie. Wittenberg 1522/23, S. 4). Aufgrund des fehlenden situativen Kontextes läßt sich hieraus nicht mehr über das Verhältnis von *pożyczyć – borgować – ręczyć* aussagen, als es die einschlägigen historischen Wörterbücher erlauben.

41 Oskar Kossmann: Deutsche in Polen. Siedlungsurkunden 16.–19. Jh. Viersen 1996, S. I.

42 Józef Reczek/Wacław Twardzik: Najstarsze staropolskie tłumaczenie ortyli magdeburskich. Cz. III. Wrocław et al. 1972.

43 Bei polysemen Lexemen wird hier die Bedeutung angegeben, die – im Falle der ausgewählten Beispiele mit zwei bis maximal sechs – polnischen Wörtern konkurriert und daher für die Untersuchung des synonymischen Verhältnisses relevant ist.

des Deutschen Ordens übernommen. Älter als die deutsche Entlehnung i. e. S. ist die polnische Ableitung *hołdownik*, von *hołd* ‚Huld', ebenfalls aus dem Deutschen, aber über das Tschechische entlehnt. In der zweiten Hälfte des 18. Jahrhunderts tritt als Derivat *lennik* hinzu, das schließlich *leman* ganz ablöst. Über das Äquivalent *wasal* läßt sich nicht allzu viel aussagen, da es teils nicht in die Wörterbücher aufgenommen ist, teils aufgrund seiner Stellung im Alphabet von einigen unvollendeten Lexika nicht erfaßt wird. Diese Konkurrenzgruppe ist interessant für die Untersuchung wegen ihrer semantischen Nähe zu *gbur*, worauf die in den Lexika zitierten Fundstellen hinweisen.

fraucymer: Als ‚Frau' ist das Wort belegt seit 1558, eine Konkurrenz kann hauptsächlich attestiert werden zu *biała głowa*, *niewiasta* und *kobieta*. Hier ist vor allem die gegenläufige Entwicklung von *fraucymer* und *kobieta* hervorzuheben. Während sich *fraucymer* von der Bezeichnung einer eher besser gestellten zur negativen Markierung einer Frau verschiebt, erlebt *kobieta* eine Aufwertung von der verächtlichen zur neutralen Bezeichnung weiblicher Personen.

szturarz/fuszer: In diesem Fall scheint das eine Lehnwort das andere abzulösen: *szturarz* ist erstmalig 1567 belegt, sein Letztbeleg stammt aus der Mitte des 19. Jahrhunderts; der *fuszer* hingegen findet erst seit 1785 schriftliche Erwähnung. Beide befinden sich in Konkurrenz zu *partacz*, belegt seit 1450, das sich schließlich in der Bedeutung ‚Pfuscher' durchgesetzt hat. Hier hat der konkurrierende *partacz* eine Abwertung erfahren: Zunächst bezeichnete das Wort den, der Leinen und einfache Bauernkleidung daraus herstellte, dann weitete sich der Begriff aus auf etwas, das nicht fachgemäß gemacht wird.

gwałt: Dieses polyseme Lexem (seit 1392) erscheint hier als Konkurrent zu zwei Wörtern aus verschiedenen Bereichen. Einmal gilt es in der Bedeutung ‚Gewalt(akt), Kraft' als Synonym zu dem in der zweiten Hälfte des 18. Jahrhunderts aufgekommenen Neologismus *przemoc* und (wenn auch eher peripher) zu dem gemeinslavischen Wort *siła*. Zum anderen steht es im Plural als Bezeichnung für ‚Fronarbeiten' in Konkurrenz zu *tłoka* (seit Ende des 15. Jahrhunderts), womit es sich auch im landwirtschaftlichen Bereich wiederfindet.

5. Ausblick

Die empirische Bearbeitung eines sprachlichen Phänomens, das nur über im weitesten Sinne kontextuelle Faktoren zu fassen ist, erweist sich insbesondere in der historischen Dimension als große methodische Herausforderung. Die Fragestellung erfordert das Erheben einer gewaltigen Datenmenge, deren nur durch die Beschränkung auf einen gesellschaftlichen Teilbereich (hier im wesentlichen den landwirtschaftlichen) Herr zu werden ist. Die noch ausstehende Analyse verschiedener Textkorpora soll erhellen, wieviel deutsch-polnische Geschichte beispielsweise in der Verwendung des Wortes *gbur* steckte bzw. noch heute steckt.

Beata Kołodziejczyk: Die deutsche Minderheitenpresse in Polen 1919–1939 und ihr Polen- und Judenbild

Im Zentrum des Forschungsvorhabens steht das Bild der Polen und der Juden in der deutschen Minderheitenpresse in den Jahren von 1918 bis 1939. Es sollen hier die historischen Problemkreise Minderheitengeschichte, Pressegeschichte und Stereotypengeschichte verbunden werden.

Die in der Zweiten Republik Polen lebende deutsche Minderheit war keine homogene Gruppe, die Unterschiede waren sowohl sozial als auch konfessionell und politisch. Mit den politischen Unterschieden war die differenzierte Einstellung gegenüber dem polnischen Staat verbunden. Unter den Deutschen, die noch bis 1918 in den Grenzen des Deutschen Reiches gelebt hatten, entstand nach dem Versailler Vertrag das Gefühl, die Trennung von ihrem Vaterland und der Abstieg von der herrschenden Gruppe zur Minderheit sei eine historische Ungerechtigkeit. Hieraus resultierte ihre negative Einstellung dem polnischen Staat gegenüber. Anders verhielt es sich mit den Deutschen in anderen Teilen Polens. Die Deutschen, die vor dem Krieg in Kongreßpolen lebten, hatten auch damals bereits den Status einer nationalen Minderheit besessen und waren nicht in der Tradition groß geworden, aufgrund der Zugehörigkeit zu einer bestimmten Nationalität Privilegien zu beanspruchen. Sie akzeptierten den neuentstandenen polnischen Staat und waren bereit, sich an seinem Aufbau zu beteiligen. Auch die deutschen Siedler in Wolhynien waren dem jungen Staatswesen gegenüber freundlich gesinnt. In österreichischer Zeit hatte die deutsche Bevölkerung Galiziens mit den Polen einträchtig zusammengelebt. Der Umstand, daß sich die Deutschen nach 1918 innerhalb der polnischen Staatsgrenzen wiederfanden, änderte zunächst nichts an dieser Orientierung und rief bei dieser Bevölkerung keine gesteigerte politische Aktivität hervor. Im Teschener Schlesien führte der Souveränitätswechsel allerdings zu Aufregung unter den Deutschen, die sich für einen Anschluß an die Tschechoslowakei aussprachen. Die Aufteilung Ostschlesiens zwischen Polen und der Tschechoslowakei stieß bei den Deutschen, die sich gegen ihren Willen innerhalb der polnischen Grenzen befanden, auf Ablehnung, was nicht ohne Einfluß auf ihr Verhältnis zum neuen Staat bleiben konnte.

Die politische, soziale und konfessionelle Vielfalt der deutschen Minderheit in Polen fand ihren Ausdruck in der Aktivität ihrer Organisationen und in der von ihnen herausgegebenen Presse. Sie stellt in meiner Arbeit das Textkorpus der Analyse dar. Da die Anzahl der von der deutschen Minderheit in Polen herausgegebenen Zeitungen hoch war, mußte ich das Quellenmaterial beschränken. Die untersuchten Printmedien sind die führenden politischen und religiösen Organe der Deutschen in Polen. Im Jahre 1918 erschienen in Polen insgesamt 187 deutsche Zeitungen (166 politische Zeitungen und Zeitschriften, 5 wirtschaftliche, 5 berufliche, 8 religiöse, 3 kulturelle). In den folgenden Jahren verkleinerte sich diese Zahl, 1939 waren es 105 Zeitungen und Zeitschriften (41 politische, 13 wirtschaftliche, 3 berufliche, 37 religiöse, 11 kulturelle). In den ersten Jahren hatte diese Presse eine besondere Bedeutung. Sie half bei der Umstellung auf die veränderten Verhältnisse.

Die Leser, die die polnische Sprache nicht beherrschten, wurden mit den Anordnungen der Behörden und den polnischen Gesetzen vertraut gemacht. Die Zeitungen dienten im fremden Umfeld der Pflege der deutschen Muttersprache und der deutschen Kultur. Die deutsche Presse war sowohl ein Instrument der Meinungsbildung der Deutschen in Polen als auch ein Forum, das diese Meinungen vorstellte und repräsentierte. In den Zeitungen wurden alle aktuellen Ereignisse beschrieben und kommentiert. Auf diese Weise wurde das Bild des polnischen Staates und seiner Bewohner her- und vorgestellt.

Unter den neuen Umständen mußte die deutsche Minderheit sich selbst und ihre eigene Welt von Anfang an konstruieren. Sie stand dabei vor neuen Problemfeldern wie: Orientierung innerhalb neuer Lebensbedingungen (ein anderer Staat, eine andere Staatsform und neue Parteien und Organisationen), neue Definition der eigenen Identität als Deutsche und zugleich als nationale Minderheit, Erlernen der Fähigkeit, unter den neuen Bedingungen ihre eigenen Rechte zu verteidigen.

Es läßt sich beobachten, daß in diesem Konstruktionsprozeß die Stereotypen eine erhebliche Rolle gespielt haben. Stereotypen werden dabei definiert als langfristig wirkende, vereinfachende, generalisierende Charakterisierungen, verbunden mit einem emotional aufgeladenen Werturteil. Ein Stereotyp kann positiv oder negativ konnotiert sein. Sie haben nicht nur Orientierungs- und Kategorisierungsfunktion, sondern sie produzieren oder forcieren auch eine gemeinsame Gruppenidentität. Diese Korrelation von Gruppenbildung und Stereotypenbildung ist ein Bedingungszusammenhang, den man historisch genau verorten kann. Die Stereotypen sind nicht nur Fremdbilder. In dem Bild, das von den anderen produziert und tradiert wird, spiegelt sich ex negativo auch das Selbstbild der Gruppe wider.

Die Rolle von Stereotypen im Selbstkonstruktionsprozeß der deutschen Minderheit in Polen in den beiden Jahrzehnten zwischen den Weltkriegen, stellt den eigentlichen Untersuchungsgegenstand der geplanten Dissertation dar. Dabei werden auch folgende Fragenkomplexe behandelt:

- Die Kontinuität alter und die Entwicklung neuer Stereotypen: Schon im 18. und 19. Jahrhundert waren viele Polenstereotypen entstanden: „polnische Wirtschaft", „polnischer Reichstag", „polnische Anarchie", der polnische Adel, der polnische Aufständische, die polnischen „Sensenmänner" usw. Nach dem Ersten Weltkrieg wurden dem noch neue Stereotypen hinzugefügt: „die blutende Grenze", „das Versailler Unrecht", „der polnische Saisonstaat", der „Korridor" und der „polnische Raubstaat". Zu untersuchen ist hier die Frage, in welchem Maße die deutsche Minderheitenpresse in Polen die traditionellen mit den neuen Stereotypen verband, ja die neuen aus den alten ableitete.
- Die Entwicklung der Stereotypenwelt im Laufe des Untersuchungszeitraums: Ob die Stereotypen während der gesamten Zwischenkriegszeit den gleichen Inhalt trugen oder ob sich die Inhalte ändern, muß hier zunächst offen bleiben. Unter anderem sind hier folgende Fragen zu stellen: Welchen Einfluß hatte die politische Situation in Polen und in Deutschland sowie die Lage der deutschen Minderheit auf das Bild der Polen und der Juden? Was schrieben z. B. die Zei-

tungen über Polen während der Aufstände in Posen und Schlesien oder später, nach dem Abschluß des deutsch-polnischen Nichtangriffspaktes im Jahre 1934? Wurde der Putsch Piłsudskis von 1926 positiv beurteilt oder als Beispiel für die Unfähigkeit der Polen, ein demokratisches System aufzubauen und zu erhalten, beschrieben? Wie wurden antijüdische Ausschreitungen in Polen bewertet? Wie beschrieb man die Situation in Deutschland nach 1933 und besonders die Lage der Juden? Welche Polen- und Judenbilder wurden nach der Ausweisung der polnischen Juden aus dem Deutschen Reich nach Polen präsentiert?

– Die regionale Differenziertheit der Stereotypen: Da die Situation und Haltung der deutschen Minderheit in verschiedenen Gebieten Polens gegenüber dem polnischen Staat, wie oben skizziert, unterschiedlich war, wird auch die Presse in den einzelnen Gebieten eine unterschiedliche Rolle und Funktion gespielt haben. Damit entsteht die Frage, wie sich dieser Umstand in der Stereotypenwelt niederschlug.
– Zweifellos spielt das Verhältnis zu den Juden eine wichtige Rolle in den deutsch-polnischen Beziehungen. Hier sind Antworten auf die Frage nach der Einstellung der Deutschen aus verschiedenen Teilen Polens zu den Juden zu suchen. Die Differenz (z. B. in den Ergebnissen polnischer Volkszählungen) zwischen der Zahl der mosaischen Gläubigen und der Zahl der Menschen, die sich selbst als Juden bezeichneten, zeigt, daß es keine eindeutigen Kriterien dafür gab, wer Jude war und wer nicht. Es stellt sich die Frage, welches Kriterium die deutsche Presse zugrunde legte, wenn sie über „den Juden" schrieb. War es die Religion, die Sprache oder die Abstammung? Im welchem Maße benutzte die deutsche Presse die schon existierenden Judenstereotypen, und in welchem Maße schuf sie neue Stereotypen oder gab bekannten alten Stereotypen eine neue Bedeutung? Welche Judenstereotypen benutzte die deutschsprachige Presse in den ehemaligen preußischen Provinzen, wo die Zahl der Juden nicht besonders hoch war, und welche Stereotypen lassen sich in der Presse in Zentral- und Ostpolen, wo die Mehrheit der Juden lebte, finden? Ließe sich hier eine wachsende Vereinheitlichung des Judenbildes feststellen, dann könnte man daraus eventuell auf eine Konsolidierung der deutschen Minderheit als Gruppe rückschließen. Welche Haltung nahm die deutsche Minderheit in Polen zur antisemitischen Politik des Dritten Reiches ein? Hat sich etwa ihre Einstellung zu Juden nach 1933 geändert? Deutsche Zeitungen in Pommerellen z. B. schenkten nach 1933 der Diskriminierung von Juden in Polen viel Aufmerksamkeit. Was hatte die Presse dabei vor allem im Auge: die Verurteilung des Antisemitismus oder die Ablenkung von der Situation der Juden in Deutschland?
– Stereotypen spielen eine wichtige Rolle für die Entwicklung der Identität einer Gruppe. Da sie die Haltung zu den „anderen" prägen, läßt sich aus ihnen die eigene Identität ablesen. Es geht in diesem Fragenkomplex um das Verhältnis von Heterostereotyp zum Autostereotyp, oder genauer: um die Funktion der Heterostereotypen für das Autostereotyp. Aus den durch die deutsche Presse geschaffenen Bildern der Umgebung, des polnischen Staates, der Polen und der Juden lassen sich die Selbstbilder der deutschen Minderheit in Polen ablesen. In

der Zwischenkriegszeit war der Begriff „Minderheit" in der deutschen Sprache nicht positiv konnotiert. Sehr schwer war diese Situation besonders für die Deutschen in Westpolen, denn sie hatten noch die Zeit erlebt, als sie keine Minderheit waren. Das Wertesystem und die Emotionen, die mit der Definition der Deutschen in Polen als nationale Minderheit einhergegangen sind, werden sich sowohl in den Heterostereotypen von Polen als Mehrheit und Juden als Minderheit als auch in den Autostereotypen der deutschen Minderheit in Polen widerspiegeln.

Aus diesem Grund wird sich die Dissertation nicht nur auf die Untersuchung der Polen- und Judenstereotypen beschränken, sie soll vielmehr auch Aufschlüsse über das deutsche Selbstbild, das sich eben aus jenen beiden ablesen läßt, geben.

Norbert Spannenberger: Migration und Ansiedlung der Deutschen in Ungarn. Die grundherrschaftliche Kolonisationstätigkeit der Fürsten Esterházy in Süd-Transdanubien im 18. Jahrhundert

Die Befreiung Ungarns von der Türkenherrschaft durch die Habsburger machte die Notwendigkeit einer Wiederbesiedlung verwüsteter Herrschaften deutlich. Mit dem kaiserlichen Impopulationspatent von 1689 wurde den privaten Grundherren der Weg für eine Ansiedlungsaktion eröffnet. Dieses Patent wurde 1723 nach dem folgenschweren Rákóczi-Aufstand (1703–1711) auf eine neue Grundlage gestellt, so daß die Kolonisation einen neuen – und diesmal dauerhaften – Aufschwung nahm. Im Gegensatz zu den staatlichen Kolonisationsentwürfen waren Planung, Ablauf und Ergebnisse der privatgrundherrschaftlichen Ansiedlungen von mehr „Spontaneität" und Vielfalt gekennzeichnet.

So ergeben sich zunächst die wichtigsten Fragestellungen nach den Voraussetzungen für die Kolonisationstätigkeit der privaten Grundherrschaften: Welche rechtlichen Rahmenbedingungen in der Heimat bzw. in Ungarn motivierten die Siedler zum Wegzug? Wie unterstützte die Kameraladministration in Ofen (Buda) konkret die Neuansiedlungspläne dieser Herrschaften, welche administrativen und organisatorischen Schwierigkeiten ergaben sich? Hierbei sollte vor allem die in der ungarischen Forschung vorherrschende These widerlegt werden, daß nur arme Kolonisten, vorwiegend wegen der großzügigen Privilegierung nach Ungarn kamen. Vielmehr war die Kolonisation eine Chance für den sozialen Aufstieg, der aber nicht ohne Grundkapital und Opfer seitens der Kolonisten möglich war.

Im größeren Zusammenhang sind allgemeine sozioökonomische Fragestellungen von Interesse, wie die Entwicklung der Agrarpreise (Getreide, Schlachttiere, Wein etc.) als Grundlage zum Verständnis der Wirtschafts- und Ansiedlungspolitik über Jahrzehnte hin. Denn die steigende Nachfrage nach Getreide, die auf die Kriege der Habsburger zurückging, führte auch zur forcierten Kolonisationspolitik der Grundherren, die mittels der Getreidekonjunktur ihr Vermögen vermehren wollten.

Um diesem Ziel gerecht zu werden, kam es zum Abschluß von attraktiven Ansiedlungsverträgen für die deutschen Kolonisten. Nach dem verheerenden Rákóczi-Aufstand und verschiedenen Seuchen wurde die planmäßige Kolonisationstätigkeit ab 1720 fortgesetzt. Für den Erfolg der Kolonisation spricht nicht nur die Tatsache, daß die Einkommen der Grundherren wie der Bauern sich sprunghaft erhöhten, sondern auch die Fortsetzung der Anwerbung fremder Arbeitskräfte in der zweiten Hälfte des 18. Jahrhunderts. Somit kann man von einer „permanenten Siedlungsaktivität" in diesem Jahrhundert sprechen, die eine der wichtigsten Bedingungen der ökonomischen, sozialen und politischen Stabilisierung Ungarns nach der Türkenherrschaft war.

Aus der Fachliteratur kennen wir Beispiele, wo die Gutsverwalter innerhalb weniger Wochen die serbischen Altsiedler vertrieben, um den Deutschen Platz zu machen. Ob sich eine ähnliche „Praxis" der Wechselwirkung von Ansiedlungs- und ethnischen Verdrängungsprozessen auch in den Esterházyschen Gütern Dombóvár, Ozora und Kaposvár nachweisen läßt, ist eine besonders bedeutsame Frage für die Ansiedlungsmotivation und -politik der Grundherren. Konkrete Belege ließen sich für einen Präzedenzfall liefern, wo serbische Einwohner in Döbrököz vertrieben wurden, um ungarischen Neuankömmlingen Platz zu machen. Vergleichend kann hier auch darauf hingewiesen werden, daß auf den Károlyi-Gütern im Sathmar z. B. Ungarn ausgesiedelt wurden, um den Deutschen ethnisch homogene Siedlungen zu gewährleisten. Wahrscheinlich hat dieser Aspekt in Süd-Transdanubien eine sekundäre Rolle gespielt. Weil in dieser Region gemischte Gemeinden vorherrschend waren, ist von besonderer Bedeutung, welche Faktoren zur Verdrängung der Altbewohner führten. Daraus ergibt sich die Frage, ob es ethnisch motivierte Auseinandersetzungen gab. Dabei muß betont werden, daß aus der Sicht der Grundherren die Rentabilität der extensiven Viehwirtschaft der Serben im scharfen Gegensatz zum intensiven Ackerbau der Deutschen stand. Dieses Spannungsfeld bzw. das daraus hervorgegangene Konfliktpotential war zwar ethnisch konnotiert, nicht aber motiviert. Damit ist auch die zunehmende Wertschätzung der deutschen Bauern seitens der Grundherren zu erklären. In diesem Zusammenhang ist auch zu klären, ob man von einem „Verdrängungsprozeß" der Alteingesessenen durch die deutschen Siedler in der zweiten Hälfte des 18. Jahrhunderts die Rede sein kann.

Hinsichtlich der Siedler stellen sich Fragen nach den Voraussetzungen, dem Verlauf und den Auswirkungen der Ansiedlung. Ob die Ansiedlung der Deutschen etappenweise oder kontinuierlich erfolgte, soll ebenfalls geklärt werden. Da die Ansiedlung einen selektiven Charakter hatte, ist vor allem nach dem Integrationsprozeß im neuen Siedlungsraum zu fragen. Gab es tiefe Einschnitte in die Lebensverhältnisse der Kolonisten? Welche Veränderungen sind im Zuge der ökonomischen Entwicklung in den Lebensformen der Siedler festzustellen? Und nicht zuletzt: Welche demographischen Verschiebungen lassen sich im interethnischen Gesamtbild erkennen? So widerlegt das Beispiel der Gemeinde Egyházaskozár die Vermutung, daß die Serben wie die einheimischen Ungarn im Gegensatz zu den Deutschen die ökonomische Umstellung auf die neuen Bedingungen nicht geschafft hätten.

Der wirtschaftliche Aufschwung trug auch zum Auf- und Ausbau kultureller Einrichtungen (Schulen und Kirchen) und zu einer lang (bis zum Ersten Weltkrieg) anhaltenden sozialen Mobilität der Deutschen in dieser Region bei. Obgleich die meisten von ihnen Landwirte waren, wurde eine planmäßige Anwerbung von Handwerkern und Facharbeitern betrieben. Als Ergebnis entstand eine blühende, multiethnische Landschaft, die bis zum Ende des 18. Jahrhunderts zu einer wirtschaftlichen Blüte Süd-Transdanubiens führte. Der pragmatische Grundzug der stets an den gegebenen Verhältnissen orientierten privaten Ansiedlung unterscheidet sich ganz deutlich von den kameralen Ansiedlungen im Banat und in der Batschka; die idealisierenden und stereotypen Darstellungen dieser Kolonisationsära (etwa die „drei Schwabenzüge") können und müssen wesentlich korrigiert werden.

Das Arbeitsvorhaben bedient sich der Methoden und Fragestellungen der Sozialgeschichte und der Agrargeschichte. Anhand einer Fallstudie, nämlich der Kolonisationstätigkeit der Familie Esterházy in Süd-Transdanubien, sollen die Ansiedlung deutscher wie nichtdeutscher Kolonisten im Rahmen der europäischen West-Ost-Migration im 18. Jahrhundert nach Südosteuropa und ebenso die spezifischen Strukturen des Wiederaufbaus Ungarns untersucht werden. Damit soll im Spiegel der Mikrogeschichte ein großes „Erfolgskapitel" in der Geschichte der Deutschen in Ungarn dargestellt werden. Da die Arbeit sozialgeschichtlich orientiert ist, soll sie auch für das Verständnis der späteren Geschichte der deutschen Minderheit in Ungarn einen Beitrag leisten. Die Frage, ob die Siedlungspolitik der Esterházys in Transdanubien allerdings Modellcharakter besaß, läßt sich anhand des gegenwärtigen Forschungsstandes nicht beantworten.

Zusammenfassend läßt sich feststellen, daß zu dem Forschungsvorhaben noch keine Fachliteratur vorliegt. Ebenso gibt es nur in einem sehr bescheidenen Umfang brauchbare Quellenpublikationen. Insgesamt ist in der ungarischen Geschichtsschreibung das 18. Jahrhundert ohnehin ein „Stiefkind", da es nicht in das vom 19. Jahrhundert entwickelte nationalgeschichtliche Paradigma hineinpaßt. Stereotypen aus dieser Zeit beherrschen bis heute die offizielle Geschichtsschreibung wie die öffentliche Erinnerungskultur im Zusammenhang mit dem Wiederaufbau der „Nachtürkenzeit" im 18. Jahrhundert.

Als Hypothese des Arbeitsprojekts zeichnet sich ab, daß die Familie Esterházy – wie die meisten Grundherren in Transdanubien – keineswegs eine einseitige Ansiedlung der (übrigens sehr kostspieligen) deutschen Kolonisten bevorzugte. Vielmehr war eine schnelle Konsolidierungsentwicklung seitens der deutschen Ankömmlinge zu beobachten, die zu einer bisher in der Forschung nicht gebührend berücksichtigten und deshalb auch unterschätzten Binnenmigration oder Expansion der deutschen Arbeitskräfte führte. Davon profitierten die Esterházys überdurchschnittlich, da sie günstige ökonomische Rahmenbedingungen und Toleranz im Religiösen garantierten, wodurch z. B. die Herrschaften Dombóvár und Kaposvár insbesondere für die Umsiedlungswilligen aus den Gütern der Mercys attraktiv waren.

Kurt Markel: Die rumäniendeutsche Literatur in ihrem sozialpolitischen Kontext 1944–1989

In der wissenschaftlichen Aufarbeitung der rumäniendeutschen Literatur des genannten Zeitabschnitts fehlt es bisher an nahezu allen Arbeitsgrundlagen; die rumäniendeutsche Literatur wird sowohl in Darstellungen der rumänischen als auch in jenen der deutschen Literatur zumeist ausgeklammert, und es gibt für diese Periode noch keine literaturgeschichtliche Darstellung, kein Autoren- und kein Werklexikon, keine verwendbare Bibliographie literarischer Presseveröffentlichungen, ja noch nicht einmal ein vollständiges Verzeichnis der belletristischen Buchpublikationen deutschsprachiger Autoren in Rumänien.

Eine Dissertation kann sich nicht vornehmen, all diese Lücken zu schließen, gleichwohl kommt sie kaum daran vorbei, sich, zumindest in Ansätzen, einige dieser Grundlagen zu erarbeiten. Die hier vorzustellende Arbeit wird ihren vielleicht wertvollsten Beitrag in dem umfangreichen Anhang leisten, der unter anderem erstmalig die 277 Autoren und die 875 belletristischen Buchpublikationen der rumäniendeutschen Literatur des untersuchten Zeitabschnitts verzeichnet, im Falle der Autoren mit bis zu vier Lebensdaten (Geburt, literarisches Debüt, Auswanderung, Tod), im Falle der Bücher, soweit dies möglich, auch mit Angaben zu Verlagslektor und Auflagenhöhe. Bis zur Fertigstellung der Arbeit hoffe ich auch die Spielpläne der beiden deutschen Theater hinzufügen zu können.

Zielsetzung der literaturwissenschaftlichen Untersuchung ist es, die wichtigsten Charakteristika der rumäniendeutschen Literatur dieses Zeitraums zu erfassen. Dementsprechend werden im Wechsel literatursoziologische und hermeneutische Methoden angewandt.

Kernbereich ist die Beleuchtung der Wechselwirkungen zwischen den kulturpolitischen Entwicklungen in der rumänischen Diktatur und den literarischen Reaktionen der kleinen deutschsprachigen Literaturszene. Aufgrund der Tatsache, daß in Rumänien in den Jahrzehnten zwischen dem Einmarsch der Roten Armee und dem Sturz Ceauşescus jedes Druckerzeugnis (bis hin zu Heirats- oder Todesanzeigen) einer sich öfter wandelnden, aber nie gänzlich aufgehobenen behördlichen Zensur unterlag, und aufgrund der Tatsache, daß der Staat einziger Arbeitgeber und einziger Inhaber und Verwalter von Firmen und Institutionen war, insbesondere auch aller Medien und Bildungseinrichtungen, stellt die Frage nach den jeweiligen kulturpolitischen Vorgaben und Entwicklungen einen unverzichtbaren Teil selbst der Textanalysen dar. Die staatliche Einwirkung ist nicht nur direkt, in den Ausprägungen der linientreuen Auftragsdichtung zu erkennen, sondern mittelbar auch in den poetischen Artikulationsformen des literarischen Widerstandes. Die Zensur trägt zur Entwicklung spezieller Kodierungsverfahren von Literatur bei. Auch die unter normalen Umständen eher poetologische Frage, welche literarischen Werke gelesen und vor allem literarisch rezipiert wurden, kann für Ostblockstaaten aufgrund der staatlichen Kontrolle des Buchmarktes nur durch eine literatursoziologische Untersuchung in ihrem Gesamtzusammenhang erhellt werden.

Vor dem Hintergrund der kulturpolitischen Klimaschwankungen und der Gewichtsverlagerungen der Staatsdoktrin wird auch der institutionelle Rahmen des deutschsprachigen Literaturbetriebes in seinem zeitlichen Wandel zwischen 1944 und 1989 dargestellt, insbesondere die Verlags- und Presselandschaft, das Bildungswesen, die Situation der Bühnen und die relevanten Vereine und Verbände. Daneben werden die Nischen der literarischen Produktion und Rezeption abseits staatlicher Kontrolle umrissen.

Gliedernde Funktion in der Darstellung der Kulturpolitik erhalten die markanten Einschnitte 1948/49 (Aufbau des staatsmonopolistischen Kulturbetriebes, zugleich Wiedereingliederung der deutschen Minderheit in das Staatsgefüge), 1953 (nach Stalins Tod beginnt ein erster Aufschwung der rumäniendeutschen Nachkriegsliteratur), 1957/58 (die intellektuellen- und minderheitenfeindliche „neue Eiszeit" kappt diese Entwicklungen), 1965 (Amtsantritt Ceauşescus, zunächst Liberalisierung, Diversifizierung und Dezentralisierung), 1971 (Beginn der „kleinen Kulturrevolution"), 1982 (Rationierung der Lebensmittel, zugleich Auswanderungswelle), 1990 (mehr als die Hälfte der verbliebenen Deutschen reisen aus).

Wenn auch nicht statistisch meßgenau, so doch sehr aussagekräftig ist ein Vergleich der gesamten jährlichen deutschsprachigen Buchproduktion Rumäniens für je ein Jahr jedes der oben aufgezählten Abschnitte. Vollständigkeit schien hier im Abwägen von Aufwand und Erkenntnisinteresse nicht sinnvoll. Die Aufstellung nach Kategorien ermöglicht einen erhellenden Einblick in die Entwicklungen des Verlagswesens hinsichtlich der Editionsmengen, der Gewichtungen zwischen Sachbüchern und Belletristik sowie auch zwischen rumäniendeutscher Literatur, binnendeutscher Literatur und Übersetzungen aus der rumänischen und der Weltliteratur.

Angesichts des Umstandes, daß auch die schriftlichen Quellen, die der Dissertation zugrunde liegen, zumeist der zensurierten Kulturlandschaft entstammen, kommt der Quellenkritik eine erhöhte Bedeutung zu. Keinesfalls können, wie in manchen bisherigen Dissertationen zur rumäniendeutschen Literatur geschehen, Angaben, Statistiken oder Behauptungen der totalitären Propagandamaschinerie kommentarlos als Tatsachen hingestellt werden. Selbst bei Gesetzestexten konnte die praktische Umsetzung von der heute noch zugänglichen schriftlichen Quelle weit abweichen. Für viele Fragestellungen hat mittlerweile schon eine zensurfreie Aufarbeitung stattgefunden, an einigen wenigen Stellen der Arbeit, die anders nicht zu dokumentieren waren, wird die amtliche Version gegen mündliche Aussagen von Zeitzeugen abgewogen.

Abgesehen von der Dominanz des totalitären Staates im literarischen Leben weist die rumäniendeutsche Literatur des Untersuchungszeitraumes aber auch andere Besonderheiten auf. Aufbauend auf dem unvermeidbaren Einleitungskapitel zum Begriff „rumäniendeutsch" nebst kurzem allgemeinem Überblick über die deutschsprachigen Bevölkerungsgruppen Rumäniens mit ihren konvergierenden und divergierenden kulturellen Traditionslinien, werden die wichtigsten Charakteristika des rumäniendeutschen Literaturbetriebs beschrieben.

Die Minderheitensituation bringt es zum einen mit sich, daß sich literarische Produktion und Rezeption nur bedingt überschneiden. Die Rezeption orientierte sich, wie anhand von Verlagsprogrammen, Lehrbüchern und Presse zu belegen ist, selbst in der kommunistischen Diktatur hauptsächlich an den binnendeutschen Literaturen, aber auch viele rumänische Texte wurden durch den obligatorischen Rumänischunterricht bekannt gemacht. Es ist festzustellen, daß die literarische Eigenproduktion der Rumäniendeutschen nur einen geringen Teil des von ihnen rezipierten Spektrums ausmachte. Sie hat dadurch um so mehr den Charakter eines sehr kleinen, laut Peter Motzan „intimen" bzw. gar „inzestuösen" Literaturbetriebes, zeitweise nahmen fast nur Autoren und Kritiker die Publikationen anderer Autoren oder Kritiker wahr. An Schulen und Universitäten wurde die rumäniendeutsche Literatur eher am Rande erwähnt. Zugleich entstand aber gerade durch diesen Werkstattcharakter oft eine überraschend wenig provinzielle Literatur, zumal die meisten der Autoren, die in dieser Zeitspanne veröffentlichen, ein Germanistikstudium durchlaufen haben. (Wo es möglich war, wird dies im Autorenverzeichnis vermerkt.)

Des weiteren ist die rumäniendeutsche Literatur per se interkulturell. Die literarischen Interferenzerscheinungen sind zwar nicht so dominant, wie man es, angesichts einer so kleinen und ausnahmslos mehrsprachigen Bevölkerung, vielleicht zunächst erwarten könnte. Dennoch ist nicht zu übersehen, daß die rumäniendeutsche Literatur einer sprachlichen und kulturellen Sondersituation entspringt. Die Sprache, in der man schreibt, ist nur eine von mehreren, die man fließend beherrscht; im Alltag wird immer auch rumänisch, meist auch ein Dialekt (Siebenbürgisch-Sächsisch, Banatschwäbisch oder auch Jiddisch) und zuweilen auch ungarisch gesprochen. Daraus resultiert in den Texten, neben wenigen Entlehnungen und einzelnen sprachlichen Schwächen, vor allem ein fast generell sehr reflektierter Umgang mit dem Sprachmaterial. Dies bewußtere Verhältnis zur Sprache äußert sich in mehreren Ausprägungen. Die häufigsten sind die Affinität zu Wortspielen und Sprachexperimenten und andererseits, besonders bei den sprachlich weniger souveränen Autoren, ein Hang zu sehr langen, gern altertümelnden, zwar aufmerksam durchkonstruierten, aber eher sterilen Sätzen. Schon aus der Betrachtung der Bibliographien ergibt sich allerdings, bei aller interkulturellen Prägung, doch ein eindeutiges Verhältnis zwischen Erstsprache und Zweit- oder Drittsprachen. Die rumäniendeutschen Autoren nehmen fast ausschließlich Übersetzungen ins Deutsche vor, selbst für die Übersetzung der eigenen Texte ins Rumänische wird meist ein rumänischer Kollege herangezogen, und Autoren, die Texte in beiden bzw. mehreren Sprachen verfaßt haben, sind äußerst selten.

Der hier kurz umrissenen Untersuchung der politischen, institutionellen, demographischen, kulturellen und wirtschaftlichen Rahmenbedingungen der rumäniendeutschen Literatur folgt in der Dissertation ein knapper literarhistorischer Überblick nach Literaturkategorien und Autorengenerationen, der sich keineswegs als umfassende Literaturgeschichte des Untersuchungszeitraumes versteht, sondern lediglich die Auswahl der als paradigmatisch eingestuften Texte des literarischen Analyseteils legitimiert.

Die Textanalysen sollen einerseits die Spuren der vorab geschilderten Rahmenbedingungen in der Literatur selbst nachweisen und untersuchen, andererseits der zwangsläufig abstrahierenden Zusammenfassung wieder die notwendige konkrete Substanz verleihen. Daneben wollen sie auch der Frage nachspüren, in welchem Maße die in Rumänien gedruckten, in Deutschland bis heute fast vollständig unbekannt gebliebenen Texte der rumäniendeutschen Literatur tatsächlich nur in ihrem spezifischen zeitlichen, räumlichen, kulturellen und historischen Umfeld verständlich und von Wert waren.

Gemessen am literaturwissenschaftlichen Usus kann diese Dissertation möglicherweise etwas ungewohnt erscheinen, gemessen an dem derzeitigen Forschungsstand zur rumäniendeutschen Literatur jedoch ist sie, so meine Überzeugung, in dieser Form eine Notwendigkeit: als ein Baustein in der Aufarbeitung dieses Feldes sowie als Anregung und als Arbeitsgrundlage für seine weitere Erforschung.

Victor Dönninghaus: Moskau und die Deutschen in der Sowjetunion 1917–1941. Die Politik der sowjetischen Zentralorgane gegenüber der deutschen Minderheit

Die Politik gegenüber den nichtrussischen Nationalitäten gehört zu den zentralen Fragestellungen bei der Erforschung der sowjetischen Geschichte. Von der Revolution 1917 über die Deportationen im Zweiten Weltkrieg bis hin zum Zerfall der Sowjetunion spielt die Nationalitätenproblematik eine entscheidende Rolle für die Geschichte des Staates. Aus deutscher Perspektive, vor dem Hintergrund der Zuwanderung von inzwischen rund zwei Millionen Aussiedlern, ist das Schicksal der Rußlanddeutschen von besonderem Interesse. Die Rußlanddeutschen können gleichzeitig als Fallbeispiel für die Erforschung der Peripetien der sowjetischen Nationalitätenpolitik dienen: Sie erhielten zunächst eine territoriale Autonomie in Form der Autonomen Sowjetrepublik der Wolgadeutschen und mehrerer nationaler Landkreise und Dorfsowjets. In den dreißiger Jahren wurden sie im Gefolge der Verschlechterung der deutsch-sowjetischen Beziehungen zunehmend Opfer von Repressionen und nach dem deutschen Überfall auf die Sowjetunion 1941 von Deportationen.

Im Mittelpunkt des Habilitationsprojekts stehen die Grundlinien, Entscheidungsmechanismen und Funktionsweisen der sowjetischen Politik gegenüber den Rußlanddeutschen auf den höchsten Ebenen. Die Sowjetorgane aller Ebenen, die rein formal als staatliche Strukturen galten, traten im Prinzip lediglich als Durchführungsorgane der entsprechenden Parteigremien in Erscheinung. Bereits zu Beginn der dreißiger Jahre verschmolz der Parteiapparat mit dem Staatsapparat praktisch zu einem einzigen partei-staatlichen Verwaltungssystem, in dem sich die reale Macht an der obersten Spitze konzentrierte, in der Hand einer kleinen Gruppe von Personen, dem Politbüro des Zentralkomitees der Partei, genauer: in der Person Stalins.

Welche Maßnahmen die Partei- und Sowjetorgane gegenüber den Rußlanddeutschen zwischen 1917 und 1941 getroffen haben, ist in den Grundzügen bekannt. Wie diese Maßnahmen zustande kamen, welche Überlegungen ihnen zugrunde lagen, welche Konzepte hinsichtlich der deutschen Minderheit verfolgt wurden und inwieweit sie sich im Laufe der Jahre änderten, liegt noch weitgehend im Dunkeln. Es soll daher untersucht werden, vor welchem Hintergrund und wie es zu den politischen Entscheidungen kam, wie sie in die ideologischen Rahmenbedingungen eingebettet und von den Sowjetorganen (Zentrales Exekutivkomitee [VCIK] und Rat der Volkskommissare [SNK]) in praktische Politik umgesetzt wurden. Von besonderem Interesse sind die Tätigkeit des Zentralbüros der deutschen Sektionen beim Zentralkomitee der Partei und seiner regionalen und örtlichen Zweigstellen, ihre Funktionen, Arbeitsformen und -methoden, die Mechanismen, die zur Schaffung dieser spezifischen Hierarchie der politischen Verwaltung vor Ort beitrugen, der zahlenmäßige Anteil und die personelle Zusammensetzung der deutschen Parteikader sowie die Ausbildung der obersten Nomenklatura-Funktionäre.

Als eine der Hauptstützen des Regimes galt der Teil der Jugend, der sich aktiv an der Zerstörung der traditionellen patriarchalischen Ordnung und der über Jahrhunderte gewachsenen Sitten und Gebräuche beteiligte. Es soll daher untersucht werden, auf welche Weise die Jugend der nationalen Minderheiten durch den Kommunistischen Jugendverband (Komsomol) in den Dienst der Sowjetisierungspolitik gestellt wurde. In diesem Zusammenhang geht es auch um die Frage, inwieweit die oberste Sowjetführung gegenüber den westlichen Nationalitäten (Deutsche, Polen, Litauer, Letten, Esten, Finnen), die sich durch nationale Abgeschlossenheit, politische Passivität, zunehmende Neigung zur Emigration und das Auftreten antikommunistischer und antisowjetischer Stimmungen auszeichneten, versuchte, der nationalen Solidarität ein Programm der Differenzierung in „Klassen“ und der Einführung einer „sowjetischen Lebensweise“ gegenüberzustellen.

Am Beispiel der Wechselwirkungen zwischen den Zentralorganen und den Rußlanddeutschen lassen sich nicht nur entsprechende Parallelen der Nationalitätenpolitik zu den übrigen westlichen Nationalitäten aufzeigen, sondern auch verborgene Mechanismen und Instrumente der politischen und wirtschaftlichen Einflußnahme des russischsprachigen Zentrums auf die anderssprachige Peripherie aufdekken. Der zeitliche Rahmen des Projektes umfaßt die Periode von 1917 bis 1941 – eine Zeit der Transformation der alten traditionellen Gesellschaft in einen qualitativ anderen Zustand und der Schaffung eines administrativen Kommandosystems stalinistischen Typs.

Untersucht werden

a) die drei „Stützpfeiler“ und Generatoren der sowjetischen Nationalitätenpolitik: Zentralkomitee der Partei, Zentrales Exekutivkomitee und Rat der Volkskommissare;
b) das Zentralbüro der deutschen Sektionen beim Zentralkomitee der Partei und seine Hauptfunktionen;
c) die Tätigkeit der deutschen Sektion des Zentralkomitees des Kommunistischen Jugendverbandes;
d) die oberste Partei- und Staatsnomenklatur der Rußlanddeutschen und ihre Ausbildung.

Zu a: Die Grundlagen und Grundlinien der Nationalitätenpolitik wurden vom Zentralkomitee der Partei, dem Zentralen Exekutivkomitee und dem Rat der Volkskommissare ausgearbeitet. Die Umsetzung dieser Politik oblag dem Volkskommissariat für nationale Angelegenheiten (*Narkomnac*), als dessen unablösbares Oberhaupt I.V. Stalin bestimmt wurde. Die Tätigkeit des Volkskommissariats (1917–1924) erstreckte sich sowohl auf das Territorium der RSFSR als auch auf alle nationalen Randgebiete des ehemaligen Russischen Reiches. Zu seinen Aufgaben gehörten neben der Verwirklichung der sowjetischen Nationalitätenpolitik, der Unterstützung der kulturellen und wirtschaftlichen Entwicklung der Nationen und Völkerschaften auch die Organisation des national-staatlichen Aufbaus in den nationalen Landkreisen (*rajony*). Ausgehend von den Aufgabenstellungen konzentriert der Autor seine Aufmerksamkeit auf die Tätigkeit der deutschen Abteilung des *Narkomnac*, die für die Verteidigung der Interessen der deutschen nationalen Minderheit eingerichtet worden war, um folgende Fragen zu beantworten: Wie wurde die Sowjetisierungspolitik vor Ort vom Zentrum ausgearbeitet und durchgesetzt? Worin genau äußerten sich die Maßnahmen des Zentrums zur Unterwerfung der Peripherie? Gab es Konflikte zwischen den zentralen Machtorganen und den örtlichen Verwaltungsbehörden? Wie nahm die örtliche Bevölkerung der deutschen Kolonien die Politik des Zentrums auf? Worin bestand der Grund für die Opposition der Rußlanddeutschen und der Machtorgane?

Obwohl der Staat als das Hauptglied im politischen System der sowjetischen Gesellschaft auftrat, übernahm die Partei die Rolle des führenden politischen Zentrums der gesamten Gesellschaft. Alle „Ausnahmegesetze", obwohl sie auch im Namen des Zentralen Exekutivkomitees und des Rates der Volkskommissare erlassen wurden, erarbeitete und verabschiedete das Politbüro, der Apparat des Zentralkomitees. Die Partei selbst verwandelte sich allmählich aus einer kollektiv Beschlüsse *ausarbeitenden* Organisation in eine beschluß*fassende* Struktur, d. h. in eine Art Volkskommissariat. Eine der Hauptaufgaben der geplanten Forschungsarbeit ist die Aufdeckung der Beschlußfassungsmechanismen bezüglich der deutschen Minderheiten der UdSSR im Politbüro. Es geht in diesem Falle um die Wechselbeziehung zwischen der Macht des Politbüros als kollektives Organ und der Alleinherrschaft Stalins sowie um den Grad der Übereinstimmung oder Divergenz in den Positionen der Mitglieder des Politbüros bezüglich der „deutschen Frage" in der UdSSR. Neben einer Untersuchung der Protokolle des Politbüros sollen die Mechanismen der Fassung analoger Beschlüsse zur „deutschen Frage" auf der Ebene des ZIK und des SNK der UdSSR verglichen werden.

Zu b: Die Gründung einer deutschen Vertretung beim Zentralkomitee der Partei im April des Jahres 1918 gilt als eine der wichtigsten Etappen bei der Zentralisierung der deutschsprachigen Parteielite in Rußland. Mit Ende des Bürgerkrieges trat das deutsche Zentralbüro nicht nur als Vertreter aller deutschen Sektionen des CK RKP(b)/VKP(b) auf dem gesamten Territorium der RSFSR auf, in denen es eine deutsche Bevölkerung gab, sondern kontrollierte und redigierte auch den Inhalt aller deutschen Zeitungen, leitete die Zentrale Verlagsabteilung, übte das Monopol über den Ankauf und die Verteilung der gesamten politischen Literatur in deutscher Sprache aus etc. In diesem Zusammenhang gilt es eine Reihe von Fragen zu klären, die – über den engeren Gegenstand hinaus – auch einen Beitrag zu der nach wie vor unterentwickelten sowjetischen Institutionengeschichte leisten können:

Worin bestanden die Voraussetzungen und die Hauptgründe für die Organisation des deutschen Zentralbüros? Wodurch wurden die einschneidenden Veränderungen in den Funktionen und Aufgaben des Zentralbüros ausgelöst? Auf welchem Wege übte das CK RKP(b) seinen Einfluß auf das Zentralbüro der deutschen Sektionen aus? Gab es zwischen ihnen Diskrepanzen in Fragen der politischen Arbeit unter den Deutschen? Wie verlief die Vereinigung aller deutschen Sektionen zu einem einzigen Zentralorgan, das vom Zentralbüro beim CK RKP(b) geleitet wurde? Nicht zuletzt bieten sich das Zentralbüro und die deutschen Sektionen an, um das Personal im Sinne einer Kollektivbiographie unter die Lupe zu nehmen: Wer sind die Mitarbeiter auf den verschiedenen Ebenen der Hierarchie? Woher kommen sie, wie werden sie rekrutiert? Gibt es Gemeinsamkeiten in ihren Lebensläufen? Welche Verhaltensweisen legen sie an den Tag? Vertreten sie bestimmte Interessen oder sind sie lediglich das Werkzeug der Zentrale?

In diesem Teil der Untersuchung wird der Autor die Instrumente aufzeigen, die das Zentralbüro zur Beeinflussung der deutschsprachigen Bevölkerung benutzt hat, sowie die Mechanismen, die zur Schaffung einer vertikalen Hierarchie (Zentrum – Gouvernement; Gouvernement – Landkreis; Landkreis – Amtsbezirk; Amtsbezirk – einzelne Siedlung, einschließlich der Militärstützpunkte der Roten Armee) eingesetzt wurden. Darüber hinaus werden die zahlenmäßige und die Kaderzusammensetzung der deutschen Parteinomenklatur analysiert. Einen Sonderpunkt der Untersuchung soll die Politik der Führung des deutschen Zentralbüros ausmachen – mit den entsprechenden deutschen Abteilungen in den staatlichen Strukturen wie den Volkskommissariaten für Nationalitätenfragen und für Bildung.

Zu c: Die Aktivität der nationalen Sektionen des CK RKSM/VLKSM, einschließlich der deutschen Abteilung, stellt eine der interessantesten und praktisch unerforschten Etappen in der Politisierung des jugendlichen Milieus unter den Deutschen der UdSSR dar. Die kommunistischen Formationen der Jugend trugen die Hauptlast bei der Zerstörung der traditionellen patriarchalischen Ordnung in den Kolonien und führten antireligiöse und internationale Propaganda und Agitation durch. Und gerade aus dem Milieu der jugendlichen Aktivisten wurden die Führungskader aller Ebenen für die Arbeit in den Partei- und Sowjetorganen vorbereitet. Die nationalen Unterabteilungen des CK RKSM, einschließlich der deutschen Abteilung, bestimmten nicht nur die Fragen der Organisations- und Kaderpolitik der Komsomol-Organisationen von oben bis unten, sondern erarbeiteten auch die strategischen und taktischen Aufgaben der Politisierung bestimmter nationaler Bevölkerungsgruppen in verschiedenen historischen Etappen in Übereinstimmung mit den Direktiven des CK RKP(b).

Es soll darum gehen,

- die Mechanismen der vom CK RKSM/VLKSM erarbeiteten Methoden zur Leitung der deutschen kommunistischen Jugendformationen zurückzuverfolgen;
- zu bewerten, inwieweit sich die im Zentrum ausgearbeiteten Ideen zur Abgrenzung der deutschen Jugend nach Klassenmerkmalen in der Praxis als produktiv erwiesen;

- zu zeigen, wie sich Auswahl und Ausbildung der Mitarbeiter der Komsomol- und Parteinomenklatur für die Arbeit unter der deutschen Bevölkerung gestalteten;
- die Arbeit des CK RKSM unter der Bevölkerung westlicher Nationalitäten (einschließlich der Deutschen) zu charakterisieren und ihre Besonderheiten einzuschätzen;
- aufzuzeigen, wie effektiv die praktische „Unterstützung" der nationalen Abteilungen des CK RKP/VKP(b) von seiten der entsprechenden Abteilungen des CK RKSM/VLKSM war, und ihre Formen und Methoden zu bestimmen.

Zu d: Die politische Elite der Bolschewiki war nach den neuen hierarchischen Prinzipien organisiert. Um an der Macht zu bleiben, war sie auch zur Anwendung radikaler und gewaltsamer Methoden gezwungen. Zu diesem Zweck wurden Armee und Geheimpolizei eingesetzt, und zwar nicht nur gegen das Volk, sondern mehrmals auch gegen die eigene Avantgarde, deren Handlungen nach den Vorstellungen der Elite dem neuen Machtsystem hätten schaden können. Dies gilt in vollem Umfang auch für die Partei- und Sowjetnomenklatur der Rußlanddeutschen, in erster Linie für die oberste Führung der Republik der Wolgadeutschen. In der Absicht, in einem isolierten Land mit außergewöhnlichem Tempo den Sozialismus zu schaffen, setzte die stalinistische Führung die Losung „Die Kader entscheiden alles!" auf die Tagesordnung. Folgende Fragen stellen sich in diesem Zusammenhang: Wer waren diese „Kader" de facto? Wer kümmerte sich um ihre Ausbildung und Formung im politisch erwünschten Sinne? Was kam dabei in der Realität heraus? Kann man von einer besonderen nationalen Kaderpolitik gegenüber den Rußlanddeutschen sprechen? Wie und wo wurde die Partei- und Wirtschaftselite der deutschen Bevölkerung der UdSSR ausgebildet? War die Ausbildung der deutschen Kader ein natürliches Produkt der bolschewistischen Nationalitätenpolitik oder stand sie in engem Zusammenhang mit der außenpolitischen Tätigkeit der sowjetischen Regierung und mit ihren Hoffnungen auf eine „Weltrevolution"?

Besondere Aufmerksamkeit gebührt der Ausbildung der obersten Nomenklatur-Kader in elitären Ausbildungsstätten wie der Kommunistischen Universität der nationalen Minderheiten des Westens (KUNMZ) und der Lenin-Schule, in denen es spezielle deutsche Abteilungen gab.

Berichte und Forschungen 11 (2003), S. 213–378.

Annotationen

Neuerscheinungen aus Ostmitteleuropa

Vorbemerkung

Die folgenden annotierten bibliographischen Hinweise beziehen sich auf in den Ländern Ostmittel-, Nordost- und Südosteuropas erschienene Literatur (Monographien, Sammelbände, Zeitschriften und Reihen, Editionen) aus den Wissenschaftsbereichen Geschichte, Volkskunde/Soziologie, Germanistik und Kunstgeschichte. Erfaßt werden Titel, welche die Kultur und Geschichte der ehemaligen deutschen Ostgebiete und der Siedlungsgebiete der Deutschen im östlichen Europa (mit)betreffen. Die Anordnung erfolgt, um den interdisziplinären Charakter dieser Rubrik zu betonen, nicht nach Fachgebieten, sondern nach (z. T. historischen) Regionen:

1. Regional übergreifende Werke,
2. Baltikum,
3. Ostpreußen, Westpreußen, Danzig,
4. Pommern,
5. Schlesien,
6. Großpolen, Zentralpolen,
7. Böhmen, Mähren,
8. Galizien, Bukowina,
9. Slowenien, Kroatien,
10. Ungarn, Rumänien,
11. Rußland.

Bei Namen von Orten im östlichen Europa wurde, wie im Jahrbuch des Bundesinstituts üblich, eine weitgehende Vereinheitlichung durchgeführt: Gebraucht wird in der Regel, soweit vorhanden, die deutschsprachige Namensform. Bei der jeweils ersten Erwähnung sind sowohl die deutschsprachige Form als auch die Form in der jeweiligen Landessprache angegeben, z. B.: Stettin/Szczecin[1].

Nicht aufgenommen sind die vom Deutschen Akademischen Austauschdienst (DAAD) herausgegebenen germanistischen Jahrbücher, die zwar in den Staaten Mittel- und Osteuropas erscheinen, jedoch in Deutschland leicht zugänglich (beim DAAD kostenlos erhältlich) sind[2].

---

1 In analoger Weise verfährt auch das bibliographische Werk: Andreas Lawaty, Wiesław Mincer (Hg.): Deutsch-polnische Beziehungen in Geschichte und Gegenwart. Bibliographie. 1900–1998. 4 Bde. (Veröffentlichungen des Deutschen Polen-Instituts Darmstadt 14/1–4). Wiesbaden 2000.

2 „Brücken. Germanistisches Jahrbuch Tschechien-Slowakei", „Convivium. Germanistisches Jahrbuch Polen", „Jahrbuch der ungarischen Germanistik", „Transcarpathica. Germanistisches Jahrbuch Rumänien", „Triangulum. Germanistisches Jahrbuch für Estland, Lettland und Litauen", „Das Wort. Germanistisches Jahrbuch GUS".

Ebenfalls nicht erfaßt sind Bücher, die in den Staaten des östlichen Europa erarbeitet und redigiert, aber in deutschen (österreichischen, schweizerischen) Verlagen publiziert werden[3].

Der Dank des Bundesinstituts gilt allen Autor(inn)en der Annotationen und den Übersetzer(inne)n.

Jens Stüben (Redaktion)

1. Regional übergreifende Werke

Borussia. Kultura – Historia – Literatura [Kultur – Geschichte – Literatur]. Nr. 27: Tylko dialog? Polsko-niemieckie rozmowy o wspólnej historii = Dialog oder mehr? Deutsch-polnische Gespräche über die gemeinsame Geschichte. Olsztyn: Wspólnota Kulturowa [Kulturgemeinschaft] „Borussia" 2002. 122, 134 S., Abb. PL ISSN 0867-6402.

Diese Ausgabe der Zeitschrift der Kulturgemeinschaft „Borussia", Allenstein/Olsztyn (zu weiteren Heften s. S. 273 ff.), ist zweisprachig: polnisch und deutsch. Die Beziehungen zwischen Polen und Deutschland werden darin interaktiv von Historikern aus beiden Ländern diskutiert. Das Heft setzt sich aus drei Teilen zusammen. Im ersten wird versucht, vor dem Hintergrund allgemeiner Veränderungen in der polnischen und deutschen Geschichtsschreibung des letzten Jahrzehnts (Włodzimierz Borodziej) die wichtigsten aktuellen Diskussionsfelder zu den deutsch-polnischen Beziehungen aufzuzeigen: die sogenannte „Preußendebatte" (Basil Kerski, Andreas Lawaty) und das Problem der Zwangsaussiedlung, hier jedoch aus der deutsch-tschechischen Perspektive (Eva Hahn, Hans Henning Hahn). Im zweiten Teil werden allgemeine historische Probleme in den Bereich der Regionalgeschichte übertragen und dabei drei Aspekte akzentuiert: Probleme des wissenschaftlichen Diskurses (Jörg Hackmann), dessen Platz in der öffentlichen Diskussion (Winfried Lipscher) und im Umfeld der Ausbildung historischer Vorstellungen nicht nur in der jüngeren Generation (Robert Traba). Im dritten Teil sind die Einschätzungen von fünfzehn Historikern und Intellektuellen dokumentiert, die an einer Umfrage der „Borussia" teilgenommen haben.

Alina Kuzborska

Joanna Budyn-Kamykowska, Krystyna Pawłowska (Hg.): Polska sztuka witrażowa [Polnische Glasmalereien]. Kraków: Stowarzyszenie Miłośników Witraży „Ars Vitrea Polona" 2002. 264 S., Abb., engl. Zusammenfassung. ISBN 83-912830-1-1.

Das Hauptanliegen des vor vier Jahren in Krakau/Kraków gegründeten Vereins der Freunde der Glasmalerei (Stowarzyszenie Miłośników Witraży) „Ars Vitrea Polona" ist, das Wissen über historische und zeitgenössische Glasmalerei in Polen zu erweitern. Zu diesem Zweck veranstaltet der Verein wissenschaftliche Tagungen. Die Ergebnisse der ersten Kon-

3 Zum Beispiel die Bände der Reihen „Oppelner Beiträge zur Germanistik" (hg. von Maria Katarzyna Lasatowicz und Marek Zybura) und „Danziger Beiträge zur Germanistik" (hg. von Andrzej Kątny), die beide im Verlag Peter Lang (Frankfurt/M. u. a.) erscheinen.

ferenz im Jahr 1999 in Krakau wurden 2000 in dem Band „Dziedzictwo polskiej sztuki witrażowej" (Das Erbe der polnischen Glasmalerei) publiziert. Die Beiträge der zweiten Tagung, die im Juni 2001 in Posen/Poznań stattfand, sind im hier vorgestellten Buch zusammengefaßt. Neben Aufsätzen über Glasmalereien in Kirchen, Bürgerhäusern und Hotels in Krakau, Lemberg/L'viv/Lwów, in Kleinpolen und in der Region um Białystok enthält die Publikation Beiträge zur Konservierung mittelalterlicher Glasmalereien in Thorn/Toruń (Jerzy Grajpel), zu den in der Werkstatt von C. L. Türke aus Zittau entstandenen Glasmalereien für Kirchen in Posen (Zofia Kurzawa) sowie Referate über schlesische Glasmalereien aus der Zeit um 1900. Ausführlich werden die Werke aus der Münchner Glaswerkstätte Franz Mayer beschrieben: Krystyna Bagińska befaßt sich mit den in dieser Werkstatt entstandenen Glasfenstern für sakrale Innenräume in der Region um Oppeln/Opole; Barbara Skoczylas-Stadnik behandelt die Fenster in der Pfarrkirche in Profen/Mściwój in Niederschlesien; Janina Duszeńko schreibt über die Glasmalereien in der Schutzengel-Kirche in Waldenburg/Wałbrzych. Ferner werden Entwurfsfragen, Ikonographie und konservatorische Probleme der Glasmalereien in Schlesien zur Sprache gebracht. Adam Organisty stellt unbekannte Entwürfe für Glasfenster von Joseph Langer (1865–1918) vor; Irena Kontna untersucht anhand von ausgewählten Beispielen die Ikonographie von sakralen Glasmalereien des frühen 20. Jahrhunderts in Oberschlesien; Zbigniew Brzeziński beschäftigt sich mit dem Erhaltungszustand von Glasmalereien in Liegnitz/Legnica. Zum Schluß berichten Beata Fekecz-Tomaszewska und Agnieszka Gola über eine wissenschaftliche Exkursion zu Glasmalereien in Schlesien im September 2000.

Adam Organisty[4]

Cezary Busko (Hg.): Civitas & Villa. Miasto i wieś w średniowiecznej Europie Środkowej [Stadt und Land im mittelalterlichen Mitteleuropa]. Wrocław, Praha: Instytut Archeologii i Etnologii Polskiej Akademii Nauk, Archeologický Ústav Akademie Věd České Republiky 2002. 476 S., 139 Abb., dt. Zusammenfassungen. ISBN 83-913155-8-4.

Der Sammelband zum Thema Stadt und Land in Polen und seinen Nachbarländern im Spätmittelalter erschien als Festschrift für die Breslauer Professorin Marta Młynarska-Kaletynowa. Er enthält Beiträge von Autoren aus Polen, Tschechien und Deutschland und ist in fünf Abschnitte untergliedert: „Methodologie", „Sozialtopographie der Stadt", „Die städtische Gesellschaft und ihre Kultur", „Das Dorf am Ausgang des Mittelalters", „Miszellen". Breslau/Wrocław betreffende Themen werden in zahlreichen Beiträgen angesprochen, unter anderem von Krzysztof Wachowski („Kirchfriedhöfe im mittelalterlichen Breslau"), Marek Słoń („Das Schweidnitzer Tor im Schatten der Kirchen. Der Stadtrat und die Topographie des spätmittelalterlichen Breslau") und Jerzy Piekalski („Die Lokation Breslaus als Problem der archäologischen Forschung"). Mateusz Goliński schreibt über Entstehen und Vergehen von „Städtchen im Wald"; Rafał Eysymontt untersucht den Wandel des Burgum von Militsch/Milicz zu einer Kleinstadt. Der Beitrag von Czesław Lasota und Ewa Łużyniecka befaßt sich mit steinernen Bürgerhäusern im spätmittelalterlichen Liegnitz/Legnica. In tschechischer Sprache publiziert sind die Beiträge von Martin Tomášek („Kaňk bei Kuttenberg/Kutná Hora") und Jindřich Tomas („Civitas – villa. Die Erteilung des

4 Die Übersetzung der Annotationen von Adam Organisty aus dem Polnischen besorgte Sławomir Flis.

Stadtrechts in Böhmen in der ersten Hälfte des 13. Jahrhunderts"). Der deutschsprachige Beitrag von Eike Gringmuth-Dallmer behandelt die „gewerbliche Produktion in hochmittelalterlichen Dörfern Nordostdeutschlands".

Maria Zwierz

Dariusz Dolański: Zachód w polskiej myśli historycznej czasów saskich [Der Westen im polnischen historischen Gedankengut der „Sachsen-Zeit"]. Zielona Góra: Wydawnictwo Uniwersytetu Zielonogórskiego 2002. 286 S. ISBN 83-89321-08-4.

Das Buch ist ein Versuch, intellektuelle Verbindungen polnischer Historiker mit Westeuropa in der ersten Hälfte des 18. Jahrhunderts darzustellen. Die polnische Historiographie wurde in der Arbeit des Historikers aus Grünberg/Zielona Góra in den Kontext der westeuropäischen Historiographie gerückt. Die angeführten Beispiele bestätigen die These von der Aufgeschlossenheit der damaligen polnischen Historiographie gegenüber wissenschaftlichen Erkenntnissen italienischer, französischer, englischer und deutscher Historiker. Darüber hinaus wird intellektuellen Kontakten mit Deutschen viel Platz eingeräumt, vor allem im Kontext der Geschichte, der Geographie sowie der Legislative im Kaiserreich. Vor diesem Hintergrund wird auch das Problem der Bildung und Aufrechterhaltung von Stereotypen im Hinblick auf den ‚Nationalcharakter' der Deutschen angesprochen.

Paweł Zimniak

Jerzy Gadomski, Adam Małkiewicz, Anna Różycka-Bryzek, Klementyna Żurowska, Sławomir Skrzyniarz (Hg.): Magistro et amico – amici discipulique. Lechowi Kalinowskiemu w osiemdziesięciolecie urodzin [Lech Kalinowski zum 80. Geburtstag]. Kraków: Wydawnictwo Uniwersytetu Jagiellońskiego 2002. 690 S., Abb. ISBN 83-233-1558-2.

Zum 80. Geburtstag von Professor Lech Kalinowski, der im Jahr 2000 feierlich begangen wurde, haben seine Freunde und Schüler am Institut für Kunstgeschichte der Jagiellonen-Universität Krakau/Kraków eine umfangreiche Festschrift mit 46 ausgiebig illustrierten Beiträgen zusammengestellt. Neben den in polnischer, englischer, französischer und deutscher Sprache verfaßten Studien zu verschiedenen Fragen der mittelalterlichen, neuzeitlichen und gegenwärtigen Kunst Europas enthält das Buch auch Abhandlungen zur antiken und byzantinischen Kunst sowie zur Methodologie der Kunstgeschichte. Einzelne Beiträge sind der Kunst Schlesiens und Pommerellens gewidmet. In seinem Aufsatz „Kopia, odwzorowanie czy naśladownictwo?" (Kopie, Vorbild oder Nachahmung?) untersucht Tadeusz Chrzanowski die im 17., 18. und 19. Jahrhundert entstandenen Kopien von besonders geschätzten mittelalterlichen Skulpturen, beispielsweise der gotischen Pietà aus Kulm/Chełmno, der romanischen Thronenden Madonna mit dem Christkind aus der Wallfahrtskirche in Wartha/Bardo oder die Kopien von Kruzifixen aus Breslauer Kirchen. Überlegungen zur künstlerischen Provenienz des Siegels Herzog Wenzels I. von Liegnitz (1349–1362) stellt Eva Frodl-Kraft in ihrer „Randglosse zu einem schlesischen Siegelbild des 14. Jahrhunderts" an. Tadeusz Jurkowlaniec untersucht die Inhalte des bildhauerischen Schmucks am Odertor in Glogau/Głogów, eines der wichtigsten Denkmäler der spätgotischen Plastik in Schlesien. Aus der ikonographischen Analyse zieht der Autor Schlußfolgerungen zur Entstehungszeit und zum Stifter des Werks. Adam Labuda erörtert anhand der

Gemälde „Das Leiden Christi" (ca. 1480–1490), „Kreuzabnahme" (1495) und „Geißelung" (ca. 1490–1500) aus Thorner Kirchen das Problem der Darstellung des Gebets und religiöser Erscheinungen in der spätgotischen Malerei. Am Rande seiner ikonographischen Überlegungen befaßt sich Labuda mit der Frage der Urheberschaft und der Stifter der Werke. Dabei stellt er die Hypothese auf, daß der junge Kopernikus der Stifter der „Geißelung" gewesen sein und am Konzept der Darstellung mitgewirkt haben könnte.

Adam Organisty

Maria Gierlak, Małgorzata Klentak-Zabłocka, Leszek Żyliński (Hg.): Im Wechselspiel der Kulturen. Festschrift für Professor Karol Sauerland. Toruń: Wydawnictwo Uniwersytetu Mikołaja Kopernika 2001. 290 S. ISBN 83-231-1356-4.

Die Festschrift ist Prof. Dr. habil. Karol Sauerland, dem langjährigen Leiter des Lehrstuhls für Germanistik an der Nikolaus-Kopernikus-Universität Thorn/Toruń, gewidmet. Das Buch enthält 19 Beiträge polnischer und deutscher Literatur-, Kultur- und Geschichtswissenschaftler (zwei davon in polnischer, siebzehn in deutscher Sprache) sowie ein einleitendes Interview mit Prof. Sauerland. Die thematische Breite einzelner Aufsätze spiegelt die umfassenden Interessen des bekannten polnischen Germanisten wider. Die Beiträge stammen aus diversen wissenschaftlichen Richtungen, wobei der europäische Gedankenaustausch und der deutsch-polnische Kulturtransfer in Geschichte und Gegenwart neben Fragen des politischen Engagements im vorigen Jahrhundert besonders hervorgehoben werden. Im letzten, der Geschichte der deutsch-polnischen Nachbarschaft gewidmeten Kapitel werden am Beispiel des Deutschordensstaates und Preußens sowie des 20. Jahrhunderts diese Perioden historiographisch bilanziert. Dem Band ist ein umfangreiches Schriftenverzeichnis des Jubilars beigegeben.

Piotr Zariczny

Małgorzata Grzywacz: Familia Dei. Studien zum Erscheinungsbild der deutschen evangelischen Geistlichkeit in ihren Selbstzeugnissen und der Literatur von der Reformation bis zur Gegenwart. Poznań: Wydawnictwo Naukowe UAM 2002. 290 S., Abb. ISBN 83-232-1217-1.

Die Untersuchung ist eine Studie zum kulturgeschichtlichen Erscheinungsbild und Wandel der deutschen evangelischen Geistlichkeit. In diesem Zusammenhang befaßt sie sich auch mit dem Pfarrhaus, das an der Schwelle zwischen dem privaten und dem öffentlichen Raum steht. Der zeitliche Rahmen der Analyse umfaßt die Zeit von der Reformation bis zur zweiten Hälfte des 20. Jahrhunderts. Unter anderem setzt sich die Arbeit zum Ziel, das Bild der evangelischen Geistlichkeit in den Randprovinzen Preußens unter dem Aspekt des polnisch-deutschen Kulturtransfers zu rekonstruieren. Außer Selbstzeugnissen evangelischer Geistlicher wurden zur Untersuchung auch fiktionale Texte herangezogen, die den evangelischen Geistlichen und das Pfarrhaus in ihrem Wandel dokumentieren. Die Monographie umfaßt elf unterschiedlich umfangreiche Kapitel und eine Schlußbetrachtung sowie, im Anhang, einiges Bildmaterial.

Maria Wojtczak

Andrzej Kątny (Hg.): Deutsch-polnische Wechselbeziehungen in Sprache und Kultur (= Studia Germanica Gedanensia 11). Gdańsk: Uniwersytet Gdański 2003. 400 S. ISSN 1230-6045.

Im elften Heft der germanistischen Schriftenreihe der Universität Danzig/Gdańsk sind die meisten Beiträge den deutsch-polnischen Beziehungen gewidmet. Unter anderem stellt Tomasz Czarnecki die Wörter des Polnischen zusammen, die wahrscheinlich aus dem Gotischen stammen. Camilla Badstübner-Kizik und Edmund Kizik untersuchen das deutsch-polnische Gesprächsbüchlein „Vierzig Dialogi" des Nicolaus Volckmar (1612) unter sprachgeschichtlichen, alltagsgeschichtlichen und sprachdidaktischen Aspekten. Jürgen Joachimsthaler erörtert die Auseinandersetzung der polnischen Germanistik mit den deutschen Spuren in Polen, indem er auf die Forschungen in einzelnen Instituten und einschlägige Symposien und Tagungen eingeht. Lucyna Wille befaßt sich mit dem Thema „Das Slawentum als Exponent der Humanitätsidee im Denken Johann Gottfried Herders". Hans Rudolf Wahl analysiert im Aufsatz „Der Sturm geht über die Gräber in Polen. Anmerkungen zu Walter Flex" anhand des seinerzeit sehr populären Buches „Der Wanderer zwischen beiden Welten" (1916) von W. Flex die Auswirkungen des Ersten Weltkrieges auf die Mentalität der Menschen. Marek Andrzejewski stellt die Tätigkeit der Danziger Stadtbibliothek in den Jahren 1918–1945 dar. Wioletta Knütel erörtert die Heimatproblematik in dem Roman „Jokehnen" von Arno Surminski. Uwe Wieben widmet einen Aufsatz dem Thema „Krieg, Flucht und Vertreibung. Danzig 1945". Über die Darstellung der Solidarność-Revolution in der Prosa der DDR schreibt Marion Brandt. Martin Schönemann analysiert die Figur des Polen im Roman „Willenbrock" von Christoph Hein. Es folgt eine „Auswahlbibliographie zum Polenbild in der deutschen Literatur" von Jens Stüben und Mirosław Ossowski mit Angaben zu über 1.300 imagologischen Forschungsarbeiten. Marcela Takáčová bietet einen Überblick über deutsch-slowakische Kulturpolitik und Kulturbeziehungen.

Mirosław Ossowski

Henryk Kocój: Prusy i Niemcy wobec powstania listopadowego [Preußen und Deutschland gegenüber dem Novemberaufstand]. Kraków: Wydawnictwo Uniwersytetu Jagiellońskiego 2001. 279 S., dt. und französ. Zusammenfassungen. ISBN 83-233-1431-4.

Der Autor versucht, die Rolle Preußens, Nachbar des Königreichs Polen, bei der Niederlage des polnischen Novemberaufstands zu analysieren. Dies geschieht auf der Basis des außerordentlich umfangreichen Quellenmaterials in der zeitgenössischen polnischen Literatur und Publizistik und in Memoiren, vor allem auf Grund von Dokumenten in polnischen und preußischen Archiven (Merseburg [jetzt Berlin], Dresden, Posen/Poznań, Danzig/Gdańsk, Krakau/Kraków, Warschau/Warszawa u. a.). Fast alle Aspekte des Themas werden angesprochen – so die Einschätzung des polnischen Aufstands durch die preußischen Politiker, die diplomatischen Bemühungen der polnischen Aufstandsregierungen, zuerst die preußische Regierung zu einer Vermittlerrolle im polnisch-russischen Konflikt zu bewegen, dann zumindest ihre Neutralität zu erreichen, und schließlich die Proteste gegen die preußische Unterstützung der russischen Truppen. Drei Kapitel des Buches beschäftigen sich mit der spontanen Hilfeleistung der deutschen Bevölkerung für die Aufständischen während der Kampfhandlungen und danach sowie bei ihrem Durchzug nach Frankreich, wobei der freiheitliche Enthusiasmus mit seiner Polenbegeisterung differenziert herausgearbeitet wird. Henryk Kocój bietet eine ausführliche Bibliographie zu dem von ihm behandelten Thema.

Agnieszka Palej

Lech Kolago (Hg.): Studia Niemcoznawcze = Studien zur Deutschkunde. Tom = Bd. XXIV. Warszawa 2002. 939 S. ISSN 0208-4597.

Dieser Band enthält knapp sechzig Beiträge von namhaften polnischen, deutschen und österreichischen Wissenschaftlern und Künstlern zu verschiedenen Themen, eingeteilt in die Bereiche „Kulturwissenschaft", „Literaturwissenschaft", „Sprachwissenschaft und angewandte Sprachwissenschaft", sowie 27 Buchbesprechungen und Berichte. Die Abteilung „Kulturwissenschaft" vereinigt u. a. Aufsätze zu folgenden Themen: Oswald Panagl befaßt sich mit dem Musikerroman als Gattung der erzählenden Prosa; Wolfgang Mastnak konzentriert sich auf Vokalkunst und Vokalkontemplation der Völker, Lehren und Therapien; Tomasz Pszczółkowski beschäftigt sich mit Fragen der Geschichtsschreibung der Vertriebenen; Lech Kolago analysiert das Gedicht „Der kranke Aar" von Annette von Droste-Hülshoff in der Vertonung der Autorin; Katarzyna Grzywka zeigt die Funktion des Waldes in den Märchen der Brüder Grimm; Przemysław Jóskowiak nimmt Überlegungen Karl August Varnhagen von Enses nach der Revolution von 1848/49 unter die Lupe; Agnieszka Sochal analysiert die Friedensauffassung Bertha von Suttners; Joanna Wartoś-Szmigiero geht auf Victor Klemperers Bekenntnis zum Deutschtum ein. Von den 18 Beiträgen aus der Abteilung „Literaturwissenschaft" seien folgende genannt: Winfried Woesler interpretiert das Gedicht „Das Eselein" von Annette von Droste-Hülshoff; Ulrich Müller widmet sich dem Nibelungenlied; Margarete Springeth befaßt sich mit dem Attila-Mythos in der skandinavischen und der deutschen Literatur; Aleksandra Makan schreibt über Christine Brückners Heimatkonzepte. In der dritten Abteilung „Sprachwissenschaft und angewandte Sprachwissenschaft" beschäftigt sich Marian Szczodrowski mit Typologie und Funktion der fremdsprachlichen Kommunikationskanäle und Ewa Majewska mit Fragen der Namengebung in Deutschland und den Niederlanden vom 16. bis zum 18. Jahrhundert.

Lech Kolago

Lech Kolago (Hg.): Studia Niemcoznawcze = Studien zur Deutschkunde. Tom = Bd. XXV. Warszawa 2003. 924 S. ISSN 0208-4597.

Dieser Band enthält über sechzig Beiträge namhafter polnischer, deutscher und österreichischer Wissenschaftler und Künstler zu Themen aus den Bereichen Kultur-, Literatur- und Sprachwissenschaft, außerdem knapp zwanzig Buchbesprechungen und Berichte. Die Abteilung „Kulturwissenschaft" enthält u. a. Aufsätze zu folgenden Themen: Christian Allesch berichtet über ein ungeklärtes Verhältnis zwischen Kulturpsychologie und ‚Cultural Studies'; Peter Tschuggnall sieht in den Künsten einen Impuls für religiös-pädagogisches Handeln; Josef Sulz schreibt über einen möglichen Konnex von Landschaft und Musik; Lech Kolago berichtet über einen Besuch polnischer Gäste bei Goethe in Weimar; Tomasz Pszczółkowski beschreibt Wandlungen der Deutschlandkunde in Polen nach 1990; Katarzyna Grzywka analysiert Herman Grimms Erinnerungen an seine Familie und ihre kulturgeschichtliche Bedeutung; Andrea Korenjak nimmt musikalische Dimensionen des Heilens am biblischen Beispiel von Saul und David unter die Lupe; Joanna Oleksiewicz berichtet über E. T. A. Hoffmanns Leben in Warschau. Von den 15 Texten aus der Abteilung „Literaturwissenschaft" seien folgende erwähnt: Eberhard Hilscher setzt sich mit Büchern von und über Hermann Hesse auseinander; Alfred Behrmann analysiert Wielands „Hann und Gulpenheh"; Klaus Krieger schreibt über das Prinzip der Marionette bei Heinrich von Kleist. In der dritten Abteilung „Sprachwissenschaft und angewandte Sprachwissenschaft" untersucht Jan Czochralski Faktoren, die die interkulturelle Verständigung erschweren; Marian Szczodrowski befaßt sich mit der Fremdsprachenerlernung und Fremdsprachenaneignung in Interaktionsvorgängen.

Lech Kolago

Lech Kolago (Hg.): Studia Niemcoznawcze = Studien zur Deutschkunde. Tom = Bd. XXVI. Warszawa 2003. 1051 S. ISSN 0208-4597.

Dieser Band enthält insgesamt 102 Texte, davon in der Abteilung „Kulturwissenschaft" 37, in der Abteilung „Literaturwissenschaft" 21, in der Abteilung „Sprachwissenschaft und angewandte Sprachwissenschaft" 11 und in der letzten Abteilung „Buchbesprechungen und Berichte" 33. Am Ende des Buches ist eine Liste der Autoren der Beiträge und Besprechungen mit ihren Viten beigefügt. Die meisten Texte sind in deutscher Sprache abgefaßt. An dieser Stelle können nur einige genannt werden. Jan Papiór beschäftigt sich mit J. Ch. Adelungs vor mehr als zweihundert Jahren veröffentlichtem „Versuch einer Geschichte der Cultur des menschlichen Geschlechts"; Alfred Behrmann weist auf außercurriculare Pflichten beim Studium der Germanistik hin; Tomasz Pszczółkowski beschäftigt sich mit den Auswirkungen der Wende von 1989 auf die Deutschlandforschung in Polen; Peter Tschuggnall macht sich Gedanken über das Zusammenspiel von Ästhetik und Religion; Lech Kolago berichtet über die polnisch-deutschen Beziehungen im Bereich der Kultur im 18. Jahrhundert; das Thema Elmar Buddes lautet „Goethe und die Musik"; Peter Becker analysiert Antonín Dvořáks „Stabat mater"; Michaela Schwarzbauer untersucht die Gestalt des Musiklehrers in Hermann Hesses „Glasperlenspiel" und Thomas Manns „Doktor Faustus"; Andrea Korenjak befaßt sich mit der pädagogischen und therapeutischen Bedeutung der Musik in der griechischen Antike; Justyna Krauze schreibt über das Thema „Die deutschen Kaiser und die Polenfrage"; Krzysztof Kuczyński und Tadeusz Namowicz berichten über Emil Adler, den polnischen Herder-Forscher; Margarete Springeth und Ulrich Müller schreiben über Neidhart, Dante und die italienische Pastourelle; Winfried Woesler beschäftigt sich mit der Naturlyrik auf dem Gebiet der DDR vor und nach der Wende; Rüdiger Bernhardt interpretiert Gerhart Hauptmanns Drama „Michael Kramer"; Uwe-K. Ketelsen geht auf das Problem der ‚inneren Emigration' ein; Edward Białek widmet sich Hans Zuchholds Erinnerungen an Schlesien; Zbigniew Feliszewski weist auf Fassbinders Spiele mit der Sprache hin; Marian Szczodrowski macht sich Gedanken über Strategie und Steuerung als Voraussetzungen beim Erlernen von Fremdsprachen; Peter Kern befaßt sich mit der Themenkoppelung ‚Natur und Liebe' in der mittelhochdeutschen Lyrik; Birgit Sekulski analysiert aktuelle Tendenzen im politischen Sprachgebrauch; Marta Czyżewska berichtet über fremde Einflüsse auf den Pressewortschatz am Ende des 19. Jahrhunderts.

Lech Kolago

Krzysztof Koźbiał, Mirosław Natanek (Hg.): Polacy in Niemcy po przełomie. Początek nowego sąsiedztwa = Deutsche und Polen nach der Wende. Anfang der neuen Nachbarschaft. Kraków, Jena: Wydawnictwo Promocji Powiatu, Miasta i Gminy „Promo" 2000. 182 S. ISBN 83-88359-30-4.

Die vorliegende zweisprachige Dokumentation enthält Arbeiten deutscher und polnischer Studentinnen und Studenten der Friedrich-Schiller-Universität Jena und der Jagiellonen-Universität Krakau/Kraków zu verschiedenen Aspekten deutsch-polnischer Begegnungen im zusammenwachsenden Europa. Sie ist die Frucht eines sehr intensiven Seminarzyklus. Das Themenspektrum umfaßt die nationale Identität und Fragen aus dem Gebiet der deutsch-polnischen Geschichte; Polen und Deutsche in der polnischen Presse 1996 und ihre gegenseitige Wahrnehmung; die deutsch-polnische grenzüberschreitende Zusammenarbeit und die Rolle der Europa-Universität Viadrina, Frankfurt/Oder; die deutsch-polnischen Schulprojekte in Brandenburg nach 1991; das Bild Schlesiens aus der Sicht seiner ehemaligen und heutigen Einwohner. Die Beiträge sind in der jeweiligen Muttersprache der Vortragenden und in deutscher bzw. polnischer Übersetzung gedruckt.

Agnieszka Palej

Andreas Lawaty, Hubert Orłowski (Hg.): Polacy i Niemcy. Historia – kultura – polityka [Polen und Deutsche. Geschichte – Kultur – Politik]. Poznań: Wydawnictwo Poznańskie 2003. 712 S. ISBN 83-7177-175-4.

Der Band ist ein Versuch, die ‚deutschen' und ‚polnischen' Erfahrungen aus Vergangenheit und Gegenwart miteinander zu verbinden, sie mittels eines Vergleichs zu erklären und sie begrifflich zu erfassen. Der Vergleich erfolgt auf fünf thematischen Feldern; dem entspricht auch die Struktur des Bandes. Die Autoren der Beiträge sind hervorragende Vertreter der Kulturwissenschaften aus Deutschland und Polen. Die einzelnen Aufsätze, chronologisch geordnet vom Mittelalter bis zur Gegenwart, handeln von Unterschieden und Ähnlichkeiten zwischen den beiden benachbarten Ländern. Der Vorgänger dieses Bandes ist der 1996 erschienene, von Ewa Kobylińska, Andreas Lawaty und Rüdiger Stephan herausgegebene Band „Polacy i Niemcy. 100 kluczowych pojęć" (deutsche Ausgabe: „Deutsche und Polen. 100 Schlüsselbegriffe", 1992). Zugleich mit der neuen polnischen Ausgabe erscheint in München bei C. H. Beck die deutsche Fassung des Bandes.

Maria Wojtczak

Zenon Hubert Nowak, Roman Czaja (Hg.): Vergangenheit und Gegenwart der Ritterorden. Die Rezeption der Idee und die Wirklichkeit (Ordines militares). Toruń: Wydawnictwo Uniwersytetu Mikołaja Kopernika 2001. 258 S. ISSN 0867-2008.

Der vorliegende Band enthält die Früchte der zehnten internationalen Tagung „Ordines militares – Colloquia Torunensia Historica", die im September 1999, vom Institut für Geschichte und Archivkunde der Nikolaus-Kopernikus-Universität veranstaltet, in Thorn/Toruń stattfand. Die hier zusammengestellten fünfzehn Beiträge betreffen ein breites Themenspektrum hinsichtlich der Rezeptionsgeschichte der Ritterorden (Johanniter, Templer, Deutscher Orden, spanische Ritterorden, livländischer Schwertbrüderorden). Die Wahrnehmung der „mittelalterlichen Realitäten" der Ritterorden und der Ritterordensidee vom Mittelalter bis in die Moderne sowie ihr Einfluß auf die Mentalitäten der modernen Menschen bilden das Hauptthema, besonders im Hinblick auf das Bild des Deutschen Ordens in der historischen Erinnerung und im gesellschaftlichen Bewußtsein in Polen, Deutschland, Litauen und Rußland. Die fünfzehn Beiträge (dreizehn in deutscher, zwei in englischer Sprache) liefern vor allem neue Impulse für die weitere Erforschung der Ritterorden, erheben aber keinen Anspruch auf Vollständigkeit. Sie sind den Zielen verpflichtet, die sich aus den Schulbuchgesprächen der Historiker im Rahmen der Vereinbarung der UNESCO-Kommissionen der Bundesrepublik Deutschland und der Volksrepublik Polen ergeben haben.

Piotr Zariczny

Jan Papiór, Barbara Rowińska-Januszewska (Hg.): Polnisch-deutsche Wechselbeziehungen im zweiten Millennium. Teil II: Bibliographie zur polnisch-deutschen Kulturkommunikation (Materialien zum Polenbild und zur kulturellen Imagologie). Bydgoszcz: Wydawnictwo Akademii Bydgoskiej im. Kazimierza Wielkiego 2002. 438 S. ISBN 83-7096-417-6.

Der zweite Band dieses Werkes – der erste, 2001 erschienen (s. „Berichte und Forschungen" 10, 2002, S. 172), enthält 26 Beiträge zum Thema polnisch-deutsche Wechselbeziehungen – umfaßt über 5.000 bibliographische Angaben zu der Literatur über Polenbilder, außerdem ein genaues Register, das die Recherche wesentlich erleichtert. Es ist die erste derart umfassende polnische Bibliographie, bestimmt vor allem für Historiker, Kulturwissenschaftler, Germanisten und Soziologen, auch für Studenten, die sich in ihren Diplomarbeiten mit deutsch-polnischen Wechselbeziehungen befassen. Sie ermöglicht einen schnellen Zugriff auf Veröffentlichungen zum Bild der Polen und Polens.

Maria Wojtczak

Jacek Purchla (Hg.): Kraków i Praga: dwie stolice Europy Środkowej. Materiały z międzynarodowej konferencji zorganizowanej w dniach 1.–2.06.2000 [Krakau und Prag: Zwei mitteleuropäische Hauptstädte. Beiträge der internationalen Tagung vom 01.–02.06.2000]. Kraków: Międzynarodowe Centrum Kultury w Krakowie 2002. 225 S. ISBN 83-85739-87-4.

Der Band vereinigt die Beiträge der internationalen Tagung zur kulturgeschichtlichen Bedeutung von Krakau/Kraków und Prag/Praha, die vom Internationalen Kulturzentrum in Krakau organisiert wurde. Die Artikel stammen von 19 Wissenschaftlern aus Mitteleuropa (Polen, Tschechien, Österreich, Ungarn), die die Disziplinen Geschichte, Kunstgeschichte, Literaturwissenschaft und Volkskunde vertreten. Das Themenspektrum umfaßt die Krakauer und Prager Stadtgeschichte vom Mittelalter bis zum 20. Jahrhundert, die Besonderheiten der Architektur und die Architekturgeschichte der beiden Städte, ihre kulturgeschichtliche Entwicklung und Bedeutung, die interkulturellen Beziehungen zwischen Prag, Krakau und Wien um die Jahrhundertwende, die Situation der jüdischen Bevölkerung unter Tschechen und Deutschen in Prag und die Situation der Polen in Prag im 19. Jahrhundert. Die Konferenzteilnehmer versuchen, einen neuen Blick zu bekommen für den Wandel der Beziehungen zwischen zwei Kulturstädten, die symbolisch Mitteleuropa vertreten sollen, sowie des tschechisch-polnischen kulturgeschichtlichen Dialogs. Der Band enthält ein Personenregister.

Agnieszka Palej

Krzysztof Ruchniewicz: Warszawa – Berlin – Bonn. Stosunki polityczne 1949–1958 [Warschau – Berlin – Bonn. Politische Beziehungen in den Jahren

1949–1958] (Monografie Centrum Studiów Niemieckich i Europejskich im. Willego Brandta [Monographien des Willy-Brandt-Zentrums für Deutschland- und Europastudien]). Wrocław: Wydawnictwo Uniwersytetu Wrocławskiego 2003. 393 S. ISSN 0239-6661.

Das Buch, dessen Thema die deutsch-polnischen Beziehungen nach dem Zweiten Weltkrieg im Dreieck Warschau–Berlin (Ost)–Bonn sind, entstand zum großen Teil auf der Basis ungedruckter Quellen und Archivmaterialien aus Polen, Deutschland und Großbritannien. Die Veränderung der politischen Strukturen nach der Wende im Jahre 1989 eröffnete neue Forschungsperspektiven und ermöglichte eine historisch objektive Wahrnehmung und Untersuchung der Beziehungen zwischen Polen und den beiden deutschen Staaten. Der Autor füllt somit eine Lücke in den Forschungen zur deutsch-polnischen Geschichte und trägt wesentlich zum Abbau historischer Vereinfachungen und Verallgemeinerungen auf diesem Gebiet bei. Das Buch besteht aus fünf Kapiteln und einem umfangreichen bibliographischen Anhang. Das erste Kapitel behandelt die Zentren, die die Außenpolitik in Polen, in der DDR und der BRD geprägt haben. Das zweite Kapitel stellt die Beziehungen zwischen Polen und den Besatzungszonen Deutschlands in den Jahren 1945–1949 dar. Das dritte Kapitel zeigt den Prozeß der Zusammenarbeit auf der Linie Warschau–Berlin (Ost)–Bonn im Zeitraum 1949–1955. Im vierten Kapitel wird der Schwerpunkt auf die Schwierigkeiten und Spannungen in der Gestaltung der Außenpolitik zwischen Warschau und Ost-Berlin in den Jahren 1955–1958 gelegt. Diesem Zeitraum und der Entwicklung der wechselseitigen Beziehungen zwischen Warschau und Bonn ist das letzte Kapitel gewidmet.

Marta Kopij

Vladas Sirutavičius, Darius Staliūnas (Hg.): Nacionalizmas ir emocijos (Lietuva ir Lenkija XIX–XX a.) [Nationalismus und Emotionen (Litauen und Polen im 19. und 20. Jh.)] (Lietuvos atgimimo istorijos studijos [Studien zur Geschichte des nationalen Wiedererwachens Litauens] 17). Vilnius: Lietuvos istorijos instituto leidykla 2001. 204 S., lit., poln., dt. Texte u. Zusammenfassungen. ISBN 9986-780-38-1, ISSN 1392-0391.

In diesem Sammelband sind die Vorträge der internationalen Konferenz, die im September 1998 in Nidden/Nida stattfand, veröffentlicht. In seinem Eröffnungsartikel kennzeichnet W. Kaschuba den europäischen Rahmen der behandelten Thematik. S. Grabowski schreibt über nationale Mythen und Symbole als Instrumente polnischer Vereinsarbeit zu Beginn des 20. Jahrhunderts anhand des Beispiels des Vereins „Straż". Mehrere Forscher widmen sich dem Thema des Kults der Nationalhelden. M. Micińska erläutert die Rolle des Kults um Tadeusz Kościuszko bei der Unterstützung des Nationalbewußtseins der Polen im 19. und 20. Jahrhundert. A. Nikžentaitis und G. Viliūnas konfrontieren in ihren Beiträgen das Bild der beiden im litauischen historischen Bewußtsein gegensätzlich eingeschätzten litauischen Großfürsten Jagiello und Witold der Große. H. Hein geht der Frage des Piłsudski-Kults in der Zweiten Polnischen Republik nach. D. Staliūnas untersucht den Kult der gefallenen Soldaten in Litauen während der Zwischenkriegszeit, V. Sirutavičius die in diesem Zeitraum vollzogene Erfindung des Nationalfeiertages. R. Traba verfolgt auf Grund einer semantischen Analyse der polnischen Nachkriegspresse die Veränderungen der Rezeption des Grunwald-Mythos in der polnischen Gesellschaft. Die vergleichenden Untersuchungen von ähnlichen Erscheinungen in Polen und Litauen zeigen, daß diese häufig gegeneinander wirkenden Nationalbewegungen und später auch Nationalstaaten sich zur Aktivierung des jeweiligen Nationalbewußtseins gewöhnlich der gleichen soziokulturellen Praktiken bedienten.

Rimvydas Petrauskas

Matthias Thumser, Janusz Tandecki, Dieter Heckmann (Hg.): Edition deutschsprachiger Quellen aus dem Ostseeraum (14.–16. Jahrhundert). Toruń: Wydawnictwo Uniwersytetu Mikołaja Kopernika 2001. 340 S., 3 Abb. ISBN 83-231-1325-4.

Der in deutscher Sprache abgefaßte Sammelband versammelt Ergebnisse von zwei internationalen Tagungen, die 1999 in Berlin und 2000 in Thorn/Toruń von Wissenschaftlern des Friedrich-Meinecke-Instituts der Freien Universität Berlin und des Instituts für Geschichte und Archivkunde der Nikolaus-Kopernikus-Universität veranstaltet wurden. Ein großer Themenbereich wird in vier Abschnitten behandelt bzw. angedeutet. Von hoher Relevanz bleiben aber die Betonung von editorischen Desideraten und der daraus resultierende Impuls zu noch weiter reichender Kooperation und verstärktem internationalem Austausch. Im ersten Teil werden methodische Ansätze der Quellenedition samt EDV-Recherchen aufgewiesen. Danach folgen Überlegungen zur Überlieferung und Edition, konkretisiert an Amtsbüchern, Wachstafeln, Matrikeln und Rezessen. Im dritten Teil werden bestehende Quellen und Quelleneditionen am Beispiel des Deutschen Ordens in Preußen, der Hanse oder der mittelalterlichen deutschsprachigen Quellen in Skandinavien und im südlichen Ostseeraum diskutiert. Schließlich werden länderübergreifend laufende und zukünftige Projekte angeführt, um auf die Chancen einer Kooperation bei der Bearbeitung dieser Zeugnisse, die in Polen in großer Zahl vorhanden sind, hinzuweisen. Das Buch enthält ein kurzes Vorwort sowie ein Abkürzungs- und Siglenverzeichnis.

Piotr Zariczny

Zbigniew Tomkowski (Hg.): Z zagadnień współpracy polsko-austriackiej [Zu Fragen der österreichisch-polnischen Zusammenarbeit]. Lublin: Multico 2000. 254 S. ISBN 83-86660-43-0.

Dieses Buch besteht aus Aufsätzen, die im Rahmen einer von der Fakultät für Politikwissenschaften der Maria-Curie-Skłodowska-Universität in Lublin sowie der Lubliner Filiale der Österreichisch-Polnischen Gesellschaft veranstalteten Podiumsdiskussion entstanden sind. Das Themenspektrum umfaßt die Gründung und die Tätigkeit der Österreichisch-Polnischen Gesellschaft, die österreichisch-polnischen Beziehungen im 19. und 20. Jahrhundert, die polnischen Institutionen und Vereine in Wien im 19. und 20. Jahrhundert, die polnischen Spuren in Österreich sowie die Polen und die polnische Minderheit in Wien.

Agnieszka Palej

Elżbieta Traba, Robert Traba (Hg.), Jörg Hackmann (Zusammenarb.): Tematy polsko-niemieckie. Historia. Literatura. Edukacja [Polnisch-deutsche Themen. Geschichte. Literatur. Bildung] (Biblioteka Borussii [Bibliothek der Borussia] 8). Olsztyn: Wspólnota Kulturowa Borussia 1997. 254 S. ISBN 83-900380-6-4.

Der Sammelband präsentiert den Ertrag der wissenschaftlichen Konferenz für Historiker und Geschichtslehrer aus Polen und Deutschland zum Thema „Das Bild polnisch-deutscher Beziehungen in Schulprogrammen – Stand der Dinge und neue Perspektiven", die in Alt Jablonken/Stare Jabłonki bei Allenstein/Olsztyn im Sommer 1996 stattfand. Die Problematik wird in diesem Band sowohl auf einer akademischen als auch auf einer popularisierenden Ebene dargelegt. Polnische und deutsche Autoren (Włodzimierz Borodziej, Stefan Chwin, Jerzy Holzer, Wolfgang Jacobmeyer, Zofia T. Kozłowska, Jerzy Tomaszewski, Klaus Ziemer) versuchen die Frage zu beantworten, wie Polen und Deutsche heute einander sehen und wahrnehmen. Heikle Themen wie der Zweite Weltkrieg und seine Folgen, die Irrationalität und Lebendigkeit von diversen Stereotypen, die deutsche Kolonisationspolitik, die nationalen Minderheiten beiderseits sowie das Thema der jüdischen Bevölkerung bilden den ‚historischen' Teil des Bandes. Dem Themenbereich „Bildung" sind Beiträge zugeordnet, die einerseits die Leistung der deutsch-polnischen Schulbuchkommission würdigen, andererseits die praktische Erfahrung der Geschichtslehrer in die Diskussion einbringen. Als Bindeglieder zwischen ‚Geschichte' und ‚Geschichtsunterricht' fungieren eine thematisch relevante literaturwissenschaftliche Skizze von Stefan Chwin und eine Erzählung von Kazimierz Brakoniecki. Der Band enthält Annotationen über die Autoren der Beiträge, aber leider keine deutsche Zusammenfassung. In Vorbereitung befindet sich jedoch eine erweiterte Fassung des Bandes in deutscher Sprache.

Alina Kuzborska

Robert Traba (Hg.): Tematy polsko-litewskie. Historia. Literatura. Edukacja [Polnisch-litauische Themen. Geschichte. Literatur. Bildung] (Biblioteka Borussii [Bibliothek der Borussia] 13). Olsztyn: Wspólnota Kulturowa Borussia 1999. 239 S. ISBN 83-909724-0-9.

Das zweite Buch der Serie „Themen" aus der „Bibliothek der Borussia" betrifft die polnisch-litauische Nachbarschaft, die im Laufe der Geschichte ziemlich heikel war. Die polnischen und litauischen Autoren behandeln die Beziehungen der beiden Völker des einst gemeinsamen Staates in drei Dimensionen: der Geschichte, der Literatur und der Bildung. Im ersten Teil dominieren die Problematik des Erbes der polnisch-litauischen Republik (Aufsätze von Antoni Mączak, Henryk Wisner, Edvardas Gudavičius) und die von Wilna/Vilnius als Zentrum einer heterogenen Kultur (Andrzej Garlicki, Rimantas Miknys). Der zweite historisch-literarische Teil enthält einen Essay von Tomas Venclova unter dem versöhnenden Titel „Litauen, du unsere Heimat", einen Beitrag von Alina Kuzborska über drei Autoren aus Preußisch-Litauen sowie ein Gedicht von Zbigniew Dominiak. Der dritte Teil konzentriert sich auf die Rezeption der polnisch-litauischen Beziehungen in den Schulbüchern der beiden Nachbarländer. Am Ende des Buches findet man Annotationen über die Verfasser der Beiträge, jedoch keine fremdsprachige Zusammenfassung.

Alina Kuzborska

Elżbieta Traba, Robert Traba (Hg.): Tematy żydowskie. Historia. Literatura. Edukacja [Jüdische Themen. Geschichte. Literatur. Bildung] (Biblioteka Borussii [Bibliothek der Borussia] 17). Olsztyn: Wspólnota Kulturowa Borussia 1999. 310 S., Abb. ISBN 83-909724-8-4.

Der Band, mit dem die Serie „Themen" des Verlags der „Borussia" fortgesetzt wird, bezieht sich auf eine gleichnamige Tagung vom September 1998, organisiert von der Ostsee-Akademie Travemünde, vom Thomas-Mann-Kulturzentrum in Nidden/Nida und der Kulturgesellschaft Borussia aus Allenstein/Olsztyn. Tagungssprachen waren Polnisch,

Deutsch und Litauisch. Der Tagungsort Włodawa, ein kleines Städtchen im Südosten Polens, liegt am Bug, unweit der Grenzen zu Weißrußland und der Ukraine. In der alten Synagoge diskutierten die Teilnehmer, Wissenschaftler und Lehrer aus Polen, Deutschland und Litauen, über die ‚abwesenden' Juden. Die Betrachtung der verschiedenen Formen des Antisemitismus in der neuesten Geschichte der drei Nationen ließ auch eigene nationale Phobien und Stereotype erkennen und revidieren. Auch die Behauptung der Identität der Juden in der (mittel)europäischen Diaspora kam zur Sprache. Im Mittelpunkt der Diskussion stand der Holocaust, der in Polen, Deutschland und Litauen unterschiedlich verlief. Jüdische Teilnehmer berichteten als Zeugen und Betroffene über ihr Schicksal in der Kriegs- und Nachkriegszeit (Joanna Sobolewska aus Polen und Ina Meiksinaitė aus Litauen). Die anwesenden Lehrer stellten die Themen der Geschichte der jüdischen Bevölkerung und des Genozids als Lehrstoff in polnischen, deutschen und litauischen Schulen dar. Das Buch enthält 13 Fotografien (Bilder von Włodawa und von jüdischen Grabdenkmälern) sowie Annotationen über die Autoren der Beiträge.

Alina Kuzborska

Teresa Walas (Hg.): Stereotypen und Nationen. Kraków: Międzynarodowe Centrum Kultury 1999. 380 S., Abb. ISBN 83-85739-62-9.

Die deutschsprachige Publikation ist den unterschiedlichen nationalen Stereotypen gewidmet, insbesondere aus Ost- und Mitteleuropa. Dieser Band präsentiert die Materialien einer im Jahre 1993 von dem Internationalen Kulturzentrum in Krakau/Kraków organisierten Tagung zum Thema „Nationen und Stereotypen". Das an einen breiten Kreis von Rezipienten gerichtete Buch ist in sechs Kapitel eingeteilt. Im ersten Kapitel werden nationale Stereotype behandelt, im zweiten die in dem kollektiven Bewußtsein, in der Kunst und in der Literatur existierenden Selbstporträts (Autostereotype) und gegenseitigen Porträts (Heterostereotype) von verschiedenen Nationen (Polen, Tschechen, Slowaken, Ungarn, Rumänen, Litauern, Weißrussen, Ukrainern, Russen, Franzosen, Deutschen). Das dritte Kapitel beinhaltet eine Charakteristik der Stereotype in der Kunst, und im vierten Kapitel wird die Verbreitung von Stereotypen in der täglichen Kommunikation analysiert. Besonderes Interesse verdienen in diesem Zusammenhang die Beiträge von Thomas Beckermann („Der Deutsche – im Widerspruch zu sich selbst"), Albrecht Lempp („Der stereotype Pole – eine stereotype deutsche Betrachtung") und Wojciech Wrzesiński („Der Deutsche in polnischen Stereotypen des 19. und 20. Jahrhunderts"). Die Untersuchung wird durch autobiographische Zeugnisse von Czesław Miłosz, Karl Dedecius und Tomas Venclova ergänzt.

Agnieszka Palej

Michał Woźniak (Hg.): Kunstgeschichte und Denkmalpflege. Toruń: Wydawnictwo Uniwersytetu Mikołaja Kopernika 2002. 267 S., 118 Abb. ISBN 83-231-1450-1.

Das Buch enthält die Ergebnisse der vierten Tagung des Arbeitskreises deutscher und polnischer Kunsthistoriker und Denkmalpfleger zum Thema „Das gemeinsame Erbe", die 1997 in Thorn/Toruń stattfand und vom Institut für Denkmalkunde und Denkmalpflege der Nikolaus-Kopernikus-Universität zusammen mit dem Thorner Bezirksmuseum veranstaltet wurde. Dem in deutscher und polnischer Sprache verfaßten Vorwort folgen, abgesehen von der detailreichen Einleitung des Herausgebers und dem Beitrag von Jacek Friedrich in polnischer Sprache, elf in deutscher Sprache publizierte Aufsätze deutscher und polnischer Wissenschaftler und Konservatoren. Nach dem Motto „Erforschen, um zu schützen, und schützen, um zu erforschen" werden hier Aspekte der deutsch-polnischen Beziehungen im Spiegel der Kunst- und Kulturgeschichte sowie der Theorie der Denkmalpflege dargestellt. Vor allem am Beispiel der Städte Gnesen/Gniezno, Kulmsee/Chełmża, Marienwerder/Kwidzyn, Frauenburg/Frombork, Königsberg/Kaliningrad, Marienburg/Malbork, Danzig/Gdańsk, Elbing/Elbląg und anderer sowie des sächsisch-schlesischen Grenzgebietes werden in den Beiträgen des vorliegenden Sammelbandes, die durch zahlreiche interessante Abbildungen ergänzt werden, Leistungen der Nachkriegsdenkmalpflege und -kunstgeschichte aus diversen Blickwinkeln vorgestellt.

Piotr Zariczny

2. Baltikum

[Kristin Aasma u. a.:] Eesti ja maailm. XX sajandi kroonika [Estland und die Welt. Chronik des 20. Jh.s.]. I osa [Teil I]: 1.01.1900–16.06.1940. Tallinn: Eesti Entsüklopeediakirjastus 2002. 528 S., Abb. ISBN 9985-70-106-2 (Kogu teos), 9985-70-107-0 (I osa).

Die von einem Autorenkollektiv nach dem Manuskript von Mati Graf verfaßte Chronik der Ereignisse des 20. Jahrhunderts enthält über 1.100 Artikel und mehr als 800 Abbildungen. Über die wichtigsten Ereignisse berichten kurze Aufsätze. Außer Politik werden auch Literatur, Kunst, Theater, Musik, Wirtschaft, Militär, Sport und Lebensweise der Menschen, darunter auch das Leben der Deutschbalten und ihre Umsiedlung aus Estland behandelt. Der erste Teil der Chronik endet mit dem 16. Juni 1940, dem Tag, an dem die Sowjetunion Estland das Ultimatum stellte, eine neue sowjetfreundliche Regierung zu bilden und zusätzlichen Truppen der Roten Armee den Einmarsch nach Estland zu gewähren, um die Verwirklichung des gegenseitigen Beistandspaktes zu sichern. Das Buch hat ein Personen- und Ortsverzeichnis.

Kersti Taal[5]

[Tiina Abel, Piret Lindpere (Red.):] Eesti kunstiteadus ja -kriitika 20. sajandil. Konverents prof. Voldemar Vaga 100. sünniaastapäeva tähistamiseks Tallinnas, 21.–22. okt. 1999 [Estnische Kunstwissenschaft und -kritik im 20. Jh. Konferenz zur Feier des 100. Geburtstages von Professor Voldemar Vaga, Reval/Tallinn, 21.–22. Okt. 1999] (Eesti Kunstiakadeemia Toimetised [Veröffentlichungen der Estnischen Kunstakademie] 9). Toimetajad [Bearb. von] Tiina Abel, Piret Lindpere. Tallinn 2002. 167 S. ISSN 1406-2895, ISBN 9985-50-342-2.

Dieser die estnische Kunstwissenschaft des 20. Jahrhunderts zusammenfassend darstellende Sammelband ist dem Nestor der estnischen Kunstgeschichte Professor Voldemar Vaga (1899–1999) gewidmet. Während seines langen Lebens war Vaga Lehrer mehrerer Generationen von Kunsthistorikern. In seinem umfangreichen Werk „Allgemeine Kunstgeschichte" (1937, 1999) erforschte er die mittelalterliche Kunst und Architektur Estlands

5 Die Übersetzung der Annotationen von Kersti Taal aus dem Estnischen besorgten Vilve Seiler und Kiira Schmidt.

sowie die deutschbaltische Kunst. Der erste Beitrag des aus dreizehn Aufsätzen bestehenden Bandes ist der Tätigkeit des Gelehrten gewidmet: Ene Lamp: „Professor Voldemar Vaga und die estnische Kunstwissenschaft". Es folgen die Aufsätze: Kersti Markus: „Forschungen zur mittelalterlichen Kunst Estlands"; Krista Kodres: „Das 16.–18. Jahrhundert – Gegenstand des Interesses der estnischen Kunstwissenschaft"; Juhan Maiste: „Der Klassizismus"; Juta Keevallik: „Forschungen zum Historismus und zur Architektur des Jugendstils in Estland: Wandlungen der kunsthistorischen Bewertung"; Kaalu Kirme: „Forschungen zur Geschichte der Goldschmiedekunst in Estland"; Mart Kalm: „Forschungen zur Architektur Estlands im 20. Jahrhundert"; Harri Liivrand: „Die estnische Kunstwissenschaft während des ersten Jahres der sowjetischen Besatzung – zur Genese der Kollaboration"; Ants Juske: „Drei Modelle der estnischen Kunstkritik in den Jahren nach dem Zweiten Weltkrieg"; Sirje Helme: „Forschungen zu Kunsttheorien des 20. Jahrhunderts"; Jaak Kangilaski: „Die Kunsttheorien des 20. Jahrhunderts"; Reet Varblane: „Feministischer Diskurs in der estnischen Kunstkritik". Am Schluß des Bandes findet sich ein Personenverzeichnis.

Kersti Taal

[Tiina Abel, Anu Mänd, Reet Rast (Red.):] Eesti kunstisidemed Madalmaadega 15.–17. sajandil. Püha Lucia legendi meistri Maarja altar 500 aastat Tallinnas. Konverents 25.–26. september 1995 = Die Kunstbeziehungen Estlands mit den Niederlanden in den 15.–17. Jahrhunderten [sic]. Der Marienaltar des Meisters der Lucialegende 500 Jahre in Tallinn. Konferenz am 25.–26. September 1995. Toimetajad = Redaktion: Tiina Abel, Anu Mänd, Reet Rast. Tallinn: Eesti Kunstimuuseum 2000. 246 S., Abb., dt. Paralleltext. ISBN 9985780582.

Die Handels- und Kulturkontakte zwischen Estland und den Niederlanden begannen schon im Spätmittelalter und bestanden über Jahrhunderte. Dank dieser Kontakte sind mehrere hervorragende Kunstwerke nach Reval/Tallinn gelangt, darunter der einem unbekannten niederländischen Künstler, dem sogenannten Meister der Lucialegende, zugeschriebene Marienaltar, der in Brüssel hergestellte Altar der heiligen Familie im Museum-Konzerthaus Niguliste, der Passionsaltar und viele andere Kunstwerke. Der (mit Personen- und Ortsregister versehene) Sammelband beruht auf den Vorträgen einer im September 1995 veranstalteten wissenschaftlichen Konferenz zum 500. Jahrestag der Ankunft des von der Revaler Bruderschaft der Schwarzenhäupter in Brügge bestellten Marienaltars. Abgedruckt sind folgende Aufsätze (alle Texte in Estnisch und Deutsch): Tiina Kala: „Die Quellen des Revaler Stadtarchivs über die Beziehungen zwischen den Niederlanden und Reval im Spätmittelalter"; Didier Martens: „Der Brügger Meister der Lucialegende. Bilanz der Forschungen und neue Hypothesen"; Helena Risthein: „Über den Passionsaltar und die Franziskaner. Die ursprüngliche Gestalt der Flügelaußenseite"; Volker Ehlich: „Ergebnisse der bisherigen Konservierungs- und Restaurierungsarbeiten am Güstrower Altar von Jan Borman"; Henno Tigane: „Der Brüsseler Altar der Heiligen Sippe"; Urve Mankin: „Renaissance-Bildteppiche im Tallinner Stadtmuseum"; Jüri Kuuskemaa: „Forschungen zu Arent Passer in der Zeit nach Professor Sten Karling"; Krista Kodres: „Löwen, Bäume und Masken. Über einige Fenstersäulen des 17. Jahrhunderts in Reval (Tallinn) und ihre Ikonographie"; Anu Mänd: „Über den Marienaltar der Revaler Schwarzenhäupter und seine Ikonographie".

Lea Teedema[6]

6 Die Übersetzung der Annotationen von Lea Teedema aus dem Estnischen besorgten Vilve Seiler und Kiira Schmidt.

Acta Historica Tallinnensia 6 (2002). 199 S., dt., engl. oder estn. Zusammenfassungen. ISSN 1406-2925.

Es handelt sich um das sechste Heft der gemeinsamen Publikation des Instituts für Geschichte und der Estnischen Akademie der Wissenschaften. Die ersten drei Aufsätze sind dem 200. Jahrestag der Wiedereröffnung der Universität Dorpat/Tartu gewidmet: Jaan Kasmel, Tiiu Kasmel: „Über die Amtsbezeichnungen der Professoren der Medizinischen Fakultät der im Jahre 1802 wiedereröffneten Universität Tartu/Dorpat und die Benennungen der Universität untergeordneter Lehranstalten"; Helvi Hõdrejärv: „Der erste Chemieprofessor der Universität Tartu, Erdmann Heinrich Gottlob Arzt, und seine Zeit"; Martin Hallik: „Ein estnischer Orientalist im 19. Jahrhundert, sein Platz unter den führenden Orientalisten Europas". Es folgen: Marju Luts: „Über die Chancen für das moderne Privatrecht in der Geschichte Estlands"; Toomas Anepaio: „Der Einfluß der estnischen Verfassung von 1920 auf die Entwicklung des Privatrechts"; Aleksander Loit: „Die ausländische humanitäre Hilfe für Estland während der Freiheitskriege 1919–1922"; Maie Pihlamägi: „Die wirtschaftliche Zusammenarbeit zwischen Estland und Lettland in den Jahren 1920–1940"; Kaido Jaanson: „Die Weltvision des Aleksander Keskküla"; Magnus Ilmjärv: „Estland und Lettland in den Verhandlungen zwischen der Sowjetunion, Großbritannien und Frankreich im Jahr 1939"; Per Högelius: „Geschichte der gegenwärtigen estnischen Telekommunikation: ihre europäische Perspektive" (in englischer Sprache). In der Rubrik Besprechungen referiert Karl Siilivask unter dem Titel „Martin Hallik – neuer Doktor für Geschichte in Tartu" über dessen Dissertation „Der Anteil der Lehrkräfte und Zöglinge der Universität Tartu/Dorpat an den Forschungen auf dem Gebiete der humanitären Orientalistik (1802–1940)".

Kersti Taal

[Lembit Andresen (Red.):] Tallinna Pedagoogikaülikool 1919–1999 [Die Pädagogische Universität Reval/Tallinn 1919–1999]. Toimetanud [Bearb. von] Lembit Andresen. Tallinn: Tallinna Pedagoogikaülikooli kirjastus 2002. 269, [1] S., Abb., engl. Zusammenfassung. ISBN 9985-58-213-6.

Im Jahr 1999 feierte die Pädagogische Universität in Reval/Tallinn den 80. Jahrestag ihrer Gründung. Der in Zusammenarbeit vieler Lehrkräfte dieser Hochschule entstandene Sammelband gibt erstmals einen systematischen Überblick über die Geschichte der Lehranstalt bis zum Jahr 1999. Er hält die wichtigsten Ereignisse und Fakten aus der Geschichte der Universität fest und gibt einen Überblick über die Entwicklung ihrer Struktur. Am Schluß des Bandes findet man ein Verzeichnis der in den Jahren 1992–1999 erschienenen Literatur über die Pädagogische Universität Tallinn sowie eine Liste der an dieser Hochschule tätigen vollzeitbeschäftigten Lehrkräfte und Wissenschaftler.

Lea Teedema

[Endel Annus, Tiina Loogväli (Red.):] Eestikeelne ajakirjandus 1766–1940 = Estnischsprachige Presse 1766–1940 = Estonian-Language Press 1766–1940. Toimetanud = Redigiert von = Editors Endel Annus, Tiina Loogväli (Eesti retrospektiivne rahvusbibliograafia, IV osa = Estnische retrospektive Nationalbibliographie, Teil IV = Estonian Retrospective National Bibliography, Part IV). Tallinn: Eesti Akadeemiline Raamatukogu 2002. [Bd.] I: A–N. 471 S., Abb. ISSN 1406-6068,

ISBN 9985-50-319-9, ISBN 9985-50-314-7. [Bd.] II: O–Ü. S. 472–1008, Abb. ISSN 1406-6068, ISBN 9985-50-313-9, ISBN 9985-50-348-1.

Zur retrospektiven estnischen Nationalbibliographie sind bisher (sämtlich in Tallinn) erschienen: „Deutsch-, russisch- und anderssprachige periodische Schriften in Estland 1675–1940" (1993); „Estnisches Buch 1525–1850" (2000 [s. „Berichte und Forschungen" 9, 2001, S. 213]); „Estnisches Buch 1851–1900" (1995 [s. „Berichte und Forschungen" 7, 1999, S. 250]); „Estnisches Buch 1901–1917" (1993). Das nun vorliegende zweibändige Verzeichnis erfaßt Daten der 1.791 in Estland gedruckten oder vervielfältigten estnischsprachigen Zeitungen, Zeitschriften und Schulalmanache einschließlich der in Riga, St. Petersburg, Berlin, Helsinki usw. erschienenen. Die Benutzung erleichtern ein chronologisches Erscheinungsorts-, Personen- und Druckereiregister sowie ein Sachregister für Zeitschriften und ein Register der Institutionen. Ferner findet man eine Kurzbibliographie der Aufsätze über die 1766–1940 erschienene estnischsprachige Presse (S. 1001–1008) und zusätzlich, am Ende der Titelaufnahmen, eine Bibliographie der wichtigsten Ausgaben. Der von Krista Aru verfaßte Beitrag „Die estnische Presse in den Jahren 1766–1940" (in estnischer, deutscher und englischer Sprache) zeigt die außerordentlich große Bedeutung der estnischsprachigen Presse für die Gestaltung der estnischen Nation, der estnischen Kultur und des selbständigen estnischen Staates.

Kersti Taal

Jüri Ant, Eeri Kessel, Ago Pajur: Eesti Vabariigi sisepoliitika 1921–1929. Dokumentide kogumik [Die Innenpolitik der Estnischen Republik 1921–1929. Dokumentensammlung]. Koostanud [Zusammengest. von] Jüri Ant, Eeri Kessel, Ago Pajur (Ad fontes 12). Tallinn, Tartu 2002. 462 S. ISBN 9985-9451-2-3.

Das vom Estnischen Nationalarchiv und der Universität Dorpat/Tartu gemeinsam herausgegebene Werk setzt die Veröffentlichung der Dokumente zur Innenpolitik der Estnischen Republik fort (über die Jahre 1918–1920 s. „Berichte und Forschungen" 8, 2000, S. 116 f.). 146 Dokumente entstammen überwiegend dem Staatsarchiv, 36 sind im „Staatlichen Anzeiger" („Riigi Teataja"), einige weitere in Zeitungen erschienen; Materialien über Parteien sind in verschiedenen Parteipublikationen veröffentlicht. Die Innenpolitik des Zeitraums von 1921 bis 1929 war sehr rege, handelte es sich doch um Jahre der Verwirklichung der Selbständigkeit Estlands. In diese Periode fällt auch der Versuch des Staatsstreichs vom 1. Dezember 1924, der die Einführung des Kriegsrechts im ganzen Staat zur Folge hatte. Die Dokumente sind thematisch angeordnet: Grundgesetz, Staatsversammlung, Regierung, Selbstverwaltung, Ordnungsschutz, 1. Dezember 1924, Staatsschutz, Parteien, Auswahl von Gesetzen, Verordnungen und Beschlüssen. Wo nötig, sind den Dokumenten Ergänzungen und Präzisierungen beigefügt. Der Sammelband schließt mit einem Personen- und Dokumentenverzeichnis.

Kersti Taal

Aleksejs Apīnis: Soļi senākās latviešu grāmatniecības un kultūras takās. Apcerējumi [Wandlungen auf den Wegen des lettischen Buchwesens und der Kultur. Abhandlungen]. Rīga: A/s Preses nams 2000. 326 S., Abb. ISBN 9984-00-131-8.

In dem vorliegenden Buch sind achtzehn Einzelstudien zusammengestellt, die in den Jahren 1970 bis 1998 in verschiedenen lettischen Fachzeitschriften und Periodika veröffentlicht wurden. Die Fragen, die der Autor an die von ihm behandelte Zeit vom 16. bis 19. Jahrhundert stellt, haben einen gemeinsamen Nenner: die Entstehungsgeschichte des lettischen Buchwesens, an dem die Reife der Gesellschaft zu messen sei. Noch während der Reformation in Livland sieht A. Apīnis die ersten Ansätze für die Emanzipation der Letten, denn bereits 1525 sind die ersten gedruckten Bücher religiösen Inhalts in lettischer Sprache nachweisbar. Zahlreiche Personen wie etwa die ersten Reformatoren in Riga, die lutherischen Pastoren (Paul Einhorn, Georg Mancelius im 17. Jahrhundert, Christoph Harder im 18. Jahrhundert und andere) oder die Jungletten im 19. Jahrhundert stehen in einem engen Verhältnis zueinander, denn sie alle verbindet in erster Linie ein humanistisch motiviertes Interesse an der lettischen Sprache und Kultur. Es sind dies zwar nur einzelne Kapitel einer viel umfangreicheren Geschichte des lettischen Buch- und Bildungswesens, doch vereinigt zur Gesamtdarstellung, vermitteln sie ein ziemlich vollständiges Bild einer langen, an kulturellen Wechselwirkungen reichen Entwicklung.

Andris Levans

Ilona Audere: Mencendorfa nams Rīgā = Haus Mentzendorff in Riga = Mentzendorff's House in Riga = Dom Mencendorfa v Rige. Rīga: Latvijas universitātes žurnāla „Latvijas Vēsture" fonds [Verlag der Stiftung der Zeitschrift „Latvijas Vēsture" an der Universität Lettlands] 2002. 232 S., Abb., Kt., lett., dt., engl. u. russ. Text. ISBN 9984-643-24-7.

Ilona Audere hat diese viersprachige Monographie (Paralleltext in Lettisch, Deutsch, Englisch und Russisch) der Erforschung eines hervorragenden Architekturdenkmals und seiner Geschichte gewidmet. Das Haus Mentzendorff stammt aus dem 17.–19. Jahrhundert und wurde im Laufe der Zeit mehrfach umgebaut und restauriert. Das Buch, das auch einen Plan von Alt-Riga enthält, beschreibt die Rigaer Kunst vom 17. bis zum 19. Jahrhundert im Zusammenhang mit den künstlerischen Tendenzen des damaligen Europa. Einen Beitrag zur Herausgabe des Buches leistete Professor Dr. Dietrich A. Loeber, dessen Großmutter Minna Mentzendorff (1850–1937) in der Zeit der Republik Lettland (1918–1940) in diesem Haus gelebt hat.

Helēna Šimkuva

Augstākās tehniskās izglītības vēsture Latvijā [Geschichte der höheren technischen Ausbildung in Lettland]. 1. daļa [Bd. 1]: Rīgas Politehnikums. Rīgas Politehniskais institūts. 1862–1919 [Das Rigaer Polytechnikum. Das Rigaer Polytechnische Institut. 1862–1919]. Rīga: Rīgas Tehniskā universitāte [Technische Universität Riga] 2002. 295 S., Abb. ISBN 9984-9619-0-7.

Das Buch erschien anläßlich des 140. Jubiläums der Technischen Universität Riga, das am 14. Februar 2002 begangen wurde. Einer Einleitung in Englisch, Russisch und Lettisch folgen vier Teile: Neben der allgemeinen Geschichte des Polytechnikums (Teile I und II) werden auch die Entstehungsgeschichte der sieben Fakultäten und der Bibliothek dargestellt (Teil III), während der letzte Teil der Situation der Hochschule in den Jahren 1918–1919 gewidmet ist. Weitere Themen des Buches sind die Technische Hochschule des Baltikums, die Hochschule Sowjetlettlands, die Reevakuierung des Eigentums des Rigaer Polytechnischen Instituts aus Sowjetrußland, die Rolle der Studenten im Ersten Weltkrieg und ihre Teilnahme an den Freiheitskämpfen. Der Anhang bietet ein umfassendes Literaturverzeichnis und einen Quellennachweis mit 359 Titeln sowie Verzeichnisse der erwähnten Persönlichkeiten und der Professoren des Rigaer Polytechnischen Instituts (1862–1919). An der Entstehung des Buches haben namhafte Wissenschaftler mitgewirkt, unter ihnen der Präsident der Akademie der Wissenschaften Lettlands Jānis Stradiņš, der Rektor der Technischen Universität Riga Ivars Knēts und die Professoren der Technischen Universität Jānis Krastiņš und Ivars Strazdiņš.

Helēna Šimkuva

Ringolds Balodis: Baznīcas tiesības [Das Kirchenrecht]. Rīga: Reliģijas brīvības asociācija [Assoziation für Religionsfreiheit] 2002. 727 S., Abb. ISBN 9984-9540-1-3.

In diesem Werk wird das Kirchenrecht als eine selbständige juridische Disziplin behandelt und deren historische Entstehung und Entwicklung bis in unsere Tage dargestellt. Der Hauptwert des Buches liegt darin, daß sowohl die organisatorische, soziale Rolle der Kirche als auch die Genese der Beziehungen zwischen Staat und Kirche vom historischen Standpunkt analysiert werden. Das Werk kann auch als Lehrbuch benutzt werden.

Helēna Šimkuva

Zenobiusz Michał Bednarski: Polacy na Wydziale Lekarskim Uniwersytetu Dorpackiego w latach 1802–1889 [Die Polen in der Medizinischen Fakultät der Dorpater Universität in den Jahren 1802–1889] (Rozprawy i Materiały Ośrodka Badań Naukowych im. W. Kętrzyńskiego w Olsztynie [Abhandlungen und Materialien des Wojciech-Kętrzyński-Forschungsinstituts, Allenstein] 207, Edycja wspólna Towarzystwa Naukowego Ośrodka Badań Naukowych im. Wojciecha Kętrzyńskiego w Olsztynie [Gemeinsame Edition der Wissenschaftlichen Gesellschaft und des Wojciech-Kętrzyński-Forschungsinstituts, Allenstein]). Olsztyn 2002. 176 S., 12 Abb., engl. Zusammenfassung. ISBN 83-87643-03-3.

Diese medizinhistorische Abhandlung setzt sich zum Ziel, den Anteil der Polen an der Medizinischen Fakultät der Universität Dorpat/Tartu in der Epoche nach der Teilung Polens zu ermitteln. Der Verfasser entnahm dem „Album academicum" der Universität Dorpat das Register der polnischen Studenten. Im ersten Teil des Buches behandelt er die Zustände an der Dorpater Universität, insbesondere der Medizinischen Fakultät, zu jener Zeit; im zweiten Teil präsentiert er die Biogramme der studierenden Polen. Personen- und Ortsverzeichnis sind vorhanden.

Alina Kuzborska

[Valdis Bērziņš, Andris Caune, Inesis Feldmanis (Red.):] Okupācijas režīmi Latvijā 1940.–1956. gadā. Latvijas vēsturnieku komisijas 2001. gada pētījumi = Occupation regimes in Latvia in 1940–1956 [Die Besatzungsregime in Lettland von 1940 bis 1956. Forschungen des Ausschusses der Historiker Lettlands im Jahr 2001] (Latvijas vēsturnieku komisijas raksti = Symposium of the Commission of the Historians of Latvia 7). Rīga: Latvijas vēstures institūta apgāds [Verlag des Instituts für die Geschichte Lettlands] 2002. 495 S., engl. u. dt. Inhaltsverzeichnis u. Zusammenfassungen. ISBN 9984-601-65-X.

Die Autoren der 14 Beiträge dieses Sammelbandes befassen sich mit der Erforschung der Okkupationsregime im Gebiet Lettlands von 1940 bis 1956. Das erste Kapitel enthält Beiträge über die Repressionen des sowjetischen Regimes gegen die Zivilbevölkerung Lettlands sowie über Kollaborationsfragen. Im zweiten Kapitel werden die Besetzung Lettlands durch das nationalsozialistische Regime (1941–1945) und die von der deutschen Besatzungsmacht getroffenen politischen Maßnahmen analysiert. Mehrere Autoren setzen sich in ihren Beiträgen mit der Einberufung der Bevölkerung Lettlands zum Militärdienst in den von Deutschland und der Sowjetunion besetzten Gebieten auseinander. Im dritten Kapitel erörtern die Autoren die sowjetische Besetzung Lettlands von 1944 bis 1956, insbesondere die wesentlichsten politischen Aspekte des kommunistischen Besatzungsregimes auf dem Territorium Lettlands. Bemerkenswert sind die Ausführungen über den Widerstandskampf gegen das Besatzungsregime. Darüber hinaus decken die Autoren die gezielte Migrationspolitik der Sowjetunion nach dem Zweiten Weltkrieg auf und üben Kritik an den neugeschaffenen sowjetischen Gerichtsbehörden und der Staatsanwaltschaft.

Helēna Šimkuva

J[ohans] K[ristofs] Broce: Zīmējumi un apraksti [Zeichnungen und Beschreibungen]. Bd. 3: Latvijas mazās pilsētas un lauki [Lettlands Kleinstädte und Land]. Red.: Teodors Zeids, Rita Brambe, Gvido Straube. Rīga: Zinātne 2002. 493 S., Abb., Kt., lett. u. dt. Text. ISBN 9984-698-01-7.

Der dritte Band von Johann Christoph Brotzes „Zeichnungen und Beschreibungen" mit dem Titel „Lettlands Kleinstädte und Land" umfaßt Materialien über Livland: das Umland von Riga mit Orten wie Dahlen/Dole, Kirchholm/Salaspils, Baldohn/Baldone, Rodenpois/Ropaži, Allasch/Allaži, Lemburg/Mālpils, Hinzenberg/Inčukalns, Segewold/Sigulda mit seinen nächsten Nachbarorten Treyden/Turaida und Kremon/Krimulda; die Umgebung von Oger/Ogre, Uexküll/Ikšķile, Tiesenhausen/Tīnūži, Suntzel/Suntaži, Sissegal/Madliena, Lennewarden/Lielvārde, Ascheraden/Aizkraukle, Kokenhusen/Koknese u. a.; die Umgebung von Jakobstadt/Jēkabpils mit Ewst/Aiviekste, Kreutzburg/Krustpils und Selburg/Sēlpils; Lemsal/Limbaži und seine Umgebung mit Pernigel/Liepupe, Adiamünde/Skulte, Koltzen/Bīriņi, Salis/Lielsalaca; Wolmar/Valmiera und seine Umgebung. Brotzes Wanderungen in Lettland sowie seine Archiv- und Bibliotheksstudien gehen auf das Ende des 18. und den Anfang des 19. Jahrhunderts zurück; so ist sein Nachlaß ein reichhaltiges Zeugnis der Geschichte Lettlands im 18. Jahrhundert. Einen großen Teil des Materials machen Zeichnungen verschiedener Gebäude aus: hauptsächlich Burgen, Schlösser und Schloßruinen, Gutshöfe, Kirchen und Pastorate. Die Zeichnungen sind in dem Band geographisch geordnet.

Helēna Šimkuva

[Andris Caune u. a. (Red.)] Arheologu pētījumi Latvijā 2000. un 2001. gadā [Forschungen der Archäologen in Lettland in den Jahren 2000–2001]. Rīga: Latvijas vēstures institūta apgāds [Verlag des Instituts für die Geschichte Lettlands] 2002. 463 S., Abb., engl. od. dt. Zusammenfassungen. ISBN 9984-601-29-3.

Die 52 Beiträge des Bandes sind Problemen der Archäologie, Ethnographie, Anthropologie und Numismatik gewidmet und umfassen die Zeit von der Steinzeit bis zur Eisenzeit. Die Autoren sind bekannte Archäologen, Ethnographen, Numismatiker: Māris Atgāzis, Tatjana Berga, Ilze Loze, Valdis Bērzīnš, Jānis Apals und andere. Im Mittelpunkt stehen die Ergebnisse der archäologischen Ausgrabungen der Wissenschaftler Lettlands in den Jahren 2000 und 2001. Ebenfalls betrachtet werden die neuesten Forschungsergebnisse der Archäologen Estlands und Litauens. Von besonderer Bedeutung sind der von Juris Urtāns verfaßte Beitrag über die Neuentdeckungen der Archäologen Lettlands in den letzten zwei Jahren und der Überblick von Andris Caune und Ieva Ose über die Ergebnisse der Untersuchung der mittelalterlichen Burgen Lettlands. Gunita Zariņa und Guntis Gerhards haben einen Überblick über das neueste anthropologische Material erarbeitet. Der Band ist mit Zeichnungen, Fotografien, Plänen und Karten reich illustriert.

Helēna Šimkuva

[Andris Caune, Daina Klavina, Inesis Feldmanis (Red.):] 1941. gada 14. jūnija deportācija – noziegums pret cilvēci. Starptautiskās konferences materiāli, 2001. gada 12.–13. jūnijs, Rīga = Deportation of 14 June 1941 – crime against humanity [Die Deportation vom 14. Juni 1941 – ein Verbrechen gegen die Menschheit. Materialien der internationalen Konferenz in Riga, 12.–13. Juni 2001] (Latvijas vēsturnieku komisijas raksti [Schriften des Ausschusses der Historiker Lettlands] 6). Rīga: Latvijas vēstures institūta apgāds [Verlag des Instituts für die Geschichte Lettlands] 2002. 415 S., Abb., Kt. ISBN 9984-601-52-8.

In diesem Band sind die (teils lettisch-, teils englischsprachigen) Beiträge der internationalen Konferenz über die am 14. Juni 1941 vom sowjetischen Okkupationsregime durchgeführte Deportation der Einwohner Lettlands veröffentlicht. Enthalten sind 29 Texte in lettischer und englischer Sprache. Im ersten Teil wird die Deportation vom 14. Juni 1941 in Lettland im Vergleich mit den Deportationen in Polen und Bessarabien und mit der Deportationspolitik des Sowjetregimes im allgemeinen betrachtet. Teil 2 ist der Bewertung der Deportation vom 14. Juni 1941 aus internationaler und rechtlicher Sicht gewidmet. Besonderes Augenmerk wird auf die Wiedergutmachung für die Verbrechen der Okkupanten in den Jahren 1940–1941 und auf die rechtliche Rehabilitation der betroffenen Personen nach 1990 in Lettland gerichtet. A. E. Senn charakterisiert Aktionen der Sowjetmacht in Litauen; Inge Petravičute beschreibt die sowjetischen repressiven Behörden und die Kollaboration in Litauen in den Jahren 1940–1941. Der dritte Teil umfaßt elf Beiträge zu den sozialen, ethnischen und territorialen Aspekten der Deportation vom 14. Juni 1941 und deren demographischen Folgen für Lettland. Besonders hinzuweisen ist auf die Aufsätze im Teil 4: Sie sind der Erforschung der Quellen über die Deportation vom 14. Juni 1941 gewidmet. So charakterisiert E. Pelkaus die Dokumente der Kommunistischen Partei bezüglich dieser Deportation; A. Bambals wertet die Personenakten der deportierten Personen im Archiv der Geschichte Lettlands als historische Quellen aus.

Helēna Šimkuva

Andris Celmiņš: Zemē apslēptā pilsēta. Izstāde par 1991.–1997. gada arheoloģiskajiem atradumiem Rīgā = A City Under the Ground. An Exhibition of Archaeological Finds from Riga, 1991–1997. Rīga: Rīgas Vēstures un kuģniecības muzejs 1998. 72 S., Abb. ISBN 9984-9116-2-4.

Das vorliegende Buch (mit englischem Paralleltext) stellt eine Auswahl der interessantesten und wichtigsten archäologischen Funde vor, die bei Ausgrabungen im mittelalterlichen Stadtkern Rigas in den Jahren 1991 bis 1997 gemacht wurden. Die zahlreichen Objekte aus etwa 24 Fundorten (Ordensschloß, Innenhof der Domkirche, Rathausmarkt, das wiederentdeckte Fundament des Schwarzhäupterhauses u. a.) bereichern das bisherige Bild von der stadthistorischen Entwicklung und der Alltagskultur im mittelalterlichen Riga um neue, wesentliche Details. Gegenstände wie Schreibgerät, Schmuck, Schuhwerk, Geschirr aus Irdenware oder Steingut, die aus der Zeit vom 13. bis zum 17. Jahrhundert stammen, werden in einem Katalogteil präsentiert. Die Bestimmung einiger Funde wie z. B. einer tragbaren Sonnenuhr oder einer ledernen Maske sowohl nach Herkunftsort und -zeit als auch nach Art der Anwendung stellt eine Herausforderung für die historische Forschung dar.

Andris Levans

[Inguna Daukste-Silasproģe (Hg.):] Materiāli par latviešu un cittautu kultūru Latvijā [Materialien zur Kultur der Letten und ihrer Nachbarn in Lettland] [Bd. 15]. Sastādītāja [Zusammengest. von] Inguna Daukste-Silasproģe. Rīga: Zinātne 2003. 170 S., Abb. ISBN 9984-698-60-2.

In dem Sammelband sind dreizehn Vorträge veröffentlicht, die auf der interdisziplinären Konferenz „Forschungen und Ergebnisse“, veranstaltet vom Institut für Literatur, Folklore und Kunst der Universität Lettlands, 2002, gehalten wurden. Es sind in erster Linie zwei Texte zu erwähnen: Māra Grudule geht den Spuren des kurländischen Pastors Gotthard Friedrich Stender (1714–1796) und seines Sohnes Alexander Johann Stender (1744–1819) in Kopenhagen nach, wo beide von 1762 bis 1765 gewirkt haben. Vater und Sohn Stender sind nicht nur als Verfechter der Idee einer humanistisch gebildeten lettischen Gesellschaft und als Übersetzer der europäischen didaktischen Literatur ins Lettische bedeutsam. Ihr geographisches Wissen machte sie auch außerhalb von Kurland bekannt: Die zwei Globen, die G. F. Stender in den Jahren 1760 und 1764 in Deutschland und Dänemark baute, werden noch heute in der Königlichen Bibliothek in Kopenhagen aufbewahrt. Inguna Daukste-Silasproģe untersucht Aspekte der Entstehungs- und Wirkungsgeschichte des Romans „Buddenbrooks“ von Thomas Mann (1901) und seiner Erstübersetzung in die lettische Sprache von 1929. Die hier vorgestellten wenigen Beispiele aus der Literaturkritik in der lettischen Presse geben ein Bild von der – leider sehr dürftigen – Rezeption dieses Gesellschafts- und Familienromans in Lettland.

Andris Levans

Emīls Dēliņš: Konsuls ar valdību. Materiāli Latvijas diplomātijas vēsturei 1991.–2002. [Der Konsul mit der Regierung. Dokumente zur Geschichte der Diplomatie Lettlands von 1991 bis 2002]. Rīga, Stokholma: Memento-Treji deviņi 2002. 140 S., Abb. ISBN 91-87114-45-3, 9984-714-09-8.

E. Dēliņš hat seine Erinnerungen und umfangreiches Tatsachenmaterial über die Tätigkeit der diplomatischen Vertretung der Republik Lettland in Australien von 1991 bis 2002 zu diesem Buch zusammengefaßt. Es ist ein Zeugnis der regen Tätigkeit des erneuerten Außenministeriums Lettlands in den ersten zehn Jahren nach der Wiedererlangung der Unabhängigkeit. Der Autor ordnet chronologisch und thematisch Berichte, die er von 1991 bis 1993 dem Außenministerium Lettlands über die Tätigkeit des Generalkonsulats in Australien erstattet hat. Die Zitate aus seinem Tagebuch wie auch die Bewertung der Ereignisse und Verhältnisse in Lettland aus der Sicht ausländischer Politiker und Diplomaten machen das Buch zu einem sehr aussagekräftigen Zeitdokument. Äußerst interessant sind die Erläuterungen des Autors zu der inoffiziellen Visite des Außenministers Lettlands Georgs Andrējevs in Australien und Neuseeland 1993. Im Anhang sind sowohl Angaben über den Verbleib der im Buch veröffentlichten Dokumente als auch ein Personenverzeichnis und 32 farbige Abbildungen zu finden. Die von E. Dēliņš zusammengefaßten Dokumente, Notizen und Aussagen von prominenten Persönlichkeiten leisten einen bedeutenden Beitrag zur Geschichte der Diplomatie Lettlands.

Helēna Šimkuva

Leo Dribins: Antisemītisms un tā izpausmes Latvijā. Vēstures atskats [Der Antisemitismus und seine Erscheinungsformen in Lettland. Historischer Überblick] (Latvijas vēsturnieku komisijas raksti [Schriften des Ausschusses der Historiker Lettlands] 4). Rīga: Latvijas vēstures institūta apgāds [Verlag des Instituts für die Geschichte Lettlands] 2002. 183 S., engl. Zusammenfassung. ISBN 9984-601-28-5.

Ziel der Monographie ist es, die Entwicklung und die Erscheinungsformen des Antisemitismus auf dem Territorium Lettlands zu beschreiben. Die Konzeption des Buches besteht in dem Versuch, die Tragödie der jüdischen Bevölkerung Lettlands aus der Perspektive der Geschichte der lettisch-jüdischen Beziehungen zu betrachten. Der Schwerpunkt der Darstellung liegt in der Erörterung des Antisemitismus in der Republik Lettland (1918–1940). Der Verfasser behandelt auch die Lage der Juden während der sowjetischen Okkupation (1940–1941), Fragen des Holocausts auf dem Territorium Lettlands während des Zweiten Weltkriegs sowie die Repressionen des Sowjetregimes gegen die Juden.

Helēna Šimkuva

Eesti Arheoloogia Ajakiri = Journal of Estonian Archaeology 6 (2002). Nr. 1, S. 1–88; Nr. 2, S. 89–160, engl. oder estn. Zusammenfassungen. ISSN 1406-2933.

Von dieser gemeinsamen Publikation des Instituts für Geschichte und der Estnischen Akademie der Wissenschaften erschienen im Jahr 2002 turnusgemäß zwei Hefte. Heft 6/1 enthält zwei Aufsätze in estnischer Sprache: Ülle Tamla, Urve Kallavus, Ivar Leimus: „Der Silberschatz von der Bauernburg Lehowa/Lõhavere"; Aldur Vunk: „Estnische archäologische Pilgerzeichen"; außerdem einen Aufsatz in englischer Sprache: Kristiina Korkeakoski-Väisanen: „Vom Steinhaufen bis zum Ofen: Über die Anwendung der Ethnologie bei der Deutung historischer Relikte". In der Rubrik Buchbesprechungen finden wir folgende Aufsätze: Heidi Luik: „Über die augenblickliche Lage der Knochenforschung, aufgrund des Sammelbandes der Budapester Konferenz – Entwicklungen und Perspektive"; Sirkku Pihlmann: „Doctoral Thesis [Marika Mägi] on a Period of Prosperity of Saaremaa/Ösel"; Priit Raudkivi: „Heiki Valk verteidigte seine Dissertation ‚Über die Grabstätten in den Dörfern von Süd-Estland'". Heft 6/2 enthält in estnischer Sprache: Siim Veski, Atko Heinsalu, Kalle Kirsimäe: „Das Alter des Meteoriten von Kaali und sein Einfluß auf die Natur von Saaremaa/Ösel, aufgrund der Untersuchungen des Torfes im Moor von Piila"; Kristin Ilves: „Die Kulturlandschaft am Meer und das Schiff von Maasi"; in englischer Sprache: Felicia Markus: „Feldforschungen im estnisch-schwedischen Dorf Eibi". In der Abteilung Rezensionen stellt Jaan Tamm unter dem Titel „Eine umfangreiche Forschung über Tartu/Dorpat" das Buch von Andres Tvauri über das vorzeitliche Dorpat (s. „Berichte und Forschungen" 10, 2002, S. 207) vor.

Kersti Taal

[Andrievs Ezergailis (Hg.):] Stockholm Documents. The German Occupation of Latvia, 1941–1945: What Did America Know? Sastādītājs [Zusammengest. von] Andrievs Ezergailis (Latvijas vēsturnieku komisijas raksti [Schriften des Ausschusses der Historiker Lettlands] 5). Rīga: Latvijas vēstures institūta apgāds [Verlag des Instituts für die Geschichte Lettlands] 2002. 507 S., lett. Einleitung, engl. Text. ISBN 9984-601-65-6.

Diese Sammlung von Dokumenten, zusammengestellt von dem bekannten, in Amerika lebenden lettischen Historiker und Holocaustforscher A. Ezergailis, legt Zeugnis davon ab, wie die Letten während des Zweiten Weltkriegs für die Unabhängigkeit ihres Landes gekämpft und die illegal gesammelten Informationen über die nationalsozialistische Okkupation den westlichen Alliierten übermittelt haben. Fast alle Berichte kommen aus der Botschaft der USA in Stockholm und sind von dort an das Außenministerium in Washington weitergeleitet worden. Die meisten Dokumente entstammen der Feder des damaligen Botschafters Lettlands in Stockholm Voldemārs Salnais (1886–1948). Die Sammlung von Dokumenten, welche bisher noch nie veröffentlicht und erforscht wurden, enthält in sechs Abschnitten wichtige Zeugnisse über Lettland während der nationalsozialistischen Besetzung sowie über die Widerstandsbewegung gegen die Okkupanten. Auf Grund dieser Dokumente ergibt sich die Frage, was die Amerikaner über die Zustände in dem von den Nationalsozialisten besetzten Lettland gewußt haben. Ezergailis' Dokumentation ist ein wertvoller Beitrag zur Erforschung der Geschichte Lettlands und zeigt die Ereignisse im Zweiten Weltkrieg in Lettland in einem neuen Licht.

Helēna Šimkuva

Zigrīda Frīde: Latvis. Gothards Frīdrihs Stenders (Personība un daiļrade) [Der Lette. Gotthard Friedrich Stender (Persönlichkeit und Schaffen)]. Rīga: Zinātne 2003. 299 S., Abb., engl. Zusammenfassung. ISBN 9984-698-44-0.

Es war der letzte Wille von G. F. Stender (1714–1796), daß auf seine Grabplatte die Inschrift „Latwis" eingemeißelt wurde. Seine Verdienste auf dem Gebiet der Pflege der lettischen Sprache und Literatur sind heute nicht mehr umstritten. Dies zeigt auch die vorliegende Monographie, in der ein sehr detailliertes Bild vom Leben und Werk des gebürtigen Kurländers und „Kirchspielpredigers zu Seelenburg und Sonnakst" in Semgallen/Zemgale gezeichnet wird. Z. Frīde spricht es in ihrem Buch deutlich aus: G. F. Stender gebührt die Ehre des Begründers der lettischen Literatur. Seine Gedichte, Erzählungen und Fabeln, die er in lettischer Sprache schrieb, sowie seine Übersetzungen aus dem Deutschen sollten den Letten weltliches Wissen vermitteln. Daneben verfaßte er zahlreiche Kirchenlieder. Das Spektrum seines literarischen und wissenschaftlichen Wirkens ist breit: Es umfaßt unter anderem eine lettische Grammatik (1761), die erste sogenannte „Bauernenzyklopädie" (1774), ein Wörterbuch der lettischen Sprache (1789), Schriften zur Philosophie und Theologie. Es entsprach dem Geist eines Aufklärers, seiner Tätigkeit als Geistlicher und Literat pädagogische Ziele zu setzen, vor allem die der christlichen Didaxe. Auch auf diesem Gebiet war er ein Pionier, der zu seinen Lebzeiten jedoch ohne ernsthafte Nachfolger blieb.

Das Buch enthält überdies einen umfangreichen analytischen Teil, in dem Stenders Texte nach Gattungen und Sprache geordnet vorgestellt werden. Auch eine kommentierte Darstellung zahlreicher Urteile und Meinungen über seine Person und sein Schaffen von der Mitte des 18. Jahrhunderts bis zur Gegenwart findet sich. Eine Sammlung von zeitgenössischen Widmungen und eine kommentierte Bibliographie seiner Texte kommen hinzu.

Andris Levans

[Gundega Grīnuma (Hg.):] Gēte un Baltija = Goethe und die baltischen Länder. Sastādītāja un zinātniskā redaktore [Zusammengest. und wissenschaftl. redig. von] Gundega Grīnuma. Rīga: Nordik 2002. 335 S., dt. Zusammenfassungen. ISBN 9984-675-93-9.

In der Goethe-Rezeption in Estland und Lettland lassen sich zwei Stränge unterscheiden: Jānis Stradiņš verweist einerseits auf die Widerspiegelung des Goetheschen Werkes im Schaffen deutschbaltischer Autoren seit dem späten 18. Jahrhundert, andererseits auf die estnische, die lettische und die litauische nationale Literatur, deren Bezugnahme auf Goethe von den 50er Jahren des 19. Jahrhunderts bis in die Gegenwart eine gewisse Kontinuität erkennen läßt. Die metaphysischen Aspekte der Lyrik Goethes werden unter Hinzuziehung des „Faust" und der „Farbenlehre" in den Beiträgen von Jaan Undusk und Pēteris Laķis behandelt. Das naturwissenschaftliche Interesse des Dichters ist Thema der Aufsätze von Ingrid Kästner, Kārlis Ēriks Arons und Juris Salaks. Das keinesfalls spannungsfreie Verhältnis Goethes zu J. G. Herder und J. M. R. Lenz betrachten Andreas F. Kelletat und Ojārs Zanders. Ivars Alksnis beschäftigt sich mit Goethes Italien-Reise als kulturhistorischem Phänomen. Thomas Taterka stellt den deutschbaltischen Essayisten Victor Hehn (1813–1890) neu vor, der zahlreiche Schriften zum Leben und Werk Goethes verfaßt und das Goethe-Bild des 19. Jahrhunderts wesentlich mit geprägt hat. Die zentrale These von Vilnis Zariņš lautet, die nationale Bewegung, die auf die lettischen Intellektuellen um die Mitte des 19. Jahrhunderts zurückgeht, sei nach dem Vorbild aufklärerischer Bestrebungen Goethes entstanden. Christian David Lenz und sein Sohn Jakob Michael Reinhold Lenz haben jeder auf seine Art die lettische Literatur beeinflußt. Dieser Spur gehen Zigrīda Frīde und Māra Grudule nach. Die nationale lettische Literatur wurde wesentlich geprägt von der Lyrik, den Dramen und den Romanen Goethes; man beobachtet dies vor allem in der Nachahmung des Stils und in der Wahl der Stoffe und Motive. In den Studien von Silvestrs Gaižūns, Viesturs Vecgrāvis, Janīna Kursīte, Ausma Cimdiņa und Skaidrīte Lasmane werden die einzelnen Phasen dieser Entwicklung nachgezeichnet. Das estnische und lettische Theater entstand unter direktem oder indirektem Einfluß der dramatischen Werke Goethes, ihrer Übersetzungen und Aufführungen im 19. Jahrhundert, wie Malle Salupere und Viktors Hausmanis aufzeigen. Daß das moderne Theater in Lettland auch experimentelle Wege geht, um dem „Faust" ein tieferes, ja gänzlich neues Verständnis zu verschaffen, zeigen Bernd Mahl, Silvija Radzobe und Valdis Bisenieks.

Andris Levans

[Elita Grosmane (Hg.):] Romantisms un neoromantisms Latvijas mākslā. IV Borisa Vipera piemiņas konferences (1994. gada 21. aprīlis, Rīga) materiāli [Romantik und Neoromantik in der Kunst Lettlands. Materialien der IV. dem Gedächtnis von Boriss Vipers gewidmeten Konferenz, 21. April 1994, Riga]. Sastādītāja [Zusammengest. von] Elita Grosmane. Rīga: Izdevniecība AGB 1998. 191 S., Abb., dt. u. engl. Zusammenfassungen. ISBN 9984-9288-0-2.

Die Begeisterung über das Ursprüngliche in der Natur erzeugte gegen Ende des 18. Jahrhunderts ein Bedürfnis nach einem neuen Verständnis der Gegenwart und neuen Bildern der Geschichte. Romantische Parkanlagen mit künstlichen Burgruinen oder Teehäusern im orientalischen Stil sollten die Nähe einer fernen Epoche und ein entsprechendes Lebensgefühl vermitteln. Die Architektur der Gutshäuser wandelte sich mit der Landschaft. Die Motive der historisch-romantisch gestalteten Landschaft inspirierten im 19. Jahrhundert die Landschafts- und Historienmalerei. Vierzehn Kunsthistoriker behandeln in ihren Beiträgen die Orte und Formen des Ausdrucks der Romantik und Neoromantik in Lettland: Jānis Zilgalvis: „Romantik und Neogotik in der Architektur der Gutshäuser Lettlands"; Ojārs Spārītis: „Semantik der romantischen Figuren als System in der Architektur der Gutsparkanlagen und in der Plastik Lettlands"; Imants Lancmanis: „Symbole der Vergänglichkeit und die Romantik"; Elita Grosmane: „Das Auftreten der Neogotik im Dom von Riga"; Rūta Kaminska: „Portraitmalerei aus der Epoche der Romantik in Latgale" (Lettgallen); Renate Kroll: „Wilhelm Barth – ein vergessener preußischer Landschaftsmaler"; Edvarda Šmite: „Das Echo der deutschen Romantiker im Baltikum des 19. Jahrhunderts"; Zaiga Kuple: „Romantik und graphische Kunst im lettischen Kinderbuch"; Eduards Kļaviņš: „Die Kennzeichen der Neoromantik in der darstellenden Kunst am Ende des 19. und zu Beginn des 20. Jahrhunderts in Lettland"; Tatjana Kačalova: „Einige Überlegungen zur Neoromantik"; Jeremy Howard: „Latvian National Romanticism and Art Nouveau: Origins and Synthesis"; Kristiāna Ābele: „Die jubelnden Kinder. Über einige Merkmale der Neoromantik in der Malerei von Jānis Rozentāls"; Veronika Kučinska: „Die Strömungen der Romantik in der lettischen angewandten Kunst"; Ruta Čaupova: „Aspekte der romantischen Wahrnehmung in der lettischen Literatur und Kunst zu Beginn des 20. Jahrhunderts".

Andris Levans

Edvardas Gudavičius: Lietuvos europėjimo keliais: istorinės studijos [Wege der Europäisierung Litauens: historische Studien]. Vilnius: Aidai 2002. 383 S. ISBN 9955-445-42-4.

Es handelt sich um eine Sammlung der wichtigsten (zwischen den Jahren 1975 und 2002 verfaßten) Aufsätze des profiliertesten litauischen Mediävisten, die die Europäisierung der litauischen Gesellschaft zum Thema haben. Die behandelte Problematik umfaßt die Zeitspanne von den Frühformen des litauischen Staatsgebildes bis zur Erklärung der Unabhängigkeit des modernen litauischen Staates. Die typologischen Studien sind der Markierung der historischen Position Litauens in der europäischen Geschichte gewidmet. Im zweiten Teil des Bandes sind Aufsätze über die (vor allem mittelalterliche) Gesellschaftsentwicklung der verschiedenen litauischen Bevölkerungsgruppen zusammengestellt. Der Verfasser beschreibt hier die im Gefolge des Einflusses der europäischen Lebensordnungen vollzogene Transformation der litauischen Gesellschaft und versucht die Wege der Verbreitung der neuen politischen Institutionen und sozialen Strukturen zu bestimmen. Seine besondere Aufmerksamkeit gilt den sozialen und kulturellen Folgen der jahrhundertelangen polnisch-litauischen Beziehungen.

Rimvydas Petrauskas

Karin Hallas-Murula: Funktsionalism Eestis. Näituse kataloog = Functionalism in Estonia. Exhibition catalogue. Tallinn: Eesti Arhitektuurimuuseum 2002. 156 S., Abb. ISBN 9985-9400-2-4.

Der zweisprachige Katalog erschien zu einer Ausstellung des Museums der Estnischen Architektur, die vom 6. August bis 15. September 2002 im Alvar-Aalto-Museum in Jyväskylä (Finnland) stattfand. Er dokumentiert die glanzvolle, wenn auch kurze Periode während der ersten Zeit der Selbständigkeit der Estnischen Republik, in der man versuchte, russische und deutsche Einflüsse in der Baukunst abzustreifen. Häufig wurde der Funktionalismus in Estland mit dem Erscheinungsbild der Architektur der ersten estnischen Selbständigkeitsperiode gleichgesetzt. Der vorliegende Band beschreibt die Stellung der estnischen Architekturavantgarde im europäischen Kontext und zeigt deren Bemühungen, ihre Ideen durchzusetzen; deutlich werden dabei die Gegensätze zu konservativeren Bauauffassungen. Neben prominenten Beispielen für öffentliche Bauten, Wohn- und Industriearchitektur enthält der Katalog auch einen Überblick über die wichtigen Architekturwettbewerbe dieser Jahre.

Lea Teedema

Martin Hallik, Olaf-Mihkel Klaassen: Keiserlik Tartu Ülikool (1802–1918) ja Orient. Eesti-Oriendi kultuurisuhete üldisel taustal [Die Kaiserliche Universität Dorpat/Tartu (1802–1918) und der Orient. Estland und die kulturellen Kontakte zum Orient]. Tartu: Tartu Ülikooli Kirjaastus 2002. 426, 4 S., Abb., engl. Zusammenfassung. ISBN 9985-56-650-5.

Das Buch ist dem 375. Jahrestag der Gründung und dem 200. Jahrestag der Wiedereröffnung der Universität Dorpat/Tartu gewidmet. Es handelt sich um die erste umfassende Untersuchung über die Beziehungen zwischen dieser Universität und dem Orient. Sie beschränkt sich nicht nur auf die diesbezügliche Forschungstätigkeit der Lehrkräfte und Studierenden, sondern bezieht auch frühere Kontakte Estlands zum Orient durch der Universität fernstehende Personen mit ein. Der große Anteil der Universität Dorpat an der Erforschung des Orients hat mehrere Gründe: Die aus Deutschland stammenden Lehrkräfte brachten ein großes Interesse für den Orient mit; das durch die Politik Rußlands bedingte Interesse an Sibirien und dem Fernen Osten schuf günstige Bedingungen zur Entwicklung der Orientalistik als Wissenschaftszweig. An den staatlich finanzierten Expeditionen zur Erforschung der östlichen Gebiete Rußlands und Mittelasiens nahmen oft Wissenschaftler der Dorpater Universität teil. Auch über die estnischen Intellektuellen im Orient und ihre Reisebeschreibungen wird in dem Buch berichtet, ebenso über die Tätigkeit estnischer Missionare im Nahen und Fernen Osten und in Indien. Weiterhin werden behandelt: Beziehungen der Theologischen Fakultät der Universität Dorpat zum Orient; die Erforschung und Lehre orientalischer Sprachen; orientalistische Forschungen an der Fakultät für Geschichte und Sprachwissenschaft (Leopold Schroeder, Dimitri Kudrjavski); die Tätigkeit der Absolventen der Universität Dorpat im Orient als Vertreter des kaiserlichen Rußland und der Republik Estland; die Teilnahme an Expeditionen des 19. Jahrhunderts nach Sibirien, in den Fernen Osten, nach Transkaukasien und Mittelasien (Carl Friedrich von Ledebour, Alexander Theodor von Middendorff, Alexander von Bunge u. a.). In einem separaten Teil wird über die in der Universitätsbibliothek Tartu befindliche Literatur berichtet. Das Kapitel über die orientalischen Handschriften in der Kaiserlichen Universitätsbibliothek Dorpat verfaßte Mare Rand.

Kersti Taal

Ants Hein: Eesti mõisad. 250 fotot aastaist 1860–1939 = Herrenhäuser in Estland. 250 Ansichten aus den Jahren 1860–1939 = Estonian Manor Houses. 250 photos from 1860–1939. Koostanud = zusammengestellt von = compiled by Ants Hein. Tallinn: Tänapäev 2002. 271, [1] S., Abb., 1 Kt., dt. und engl. Paralleltext. ISBN 9985-6205-93.

Dieses Werk über Herrenhäuser in Estland schließt sich an das 2001 erschienene Buch über estnische Kirchen an (s. „Berichte und Forschungen" 10, 2002, S. 184). Es handelt sich um einen Bildband, der auf der Grundlage alter Fotografien und Postkarten aus den Jahren 1860–1939 zusammengestellt wurde. Von den einst mehr als tausend Herrenhäusern sind 250 in dieser Ausgabe vertreten. Viele der im Buch dargestellten Bauten verfielen in der Zeit nach 1939 und sind heute nicht mehr erhalten. Durch das in der Estnischen Republik 1919 verabschiedete Agrargesetz wurde der Landbesitz der deutschbaltischen Gutsherren aufgehoben; daher war es nicht mehr möglich, die prächtigen Herrenhäuser zu bewirtschaften. Ein Teil wurde als öffentliche Bauten genutzt (als Schulhäuser, Volkshäuser, Krankenhäuser u. ä.); die Nebengebäude standen dagegen meist leer. Zu jedem abgebildeten Herrenhaus findet man kurze Angaben über dessen Entstehung, die einstigen Besitzer und den heutigen Zustand, jeweils auf Estnisch, Deutsch und Englisch. In allen drei Sprachen ist auch das Vorwort abgefaßt. Hilfreich sind ein Personenregister und eine Landkarte, auf der die im Buch behandelten Herrenhäuser verzeichnet sind.

Lea Teedema

[Mall Hiiemäe (Hg.):] Kogumisest uurimiseni. Artikleid Eesti Rahvaluule Arhiivi 75. aastapäevaks [Vom Sammeln bis zur Forschung. Aufsätze zum 75. Jahrestag des Archivs der Estnischen Folklore] (Eesti Rahvaluule Arhiivi Toimetused = Commentationes Archivi Traditionum Popularium Estoniae 20). Koostanud [Zusammengest. von] Mall Hiiemäe, Toimetanud [Redig. von] Mall Hiiemäe, Kanni Labi. Tartu: Eesti Kirjandusmuuseum 2002. 311 S., Abb. ISBN 9985-867-38-6, ISSN 1406-636X.

In diesem Sammelband aus der Reihe „Publikationen des Archivs der Estnischen Folklore" werden folgende Themen behandelt: I. Entstehung des Archivs und seiner Sammlungen: Diana Berg: „Die Entstehungsgeschichte des Archivs der Estnischen Folklore"; Ell Vahtramäe: „Reisebeschreibungen von Oskar Kallas und den Stipendiaten des Vereins der estnischen Studenten"; Kristi Salve: „Die Volksdichtung anderer Völker im Archiv der Estnischen Folklore" (über Sammlungen der Folklore der Liven, Russen, Letten, Deutschen, Schweden, Juden, Zigeuner, Ingrier, Woten, Finnen, Litauer). II. Folklore-Sammelaktionen und Feldforschungen: Ruth Mirov: „Über die Sammelarbeiten in den Küstendörfern von Kuusalu/Kusal und Filmaufnahmen in Kiiu-Aabla im Jahr 1960"; Kadri Tamm: „Statistische Übersicht der Sammelwettbewerbe und Feldforschungsarbeiten der Folkloristen"; Anu Korb: „Über Ergebnisse der Feldforschungsarbeiten und ihr Bedingungsgefüge". III. Forschungen und Folkloristen: Mall Hiiemäe: „Herbert Tampere – Organisator und Erforscher der Volkskalender". IV. Entwicklung elektronischer Datenbanken: Mari-Ann Remmel: „Digitalisierung örtlicher Überlieferungen im Archiv der Estnischen Folklore"; Katre Õim: „Datenbank der estnischen Redewendungen auf halbem Weg"; Piret Voolaid: „Über Traditionen und Improvisationen in estnischen Bilderrätseln. Elektronische Datenbank".

Kersti Taal

[Toomas Hirvoja, Merike Pau (Red.)]: Õigeusu hingekarjased Eestimaal [Orthodoxe Seelsorger in Estland]. Toimetanud [Bearb. von] Toomas Hirvoja, Merike Pau. Tallinn: Püha Issidori Õigeusu Kirjastusselts 2002. 197, [1] S., 11 Abb. ISBN 9985-78-462-6.

Der Sammelband umfaßt Biographien von Geistlichen, die im Leben der orthodoxen Kirchen in Estland eine prominente Rolle gespielt haben, mitsamt Angaben zu ihrer Tätigkeit. Im ersten Teil – „Heilige Fürsprecher der Orthodoxie in Estland" – findet man die Biographien der 1919 im Keller der Dorpater Kreditkasse ermordeten Priester-Märtyrer. Der zweite Teil – „Gute Hirten" – gibt einen Überblick über das Leben und Werk von neun bedeutenden orthodoxen Kirchenmännern in Estland. Der dritte Teil – „Geistliche Gedanken und Lehrworte" – enthält Texte wichtiger Predigten sowie Briefe und Erinnerungen. Im Anhang abgedruckt sind die Erinnerungen des Metropoliten von Tallinn und Estland Kornelius.

Lea Teedema

Voldemar Ilja: Vennastekoguduse (herrnhutluse) ajalugu Liivimaal (Lõuna-Eesti) 1729–1750 [Die Geschichte der Brüdergemeine (des Herrnhutertums) in Livland (Süd-Estland) 1729–1750]. [Bd.] III. Tallinn: Logos 2002. 288 S., dt. und finn. Zusammenfassungen. ISBN 9949-402-15-8.

Nach den beiden Bänden zur Geschichte der Herrnhuter Brüdergemeine in Nord-Estland von 1730 bis 1764 (s. „Berichte und Forschungen" 7, 1999, S. 257, „Berichte und Forschungen" 9, 2001, S. 218 f.), wird nun, im dritten Teil der Reihe, die Tätigkeit der Brüdergemeine in Süd-Estland, hauptsächlich im Kirchspiel Anzen/Urvaste, behandelt. Im Mittelpunkt steht das Wirken des Pastors Johann Christian Quandt (1704–1750). Dieser traf bereits 1732 in Anzen ein; die eigentliche Erweckungsbewegung begann jedoch erst um 1736 und breitete sich danach auch auf andere Gebiete Süd-Estlands aus. Als ein für das Herrnhutertum aktiver Pastor war auch Albrecht Sutor (1691–1758) aus Camby/Kambja bekannt. Gegenstand der Monographie sind ferner die Tätigkeit der Untersuchungskommission in Anzen während des Jahres 1743 sowie die Vernehmungsprotokolle und der Bericht an den Generalgouverneur von Riga, in dem festgestellt wird, daß die Sekte auf dem Lande weit verbreitet war. Das Buch enthält überdies ein Verzeichnis der Personen, die im Kirchspiel Anzen amtierten und zur Strafe aus der Gemeinde ausgeschlossen wurden, die Predigt des Pastors Quandt am ersten Weihnachtsfeiertag des Jahres 1733 sowie die Autobiographie der Ehefrau des Pastors, Catherina Elisabeth Quandt. Das Buch ist mit einem Personen- und Ortsregister versehen.

Kersti Taal

[Illarion Ivanov (Hg.):] Iz istorii i kul'tury staroverija [Aus der Geschichte und Kultur der Altgläubigen]. Sost. [Zusammengest. von] Illarion Ivanov (Russkie v Latvii [Die Russen in Lettland] 3). Rīga: Vedi. 407 S. ISBN 9984-9044-1-5.

Die Schriftensammlung „Russkie v Latvii" wurde von der Stiftung für humanitäre Forschungen und Bildung „Vedi" vorbereitet und veröffentlicht. Der vorliegende dritte Band ist den Altgläubigen in Lettland gewidmet. Diese sind seit der Spaltung der Orthodoxen in Rußland, nahezu 350 Jahre, in Lettland beheimatet und stellen ein merkwürdiges ethnographisches, historisches und kulturelles Phänomen dar. Sie wurden bis zum Ende des 19. Jahrhunderts auf dem Territorium Lettlands als integrierter Teil der russischen Bevölkerungsgruppe aufgefaßt. Vorwiegend anhand von historischen Originalquellen erörtern die Verfasser der einzelnen Beiträge unterschiedliche Themen. So verfolgt Antonina Zavarina die Geschichte der Immigration und Ansiedlung der Russen auf dem lettischen Territorium. Dagmara Beitnere erörtert die Probleme der Altgläubigen aus historischer Sicht. Nikolajs Ivanovs forscht nach der Herkunft der namhaftesten Familien der Altgläubigen in Riga und Lettgallen/Latgale. Im Anhang findet man Angaben über die Anzahl der Orthodoxen und Altgläubigen von 1894 bis 1935 sowie Verzeichnisse ihrer Gemeinden und Institutionen in Lettland.

Helēna Šimkuva

Tiiu Jaago (Ed.), in collaboration with Mare Kõiva and Kairika Kärsna: Lives, Histories and Identities. Studies on Oral Histories, Life- and Family Stories (Contemporary Folklore 3). Vol. I–III. Tartu: University of Tartu, Estonian Literary Museum 2002. 426 S., Abb. ISBN 9985-867-34-3, ISSN 1406-3778.

Die drei Bände enthalten die Referate des am 12. und 13. Mai 2000 veranstalteten internationalen Seminars „Oral History as the Reflector of Social Change and Emerging Cultural Differences and Values“. Band I (Vorträge zum Thema „Nationality. Homeland. Self-identification“): Alar Schönberg: „On Estonian Swedes and assimilation campaign of the Republic of Estonia“, „Some considerations of the identity of Estonian Swedes“; Māra Zirnīte: „Livonian life stories: Source of identity“; Liina Rootalu: „The national identity of Estonians and the Estonian Society in St. Petersburg“; Merle Karusoo: „On the feasibility of integration“; Katalin Henriksson: „Peripherial Hungarians in diaspora. Sweden. A sociolinguistic, multilingual and multiethnic study“; Astrid Tuisk: „The place folklore of Siberian Estonians today. Reflections of adaptation“; Kirsti Salmi-Niklander: „Crooks and heroes, priests and preachers. Religion and socialism in the oral-literary tradition of a Finnish-Canadian mining community“. Band II (Vorträge zum Thema „Individual. Society. Life story“): Dace K. Bormane: „Home in the topography of life: life stories of a house“; Ene Kõresaar: „The farm as the symbol of the state. Metaphorical depiction of the nation and the state in the childhood memories of older Estonians“; Kaari Siemer: „Who is red on the outside and white inside“; Baiba Bela-Krumina: „Usually silenced: Changing world in the apolitical life story“; Eda-Kai Simmermann: „Choices and opportunities. Laine Villenthal – the first woman pastor in Estonia“. Band III (Vorträge zum Thema „People around us. Ancestors. ‚Me‘“): Tuija Saarinen: „Man, woman and longings in Finnish village tradition“; Kalle Voolaid: „The phenomenon of an athlete. Georg Lurich from a historical figure to the hero of folk tales“; Tatiana Minniakhmetova: „Tradition connected to the childbirth among the Udmurts beyond the River Kama“; Tiia Ristolainen: „Departing from this life. Changes in death culture in Estonia at the end of the 20th century“; Triin Viitamees: „On cemetery culture, with examples from Estonia and Finland“; Pihla Vuorinen: „Doing research among family and friends. Problems and advantages“; Pauliina Latvala: „Voices of family history: problems of the textualisation strategy“; Irina Razumova: „On the edge of being relatives: family narratives about the separation and uniting of relatives“; Tiiu Jaago: „Popular history in the view of Estonian folklorists“; Tiiu Jaago: „Family narrative as reverberator of history“.

Lea Teedema

[Martin Jaigma, Enn Küng, Leino Pahtma, Helina Tamman (Red.)]: Artiklite kogumik [Aufsatzsammelband] (Eesti Ajalooarhiivi toimetised = Acta et commentationes Archivi Historici Estoniae 9 [16]). Toimetanud [Bearb. von] Martin Jaigma, Enn Küng, Leino Pahtma, Helina Tamman. Tartu: Eesti Ajalooarhiiv 2002. 221, [1] S., Abb., dt. Zusammenfassungen. ISBN 9985-858-32-8, ISSN 1406-0760.

Der Sammelband aus der Reihe der Verhandlungen des Estnischen Historischen Archivs umfaßt Aufsätze zu verschiedenen Themen der estnischen Geschichte: Vello Naaber: „Über die Reevakuierung der estnischen Archivmaterialien aus Sowjetrußland in den 1920er Jahren"; Kalev Koppel: „Worüber Katasterkarten berichten können: Modell zur Präsentation von Katasterplänen des 17.–19. Jahrhunderts"; Kersti Lust: „Die Umwandlung der bäuerlichen Dienste in Geldabgaben auf den Domänengütern"; Jaak Valge: „Die estnische Wirtschaft in den Jahren des Freiheitskriegs"; Luule Rand: „Die Ostpolitik Deutschlands und die Republik Estland in den Jahren 1918–1926"; Ago Pajur: „Das 3. Estnische Regiment"; Tõnu Tannberg: „Die Rolle des Baltikums in der militärischen Planung der Sowjetunion in den Jahren 1920–1930. Von der Idee der Weltrevolution bis zu konkreten Kriegsplänen"; Mari Nõmmela: „Über den Briefwechsel zwischen Armin Tuulse und Voldemar Vaga".

Lea Teedema

Aivar Jürgenson: Siberi eestlaste territoriaalsus ja identiteet [Die Territorialität und Identität der Sibirienesten] (Tallinna Pedagoogikaülikool. Humanitaarteaduste dissertatsioonid = Tallinn Pedagogical University. Dissertations on Humanities 7). Tallinn: Tallinna Pedagoogikaülikooli kirjastus 2002. 297 S., Abb. ISSN 1406-4391, ISBN 9985-58-239-X.

Die estnischen Siedlungen in Sibirien sind im 19. und am Anfang des 20. Jahrhunderts infolge von freiwilliger Auswanderung und Deportation entstanden. Mitte des 19. Jahrhunderts begann in Estland die Auswanderungsbewegung. Der Hauptgrund war das Fehlen von Land. Eines der bevorzugten Auswanderungsziele stellte Sibirien dar. Es bildete sich die Gruppe der Sibirienesten heraus, die im Vergleich zu den Esten, die in andere Gebiete Rußlands ausgewandert waren, das Estnische am meisten bewahrt hat. Dies ist zu einem großen Teil dadurch bedingt, daß das Leben in einer geschlossenen Gemeinschaft unter anderssprachigen Nachbarn es ermöglichte, das kulturelle Erbe zu erhalten. Auf der anderen Seite gab es nur wenige Möglichkeiten zu Kontakten mit dem Mutterland. Im Ergebnis entstand die eigenartige Identität der Sibirienesten, deren Herausbildung im Laufe von mehr als hundert Jahren Gegenstand der vorliegenden Arbeit ist. Der Schwerpunkt liegt dabei auf territorialen Aspekten der Identität. Einleitenden theoretischen Ausführungen folgt ein Überblick über die Auswanderungsbewegung in Estland im 19. und beginnenden 20. Jahrhundert, wobei der Frage nachgegangen wird, wie man in Estland von den Auswanderungsgebieten erfuhr und welche Vorstellung man von ihnen hatte. Nachgezeichnet wird das damalige Sibirien-Bild der Esten. Anschließend werden die Entstehung und Entwicklung der estnischen Siedlungen in Sibirien in den folgenden Jahrzehnten betrachtet.

Lea Teedema

[Heino Kään, Heino Mardiste, Riia Nelis, Olavi Pesti (Red.)]: Saaremaa. Loodus, aeg, inimene [Ösel. Natur, Zeit, Mensch]. [Bd.] 1. Toimetajad [Bearb. von] Heino

Kään, Heino Mardiste, Riia Nelis, Olavi Pesti. Tallinn: Eesti Entsüklopeediakirjastus 2002. 623 S., Abb., Kt., Noten. ISBN 9985-7011-27.

Ösel/Saaremaa ist einer der am besten beschriebenen Landkreise in Estland. Vor Ort wurde mit der Erforschung seiner Geschichte und Kultur bereits im 18. Jahrhundert begonnen. 1934 erschien als sechstes Buch in einer Reihe von Sammelwerken über Landkreise ein umfassender Band über Saaremaa. Das vorliegende, auf zwei Bände angelegte Sammelwerk stellt einen Folgeband der 1934 erschienenen Ausgabe dar. Der erste Teil gibt einen vielseitigen Überblick über die geologischen Grundlagen, über Klima, Hydrographie, Flora und Fauna, Naturschutz, Kultur und Bildung, Bevölkerung und Besiedlung sowie Sprache, Folklore, Sachkultur und Anthropologie der Inselbewohner. Ein Orts- und Personenregister ist vorhanden.

Lea Teedema

Anu Kannike: Kodukujundus kui kultuuriloomine. Etnoloogiline Tartu-uurimus [Die Wohnkultur – Teil des kulturellen Schaffens. Ethnologische Untersuchung von Dorpat/Tartu] (Eesti Rahva Muuseumi sari [Reihe des Estnischen Nationalmuseums] 4). Tartu 2002. 249 S., Abb., engl. Zusammenfassung. ISBN 9985-78-641-6, ISSN 1406-4022.

In der Monographie wird die Wohnkultur als Ausdrucksmittel der gegenwärtigen Volkskultur betrachtet. Die Untersuchung basiert auf 177 Interviews (aus den Jahren 1995–1999) mit Einwohnern von Dorpat/Tartu. Die Verfasserin, die im Gegensatz zur traditionellen Ethnologie interdisziplinäre Methoden angewandt hat, sucht Antworten auf folgende Fragen: Inwiefern unterscheidet sich die Wohnraumgestaltung von professioneller Raumgestaltung? Wie äußert sich die Beziehung zwischen Mode und Tradition? Welche traditionellen Auffassungen sind einheitlich im nationalen Rahmen und welche unterscheiden sich nach Gesellschaftsgruppen? Eine gründliche Analyse gilt dem landschaftlichen Umfeld und dem Lebensmilieu der Stadtbewohner sowie der Wohnung junger Intellektueller in Dorpat/Tartu in den 1990er Jahren. Die Autorin kommt zu dem Schluß, daß die in der estnischen Kultur herrschenden traditionellen Kategorien wie Naturliebe, Individualität und Drang zur Privatheit auch heute das Bewußtsein der Esten prägen. Ungeachtet der immer enger gewordenen Beziehungen zwischen der lokalen und der globalen Kultur ist die Einstellung der Esten in bezug auf Heim und Familie relativ konstant geblieben.

Kersti Taal

Jüri Kermik: A. M. Luther 1877–1940. Materjalist võrsunud vormiuuendus [A. M. Luther 1877–1940. Material und Formerneuerung]. Tallinn: Sild 2002. 351 S., Abb. ISBN 9985-9398-8-3.

Die in jahrelanger Forschungsarbeit entstandene Monographie gibt ein an Einzelheiten reiches Bild von der Tätigkeit der Aktiengesellschaft der Estnischen Mechanischen Holzindustrie A. M. Luther, eines der seinerzeit ersten Unternehmen der Furnier- und Möbelindustrie. Der Verfasser gibt einen Überblick sowohl über die Entwicklung der Firma Luther als auch der internationalen Furnierindustrie. Gleichzeitig widerlegt er den Mythos, daß das Furnier in Estland erfunden wurde. Der Schwerpunkt des Buches liegt auf den mit der Furnierherstellung und dem Design der Furniermöbel verbundenen technologischen Neuerungen, zu denen die Firma Luther einen wesentlichen Beitrag leistete. Die Tätigkeit der Fabrik (1877–1940) fiel in die Periode der größten technologischen Entdeckungen und Erneuerungen in der Furnier- und Möbelindustrie. Die Steigerung des Produktionsvolumens brachte eine Erweiterung des Unternehmens mit sich, darunter nach England, Rußland, Finnland und Lettland. Der Autor gibt auch eine Übersicht über die breite Möbelproduktion der Fabrik. Nach der sowjetischen Okkupation 1940 und der Nationalisierung begann der Untergang der Fabrik. Die Familie Luther wurde im Laufe des Zweiten Weltkriegs über ganz Europa zerstreut.

Lea Teedema

Lembit Kiik: Eesti vabrikantide ühisus 1917–1940 [Verein Estnischer Fabrikanten 1917–1940]. Tallinn: Eesti Tööandjate [ja Tööstuse] Keskliit 2002. 96 S., Abb., engl. Zusammenfassung. ISBN 9985-7850-45.

Es handelt sich um die erste ernstzunehmende Arbeit über die Geschichte der estnischen Arbeitgeberorganisationen. Der Verein estnischer Fabrikanten (VEF) war einer der ersten Arbeitgeberverbände in der ersten Periode der estnischen Selbständigkeit (1918–1940). In den Anfangsjahren der Estnischen Republik 1918–1926 war er die einzige aktiv tätige, von der Regierung anerkannte Organisation in Estland, die die Interessen der Großindustrie vertrat. Seine Vertreter beteiligten sich an den bei den Regierungsbehörden gebildeten ständigen und provisorischen Kommissionen, bis die Handels- und Industriekammer 1926 ihre Arbeit aufnahm und viele Aufgaben, mit denen sich der VEF bis dahin beschäftigt hatte, auf diese Organisation übergingen. Der Autor teilt die Zeit der Tätigkeit des Vereins in fünf Phasen ein: Auf die Gründungsperiode 1917–1924 folgten 1925–1929 relativ stabile Jahre sowohl in der Entwicklung des VEF als auch der Estnischen Republik. 1930–1933 waren Jahre der wirtschaftlichen Krise, als sich der VEF vorwiegend mit der Steuerpolitik und mit der Vorbereitung verschiedener Gesetze und Verordnungen im wirtschaftlichen Bereich beschäftigte. Für den Zeitraum von 1934 bis 1937 ist der zunehmende staatliche Dirigismus in der Wirtschaft charakteristisch. Von 1938 bis 1940, in den Jahren der sog. Führungsdemokratie, verließen viele deutsche Mitglieder im Zuge der sog. Umsiedlung Estland; der begonnene Krieg bedingte eine Reihe von Umgestaltungen in der Wirtschaft. 1940 gründete man einen Zentralverband der Industriellen. Der Autor gibt einen Überblick über die interne Struktur des VEF, seine Tätigkeit im Bereich der Wirtschafts- und Sozialpolitik und in der Lohnpolitik, seine Beziehungen zur Regierung, zu den politischen Parteien und zu anderen Arbeitgeber- und Industriellenverbänden in allen genannten Perioden. Ausführlich betrachtet werden die internationalen Kontakte des Vereins: Der VEF vertrat estnische Arbeitgeber auf Konferenzen der Internationalen Arbeitsorganisation und war Mitglied der Internationalen Arbeitgeberorganisation und der Internationalen Handelskammer. 1940 beendeten die sowjetischen Okkupationsmächte die Tätigkeit des VEF.

Lea Teedema

Valve-Liivi Kingisepp, Külli Habicht, Külli Prillop: Joachim Rossihniuse kirikumanuaalide leksika [Lexik der Kirchenmanuale von Joachim Rossihnius] (Tartu Ülikooli eesti keele õppetooli toimetised [Verhandlungen des Lehrstuhls für Estnische Sprache der Universität Dorpat/Tartu] 22). Tartu: Tartu Ülikooli Kirjastus 2002. 533, [9] S., Abb. ISSN 1406-0183, ISBN 9985-4-0299-5.

Die Ausgabe setzt die lexikalische Analyse der ältesten estnischen Texte fort (vgl. das Wörterbuch der Predigten Georg Müllers, „Berichte und Forschungen" 9, 2001, S. 217). Seit der Anfangszeit des estnischen Schrifttums sind estnische Texte auf der Grundlage von zwei Hauptmundarten verfaßt, wodurch in Estland zwei Formen der Schriftsprache entstanden: die auf dem nordestnischen Dialekt beruhende Tallinner Sprache und die auf dem südestnischen Dialekt beruhende Tartuer Sprache. Seine raschere Entwicklung im 17. Jahrhundert verdankt das estnische Schrifttum einigen sprachlich begabten deutschen Pastoren, die das Wort Gottes ins Estnische übersetzten, estnische Grammatiken und Vokabulare zusammenstellten: Schöpfer der auf dem nordestnischen Dialekt beruhenden Schriftsprache war Heinrich Stahl; Joachim Rossihnius schuf Texte in einer auf dem südestnischen Dialekt beruhenden Sprache. Rossihnius, um 1600 in Pommern geboren, studierte an der Universität Frankfurt/Oder. Ab 1622 war er Pfarrer in verschiedenen Gemeinden Estlands. Dabei erlernte er die estnische Sprache und stellte für südestnische Pfarrer zwei Kirchenhandbücher zusammen. In dem hier anzuzeigenden Werk findet man neben einem Forschungsbericht unter anderem einen Überblick über lexikalische Eigenarten der Texte von Rossihnius sowie eine statistische Zusammenfassung der Worthäufigkeiten im Vergleich zu anderen alten Quellen und zur heutigen estnischen Sprache. Die Lexik der Kirchenhandbücher wird in Form eines Vokabulars dargestellt, das alle in Rossihnius' Drucktext und dem angeschlossenen handschriftlichen Teil verwendeten Wörter mit Vorkommensdaten und Stringformen enthält. Ein Register enthält alle Strings der Kirchenhandbücher.

Lea Teedema

Kaalu Kirme: Eesti rahvapärased ehted. 13. sajand – 20. sajandi algus [Estnischer Schmuck vom 13. Jh. bis zum Anfang des 20. Jh.s]. Tallinn: Eesti Entsüklopeediakirjastus 2002. 229 S., 271 Abb., engl. Zusammenfassung. ISBN 9985-70-119-4.

Die Geschichte des Schmuckes ist relativ wenig erforscht. Die älteste Periode ist hauptsächlich von Archäologen beschrieben worden; die spätere Zeit wurde im Zusammenhang mit der Schilderung der Volkstrachten behandelt. Estland ist im Vergleich zu anderen Ländern reich an Beispielen von Schmuck. Dieser vermittelte meistens eine magische Botschaft; zugleich spiegelte er die soziale Stellung des Trägers wider. Die große Zeit des volkstümlichen Schmucks war das 18. und 19. Jahrhundert, aber bereits gegen Ende des 19. Jahrhunderts begann der rasche Niedergang der Schmuckkunst. Der Verfasser beschreibt den Schmuck verschiedener Hersteller sowie den Stil der einzelnen Perioden der Schmuckkunst (gotischer, Renaissance-, Barockschmuck usw.). Ein Hauptteil der Untersuchung ist der Blütezeit in der zweiten Hälfte des 18. und am Anfang des 19. Jahrhunderts gewidmet, ein anderer der reichhaltigen Schmucktradition der Einwohner des Setulandes, einer ethnischen Gruppe im Südosten Estlands, deren Schmuck russische Einflüsse aufweist. Ihre Volkstracht mit reichem Silberschmuck wird zu festlichen Anlässen noch heute getragen. Ausführlich behandelt werden Brustblätter, Armbänder, Fibeln, Gürtel und Schnallen. Am Ende des Buches befindet sich ein Verzeichnis der Abbildungen in englischer Sprache.

Kersti Taal

Wolf Peter Klein (Hg.): Germanistik in Tallinn: Texte, Thesen und Projekte zur deutschen Sprache und Literatur/Pädagogische Universität Tallinn. Tallinn: Tallinna Pedagoogikaülikooli Kirjastus 2000. 143 S. ISBN 9985-58-138-5.

Der vom Lehrstuhl für Deutsche Philologie der Pädagogischen Universität Reval/Tallinn herausgebrachte Sammelband vereinigt folgende Aufsätze: Nina Golikova: „Benennungshandeln in der Sprache der Politik am Beispiel der estnischen politischen Parteien"; Merle Jung: „Kreatives Schreiben im Bereich Deutsch als Fremdsprache"; Wolf Peter Klein: „Prolegomena zu einer Theorie des sprachlichen Zweifelsfalls. Mit einem fremdsprachendidaktischen Ausblick"; Helju Ridali: „Zur Problematik der phraseologischen Wendungen in der deutschen Gegenwartssprache"; Ave Tarrend: „Literarische Visionen von Europa"; Mari Tarvas: „Zur Rezeption der österreichischen Literatur in Estland"; Eve Teder: „Recht und Sprache. Aspekte ihres problematischen Verhältnisses".

Lea Teedema

[Lea Kõiv, Mare Luuk, Tiiu Reimo (Hg.):] Bibliotheca Revaliensis ad D. Olai = Tallinna Oleviste Raamatukogu = Revaler Bibliothek zu St. Olai. Näitus ja kataloog = Ausstellung und Katalog Lea Kõiv, Mare Luuk, Tiiu Reimo. Tallinn: Eesti Akadeemiline Raamatukogu 2002. 192 S., Abb., dt. Paralleltext. ISBN 9985-78-495-2.

2002 waren 450 Jahre vergangen seit der Gründung der ältesten öffentlichen Bibliothek in Reval/Tallinn, der Bibliothek der Olaikirche, die ihre selbständige Tätigkeit 1831 beendete. Heute werden die Drucke dieser wertvollen Sammlung in der Baltica- und Rara-Abteilung der Estnischen Akademischen Bibliothek aufbewahrt. Die Beiträge des ersten Teils des Sammelbandes sind der Vergangenheit der 1552 gegründeten Bibliothek gewidmet: Vier Aufsätze stammen aus der Feder der verdienten Historikerin Kyra Robert (1916–1997), die sich mit diesem Thema über Jahrzehnte befaßt hat. Ihre Abhandlung „Über die Geschichte der Olaibibliothek in Tallinn/Reval", erstmals 1979 erschienen, ist bis heute die ausführlichste einschlägige Darstellung. In drei Aufsätzen beschreibt sie die Büchernachlässe der drei bedeutendsten Bücherspender Reinhold Grist, Paul Fleming und Nicolaus Specht. Der Einbandforscher und -künstler Endel Valk-Falk behandelt ein bisher wenig bekanntes Thema: die von der Nikolaikirche 1660 aus der Olai-Sammlung übernommenen Bücher. Ein Aufsatz von Mare Luuk, Tiiu Reimo und E. Valk-Falk widmet sich den Besitzervermerken in Büchern des 16. und 17. Jahrhunderts. Den zweiten Teil des Sammelbandes macht der Katalog einer Ausstellung aus, die vom 3. April bis 31. Mai 2002 im Kellersaal des Tallinner Rathauses gezeigt wurde. Ihren Kern bildeten die ältesten Bücher der einstigen Olaibibliothek, die Bücher des 16.–18. Jahrhunderts. Der Sammelband enthält ein Personenregister.

Lea Teedema

[Lea Kõiv, Merle Sutt, Katrin Vesterblom (Hg.):] Tallinna Linnaarhiivi kogude loend = Beständeverzeichnis des Stadtarchivs Tallinn = Perečen' fondov Tallinnskogo gorodskogo archiva. Koostanud = Herausgegeben von = Sostaviteli Lea Kõiv, Merle Sutt, Katrin Vesterblom. Tallinn 2002. 252 S. ISBN 9985-57-400-1.

1883 ist das Gründungsjahr des Stadtarchivs von Reval/Tallinn. Es wurde anstelle des aufgelösten Revaler Ratsarchivs eingerichtet. Infolge politischer Veränderungen war es unter verschiedenen Bezeichnungen tätig; seinen jetzigen Namen „Tallinner Stadtarchiv" trägt es seit 1989. Über das Archiv lag bisher ein von G. Hansen verfaßter Katalog aus dem Jahre 1896 vor; eine überarbeitete Ausgabe mit Ergänzungen von Otto Greiffenhagen erschien

1924–1926. In den Jahren 1939–1940 wurden die Bestände durch Dokumente deutscher Institutionen, die den in das Deutsche Reich umgesiedelten Deutschbalten gehörten, ergänzt. Im Sommer 1944 wurde der größte Teil der alten Bestände auf Befehl der deutschen Besatzungsmächte nach Deutschland verbracht. Diese Archivalien wurden auf Grund einer Vereinbarung zwischen der Sowjetunion und der Bundesrepublik Deutschland im Oktober 1990 zurückerstattet. Anfang 2002 besaß das Tallinner Stadtarchiv 1.214 Archivbestände mit 414.889 Verzeichnungseinheiten. Das Nachschlagewerk gibt es auch als elektronische Datenbank.

Kersti Taal

[Igor' Korobov, Ljudmila Raudtits (Hg.):] Ėstonskij biografičeskij slovar' [Estnisches biographisches Lexikon]. Sostaviteli [Zusammengest. von]: Igor' Korobov (ruk. proekta [Projektleiter]), Ljudmila Raudtits. Tallinn: „KRK" 2002. 423 S. ISBN 9985-840-12-7.

Dieses Werk, dem der 14. Band der „Estnischen Enzyklopädie" mit dem Titel „Estnische Biographien" als Grundlage diente, ist das erste in russischer Sprache. Es enthält 3.070 Biographien vom 13. Jahrhundert (Heinrich der Lette) bis zur Gegenwart. Es umfaßt Angaben über Persönlichkeiten – auch anderer, in Estland tätig gewesener Nationen – aus verschiedenen Lebensbereichen. In Klammern sind die Namen der Personen in lateinischer Schrift angeführt. Der größte Teil der Titel der erwähnten Werke ist ins Russische übersetzt.

Kersti Taal

Juhan Kreem: The Town and its Lord. Reval and the Teutonic Order (in the fifteenth century) (Tallinna Linnaarhiivi Toimetised [Verhandlungen des Tallinner Stadtarchivs] 6). Tallinn 2002. 213 S., Kt., estn. Zusammenfassung. ISBN 9985-57-411-7.

Die Beziehungen zwischen Reval/Tallinn und seinem Landesherrn, dem Deutschen Orden, wurden bisher verhältnismäßig wenig erforscht. Die vorliegende Untersuchung widmet sich der Frage, ob in denjenigen Fällen, wo es zwischen Stadt und Landesherrn nur geringe Differenzen gab, auch Zusammenarbeit stattfand und wie diese Zusammenarbeit beschaffen war. Der Deutsche Orden herrschte in Reval von 1346 bis 1561. Aus dieser Periode wird das 15. Jahrhundert gründlicher behandelt, denn aus früherer Zeit gibt es zuwenig Quellenmaterial, und Ende des 15. Jahrhunderts fanden Veränderungen in den bis dahin stabilen Beziehungen statt. Die Untersuchung ist in vier thematische Kapitel gegliedert. Zunächst werden die rechtlichen Grundlagen der Beziehungen zwischen Reval und dem Orden sowie das aus der Zeit der dänischen Herrschaft stammende Verwaltungssystem erläutert. Das Stadtrecht und die Verpflichtungen dem Landesherrn gegenüber werden im zweiten Kapitel in den Blick genommen. Gegenstand des dritten Kapitels sind die wirtschaftlichen Beziehungen zwischen der Stadt und dem Orden. Die Stadt besaß das Widerstandsrecht gegen wirtschaftliche Beschlüsse des Ordens, die für sie ungünstig waren. Im letzten Kapitel geht es um Konflikte zwischen dem Orden und Reval. Im Vergleich zu Riga hatte Reval bedeutend weniger Meinungsverschiedenheiten mit dem Orden.

Kersti Taal

[Enn Küng (Hg.):] Läänemere provintside arenguperspektiivid Rootsi suurriigis 16./17. sajandil [Entwicklungsprobleme der Ostseeprovinzen im schwedischen Großreich im 16./17. Jh.] (Eesti Ajalooarhiivi toimetised = Acta et commentationes Archivi Historici Estoniae 8 [15]). Koostanud [Zusammengest. von] Enn Küng. Toimetanud [Redig. von] Leino Pahtma, Helina Tamman. Tartu: Eesti Ajalooarhiiv 2002. 238 S., Abb., dt. Zusammenfassungen. ISBN 9985-858-28-X, ISSN 1406-0760.

Der Sammelband aus der Reihe der Verhandlungen des Estnischen Historischen Archivs umfaßt Vorträge der im Jahr 2000 in Dorpat/Tartu veranstalteten wissenschaftlichen Konferenz „Ostseeprovinzen versus Schwedisches Großreich im 16./17. Jahrhundert". Er enthält folgende Aufsätze: Aleksander Loit: „Die staatsrechtliche Stellung der Ostseeprovinzen im schwedischen Großreich 1561–1710 (1721)"; Arvo Tering: „Aspekte der Zusammensetzung der est- und livländischen Bildungsschicht im 17. Jahrhundert"; Aivar Põldvee: „Bauernschulen in Est- und Livland im letzten Viertel des 17. Jahrhunderts"; Ivar Leimus: „Die Münzpolitik in den schwedischen Besitzungen während der Regierungszeit des Hauses Wasa/Pfalz"; Ülle Tarkiainen: „Entwicklingslinien der Landwirtschaft am Ende des 16. und im 17. Jahrhundert"; Birgit Kibal: „Der schwedische Verwaltungsapparat in Livland in der zweiten Hälfte des 17. Jahrhunderts"; Marten Seppel: „Die Schaffung von Ordnungsgerichten in Livland"; Enn Küng: „Die Einrichtung von Kurierpost und Personentransport in Est- und Livland in der ersten Hälfte des 17. Jahrhunderts".

Lea Teedema

Karl Laane: Tallinna kalmistud [Friedhöfe in Reval/Tallinn]. Tallinn: Maalehe Raamat 2002. 408 S., Abb. ISBN 9985-64-168-X.

Der Pädagoge, Heimatforscher und Denkmalschützer Karl Laane (1907–1986) beschäftigte sich jahrzehntelang mit der Inventarisierung und Erforschung der Friedhöfe von Reval/Tallinn. Er ermittelte die dort vorhandenen Kulturdenkmäler und legte für jedes eine mit einem Foto versehene Akte an. Im Zuge seiner Arbeit entdeckte er zahlreiche vergessene Gräber von Persönlichkeiten der estnischen Gesellschaft und Kultur. Das als Ergebnis seiner Forschungen entstandene Manuskript über die Friedhöfe der estnischen Hauptstadt blieb mehr als 20 Jahre ungedruckt. Obwohl es dem Autor aus ideologischen Gründen nicht möglich war, alle ihm bekannten Fakten niederzuschreiben, handelt es sich um ein äußerst gründliches und dabei übersichtliches Nachschlagewerk. Es bietet eine umfassende Übersicht über die auf den einzelnen Friedhöfen beigesetzten estnischen Kulturschaffenden mitsamt knappen biographischen Angaben. Neben den heute benutzten Friedhöfen sind auch frühere Friedhöfe und Begräbnisstätten erfaßt, von denen mehrere in der sowjetischen Periode zerstört wurden. Das Buch enthält ein Namenregister und ein Register der Memorialien, Grabdenkmäler und Grabgestaltungen.

Lea Teedema

Jānis Labsvīrs: Klausīsimies vēstures soļos. Atmiņas un pārdomas [Hören wir auf die Schritte der Vergangenheit. Erinnerungen und Überlegungen]. [Bd.] 3. Rīga: Latvijas universitātes žurnāla „Latvijas vēsture" fonds [Verlag der Stiftung der Zeitschrift „Latvijas Vēsture" an der Universität Lettlands] 2002. 143 S., Abb. ISBN 9984-643-37-9.

Der Band enthält einen Teil der Aufsätze des Volkswirts und Historikers Prof. Jānis Labsvīrs, der in den USA ansässig war. Die hier veröffentlichten Artikel lassen sich zwei Gruppen zuweisen: Ein Teil ist Problemen der aktuellen Politik gewidmet; die Aufsätze enthalten z. B. Überlegungen zur Satversme (Verfassung) Lettlands sowie zur lettisch-amerikanischen Charta. Die zweite Gruppe der Artikel geht auf Fragen der Geschichte ein und liefert eine Analyse und Einschätzung der Tätigkeit einzelner Personen wie Kārlis Ulmanis, Vilhelms Munters und anderer. In den Jahren 1938–1940 war J. Labsvīrs Direktor des Kulturdepartements am Ministerium für Öffentlichkeitsarbeit. Aufgrund dessen schildert er in seinen Erinnerungen die Atmosphäre, die in den Regierungskreisen Lettlands am Ende der 30er Jahre herrschte. Der Band hat ein Personenregister.

Helēna Šimkuva

[Valter Lang (Red.):] Keskus – tagamaa – ääreala. Uurimusi asustushierarhia ja võimukeskuste kujunemisest Eestis = Centre – Hinterland – Margin. Studies in the Formation of Settlement Hierarchy and Power Centres in Estonia. Koostanud ja toimetanud [Zusammengest. u. bearb. von] Valter Lang (Muinasaja teadus = Research into Ancient Times 11). Tallinn, Tartu 2002. 432 S., Abb., engl. Zusammenfassungen. ISSN 1406-3867, ISBN 9985-50-349-X.

Dieser Sammelband präsentiert in den letzten Jahren durchgeführte Forschungen über die Problematik von Zentrum und Peripherie in Estland. Gleichzeitig wird die Frage nach dem Stand der Entwicklung der estnischen Gesellschaft zu Beginn des 13. Jahrhunderts gestellt. Das Buch beginnt mit einer Einführung von Valter Lang in estnischer und englischer Sprache: „Entwicklung der Verwaltungsregionen in Estland". Die Titel der vier Teile des Buches und der ihnen zugeordneten Aufsätze lauten: Teil I: „Besiedlungszentren und Kulturen": Aivar Kriiska: „Die Besiedlung der Inseln West-Estlands und die Entwicklung der Bewohnerschaft"; Mare Aun: „Die aus Hügelgräbern stammende Keramik in den Bestattungsbräuchen der Bewohner der westlichen Peripherie Estlands in der zweiten Hälfte des ersten Jahrtausends"; Gyrli Vedru: „Landschaft, Zeit und Menschen". Teil II: „Machtzentren und Machtstrukturen": Valter Lang: „Wacke und Burgbezirk in Estland. Ergänzungen zur Forschung vorzeitlicher Verwaltungsstrukturen am Beispiel von Harrien (Harjumaa)"; Marika Mägi: „Regionen und Zentren. Besiedlung der Insel Saaremaa/Ösel aufgrund archäologischer, humangeographischer und historischer Quellen"; Ain Lavi: „Über die Burghügel im östlichen Teil Mittel-Estlands". Teil III: „Materielle Kultur": Andres Tvauri: „Unterschiede des archäologischen Knochenmaterials aus Burgen und Dörfern Süd-Estlands aus der jüngeren Eiszeit"; Heidi Luik: „Knochengegenstände aus dem mittelalterlichen Dorf und der Burg von Lihula/Leal". Teil IV: „Die mittelalterliche Stadt": Anton Pärn: „Die Entstehung der Städte Estlands – einige historiographische Aspekte"; Tiina Kala: „Die Entstehungsgeschichte von Tallinn/Reval in schriftlichen Quellen"; Villu Kadakas, Jaak Mäll: „Aufzeichnungen aus der älteren Topographie von Tallinn/Reval".

Kersti Taal

Latvijas Kara muzeja gadagrāmata [Jahrbuch des Kriegsmuseums Lettlands] III. Sastādītājs [Zusammengest. von] Juris Ciganovs. Rīga: Latvijas kara muzejs [Kriegsmuseum Lettlands] 2002. 200 S., Abb., engl. Zusammenfassung. ISBN 9984-9657-0-8.

Der dritte Band dieses Jahrbuchs umfaßt 18 Aufsätze zur Militärgeschichte Lettlands und Estlands vom 13. bis zum 20. Jahrhundert. Andris Zeļenkovs schreibt über den Kampf bei Durbe im Jahr 1260; Dagnis Dedumietis charakterisiert die Anwendung der Arbaletten auf dem Territorium Lettlands im 13.–14. Jahrhundert; Paulis Gavars befaßt sich mit den Beziehungen zwischen der Zivilbevölkerung und der russischen und der deutschen Armee auf dem livländischen Territorium während des Ersten Weltkriegs; Urmass Salo, Ivo Jūrve und Juris Ciganovs behandeln die Probleme der militärischen Geschichte Estlands in der Zwischenkriegszeit; Aleksandrs Čapenko beschreibt den Lebenslauf von Pavels Bermonts. In diesem Band werden auch die wissenschaftliche Tätigkeit des Kriegsmuseums im Jahr 2002 und die Bestände des Museums dokumentiert.

Helēna Šimkuva

Jan Lewandowski: Historia Estonii [Geschichte Estlands]. Wrocław, Warszawa, Kraków: Zakład Narodowy im. Ossolińskich 2002. 306 S. ISBN 83-04-04528-1.

Der Verfasser schildert in diesem akademischen Lehrbuch die Geschichte Estlands, des kleinsten baltischen Staates. In den ersten zehn Kapiteln werden die einzelnen Phasen der Geschichte dieses Gebietes chronologisch, von der prähistorischen Zeit über die Zeiten der politischen deutsch-schwedisch-dänisch-polnischen Rivalität, dann der russischen Herrschaft im 18. und 19. Jahrhundert bis zur Entstehung der staatlichen Souveränität 1918 dargestellt. Der Autor betont dabei die dominierende politische, ökonomische und kulturelle Stellung der Deutschen in diesem Gebiet. Er behandelt aber auch die polnisch-estnischen Beziehungen vor allem seit dem 16. Jahrhundert. Die letzten fünf Kapitel umfassen die Geschichte Estlands von 1918 bis 2001. Neben den politischen Ereignissen werden auch ausführlich die religiösen, sozialen, ökonomischen und kulturellen Fragen behandelt.

Izabella Golec

[Urve Lippus (Hg.):] Rahvuslikkuse idee ja Eesti muusika 20. sajandi algupoolel [Die Idee der Nationalität und die estnische Musik im beginnenden 20. Jh.]. Koostanud [Zusammengest. von] Urve Lippus (Eesti Muusikaloo toimetised [Verhandlungen der estnischen Musikgeschichte] 6). Tallinn: Eesti Keele Sihtasutus 2002. 322, [1] S., Abb., Noten. ISBN 9985-811-64-X.

Der Sammelband umfaßt Untersuchungen, die im Rahmen des Projekts „Die Idee der nationalen Musik in Europa und die Schaffung der nationalen Musiksprache in Estland 1920–1940“ entstanden. Der einführende Aufsatz der Herausgeberin, „Eigenkultur und Musik: die Idee der Nationalität der Musik in Estland. I“, beschreibt die ästhetischen Ansichten in Estland in der ersten Hälfte des 20. Jahrhunderts und rekonstruiert das Musikbild in der Zeit der ersten estnischen Selbständigkeit. Eben in diesen zwei Jahrzehnten der Unabhängigkeit wurde in Estland begonnen, darüber zu reflektieren, wie über die Musik zu sprechen und zu schreiben sei. Maarja Kasema („Die Stiftung der Tonkunst des Estnischen Kulturkapitals als Förderer der nationalen Musikkultur“) gibt ein Bild der damaligen Musikpolitik. Der Hauptteil ihres Aufsatzes ist dem wichtigsten Tätigkeitsbereich der Stiftung der Tonkunst gewidmet, dem Kauf und dem Verlegen von Musikwerken; den Schluß bildet eine Liste der von der Stiftung verlegten Werke. Anu Kõlar („Estnische lutherische Kirchenmusik in den 1930er Jahren: über Institutionen, Ideologie und Repertoire“) beschreibt die Entwicklung und Wandlung der Institutionen, Ideen und Repertoires der Kirchenmusik in einer Situation, wo die Kirche ständig das Gleichgewicht zwischen kirchlichen Wahrheiten und Traditionen und der Orientierung auf die Esten suchte. Vaike Sarv („Über die Sammlung der Volksweisen in Estland im ausgehenden 19. und dem beginnenden 20. Jahrhundert") behandelt die Geschichte der Sammlung der Volksmusik mit einem Schwerpunkt auf der Rolle der Komponisten bei dieser Tätigkeit.

Lea Teedema

Rein Loodus, Juta Keevallik, Pia Ehasalu: Eesti kunsti ajaraamat 1523–1944 [Annalen der estnischen Kunst 1523–1944]. Tallinn: Teaduste Akadeemia Kirjastus 2002. 288 S., Abb. ISBN 9985-50-317-1.

Das Buch vermittelt Fakten aus der Geschichte des Kunstlebens in Estland vom 16. Jahrhundert bis zum Jahr 1944 in chronologischer Folge. Betrachtet wird außer dem Kunstleben *in* Estland auch das Auftreten von aus Estland stammenden Künstlern *außerhalb* der Heimat. Dabei dominiert bis zum Ende des 19. Jahrhunderts deutschbaltisches Material. Um ein möglichst umfassendes und objektives Bild zu gewinnen, haben die Verfasser eine Vielzahl von Quellen ausgewertet: Periodika, Kataloge, kunstwissenschaftliche Schriften und Monographien. Wegen des großen Umfangs der behandelten Gegenstände (in Estland veranstaltete Kunstausstellungen, Auftreten der aus Estland stammenden Künstler im Ausland, Organisation des Kunstlebens, Kunstschulen, Errichten von Denkmälern, regionaltypische Architektur, Kunsthandwerk usw.) konnten Schülerarbeiten und Laienkunst weniger eingehend betrachtet werden. Das Buch ist durch ein Namenregister erschlossen.

Lea Teedema

[Anne Lõugas:] Baltisaksa portreekunst Eestis 1750–1900. Artiklite kogumik ja Eesti Kunstimuuseumis 1999 toimunud näituse kataloog [Die deutschbaltische Porträtkunst in Estland 1750–1900. Aufsatzsammelband und Katalog der 1999 im Estnischen Kunstmuseum veranstalteten Ausstellung]. Koostaja [Zusammengest. von] Anne Lõugas. Toimetajad [Redig. von] Anu Allikvee, Anne Lõugas. Tallinn, Helsinki: Eesti Kunstimuuseum, Raud Publishing 2002. 165 S., Abb. ISBN 9985-78-597-5.

Der Sammelband umfaßt den Katalog der vom 9. September bis 8. November 1999 im Ritterschaftsgebäude des Estnischen Kunstmuseums gezeigten Ausstellung „Deutschbaltische Porträtkunst 1750–1900" und die Vorträge eines am 10. September 1999 veranstalteten Informationstages. Die nach dem Nordischen Krieg (1700–1721) stabilisierte Wirtschaft führte zu einer intensiven Bautätigkeit bei Herrenhäusern und Stadtresidenzen. Neben Architektur und Möbelkunst folgte auch die deutschbaltische Malerei dieser Entwicklung. Deren Blütezeit im 19. Jahrhundert ist zu einem großen Teil mit der Steigerung des nationalen Selbstbewußtseins der Deutschbalten verbunden. Der Band enthält folgende Aufsätze: Anne Lõugas: „Vom provinziellen Rokoko zum Klassizismus"; Gerd-Helge Vogel: „Zwischen Abbild und Idealisierung der Wirklichkeit: die humanistische Menschenbehandlung der Aufklärungszeit im Porträtschaffen des Zeichenlehrers der Universität Tartu Karl August Senff"; Dorothee von Hellermann: „Der Geschichts- und Porträtmaler Gerhard von Kügelgen: Einführung in sein Schaffen"; Anu Allikvee: „Lithographien von Lehrkräften der Universität Tartu"; Sirje Kivimäe: „Graf Alexander von Keyserling"; Mai Levin:

„Die Amplitude des Realismus im deutschbaltischen Porträtgemälde der zweiten Hälfte des 19. Jahrhunderts". Der Katalogteil umfaßt Beschreibungen von 204 Kunstwerken, überwiegend mit Fotos, und Kurzbiographien von 90 in Estland lebenden Deutschbalten (Adligen, Wissenschaftlern, Künstlern, Estophilen u. a.). Der Band besitzt ein Personenregister.

Lea Teedema

Anu Mänd: Hõbedakamber Niguliste kirikus = The Silver Chamber in St. Nicholas' Church = Die Silberkammer in der St. Nikolaikirche. Tallinn: Eesti Kunstimuuseum 2002. 283 S., Abb. ISBN 9985-78-787-0.

Dieses Werk in estnischer, englischer und deutscher Sprache behandelt eine der kunst- und kulturgeschichtlich wertvollsten Sammlungen Estlands: die Ausstellung alten Silbers aus der Silberkammer der St.-Nikolai-Kirche zu Reval/Tallinn. Die ältesten Objekte dieses Bestands gehörten der Revaler Gilde und der Bruderschaft der Schwarzenhäupter. Die Gegenstände haben sowohl praktische als auch symbolische Bedeutung. Im ersten Teil der Untersuchung wird über die Silberschätze aus den drei wichtigsten Sammlungen – Kirchensilber, Gildensilber und Silber der Schwarzenhäupter – sowie über ihre Besitzer berichtet. Mehrere Pokale der Bruderschaft der Schwarzenhäupter erinnern an die Besuche russischer Zaren. Den zweiten Teil des Buches bildet ein Katalog von über 100 Gegenständen (mit dazugehörenden Abbildungen) aus der Zeit vom 15. Jahrhundert bis zum Anfang des 20. Jahrhunderts. Im Katalog sind im einzelnen folgende Daten angegeben: Benennung des Gegenstandes, Anfertigungszeit, Meister, Material, Maße, auf den Gegenständen befindliche Marken früherer oder jetziger Besitzer. Der größte Teil der Objekte wurde von Revaler Goldschmieden gefertigt. Bei den Gebrauchsgegenständen handelt es sich meist um Pokale, Becher oder Trinkgefäße. Das Buch enthält ein Personenregister.

Kersti Taal

[Juhan Maiste, Kadi Polli, Mariann Raisma (Hg.):] Johann Wilhelm Krause. 1757–1828. [Bd.] 2: Arhitektina Liivimaal. Kataloog = Als Architekt in Livland. Katalog. Koostajad = Die Herausgeber: Juhan Maiste, Kadi Polli, Mariann Raisma. Tallinn: Eesti Keele Sihtasutus 2002. 454, [1] S., Abb., dt. Paralleltext. ISBN 9985-811-70-4.

Dies ist der zweite Band der dem vielfältigen Werk des Architekten der Universität Dorpat/Tartu, Johann Wilhelm Krause (1757–1828), gewidmeten Katalogreihe. (Über den ersten Katalog s. „Berichte und Forschungen" 9, 2001, S. 217.) Gegenstand des vorliegenden zweiten Katalogs sind die in der estnischen Kunstwissenschaft bisher kaum erforschten Architekturzeichnungen Krauses (insgesamt 294). Die Architektur der Universität Dorpat wird nicht behandelt; es ist geplant, diesem Thema einen eigenen Sammelband zu widmen. Der Hauptteil des Materials stammt aus der Universitätsbibliothek Dorpat/Tartu, zusätzlich auch aus der Lettischen Akademischen Bibliothek in Riga. Da die kulturellen Interessen Krauses überaus breit waren und seine Tätigkeit vielfältig (er wirkte als Hauslehrer, Landwirt, Landschaftsgestalter, Zeichner, Architekt, Literat), sind die einzelnen Beiträge des Bandes inhaltlich sehr verschieden. Als Einzelthemen werden behandelt: Gutshofensembles, Bauernhäuser, Stadthäuser, ingenieurtechnische Neuerungen, Ideologie und Praxis der englischen Landschaftsparks, Friedhofs- und Sakralarchitektur und die Lehre von den Säulenordnungen. Wir finden folgende Aufsätze: Juhan Maiste: „Johann Wilhelm

Krause und das zeitgenössische Architekturbild"; Mariann Raisma: „Auf der Suche nach einer wahren Architektur"; Imants Lancmanis: „Gutsarchitektur in Livland"; Ojārs Spārītis: „Kirchenbau – vom Rigaer Dom bis zum Jungfernhof"; Kadi Polli: „Sentiment und ratio. Grabmonumente"; Gerd-Helge Vogel: „Landschaftsgarten"; Michael Lissok: „Im Geiste des Fortschritts und der Technik"; Epp Tohvri: „Ueber Verbesserung Livl. Bauerwohnungen ...". Der letzte Artikel des Bandes von Valentine von Krause gibt unter dem Titel „Charakter und Schicksal" ein kurzes Lebensbild J.W. Krauses auf der Grundlage der von ihm selbst verfaßten Memoiren. Ein Personen- und Ortsregister schließt den Band ab.

Lea Teedema

Juhan Maiste: Tuldud teed tagasi = Retracing steps (EKA Restaureerimiskooli väljaanded = Publication of the Estonian Academy of Arts Restoration School 1; Eesti Kunstiakadeemia Toimetised = Proceedings of the Estonian Academy of Arts 12). Tallinn 2002. 639 S., Abb. ISBN 9985-78-793-5, ISSN 1406-2895.

Die Jubiläumsedition zum 50. Geburtstag des Kunstwissenschaftlers und Begründers der Schule für Restaurierung an der Estnischen Akademie der Künste Juhan Maiste umfaßt 25 seiner Aufsätze, die in der Zeit von 1982 bis 2002 in Estland, Deutschland, Lettland, Finnland und Schweden erschienen sind. Juhan Maiste ist hauptsächlich bekannt durch seine Forschungen auf den Gebieten der Gutsarchitektur und des Klassizismus. Ein Teil der Aufsätze behandelt den Umgang mit restaurierungsbedürftigen Objekten. Der in sieben Teile untergliederte Band geht auf folgende Themen ein: baltische Kunst, Mittelalter, Renaissance, Manierismus, Barock, Klassizismus, den Domberg (Toompea) in Reval/Tallinn, Gutsarchitektur, Denkmalschutz. Umfangreichere Abhandlungen in deutscher Sprache sind: „Das Nonnenkloster St. Michael der Zisterzienser in Tallinn: sieben Jahrhunderte Bau- und Wiederaufbaugeschichte", „Die Renaissance in Tallinn. Ein neuer ‚Stil' in der alten Hansestadt", „Das Wohnhaus in Tallinn in der schwedischen Zeit", „Das Ritterhaus in Reval", „Die Gutsarchitektur in Estland um 1800", „Carl Ludwig Engel: ein deutscher Baumeister in Tallinn", „Denkmalpflege in Estland. Die Suche nach Identität". In englischer Sprache: „Arendt Passer (1530–1637) und seine Zeit in Reval", „Revolutionäre Architektur im Osten". In estnischer Sprache: „Der Adelspalast auf dem Domberg", „Das Gutsensemble von Riisipere/Riesenberg – Höhepunkt der klassizistischen Architektur Estlands", „Johann Wilhelm Krause als Zeichner", „Johann Wilhelm Krause und die Architektur seiner Epoche", „Der Klassizismus. Kunstschriften, Rezeption und Geschichte", „Ruinen".

Kersti Taal

Dirk Müller, Helju Ridali (Hg.): Germanistik in Tallinn: Texte, Thesen und Projekte zur deutschen Sprache und Literatur. Heft 2/Pädagogische Universität Tallinn. Tallinn: Tallinna Pedagoogikaülikooli Kirjastus 2002. 167 S., Abb. ISBN 9985-5823-30.

Der zweite Band dieser Reihe (vgl. den von W. P. Klein herausgegebenen Band 1, S. 247) bringt folgende Aufsätze: Maria Erss: „Die Librettoästhetik Hugo von Hofmannsthals und Lutz Hübners im Vergleich"; Nina Golikova: „Parteipolitische Farbensymbolik"; N. Golikova, Reet Jõgeva: „Wortkürzung in der deutschen Medizinsprache. Mit einer praktischen Analyse anhand von Belegen aus ‚Spektrum' und ‚Spiegel'"; Merle Jung: „Positionen gegenwärtiger Schreibtheorie und -didaktik"; Dirk Müller: „Übersetzungsprobleme und Lösungswissen. Eine Bestandsaufnahme im Sprachen- und Kulturpaar Estnisch-Deutsch"; Helju Ridali: „Alle Theorie ist bekanntlich grau. Zur Symbolik der festen Wendungen mit Grau im Deutschen und Estnischen"; Maris Saagpakk: „Das kleine Häuflein deutscher Streiter – zur Selbstreflexion der Deutschbalten in der Literatur über den Ersten Weltkrieg"; Ave Tarrend: „Über die Rezeption estnischer Kinder- und Jugendliteratur in Deutschland"; Mari Tarvas: „Zur Arbeit des Lexikografen. Reflexionen über die Deutsch-Estnischen Wörterbücher des 20. Jahrhunderts".

Lea Teedema

[Ēvalds Mugurēvičs, Ieva Ose (Hg.):] Civitas et castrum ad Mare Balticum. Baltijas arheoloģijas un vēstures problēmas dzelzs laikmetā un viduslaikos: Rakstu krājums-veltījums LZA īstenajam loceklim prof., Dr. habil. hist. Andrim Caunem 65 gadu dzīves jubilejā [Archäologische und historische Probleme im Baltikum in der Eisenzeit und im Mittelalter. Festschrift für Prof. Dr. habil. hist. Andris Caune, ordentliches Mitglied der Akademie der Wissenschaften Lettlands, zum 65. Geburtstag]. Sastādītāji [Zusammengest. von] Ēvalds Mugurēvičs un Ieva Ose. Rīga: Latvijas vēstures institūta apgāds [Verlag des Instituts für die Geschichte Lettlands] 2002. 631 S., Abb., Kt. ISBN 9984-601-40-4.

Der Sammelband ist dem berühmten Archäologen Andris Caune gewidmet. Er umfaßt 37 Beiträge (Texte in Lettisch, Deutsch, Russisch und Englisch) von Wissenschaftlern aus zehn Ländern und bietet vielfältige neue archäologische Erkenntnisse sowie reichhaltige Informationen über Forschungen in den Nachbarländern. Ein einleitendes Kapitel enthält den Lebenslauf Andris Caunes, die Bibliographie seiner Schriften und eine resümierende Darstellung der Veröffentlichungen über ihn. Ferner finden wir bisher unveröffentlichte Aufstellungen über die von A. Caune geleiteten archäologischen Ausgrabungen. Das zweite Kapitel („Städte, Burgen und Festungen") umfaßt geographisch das Gebiet von Tschechien im Süden bis Finnland und Schweden im Norden und ist der Erforschung der geschichtlichen Entwicklung von mittelalterlichen Städten und Burgen gewidmet. In mehreren Beiträgen werden die Entwicklungsprobleme des mittelalterlichen Städtebaus und dessen prähistorischer Vorläufer in der baltischen Region behandelt. Im Kapitel 3 („Handwerk, Bauwesen und -werke") haben Aufsätze über die alten Bautraditionen bei Holz- und Steinbauten auf dem Territorium des Baltikums und Weißrußlands ihren Platz gefunden. Besonders hervorzuheben ist der Artikel von Māris Zunde über die bei archäologischen Datierungen angewandte dendrochronologische Methode. Im Kapitel 4 findet man Darstellungen der Forschungsergebnisse zu Altertümern, Gräberfeldern, Friedhöfen und Bestattungen, darunter einen Bericht von T. Liedeke über die Verhältnisse im Mittelalter und eine Übersicht von A. Falk über hölzerne Hausmarken in Lübeck. Der Band wird mit einem Kapitel „Geschichte" abgeschlossen, in dem Probleme des 9. bis 13. Jahrhunderts auf dem Territorium des östlichen Baltikums und Südrußlands behandelt werden. Dieser Teil beginnt mit dem Aufsatz der russischen Historikerin J. Nazarova, die die Sicht der russischen Historiographie auf die Beziehungen zwischen Livland und seinen Nachbarterritorien darstellt. Von Interesse ist auch die Untersuchung von I. Šterns über Frauen als Gefangene bei kriegerischen Auseinandersetzungen am Anfang des 13. Jahrhunderts. Die Beiträge des Sammelbandes haben einen umfassenden bibliographischen Anhang.

Helēna Šimkuva

Alvydas Nikžentaitis: Vytauto ir Jogailos įvaizdis Lietuvos ir Lenkijos visuomenėse [Das Bild von Witold und Jagiello in den litauischen und polnischen Gesellschaften]. Vilnius: Aidai 2002. 143 S. ISBN 9955-445-54-8.

In dieser Studie versucht der Autor die *longue durée* des Bildes von den im litauischen Geschichtsbewußtsein bekanntesten mittelalterlichen litauischen Großfürsten nachzuzeichnen. Er veranschaulicht, wie die seit dem Spätmittelalter bekannten Mythen ihre Wirkung bis in die Gegenwart bewahrt, aber auch welche strukturellen Veränderungen die herkömmlichen Ansichten im Laufe der Zeit erfahren haben. Der Verfasser gibt Antwort auf die Fragen, wie und wann Jagiello in den Augen der litauischen Gesellschaft zum „Verräter", für die polnische Gesellschaft aber zum „Helden" geworden ist und wie Witold in Litauen ohne Vorbehalte zum „Großen" erklärt wurde. Diese Antworten münden in Überlegungen zur Entstehung der nationalen Mythen in Ostmitteleuropa und erhellen ein wichtiges Teilstück der gemeinsamen polnisch-litauischen Geschichte.

Rimvydas Petrauskas

[Valters Nollendorfs (Hg.):] Latvijas okupācijas muzejs. Latvija zem Padomju Savienības un nacionālsociālistiskas Vācijas varas, 1940–1991 = Museum of the Occupation of Latvia. Latvia under the rule of the Soviet Union and National Socialist Germany. Rīga: Latvijas 50 gadu okupācijas muzeja fonds [Museumsstiftung „Lettlands 50jährige Okkupation"] 2002. 215 S., Abb., Kt., engl. Paralleltext. ISBN 9984-9332-8-8.

Die Autoren des Buches sind in Lettland bekannte Historiker: Valters Nollendorfs (Chefredaktion), Heinrichs Strods, Paulis Lazda. Die Forschungen basieren auf den Beständen des Okkupationsmuseums Lettlands und stellen die Forschungstätigkeit des Museums dar. Das gesammelte Material bietet einen Überblick über die geschichtliche Entwicklung Lettlands von 1939 bis 1991. Die Arbeit umfaßt acht Abschnitte, die in chronologischer Anordnung die Ereignisse aus der Okkupationszeit widerspiegeln. Zur Veranschaulichung dienen 150 schwarz-weiße und 13 farbige Fotografien, 14 Karten, Plakate, Zeichnungen und Dokumente. Die 36 Ausstellungsgegenstände aus dem Fundus des Museums veranschaulichen die Zwangsdeportation und das Schicksal der Letten in den Gulags. Jedem Abschnitt des Buches ist eine kurze Zeittafel zum Weltgeschehen von 1939 bis 1991 beigegeben.

Helēna Šimkuva

Õpetatud Eesti Seltsi Aastaraamat. 1994–1999 = Annales Litterarum Societatis Esthonicae. 1994–1999. Toimetanud [Redig. von] Kadi Grichin, Tiit Rosenberg, Heiki Valk. Tartu 2002. 343, [10] S., dt. oder engl. Zusammenfassungen. ISSN 1406-8486.

Der älteste estnische wissenschaftliche Verein, die Gelehrte Estnische Gesellschaft (gegründet 1838, 1950 aufgelöst), hat nach seinem Wiedererstehen im Jahr 1988 die Tradition der Herausgabe von Jahrbüchern fortgesetzt. Das Ziel der Gesellschaft ist laut ihrem Statut – ebenso wie früher –, „die Kenntnis der Vorzeit und Gegenwart des estnischen Volkes, seiner Sprache und Literatur sowie des von ihm bewohnten Landes zu fördern". Der neue Band der „Annalen" (es liegen außerdem die Sitzungsberichte für 1861–1938 und für

1988–1993 vor) enthält Aufsätze zur Geschichte, Archäologie, Volkskunde, Literaturwissenschaft, Pressegeschichte und Rechtsgeschichte: Mall Hiiemäe: „Der religiöse Hintergrund der Feiertage zum Sommerempfang im estnischen Volksglauben und anderswo"; Tiiu Jaago: „Generationsgeschichte – Mythos oder Wirklichkeit"; Ülo Valk: „Der vorchristliche Teufel in der estnischen Volksdichtung"; Valve-Liivi Kingisepp: „Die Wortpaare in der Zeitung ‚Marahva Näddala-Leht' von O.W. Masing"; Maarja Pärl-Lõhmus: „Kontexte zur Analyse sowjetischer Pressetexte"; Jüri Ant: „Die Vaterlandsunion über die politische Einstellung im Frühling 1939"; Mihkel Volt: „Inhalt und Funktion der estnischen Zeitungen in Schweden in den Jahren 1944–1991"; Eda Kalmre: „Die gegenwärtige Folklore"; Tiit Rosenberg: „Historiographie der estnischen Agrarreform von 1919"; Jüri Peets: „Bedeutende Unbedeutsamkeit oder die Abfälle des Eisengewerbes in der Archäologie"; Ülle Tamla: „Ein seltenes Silberarmband der Eisenzeit aus Angerja"; Kersti Taal: „Die Gelehrte Estnische Gesellschaft in der Zeit Leo Meyers (1869–1899)"; Helen Asweit: „Methoden der Schwangerschaftsverhütung in der älteren estnischen Literatur (Ende des 19. bis Mitte des 20. Jahrhunderts)"; Mart Velsker: „Die Erforschung der estnischen Literatur in den 1990er Jahren"; Epp Lauk: „Richtungen der estnischen Presseforschung in den 1990er Jahren"; Aigi Rahi: „Die Verluste der estnischen Bevölkerung von 1940 bis 1988"; Peeter Järvelaid: „Die Erforschung der estnischen Rechtsgeschichte von 1988 bis 1998. Kurze Geschichte eines Wissenschaftszweiges"; Aleksei Peterson: „Der indoeuropäische Einfluß im Ackerbau der Wepsen"; Toomas Anepaio: „Das bekannte unbekannte Gesetzbuch. Die Ausgaben des Baltischen Privatrechts". Ebenfalls enthalten sind ein vom Vorsitzenden des Vereins, Tiit Rosenberg, verfaßter Rückblick, „Zehn Jahre seit der Wiederherstellung der Gelehrten Estnischen Gesellschaft", und eine Chronik von Kadi Grichin und Heiki Valk, „Die Tätigkeit der Gelehrten Estnischen Gesellschaft von 1994 bis 1999" (in estnischer und englischer Sprache). Den Abschluß bildet ein Verzeichnis der von 1994 bis 1999 gehaltenen Vorträge.

Kersti Taal

[Ieva Ose (Hg.):] Latvijas viduslaiku pilis [Mittelalterliche Burgen]. [Bd.] III: Pētījumi par ordeņpilīm Latvijā [Forschungen über die Ordensburgen in Lettland]. Sastādītāja [Zusammengest. von] Ieva Ose. Rīga: Latvijas vēstures institūta apgāds [Verlag des Instituts für die Geschichte Lettlands] 2002. 503 S., Abb., Kt., dt. Zusammenfassungen. ISBN 9984-602-41-2.

Die Autoren der Beiträge des vom Institut für die Geschichte Lettlands herausgegebenen Bandes – Archäologen, Historiker und Architekten – befassen sich mit der Erforschung der Ordensburgen auf dem Territorium Lettlands. Darüber hinaus werden auch typologische und methodologische Probleme bei der Erforschung der mittelalterlichen Burgen in Lettland erörtert. Im einzelnen werden die Burgen von Bauske/Bauska, Segewold/Sigulda, Wolmar/Valmiera und Riga behandelt. Dem Werk sind Abbildungen nebst einer Karte, auf der die Ordensburgen verzeichnet sind, beigefügt.

Helēna Šimkuva

Maimo Põllu: Tallinna Õpetajate Seminar. Tallinna Pedagoogium. 1919–1947 [Das Revaler Lehrerseminar. Das Revaler Pädagogium. 1919–1947]. Tallinn: Tallinna Pedagoogikaülikooli kirjastus 2002. 105 S., 16 Abb. ISBN 9985-58-219-5.

Dies ist die erste ausführliche Abhandlung über die Vorgänger der Pädagogischen Universität Reval/Tallinn, das „Tallinner Lehrerseminar" und das „Tallinner Pädagogium". Die 1918 gegründete Estnische Republik erhielt als Hinterlassenschaft der russischen Zarenmacht ein russischsprachiges Volksbildungssystem. 1919 wurde in allen Schulen als Unterrichtssprache Estnisch eingeführt, 1920 die obligatorische sechsklassige Grundschulbildung. Für die Förderung der muttersprachlichen Schulbildung und um den Bedarf an neuen Lehrern zu decken, war es notwendig, neben den Lehrerseminaren in Dorpat/Tartu und Wesenberg/Rakvere das Lehrerseminar in Reval/Tallinn zu eröffnen. Die Seminare waren Lehreinrichtungen der Mittelstufe, die vom Staat unterhalten wurden und deren Aufgabe die Ausbildung der Lehrer für Volksschulen (Grundschulen) war. 1928 wurde das Revaler Lehrerseminar zum „Pädagogium" umgestaltet, einer Lehreinrichtung neuen Typs, die nach Bedarf auch Fachlehrer für Mittel-, Fortbildungs- und Berufsschulen ausbilden sollte. Ab 1937 trug die Einrichtung wieder den Namen „Tallinner Lehrerseminar". 1947 beendete sie ihre Tätigkeit im Zusammenhang mit der Einführung der siebenklassigen Schulpflicht und der Ausrichtung auf differenzierte Lehrerausbildung. Das Buch enthält Listen der Lehrer und Absolventen.

Lea Teedema

Inna Põltsam: Söömine-joomine keskaegses Tallinnas [Essen und Trinken im mittelalterlichen Reval]. Tallinn: Argo 2002. 156, [1] S., 8 Abb. ISBN 9985-9407-0-9.

Die Untersuchung beruht auf im Stadtarchiv Reval/Tallinn verwahrten Dokumenten und zeigt das Alltagsleben in der Ordenszeit in Livland (von der Mitte des 14. Jahrhunderts bis zum Beginn des Livländischen Krieges). Die damalige Ernährungskultur war zum größten Teil durch die natürliche Umwelt bestimmt. Die Autorin gibt zunächst einen Überblick über die im mittelalterlichen Livland gebräuchlichen Lebensmittel: die wichtigsten Getreidearten, Hülsenfrüchte und Gemüsearten, Gewürzpflanzen, Obstsorten, tierische und Fischereiprodukte. Sie untersucht, wie groß der Anteil der Jagdbeute und anderer Produkte des Waldes war und welche Lebensmittel ins Land eingeführt werden mußten. Davon ausgehend, betrachtet sie die Unterschiede in der Ernährungskultur der Land- und der Stadtbevölkerung und geht der Frage nach, wie der Stand und die soziale Position sowie der Wohlstand den Speisezettel beinflußten. Anschließend behandelt sie die Lebensmittelherstellung, den Lebensmittelhandel und die Lebensmittelversorgung im mittelalterlichen Reval. Ein Kapitel ist der Trinkkultur der Stadtbürger, der Wahl der Getränke, dem Konsum und dem Mißbrauch von Alkohol vorbehalten. Da Festmahle eine große Rolle in der Gesellschaft des mittelalterlichen Europa spielten, wird untersucht, wie man in Reval einst Festessen veranstaltete und worin sich der festliche Eßtisch vom alltäglichen unterschied. Einen besonderen Reiz verleiht dem Buch eine Auswahl von Rezepten aus mittelalterlichen Kochbüchern. Ein historiographischer Überblick mit Quellen- und Literaturverzeichnis rundet das Buch ab.

Lea Teedema

[Raimo Pullat:] Die Nachlassverzeichnisse der deutschen Kaufleute in Tallinn 1752–1775 = Tallinna saksa kaupmeeste varandusinventarid 1752–1775. Bd. II = II köide. Bearb. von = Koostanud Raimo Pullat. Tallinn: Estopol 2002. 302 S. ISBN 9985-9272-2-2.

Der zweite Teil der Quellenpublikation (vgl. „Berichte und Forschungen" 7, 1999, S. 266) setzt die Veröffentlichung der Inventare des Revaler Magistrats und Waisengerichts sowie der in diesem Bestand befindlichen Nachlaßverzeichnisse der Kaufleute fort. Ediert sind die Inventare von 24 deutschen Kaufleuten. Auf das Vorwort folgt ein Verzeichnis der Rezensionen des ersten Teils der Publikation (sieben Titel). Ein Register der Kaufleute ist beigefügt. Die Nachlaßinventare enthalten interessantes Material sowohl für Wirtschaftswissenschaftler als auch für Volkskundler und Erforscher der Alltagsgeschichte.

Kersti Taal

[Raimo Pullat (Hg.):] Vana Tallinn [Das alte Reval]. [Bd.] XIII (XVII): Modus vivendi. Tallinn: Estopol 2002. 293 S., estn., dt. oder engl. Zusammenfassungen. ISSN 1406-5908.

In dem vorliegenden Band aus der Serie „Vana Tallinn" sind die Vorträge veröffentlicht, die auf dem internationalen Symposium „Modus vivendi: Alltag, Mentalität und Kultur der Stadtbewohner" (14.–16. Juni 2002 in Reval/Tallinn) gehalten wurden. Es nahmen Wissenschaftler aus Estland, Lettland, Finnland, Polen und Österreich teil. 19 Aufsätze in deutscher, estnischer, englischer und finnischer Sprache widmen sich verschiedenen Bereichen des Stadtlebens. Neben allgemeinen theoretischen Abhandlungen zum Thema wie z. B. Gerhard Jaritz: „Alltag in der spätmittelalterlichen Stadt: Darstellung, Norm, Ideal und Praxis" und Maria Bogucka: „Das Alltagsleben: Diskussionen über Definition und Profil der Untersuchung" beziehen sich die meisten Beiträge auf die Stadt Reval. Behandelt werden folgende Themen: Kampfspiele der Kaufleute (Anu Mänd), die Lebensweise der Geistlichen im späten Mittelalter (Tiina Kala), die Armenversorgung (Inna Põltsam), der Umgang mit Geld (Ivar Leimus), das Schulwesen im 17. Jahrhundert (Lea Kõiv), Gelegenheitsdrukke zur Glückwunsch- und Beileidsbekundung (Tiiu Reimo), Küchen- und Tafelgeschirr im Alltagsleben der Kaufleute (Lauri Suurmaa), Mentalität und Lebensumstände der sogenannten Undeutschen (Otto-Heinrich Elias), das Alltagsleben in der ersten Hälfte des 19. Jahrhunderts im Spiegel der Zeitung „Revalsche Wöchentliche Nachrichten" (Kaja Tiisel), die Sprache der Verwaltung der mittelalterlichen Stadt (Juhan Kreem).

Kersti Taal

Katrin Raid: Loomise lugu. Eesti aeg. Eesti Kirjanikkude Liit 1922–1940 [Die Schöpfungsgeschichte. Die estnische Zeit. Der Estnische Schriftstellerverband 1922–1940]. Tallinn: Eesti Kirjanike Liit 2002. 190, [1] S., Abb. ISBN 9985-7871-29 (Hardcover).

Die Autorin befaßt sich mit der Entstehung des Berufsverbandes estnischer Schriftsteller und dessen Wirken bis zum Jahr 1940, als auf Befehl der sowjetischen Okkupationsmächte die Tätigkeit des Verbandes eingestellt wurde. Die Zeit der Herausbildung des estnischen nationalen Selbstbewußtseins, die sog. Zeit des nationalen Erwachens, um die Mitte des 19. Jahrhunderts brachte die Entstehung literarischer Vereinigungen mit sich. Die 1872 ins Leben gerufene Gesellschaft Estnischer Literaten bestand bis 1893; im Jahr 1907 wurde die Estnische Gesellschaft für Literatur gegründet. Zu Beginn des 20. Jahrhunderts wirkten noch mehrere größere und kleinere literarische Vereinigungen, die aber nur einen Teil der Schriftsteller an sich banden. 1917 kamen viele Schriftsteller aus dem Exil zurück, und im Zuge der Belebung des Literaturbetriebs gelangte erstmals die Gründung einer alle Schreibenden vereinigenden Berufsorganisation auf die Tagesordnung. Zur Gründung des Berufsverbandes von Schriftstellern und Kritikern kam es jedoch erst 1922; die Zahl der Gründungsmitglieder betrug 33. Zu einer seiner Hauptaufgaben machte sich der Schriftstellerverband die Beschaffung von Einkünften sowohl für seine Mitglieder als auch für die Organisation als Ganzes. Die entsprechenden Arbeitsgruppen des Verbandes beteiligten sich ständig an der Arbeit des Rates des 1925 gegründeten Estnischen Kulturkapitals. 1923 wurde das bis heute bestehende Verbandsorgan, die Zeitschrift „Looming", gegründet und 1927 ein eigener Verlag geschaffen. Im Anhang des Buches abgedruckt sind das Statut des Estnischen Schriftstellerverbandes (EKL) vom Jahr 1929, das Mitgliederverzeichnis des EKL von 1940, eine Liste der Mitglieder des Vorstandes und der Revisionskommission des EKL sowie der Mitglieder der Verlagskommission und der Kommission der Zeitschrift „Looming" aus den Jahren 1922 (bzw. 1925) bis 1940 und schließlich eine Übersicht über die Veröffentlichungen des Verlages des EKL 1927–1940.

Lea Teedema

Heino Rannap: Eesti Muusikaakadeemia professorid 1919–2001 [Professoren der Estnischen Musikakademie 1919–2001]. Tallinn: Eesti Rahvusraamatukogu 2002. 176 S., Abb. ISBN 9985-9334-8-6.

Die Estnische Musikakademie wurde 1919 unter dem Namen „Tallinner Höhere Musikschule" gegründet. Drei Lehrkräfte der Anfangszeit hatten den Professorentitel im Petersburger Konservatorium erhalten. Mit der Umbenennung in „Tallinner Konservatorium" wurde auch das neue Statut bestätigt, laut dem die Lehranstalt das Recht erhielt, die Professoren selbst zu berufen. 1925 wurden die ersten vier ‚eigenen' Professoren gewählt. In den Jahren 1925–1940 und 1941–1944 wählte der Rat des Konservatoriums 15 Professoren. In der sowjetischen Periode wurden die von der Lehranstalt berufenen Professoren von der Höheren Attestierungskommission in Moskau bestätigt. In der wiederhergestellten Estnischen Republik obliegt die Verleihung des Professorentitels dem Rat der Musikakademie. Das Buch umfaßt die Biographien aller in den Jahren 1919–2001 gewählten und bestätigten Professoren für Musik und Schauspielkunst sowie Listen der Absolventen der von Fachlehrkräften geleiteten Klassen.

Lea Teedema

[Vita Rinkēviča (Hg.):] Ogre. Rakstu un atmiņu krājums [Oger. Sammelband mit Artikeln und Erinnerungen]. Sastādītāja [Zusammengest. von] Vita Rinkēviča. Rīga: Latvijas universitātes žurnāla „Latvijas vēsture" fonds [Verlag der Stiftung der Zeitschrift „Latvijas Vēsture" an der Universität Lettlands] 2002. 148 S., Abb. ISBN 9984-527-25-5.

Dieses Werk gilt der Stadt Oger/Ogre, einer besonders malerischen Stadt in der Nähe von Riga. Die Herausgabe des Buches wurde von Prof. Dr. Dietrich A. Loeber, Auslandsmitglied der Akademie der Wissenschaften und Dr. h. c. der Universität Lettlands, unterstützt, der es dem Andenken seines Vaters, des deutschbaltischen Juristen und Senators August Loeber (1865–1942), und seiner Mutter Emilia Loeber geb. Mentzendorff (1881–1972) gewidmet hat, die in Oger gelebt haben. Der Band umfaßt dreißig Artikel von Architekten, Historikern, Ärzten und Künstlern, deren Leben mit dieser Stadt verbunden ist. Er gewährt einen Einblick in Ogers Vergangenheit: die bedeutendsten Ereignisse der Stadtgeschichte und das Wachstum der Stadtbevölkerung. Das Buch, reichlich mit Illustrationen nach alten Ansichtskarten versehen, zeigt auch die schönsten Plätze der Stadt und ihrer Umgebung.

Helēna Šimkuva

Nerijus Šepetys: Litauen im Visier des Dritten Reiches. Ungeschehene Geschichte eines Reichsprotektorates (März–September 1939). Vilnius: Aidai 2002. 131 S. ISBN 9955-445-50-5.

In dieser Studie analysiert der Autor die Situation eines kleinen Staates, der vor Beginn des Zweiten Weltkrieges zwischen zwei totalitäre Mächte geraten war. Es geht dabei um den Entwurf eines Schutzvertrages, der am 25. September 1939 von der Berliner Regierung angefertigt wurde. Demzufolge hätte Litauen den Status eines Reichssatelliten erhalten sollen. Bis heute wird in der Geschichtswissenschaft die Frage diskutiert, ob es irgendeine Möglichkeit gegeben habe, im Jahre 1939 so zu handeln, daß Litauen den Status eines Reichsprotektorates bekommen hätte, um damit die verheerende sowjetische Okkupation zu vermeiden, oder ob Litauen nur eine unwesentliche Figur in dem Spiel zwischen den beiden Mächten war. Der Autor stellt neue, ungewöhnliche Fragen an die seit langem bekannten und leicht zugänglichen Quellen. Es zeigt sich, daß besagtes Projekt keine wirkliche Alternative bot, besonders deshalb, weil zu jener Zeit die Sowjetunion immer deutlicher die führende Rolle einnahm.

Rimvydas Petrauskas

Darius Staliūnas (Hg.): Europos idėja Lietuvoje: istorija ir dabartis [Die Idee Europas in Litauen: Geschichte und Gegenwart]. Vilnius: Lietuvos istorijos instituto leidykla 2002. 236 S., engl. Zusammenfassung. ISBN 9986-780-47-0.

Das Buch stellt einen weiteren Beitrag dar zu der derzeit in Litauen äußerst aktuellen europäischen Diskussion. Sechzehn Historiker, Politologen und Soziologen haben in ihren Beiträgen über die Rolle der Idee Europas im Geschichtsbewußtsein und für die heutige Identität der Litauer nachgedacht. S. C. Rowell verfolgt die Übernahme und Entwicklung der Vorstellung von Litauen als einem „Wall des Christentums", einer Idee, mit deren Hilfe die herrschende Elite des Großfürstentums im 15. Jahrhundert ihre politischen Ziele zu verwirklichen strebte. J. Kiaupienė und R. Ragauskienė untersuchen konkrete Beispiele des Verständnisses von Europa in Litauen im 16. Jahrhundert. A. Kasparavičius fragt nach den Erscheinungen des paneuropäischen Gedankens, J. Mulevičiūtė nach den Zeichen des Europäertums in der litauischen Kultur der Zwischenkriegszeit. I. Vinogradnaitė beobachtet die Konstruktion der europäischen Identität im heutigen litauischen öffentlichen Diskurs. N. Kasatkina und T. Leončikas untersuchen die Einstellung der ethnischen Minderheiten Litauens zur europäischen Integration.

Rimvydas Petrauskas

Indriķis Šterns: Latvijas vēsture. Krusta kari 1180.–1290. [Geschichte Lettlands. Kreuzzüge 1180–1290]. Rīga: Latvijas vēstures institūta apgāds [Verlag des Instituts für die Geschichte Lettlands] 2002. 735 S., Abb., Kt., engl. Zusammenfassung. ISBN 9984-601-88-9.

Dieser Band zur Geschichte Lettlands im 13. Jahrhundert basiert auf Primärquellen; allerdings interpretiert sie der Autor aus lettischer Sicht. Deshalb unterscheidet sich seine Einschätzung der historischen Gegebenheiten, der Ereignisse und des Wirkens von Persönlichkeiten von derjenigen deutscher Historiker. In der Einleitung des Werkes werden die Ideologie der Kreuzzüge und der Kampf um die Ostsee im 12. und 13. Jahrhundert behandelt. Kapitel 1 („Kreuzzüge in Urlettland") gibt chronologisch den Verlauf der Kreuzzüge und der Christianisierung der auf dem Gebiet des heutigen Lettland ansässigen Völker wieder. Kapitel 2 („Lettland als deutsche Kolonie im 13. Jahrhundert") charakterisiert die Herausbildung von Livland und seiner territorialen Gliederung und Verwaltung. Besondere Aufmerksamkeit wird der Geschichte der Stadt Riga im 13. Jahrhundert, ihren Einwohnern und ihrem wirtschaftlichen und kirchlichen Leben geschenkt. Der Autor geht auch auf die Machtkämpfe zwischen den livländischen Herrschern und auf die Beziehungen der Urvölker Lettlands zu den Eroberern ein. Im Anhang finden sich zwei biographische Register, eine Zeittafel, ein Literaturverzeichnis, ein geographisches und ein Namenregister sowie ein Verzeichnis der Landkarten und ein Abbildungsnachweis.

Helēna Šimkuva

Aivars Stranga: Ēbreji un diktatūras Baltijā (1926–1940) [Juden und die Diktaturen im Baltikum (1926–1940)]. Otrais papildinātais izdevums [2., überarb. Aufl.]. Rīga: Latvijas universitātes Jūdaikas studiju centrs [Verlag des Zentrums für jüdische Studien der Universität Lettlands] 2002. 343 S. ISBN 9984-643-44-1.

Das Buch über die Stellung der Juden in den baltischen Staaten während der autoritären Regime kann zweifellos als die fundierteste Veröffentlichung gelten, die bis jetzt zu diesem Thema in Lettland erschienen ist. Es handelt sich um eine vergleichende Analyse der Stellung der Juden sowie der lettisch-jüdischen, litauisch-jüdischen und estnisch-jüdischen Beziehungen in der Zeit der autoritären Regime. Der Verfasser gibt auch einen vergleichenden Überblick über die Stellung der Juden in Polen, Rumänien und Ungarn. Den Schwerpunkt seiner Untersuchung bildet die Analyse der Geschichte der jüdischen nationalen Minderheit in Lettland und der lettisch-jüdischen Beziehungen in der Zwischenkriegszeit. Das Buch enthält umfassende Quellenangaben sowie ein Personenregister.

Helēna Šimkuva

Valda Marija Šuvcāne. Lībiešu ciems, kura vairs nav [Ein livisches Dorf, das es nicht mehr gibt]. Rīga: Jumava 2002. 503 S., Abb., dt. und engl. Zusammenfassung. ISBN 9984-05-523-X.

In dieser wichtigen Publikation wird zum ersten Mal die mehrere Jahrhunderte lange Kulturgeschichte der nordkurländischen Liven zusammenfassend dargestellt. Die Autorin, Historikerin und selbst Livin, präsentiert die Ergebnisse ihrer 20jährigen Forschungen über die Liven als ethnische Gruppe. Die Liven mit ihrer mehr als 5.000 Jahre währenden Geschichte zählen zu den Ureinwohnern Lettlands. Die fünf Kapitel des Buches geben einen Überblick über die livischen Siedlungen und Schulen, livische Kultur und Kulturschaffende, livische Folklore und die Arbeitskultur der Liven. Eingehend schildert die Autorin ihr Heimatdorf Lielirbe. Das Buch ist auf der Basis von Archiv- und Bibliotheksbeständen entstanden; nicht zuletzt sind auch die persönlichen Erinnerungen der Verfasserin sowie das von ihr zugrunde gelegte Material in livischer Sprache zu erwähnen. Das Buch ist durch 262

Fotografien und Abbildungen verschiedener Urkunden reich illustriert. Im Anhang finden sich Literaturverzeichnis und Quellennachweis.

Helēna Šimkuva

Jaan Tamm: Eesti keskaegsed kloostrid = Medieval monasteries of Estonia. Tallinn: Eesti Entsüklopeediakirjastus 2002. 187 S. Abb., engl. Zusammenfassung. ISBN 9985-70-116-X.

Die Monographie vermittelt einen Überblick über die bauliche Gestaltung der zwölf in Estland vorhandenen mittelalterlichen Mönch- und Nonnenklöster im Laufe von 400 Jahren; darüber hinaus werden die Entstehung des Mönchtums allgemein und seine Anfänge in Estland dargestellt. Der Autor hat sich zum Ziel gesetzt, in erster Linie über die materielle Kultur der Klöster Auskunft zu geben, über das Lebensmilieu der Klosterbewohner und die ihnen verfügbaren Gegenstände, wobei nach Möglichkeit deren Herkunft und Entwicklung beschrieben werden. In den Blick genommen werden die Zusammenhänge zwischen den verschiedenen Ordensregeln und den dadurch bedingten Bautraditionen, die auf den örtlichen geologischen und wirtschaftlichen Bedingungen beruhende Wahl des Baumaterials, die Gestaltung der Innenräume, vor allem auch unter dem Aspekt der für den jeweiligen Orden charakteristischen Elemente.

Lea Teedema

Tõnu Tannberg: Ohvitserina Vene armees: Polkovnik Jaak Rosenbaumi kirjad vennale (1892–1904, 1906, 1909). Allikapublikatsioon [Als Offizier in der Russischen Armee: Oberst Jaak Rosenbaums Briefe an seinen Bruder aus den Jahren 1892–1904, 1906, 1909. Quellenpublikation] (Uurimusi ja allikmaterjale Eesti sõjaajaloost [Untersuchungen und Quellen zur estnischen Kriegsgeschichte] 4). Tartu: Kirjastus Eesti Ajalooarhiiv 2002. 286, [1] S., Abb., dt. Zusammenfassung. ISBN 9985-858-31-X, ISSN 1406-3409.

Die Quellenpublikation umfaßt die Briefe eines der hervorragendsten estnischen Offiziere der zaristischen Armee, Jaak Rosenbaum, an seine Familie. Rosenbaum nutzte als Jugendlicher die Möglichkeit, auf Kosten des Staates eine Ausbildung zu erhalten, und wurde Berufsoffizier. Im Dienst der Zarenarmee nahm er im Russisch-Japanischen Krieg und am Ersten Weltkrieg teil. Seine Briefe an die Familie dienen als wertvolle Quellen für die Verhältnisse in der damaligen russischen Armee; auch findet man in ihnen Einschätzungen der internationalen Lage. Nach der Februarrevolution 1917 wurde die Gründung der nationalen Truppen aktuell. Rosenbaum verzichtete auf die Karriere in der russischen Armee und wählte den Dienst in den zu gründenden estnischen nationalen Truppen. Er wurde Leiter des Estnischen Reservebataillons und unterstützte die estnische Staatlichkeit. Außer der Briefedition enthält das Buch einen Aufsatz von Tõnu Tannberg, in dem ein knapper Überblick über das Leben und die Tätigkeit Jaak Rosenbaums gegeben wird.

Lea Teedema

[Maie Toomsalu:] Tartu Ülikooli Vana Anatoomikumi professorid [Professoren des Alten Anatomikums der Universität Dorpat]. Koostanud [Zusammengest. von] Maie Toomsalu. Tartu: Tartu Ülikool 2002. 324 S. ISBN 9985-4030-10.

Die am 3./4. Mai 1802 neugegründete Universität Dorpat/Tartu hatte zunächst keine eigenen Gebäude. Laut einer Anordnung des Zaren sollte die Universität die Gebäude im Laufe von drei Jahren errichten. Am 8. Juni 1802 wurde ein Baukomitee, bestehend aus fünf Professoren, gebildet. An der Spitze stand Johann Wilhelm Krause, der sowohl der Architekt als auch der Bauleiter war. Die ersten zu projektierenden Bauten waren das Anatomikum, das Hauptgebäude der Universität und die Bibliothek. In dem 1804 fertiggestellten Anatomikum – das Gebäude wurde in den Jahren 1825–1827 und 1856–1860 erweitert – fand der Unterricht bis 1999 statt, dem Jahr der Fertigstellung des Biomedikums der Universität Tartu. Im Laufe dieser Zeit haben dort viele bedeutende Persönlichkeiten gewirkt und der Medizinischen Fakultät der Universität Ruhm eingebracht. Das Buch enthält Kurzdarstellungen von Leben und Werk von 79 im Alten Anatomikum tätigen Professoren, die in der Geschichte der Medizin eine bedeutende Spur hinterlassen haben.

Lea Teedema

Villu Toots: Kiri Eesti kultuuriloos. Kõige varasemast ajast kuni 1940. aastateni = Writing in the History of Estonian Culture. From the Earliest Monuments to the 1940s. Koostaja = Compiled by Rein Loodus. Tallinn: Eesti Entsüklopeediakirjastus 2002. 399 S., Abb. ISBN 9985-70-104-6.

Dieses Buch hatte sein Verfasser, der Schrift- und Buchkünstler Villu Toots, als dreibändiges Werk geplant. Nach seinem Tod im Jahr 1993 besorgte Rein Loodus auf der Basis des vorhandenen Materials eine einteilige, verkürzte und redigierte Ausgabe, deren Abbildungen mit Erläuterungen in estnischer und englischer Sprache versehen sind. Das Buch beginnt mit dem im Jahr 1241 auf Pergament geschriebenen Anfangsteil des „Liber Census Daniae“ und einem Fragment aus der „Livländischen Chronik“ von Heinrich dem Letten. Es folgen Schriften auf Siegeln, Wappen, Grabsteinen und -platten. Im 19. Jahrhundert kommen immer mehr Beispiele der Buchgraphik hinzu, ebenso Ehrenschreiben und Konzertanzeigen, dann, seit der zweiten Hälfte des 19. Jahrhunderts, Warenzeichen und -schilder, Reklameschilder, Plakate, Exlibris, Lotteriescheine und Firmenabzeichen. Abschließend bietet das Buch Schriftbeispiele von elf namhaften estnischen Graphikern.

Kersti Taal

Tuna. Ajalookultuuri Ajakiri [Zeitschrift der historischen Kultur]. 2002. Nr. 1–4. Je 160 S., Abb., engl. Zusammenfassungen. ISSN 1406-4030.

Die viermal jährlich erscheinende gemeinsame Publikation des Estnischen Nationalarchivs, des Stadtarchivs Reval/Tallinn und des estnischen Archivarvereins „Tuna“ bietet zahlreiche Beiträge (in estnischer Sprache) zum Archivwesen und zur Geschichtswissenschaft, von denen folgende exemplarisch genannt seien: In Heft 1: Kristjan Toomaspoeg: „Die Besitztümer des deutschen Ordens in Sizilien (1197–1492) und ihre Beziehungen zu Livland“; Ivar Leimus: „Das Siegel der Schwertbrüder – ein Zeichen des geheimen Krieges zwischen Deutschland und Dänemark“; Ago Pajur: „Wie wird man General? Die Ränge der Offiziere und die Gesetze zu ihrer Beförderung in den Jahren 1917–1940“ (Fortsetzung in Heft 2); Heino Arumäe: „Vorspiel des Stützpunktvertrages“; Ene Toom: „Materialien aus dem Archiv des japanischen Diplomaten Shigeru Shimada über den Charakter der Esten“; Valdur Ohman: „Die von Johannes Vares-Barbarus der Kommunistischen Partei vorgelegte Lebensbeschreibung“; Indrek Jürjo: „Das Potential des antikommunistischen Widerstands im Baltikum aus der Sicht des Geheimdienstes der USA". In Heft 2: Enn Tarvel: „Die Geschichte als ein schönes Märchen" (Essay); Anti Selart: „Der Erzbischof von Riga Albert Suerbeer und die ‚Descriptiones terrarum'"; Inna Põltsam: „Die Bekleidung der Stadtbewohner Estlands in der zweiten Hälfte des 14. Jahrhunderts"; Pentti Virrankoski: „Die Petition der Wissenschaftler zur Unterstützung der baltischen Staaten im Jahr 1991"; Anu Kannike: „Die Natur und das Heim der estnischen Stadtbewohner" (Fortsetzung in Heft 3); Peep Pillak: „Zum 200. Geburtstag von Friedrich Georg von Bunge". In Heft 3: Tiina Kala: „Familienzwist im 16. Jahrhundert"; Jaak Valge: „Über die Destabilisierung der Estnischen Bank in den 20er Jahren des 20. Jahrhunderts"; Kersti Lust: „Über das Publizieren im Staatlichen Historischen Zentralarchiv der Estnischen SSR"; Vello Helk: „Vom emigrierten Studenten bis zum dänischen Archivar" (Fortsetzung in Heft 4). In Heft 4: Ivar Leimus: „Marke, Nogaten und Oseringen in Estland A. D. 1200"; Tiit Noormets: „Die Lebensbedingungen in Estland unter der deutschen Besatzung während des Zweiten Weltkriegs"; Pearu Kuusk: „Der Anschlag auf das Denkmal für die Rote Armee und die Verbreitung von Flugblättern in Dorpat/Tartu im Jahr 1949"; Jaak Pihlau: „Die Flucht der Esten in den Westen: zwei Fälle der Kaperung von Schiffen"; Heiki Pärdi: „Schlampige Bauern und saubere Intellektuelle. Hygienische Bedingungen in estnischen Dörfern Anfang des 20. Jahrhunderts". Jedes Heft enthält außerdem eine ‚Fotoecke' mit Aufnahmen aus dem Estnischen Filmarchiv sowie Buchbesprechungen und Übersichten von Konferenzen und Seminaren zum Thema Geschichte.

Kersti Taal

[Juris Urtāns (Hg.):] Man jau un tev tik [piecdesmit]. Latvijas Kultūras akadēmijas mācību spēku jubilejas kopkrājums [Ich und Du – wir sind erst fünfzig. Jubiläumsausgabe der Lehrkräfte der Kulturakademie Lettlands]. Sast. [Zusammengest. von] Juris Urtāns. Rīga: Mantojums 2002. 94 S. ISBN 9984-9526-2-2.

Dieser Sammelband wurde von Lehrkräften der Kulturakademie Lettlands verfaßt, Historikern, Volkskundlern, Archäologen und Philosophen. Eingehend nimmt sich A. Gavriļins Fragen der Baugeschichte der orthodoxen Kirchen in Lettland an. Mit der Verwirklichung der Kulturautonomie der ethnischen Minderheiten in der Zwischenkriegszeit und nach der Wiedererlangung der Unabhängigkeit befaßt sich Juris Goldmanis. Janīna Kursīte erörtert die mythisch-magischen Aspekte von Fotografien; Juris Urtāns beschäftigt sich mit der Erforschung von Kultstätten. Pēteris Laķis und Raitis Vilciņš sind Verfasser zweier in der Sammlung veröffentlichter Essays.

Helēna Šimkuva

Liivi Uuet: Eesti haldusjaotus 20. sajandil. Teatmik [Die Verwaltungsgliederung Estlands im 20. Jh. Nachschlagewerk]. Tallinn: Eesti Riigiarhiiv 2002. 311, [1] S., Abb., 5 Kt. ISBN 9985-78-385-9.

Gegenstand dieses Nachschlagewerks sind Haupttendenzen der Verwaltungsreformen hinsichtlich der estnischen Verwaltungsgliederung sowie Änderungen in der Verwaltungsgliederung in Estland während des 20. Jahrhunderts. Das Buch umfaßt Daten über Gründung, Auflösung und wichtigere Grenzänderungen aller Städte, Flecken, Gemeinden, Landkreise und Bezirke Estlands. Es enthält vier aus verschiedenen Zeiten stammende Listen von Dörfern sowie Karten zur Verwaltungsgliederung. Der Aufbau des Werkes ist chronologisch. Der erste Teil betrifft Estland als Teil des Russischen Reiches in den Jahren 1900–1917, als sich das estnische Gebiet über vier russische Gouvernements erstreckte. Erst 1917 entstand zum ersten Mal eine territoriale Einheit, die alle Gebiete umfaßte, die mehrheitlich von Esten besiedelt waren: das Gouvernement Estland. Die Periode von 1917 bis 1922 brachte im Zusammenhang mit der Entstehung der Estnischen Republik viele Änderungen im Bereich der Verwaltung. Entsprechend dem Willen der Bevölkerung entstanden neue Verwaltungseinheiten, vorhandene wurden zusammengeschlossen, Gemeinden neu gegründet; eine neue Erscheinung war die Gründung von Flecken. Die nächste größere Veränderung bildete die Gemeindereform von 1938, die erste durchgreifende Reform in der Geschichte der Verwaltungsgliederung, mit der die Zahl der Gemeinden um ein Drittel vermindert wurde. In den Jahren 1937–1938 wurden Gesetze zur kommunalen Selbstverwaltung eingeführt. Ein neuer Zeitabschnitt in der Verwaltungsgliederung begann 1940 im Zusammenhang mit der Änderung der Staatlichkeit. In den Jahren 1940–1944 wurde das Selbstverwaltungssystem liquidiert; ab 1945 wurde mit der Umgestaltung der bis dahin geltenden Verwaltungsgliederung begonnen. Die Verwaltungsreform von 1950 beseitigte die im Laufe zweier Jahrhunderte entstandene Verwaltungsgliederung völlig. In den Jahren 1951–1964 wurde diese ständig geändert; erst ab 1964 blieb es bei einer Gliederung in 15 Bezirke. 1988 setzte die bisher letzte Periode in der Verwaltungsgliederung ein; 1989 wurde mit der Wiederherstellung des Selbstverwaltungssystems begonnen, das Gesetz über die Wahl der örtlichen Räte und der Beschluß über die Durchführung der Verwaltungsreform in Estland wurden angenommen und die historischen Namen der Verwaltungseinheiten wieder eingeführt.

Lea Teedema

Lauri Vahtre: Elu-olu viimasel vene ajal. Riietus ja mööbel, toit ja tarberiistad, sõiduvahendid, eluase ja muu [Alltagsleben in der letzten russischen Zeit: Bekleidung und Möbel, Ernährung und Gebrauchsgegenstände, Fahrzeuge, Wohnung und anderes]. Tallinn: Kirjastuskeskus 2002. 141 S., Abb. ISBN 9985-9362-7-2.

Das Buch gibt einen Überblick über das alltägliche Leben des Durchschnittsmenschen in der Sowjetzeit anhand der ihn umgebenden Gebrauchsgegenstände, Geräte, Unterhaltungs- und Ernährungsmöglichkeiten. Untersucht wird, welche Gegenstände es überhaupt im Leben des Sowjetmenschen gab, wie man sie beschaffte und wie sich das Warensortiment mit der Entwicklung der Industrie vergrößerte. Auch einige für das sowjetische Wirtschaftssystem charakteristische Erscheinungen wie Pateneinsatz auf dem Lande, Mangel an Gebrauchsgegenständen, Nutzung von persönlichen Verbindungen bei der Besorgung verschiedener Waren werden behandelt. Auf das Bezugsscheinsystem der Nachkriegsjahre (von 1944 bis Mitte der 1950er Jahre) folgte eine gewisse Besserung des Lebensstandards in den 1960er und 1970er Jahren. Die 1980er Jahre und die Perestroika führten zum Zusammenbruch der Sowjetunion, was sich in allen Lebensbereichen, auch im Alltagsleben zeigte. Aufgrund eines großen Mangels an allen Waren kam es wieder zur Einführung des Bezugsscheinsystem. Eine parallel angeordnete Chronik ermöglicht einen vergleichenden Blick auf die wichtigsten Ereignissen in der estnischen Geschichte.

Lea Teedema

Ventspils Muzeja Raksti = Acta Historica Vindaviensia [Schriften des Museums von Windau/Ventspils]. [Bd.] 1. Rīga: Latvija Universitātes žurnāla „Latvijas

Vēsture" fonds [Verlag der Stiftung der Zeitschrift „Latvijas Vēsture" an der Universität Lettlands] 2001. 374 S., Abb., dt. u. engl. Zusammenfassungen. ISBN 9984-643-32-8.

Der vorliegende Band, mit dem eine neue Schriftenreihe zur Geschichte und Archäologie Kurlands eröffnet wird, umfaßt die Akten einer Konferenz, die der Erforschung des einstigen Herzogtums gewidmet war. Die (teilweise in deutscher Sprache verfaßten) Beiträge machen deutlich, daß für eine moderne und sinnvolle historische Erforschung des Herzogtums Kurland-Semgallen gute Voraussetzungen bestehen: Das herzogliche Archivmaterial, das im Kurländischen Landesarchiv bis 1944 aufbewahrt wurde, ist in der Zeit nach 1971 von Deutschland nach Lettland zurückgebracht worden und seit den 1980er Jahren den Forschern zugänglich. Die demokratische Entwicklung der Gesellschaft, die Anfang der 1990er Jahre in Lettland begann, ermöglicht eine ideologiefreie Forschung. Es ist ersichtlich, daß die Notwendigkeit besteht, das Herzogtum Kurland als staatliches Gebilde typologisch in das frühneuzeitliche Europa einzuordnen (Erwin Oberländer). Die Frage, ob das Herzogtum als mittelalterliches oder als neuzeitliches Phänomen zu gelten habe, kann erst dann beantwortet werden, wenn die Periodisierung der Geschichte Lettlands aufgrund moderner Erkenntnisse der historischen Forschung geleistet ist (Valda Kļava). Die Koexistenz der Letten und Deutschen im Herzogtum in der Zeit von 1561 bis 1642 als historisches Problem gehört zum Bereich der Alltagsgeschichte, worüber viele wertvolle Informationen aus den noch erhaltenen Gerichtsprotokollen gewonnen werden können (Volker Keller). Die dynastischen Verbindungen Kurlands zu den Fürstentümern Brandenburg und Hessen-Kassel können als eigenständiges Thema sehr ergiebig sein, wenn man das noch nicht erschlossene, in deutschen und polnischen Archiven zerstreut vorhandene Material (Curlandica) befragt (Almut Bues). Die Herzöge Jakob (1642–1681) und Friedrich Kasimir Kettler (1682–1698) erscheinen in der historiographischen und ikonographischen Darstellung in einer verfremdeten Gestalt, die mit dem aus den dokumentarischen Quellen gewonnenen Bild nicht übereinstimmt (Mārīte Jakovļeva, Ieva Lancmane). Die vielstufigen Relationen zwischen Zentren und Peripherie werden deutlich bei den verfassungsrechtlichen Auseinandersetzungen, die der Kreis Pilten/Piltene, das Herzogtum Kurland und Polen-Litauen im Laufe des 17. Jahrhunderts miteinander geführt haben (Bogusław Dybaś). Seit 1570 wurde die einheitliche evangelisch-lutherische Kirche für Kurland und Semgallen auf einer landeskirchlichen Basis institutionalisiert, bisherige Gemeinsamkeiten und Unterschiede blieben aber erhalten (Gvido Straube). Die Anfänge der Wissenschaften im Herzogtum bis zur Gründung der Academia Petrina in Mitau/Jelgava im Jahre 1775 sind kaum bekannt, nur die Personen, die im herzoglichen Dienst standen und sich durch wissenschaftliche Interessen auszeichneten, können zu einem ersten historischen Umriß verhelfen (Jānis Stradiņš). Friedrich Kasimir Kettler veranlaßte 1684 die Gründung der Post und begab sich in einen Wettbewerb mit dem seit 1625 bestehenden schwedischen Postamt in Livland (Pārsla Pētersone). Die Entstehung des herzoglichen Wappens (Imants Lancmanis), das Bild der kurländisch-semgallischen Städte auf Plänen und Stichen (Margarita Barzdeviča), der Schiffbau in Windau/Ventspils (Arturs E. Zalsters), die Bildhauerei des kurländischen Barock aus den Werkstätten der Holzschnitzer in Windau (Elita Grosmane), die Musik am herzoglichen Hof (Zane Gailīte), die Baugeschichte des Gutshofes von Nurmhusen/Nurmuiža (Valda Kvaskova), die Gutshöfe im Kreis Tuckum/Tukums (Inta Dišlere), die Siegel der Dynastie Biron (Jānis Baltiņš), Kurland in der kulturhistorischen Landschaftsmalerei von Hermann Friedrich Waeber (1761–1833) (Anita Meinarte), Mitau als Stadt von 1561 bis 1795 (Inese Stikute) und als Residenz der kurländischen Herzöge (Almut Bues) sowie die Geschichte des Wappens der Stadt Windau im 20. Jahrhundert (Armands Vijups) sind Themen weiterer Beiträge.

Andris Levans

Ventspils muzeja raksti = Acta Historica Vindaviensia [Schriften des Museums von Windau/Ventspils]. [Bd.] 2. Rīga: Latvija Universitātes žurnāla „Latvijas Vēsture“ fonds [Verlag der Stiftung der Zeitschrift „Latvijas Vēsture“ an der Universität Lettlands] 2002. 215 S., Abb., engl. Zusammenfassungen. ISBN 9984-643-47-6.

Die in dem Band enthaltenen 16 Beiträge von Wissenschaftlern aus Lettland, Estland und Polen informieren über Forschungen zur Geschichte Westlettlands bzw. Kurlands und über die wissenschaftliche Tätigkeit des Museums von Windau/Ventspils. Die chronologisch angeordneten Beiträge umspannen einen Zeitraum von ungefähr 9.000 Jahren von der Mittleren Steinzeit bis an die Schwelle der Gegenwart. Unter anderem wird, veranschaulicht durch zahlreiche Abbildungen und Tabellen, über die jüngsten Ergebnisse archäologischer Forschungen in Westlettland/Kurland eingehend berichtet. Von besonderer Bedeutung ist der von Ēvalds Mugurēvičs erarbeitete Beitrag über die Historiographie der Erforschung der Geschichte Kurlands.

Helēna Šimkuva

Rünno Vissak, Ain Mäesalu (Ed.): The Medieval Town in the Baltic: Hanseatic History and Archaeology. Proceedings of the first & second seminar, Tartu, Estonia 6th–7th June 1997 and 26th–27th June 1998. Tartu 1999. 101, 8 S., Abb., estn. Zusammenfassungen. ISSN 1406-5169.

In der Hansestadt Dorpat/Tartu fand im Sommer 1997 und 1998 in internationaler Zusammenarbeit das erste Seminar der Historiker und Stadtarchäologen unter dem Titel „Mittelalterliche Städte der baltischen Region“ statt. Ein Teil der Vorträge wurde in diesen Sammelband aufgenommen. Abgedruckt sind drei Aufsätze in deutscher Sprache: Uta Reinhardt: „Lüneburg und Livland im Spätmittelalter“; Manfred Gläser: „Der Alltag in einer mittelalterlichen Hansestadt. Archäologische Ergebnisse in Lübeck“; Ain Mäesalu: „Emailbemalte Glasbecher aus Tartu“. Sechs Aufsätze sind in englischer Sprache verfaßt: Rünno Vissak: „Die Situation der archäologischen Forschung in Tartu nach 20 Jahren Rettungsausgrabungen“; Aldur Vunk: „Archäologische Untersuchungen und die Topographie des mittelalterlichen Pärnu/Pernau“; Minna Sartes, Kari Uotila: „Das mittelalterliche Turku – eine ‚verlorene Stadt‘. Das Projekt der Rekonstruktion einer mittelalterlichen finnischen Stadt“; David R. M. Gaumster: „Deutsche Steinkeramik und Ofenkacheln“; Georg Haggren: „Mittelalterliche Glasfunde aus Turku, insbesondere die aus den Ausgrabungen von Aboa Vetus“; Heiki Valk: „Eine Gruppe von hanseatischen Broschen in Estland“. Ein Verzeichnis der (zwölf bzw. fünfzehn) Vorträge, die auf den Seminaren von 1997 und 1998 gehalten wurden, befindet sich am Ende des Bandes.

Kersti Taal

Rünno Vissak, Ain Mäesalu (Ed.): The Medieval Town in the Baltic: Hanseatic History and Archaeology. [Vol.] II: Proceedings of the third and fourth seminar,

Tartu, Estonia 12th–13th June 1999 and 8th–10th June 2000. Tartu 2002. 177 S., Abb., estn. Zusammenfassungen. ISSN 1406-5169.

Dieser Sammelband des Stadtmuseums Dorpat/Tartu mit Seminarbeiträgen über die mittelalterliche Stadt im Baltikum schließt sich an den o. a. ersten Band von 1999 an. Der zweite Band enthält mehrere Aufsätze zur mittelalterlichen Geschichte Lübecks und Hamburgs; außerdem (in deutscher Sprache): Roberts Spriģis: „Neue Zeugnisse von Bewohnern Nordkurlands im archäologischen Material Rigas"; Ieva Ose: „Archäologische Spuren des mittelalterlichen Rathauses in Riga"; Ivar Leimus: „Vom Münzgebrauch in Livland, insbesondere in Dorpat in der 2. Hälfte des 14. Jahrhunderts"; ferner (in englischer Sprache): Gun Westholm: „Visby – ein Bauernhafen und Handelszentrum", „Zwei Städte. Die sanitäre Infrastruktur im mittelalterlichen Tallinn/Reval sowie in Visby"; Dagnija Svarane: „Archäologische Beweise der Metallverarbeitung im mittelalterlichen Riga"; Ain Mäesalu: „Älteste Schußwaffen aus den Hansestädten Tallinn/Reval und Tartu/Dorpat"; Anneli Randla: „Standortverteilung der Bettelmönchorden in den Städten Nordeuropas"; Ain Mäesalu, Rünno Vissak: „Über die älteste Topographie von Tartu/Dorpat"; R. Vissak: „Kleine Daubenschalen – gibt es zwischen ihnen Unterschiede?" Dieser Sammelband schließt mit einem Verzeichnis der Referate, die auf den Seminaren in den Jahren 1999 (zehn Vorträge) und 2000 (dreizehn) gehalten wurden.

Kersti Taal

Hannes Walter, Tiina Tojak: Nad andsid kõik. Vabadussõjas langenud ohvitserid [Sie gaben alles. Im Freiheitskrieg gefallene Offiziere]. Tallinn: SE&JS 2000. 217 S., 10 Abb. ISBN 9985-854-34-9.

Der Freiheitskrieg (1918–1920) ist der einzige Krieg in der Geschichte des estnischen Volkes, in dem für den eigenen Staat, unter eigener Fahne gekämpft wurde und der auch gewonnen wurde. Das Buch ist den fast 300 in diesem Krieg gefallenen, an ihren Wunden verstorbenen und vermißten estnischen Offizieren gewidmet, die für jenen Sieg eine wichtige Rolle spielten. Es beruht auf der jahrzehntelangen Arbeit vieler Personen. Bei seiner Zusammenstellung diente als Grundlage die Datenbank im Archiv des Vereins Estnischer Kriegsgräber, weiter wurden entsprechende Materialien im Staatsarchiv und alle publizierten Geschichten der Truppenteile durchgearbeitet. Einleitend wird ein Überblick über die Struktur der estnischen nationalen Truppen in der Zeit des Freiheitskrieges gegeben. Es folgt eine Liste der gefallenen Offiziere mit knappen Angaben resp. kurzen Übersichten über ihren Lebenslauf und ihre militärische Laufbahn sowie die Umstände ihre Kriegstods.

Lea Teedema

Vita Zelče: Nezināmā. Latvijas sievietes 19. Gadsimta otrajā pusē [Die Unbekannte. Die Frauen Lettlands in der zweiten Hälfte des 19. Jh.s]. Rīga: Latvijas Arhīvistu biedrība [Verband der Archivare Lettlands] 2002. 298 S., Abb., engl. u. russ. Zusammenfassungen. ISBN 9984-9619-0-7.

Die Arbeit betrifft die Aktivitäten lettischer Frauen während einer für die Geschichte des Landes sehr wichtigen Zeit. Sie basiert auf unterschiedlichen gedruckten und ungedruckten Archivquellen, Pressematerialien, Erinnerungen und statistischen Materialien. Die Verfasserin spricht Fragen der Herausbildung des nationalen und gesellschaftlichen Bewußtseins bei den Frauen in Livland und Kurland an und behandelt die Entwicklung der Emanzipationsbewegung bei den Frauen Lettlands in der zweiten Hälfte des vorletzten Jahrhunderts. Das Buch enthält ein Personenregister und eine Auswahlbibliographie zur Frauengeschichte Lettlands.

Helēna Šimkuva

Jānis Zemzaris: Rīgas pilsētas paraugmēru vēsture [Zur Geschichte der Eichmaße der Stadt Riga]. Rīga: Latvijas Kultūras fonds [Verlag der Kulturstiftung Lettlands] 2002. 127 S., Abb., lett. u. dt. Texte. ISBN 9984-9487-2-2.

Die Grundlage dieser Abhandlung bilden Forschungsergebnisse, zu denen man bei der wissenschaftlichen Bearbeitung einer Sammlung metrologischer Gegenstände gekommen ist. Das Hauptaugenmerk hat der Autor auf die Entstehung des Maßsystems von Riga, die Anwendung der Eichmaße im praktischen Leben und deren Prüfung gerichtet. Ein bedeutender Platz wird der Verbreitung der Eichmaße von Riga in den benachbarten Gebieten Kur- und Estland eingeräumt. Das Buch verfügt über einen Anhang mit Textauszügen aus bisher unveröffentlichten Quellen. Das sind 16 Auszüge aus den Gerichtsprotokollen der Vogtei-, Handels- und Kämmereigerichte über die Prüfung und Bestätigung der Eichmaße aus den Jahren 1761–1833 sowie ein Musterregister der Eichmaße von 1890. Außerdem bietet der Anhang einen Katalog der Eichmaße der Stadt Riga mit 74 Abbildungen und dazugehörigen Annotationen. Das Werk von J. Zemzaris ist nicht nur für Fachleute von Bedeutung, sondern auch für einen breiten Interessentenkreis.

Helēna Šimkuva

3. Ostpreußen, Westpreußen, Danzig

Stanisław Achremczyk: Życie sejmikowe Prus Królewskich w latach 1647–1772 [Der Landtag im Königlichen Preußen in den Jahren 1647–1772] (Rozprawy i Materiały Ośrodka Badań Naukowych im. W. Kętrzyńskiego w Olsztynie [Abhandlungen und Materialien des Wojciech-Kętrzyński-Forschungsinstituts, Allenstein] 178). Olsztyn 1999. 224 S. ISBN 83-87643-80-7.

Der Autor des Buches, seit 1990 Direktor des Wojciech-Kętrzyński-Forschungsinstituts, seit der Gründung der Ermland-und-Masuren-Universität im Jahre 1999 Prorektor, befaßt sich hauptsächlich mit der Geschichte des Ermlands und Masurens sowie Preußens vom 16. bis 18. Jahrhundert. Die vorliegende Abhandlung erschließt die Struktur des Landtags im Preußen königlich-polnischen Anteils und analysiert die Fragen und Themen, die von der Ständerepräsentation, einem Organ der adeligen Selbstverwaltung, diskutiert wurden. Sehr wichtig ist dabei die Darstellung der Entstehung von Landtagsdokumenten, die wiederum als Quelle zur Erforschung der Geschichte des Parlamentarismus im Königlichen Preußen dienen. In sechs Kapiteln läßt der Verfasser ein Bild der Tätigkeit des Landtags im letzten Jahrhundert vor der Teilung Polens erstehen. Das Buch umfaßt eine umfangreiche Bibliographie, ein Abkürzungsverzeichnis und ein Namenregister.

Alina Kuzborska

Stanisław Achremczyk (Hg.): Życie codzienne na dawnych ziemiach pruskich. Świadectwa przeszłości [Alltagsleben in den ehemals preußischen Gebieten. Zeugnisse der Vergangenheit] (Rozprawy i Materiały Ośrodka Badań Naukowych im. W. Kętrzyńskiego w Olsztynie [Abhandlungen und Materialien des Wojciech-Kętrzyński-Forschungsinstituts, Allenstein] 202, Edycja wspólna Towarzystwa Naukowego i Ośrodka Badań Naukowych im. Wojciecha Kętrzyńskiego w Olsztynie [Gemeinsame Edition der Wojciech-Kętrzyński-Wissenschaftsgesellschaft und des Wojciech-Kętrzyński-Forschungsinstituts, Allenstein]). Olsztyn 2002. 200 S. ISBN 83-87643-82-3.

Der vorliegende Band ist das Ergebnis zweier Tagungen in Hohenstein/Olsztynek in den Jahren 2000 und 2001. Der erste Teil „Zeugnisse der Vergangenheit" ist historischen und kulturhistorischen Themen gewidmet, wobei Erinnerungen, die Inhalte der Regionalpresse und die Behandlung der Vergangenheit des Ermlands und Masurens im Geschichtsunterricht diskutiert werden. Der Aufsatz von Stanisław Achremczyk „Das kulturelle Erbe des Ermlands und Masurens" gibt einen umfangreichen Überblick über die gesamte Kulturlandschaft der Region samt ihrer Geschichte, ihren Denkmälern, gesellschaftlichen Organisationen und lokalen Traditionen. Norbert Kasparek befaßt sich in seinem Aufsatz „Ostpreußen in polnischen Tagebüchern in der ersten Hälfte des 19. Jahrhunderts" mit dem Bild Königsbergs und Ostpreußens aus polnischer Perspektive. Im zweiten Teil des Buches „Siedlungen" werden hauptsächlich zwei Formen der Wohnkultur in Ostpreußen dargestellt: die Herrenhäuser sowie Dorfsiedlungen. Der Band enthält keine Anhänge und keine deutsche Zusammenfassung, was seine Rezeption erschweren kann.

Alina Kuzborska

Dietmar Albrecht: Ku Sarmacji. Dziesięć dni w Prusach: Miejsca, teksty, znaki [Orig.: Wege nach Sarmatien. Zehn Tage Preußenland. Orte, Texte, Zeichen]. Übers. von Henryk Sekulski (Odkrywanie Światów [Welten entdecken]). Olsztyn: Borussia 2003. 376 S., Abb. ISBN 83-89233-00-2.

Dietmar Albrecht interessieren verschiedene Kulturen. Der ausgebildete Sinologe erschloß sich die Welt der Kultur, Geschichte und Literatur von Mittel- und Osteuropa, seitdem er die Arbeit an der Ostsee-Akademie begann. (Seit 2001 ist er Direktor der Academia Baltica in Lübeck.) Das Buch aus der Reihe „Odkrywanie Światów" (vgl. S. 285, Anm. 7) präsentiert eine reale und imaginäre Reise in das Preußenland und nach Litauen; die Route hat ihren Anfang in Gnesen/Gniezno, führt weiter über das Kulmerland bis nach Mohrungen/Morąg, Königsberg/Kaliningrad und Tilsit/Sowjetsk, durch die Kurische Nehrung, nach Tauroggen/Tauragė, in das literarische „Tal der Issa", nach Wilna/Vilnius und endet in Masuren. In allen ‚Reiseberichten' wird die alte und gegenwärtige Welt der verschiedenen Ethnien und Kulturen heraufbeschworen. Sie wird wahrgenommen im Spiegel des Schaffens solch bedeutender Autoren wie Johann Gottfried Herder, Arno Holz, Ernst Wiechert, Czesław Miłosz oder Siegfried Lenz; aber auch die Werke vieler vergessener oder weniger bekannter Autoren ‚beleben' die bereisten Orte. Sehr persönliche Reisebilder werden in Beschreibungen der gegenwärtigen Zustände in Polen, Litauen, Rußland und Deutschland hineinkomponiert, wobei der gesellschaftlich-politische Wandel sichtbar wird. Dieser literarische Reiseführer läßt ein gemeinsames Erbe erkennen, das jegliche Teilungen ausschließt, und hilft, das ‚Fremde' mit Freude zu entdecken. Das Buch besitzt ein Namen- und Quellenverzeichnis.

Alina Kuzborska

Grzegorz Białuński: Kolonizacja „Wielkiej Puszczy" (do 1568 roku) – starostwa piskie, ełckie, straduńskie, zełkowskie i węgoborskie (węgorzewskie) [Die Kolonisierung der „Großen Wildnis" (bis zum Jahr 1568) – Hauptämter Johannisburg, Lyck, Stradauen, Neuhoff und Angerburg] (Rozprawy i Materiały Ośrodka Badań Naukowych im. W. Kętrzyńskiego w Olsztynie [Abhandlungen und Materialien des Wojciech-Kętrzyński-Forschungsinstituts, Allenstein] 204, Edycja wspólna Towarzystwa Naukowego i Ośrodka Badań Naukowych im. Wojciecha Kętrzyńskiego w Olsztynie [Gemeinsame Edition der Wojciech-Kętrzyński-Wissenschaftsgesellschaft und des Wojciech-Kętrzyński-Forschungsinstituts, Allenstein]). Olsztyn 2002. 238 S., 1 Kt., poln. u. dt. Zusammenfassung. ISBN 83-87643-97-1.

Die Abhandlung befaßt sich mit der Entwicklung des Siedlungswesens auf dem Gebiet des südöstlichen Teiles des Ordensstaates, nach 1525 des Herzogtums Preußen. Białuński schildert in chronologischer Weise die Anfänge einer vom Deutschen Orden organisierten Aktion zur Besiedlung und Bewirtschaftung des preußischen Landes, die den Zeitraum von der zweiten Hälfte des 14. Jahrhunderts bis zum Jahr 1568, dem Todesjahr des Herzogs Albrecht von Hohenzollern, umfaßt. Die Erforschung der „Großen Wildnis", eines Territoriums, das von Ordenschronisten am Rande des Ordensstaates, angrenzend an Litauen und Masowien, lokalisiert wurde, zeigt der Autor exemplarisch am Beispiel der genannten Hauptämter auf. Das Buch schließt mit einem Ortsverzeichnis und einer Auswahlbibliographie und enthält eine separate Landkarte.

Alina Kuzborska

Borussia. Kultura – Historia – Literatura [Kultur – Geschichte – Literatur]. Nr. 18/19: Identyfikacje – Oblicza [Identitäten – Gesichter]. Olsztyn: Wspólnota Kulturowa [Kulturgemeinschaft] „Borussia" 1999. 440 S., Abb. PL ISSN 0867-6402.

Die Halbjahresschrift des Vereins der Kulturgemeinschaft „Borussia" in Allenstein/Olsztyn erscheint seit 1991. Die Thematik der Zeitschrift bestimmen überwiegend die Kultur, Geschichte und Literatur des Ermlands und Masurens, dieser multikulturell geprägten Gebiete im einstigen deutsch-polnischen Grenzland. Die vorliegende Doppelnummer (die erste mit farbigem Umschlag) eröffnet ein Essay von Piotr Lachmann „Die Gespräche über die sogenannte Identität". Im traditionellen ‚literarischen' Teil wird die neuere mazedonische Lyrik vorgestellt, auch Gedichte von Gerald Zschorsch und Zbigniew Chojnowski. Das Kapitel „Farben der Kultur" präsentiert Äußerungen verschiedener Autoren über aktuelle Kulturzustände sowie ein Rundgespräch über Kontinuität und Wandel in der Kultur, das mit den Vertretern zweier Intellektuellengenerationen geführt wurde, die sich mit Allenstein und der Region verbunden fühlen. Das Kapitel „Landschaften" beschäftigt sich mit der Vorstellung und der Erhaltung der materiellen Kultur der Region. Der Abschnitt „Die Grenzlandgebiete" beinhaltet Beiträge zum Problem der nationalen Minderheiten. Ein weiteres Kapitel enthält „Porträts" des Komponisten Feliks Nowowiejski und der Autorin und Publizistin Marion Gräfin Dönhoff. Den Band beschließen Rezensionen und die Chronik der Kulturgemeinschaft „Borussia" für das Jahr 1998.

Alina Kuzborska

Borussia. Kultura – Historia – Literatura [Kultur – Geschichte – Literatur]. Nr. 20/21. Olsztyn: Wspólnota Kulturowa [Kulturgemeinschaft] „Borussia" 2000. 336 S., Abb. PL ISSN 0867-6402.

Den literarischen Teil des Bandes eröffnet das Gedicht „Pruzzische Elegie" von Johannes Bobrowski. Es folgen Texte von Olga Tokarczuk, Jarosław Klejnocki, Włodzimierz Kowalewski, Anna Janko, Ewa Klimek und Alicja Bykowska-Salczyńska. Die Kapitel „Die Grenzen der Kulturvielfalt", „Die Juden", „Zeugnisse" und „Landschaften" berühren verschiedene Aspekte der Wirkung von Kultur einst und heute. Unter der Überschrift „Interpretationen" werden vier Essays zur Literatur präsentiert: Ferid Muhićs „MultiMacedonia", Christoph Meckels „Erinnerungen an Johannes Bobrowski", Janusz Mossakowskis „Stereotype und autobiographische Therapie: ‚Die Ahnen' von Gustav Freytag" sowie „‚Die Jerominkinder' von Ernst Wiechert als moderner Roman" von Anna Matysiak. Die deutsch-polnischen Beziehungen in den letzten zehn Jahren charakterisiert ein Gespräch, das aus Anlaß des Erscheinens des Buches von Basil Kerski „Otwarta brama. Niemcy między zjednoczeniem a końcem stulecia. Szkice i rozmowy" (Das offene Tor. Die Deutschen zwischen Wiedervereinigung und Jahrtausendwende. Skizzen und Gespräche) im Goethe-Institut Warschau/Warszawa stattfand. Rezensionen und eine Chronik beschließen den Band.

Alina Kuzborska

Borussia. Kultura – Historia – Literatura [Kultur – Geschichte – Literatur]. Nr. 22. Olsztyn: Wspólnota Kulturowa [Kulturgemeinschaft] „Borussia" 2000. 336 S., Abb. PL ISSN 0867-6402.

Diese Ausgabe der Zeitschrift erschien unter dem Titel: „Zum 10. Jahrestag des Vereins der Kulturgemeinschaft ‚Borussia'. Unsere Autoren und Mitarbeiter". Der einleitende Beitrag von Robert Traba, dem Chefredakteur der Zeitschrift und Mitbegründer der Kulturgemeinschaft, rekurriert auf die Ziele und Aufgaben der vielseitigen Tätigkeit dieser Vereinigung, die einen Weg von ‚lokalen' zu ‚universalen' Themen beschritt. So ist auch der vorliegende Band strukturiert; seine Kapitel, in denen langjährige Autoren der „Borussia" ihre Texte präsentieren, lauten: „Ermland und Masuren", „Polen", „Europa" und „Universum". Der ‚europäische' Diskurs ist größtenteils den polnisch-deutschen Beziehungen gewidmet. Am Ende des Bandes sind die Biogramme der Autoren des Jubiläumsbandes veröffentlicht sowie eine alphabetische Liste der Autoren und Mitarbeiter der Zeitschrift während der zehn Jahre ihres Bestehens.

Alina Kuzborska

Borussia. Kultura – Historia – Literatura [Kultur – Geschichte – Literatur]. Nr. 23: Mity – Narody – Codzienność [Mythen – Völker – Alltag]. Olsztyn: Wspólnota Kulturowa [Kulturgemeinschaft] „Borussia" 2001. 264 S., Abb. PL ISSN 0867-6402.

Diese Nummer der „Borussia" enthält einen Teil der Materialien der Tagung „Zwischen dem nationalen Mythos und den Herausforderungen des 21. Jahrhunderts", die anläßlich des 10. Jahrestages des Bestehens der Kulturgemeinschaft im September 2000 in Angerburg/Węgorzewo stattfand. Unter den Referenten waren Autoren aus Polen, Deutschland, Litauen und Rußland (Kaliningrader Gebiet). Das vorliegende Heft erschließt drei Themenkreise. Der erste Teil, „Der nationale Code. Fremdes Erbe", enthält drei Texte (Jerzy Szacki: „Reflexionen über das Polentum", Janusz A. Majcherek: „Vieldimensionale Identität auf multikulturellem Gebiet", Natalia Borowska: „Ostpreußische ‚Titanic'"); der zweite Teil, „Masuren-, Ermland- und Ostpreußenmythos", bringt Essays von Kazimierz Brakoniecki, Hubert Orłowski, Stefan Chwin und Oleg Głuszkin sowie Gedichte von Maciej Cisło und Gintaras Grajauskas. Im dritten Teil, „Realität: Globalisierung, Alltagsleben", reflektiert Aleksander Smolar über deutsch-russische Wechselwirkungen. Anschließend folgt eine Diskussion unter Konferenzteilnehmern über die „Notwendigkeit und Schwierigkeiten der regionalen Zusammenarbeit in Ostmitteleuropa". Eine zweite Diskussion „Die post- landesgenossenschaftliche Gesellschaft – eine menschliche Katastrophe und ihr ökologisches Ausmaß" wird eingeleitet durch Überlegungen von Elżbieta Tarkowska, „Blick auf die Vergangenheit der Landesgenossenschaften". Traditionell beschließen den Band die Rezensionen und die Chronik.

Alina Kuzborska

Borussia. Kultura – Historia – Literatura [Kultur – Geschichte – Literatur]. Nr. 24/25: Podróżowanie [Reisen]. Olsztyn: Wspólnota Kulturowa [Kulturgemeinschaft] „Borussia" 2001. 312 S., Abb. PL ISSN 0867-6402.

Reisen bestimmen die vorliegende Doppelnummer der „Borussia". Es sind sowohl wirkliche ‚Reiseberichte' aus verschiedenen Ländern als auch imaginäre literarische Reisen oder Exkurse in die Vergangenheit. Im Kapitel „Masuren" reflektiert Robert Traba über „Magie des Ortes und Mythologisierung der Landschaft in Ostpreußen". Der Abschnitt „Das Reisen" enthüllt verschiedene Bilder von Städten und Landschaften: von Berlin (Claudio Magris) über Amsterdam (Marek L. Barański) bis New York (Danuta Kostewicz); es geht um Beschreibungen von Reisen in die Welt der amerikanischen Indianer (Aleksandra Ziółkowska-Boehm) oder in eine entlegene Welt Sowjetrußlands in den Jahren 1922–1936 in polnischen Reiseberichten (Jerzy Kochanowski). Den Band beschließen Buchbesprechungen und anstatt der traditionellen Chronik ein Reisebericht von Robert Traba, „Der Bus nach Nidden", in dem er die Strapazen einer Busreise von Allenstein/Olsztyn über die russische Grenze nach Nidden/Nida in Litauen dem Zweck der Reise (einer Deklaration über den „offenen Regionalismus" von Vertretern aus Deutschland, Rußland, Litauen und Polen) gegenüberstellt.

Alina Kuzborska

Borussia. Kultura – Historia – Literatura [Kultur – Geschichte – Literatur]. Nr. 26. Olsztyn: Wspólnota Kulturowa [Kulturgemeinschaft] „Borussia" 2002. 264 S., Abb., Sonderabdruck: Gdańska Nagroda imienia Ericha Brosta [Danziger Erich-Brost-Preis], 16 S. PL ISSN 0867-6402.

Die vorliegende Ausgabe der „Borussia" erörtert als Hauptthema „Vergangenheit und Erinnerung", wobei der regionale Preußen- bzw. Ostpreußenbezug hervorragt. Robert Traba erwägt die Perspektiven der zukünftigen Zusammenarbeit in den Grenzlandgebieten unter dem Titel „Ostbaltische Region?". Eckhard Matthes befaßt sich in seinem Aufsatz „Das regionale Bewußtsein im Kaliningrader Gebiet" mit dem Mentalitätswandel unter der russischen Bevölkerung. Leszek Żyliński überprüft die polnischen Stereotype über Preußen, Mathias Wagner die konfessionellen Verhältnisse in Masuren in den Nachkriegsjahren, als die Protestanten immer stärker durch die Katholiken verdrängt wurden. Dieses Thema wird im nächsten Kapitel „Kirche und Glaubensbekenntnis" fortgesetzt. Piotr Wróblewski schreibt über die Religiosität der nationalen Minderheiten; Ryszard Michalak und Iwona Liżewska widmen sich dem Problem der Ersetzung bzw. Übernahme des Kulturgutes der Lutheraner durch die katholische Kirche; Adam Dziurok behandelt „Die Abrechnungen mit den Naziaktivisten in Oberschlesien nach dem Zweiten Weltkrieg". Der beigelegte Sonderabdruck dokumentiert die Verleihung des Danziger Erich-Brost-Preises an die Kulturgemeinschaft „Borussia" am 20. September 2001, eine Auszeichnung, die „für besondere Initiativen zur Versöhnung und Zusammenarbeit zwischen Polen und Deutschen auf dem Gebiet der Kultur, Wissenschaft, Bildung und Politik" zuerkannt wird. Abgedruckt sind die Reden von Holger Börner, dem Vorsitzenden der Friedrich-Ebert-Stiftung, von Prof. Wojciech Wrzesiński, dem Vorsitzenden der Polnischen Historischen Gesellschaft, von Prof. Włodzimierz Borodziej, dem Prorektor der Warschauer Universität, sowie von Robert Traba, dem Vorsitzenden der Kulturgesellschaft „Borussia".

Alina Kuzborska

Józef Borzyszkowski: Z dziejów Kościoła katolickiego na Kaszubach i Pomorzu w XIX i XX wieku [Zur Geschichte der katholischen Kirche in der Kaschubei und in Pommerellen im 19. und 20. Jh.]. Gdańsk: Instytut Kaszubski, Pelplin: Wydawnictwo Diecezji Pelplińskiej „Bernardinum" 2000. 338 S. ISBN 83-914815-4-9, 83-88487-68-X.

Der in polnischer Sprache verfaßte Sammelband ist der Geschichte der Diözese Culm (Kulm)/Chełmno und deren Institutionen, der Rolle der Stadt Pelplin und der kaschubischen Problematik gewidmet. Im ersten, historischen Teil finden sich acht Beiträge des Verfassers zu folgenden Schwerpunkten: die Zisterzienser und Pelplin; 350 Jahre der Pfarrkirche im kaschubischen Dorf Gorrenschin/Goręczyno; die Geschichte des Dorfes Bruß/Brusy und dessen Umgebung; die soziale Herkunft der polnischen Geistlichen der Diözese in der zweiten Hälfte des 19. Jahrhunderts; Pelplin als kulturelles Zentrum in Pommerellen im 19. und 20. Jahrhundert u. a. Der zweite Teil ist überwiegend den Formen des religiösen Kultus in der Kaschubei gewidmet.

Mirosław Ossowski

Józef Borzyszkowski, Dietmar Albrecht (Hg.): Pomorze – Mała ojczyzna Kaszubów (Historia i współczesność) = Kaschubisch-pommersche Heimat (Geschichte und Gegenwart). Gdańsk, Lübeck 2000. 807 S., Abb. ISBN 83-86527-11-0.

In dem zweisprachigen Band (alle Texte in Deutsch und Polnisch) finden sich vierzehn Beiträge überwiegend polnischer Autoren zu geographischen, historischen, soziologischen, kulturellen und sprachwissenschaftlichen Themen, darunter sieben Texte, die der historischen Entwicklung im Siedlungsraum der Kaschuben gewidmet sind: Zygmunt Szultka:

„Die Kaschuben in der pommerschen Gesellschaft. Die wichtigsten Entwicklungslinien"; Ilse Gudden-Lüdecke: „Pommersch-kaschubische Siedlungsgeschichte"; Klemens Bruski: „Die Geschichte Pommerellens bis 1466"; Barbara Popielas-Szultka: „Abriß der Geschichte Pommerns im Mittelalter"; Zygmunt Szultka: „Die pommerschen Kaschuben unter der Herrschaft der Brandenburger Kurfürsten und der preußischen Könige bis 1806", „Das Königliche Preußen (Westpreußen) 1466–1806"; Cezary Obracht-Prondzyński: „Der kaschubisch-pommersche Regionalismus nach dem Zweiten Weltkrieg". Der Band enthält außerdem zwei Einführungen der Herausgeber, ein Literaturverzeichnis sowie eine Konkordanz der geographischen Namen (deutsch und polnisch).

Mirosław Ossowski

Józef Borzyszkowski (Hg.): Z dziejów kultury Pomorza XVIII–XX wieku. Materiały z seminarium, Uniwersytet Gdański 26 października 1999 r. [Aus der Kulturgeschichte Pommerellens vom 18. bis 20. Jh. Materialien eines Seminars der Universität Danzig/Gdańsk vom 26. Okt. 1999]. Gdańsk: Wydawnictwo Uniwersytetu Gdańskiego, Instytut Kaszubski 2001. 234 S. ISBN 83-7326-015-3, 83-914815-6-5, 83-88829-22-X.

Der Band enthält zehn Beiträge (in polnischer Sprache), die kaschubischen und pommerellischen Themen gewidmet sind. Es finden sich darunter Aufsätze von Marian Fryda über kaschubisch-deutsche Relationen um die Wende vom 18. zum 19. Jahrhundert am Beispiel der Pfarrei Konarschin/Konarzyny, von Henryk Mross über die nationale Zusammensetzung des Kulmer Klerus im 19. und zu Beginn des 20. Jahrhunderts, von Helena Kowalska über die Gründung (1835) und die Tätigkeit des Kunst-Vereins in Danzig.

Mirosław Ossowski

Józef Borzyszkowski (Hg.): Życie codzienne na Kaszubach i Pomorzu na przełomie XIX i XX wieku. Materiały pokonferencyjne [Das alltägliche Leben in der Kaschubei und in Pommerellen um die Wende vom 19. zum 20. Jh. Tagungsmaterialien]. Gdańsk: Instytut Kaszubski w Gdańsku 2001. 215 S., Abb. ISBN 83-89079-00-3.

Der vom Kaschubischen Institut, Danzig/Gdańsk, und dem Herder-Institut, Marburg, gemeinsam herausgegebene Band geht auf eine 1999 in Wdzydze durchgeführte Konferenz zurück und enthält zwei Aufsätze in deutscher und sieben in polnischer Sprache. Kurt Dröge erörtert die volkskundlichen Forschungen auf dem Gebiet der pommerschen Kaschuben. Sybille Tempel greift das Thema der kulturellen Besonderheiten der Kaschuben auf. Von den Beiträgen in polnischer Sprache sind zwei, verfaßt von Hanna Nogossek und Józef Borzyszkowski, der beachtenswerten Persönlichkeit von Alexander Treichel (1838–1901) und seinem Besitz Hochpaleschken/Wilcze Błota gewidmet. Die weiteren Beiträge behandeln unter anderem ethnische Beziehungen im Kulturgrenzraum (Cezary Obracht-Prondzyński), das religiöse Leben in der Kaschubei (Tadeusz Sadkowski) und das alltägliche und festtägliche Leben in Tuchel/Tuchola (Hanna Łopatyńska).

Mirosław Ossowski

Józef Borzyszkowski, Cezary Obracht-Prondzyński (Hg.): Badania kaszuboznawcze w XX wieku [Forschungen zu den Kaschuben im 20. Jh.]. Gdańsk: Instytut Kaszubski w Gdańsku 2001. 327 S. ISBN 83-89079-01-1.

Der Band ist der Ertrag einer wissenschaftlichen Tagung vom 12.–13. Oktober 2000 in Danzig/Gdańsk. Er enthält 23 Beiträge in polnischer und einen in russischer Sprache. Die einzelnen Aufsätze sind geographischen, ethnographischen, soziologischen, literarischen, publizistischen, linguistischen und historiographischen Aspekten der Kaschubenforschung gewidmet.

Mirosław Ossowski

Józef Borzyszkowski: Kaszubo-pomorscy duszpasterze – współtwórcy dziejów regionu [Die kaschubisch-pommerschen Seelsorger – Mitgestalter der Regionalgeschichte]. Gdańsk: Instytut Kaszubski, Pelplin: Wydawnictwo Diecezji Pelplińskiej „Bernardinum" 2002. 320 S. ISBN 83-914815-7-3.

Der in polnischer Sprache verfaßte Band ist als Pendant zum Buch „Z dziejów Kościoła katolickiego na Kaszubach i Pomorzu w XIX i XX wieku" (S. 276) gedacht. Im ersten Teil des Bandes veranschaulicht der Autor anhand ausgewählter Beispiele (organisatorische Aktivitäten, wissenschaftliche und literarische Publikationen, Gemeindedienst u. a.) die Rolle der katholischen Geistlichkeit aus der Diözese Kulm/Chełmno in den Entwicklungsprozessen der kaschubisch-pommerschen Region im 19. und 20. Jahrhundert. Im zweiten Teil werden die verdienten Priester charakterisiert.

Mirosław Ossowski

Kazimierz Brakoniecki: Światologia [Weltologie] (Odkrywanie Światów [Welten entdecken]). Olsztyn: Borussia 2001. 240 S., Abb. ISBN 83-913377-5-8.

Das neueste autobiographische Buch des Dichters und Schriftstellers aus Allenstein/Olsztyn ist zugleich eine Interpretation der Zustände der mitteleuropäischen Vergangenheit und Gegenwart aus der Perspektive eines Intellektuellen, der dem gesellschaftlich-kulturellen Wandel gegenüber nicht gleichgültig bleibt. Der Band ist inhaltlich nicht homogen. Er besteht unter anderem aus einem ‚intimen Tagebuch' mit Gedanken und Erinnerungen aus dem Familienleben, Überlegungen zu regionalen und universalen Erscheinungen sowie Reiseerlebnissen in Rußland, Deutschland, Frankreich und Polen. Somit zeichnet der Autor eine individualisierte ‚Zivilisationsgeschichte' von ‚Europa minor' im Wandel. Brakonieckis essayistisches Tagebuch bietet eine Lebensphilosophie an, die aus seinen persönlichen Erkenntnissen sowie den historischen Erfahrungen der Menschen und Völker einander benachbarter Länder gewonnen ist.

Alina Kuzborska

Kazimierz Brakoniecki, Winfried Lipscher (Hg.): Borussia. Ziemia i ludzie (Antologia literacka) [Borussia. Land und Leute (Eine literarische Anthologie)] (Biblioteka Borussii [Bibliothek der Borussia] 15). Olsztyn: Wspólnota Kulturowa Borussia 1999. 607 S. ISBN 83-909724-1-7.

Diese Publikation in polnischer Sprache ist eine veränderte und erweiterte Fassung der deutschen Ausgabe: „Meiner Heimat Gesicht. Ostpreußen im Spiegel der Literatur", herausgegeben 1996 von Winfried Lipscher und Kazimierz Brakoniecki. Thema dieser umfangreichen literarischen Anthologie ist eine historisch gewordene Region, „Borussia", Ostpreußen mit seinen Teilgebieten Ermland, Masuren, Memelland, Preußisch-Litauen usw. Der Band versammelt literarische Texte von Autoren verschiedener Sprachen und Nationalitäten, die dieses Land bewohnt haben oder heute noch hier leben und schaffen. In fünf thematischen Kapiteln präsentieren die ausgewählten Texte das kulturelle Phänomen der „Borussia", das eher der ‚Geopoetik' als der ‚Geopolitik' zugeordnet werden sollte. Das Kapitel „Universalia" wird durch das Vaterunser in prußischer Sprache eröffnet, „Land und Leute" vertreten 43 Autoren von Simon Dach bis Kazimierz Brakoniecki, im Kapitel „Große Geschichte und kleine Heimat" kommen 39 alte und neue Autoren deutscher, litauischer, polnischer und russischer Zunge zu Wort, der vierte Teil „Die gerettete Identität" stellt eine literarische und der „Annex" eine literarhistorische Reflexion über die unwiederbringliche Vergangenheit der Region dar. Das Buch enthält ein Quellenverzeichnis, ein historisches Kalendarium und eine Landkarte mit alten und aktualisierten Ortsbezeichnungen. Zwei weitere Versionen dieser Anthologie sind bereits in russischer und in litauischer Sprache erschienen.

Alina Kuzborska

Antoni Czacharowski: Bürgertum und Rittertum im Spätmittelalter. Toruń: Wydawnictwo Uniwersytetu Mikołaja Kopernika 2001. 186 S. ISBN 83-231-1304-1.

Die in deutscher Sprache verfaßte Schrift entstand im Institut für Geschichte und Archivkunde der Nikolaus-Kopernikus-Universität Thorn/Toruń zu Ehren und zur Würdigung des hiesigen Mediävisten Prof. Dr. habil. Antoni Czacharowski. Diese Festgabe versammelt dreizehn Aufsätze des 70jährigen Jubilars, der seit langem zum Kreis der besten polnischen Kenner der mittelalterlichen Stadt- und Bürgergeschichte gehört. Fast alle im vorliegenden Band zusammengestellten Beiträge wurden ursprünglich vom Autor in deutscher Sprache geschrieben und in verschiedenen internationalen Sammelbänden und Periodika in der Zeit von 1980 bis 1997 publiziert. Inhaltlich beziehen sich die Texte überwiegend auf wirtschaftliche, politische und kulturelle Aspekte in der Entwicklung des Bürger- und Rittertums im Ordensstaat Preußen und in der Neumark. Des weiteren werden interessante Thesen zur Gründung von Städten im Ordensstaat Preußen wie etwa Thorn, Elbing/Elbląg und anderen präsentiert, außerdem die Ergebnisse von Forschungen über die Herausbildung der Ständegesellschaft und ihres politischen Bewußtseins sowie der regionalen Identität des Rittertums im 14. und 15. Jahrhundert im Ordensstaat Preußen.

Piotr Zariczny

Marion Gräfin Dönhoff: Nazwy, których nikt już nie wymienia [Orig.: Namen, die keiner mehr nennt]. Übers. von Grzegorz Supady, Nachwort von Leszek Żyliński (Odkrywanie Światów [Welten entdecken]). Olsztyn: Borussia 2001. 168 S., Abb. ISBN 83-913377-3-1.

Mit dieser Ausgabe liegt das berühmte Buch von Marion Gräfin Dönhoff erstmals vollständig in polnischer Sprache vor. Der Name der Autorin ist in Polen nicht nur in germanistischen Kreisen bekannt, denn ihre Lebensleistung wird dort sehr hoch geschätzt und gepriesen. Das Buch „Namen, die keiner mehr nennt" berührte als eines der ersten in Deutschland das heikle Thema des deutschen Erbes in Polen, und zwar sehr offen, ohne nationale Phobien und Vorurteile, im vollen Bewußtsein des Verlustes von Heimatorten als Konsequenz des Zweiten Weltkrieges. Das Buch enthält zwei Fotografien von Marion Gräfin Dönhoff und schließt mit einem Orts- und einem Namenverzeichnis.

Alina Kuzborska

Zbigniew Fras, Norbert Kasparek (Hg.): Królewiec w oczach Polaków XIX wieku [Königsberg aus der Sicht von Polen des 19. Jh.s] (Rozprawy i Materiały Ośrodka Badań Naukowych im. W. Kętrzyńskiego w Olsztynie [Abhandlungen und Materialien des Wojciech-Kętrzyński-Forschungsinstituts, Allenstein] 174). Olsztyn 1998. 150 S. ISBN 83-87643-25-4.

Die vorliegende Auswahl von Texten aus dem 19. Jahrhundert präsentiert in erster Linie Tagebuchaufzeichnungen und Berichte von Polen, die als Einwanderer bzw. Reisende Königsberg und seine Geschichte darstellen oder ihre Kontakte mit herausragenden Persönlichkeiten der Stadt schildern. Dem Teil des Buches, der dem Bild der Stadt Königsberg in Tagebüchern, Berichten und Briefen gewidmet ist, geht ein Abschnitt voran, der das Bild Königsbergs in Enzyklopädien, Wörterbüchern und Reiseführern dokumentiert. Der Band verfügt über ein hilfreiches Personen- und Ortsregister.

Alina Kuzborska

Jan Gancewski: Rola zamków krzyżackich w ziemi chełmińskiej od połowy XIV wieku do 1454 roku. Studia nad gospodarką [Die Rolle der Ordensburgen im Kulmerland von der Mitte des 14. Jahrhunderts bis 1454. Studien zur Wirtschaftsgeschichte] (Rozprawy i Materiały Ośrodka Badań Naukowych im. W. Kętrzyńskiego w Olsztynie [Abhandlungen und Materialien des Wojciech-Kętrzyński-Forschungsinstituts, Allenstein] 201, Edycja wspólna Towarzystwa Naukowego i Ośrodka Badań Naukowych im. Wojciecha Kętrzyńskiego w Olsztynie [Gemeinsame Edition der Wojciech-Kętrzyński-Wissenschaftsgesellschaft und des Wojciech-Kętrzyński-Forschungsinstituts, Allenstein]). Olsztyn 2001. 126 S., Abb., 2 Kt., dt. Zusammenfassung. ISBN 83-87643-62-9.

In vier Kapiteln zeichnet der Verfasser die Entstehungsgeschichte der Ordensburgen im Kulmerland im 14. und 15. Jahrhundert nach. Er erörtert nicht nur die militärische Funktion der Burgen, ihre Abwehrfunktion vor allem, sondern auch ihre bedeutende Rolle im wirtschaftlichen Leben des Preußenlandes. Die vom Autor gesetzte zeitliche Zäsur (bis 1454) ist durch die Existenz des Ordensstaates in seinen Grenzen vor dem Zweiten Thorner Frieden bedingt, als das Kulmerland noch zum Ordensstaat gehörte. Der Band enthält eine reiche Bibliographie, mehrere Register (darunter ein Personen- und Ortsverzeichnis) sowie im Anhang 14 Skizzen von Ordensburgen.

Alina Kuzborska

Gustaw Gizewiusz: Pieśni ludu znad Górnej Drwęcy w parafiach Ostródzkiej i Kraplewskiej zbierane w 1836 do 1846-go roku przez X[iędza] G.[ustawa] G.[izewiusza] [Volkslieder aus dem Gebiet der oberen Drewenz in den Kirchspielen

Osterode und Kraplau, gesammelt durch Pfr. Gustav Gisevius]. 3 Bde. (Rozprawy i Materiały Ośrodka Badań Naukowych im. W. Kętrzyńskiego w Olsztynie [Abhandlungen und Materialien des Wojciech-Kętrzyński-Forschungsinstituts, Allenstein] 198–199, Edycja wspólna Towarzystwa Naukowego i Ośrodka Badań Naukowych im. Wojciecha Kętrzyńskiego w Olsztynie [Gemeinsame Edition der Wojciech-Kętrzyński-Wissenschaftsgesellschaft und des Wojciech-Kętrzyński-Forschungsinstituts, Allenstein]). Kraków: Collegium Columbinum, Olsztyn 2000–2001.
Bd. I: Rękopis [Handschrift]. [Nachwort von Władysław Ogrodziński] (Rozprawy [...] 198, Biblioteka tradycji literackich 33). 2000. 342 S. ISBN 83-87553-21-2.
Bd. II: Zapis słowny [Texte]. Oprac. [Einleitung und Bearbeitung von] Władysław Ogrodziński (Rozprawy [...] 198). 2001. 274 S., 14 Abb. ISBN 83-87643-02-5.
Bd. III: Zapis muzyczny [Musikalische Aufzeichnungen]. Wstęp, odczytanie rękopisu [Einleitung, Kommentar und Adaptation von] Zenona Rodomańska (Rozprawy [...] 199). 2001. 70 S., 1 CD, 1 Kt. ISBN 83-87643-07-6.

Die Grundlage dieser dreibändigen außergewöhnlichen Dokumentation bildet ein Manuskript, das von seinem Verfasser Gustav Gisevius, einem polnischen Prädikanten aus Osterode/Ostróda, den Titel „Volkslieder aus dem Gebiet der oberen Drewenz [...]" erhielt. Nach fast 150 Jahren erlebte diese Sammlung ihre erste vollständige Veröffentlichung. Den ersten Band macht der Faksimiledruck der handschriftlich überlieferten Liedtexte aus. Deren Authentizität ist in der wortgetreu gedruckten Version im zweiten Band durch Beibehaltung der originalen Schreibweise und Interpunktion gewahrt. Die Erläuterungen von Władysław Ogrodziński ermöglichen ein besseres Verständnis der Niederschrift. Der zweite Band enthält eine Zusammenfassung in deutscher Sprache, einen Anhang mit Glossar, Ortsnamenverzeichnis, Namenregister sowie Anmerkungen zur Rechtschreibung. Der dritte Teil der Sammlung, der die Notenaufzeichnungen einiger Volkslieder enthält, nimmt sich im Vergleich zu den anderen Teilen der Ausgabe sehr bescheiden aus, da von den 450 publizierten Liedertexten nur 32 von Melodien begleitet sind. Die Tonaufnahme dieser Lieder auf CD vergegenwärtigt die alte Volkskultur der Region.

Alina Kuzborska

Johann Gottfried Herder: Dziennik mojej podróży z roku 1769 [Orig.: Journal meiner Reise im Jahr 1769]. Nachwort von Tadeusz Namowicz, Übers. von Magdalena Kurkowska (Odkrywanie Światów [Welten entdecken]). Olsztyn: Borussia 2002. 144 S. ISBN 83-915690-8-X.

Das vorliegende Buch des herausragenden Philosophen und Schriftstellers Johann Gottfried Herder ist die erste vollständige Übersetzung und Publikation des „Journals" in polnischer Sprache. Der aus Mohrungen/Morąg stammende Denker entwarf in seinem philosophischen „Tagebuch" eine Universalidee von der Verbindung pädagogischer und staatlich-rechtlicher Konzeptionen. Diese Überlegungen werden durch Beschreibungen von Natur- und Kulturlandschaften bereichert. Den Wert der polnischen Ausgabe erhöht das Nachwort (mit Anmerkungen zum Text) von Prof. Tadeusz Namowicz, dem Autor einer Herder-Monographie und Editor seiner Werke.

Alina Kuzborska

Mirosław Hoffmann: Źródła do kultury i osadnictwa południowo-wschodniej sfery nadbałtyckiej w I tysiącleciu p. n. e. [Quellen zur Kultur- und Siedlungsgeschichte im südöstlichen Ostseeraum im 1. Jahrtausend v. Chr.] (Rozprawy i Materiały Ośrodka Badań Naukowych im. W. Kętrzyńskiego w Olsztynie [Abhandlungen und Materialien des Wojciech-Kętrzyński-Forschungsinstituts, Allenstein] 177). Olsztyn 1999. 410 S., 171 Abb., 1 Kt. ISBN 83-87643-60-2.

Die Monographie bietet umfangreiches Material vorgeschichtlich-archäologischer Forschungen auf der Basis von über tausend Ausgrabungsstätten und erschließt so die Quellen der Kultur- und Siedlungsgeschichte der Bronzezeit und der frühen Eisenzeit in den Gebieten zwischen der unteren Weichsel und der Memel. Das Buch ist zweiteilig: Den ersten Teil machen die Materialien aus, vor allem ein Katalog von Ausgrabungsstätten, der zweite Teil besteht aus zahlreichen Abbildungen und Tafeln. Neben einem Literaturverzeichnis und einem Namenregister bietet das Werk eine separate Landkarte zur Siedlungsgeschichte; eine fremdsprachige Zusammenfassung fehlt jedoch.

Alina Kuzborska

Marek Jaroszewski (Hg.): Studia Germanica Gedanensia. [Bd.] 10. Gdańsk: Uniwersytet Gdański 2002. 248 S. ISSN 1230-6045.

Im zehnten Heft der germanistischen Schriftenreihe der Universität Danzig/Gdańsk analysiert Olga Fejtová die Privatbibliotheken von Danziger Bürgern im 17. Jahrhundert. Sie stützt sich auf 1.721 Inventarauflistungen aus dem Bestand des Staatsarchivs in Danzig, von denen 328 Bücher erwähnen, und vergleicht die Ergebnisse mit denen ähnlicher Untersuchungen, insbesondere zu den Bücherbeständen in Prag/Praha. Sie stellt fest, daß der Umfang der Danziger Privatbibliotheken das zeitgenössische Niveau zumeist nicht überschritt. Peter Oliver Loew untersucht die Bedeutung Danzigs als Verlagsort im 19. Jahrhundert und konstatiert die Provinzialität der Stadt in dieser Zeit. Piotr Roguski analysiert die polenfeindlichen Gedichte von Friedrich August von Stägemann zu Beginn der 30er Jahre des 19. Jahrhunderts. Marek Jaroszewski erörtert die polnische Rezeption des Romans „Die Blechtrommel" von Günter Grass. Er verweist auf die Kontroversen um Grass in Polen nach dem Erscheinen seines Romans, die er als eine politische Auseinandersetzung bewertet, und schildert die Bemühungen um die polnische Ausgabe der „Blechtrommel".

Mirosław Ossowski

Sławomir Jóźwiak: Centralne i terytorialne organy władzy zakonu krzyżackiego w Prusach w latach 1228–1410. Rozwój – Przekształcenia – Kompetencje [Zentrale und territoriale Regierungsorgane des Deutschen Ritterordens in Preußen in den Jahren 1228–1410. Entwicklung – Umwandlungen – Befugnisse]. Toruń: Wydawnictwo Uniwersytetu Mikołaja Kopernika 2001. 248 S., 7 Abb., 2 Kt., dt. Zusammenfassung. ISBN 83-231-1306-8.

Die Habilitationsschrift gliedert sich in fünf Kapitel. Im ersten Kapitel beschäftigt sich der Autor mit dem Aufbau und der Funktionsweise der Territorialverwaltung des Deutschen Ritterordens, vom Heiligen Land und von Venedig aus gesehen, in der Zeit vor 1309. Vor allem geht es um Beziehungen zwischen zentralen Behörden des Ordens und seinen Provinzen in Mitteleuropa. Das zweite Kapitel konzentriert sich auf Aufbau, Funktionsweise und Entwicklung der Territorialverwaltung des Ordensstaates in Preußen nach der allmählichen Verlegung seines Machtzentrums nach Osten sowie seiner militärischen Expansion um die Mitte des 14. Jahrhunderts. Im dritten Kapitel setzt sich der Verfasser mit dieser Expansion weiter auseinander und betont ihre Bedeutung für die Umwandlungen in der Funktionsweise des Ordens in Preußen um die Wende vom 14. zum 15. Jahrhundert. Im vierten Kapitel lenkt er die Aufmerksamkeit auf die Finanzierung der Regierungsorgane des Ordens sowohl vor der Verlegung des Hauptsitzes des Hochmeisters von Venedig nach der Marienburg, also vor 1309, als auch danach, bereits in Preußen. Im letzten Kapitel werden Stärken (stabile auf die Ordensregel gestützte Machtstrukturen) und Schwächen (Ideologie des Glaubenskrieges und kostspielige militärische Expansion) der Regierungsmethoden des Ordens vor 1410 reflektiert. Besonders interessant erscheint die Studie im Hinblick auf den methodischen Ansatz des Autors, bei dem die geographische (kartographische) Rekonstruktion der dynamischen Entwicklung des Deutschen Ordensstaates eine wesentliche Rolle spielt. Darüber hinaus stützt sich die Arbeit auf Quellen, die aus der Zeit vor 1410 stammen, und stellt daher die Konventgröße im Kulmerland und in Preußen etwas anders dar als bisherige Untersuchungen. Die Monographie wird mit einer Quellen- und Literaturauswahl, einem Kartenverzeichnis sowie einer ausführlichen Zusammenfassung in deutscher Sprache abgeschlossen.

Piotr Zariczny

Maciej Karczewski: Źródła archeologiczne do badań nad zasiedlaniem Krainy Wielkich Jezior Mazurskich w okresie wpływów rzymskich [Archäologische Quellen zur Erforschung des Siedlungswesens im Gebiet der großen masurischen Seen in der Zeit der römischen Einflüsse] (Rozprawy i Materiały Ośrodka Badań Naukowych im. W. Kętrzyńskiego w Olsztynie [Abhandlungen und Materialien des Wojciech-Kętrzyński-Forschungsinstituts, Allenstein] 197, Edycja wspólna Towarzystwa Naukowego i Ośrodka Badań Naukowych im. Wojciecha Kętrzyńskiego w Olsztynie [Gemeinsame Edition der Wojciech-Kętrzyński-Wissenschaftsgesellschaft und des Wojciech-Kętrzyński-Forschungsinstituts, Allenstein]). Olsztyn 2001. 202 S., Abb., 4 Kt., dt. Zusammenfassung. ISBN 83-87643-67-X.

Das vorliegende Buch gibt einen Überblick über die bis zum heutigen Tag auf dem Gebiet der masurischen Seenplatte durchgeführten Forschungen zur Reichensee-Kultur (poln. Bogaczewo), wobei es die Siedlungs- und die archäologische Analyse besonders berücksichtigt. Der Verfasser schildert die Geschichte der archäologischen Forschungen von der Gründung der Sammlung von Johann Andreas Helwing aus Angerburg/Węgorzewo in der ersten Hälfte des 18. Jahrhunderts bis zu den letzten Ausgrabungen in den 90er Jahren des 20. Jahrhunderts. Dabei bemüht er sich, den wissenschaftlichen Nutzen der in diesem Zeitraum zusammengetragenen Quellenbasis zu beurteilen. Den größten Teil des Buches macht ein Annex aus, in dem die unveröffentlichten Denkmäler aus den Sammlungen der archäologischen Abteilung des Museums des Ermlands und Masurens in Allenstein/Olsztyn und des Landkreismuseums in Suwałki aus der Zeit der römischen Einflüsse im Gebiet der masurischen Seen aufgelistet sind. Darauf folgen ein Katalog von 294 archäologischen Belegorten der Reichensee-Kultur, 35 Tafeln, ein Literaturverzeichnis und ein Personenregister.

Alina Kuzborska

Andrzej Kopiczko: Duchowieństwo Katolickie Diecezji Warmińskiej w latach 1525–1821. Cz. 1 i 2 [Die katholischen Geistlichen in der Diözese Ermland in den Jahren 1525–1821. Teile 1 und 2] (Rozprawy i Materiały Ośrodka Badań Naukowych im. W. Kętrzyńskiego w Olsztynie [Abhandlungen und Materialien des Wojciech-Kętrzyński-Forschungsinstituts, Allenstein] 189, Edycja wspólna Ośrodka Badań Naukowych i Towarzystwa Naukowego im. Wojciecha Kętrzyńskiego w Olsztynie [Gemeinsame Edition des Wojciech-Kętrzyński-Forschungsinstituts und der Wojciech-Kętrzyński-Wissenschaftsgesellschaft, Allenstein]). Olsztyn 2000. 560 S., dt. Inhaltsverzeichnis u. Zusammenfassung. ISBN 83-87643-91-2 (Cz. 1), 83-87643-46-7 (Cz. 2).

Die vorliegende Arbeit präsentiert in zwei Bänden den persönlichen Beitrag der ermländischen Geistlichen zur Kirchengeschichte der Region. In der Monographie sind diverse handschriftliche Quellen sowie Publikationen ausgewertet. Der erste Band umfaßt verschiedene Wirkungsformen der katholischen Geistlichkeit: Personalstruktur, Ausbildung und Weihe der Pfarrer, ihre seelsorgerische und wissenschaftliche Tätigkeit, karitatives Wirken, Vermögensverhältnisse. Der zweite Band gibt eine Übersicht über die Geistlichen der Ermländischen Diözese in alphabetischer Reihenfolge; ihn beschließt ein Ortsverzeichnis. Der Verfasser stellt die Herausgabe weiterer, auf das vorliegende Werk zeitlich folgender, Bände in Aussicht.

Alina Kuzborska

Andreas Kossert (Hg.): Mazurzy. Tradycja i codzienność [Die Masuren. Tradition und Alltag]. Übers. von Elżbieta Kaźmierczak und Wiktor Leder (Odkrywanie Światów [Welten entdecken]). Olsztyn: Borussia 2002. 352 S., Abb. ISBN 83-915690-9-8.

Es handelt sich um das einzige Buch aus der Serie „Welten entdecken“, in dem viele deutsche und ‚masurische‘ Autoren des 19. und der ersten Hälfte des 20. Jahrhunderts Themen des Alltagslebens in Masuren behandeln. Der Herausgeber Andreas Kossert erschließt die Quellen des masurischen Volksglaubens und der Mythologie durch eine einschlägige Textauswahl, einen wissenschaftlichen Kommentar zu einzelnen Teilen sowie ein Nachwort. Sechs Kapitel der Anthologie („Zwischen zwei Kulturen: Johannes Sembrzycki/Jan Sembrzycki“, „Masurische Mythologien“, „Sprache“, „Frühgottesdienst – ein Beispiel masurischer Tradition“, „Landschaft und Leute – Darstellungen von 1869 bis 1911“, „Politische Instrumentalisierung masurischer Geschichte und Kultur“) sind größtenteils – sehr authentisch wirkende – ‚Selbstbilder‘ masurischer Identität. Diese Selbstdarstellungen idealisieren zuweilen; manchmal jedoch enthüllen sie die schmerzhaften Erfahrungen der masurischen Geschichte. Die Autoren der ausgewählten Texte sind teils bekannt: Johannes Sembrzycki, Max Toeppen, Karol Małłek, Otto Gerss, Fritz Skowronnek, teils aber vergessen oder völlig unbekannt: Albert Zweck, Friedrich Krosta, Franz Tetzner. Das Buch schließt mit einem Literaturverzeichnis und einem Verzeichnis der alten und aktuellen Ortsnamen.

Alina Kuzborska

Jurij W. Kostjaszow (Hg.), Tadeusz Baryła (Hg. der polnischen Ausgabe): Przesiedleńcy opowiadają. Pierwsze lata Obwodu Kaliningradzkiego we wspomnieniach i dokumentach [Umsiedler erzählen. Die ersten Jahre des Kaliningrader Gebiets in Erinnerungen und Dokumenten]. Übers. von Wacław Hojszyk (Rozprawy i Materiały Ośrodka Badań Naukowych im. W. Kętrzyńskiego w Olsztynie [Abhandlungen und Materialien des Wojciech-Kętrzyński-Forschungsinstituts, Allenstein] 192). Olsztyn 2000. 360 S., Abb. ISBN 83-87643-12-2.

Der Sammelband zeichnet den komplizierten Prozeß der Umsiedlungspolitik im Gebiet Königsberg/Kaliningrad in den ersten Nachkriegsjahren nach. Er enthält Berichte und Erinnerungen der ersten Umsiedler, bearbeitet durch Kaliningrader Historiker. Die Zeugnisse sind thematisch in zehn Kapitel gegliedert: 1. So war der Anfang; 2. In den neuen Gebieten; 3. Umsiedlerleben; 4. Versorgung mit Lebensmitteln und Handel; 5. Landwirtschaft; 6. Wiederaufbau der Städte und der Industrie; 7. Macht und Administration, gesellschaftliches Leben; 8. Kultur, Bildung, Religion; 9. Die Deutschen; 10. Aussiedlung. Ein kurzer Anhang widmet sich der Frage: Wer verfügt über das Erbe? Sie wird von den Zeitzeugen in der Form eines Interviews beantwortet. Den Wert des Buches erhöhen zahlreiche Aufnahmen und Dokumente, die im Annex erscheinen; zusammen mit Personen- und Ortsverzeichnis macht dieser Teil über 100 Seiten aus. Bedauerlicherweise gibt es keine fremdsprachige Zusammenfassung, es fehlt auch die Angabe des russischen Originaltitels.

Alina Kuzborska

Piotr Lachmann: Wywołane z pamięci [Aus der Erinnerung heraufgerufen] (Odkrywanie Światów [Welten entdecken]). Olsztyn: Borussia 1999. 496 S., Abb. ISBN 83-909724-6-8.

Dies ist der erste Band der im Verlag „Borussia" erscheinenden, von Robert Traba herausgegebenen Reihe „Odkrywanie Światów"[7]. Es präsentiert eine Essaysammlung des hervorragenden deutsch-polnischen Dichters, Theaterwissenschaftlers und Übersetzers Piotr (Peter) Lachmann. Zweisprachigkeit, Grenzlandmentalität sowie Heimatverlust bestimmen die Thematik des Bandes. Die Serie betrifft darüber hinaus die Herausbildung von nationalen Mentalitäten und Identitäten im modernen Europa. In der vorliegenden Essaysammlung ruft der Autor ‚aus der Erinnerung' Personen, Orte und Ereignisse herauf, so daß in der poetischen Projektion des paradoxen deutsch-polnischen Schicksals ein persönliches Erlebnis zu einem allgemein-europäischen wird. Die Vivisektion der ‚Erinnerung' läßt die schmerzhaften Erlebnisse des 20. Jahrhunderts überwinden. In den Betrachtungen Lach-

7 Die Reihe „Odkrywanie Światów" wurde vom Chefredakteur der Zeitschrift „Borussia" und Vorsitzenden des gleichnamigen Vereins der Kulturgemeinschaft in Allenstein/Olsztyn (gegründet 1990), Robert Traba, initiiert. Sie umfaßt 10 Bücher, die über die polnisch-deutschen Beziehungen sowie andere Nachbarschaften im multinationalen und -kulturellen Mitteleuropa reflektieren. Über die Idee der ganzen Serie (von 2000 bis 2003) schreibt der Herausgeber: „Jeder Band ist die Welt von individuellen Erlebnissen und Erfahrungen. Jeder Band entdeckt auf eine besondere Weise unbekannte bzw. vergessene Kulturlandschaften von Schlesien, Masuren, dem ehemaligen Ostpreußen, auch die magischen Orte wie Wilna und die Bukowina. Alle Publikationen der Serie [...] verbindet eine Idee: der Versuch, die uns umgebende Welt zu verstehen". Die Buchausstattung der ganzen Reihe besorgte der Grafiker Adam Kurłowicz.

manns, eines Autors, der zwei Kulturen angehört, werden Bilder eines Grenzgebietes gezeichnet; er versucht hier, die deutsche und die polnische Kultur auszubalancieren.

Alina Kuzborska

Libri Gedanenses. Rocznik Biblioteki Gdańskiej [Libri Gedanenses. Jahrbuch der Danziger Bibliothek]. Nr. 17/18: 1998–2000. Gdańsk: Polska Akademia Nauk, Biblioteka Gdańska 2001. 304 S., Abb., engl. u. dt. Zusammenfassungen. ISBN 83-907079-2-6, 83-88935-48-8.

Dieser Band bietet folgende Beiträge: Zbigniew Nowak gibt einen Einblick in die aufblühende Buchkultur im Danzig des 17. Jahrhunderts: die Entwicklung der Druckereien und Verlage, die Büchersammlungen, bibliophile Interessen der Danziger Bürger und Gelegenheitsdichtungen. Helena Dziedzic untersucht die Anfänge der Photographiekunst in Danzig seit 1839. Z. Lidia Pszczółkowska geht auf die Feierlichkeiten in Danzig 1840 zum 400. Jubiläum der Buchdruckerkunst ein. Danuta Szlagowska stellt die Musikalien in der Bibliothek der Polnischen Akademie der Wissenschaften in Danzig/Gdańsk vor. Beata Gryzio informiert über die von der Danziger Bibliothek aufbewahrten sogenannten Kantiana (Handschriften Kants, Werke Kants und auf deren Basis entstandene Arbeiten). Im Beitrag von Z. Lidia Pszczółkowska, in deren erstem Teil die Erfindung der Buchdruckerkunst beschrieben wird, findet man einen Katalog der Ausstellung in der Danziger Bibliothek über Johannes Gutenberg anläßlich seines 600. Geburtstages (mit Illustrationen im Anhang).

Mirosław Ossowski

Edward Martuszewski: „Die polnische Sprachfrage in Preussen“ Gustawa Gisewiusza jako źródło do badań nad dziejami germanizacji szkolnictwa na Mazurach [„Die polnische Sprachfrage in Preussen“ von Gustav Gisevius als Quelle zur Erforschung der Geschichte der Germanisierung des Schulwesens in Masuren] (Rozprawy i Materiały Ośrodka Badań Naukowych im. W. Kętrzyńskiego w Olsztynie [Abhandlungen und Materialien des Wojciech-Kętrzyński-Forschungsinstituts, Allenstein] 200, Edycja wspólna Towarzystwa Naukowego i Ośrodka Badań Naukowych im. Wojciecha Kętrzyńskiego w Olsztynie [Gemeinsame Edition der Wojciech-Kętrzyński-Wissenschaftsgesellschaft und des Wojciech-Kętrzyński-Forschungsinstituts, Allenstein]). Olsztyn 2001. 271 S., Abb., dt. Zusammenfassung. ISBN 83-87643-72-6.

Das Thema des vorliegenden Buches setzt einen Vergleich der Arbeit von Gustav Gisevius „Die polnische Sprachfrage in Preussen“ (1845) mit später veröffentlichten Quellen und Bearbeitungen, insbesondere nach 1845, sowie mit noch nicht publizierten Archivmaterialien voraus. Der Autor korrigiert hierin die These, daß es zu den ersten energischen Germanisierungsmaßnahmen in den Schulen Masurens erst nach dem Novemberaufstand von 1831 gekommen sei; vielmehr seien diese Tendenzen bereits in der Zeit nach den Napoleonischen Kriegen festzustellen. Edward Martuszewski bezieht sich sowohl auf die von Gisevius beschriebene Zeitspanne 1804–1845 als auch auf frühere und spätere Zeiten. Bemerkenswert sind die Anmerkungen zu allen sieben Kapiteln des Buches, die manchmal umfangreicher als die Texte selbst sind. Der Anhang informiert sehr ausführlich über Schulen, Lehrer und die Verbreitung des Deutschen in Masuren; die Angaben werden ergänzt durch neun Tabellen, sieben Landkarten, Biogramme, Namen-, Quellen- und Literaturverzeichnis.

Alina Kuzborska

Krzysztof Mikulski, Janusz Tandecki, Antoni Czacharowski (Hg.): Księgi szosu i wykazy obciążeń mieszkańców Starego Miasta Torunia z lat 1349–1435 [Schoßbücher und Lastenverzeichnisse der Einwohner der Altstadt Thorns von 1394 bis 1435]. Toruń: Wydawnictwo Uniwersytetu Mikołaja Kopernika 2002. 267 S., 1 Kt., poln. u. dt. Inhaltsverzeichnis u. Einleitung. ISBN 83-231-1406-4.

Das Buch eröffnet eine Serie von Quelleneditionen zur Geschichte des mittelalterlichen Thorn/Toruń. Im vorliegenden Band sind die bisher noch nicht veröffentlichten und für die Erforschung der Sozial- und Wirtschaftsgeschichte einer mittelalterlichen Stadt grundlegenden Steuerverzeichnisse vom Ende des 14. und Anfang des 15. Jahrhunderts zusammengestellt. Nach einer ausführlichen zweisprachigen Einführung wird üppiges faktographisches Material dargeboten: Zuerst werden Schoßbücher der Altstadt und der altstädtischen Vorstädte Thorns von 1394 dargestellt, darauf folgen Dokumente über ausstehende Schoßzahlungen aus den Jahren 1396–1398. Weiter publizieren die Autoren Verzeichnisse der Besitzer von Kaufmannshäusern und der Zunftmitglieder, die zu Militärleistungen herangezogen wurden (1401), außerdem – im vorletzten und letzten Teil – Verzeichnisse von Hausinhabern (1428) und Einwohnern (1435) der Altstadt Thorns, die zu städtischen Scharwerken verpflichtet waren. Die wertvolle Edition schließt mit einem umfangreichen Personen- und Ortsverzeichnis.

Piotr Zariczny

Władysław Nowak (Hg.): Agendy i rytuały Diecezji Warmińskiej (1574–1939) [Kirchenagenden und Ritualbücher der Diözese Ermland (1574–1939)] (Rozprawy i Materiały Ośrodka Badań Naukowych im. W. Kętrzyńskiego w Olsztynie [Abhandlungen und Materialien des Wojciech-Kętrzyński-Forschungsinstituts, Allenstein] 186, Edycja wspólna Ośrodka Badań Naukowych i Towarzystwa Naukowego im. Wojciecha Kętrzyńskiego w Olsztynie [Gemeinsame Edition des Wojciech-Kętrzyński-Forschungsinstituts und der Wojciech-Kętrzyński-Wissenschaftsgesellschaft, Allenstein]). Olsztyn 1999. 412 S., poln. u. dt. Zusammenfassung. ISBN 83-87643-25-4.

Die acht Autoren des Sammelbandes, allesamt Pfarrer, erschließen das Thema der Tradition der Liturgie in der Diözese Ermland, die im Laufe der Jahrhunderte durch die vor Ort publizierten Meßbücher, Breviere, Ritualbücher und Kirchenagenden, Gesangbücher und Katechismen entstand. Das Zentrum des religiösen Lebens war die Braunsberger Akademie, die die Theologen zusammenschloß. Die Erforschung der Liturgie im Ermland beginnt im Jahr 1574, in der Zeit des Bischofs Martin Cromer. Von der liturgischen Tätigkeit seiner Nachfolger, der Bischöfe Simon Rudnicki, Michael Radziejowski, Christoph Johannes Szembek, Karl von Hohenzollern, Philipp Krementz, wird eine Linie bis zum Jahr 1939 gezogen, der Amtszeit des Bischofs Maximilian Kaller. Die Aufsätze der polnischen Theologen behandeln anhand der dargestellten Bräuche, Sakramente, Zeremonien und Heiligtümer die Entwicklung des religiösen Lebens in der gemischtnationalen Region der ermländischen Diözese.

Alina Kuzborska

Hubert Orłowski: Warmia z oddali. Odpominania [Ermland aus der Ferne. Andenken] (Odkrywanie Światów [Welten entdecken]). Olsztyn: Borussia 2000. 159 S., Abb. ISBN 83-913377-1-5.

In der Reihe „Odkrywanie Światów" (s. S. 285) erschien dieses autobiographische Buch des namhaften polnischen Germanisten, der 1937 in Podleiken/Podlejki, einem Dorf zwischen Allenstein/Olsztyn und Osterode/Ostróda, am Rande des Ermlands, geboren wurde. Aus einer zeitlichen (auf den Zeitraum von der vorletzten Jahrhundertwende bis zum Ende der 1950er Jahre zurückblickenden) und räumlichen ‚Ferne' (aus Posen/Poznań, wo er sich nach dem Abschluß des Germanistikstudiums niederließ und jetzt Professor an der Adam-Mickiewicz-Universität ist) gedenkt Hubert Orłowski seiner eigenen Geschichte sowie der Vergangenheit seiner Familie, des ganzen Dorfes und des ganzen Ermlands. Dabei werden auch die Erinnerungen der Mutter des Autors herangezogen. Der Autor stellt die Nachbarschaft der deutschen und der polnischen Kultur dar, wobei sich vielfältige Erzählperspektiven auftun: die eines Jungen aus Podleiken, eines Ministranten der Kirche in Dietrichswalde/Gietrzwałd und die eines europäischen Gelehrten, der sich an seine Heimat erinnert und über Land und Leute nachdenkt. Ein Anhang enthält Abbildungen von Familiendokumenten sowie Titelblätter zitierter Bücher.

Alina Kuzborska

Stanisław Piechocki: Olsztyn styczeń 1945. Portret miasta [Allenstein Januar 1945. Ein Bild der Stadt] (Biblioteka Olsztyńska [Allensteiner Bibliothek] 47, Edycja wspólna Towarzystwa Naukowego i Ośrodka Badań Naukowych im. Wojciecha Kętrzyńskiego w Olsztynie [Gemeinsame Edition der Wojciech-Kętrzyński-Wissenschaftsgesellschaft und des Wojciech-Kętrzyński-Forschungsinstituts, Allenstein]). Olsztyn 2000. 170 Abb., 334 S., dt. u. russ. Zusammenfassungen. ISBN 83-87643-31-9.

Das Buch setzt sich zum Ziel, die Situation der Stadt Allenstein/Olsztyn während der Kriegsoffensive der Roten Armee im Januar 1945 darzustellen. Es zeigt die persönliche Sicht des Autors auf die historischen Geschehnisse, die er anhand von – selbst gesammelten und verifizierten – Originaldokumenten wie Fotografien, Filmen, schriftlichen und mündlichen Berichten, durch Besichtigungen an Ort und Stelle und nicht zuletzt auf Grund der Literatur erschlossen hat. Die Materialien stammen aus Archiven in Polen, Deutschland, Rußland und Litauen sowie aus Privatbesitz in diesen Ländern. Das Buch ist sehr reich illustriert und präsentiert Fotos, Karten und Dokumente; 18 Archivdokumente werden in polnischer Übersetzung wiedergegeben. Zum besseren Verständnis der Archivalien fügt der Verfasser ein Verzeichnis der sowjetischen und deutschen Truppen hinzu, auch eine Übersicht über die Abkürzungen, die in den sowjetischen Kriegsdokumenten vorkommen, weiterhin eine Liste der deutschen und polnischen Ortsbezeichnungen in Stadt und Landkreis Allenstein. Ein Namenverzeichnis fehlt nicht. Zu den Vorzügen dieser Ausgabe gehört auch das Vorhandensein zweier Zusammenfassungen: in russischer und in deutscher Sprache.

Alina Kuzborska

Rocznik Gdański [Danziger Jahrbuch]. [Bd.] 61. Gdańsk: Gdańskie Towarzystwo Naukowe 2001. H. 1, 193 S. H. 2, 348 S., engl. Zusammenfassungen. ISSN 0080-3456, ISBN 83-87359-55-6 (H. 1), ISBN 83-87359-56-4 (H. 2).

Im ersten Heft findet sich unter anderem ein Aufsatz von Władysław Szulist über kaschubische Beziehungen im Leben und Werk von Günter Grass. Szulist korrigiert einige biographische Angaben aus Publikationen anderer Autoren. Im zweiten Heft befaßt sich Zbigniew Nowak mit dem bibliophil orientierten Rhetorikunterricht von Johann Mochinger (1603–1652) am Danziger Akademischen Gymnasium. Lidia Pszczółkowska rekonstruiert den Lebenslauf von Giovanni Bernadino Bonifacio (1517–1597), dem Begründer der Bibliotheca Senatus Gedanensis. Małgorzata Czerniakowska untersucht die Korrespondenz zwischen Johannes Hevelke (Hevelius) und dem Sekretär der Royal Society in London Henry Oldenburg, die die Erwerbung neuer Publikationen und wissenschaftliche Fragen betraf.

Mirosław Ossowski

Rocznik Sopocki 2000/2002 [Zoppoter Jahrbuch 2000/2002]. [Bd.] 15. Sopot: Towarzystwo Przyjaciół Sopotu 2002. 288 S. ISSN 0127-334-X.

In diesem Band finden sich 19 Beiträge in polnischer Sprache, unter anderem ein Aufsatz von Jerzy Marian Michalak über die Tätigkeit des Schauspielers und Theaterdirektors Friedrich Genée in Danzig und den Verlauf der Eröffnung des Zoppoter Theaters am 23. Juli 1843. In einem anderen Beitrag rekonstruiert Janusz Dargacz die Geschichte der Familie Claaszen, in deren architektonisch wertvoller, von Konsul Ernst Claaszen 1903 erbauter Villa das 2001 gegründete Zoppoter Museum (Muzeum Sopotu) seinen Sitz hat. Der Verfasser stützt sich auf Archivalien und Berichte der Tochter von Ernst Claaszen, Ruth Koch.

Mirosław Ossowski

Zenona Rondomańska: Polska pieśń religijna na Warmii w latach 1795–1939 [Das polnische Kirchenlied im Ermland in den Jahren 1795–1939] (Edycja wspólna Wydawnictwa UWM w Olsztynie, Ośrodka Badań Naukowych im. Wojciecha Kętrzyńskiego i Towarzystwa Naukowego im. Wojciecha Kętrzyńskiego w Olsztynie [Gemeinsame Edition des Verlags der Ermland-und-Masuren-Universität Allenstein, des Wojciech-Kętrzyński-Forschungsinstituts und der Wojciech-Kętrzyński-Wissenschaftsgesellschaft, Allenstein]). Olsztyn 2002. 350 S., dt. Zusammenfassung. ISBN 83-7299-170-7.

Die Arbeit präsentiert Untersuchungsergebnisse zum Thema des polnischen Kirchenliedes im polnisch besiedelten südlichen Ermland in dem Zeitraum, als sich die Diözese Ermland unter der Leitung deutscher Bischöfe befand. Im ersten Kapitel „Die deutschen Bischöfe in Hinsicht auf die Germanisierungspolitik, die Assimilation, die Sprache und das polnische Lied“ rekurriert die Autorin auf die Meinungen und die Tätigkeit deutscher Verwalter der ermländischen Diözese. Im zweiten Kapitel „Gedruckte und handschriftliche Gesangbücher und Gebetbücher mit Liedern“ wird das Problem der Zugänglichkeit der religiösen Literatur für die polnische Bevölkerung erörtert. Das dritte Kapitel „Der allmähliche Rückzug des polnischen Liedes“ zeigt die zunehmende Germanisierung der Ermländer durch die weltlichen und geistlichen Behörden. Im letzten Kapitel „Lieder für das liturgische Jahr und andere" werden auch die Veränderungen des kirchlichen Repertoires dargestellt. Die Monographie enthält eine reiche Bibliographie und ein Namens- und Ortsverzeichnis.

Alina Kuzborska

Waldemar Rozynkowski: Powstanie i rozwój sieci parafialnej w diecezji chełmińskiej w czasach panowania zakonu krzyżackiego [Entstehung und Entwicklung des Pfarreiennetzes in der Kulmer Diözese während der Herrschaft des Deutschordensstaates] (Roczniki Towarzystwa Naukowego w Toruniu [Jahrbücher der Wissenschaftlichen Gesellschaft in Thorn] 89, 2). Toruń: Wydawnictwo Uniwersytetu Mikołaja Kopernika 2000. 218 S., 4 Kt., dt. Zusammenfassung. ISBN 83-87639-33-8.

Die Studie besteht aus vier Teilen. Im ersten, einleitenden Kapitel, dem eine ausführliche Einführung samt Literatur-, Quellen und Methodenbeschreibung vorausgeschickt ist, wird eine allgemeine Charakteristik der Diözese Kulm/Chełmno unternommen, wobei besonders ihre Entstehungsgeschichte, ihre mittelalterlichen Grenzen und ihre Zugehörigkeit zur Archidiözese sowie ihre siedlungsgeographische Beschreibung hervorgehoben werden. Den Hauptteil der Untersuchung stellt Kapitel 2 dar, in dem vier Phasen der Entstehung des Pfarreiennetzes chronologisch von 1243 bis etwa 1410 unterschieden werden. Im dritten Kapitel beschäftigt sich der Autor mit den Umwandlungen des bereits existierenden Pfarreiennetzes und dessen Schwächung nach den Kriegszerstörungen bis zum Zweiten Thorner Frieden (1410–1466). Gegenstand des Schlußkapitels ist der territoriale Umfang der einzelnen Pfarreien, der durch die intensive deutsche Kolonisation auf dem Gebiet der Diözese geprägt wurde. Von besonderer Bedeutung erscheinen vier Beilagen, in denen ein reiches faktographisches Material ausgebreitet wird (ein detailliertes Verzeichnis aller Pfarreien, die Zusammenstellung der Patrozinien und deren Ausstattung sowie das Patronat).

Piotr Zariczny

Fritz Skowronnek: Księga Mazur [Das Masurenbuch]. Auswahl von Robert Traba, Übers. von Anna Jachimiak (Odkrywanie Światów [Welten entdecken]). Olsztyn: Borussia 2002. 224 S., Abb. ISBN 83-89233-00-2.

Die Texte Skowronneks, ausgewählt vom Initiator der Serie, Robert Traba, stammen vor allem aus dem „Masurenbuch" (1916) und der „Lebensgeschichte eines Ostpreußen" (1925). Diese polnische Version bringt das Bild Masurens, das zugleich eine Mentalitätsgeschichte der Zwischenkriegszeit präsentiert, wobei sich ‚das Masurische' mit einer zunehmenden Abneigung gegen die polnischen Nachbarn verband. Skowronnek war der populärste aus Masuren stammende Schriftsteller, dessen deutsch-nationales Denken für viele Generationen das Masurenbild in Deutschland geprägt hat. Seine Originaltexte werden im zweiten Teil des Buches, „Warum Skowronnek?", von drei Autoren kommentiert. Die erste erläuternde Darstellung verfaßte bereits 1909 der Gymnasiallehrer Karl Haugwitz: „Das masurische Volkstum bei Richard und Fritz Skowronnek". Der Aufsatz von Walter T. Rix „Das Schaffen der Brüder Fritz und Richard Skowronnek angesichts der Epochenänderungen: Ideen, Paradigmen, Tendenzen" ist die erste wissenschaftliche Interpretation des Werkes der beiden Schriftsteller. Den Abschluß bildet der Aufsatz von Robert Traba „‚Heimaterde' und ‚Polentum' in literarischen Schöpfungen von Fritz Skowronnek".

Alina Kuzborska

Herbert Somplatzki: Die Frau mit dem Bernsteinhaar. Masurische Sagen und Märchen = Kobieta o bursztynowych włosach. Mazurskie legendy i baśnie. Poln. Übers. = Tłumaczenie: Tadeusz Ostojski, Bilder = Rysunki: Hieronim Skurpski, Einleitung = Wstęp: Rafał Wolski (Biblioteka Olsztyńska [Allensteiner Bibliothek] 46). Olsztyn 1999. 250 S., Abb. ISBN 3-923371-16-0, 83-87643-06-8.

Diese zweisprachige Ausgabe der „Masurischen Sagen und Märchen" des 1934 in Masuren geborenen Schriftstellers Herbert Somplatzki ist eine Neubearbeitung des Buches von Max Toeppen „Aberglauben aus Masuren – Masurische Sagen und Mährchen" aus dem Jahre 1867. Toeppen bediente sich der mündlichen Überlieferungen unter einfachen Menschen aus masurischen Dörfern. Somplatzki verlieh den ursprünglichen Texten eine literarische Form, indem er sie durch Dialoge und hinzugefügte Beschreibungen bereicherte. Eine literaturhistorische Einleitung von Rafał Wolski führt vorzüglich in die Texte ein, und die zahlreichen Zeichnungen von Hieronim Skurpski spiegeln das literarisierte Zeugnis der Volkskultur Masurens aufs trefflichste wider.

Alina Kuzborska

Janusz Tandecki: Struktury administracyjne i społeczne oraz formy życia w wielkich miastach Prus Krzyżackich i Królewskich w średniowieczu i na progu czasów nowożytnych [Verwaltungs- und Sozialstrukturen sowie Lebensformen in den großen Städten des Preußenlandes im Mittelalter und an der Schwelle zur Neuzeit]. Toruń: Wydawnictwo Uniwersytetu Mikołaja Kopernika 2001. 210 S., Abb., poln. u. dt. Inhaltsverzeichnis, dt. Zusammenfassung. ISBN 83-231-1279-7.

Die Sammlung von Studien und Aufzeichnungen besteht aus vier Kapiteln und einem Exkurs zu einem bisher wenig bekannten Aspekt des sozialen Lebens in den großen Städten des Preußenlandes. Der Verfasser geht von der Überzeugung aus, daß Formen des sozialen Lebens in diesen Städten in der im Titel angesprochenen Zeit vor allem durch die damals bestehenden administrativen und politischen Strukturen geprägt waren, was im ersten Kapitel am Beispiel von Kulm/Chełmno, der Altstadt von Thorn/Toruń, Elbing/Elbląg, Braunsberg/Braniewo, Königsberg, Danzig/Gdańsk und Kneiphof dargestellt wird. Im zweiten Kapitel werden soziale Strukturen und ihre Bedeutung für das Leben in der mittelalterlichen Stadt behandelt. Die im dritten Kapitel erörterten konkreten Fragen des sozialen Lebens beziehen sich vor allem auf bürgerliche Korporationen, betreffen die Rolle der Frau im Handwerk um die Wende vom Mittelalter zur Neuzeit sowie Wanderungen von Handwerksgesellen in Preußen in derselben Zeit. Im letzten Kapitel werden Aspekte der geistigen und materiellen Kultur der genannten Städte angesprochen. Schließlich beschäftigt sich der Autor in einem Exkurs mit der Agrarkultur in preußischen Städten; dabei liefert er neue Gesichtspunkte zum Weinbau, den er als prägendes Element des damaligen sozialen und wirtschaftlichen Lebens in diesen Orten darstellt. Die Studie verfügt über ein umfangreiches Quellen- und Literaturverzeichnis.

Piotr Zariczny

Jarosław Wenta: Studien über die Ordensgeschichtsschreibung am Beispiel Preußens. Toruń: Wydawnictwo Uniwersytetu Mikołaja Kopernika 2000. 287 S. ISBN 83-231-1186-3.

Dieses in deutscher Sprache verfaßte Werk bezieht sich auf drei Orden: Zisterzienser, Franziskaner und Deutscher Orden. Es schildert vor allem die Zusammenhänge zwischen der Art der jeweiligen Ordensregel und den Funktionen der historiographischen Texte. Der Verfasser beobachtet hier die stimulierenden Merkmale des Ordenslebens, ohne den Anspruch auf eine vollständige Darstellung der einzelnen Ordensgeschichten zu erheben. Nach dieser einleitenden Beschäftigung mit den obenerwähnten Orden folgt ein Katalog der bis zur Mitte des 15. Jahrhunderts im Deutschordensstaat in Preußen entstandenen Texte. Der Band wird mit einem sehr detaillierten Quellen- und Literaturverzeichnis abgeschlossen.

Piotr Zariczny

Ernst Wiechert: Proste życie [Orig.: Das einfache Leben]. Übers. von Tadeusz Ostojski, Nachwort von Hubert Orłowski (Odkrywanie Światów [Welten entdekken]). Olsztyn: Borussia 2001. 350 S., Abb. ISBN 83-913377-2-3.

Dieser Roman des bedeutenden deutschen Schriftstellers, der in Masuren geboren wurde, gehört heute zu den Klassikern der Literatur der Region. Wenn Ernst Wiechert in Deutschland etwas vergessen ist, so erlebt er in Polen eine Art Renaissance. Das Buch wurzelt in der masurischen Landschaft und gründet im gesellschaftspolitischen Wandel nach dem Ersten Weltkrieg. Dabei stellt es im Schaffen des Schriftstellers ein Novum dar, in erster Linie wegen seiner verwickelten Entstehungsgeschichte: Der Roman wurde 1939 geschrieben. Dem Autor ist es gelungen, die Lebensphilosophie und die Überlegungen eines Menschen, der eine innere Krise erlebt und in einer krisenhaften Epoche lebt, wiederzugeben. Das Buch beschließt ein Nachwort von Hubert Orłowski mit dem Titel „Ernst Wiechert: konservative Tradition und innere Emigration".

Alina Kuzborska

Stephan Wolting: Bretter, die Kulturkulissen markierten. Das Danziger Theater am Kohlenmarkt, die Zoppoter Waldoper und andere Theaterinstitutionen im Danziger Kulturkosmos zur Zeit der Freien Stadt und in den Jahren des Zweiten Weltkriegs (Acta Universitatis Wratislaviensis 2518). Wrocław: Wydawnictwo Uniwersytetu Wrocławskiego 2003. 686 S., poln. Zusammenfassung. ISSN 0239-6661.

Diese Monographie berichtet über das Theaterleben in Danzig/Gdańsk in den Jahren 1918–1944, das in der Stadt des Zusammenlebens von drei Kulturen – der deutschen, der jüdischen und der polnischen – zu „einem sichtbaren Zeichen kultureller Identität" wurde. Der Autor informiert zuerst über den Stand der Forschung zur Freien Stadt Danzig und vermittelt dann einen allgemeinen Eindruck von der geistigen Atmosphäre dieser Stadt in der Zwischenkriegszeit. Im dritten Kapitel werden die Entwicklung und der Gestaltungsprozeß des deutschen Theaters in Danzig besprochen, mit besonderer Berücksichtigung der kulturpolitischen Aktivitäten in den 30er Jahren und während des Krieges. Weitere Kapitel sind der Zoppoter Waldoper (analysiert werden beispielsweise die Richard-Wagner-Festspiele) und dem Theater der Minderheiten, also dem jüdischen und dem polnischen

Theater, gewidmet. Etwa die Hälfte des Buches macht ein dokumentarischer Anhang über das „Danziger Theater am Kohlenmarkt von 1918 bis 1944“ aus, eine Zusammenstellung der Aufführungen in diesem Zeitraum.

Marta Kopij

Vladas Žulkus: Viduramžių Klaipėda. Miestas ir pilis. Archeologija ir istorija [Memel im Mittelalter. Stadt, Burg und Umland in Archäologie und Geschichte]. Vilnius: Žara 2002. 168 S., 112 Abb., dt. Zusammenfassung. ISBN 9986-34-98-5.

In diesem Buch versucht der durch seine Arbeiten zur Archäologie der Stadt Memel/Klaipėda bekannt gewordene Wissenschaftler die Geschichte Memels von den ältesten Zeiten bis zum 17. Jahrhundert zu beschreiben. Auf der Basis schriftlicher, kartographischer und ikonographischer Quellen, hauptsächlich aber anhand archäologischen Materials aus den Jahren 1965–2001 hat er die Geschichte und Struktur von Burg und Stadt Memel erforscht. Vor allem die neuen Bodenfunde lassen ein viel differenzierteres Bild der Stadtentwicklung im Mittelalter entstehen. Im einzelnen werden die Gründung und Geschichte der Ordensburg, die historische und sakrale Topographie der Stadt sowie verschiedene Bauten, die Infrastruktur der Stadt und die Tätigkeit ihrer Bürger untersucht. Weiterhin bemüht sich der Autor, den Leser einen Blick in den Alltag der Memeler tun zu lassen, indem er sich mit Fragen des Wohnens, der Bekleidung, der Speisen, der Hygiene sowie der Spiele und Vergnügungen beschäftigt. Das Buch verfügt über eine ausführliche deutsche Zusammenfassung. Geplant ist eine deutsche Übersetzung.

Rimvydas Petrauskas

4. Pommern

Jolanta Aniszewska: Obrazy stargardzkich ulic. Katalog wystawy = Bilder Stargarder Straßen. Ausstellungskatalog. Stargard: Muzeum w Stargardzie 2002. 115 S., Abb., 1 Kt. ISBN 83-911439-6-1.

Der zweisprachige Katalog ist ein Beitrag zur Dokumentation der Architektur, Wirtschaft und Kultur von Stargard/Stargard Szczeciński. Wiedergegeben werden Postkarten und Fotografien aus dem ersten Viertel des 20. Jahrhunderts aus den Beständen des Stargarder Museums sowie Reklamebilder aus der Zeit von 1870 bis in die 1920er Jahre aus Adreßbüchern, Zeitungen, Stadtführern und der Zeitschrift „Unser Pommerland“. Die einzelnen Katalogeintragungen zeigen neben der jeweiligen Abbildung auch Detailansichten; jede Darstellung wird unter Nennung des Firmeninhabers, des ehemaligen deutschen und heutigen polnischen Straßennamens sowie der Entstehungszeit und der Technik der Illustration erläutert. So entsteht ein vielfältiger Eindruck von der historischen Stadtlandschaft, der durch eine geschichtliche Einführung ergänzt wird. Hierin finden sich Anmerkungen über die Entstehung und Entwicklung der Postkarte und der illustrierten Reklame als moderne Informationsmittel, des weiteren ein Überblick über die wirtschaftliche und gesellschaftliche Situation Stargards im 19. Jahrhundert und im ersten Viertel des 20. Jahrhunderts. Enthalten ist auch eine Skizze über den Wandel der architektonischen und städtebaulichen Gestalt Stargards, außerdem eine Analyse, inwieweit dieser Wandlungsprozeß sich auf den Postkarten niederschlägt. Zum Band gehört die Reproduktion des farbigen Stadtplans von 1936.

Ewa Gwiazdowska

Alicja Biranowska-Kurtz: Świnoujście. Historia miasta na pocztówkach zapisana = Swinemünde. Stadtgeschichte auf Postkarten. Szczecin: Univers 2002. 160 S., Abb., 1. Kt. ISBN 83-917043-0-0.

Der Bildband in polnischer und deutscher Sprache enthält eine kurze Einführung zur Stadtgeschichte und zur Geschichte der Postkarte. Erklärungen zur Topographie Swinemündes führen in den Bildteil ein; auch die einzelnen Reproduktionen der Postkarten werden von Informationen zur Lage der Objekte im Stadtgefüge und von kurzen, aber informativen Beschreibungen begleitet. Die Autorin, eine promovierte Architektur- und Stadthistorikerin, präsentiert eine reiche Auswahl von Postkarten des frühen 20. Jahrhunderts, die seltene Ausgaben, Farb- und Schmuckpostkarten umfassen. Sie zeigen ein vielfältiges Bild der Stadt – die Hafeneinfahrt mit dem Leuchtturm, den Hafen, verschiedene städtische Perspektiven, das Rathaus, Kirchen, Wohnhäuser, die Bäderarchitektur mit ihren repräsentativen Innenräumen, Grünanlagen und Parks, heitere Strandszenen, Ansichten aus der Vogelperspektive sowie den Militärhafen. So dokumentiert und vergegenwärtigt der Bildband, dem ein Stadtplan beigegeben ist, die vergangene Schönheit und die spezifische Atmosphäre Swinemündes als Stadt und Kurort. Die Publikation bildet ein hervorragendes Pendant zu dem 1998 erschienenen Band von D. Gildenhaar und E. Rusch.

Ewa Gwiazdowska

Józef Borzyszkowski, Dietmar Albrecht (Hg.): Pomorze – Mała ojczyzna Kaszubów (Historia i współczesność) = Kaschubisch-pommersche Heimat (Geschichte und Gegenwart). Gdańsk, Lübeck 2000. 807 S., Abb. ISBN 83-86527-11-0.

In dem zweisprachigen Band (alle Texte in Deutsch und Polnisch) finden sich vierzehn Beiträge überwiegend polnischer Autoren zu geographischen, historischen, soziologischen, kulturellen und sprachwissenschaftlichen Themen, darunter sieben Texte, die der historischen Entwicklung im Siedlungsraum der Kaschuben gewidmet sind: Zygmunt Szultka: „Die Kaschuben in der pommerschen Gesellschaft. Die wichtigsten Entwicklungslinien"; Ilse Gudden-Lüdecke: „Pommersch-kaschubische Siedlungsgeschichte"; Klemens Bruski: „Die Geschichte Pommerellens bis 1466"; Barbara Popielas-Szultka: „Abriß der Geschichte Pommerns im Mittelalter"; Zygmunt Szultka: „Die pommerschen Kaschuben unter der Herrschaft der Brandenburger Kurfürsten und der preußischen Könige bis 1806", „Das Königliche Preußen (Westpreußen) 1466–1806"; Cezary Obracht-Prondzyński: „Der kaschubisch-pommersche Regionalismus nach dem Zweiten Weltkrieg". Der Band enthält außerdem zwei Einführungen der Herausgeber, ein Literaturverzeichnis sowie eine Konkordanz der geographischen Namen (deutsch und polnisch).

Mirosław Ossowski

Józef Borzyszkowski (Hg.): Chrześcijaństwo na Pomorzu w X–XX wieku. Materiały pokonferencyjne [Das Christentum in Pommern vom 10. bis zum 20. Jh. Tagungsband]. Gdańsk, Słupsk: Instytut Kaszubski w Gdańsku 2001. 315 S., Abb. ISBN 83-915776-4-3.

Der Band behandelt in der Einleitung und in 13 Beiträgen Themen der Geschichte und Kultur vor allem der katholischen Kirche in Pommern. Folgende Fragenkomplexe werden untersucht: Pommern vor der Christianisierung, die Rolle der Zisterzienser, die Christianisierung Rügens, die Sakralplastik in Mittelpommern, Probleme der Erhaltung gotischer Kirchen, Darstellungen der Hl. Anna Selbdritt in pommerschen Sammlungen, mittelalterliche Pilgerfahrten, die katholische Kirche in Pommern vom 16. bis zum 19. Jahrhundert, die katholische Kirche und die Kaschubenfrage im 19. und 20. Jahrhundert, Quellen zur Geschichte der evangelischen und der katholischen Kirche vom 17. bis zum 20. Jahrhundert in polnischen Archiven, die Rolle der Kirche nach dem Zweiten Weltkrieg. Der Band enthält zahlreiche Illustrationen.

Maciej Szukała

Paweł Gut: Organizacja sądownictwa w pruskiej prowincji Pomorze w latach 1806/1808–1848/1849 [Die Organisation des Gerichtswesens in der preußischen Provinz Pommern in den Jahren 1806/1808 bis 1848/1849]. Szczecin: Wydawnictwo Archiwum Państwowego „Dokument" w Szczecinie 2002. 249 S., dt. Zusammenfassung. ISBN 83-86992-96-4.

Der Autor untersucht die Organisation des Gerichtswesens in Preußen in der ersten Hälfte des 19. Jahrhunderts während des Übergangs von der feudalistisch-absolutistisch geprägten Monarchie zum modernen, kapitalistisch geprägten Staatswesen. Der Band gliedert sich in vier Kapitel. Zunächst erläutert der Autor die Organisation des Gerichtswesens im preußischen und im schwedischen Teil Pommerns am Ausgang des 18. Jahrhunderts. Das zweite Kapitel ist der Gerichtsreform im Rahmen der preußischen Staatsreformen nach 1806 durch Persönlichkeiten aus dem Umkreis des Freiherrn vom Stein und des Fürsten Hardenberg gewidmet. Im dritten Kapitel wird der Wandel im Gerichtswesen bis zu den Reformen von 1848/49 erläutert, als öffentliche Gerichte in drei Instanzen eingerichtet wurden. Das vierte Kapitel behandelt den Partikularismus des Gerichtswesens im schwedischen Teil Pommerns (der 1815 an Preußen fiel) in den Jahren 1806 bis 1849. Das Gerichtswesen dieser Region bewahrte bis zur Reform von 1849 gewisse Eigenheiten der früheren schwedischen Gerichtsbarkeit. Tabellen und schematische Darstellungen ergänzen den Text.

Maciej Szukała

Ewa Gwiazdowska: Karl Friedrich Schinkel (1781–1841) i jego związki z Pomorzem [Karl Friedrich Schinkel (1781–1841) und seine Beziehungen zu Pommern]. Szczecin: Muzeum Narodowe 2002. 32 S., Abb. ISBN 83-86136-16.

Gestützt auf die grafische Sammlung und das Fotoarchiv des Nationalmuseums Stettin/Szczecin faßt der Katalogband die Kenntnisse über das Wirken des berühmten preußischen Baumeisters in Pommern zusammen. Karl Friedrich Schinkel war Schüler David und Friedrich Gillys, er heiratete eine Stettinerin. In den wirtschaftlichen Schwierigkeiten der Napoleonischen Kriege bemühte er sich um Aufträge; seit 1810 war er in der preußischen Bauverwaltung tätig, seit 1815 als Oberbaurat, dem auch denkmalpflegerische Aufgaben oblagen. Die Verbindungen Schinkels nach Pommern werden in der Einleitung dargelegt, die auch eine ausführliche Bibliographie enthält. Neben den grundlegenden Daten bietet der Katalog Kommentare und Illustrationen der wichtigsten Werke Schinkels in Pommern: Ansichtszeichnungen von Stettin und seiner Umgebung, Ansichten von Treptow an der Rega/Trzebiatów, Entwürfe für Bauten und Denkmäler, Grafiken ausgeführter Bauten.

Ewa Gwiazdowska

Bogdana Kozińska: Rozwój przestrzenny Szczecina od początku XIX wieku do II wojny światowej [Die räumliche Entwicklung Stettins vom Beginn des 19. Jh.s bis zum Zweiten Weltkrieg]. Szczecin: Stowarzyszenie Historyków Sztuki, Oddział Szczeciński 2002. 360 S., Abb., 1 Kt., dt. Zusammenfassung. ISBN 83-88341-10-3.

Die veränderte und ergänzte Version der Dissertation der Autorin ist das Ergebnis langjähriger Forschungsarbeit. Die Einführung gibt einen Überblick über die Entwicklung von Stettin/Szczecin vom Mittelalter bis zum Beginn des 19. Jahrhunderts. Die chronologische und thematische Gliederung in fünf Kapitel folgt den Wandlungen der städtebaulichen Entwicklung Stettins von der bis in die 1840er Jahre bestehenden Festungsstadt mit mittelalterlich geprägtem Grundriß über den ersten Durchbruch der Eisenbahn durch den Festungsring (1843), den Bau der Neustadt im dritten Viertel des 19. Jahrhunderts, die Ummantelung des mittelalterlichen Kerns durch einen Ring dichter Bebauung nach der Schleifung der Festung 1876, die schrittweise vollzogene Eingemeindung der umliegenden Dörfer und deren Veränderungen durch Industriearchitektur und Arbeitersiedlungen bis hin zum Bau moderner Wohnsiedlungen in größerer Entfernung vom Zentrum in der Zwischenkriegszeit. Der Band zeichnet sich durch intensive Quellenstudien, umfassende Analyse und kritische Interpretation aus. Zahlreiche Abbildungen, Ausschnitte aus dem Stadtplan und ein Straßenverzeichnis erschließen den Text. Die Publikation bietet eine grundlegende Untersuchung zum Städtebau in der pommerschen Hauptstadt.

Ewa Gwiazdowska

Kazimierz Kozłowski (Hg.): Muzealnicy, archiwiści i bibliotekarze szczecińscy w XX wieku = Stettiner Museumsangestellte, Archivare und Bibliothekare im 20. Jahrhundert. Szczecin: „Pedagogium" - Wydawnictwo Oddziału Regionalnego Towarzystwa Wiedzy Powszechnej w Szczecinie 2002. 157 S., Abb. ISBN 83-87561-13-4.

Der Band vereint eine Reihe von Aufsätzen in polnischer und deutscher Sprache über bedeutende Persönlichkeiten des Kultur- und Wissenschaftslebens in Stettin/Szczecin im 20. Jahrhundert und zeichnet damit auch ein Bild des Museums-, Archiv- und Bibliothekswesens der Stadt. Die Autoren Szukała, Lichtnau, Schoebel und Krzywicki befassen sich mit den Persönlichkeiten Martin Wehrmann, Otto Kunkel, Walter Riezler, Otto Holtze, Walter Friedensburg, Hermann Hoogeweg, Karl Otto Grotefend, Erich Randt, Adolf Diestelkamp und Erwin Ackerknecht. Die Beiträge von Kozińska, Frankel, Macholak und Kozłowski richten den Blick auf Vertreter des Stettiner geistigen Lebens nach 1945, besonders auf Stanisław Badon, Stanisław Krzywicki und Władysław Filipowiak.

Maciej Szukała

Andrzej Łazowski (Hg.): Nekropole, kirkuty, cmentarze. Materiały konferencyjne, Ogólnopolska Konferencja w Muzeum Narodowym w Szczecinie 11–12 czerwca 2002 [Nekropolen, Gräber, Friedhöfe. Tagungsbeiträge, Gesamtpolnische Konferenz im Stettiner Nationalmuseum, 11.–12. Juni 2002]. Szczecin: Szczecin-Expo, Towarzystwo Wspierania Rozwoju Pomorza Zachodniego 2002. 344 S., Abb. ISBN 83-910363-4-0.

Der Band behandelt Grabstätten in Pommern von der Prähistorie bis 1945. Die Beiträge des ersten Teils enthalten allgemeine Erwägungen zu Fragen von Religion, Nation, Sprachwissenschaft (Grabinschriften), Ethnologie (Sühnekreuze, mit einem Katalog der erhaltenen Objekte) und Denkmalpflege. Im zweiten Teil finden sich Artikel zu Einzelproblemen; einige davon dokumentieren den Erhaltungszustand der Friedhöfe in einzelnen pommerschen Städten, andere behandeln archäologische Ausgrabungen (Grabhügel in Lübschendorf/Lubiesz, das Lausitzer Gräberfeld in Eichforst/Gajewo, Kr. Landsberg an der Warthe/Gorzów Wlkpl.), kunsthistorische Fragen (Grabplastik in den Stargarder Kirchen, Grabplastik und Sepulkralarchitektur in Pommern), historische Themen (Epitaphien als genealogische Quellen) sowie die Planung von Friedhöfen und deren dendrologische Werte (am Beispiel von Stettiner Friedhöfen). Eine spezifisch pommersche Thematik greifen die Beiträge auf, die sich mit den Opfern des Meeres befassen.

Ewa Gwiazdowska

Wojciech Łopuch: Sztuka na Pomorzu [Kunst in Pommern]. Szczecin: Książnica Pomorska 2002. 328 S., Abb. ISBN 83-87879-32-0.

Die umfangreiche und durch Schwarzweißfotos reich illustrierte Publikation gibt einen populärwissenschaftlichen Überblick über die bildende Kunst (Architektur, Malerei, Plastik, Kunsthandwerk, Grafik), die im historischen Pommern entstand. Im Zentrum stehen dabei Hinterpommern und seine Hauptstadt Stettin/Szczecin. Die Kunstgeschichte Pommerns vom Mittelalter bis zur Gegenwart wird in chronologischer Folge im Kontext der historischen Ereignisse dargestellt. Die Einteilung in fünf Kapitel folgt politischen und ästhetischen Kriterien. Im ersten Abschnitt werden die Rolle der Kirche in der Frühzeit des Herzogtums und die in diesem Zusammenhang entstandene Sakralarchitektur mit der zugehörigen Architekturplastik untersucht. Der zweite Abschnitt ist der Blüte der sakralen Kunst der Gotik in den Städten gewidmet. Dabei wird auch auf die Profankunst verwiesen: Wehrarchitektur, Rathäuser, Wohnhäuser der Potentaten und des reichen Bürgertums. Das dritte Kapitel behandelt die Blüte der Renaissancekunst nach der Reformation in den fürstlichen Residenzen und in der Kirchenausstattung. In dem etwas uneinheitlich geratenen vierten Kapitel werden die Barockkunst im sakralen, städtischen und feudalen Bereich sowie der Klassizismus vorgestellt; der zeitliche Rahmen erstreckt sich also von der Zugehörigkeit des Herzogtums zur schwedischen Krone über den Wechsel in den Machtbereich des preußischen Königreichs bis in die ersten Jahre nach den Befreiungskriegen. Das letzte Kapitel erörtert vor allem am Beispiel Stettins den Wandel in der Architektur vom Historismus zur Moderne. In der Zusammenfassung versucht der Autor, die Hauptzüge der pommerschen Kunst herauszuarbeiten. Eine umfangreiche Bibliographie rundet den Band ab.

Ewa Gwiazdowska

Wojciech Łysiak (Hg.): Sławno i Ziemia Sławieńska – historia i kultura. Materiały z pierwszej międzynarodowej konferencji, Sławno, 19–20 kwietnia 2002 [Schlawe und das Schlawer Land – Geschichte und Kultur. Beiträge der ersten internationalen Tagung, Schlawe, 19.–20. April 2002]. Poznań: Pomorska Akademia Pedagogiczna, Sławieński Dom Kultury 2002. 244 S., Abb., dt. Zusammenfassung. ISBN 83-87437-15-8.

Der Band faßt die Beiträge der ersten Tagung eines interdisziplinär angelegten Konferenzzyklus zur Geschichte des Schlawer Landes von der Prähistorie über die Zeit unter deutscher Herrschaft bis zum Übergang an den polnischen Staat 1945/46 zusammen. Die einzelnen Artikel behandeln Archäologie (Grabhügel bei Borkenhagen/Borkowo), Anthropologie („Schlawer Hexen"), Kultorte (Heiliger Berg in Pollnow/Polanów, Heiliger Berg und Kloster Marienthron), Sakralkunst, Wehrbau, Ikonographie, jüdisches Schulwesen und Gemeindeleben in Schlawe, bedeutende Persönlichkeiten aus bzw. in Schlawe (z. B. den Archäologen Dieter Dennis von Kleist, den Historiker und Volkskundler Carl Rosenow, den Maler Karl Schmidt-Rottluff), die dörfliche Kulturlandschaft (Gutshöfe, Bauernhäuser), die Vertreibung der Deutschen und die Anfänge der polnischen Administration. Die wissenschaftlichen Beiträge werden ergänzt und bereichert durch Erinnerungen und Reflexionen früherer deutscher Bewohner Schlawes. Ein Personen- und Ortsregister erschließt den Band.

Ewa Gwiazdowska

Nasze Pomorze. Rocznik Muzeum Zachodnio-Kaszubskiego w Bytowie [Unser Pommern. Jahrbuch des westkaschubischen Museums in Bütow]. T. [Bd.] 3. Bytów: Muzeum Zachodnio-Kaszubskie 2002. 296 S., Abb. ISBN 83-912636-4-9.

Band 3 des Jahrbuchs des Bütower Museums enthält neue Abhandlungen aus verschiedenen Disziplinen der Geisteswissenschaft, die sich mit dem heutigen polnischen Teil Pommerns befassen. Der Schwerpunkt liegt auf kaschubischen Themen: Im ersten Teil des Bandes werden Aspekte der historischen und ethnographischen Forschungen des Projekts „Das Kulturerbe der Kaschuben und seine gegenwärtige Rezeption" referiert. Unter den übrigen Artikeln finden sich Beiträge zur kaschubischen Ethnographie (Alltagsleben der Fischer), Museologie (die museale Präsentation der Dorfkultur der Slowinzen), Literaturwissenschaft (die kaschubische Welt im Roman von A. Majakowski) und Naturkunde (die Waldwirtschaft in der Gegend des Dorfes Olbergshöhe/Lipuszek vom 13. bis 20. Jahrhundert). Ein Artikel zur Archäologie befaßt sich mit den Ausgrabungen auf dem Burghügel von Schlochau/ Człuchów. Die übrigen Texte bringen Beiträge zur Ethnographie (der Sabbat in der Volkskultur Pommerns), Geschichte (Porträts einiger pommerscher Reformatoren: Johann Knipstro, Valentin von Stojentin, Jobst von Dewitz), Sprachwissenschaft (Namen von Herrenhäusern und Gutshöfen im Landkreis Naugard/Nowogard), Museumswesen (Volkskunst im Mittelpommerschen Museum Stolp/Słupsk). Ein Überblick über das Kulturleben in Bütow/Bytów und die Tätigkeit des Museums im Jahr 2002 schließt den Band ab.

Ewa Gwiazdowska

Mirosław Opęchowski (Hg.): Antikon 2002. III Polsko-Niemiecka Konferencja pt. Architektura ryglowa – wspólne dziedzictwo. Materiały konferencyjne [3. Polnisch-deutsche Konferenz Fachwerk-Architektur - gemeinsames Erbe. Tagungsband]. Szczecin: Szczecin-Expo, Towarzystwo Wspierania Rozwoju Pomorza Zachodniego 2002. 249 S., Abb. ISBN 83-913544-6-6.

Der Band vereint die Beiträge der dritten Tagung „Antikon" zur Fachwerk- und Holzarchitektur. Der Schwerpunkt lag diesmal auf der Bäderarchitektur der Ostseekurorte (Warnemünde, Zinnowitz, Swinemünde/Świnoujście, Misdroy/Międzyzdroje). Die Artikel beschäftigen sich mit Konstruktionsfragen (Formen der Fachwerkkonstruktion in Pommern,

Verwendung von Holzkonstruktionen), ästhetischen Problemen (die Bäderarchitektur als Bautypus, Architekturdetails in Misdroy, Gestaltung des Kurparks), Zuschreibungsfragen (Zimmermannszeichen, Arten der Holzbearbeitung) und Denkmalpflege. Es finden sich auch Überlegungen zu ethnographischen Fragen, etwa zum Problem der Authentizität und kulturellen Kontinuität der pommerschen Fachwerkarchitektur im europäischen Kontext sowie zur Schulung des öffentlichen Bewußtseins für die kulturelle und historische Bedeutung der Holzarchitektur. Zahlreiche Abbildungen illustrieren die Texte.

Ewa Gwiazdowska

Jerzy Patan: Międzyzdroje na dawnych pocztówkach – Misdroy do 1945 roku [Misdroy auf alten Postkarten – Misdroy vor 1945]. Kołobrzeg: Agencja Wydawnicza „Patan-Press" 2001. 160 S., Abb. ISBN 83-910192-4-1.

Ein weiterer Bildband mit historischen Fotografien aus Pommern ist dem populären Ostseebad auf der Insel Wollin gewidmet, das um 1850 aus einem Fischerdorf entstand. Etwa 170 Reproduktionen von alten Postkarten und Grafiken zeigen die Entwicklung Misdroys von ca. 1900 bis in die dreißiger Jahre des 20. Jahrhunderts. Eine kurze Einführung informiert über den Inhalt des Buches, über die Geschichte des Ortes und seine Qualitäten als Badeort. Die Ansichten zeigen ein vielfältiges Gesicht des Städtchens – aus der Vogelperspektive, einzelne Straßenzüge, repräsentative Hotels und Pensionen mit ihren Innenräumen, Parks und Grünanlagen, Promenaden, Waldwege mit dem Aussichtsturm und dem Gardnersee/Jez. Gardno, Erinnerungsfotos der Sommerfrischler, vor allem aber den Strand mit der Seebrücke, der Dampferanlegestation, Pavillons und anderen Einrichtungen sowie mit Badegästen. Es findet sich sogar eine Dokumentation des großen Sturms, der Misdroy an Silvester 1913 heimsuchte und beträchtliche Schäden anrichtete. Die Bildinhalte werden durch Unterschriften erläutert. Eine Auswahlbibliographie deutscher und polnischer Titel zum Thema schließt den Band ab.

Ewa Gwiazdowska

Włodzimierz Rączkowski, Jan Sroka (Hg.): De rebus futuris memento: przyszłość przeszłego krajobrazu kulturowego Ziemi Sławieńskiej [Die Zukunft der historischen Kulturlandschaft des Schlawer Landes]. Sławno: Fundacja „Dziedzictwo", Sławieński Dom Kultury 2002. 180 S., Abb. ISBN 83-910690-9-5.

Der Band enthält die Beiträge einer Tagung zum Schutz der Natur- und Kulturlandschaft um Schlawe/Sławno. In ihrer Einführung zeigen die Herausgeber die Probleme auf, die aus einem mangelnden Verständnis für Eigenart, Schönheit und Werte der heimatlichen Umgebung resultieren. Die Artikel im ersten Teil des Bandes sind dem Schutz der Kulturlandschaft in ihrem politischen Kontext gewidmet. Sie behandeln das Thema aus dem Blickwinkel der Archäologie, Ethnologie und Denkmalpflege sowie unter politischen, administrativen und wirtschaftlichen (die touristische Infrastruktur betreffenden) Aspekten. Im zweiten Teil wird das Projekt des Natur- und Archäologieparks „Freetzer Grabhügel" („Wrześnickie Kurhany") vorgestellt. Die Artikel gehen ein auf die geomorphologischen Verhältnisse der Region, die Fauna des Burghügels von Freetz/Wrześnica, die Einbettung des Projekts in die ländliche Region als touristische Attraktion. Jeder Artikel enthält bibliographische Hinweise.

Ewa Gwiazdowska

Hieronim Rybicki: Nazywano ich Słowińcami. Wybór źródeł [Sie wurden Slowinzen genannt. Ausgewählte Quellen]. Gdańsk, Wejherowo: Instytut Kaszubski w Gdańsku, Muzeum Piśmiennictwa i Muzyki Kaszubsko-Pomorskiej w Wejherowie 2003. 263 S. ISBN 83-89079-11-9; 83-916244-4-7.

Der beim Kaschubischen Institut in Danzig/Gdańsk und dem Museum für kaschubisch-pommersches Schrifttum und Musik in Neustadt/Wejherowo erschienene Band enthält Archivalien zum gescheiterten Versuch der polnischen Behörden nach 1945, die in der Gegend von Garder See/Jez. Gardno und Lebasee/Jez. Łebsko wohnenden Lebakaschuben zu (re)polonisieren. Die Quellensammlung umfaßt 52 Abschriften und zehn Ablichtungen von Dokumenten aus der Zeit von April 1945 bis September 1971, als die Ausreise der letzten Bewohner des Dorfes Klucken/Kluki begann. Das Werk ist als zweiter Band einer 1995 in Stolp/Słupsk erschienenen Abhandlung mit demselben Titel gedacht.

Mirosław Ossowski

Stargardia. Rocznik Muzeum w Stargardzie poświęcony przeszłości i kulturze Pomorza [Stargardia. Jahrbuch des Museums in Stargard für die Vergangenheit und Kultur Pommerns]. T. [Bd.] II. Stargard: Muzeum w Stargardzie 2002. 624 S., Abb., dt. Zusammenfassung. ISSN 1641-7747.

Wie der erste (s. „Berichte und Forschungen" 10, 2002, S. 218 f.) enthält auch der umfangreiche zweite Band des Jahrbuchs „Stargardia" Untersuchungen, Quellenmaterialien, Rezensionen, Berichte und Erinnerungen. Die Artikel und Kurzbeiträge zu verschiedenen historischen Fragestellungen beziehen sich in erster Linie auf Stargard/Stargard Szczeciński und sein Umland. Themen sind u. a. die Verwaltungsgeschichte Stargards nach 1945, die Demographie der Stadt nach den Befreiungskriegen, das Gerichtswesen (das Schiedsgericht in der ersten Hälfte des 19. Jahrhunderts), Fragen der Militärgeschichte (Kriegerdenkmäler aus dem Ersten Weltkrieg, Kampfhandlungen im Februar und März 1945). Weitere Artikel betreffen Sprachwissenschaft (Ortsnamen im Landkreis), Archäologie (Grabungen am Friedhof des ehemaligen Augustinerklosters, Inventarisation der Funde von Waffen und Kacheln), Kultur (Schulwesen in Stargard 1945–1965, Geschichte des Stargarder Museums, die Rolle der pommerschen Flüsse für den Kulturtransfer), Kunst (die Architektur der Kirche in Dölitz/Dolice, Friedhofsportale, Bildwerke der Neuzeit in den Kirchen des Stargarder Landes, graphische Ansichten der Klöster in Stettin/Szczecin), Musik (Kammermusik in Stargard am Ende des 20. Jahrhunderts). Ein Beitrag zum Archivwesen behandelt die Ostforschung in Stettin. In der Abteilung „Quellen" finden sich Informationen zu den Beständen des Stargarder Archivs, Materialien zu einem geographischen Lexikon, zur Geschichte der Bibliotheksbestände in Stargard und zur Geschichte des städtischen Gesundheitswesens. Die Berichte enthalten eine Dokumentation der Sammlungs-, Forschungs- und Ausstellungstätigkeit sowie der Museumspädagogik des Stargarder Museums. Erwähnenswert sind außerdem die Erinnerungen eines der ersten polnischen Siedler in Stargard 1945 und die Vorstellung des Projekts eines Denkmals für die vertriebenen Pommern in Rossow/Rosowo.

Ewa Gwiazdowska

Adam Maria Szymski: Architektura i architekci Szczecina 1945–1995. Architektura Szczecina na tle osiągnięć polskiej architektury współczesnej [Architektur und

Architekten in Stettin 1945–1995. Die Architektur Stettins im Kontext der zeitgenössischen polnischen Architektur] (Prace naukowe Politechniki Szczecińskiej [Wissenschaftliche Arbeiten des Stettiner Polytechnikums] 560, Instytut Architektury i Planowania Przestrzennego [Institut für Architektur und Raumplanung] 41). Szczecin: Politechnika Szczecińska 2001. 340 S., Abb. ISSN 0208-7065.

Der Band gibt einen dichten und sachlichen Überblick über das Architekturgeschehen in Stettin/Szczecin nach dem Zweiten Weltkrieg, stellt dessen Charakteristika, die Genese der Formen und deren Einbindung in die Umgebung heraus, schildert die Umsetzungsprozesse und gibt Informationen zu den Protagonisten. Die Einleitung skizziert den historischen Hintergrund, die politischen und wirtschaftlichen Rahmenbedingungen des Sozialismus und schließlich der Demokratie. Das Buch gliedert sich in drei Teile. Zunächst wird die Architektur Stettins beschrieben und analysiert: der Zustand der Bebauung nach den Kriegszerstörungen, Visionen einer neuen, „polnischen" Stadtgestalt, die Organisation der Bauverwaltung, Programme der städtebaulichen Umgestaltung, erste architektonische Realisationen im Zentrum, der Bau moderner Wohnsiedlungen, die Entwicklung der Siedlungen auf der rechten Oderseite, die „individualisierte" Architektur nach der politischen Wende 1989. Der zweite Teil behandelt die Geschichte der polnischen Architektur als Hintergrund der Entwicklung in Stettin: Hauptetappen und -richtungen, Sechsjahresplan, Einflüsse der sozialistisch-realistischen Ästhetik, Werke des Neomodernismus, industrielle Präfabrikation, Einflüsse der internationalen Avantgarde, „Entdeckung" der Postmoderne. Der dritte Teil besteht aus Anhängen mit einer Liste der Absolventen des herausgebenden Instituts für Architektur und Raumplanung der Technischen Universität Stettin und einem Verzeichnis von Stettiner Architekten mit Werklisten und biographischen Anmerkungen. Bibliographie, Abbildungsverzeichnis und Personenregister komplettieren den Band.

Ewa Gwiazdowska

Lisaweta von Zitzewitz (Red.): Początki miasta Słupska. Nowe wyniki badawcze z Niemiec i Polski. Materiały z konferencji w Kulicach, 6–8 listopada 1998 = Die Anfänge der Stadt Stolp. Neue Forschungsergebnisse aus Deutschland und Polen. Materialien einer Tagung in Külz, 6.–8. November 1998 (Zeszyty Kulickie = Külzer Hefte 1). Nowogard: Akademia Europejska Kulice-Külz 1999. 258 S., s.-w. Abb., Kt., dt. u. poln. Zusammenfassungen. ISSN 1508-9207.

Der Band eröffnet eine Publikationsreihe der Europäischen Akademie Külz/Kulice. In der Einleitung umreißt die Herausgeberin den Charakter der Reihe, welche die deutsch-polnische Verständigung und Zusammenarbeit befördern soll. In zwölf (teilweise deutsch-, teilweise polnischsprachigen) Beiträgen behandeln Autoren aus Deutschland und Polen historische, archäologische und sprachwissenschaftliche Themen, die sich auf die Region um Stolp/Słupsk konzentrieren. Untersucht werden die Etymologie des Ortsnamens Słupsk und sein Bezug zu anderen polnischen Ortsbezeichnungen, Städte- und Dorfnamen in der genannten Region, Siedlungsentwicklungen und Verstädterungsprozesse, die Geschichte des Herzogtums Pommern-Stolp bis 1459, besonders im Spiegel der ältesten erhaltenen Dokumente, die Bedeutung des lübischen Rechts für die Entwicklung von Stolp, die räumliche Entwicklung der Stadt vom 11. bis zum 14. Jahrhundert, die Politik des Herzogtums gegenüber dem benachbarten Deutschordensstaat, der Einfluß der Reformation auf die Entwicklung von Stolp sowie die Rolle der kaschubischen Bevölkerung für die Besiedlung entlang des Flusses Stolpe/Słupia im Laufe der Jahrhunderte. Die hier behandelten Fragen sind von großer Bedeutung für die frühe Geschichte der Stadt; sie illustrieren die Entwicklung der Zivilisation in Pommern und die Rolle der slawischen und deutschen Bevölkerung in diesem Prozeß.

Ewa Gwiazdowska

Lisaweta von Zitzewitz (Red.): Z dziejów chrześcijaństwa na Pomorzu. Materiały z konferencji w Kulicach, 19–22 listopada 2000 r. = Aus der Geschichte des Christentums in Pommern. Materialien einer Tagung in Külz, 19.–22. November 2000 (Zeszyty Kulickie = Külzer Hefte 2). Nowogard: Akademia Europejska Kulice-Külz/Europäische Akademie Kulice-Külz 2001. 325 S., s.-w. Abb., Kt., dt. u. poln. Zusammenfassungen. ISSN 1508-9207.

Der Band enthält 17 (teils polnisch-, teils deutschsprachige) Beiträge polnischer und deutscher Autoren zu Schlüsselfragen der Christianisierung und der Geschichte des Christentums in Pommern vom Ende des 10. bis zum 20. Jahrhundert. Die Aufsätze befassen sich mit dem Problem der Lokalisierung der ersten Bischofssitze, analysieren das geistige Umfeld des ersten pommerschen Bischofs Otto von Bamberg und dessen Verständnis des heidnischen Glaubens der Pommern, behandeln den Prozeß ihrer Christianisierung sowie die kirchliche Organisation und Verwaltung am Beispiel des Bistums Cammin/Kamień Pomorski. Um Erscheinungsformen des geistlich-religiösen Lebens in Pommern geht es in Beiträgen zur religiösen Dichtung in ihrem Wandel vom 12. bis zum 20. Jahrhundert und zur Rolle der Religion im täglichen Leben der pommerschen Hansestädte zur Zeit ihrer wirtschaftlichen Blüte im späten Mittelalter. Die künstlerische Umsetzung religiöser Vorstellungen wird am Beispiel der Ausstattung des Doms in Kolberg/Kołobrzeg untersucht. Einen Schwerpunkt des Bandes bildet der religiöse Umbruch der Reformation. Der pommersche Reformator Johann Bugenhagen wird mit Georg Normann, einem der wichtigsten Reformatoren Schwedens, verglichen. Der Einfluß der Reformation auf das religiöse Leben im Pommern des 16. und 17. Jahrhunderts wird am Beispiel des Kolberger Bürgertums dargestellt. Eine letzte Themengruppe bilden Untersuchungen zum Verhältnis von Christentum und weltlicher Staats- und Rechtsordnung nach der Gründung des Deutschen Reiches 1871, während des Zweiten Weltkriegs (im Kontext der Aktivitäten Dietrich Bonhoeffers) sowie nach 1945, als im polnisch gewordenen Pommern der katholische Glaube die evangelische Kirche verdrängte. Der Band bietet damit ein facettenreiches Bild der Geschichte des Christentums in Pommern und seiner Bedeutung für das geistige und kulturelle Leben der Region.

Ewa Gwiazdowska

5. Schlesien

Archaeologia Silesiae. Bd. 1. Wrocław: Uniwersytet Wrocławski 2002. 267 S., 132 Abb., engl. Zusammenfassung. ISBN 83-915048-2-4.

Die vom Archäologischen Institut der Universität Breslau/Wrocław herausgegebene Publikation präsentiert (zumeist in polnischer Sprache) neue Forschungen vor allem zu Schlesien. Zbigniew Bagniewski schreibt über die „Späte Altsteinzeit und die Mittelsteinzeit im Westteil der Ebene Thorn/Toruń–Eberswalde“; Władysław Pyszyński berichtet über

„Holzkohle in archäologischen Funden in Niederschlesien", Stanisława Pazdy über die „Eisenhütte vom Ausgang des Altertums in Niederseiffersdorf/Przylesie Dolne in der Gemeinde Grottkau/Grodków (Woiwodschaft Oppeln/Opole)"; Krzysztof Wachowski ist mit dem deutschsprachigen Aufsatz „Nadelbüchsen als Beispiel für den kulturellen Interaktionismus" und einem Beitrag über spätmittelalterliche Rittergürtel aus Schlesien vertreten.

Maria Zwierz

Archeologia Środkowego Nadodrza [Archäologie an der mittleren Oder]. Bd. 1. Zielona Góra: Muzeum Archeologiczne Środkowego Nadodrza w Zielonej Górze z siedzibą w Świdnicy [Museum für Archäologie an der mittleren Oder in Grünberg/Zielona Góra mit einer Filiale in Schweidnitz/Świdnica] 1998. 230 S., 35 Abb., 54 Tf. ISBN 83-86832-77-0.

Der Band ist in drei Abschnitte untergliedert: Forschungen und Beiträge, Berichte und Ausgrabungen, Rezensionen und Polemiken. Krzysztof Garbacz stellt die Grabungsergebnisse am Fundort der Lausitzer Kultur in Schenkendorf/Sękowice, Gemeinde Guben/Gubin, vor; Adam Kołodziejski präsentiert „Erste Grabungsergebnisse aus der Makroregion der Lausitzer Kultur in der Hallstattzeit im Ostteil der Unterlausitz". Im Rezensionsteil findet sich der bemerkenswerte Beitrag von Tadeus Malinowski „Vom nicht fachgerechten Umgang und der Instrumentalisierung einiger Abschnitte der Geschichte der polnischen Archäologie, oder wie man Archäologie nicht in der Öffentlichkeit darstellen sollte". Jarosław Lewczuk berichtet über Forschungen in einer Siedlung nahe Schlawa/Sława, die vorgeschichtliche, frühgeschichtliche und neuzeitliche Funde erbrachten. In einem weiteren Beitrag gibt Lewczuk einen Überblick über den Stand der Forschungen zur La-Tène-Zeit und zu römischen Einflüssen auf dem Gebiet der Woiwodschaft Grünberg/Zielona Góra.

Maria Zwierz

Archeologia Środkowego Nadodrza [Archäologie an der mittleren Oder]. Bd. 2. Zielona Góra: Muzeum Archeologiczne Środkowego Nadodrza w Zielonej Górze z siedzibą w Świdnicy [Museum für Archäologie an der mittleren Oder in Grünberg/Zielona Góra mit Filiale in Schweidnitz/Świdnica] 2002. 270 S., 100 Abb., 68 Tf. ISBN 83-89048-07-8.

Die Aufteilung des zweiten Bandes der „Archäologie an der mittleren Oder" entspricht der des ersten Buches. Er enthält unter anderem folgende Beiträge: Piotr Dziedzic und Sławomir Kałagate berichten über „Archäologische Forschungen im Piastenschloß von Crossen an der Oder/Krosno Odrzańskie", S. Kałagate außerdem über „Ergebnisse der Rettungsgrabungen in der Altstadt von Sommerfeld/Lubsko"; Tadeusz Szczurek schreibt über „Münzfundorte in der ehemaligen Woiwodschaft Grünberg/Zielona Góra"; Bartłomiej Gruszka informiert über Siedlungsspuren im Grabungsfeld von Eichwaldau/Zawada, Kreis Grünberg, aus dem Übergang von der Hallstatt- zur La-Tène-Zeit; Piotr Wawrzyniak untersucht das Gräberfeld von Jordan/Jordanowo, Gemeinde Schwiebus/Świebodzin.

Maria Zwierz

Zbigniew Bagniewski (Hg.): Śląskie sprawozdania archeologiczne [Schlesische archäologische Berichte]. Wrocław: Instytut Archeologii Uniwersytetu Wrocławskiego 2002. 579 S., 326 Abb. ISBN 83-915048-7-5.

Der Band enthält zahlreiche Feldforschungsberichte; ein Teil davon betrifft kleinere Ort in Schlesien, u. a. Mörschelwitz/Mirosławice, Heinrichau/Henryków, Strehlen/Strzelno; der Großteil der Beiträge konzentriert sich jedoch auf Breslau/Wrocław. So findet man Berichte über die Grabungsfunde u. a. auf den Parzellen Schuhbrücke 74/Hintermarkt 2 (ul. Szewska/Kurzy Targ), dem Eckgrundstück Nikolaistraße/Büttnerstraße (ul. św. Mikołaja/Rzeźnicza), in der Weißgerbergasse (ul. Białoskórnicza) und der Friedrich-Karl-Straße (ul. Inowrocławska). Neben Berichten und Kurzbeiträgen bietet der Band mehrere große Abhandlungen, u. a. zu den archäologischen Forschungen auf dem Breslauer Bürgerwerder (Kępa Mieszczańska) und an den mittelalterlichen Stadtmauern von Schweidnitz/Świdnica.

Maria Zwierz

Antoni Barciak (Hg.): Ziemia pszczyńska przez wieki. Stan badań, archiwalia, problemy badawcze [Das Plesser Land durch die Jahrhunderte. Forschungsstand, Archivalien, Forschungsprobleme]. Suszec: Związek Górnośląski Koło Suszec 2002. 244 S., Abb., dt. Zusammenfassungen. ISBN 83-906088-1-2.

Der Band enthält Materialien einer Konferenz, die vom Oberschlesischen Verband (Związek Gornośląski) und vom Oberschlesischen Institut in Kattowitz/Katowice im Jahr 2001 veranstaltet wurde. Die 14 gedruckten Referate sind in drei Gruppen gegliedert: Forschungsstand; Quellen zur Geschichte des Plesser Landes; Ausgewählte Probleme der Geschichte. Die meisten Abhandlungen befassen sich mit neuzeitlichen Themen, vor allem mit dem religiösen Leben. Die in Polen, Deutschland und Tschechien vorhandenen Archivbestände über Pleß/Pszczyna sind ausführlich dargestellt. Einzelne Quellen werden analysiert. Ziel der Publikation ist es, Forschungsdesiderate zu benennen und Möglichkeiten zur weiteren Erforschung dieses Gebietes aufzuzeigen.

Małgorzata Ruchniewicz

Edward Białek, Eugeniusz Tomiczek (Hg.): Orbis Linguarum. Legnickie Rozprawy Filologiczne [Liegnitzer Philologische Beiträge]. [Bd.] 21. Wrocław: Oficyna Wydawnicza ATUT – Wrocławskie Wydawnictwo Oświatowe 2002. 365 S. ISBN 83-89247-13-5.

Den 21. Band der Schriftenreihe eröffnet die Rede des Präsidenten der Bundesrepublik Deutschland, Johannes Rau, vom 15. November 2002 anläßlich der Jubiläumsveranstaltung zum 300jährigen Bestehen der Universität Breslau/Wrocław in der Aula Leopoldina. Darauf folgt der Beitrag „Von Lemberg nach Breslau – eine Universität zwischen Tradition und Neubestimmung“ von Krzysztof Ruchniewicz. Einen wesentlichen Teil des Bandes macht das aufgezeichnete Gespräch zwischen der deutschen Schriftstellerin Christa Wolf und dem Posener Germanisten Hubert Orłowski aus, das am Vorabend des Tages der Deutschen Einheit 2002 in der Aula der Breslauer Ossolineum-Bibliothek stattfand. Außerdem finden wir in dem Band 15 weitere Beiträge aus dem Bereich der Literatur- und Kulturwissenschaft, die sich u. a. auf das Schaffen von Joseph von Eichendorff (Karl Konrad Polheim),

Ernst Jünger (Wojciech Kunicki, Krzysztof Polechoński), Stanisław Lem (Marcin Barcz) und Hermann Hesse (Andreas Solbach) beziehen.

Marta Kopij

Edward Białek, Eugeniusz Tomiczek (Hg.): Orbis Linguarum. Legnickie Rozprawy Filologiczne [Liegnitzer Philologische Beiträge]. [Bd.] 22. Wrocław: Oficyna Wydawnicza ATUT – Wrocławskie Wydawnictwo Oświatowe 2002. 273 S. ISBN 83-89247-14-3.

Dieser Band enthält insgesamt 17 Beiträge aus den Bereichen der Literatur- und Kulturgeschichte, Glottodidaktik und Linguistik sowie fünf literarische Texte. Die Aufsätze präsentieren einen breiten Themenkomplex und registrieren diesmal verschiedene Erscheinungen der polnischen Literatur, wie z. B. Tomasz Waszak: „Die Republik der Texte. Bruno Schulz' ‚Das Sanatorium zur Todesanzeige' als utopisches Dokument", oder rollen Rezeptionsprobleme auf: Daniel Pietrek: „Linien der Rezeptions- und Aufführungsgeschichte von Peter Weiss' ‚Die Verfolgung und Ermordung Jean Paul Marats'". Sprachwissenschaftliche und glottodidaktische Fragen werden aufgenommen u. a. in den Beiträgen von Janusz Stopyra: „Einige Bemerkungen zur Integrationslinguistik von Roy Harris"; Beata Raczyńska: „‚Herr' und ‚Frau' als Anrede in vier Sprachen"; Anna Małgorzewicz: „Didaktische Konsequenz der Theorie des translatorischen Handelns und der Skopostheorie für die Ausbildung der Dolmetscherkompetenzen". Im Rezensionsteil werden 57 neue polnische und deutsche Bücher besprochen.

Marta Kopij

Edward Białek, Eugeniusz Tomiczek (Hg.): Orbis Linguarum. Legnickie Rozprawy Filologiczne [Liegnitzer Philologische Beiträge]. [Bd.] 23. Wrocław: Oficyna Wydawnicza ATUT – Wrocławskie Wydawnictwo Oświatowe 2002. 365 S. ISBN 83-89247-26-7.

Dieser Band ist der Breslauer Germanistin Frau Professor Anna Stroka zum 80. Geburtstag gewidmet. Von den 32 Beiträgen aus dem Bereich der Literaturgeschichte und der Sprachwissenschaft beziehen sich zehn auf Gerhart Hauptmann, der jahrelang im Mittelpunkt der wissenschaftlichen Tätigkeit von Anna Stroka stand: Eugeniusz Klin: „Diskussion um Gerhart Hauptmann. Zum ungedruckten Briefwechsel zwischen Felix A. Voigt und Paul Mühsam"; H. D. Tschörtner: „Vom ‚Zauberberg' zum Nobelpreis. Mit Briefen Thomas Manns und Gerhart Hauptmanns"; Edyta Danowska: „Die Atriden-Tetralogie: Gerhart Hauptmanns mythisches Modell"; Grażyna Barbara Szewczyk: „Gerhart Hauptmann i Szwedzi" (G. Hauptmann und die Schweden); Krzysztof A. Kuczyński: „Z wizytą w willi Wiesenstein. Zapomniany polski wywiad z Gerhartem Hauptmannem z 1946 roku" (Zu Besuch in der Villa Wiesenstein. Ein unbekanntes polnisches Interview mit G. Hauptmann aus dem Jahr 1946); Mirosława Czarnecka: „Gerhart Hauptmann i Johann Jacob Bachofen. Recepcja modelu ginakokracji w powiści utopijnej Wyspa Wielkiej Matki albo Cud z Île des Dames (1924)" (G. Hauptmann und J. J. Bachofen. Die Rezeption des Modells einer Gynäkokratie in der utopischen Dichtung „Die Insel der Großen Mutter oder Das Wunder von Île des Dames"); Anna Mańko-Matysiak: „Gerhart Hauptmann i świat śląskich szaleńców" (G. Hauptmann und die Welt der schlesischen Wahnwitzigen); Tomasz Majewski: „Gerhart Hauptmann i Alfred Kerr" (G. Hauptmann und A. Kerr); Piotr Knapik:

„Pierwsze polskie wydanie dzieł zebranych Gerharta Hauptmanna" (Die ersten polnischen Ausgaben der gesammelten Werke G. Hauptmanns); Jolanta Szafarz: „Die Antithetik in der Raum- und Körpergestaltung in der Novelle ‚Bahnwärter Thiel' von Gerhart Hauptmann". Zu nennen wäre noch ein Beitrag aus dem Bereich der Sprachwissenschaft, der Spezifika des schlesischen Kulturraumes gewidmet ist: Daniela Pelka: „Phonetische Analyse der Konsonanten in der deutschen Sprache der Gegend von Oberglogau/Głogówek". Zwei literarische Texte und ein Rezensionsteil schließen den Band ab.

Marta Kopij

Edward Białek, Robert Buczek, Paweł Zimniak (Hg.): Eine Provinz in der Literatur. Schlesien zwischen Wirklichkeit und Imagination (Beihefte zum Orbis Linguarum 19). Wrocław, Zielona Góra: Wrocławskie Wydawnictwo Oświatowe ATUT 2003. 370 S. ISBN 83-89247-29-1, ISSN 1426-7241.

Die sich seit einigen Jahrzehnten (in Polen seit einigen Jahren) vollziehende Rückbesinnung auf Lokalität und Regionalität bedeutet eine Absage an die Verabsolutierung der Kategorie der Zeit und eine Aufwertung der Kategorie des Raumes. Deutlich sichtbar zeichnet sich auch (nicht nur im deutschsprachigen Literaturbetrieb) eine Tendenz ab, die man als Bewegung zur Wiedergewinnung der Provinz im Literarischen und Ästhetischen bezeichnen könnte. Das Phänomen der Provinz als Nahraum, oft mit dem Topos der verlorengegangenen Provinzen verbunden, legt offen, daß die Kategorie der Räumlichkeit als konzeptioneller Schlüsselbegriff, ob im Kontext eines einzelnen Ortes oder einer Provinz begriffen, literarisch und literaturwissenschaftlich immer noch interessant sein kann. Der Band ist das Resultat einer in Grünberg/Zielona Góra von R. Buczek und P. Zimniak vom 20. bis 22. November 2002 organisierten internationalen Konferenz zu diesem Thema, an der sich Vertreter der Universitäten Chambéry, Chemnitz, Dresden, Duisburg, Kattowitz/Katowice, Leipzig, Lodz/Łódź, Oppeln/Opole, Posen/Poznań, Breslau/Wrocław und Grünberg/Zielona Góra als Gastgeber beteiligt haben. In den 27 Beiträgen, alle in deutscher Sprache, erscheint die Provinz als wertorientierter Relationsbegriff, als zentrierter und strukturierter Raum, der Identifikationsmöglichkeiten anbieten oder zum Widerstand und Protest herausfordern kann. Die einzelnen Aufsätze versuchen themenübergreifend auf die folgenden Fragen eine Antwort zu finden: In welcher Weise bekommt man einen Zugang zu einer bestimmten, nicht selten auch durch historische Quellen belegbaren, regionalen oder lokalen Welterfahrung? Wird nur das charakteristisch Allgemeine, das in seiner historischen Bedeutsamkeit Repräsentative dargestellt, oder bekommt die regionale Bestimmtheit durch das Prisma der literarischen Fiktion eine völlig andere, den allgemeinen Erwartungen zuwiderlaufende Dimension? Inwieweit bieten fiktionale Texte mit regionalen Bezugsfeldern Möglichkeiten der Selbstorientierung und -bestimmung eines Individuums, einer Gruppe oder Gesellschaft? Behandelt werden u. a. folgende Autoren: Christian Garve, Carl Wilhelm Salice-Contessa, Karl von Holtei, Gustav Freytag, Else Ury, Max Tau, Gerhart Pohl, Egon H. Rakette, Arnold Ulitz, Karl Schodrok, Gerhart Hauptmann, Olga Tokarczuk, Jan Goczoł, Armin Müller, Heinz Piontek, Günther Anders, Arno Schmidt, Dagmar von Mutius, Werner Heiduczek, Hans Zuchhold, Friedrich Bischoff, Dietmar Scholz.

Paweł Zimniak

[Gabriela Bożek (Red.):] Ratusze województwa śląskiego i ziem przygranicznych [Rathäuser Schlesiens und der angrenzenden Gebiete]. Katowice: Centrum Dziedzictwa Kulturowego Śląska 2000. 140 S., 100 Abb. Poln., tschech. u. dt. Text. ISBN 83-85871-14-4.

Die dreisprachige Publikation des Kulturzentrums für Oberschlesien (Centrum Kulturowe Górnego Śląska), Kattowitz/Katowice, erschien im Rahmen der zusammen mit dem Stadtmuseum von Mährisch Ostrau/Ostrava und dem Schloßmuseum in Krawarn/Kravaře (Tschechien) veranstalteten „Tage des europäischen Kulturerbes". Dem Vorwort von Eugeniusz Paduch folgt eine von Andrzej Holeczko-Kiehl besorgte kurze Einführung in die Geschichte der mitteleuropäischen Rathausarchitektur. Im Hauptteil des Buches werden die einzelnen Rathäuser in Wort und Bild vorgestellt. Autoren sind Fachleute aus Polen (Bolesław Błachuta, Małgorzata Derus, Adam Kwiecień, Henryk Mercik, Ryszard Szopa) und Tschechien (Lucie Augustinovka, Jaromír Dlouhý, Kateřina Ihnatíková, Erich Šefčik). Das Buch, wenn auch nicht als wissenschaftliche Gesamtdarstellung konzipiert, vermittelt doch einen guten Überblick über die historischen Bauformen und den heutigen Zustand von fast fünfzig Rathäusern.

Irma Kozina

Filip Burno: Zygmunt Gawlik (1895–1961). Architekt katedry katowickiej [Zygmunt Gawlik (1895–1961). Der Architekt der Kattowitzer Kathedrale]. Katowice: Księgarnia św. Jacka, Inicjatywa Muzeum Archidiecezjalnego w Katowicach 2003. 257 S., 86 Abb. ISBN 83-7030-379-X.

Dem Architekten der Christ-König-Kathedrale in Kattowitz/Katowice, Zygmunt Gawlik, gilt seit den 1990er Jahren die Aufmerksamkeit der Forschung. Davon zeugen die Ausstellung der Werke Gawliks im Kattowitzer Diözesanmuseum und die hier vorgestellte Monographie, die auf einer am Institut für Kunstgeschichte der Universität Warschau/Warszawa bei Waldemar Baraniewski eingereichten Magisterarbeit basiert. Unter Auswertung des reichen Nachlasses des Architekten (im Familienbesitz) erstellte Filip Burno einen Katalog mit 103 Eintragungen, der sowohl architektonische Projekte wie auch Plastiken umfaßt. Gawlik, der vor allem in Kleinpolen und Oberschlesien tätig war, hatte an der Kunstakademie in Krakau/Kraków Malerei, Bildhauerei und Architektur studiert. Berühmtheit erlangte er durch seinen Wettbewerbsentwurf für die Kattowitzer Kathedrale, den er gemeinsam mit dem bereits erfahrenen und bekannten Architekten Franciszek Maczyński entwickelte. Dank Burnos gewissenhaften Studien erscheint Gawlik nun nicht länger als Architekt eines einzigen Baus; der Autor präsentiert das reiche und vielfältige Werk des Architekten, das zwischen dem von den Regierenden der Zweiten Polnischen Republik bevorzugten Neoklassizismus und dem expressiven Art déco oszilliert. In einigen Projekten, etwa der Pfarrkirche Herz-Jesu in Murcko von 1930, sind die Einflüsse der pittura metafisica Giorgio de Chiricos und auch der faschistischen Architektur in Italien erkennbar. Burno konzentriert sich vor allem auf die Inventarisierung der Werke Gawliks, die er zur Biographie des Architekten in Bezug setzt, nach stilistischen und formalen Aspekten analysiert und im Kontext der Architektur der Zwischenkriegszeit in Polen darstellt.

Irma Kozina

Ewa Chojecka, Teresa Jakimowicz, Wiesław Juszczak, Waldemar Okoń (Hg.): Marmur dziejowy. Studia z historii sztuki [Der Marmor der Geschichte. Studien zur Kunstgeschichte] (Poznańskie Towarzystwo Przyjaciół Nauk, Wydział Nauk o

Sztuce, Prace Komisji Historii Sztuki 32). Poznań: Poznańskie Towarzystwo Przyjaciół Nauk we współpracy z Uniwersytetem Wrocławskim 2002. 560 S., 293 s.-w. Abb. ISSN 0079-466X, ISBN 83-7063-347-1.

Die Festschrift für Prof. Dr. Zofia Kębłowska vom Institut für Kunstgeschichte der Universität Breslau/Wrocław wurde von ihren Schülern, Freunden und Mitarbeitern herausgegeben. Die 48 Beiträge befassen sich vor allem mit der Kunst des 19. Jahrhunderts, dem Spezialgebiet der zu Ehrenden; daneben gibt es einige Aufsätze zur Kunst des Mittelalters und der Neuzeit. Neben Artikeln zur Geschichte der Architektur, Malerei und Plastik finden sich Texte zu Kunsttheorie, Literatur, Städtebau, Denkmalpflege, Kunstgewerbe, Grafik, Fotografie und Zeitungsillustrationen. Als Beispiele seien genannt: Andrzej Rottermund: „Die Ansichten der Warschauer Łazienki von Jan Piotr Norblin von 1785"; Jan Wrabec: „Rom im Schlesien der Barockzeit"; Wojciech Bałus: „Bemerkungen zu Karl Friedrich Schinkels Kirche in Krzeszowice"; Irma Kozina: „Die moderne Neogotik in der Pfarrkirche von Leobschütz/Głubczyce"; Ewa Chojecka: „Das Martin-Luther-Denkmal in Bielitz/Bielsko – ein Versuch der Erinnerung und der Geschichtsvermittlung" (alle in polnischer Sprache); Eva Börsch-Supan: „Kirchenräume Schinkels als Architekturräume"; Helmut Börsch-Supan: „Die Staffage der architektonischen Entwürfe Karl Friedrich Schinkels" (in deutscher Sprache). Beigegeben ist auch eine Bibliographie der Veröffentlichungen Zofia Kębłowskas aus den Jahren 1973–2001.

Maria Zwierz

Małgorzata Chorowska: Rezydencje średniowieczne na Śląsku. Zamki, pałace i wieże mieszkalne [Mittelalterliche Residenzen in Schlesien. Burgen, Schlösser und Wohntürme]. Wrocław: Oficyna Wydawnicza Politechniki Wrocławskiej 2003. 338 S., 255 Abb., engl. Zusammenfassung. ISBN 83-7085-680-2.

Residenzbauten prägten die Architekturlandschaft des mittelalterlichen Schlesien. Mit der Zeit wurden diese Bauten durch Kriege zerstört; die Höhenburgen wurden zugunsten von Residenzen im Flachland aufgegeben, andere wurden völlig umgestaltet und verschwanden unter den auf ihren Grundmauern errichteten neuzeitlichen Schlössern. Ihre Wiederentdeckung im Rahmen von archäologischen und bauhistorischen Untersuchungen und Archivstudien ist in diesem Band dokumentiert. Die Autorin behandelt einige Dutzend mittelalterliche Residenzen in Schlesien nach typologischen und funktionalen Gesichtspunkten (Palast, Kemenate einer Burg, Wohnturm). Sie stellt Grundrisse, funktionale Untergliederungen, die Ausstattung der Wohnräume sowie der Küchen- und Sanitärräume vor. Die architektonischen Programme und die Objektgröße analysiert sie in ihrem Verhältnis zum gesellschaftlichen Status und den finanziellen Möglichkeiten der Auftraggeber.

Maria Zwierz

Mirosława Czarnecka, Andreas Solbach, Jolanta Szafarz, Knut Kiesant (Hg.): Memoria Silesiae. Leben und Tod, Kriegserlebnis und Friedenssehnsucht in der literarischen Kultur des Barock. Zum Gedenken an Marian Szyrocki (1928–1992). Wrocław: Wydawnictwo Uniwersytetu Wrocławskiego 2003. 494 S. ISBN 83-229-2355-4.

In dem Band finden sich die Referate der vom 26. bis zum 30. September 2002 in Jugowice veranstalteten internationalen Barocktagung versammelt, mit der die germanistische Fachwelt des Todes von Professor Marian Szyrocki gedachte. Der weltberühmte Breslauer Germanist verstarb im Jahre 1992. Die seitdem vergangenen 10 Jahre wurden somit zum Anlaß für die Konferenz, die unter der wissenschaftlichen Leitung von Prof. Mirosława Czarnecka (Breslau/Wrocław) und Prof. Andreas Solbach (Mainz) im Rahmen „des offiziellen Programms zur Jubiläumsfeier des 300-jährigen Bestehens der Alma Mater Wratislaviensia sowie als dritte reguläre Jahrestagung der Internationalen Andreas Gryphius-Gesellschaft" stattfand. Den Band eröffnen die Rede der Prorektorin für Bildung der Universität Breslau/Wrocław, Prof. Dr. Krystyna Gabryjelska, und ein Grußwort des Präsidenten des Polnischen Germanistenverbandes, Prof. Dr. Eugeniusz Grucza. Ihnen folgen Beiträge zur Erinnerung an Marian Szyrocki von Eugeniusz Tomiczek, Cornelius Sommer, Hans-Gert Roloff und Klaus Garber, die den ersten Teil („Memoria und Werk") des Bandes abschließen. Der zweite Teil („Krieg und Frieden") enthält zwölf Aufsätze: Hubert Orłowski: „Die Befreiung eines Dichters"; Arno Herzig: „Schlesischer Barock im konfessionellen Spannungsfeld des 17. Jahrhunderts"; Barbara Becker-Cantarino: „Johann Scheffler und die Kontroverse um seine ‚Tuercken Schrifft'"; Krzysztof Migoń: „Schlesische Literatur- und Bücherwelt des 17. Jahrhunderts im Angesicht der Türkengefahr"; Dietmar Peil: „Krieg und Frieden in Czepkos ‚Coridon und Phyllis'"; Eugeniusz Klin: „Zeitkritik und Friedensbotschaft im ‚Piastus' von Andreas Gryphius"; Eberhard Mannack: „Die ‚verdeckte Fortsetzung des Dreißigjährigen Krieges' in Schlesien zwischen 1650 und 1660 am Beispiel von Andreas Gryphius"; Peter Rusterholz: „Andreas Gryphius' ‚Leo Armenius': Ist christliche Politik möglich oder ein Widerspruch in sich selbst?"; Stefanie Arend: „‚Brennen' und ‚Schneiden' oder ‚Verzeihen'? Die Utopie des sanftmütigen Fürsten in Gryphius' Drama ‚Leo Armenius' im Kontext von Senecas ‚De clementia'"; Grażyna Barbara Szewczyk: „Bilder des Krieges und der Friedensgedanke im Gedicht von Martin Opitz ‚Lobgedicht an die Königliche Majestät zu Polen und Schlesien'"; Jan Papiór: „Boineburgs und Ulicovius' Projektionen für eine polnische Königswahl des Jahres 1668"; Małgorzata Morawiec: „‚Friede, Freude, Eierkuchen' – Zur Darstellung der Friedensfeier in der schlesischen Publizistik im 18. Jahrhundert". Den nächsten thematischen Komplex bilden Texte zur Problematik von „Eros und Thanatos": Andreas Solbach: „Männliche Frauen und weibliche Männer: Courasche im Gender-Kampf"; Mirosława Czarnecka: „Die Anthropologie der Angst: Andreas Gryphius und die weiblichen Lebenswelten"; Thomas Borgstedt: „‚Romeo und Julia', ‚Cardenio und Celinde'. Andreas Gryphius' Umkehrung der novellistischen Liebestragödie"; Jolanta Szafarz: „Triumph der Vanitas"; Claudia Benthien: „‚Itzt nun die Zunge fault'. Der Tod als ‚Stumm-Macher' in Andreas Gryphius' Lyrik und Trauerspielen"; Joachim Śliwa: „Andreas Gryphius und die Breslauer Mumien. Ein Beitrag zur Kulturgeschichte Schlesiens im 17. Jahrhundert". Im vierten Teil finden wir folgende Beiträge: Rudolf Drux: „Beschworene Mußestunden. Über ein zentrales Anliegen der Panegyrica des Martin Opitz auf Karl Hannibal von Dohna"; Jörg-Ulrich Fechner: „Ein poetischer Nachrichtenbrief von Andreas Tscherning nach Breslau. Zu einer vergessenen Gattung des deutschen Barock"; Knut Kiesant: „Friedensvisionen in Casualgedichten Wencel Scherffer von Scherffensteins (1598/99–1674)"; Stefan Kiedroń: „Christian Hofmann von Hofmannswaldau zwischen Krieg und Frieden"; Detlef Haberland: „Opitz' Ode ‚Ich empfinde fast ein grawen' zwischen Pierre Ronsard und Siegmund von Birken"; Markus Müller: „Martin Opitzens ‚Trostschrift an David Müller' – Erinnerungsversuch eines Textes an sich selbst"; Feliks Przybylak: „Im Bannkreis der Vanitas oder vom Poetischen mit ergreifendem Hintergrund". Den Sammelband beschließt der Teil „Memoria und Receptio": Lech Kolago: „Frieden oder Untergang. Zur musikdramatischen Struktur in der Oper ‚Die schwarze Maske' von Krzysztof Penderecki nach dem Schauspiel von Gerhart Hauptmann"; Michael Schilling: „Simon Dach in Magdeburg. Ein unbekanntes Epicedium aus der Schulzeit des Königsberger Poeten"; Ewa Pietrzak: „Nova Opitiana. Unbekannte Drucke mit Texten von Martin Opitz"; Nicola Kaminski: „Ex Bello Ars? Ex Arte Bellum! Schottels sprachgeschichtliche Erwiderung auf Opitz' Literaturpolitik im Zeichen des Dreißigjährigen Krieges"; Stanisław Prędota: „Christophorus Warmer und sein ‚Schatt-Kasten' (1691)"; Wojciech Kunicki: „Der Zobtenberg unterirdisch"; Anna Stroka: „Jakob Böhmes Friedensgedanke und sein Niederschlag in der Dichtung von Max Herrmann-Neisse"; Siegfried Wollgast: „Johann Johnston (1603–1675) und seine Beziehungen zu Andreas Gryphius und Daniel Czepko von Reigersfeld"; Marcin Cieński: „Der polnische Barock als Kontext für die Literatur Schlesiens des 17. Jahrhunderts"; Agnieszka Seidel-Grzesińska: „Anfänge der Emblematik in den bildenden Künsten Schlesiens".

Marta Kopij

Rafał Czerner: Zabudowy rynków. Średniowieczne bloki śródrynkowe wybranych, dużych miast Śląska [Die Bebauung der Marktplätze. Die zentralen Ringbauten ausgewählter großer schlesischer Städte im Mittelalter]. Wrocław: Oficyna Wydawnicza Politechniki Wrocławskiej 2002. 189 S., 53 Abb. ISBN 83-7085-671-3.

Seit etwa zwanzig Jahren werden die zentralen Ringbauten schlesischer Städte erforscht. Dank dieser Untersuchungen ist das Wissen über die mittelalterliche Bebauung der Marktplätze in Brieg/Brzeg, Neumarkt/Środa Śląska, Schweidnitz/Świdnica und Breslau/Wrocław bereits recht umfangreich. Der vorliegende Band bietet eine Zusammenfassung der langjährigen Studien. In synthetischer Form wird eine Chronologie der Bauten erstellt; typische Formen und architektonische Lösungen werden vorgestellt. In den einzelnen Kapiteln werden die Entwicklungen und die Veränderungen an den Ringbauten wie Tuchhallen, Rathaus, Marktbuden und -bänke, Markthallen, Waagen etc. erläutert. Eine ausführliche Bibliographie schließt den Band ab.

Maria Zwierz

Jan Drabina (Hg.): Historia Tarnowskich Gór [Geschichte von Tarnowitz]. Tarnowskie Góry: Muzeum w Tarnowskich Górach 2000. 799 S., 16 farb., 329 s.-w. Abb. ISBN 83-911508-3-6.

Das anläßlich des 475. Jahrestages der Verleihung der Stadtrechte an Tarnowitz/Tarnowskie Góry entstandene Werk ist von führenden Historikern, Archäologen, Religionswissenschaftlern, Kunsthistorikern und Naturwissenschaftlern verfaßt, die sich seit langem mit der Landesgeschichte Oberschlesiens beschäftigen, unter ihnen Jan Drabina, Danuta Szlachcic-Dziedzic, Jan Kwak, Krzysztof Gwóźdź, Przemysław Nadolski, Ryszard Kaczmarek, Jerzy Myszor und andere. Das Buch ist in sechs Themenbereiche untergliedert, beginnend mit einer Beschreibung des Tarnowitzer Landes aus der Zeit vor der Stadtgründung. Es folgen Darstellungen zur Geschichte der Stadt und ihres Umlands durch die Jahrhunderte bis zur Zeit nach dem Zweiten Weltkrieg. Der letzte Abschnitt ist der heimischen Natur und den Wandlungen des Landschaftsbildes gewidmet. Neben einer Analyse der politischen, wirtschaftlichen und konfessionellen Zustände sowie des Schulwesens und der städtebaulichen Struktur nimmt die Darstellung des kulturellen Lebens der Stadt, d. h. der schlesischen Volkskultur, des kulturellen Erbes des deutschen Bürgertums sowie der gegenwärtigen polnischen Kunstszene, in dem Band einen zentralen Platz ein.

Irma Kozina

Teresa Dudek-Bujarek (Hg.): Witraże na Śląsku. Materiały sesji Górnośląskiego Oddziału Stowarzyszenia Historyków Sztuki Chorzów 2001 [Glasmalereien in Schlesien. Beiträge zu einer Tagung der Oberschlesischen Abteilung des Kunsthistorikerverbandes, Königshütte 2001]. Katowice: Stowarzyszenie Historyków Sztuki – Oddział w Katowicach 2002. 176 S., 38 farb., 7 s.-w. Abb. ISBN 83-88341-07-3.

Dieser Tagungsband ist das erste auf breiter Basis stehende Kompendium zum Thema Glasmalerei in (Ober-)Schlesien; es umfaßt Objekte vom Mittelalter bis in die zweite Hälfte des 20. Jahrhunderts. Die drei einführenden Beiträge von Krystyna Pawłowska, von Lech Kalinowski und Helena Małkiewiczówna sowie von Elżbieta Gajewska-Prorok geben einen umfassenden Überblick über Forschungsstand und Forschungsfragen zur Glasmalerei in Schlesien. Die übrigen Artikel bieten Detailbetrachtungen zu einzelnen Glasfenstern in oberschlesischen Kirchen, Wohnhäusern und öffentlichen Bauten. Viele der Beiträge resümieren die Ergebnisse von Inventarisierungs- und Restaurierungsmaßnahmen; sie enthalten Informationen zur Ikonographie, zur Objektzuschreibung wie auch zum gegenwärtigen Erhaltungsstand. Als Beispiele seien genannt: Ryszard Szopa: „Glasmalereien in Königshütte als Beispiel einer vielseitigen Künstlergruppe"; Barbara Klajmon: „Glasmalerei in Kattowitzer und Beuthener Wohnhäusern und öffentlichen Bauten 1890–1939"; Irena Kontna: „Ikonographie oberschlesischer Glasmalereien religiöser Thematik zu Beginn des 20. Jahrhunderts", „Heraldische Glasmalereien im Jagdschloß Promnitz/Promnice". Andere Artikel basieren auf Künstlermonographien, die ihre Autoren erarbeitet haben, etwa Adam Organisty: „Skizzen für Glasfenster des schlesischen Künstlers Joseph Langer auf Entwürfen malerischer Dekorationen für sakrale und profane Innenräume"; Jerzy Bardoński: „Die Glasfenster der St.-Antonius-Kirche in Königshütte"; Maria J. Żychowska: „Schlesische Glasfenster von Wiktor Ostrzołek". Ein besonders interessantes Objekt behandelt der Beitrag von Pfarrer Henryk Pyka: ein in der Kurie in Kattowitz/Katowice befindliches Glasfenster von Stanisław Wyspiański, angefertigt lange nach dem Tod des Künstlers als Reklame für die Krakauer Glaswerkstätte von Stanisław Gabriel Żeleński; der Auftraggeber hatte den Entwurf allerdings abgelehnt. Am Ende des Bandes werden aktuelle Methoden der Konservierung von Glasfenstern und neue Bearbeitungstechniken vorgestellt. Besonders wertvoll ist der von E. Gajewska-Prorok erarbeitete Katalog von Glaswerkstätten und Projektanten in Oberschlesien im Anhang. Neben den Detailstudien ist es das Verdienst des Bandes, sowohl ein wissenschaftliches Publikum wie auch Laien für ein Thema zu interessieren, das bislang nur selten behandelt wurde.

Irma Kozina

Dzieła i Interpretacje [Werke und Interpretationen]. Bd. 7. Hg. von Aleksander Devosques-Cuber, Natalia Dobroszycka, Anna Jezierska, Magdalena Sądel. Wrocław: Wrocławska Fundacja Studentów Historii Sztuki 2002. 186 S., Abb., engl. u. dt. Zusammenfassung. ISBN 83-903110-5-4.

Die Zeitschrift „Dzieła i Interpretacje" wird vom Wissenschaftlichen Zirkel der Kunstgeschichtsstudenten der Universität Breslau/Wrocław herausgegeben. Die in diesem Band publizierten Aufsätze betreffen zumeist die Kunstgeschichte Schlesiens: Arkadiusz Muła stellt die erste Werkmonographie des Hofmalers von Bischof Franz Ludwig von Neuburg, Johann Claessens aus Antwerpen, vor; Maria Nitka behandelt das ikonographische Programm des Sommerrefektoriums im Dominikanerkloster in Breslau. Mit dem Wirken eines in Schlesien tätigen Malers beschäftigt sich auch Aleksandra Szewczyk, die über Radierungen von Georg Wilhelm Neunhertz schreibt. Der Band enthält überdies mehrere Beiträge zur Skulptur: Romuald Kaczmarek und Mateusz Kapustka stellen die Ergebnisse ihrer Bestandsaufnahme der spätgotischen Fassadenverzierung am Steinernen Haus in Kuttenberg/Kutná Hora vor und setzen sich mit den bisherigen Zuschreibungen kritisch auseinander; Julia Wysocka behandelt die Spätrenaissance-Ausstattung der Kreuzerhöhungskirche in Striese bei Trebnitz/Strzeszów k. Trzebnicy; Antonina Ławniczak liefert neue Informationen über das Leben und Werk des Bildhauers Wenzl Böhm (1738–1791?), der in Großpolen, Mähren und Wien tätig war. Der Band schließt mit einem Rezensionsteil: Mateusz Kapustka antwortet auf die Polemik von Romuald Kaczmarek zum Thema der Balustrade des Breslauer Rathauses; Rainer Sachs rezensiert das Buch von Marcin Dziedzic und Jerzy Organiściak „Ząbkowickie opowieści" (Frankensteiner Erzählungen), Teil 2: „Zabytki Ząbkowic Śląskich" (Denkmäler in Frankenstein, Ząbkowice Śląskie 2000). In dieser Besprechung finden sich die im genannten Buch fehlenden Informationen zu archivalischen Quellen zu den in Frankenstein tätigen Künstlern.

Adam Organisty

Wojciech Fabisiak, Jakub Tyszkiewicz, Przemysław Wiszewski, Rościsław Żerelik: Dzieje powiatu wrocławskiego [Geschichte des Kreises Breslau/Wrocław]. Wrocław, Sobótka: Starostwo Powiatowe we Wrocławiu, Muzeum Ślężańskie w Sobótce 2002. 368 S., 94 Abb., Kt. ISBN 83-913985-3-6.

Die Arbeit ist der Vergangenheit der Orte gewidmet, die seit 1999 den Kreis Breslau/Wrocław bilden. Die Hauptschwierigkeit für die Verfasser lag darin, daß die Dörfer dieses Kreises in der Vergangenheit zu unterschiedlichen Verwaltungseinheiten (Fürstentümern, Landkreisen) gehört hatten. Das Werk beruht auf Archivmaterial und Sekundärliteratur; die Autoren kommen vom Historischen Institut der Universität Breslau und beschäftigen sich seit vielen Jahren mit Fragen der Geschichte Schlesiens. Das Buch besteht aus vier Teilen. Der erste Teil (von W. Fabisiak) ist der Urgeschichte dieses Gebietes gewidmet. Der zweite Teil (von R. Żerelik) behandelt das Mittelalter unter Berücksichtigung der Geschichte einzelner Dörfer und der dortigen Klöster. Außerdem stellt dieser Teil die deutsche Ostkolonisation dar. Der nächste Teil (von P. Wiszewski) umfaßt die Zeit vom Beginn der Neuzeit bis zur Eingliederung Schlesiens in den polnischen Staat im Jahre 1945. Viel Platz wird hier dem Alltag eingeräumt. Das Buch schließt mit einem Kapitel (von J. Tyszkiewicz) zur Nachkriegsgeschichte, 1945 bis 1998. Ein detailliertes, erläuterndes Ortsregister im Anhang erleichtert die Handhabung des Werkes.

Krzysztof Ruchniewicz

Romuald Gelles: Doktorzy Honoris Causa Uniwersytetu Wrocławskiego 1803–2002. Od biskupa sufragana Schimonowskiego do profesora Leszka Kołakowskiego [Ehrendoktoren der Breslauer Universität 1803–2002. Von Bischof Schimonsky bis Professor Leszek Kołakowski]. Wrocław: Wydawnictwo Uniwersytetu Wrocławskiego 2003. 114 S. ISBN 83-229-2352-X.

Das Buch enthält neben einer umfangreichen zweisprachigen Einleitung (übersetzt von Jacek Rzeszotnik) eine Auflistung der Ehrendoktoren der Universität Breslau/Wrocław vor und nach dem Zweiten Weltkrieg. Diese beginnt mit dem 18. August 1803, dem 100. Jahrestag der Gründung der Leopoldina, als auf Antrag der Katholischen und der Philosophischen Fakultät zehn Ehrendoktortitel, unter anderem an Johann Casper Friedrich Manso, Johann Gottlieb Schummel, Daniel Krüger, verliehen wurden. Es folgen die Namen der Ehrendoktoren aus dem Zeitraum von 1811 bis 1945. Das Jahr 1811, in dem die katholische Leopoldina mit der protestantischen Universität Viadrina in Frankfurt a. d. Oder zusammengelegt und neue Fakultäten (für Jura, Medizin und evangelische Theologie) gegründet wurden, markiert einen Einschnitt in der Geschichte der Universität, nach dem die Zahl der Ehrenpromotionen wesentlich stieg. Ab 1816 bekamen alle Fakultäten das Recht auf die Verleihung des Ehrendoktortitels. In den Jahren 1811–1945 wurde die Ehrendoktorwürde der Universität zu Breslau an 465 Personen verliehen, u. a. an Ludwig Tieck, Johann Heinrich Pestalozzi, Charles Darwin, Thomas Henry Huxley, John Stuart Mill, Johannes Brahms, Börries von Münchhausen, Hermann Stehr. Nach dem Kriege wurden mit dem Ehrendoktorat 124 Personen ausgezeichnet. In diesem Zeitabschnitt erfolgte die erste Verleihung im Jahre 1948; sie ging an den Mathematiker der Warschauer Universität Prof. Wacław Sierpiński. Die nächsten Ehrenpromotionen fanden ab 1956 statt.

Marta Kopij

Katarzyna Gruchot, Grzegorz Wawoczny (Hg.): Raciborzanie tysiąclecia. Słownik biograficzny [Tausend Jahre Ratiborer. Biographisches Lexikon]. Racibórz: Ośrodek Wydawniczy „Augustana“ 2002. 175 S. ISBN 83-912666-2-1.

Das Buch präsentiert über 200 Namen von Personen, die eine bedeutende Rolle für das Gebiet um Ratibor/Racibórz gespielt haben. Wir finden hier biographische Angaben zu Jan Affa, Adolf Blumenthal, Bolesław I., Józef Cop, Herbert Franciszek Doms, Józef Karol Benedykt von Eichendorff, Karol Gromann, Hugo Ryszard Oskar Hoffmann, August Henryk Hoffmann von Fallersleben, Jan II. Żelazny, Jan Kasprowicz, Bruno Emil König, Jerzy Langer, Mieszko Otyły, Egon H. Rakette, Karl Schodrok, August Scholtis, Karol Ulitzka (Namensformen so im Original) und vielen anderen. Das erste, was auffällt und gewisse Bedenken erwecken kann, ist die Inkonsequenz bei der Angabe von Vornamen, die oft (vor allem im Inhaltsverzeichnis) polonisiert werden, z. B. wird beim Namen Langer zuerst „Jerzy“ statt „Georg“ angegeben. Ein zweiter Punkt ist die Idealisierung oder die an der Oberfläche bleibende Darstellung mancher Lebensläufe, wie sich das im Falle von Karl Sczodrok/Schodrok, August Scholtis, Egon H. Rakette zeigt. Insgesamt betrachtet, stellt das Lexikon ein breites Spektrum von heute oft vergessenen Persönlichkeiten aus den Bereichen Bildende Kunst, Literatur, Wissenschaft, Politik und Industrie dar, die die regionale Kulturlandschaft mitgestaltet und teils auch zur Verbreitung des Namens der Stadt Ratibor beigetragen haben.

Marta Kopij

Lucyna Harc: Samuel Beniamin Klose (1730–1798). Studium historiograficzno-źródłoznawcze [Samuel Benjamin Klose (1730–1798). Eine historiographisch-quellenkundliche Studie] (Acta Universitatis Wratislaviensis 2389). Wrocław: Wydawnictwo Uniwersytetu Wrocławskiego 2002. 308 S., 19 Abb., dt. Zusammenfassung. ISBN 83-229-2242-6.

Thema der Monographie ist das Leben und die Tätigkeit des Breslauer Historikers, Pädagogen und Archivars Samuel Benjamin Klose. Seine Werke verdienen eine historiographische Analyse aufgrund der für das 18. Jahrhundert modernen Methoden und wissenschaftlichen Ansichten dieses Autors. Die Arbeit, die auf im Staatsarchiv Breslau/Wrocław gesammelten Achivmaterialien und in der Breslauer Universitätsbibliothek aufbewahrten Altdrucken fußt, besteht aus fünf Kapiteln. Im ersten Kapitel wird die Tätigkeit Kloses vor dem Hintergrund der Veränderungen dargestellt, welchen die schlesische Historiographie in der Neuzeit unterlag. Im zweiten Kapitel behandelt die Verfasserin das Leben des Wissenschaftlers unter besonderer Berücksichtigung seiner Inventarisierungs- und Ordnungsarbeiten im Staatsarchiv Breslau. Das nächste Kapitel ist den Schwerpunkten seiner wissenschaftlichen, verlegerischen und publizistischen Tätigkeit gewidmet. Diese war vor allem mit der Erforschung Schlesiens und dessen Hauptstadt sowie mit der Suche und Sicherstellung einschlägiger Quellen und Arbeiten verbunden. Das vierte Kapitel beschäftigt sich mit Kloses wichtigstem Werk zur allgemeinen Geschichte Breslaus, unter anderem mit dessen Aufbau, der Quellengrundlage und den angewandten Methoden. Im Anhang sind Beispiele aus Kloses Handschriften wiedergegeben.

Krzysztof Ruchniewicz

Carl Hauptmann: List sowy. Antologia tekstów literackich [Der Brief der Eule. Anthologie literarischer Texte]. Hg. von Mirosława Czarnecka (Beihefte zum Orbis Linguarum, hg. von Edward Białek und Eugeniusz Tomiczek, 19). Wrocław: Oficyna Wydawnicza ATUT – Wrocławskie Wydawnictwo Oświatowe 2003. 330 S. ISBN 83-89247-25-9.

Mit dieser Anthologie wird der Versuch unternommen, das Werk von Carl Hauptmann dem polnischen Leser näherzubringen. Die hier präsentierten Texte wurden von Germanistinnen und Germanisten der Universität Breslau/Wrocław – Studenten, Doktoranden und wissenschaftlichen Mitarbeitern des Lehrstuhls für deutschsprachige Literatur und Kultur des 19. und 20. Jahrhunderts – ins Polnische übertragen. Unter anderem wurden folgende Werke ausgewählt: „Sonnenwanderer", „Fahrendes Volk" (übertragen von Urszula Kawalec), „Krieg. Ein Tedeum" (übertragen von Urszula Bonter), „Mörder", „Die lilienweiße Stute" (übertragen von Monika Mańczyk-Krygiel), „Mathilde. Zeichnungen aus dem Leben einer armen Frau" (übertragen von Anna Gajdis), „Sphinx", „Totentänze" (übertragen von Aleksandra Nadkierniczna-Stasik), „Der Traum" (übertragen von Maciej Kulisz). Den Werkübersetzungen geht eine Einleitung von Mirosława Czarnecka voraus, in der die Etappen der künstlerischen Entwicklung Carl Hauptmanns und sein Lebensweg skizziert werden. Besonders erwähnenswert ist der Anlaß, zu dem diese Anthologie entstanden ist, nämlich die Jubiläumsfeier zum 80. Geburtstag von Prof. Anna Stroka, die das Werk von Carl und Gerhart Hauptmann in Polen verbreitet hat.

Marta Kopij

Marzanna Jagiełło-Kołaczyk: Wrocławskie établissements. Historia i architektura [Breslauer Etablissements. Geschichte und Architektur]. Wrocław: Oficyna Wydawnicza Politechniki Wrocławskiej 2000. 200 S., 169 farb. u. s.-w. Abb. ISBN 83-7085-542-3.

Der Band beschäftigt sich mit Vergnügungsbauten, die im 19. Jahrhundert nach französischem Vorbild „Etablissements" genannt wurden. Vom späten 18. bis ins frühe 20. Jahrhundert spielten sie fast überall in Europa eine wichtige Rolle im Kulturleben. In Breslau/Wrocław entstanden solche Vergnügungsbauten von den achtziger Jahren des 18. Jahrhunderts bis in die zwanziger Jahre des 20. Jahrhunderts. Die Autorin zeichnet Entstehung, Entwicklung und architektonische Veränderungen der Breslauer Etablissements nach. Sie erstellt eine Typologie der Bauten und der wichtigsten Ausstattungsstücke: Billardsäle, Kegelbahnen, Sommerbühnen für Theater- und Musikdarbietungen, Gewächshäuser, Tanzsäle etc. Breiten Raum nimmt die Beschreibung der bekanntesten und langlebigsten Einrichtungen ein – Weiss-Garten, Liebich's Etablissement, Schießwerder, Friebeberg –, die im Vergleich vor allem mit Berliner Bauten ähnlicher Funktion dargestellt werden.

Maria Zwierz

Marzanna Jagiełło-Kołaczyk: Sgraffita na Śląsku 1540–1650 [Sgraffiti in Schlesien von 1540 bis 1650]. Wrocław: Oficyna Wydawnicza Politechniki Wrocławskiej 2003. 407 S., 265 Abb., engl. u. dt. Zusammenfassungen. ISBN 83-7085-700-0.

Gegenstand der Darstellung sind Sgraffiti in Schlesien aus der Zeit der Renaissance und des Manierismus, letztere nach italienischen und nordeuropäischen Vorbildern. Den Höhepunkt erreichte die Sgraffitomode in Schlesien zwischen 1570 und 1620. Sgraffiti waren eine der interessantesten und originellsten Formen der Wandgestaltung jener Zeit: Sie imitierten Bossen und Architekturglieder; doch auch figürliche Darstellungen, Wappen oder Sonnenuhren wurden in dieser Technik ausgeführt. Die Autorin behandelt verschiedene Kompositionen, Muster für figürliche Darstellungen und deren reiche Ikonographie, Typen der Koloristik und der Technik der schlesischen Sgraffiti. Die Darstellung erfolgt stets vor dem Hintergrund vergleichbarer Werke in Europa. Am Ende werden konservatorische Fragen diskutiert sowie Ergebnisse von Restaurierungen an schlesischen Sgraffiti vorgestellt. Das Buch enthält eine Objektliste der erhaltenen Sgraffiti in Schlesien aus der Zeit zwischen 1540 und 1650.

Maria Zwierz

Helena Karczyńska (Hg.): Specyfika tożsamości regionalnej pogranicza Śląska na przykładzie historii lokalnej = Specifikum regionální identity slezského pohraničí na příkladu regionálních dejin = Regionale Identitätsspezifik der Grenzregion Schlesien am Beispiel von Regionalgeschichte. Opole: Wydawnictwo Uniwersytetu Opolskiego 2002. 140 S., poln., tschech. u. dt. Inhaltsverzeichnis u. Zusammenfassungen. ISBN 83-88796-542.

Der von der Oppelner Historikerin Helena Karczyńska edierte Sammelband enthält eine Reihe von Beiträgen (in polnischer, tschechischer oder deutscher Sprache), die um das Problem der regionalen Identität im schlesischen Grenzland gruppiert sind. Im Zentrum der meisten Aufsätze steht das Dorf Pawlowitzke/Pawłowiczki mit seiner Herrnhuter Brüdergemeine Gnadenfeld und deren Geschichte. Der den Band eröffnende Beitrag der Herausgeberin stellt die historische Entwicklung der Gemeinde Pawłowiczki vor dem Hintergrund der Geschichte Oberschlesiens dar. Der an ihn anknüpfende Aufsatz von Stefan Wałach geht den Spuren der Lausitzer Kultur auf dem Gebiet dieser Gemeinde nach. Auf die Geschichte der Entstehung und Wirkung der Brüdergemeine Gnadenfeld konzentrieren sich die Beiträge von Kazimierz Dola („Die konfessionelle Differenzierung der Gemeinschaft in Pawlowitzke im Laufe der Jahrhunderte"), Dietrich Meyer („Entstehung und Eigenart der Brüdergemeine Gnadenfeld"), Hanna Majewska („Die Traditionen der Brüdergemeine und ihre identitätsstiftende Rolle im polnischen, tschechischen und deutschen Grenzgebiet") und Alfred Passhon, der den positiven Einfluß der Herrnhuter auf die Entwicklung der örtlichen Kultur hervorhebt. Die Aufsätze von Danuta Berlińska und Dan Gawrecki rücken die Frage nach der ethnischen, kulturellen und nationalen Identität der Einwohner von Pawlowitzke/Pawłowiczki in den Mittelpunkt, wobei Berlińska die Entwicklung nach 1945 ins Auge faßt, also die spannungsvolle Herausbildung einer neuen Gemeinschaft in diesem Ort, die sich aus den zurückgebliebenen Oberschlesiern und zwangsumgesiedelten Polen aus den ehemaligen polnischen Ostgebieten formierte. Von der Siedlungsgeschichte in Oberschlesien am Beispiel des Dorfes Kostenthal/Gościęcin handelt der Beitrag von Bonifacy Popiel. Der abschließende Aufsatz von Wiesław Lesiuk ist der Frage gewidmet, ob die Gemeinde Pawłowiczki als Mikroregion gelten kann. Einige der in diesem Sammelband veröffentlichten Beiträge haben einen allgemein informativen Charakter und sind in Form von Statements verfaßt.

Izabela Surynt

Andrzej Kiejna, Małgorzata Wójtowicz: Prowincjonalny Zakład Leczniczo-Opiekuńczy w Lubiążu 1830–1912 = Provinzial Heil- und Pflegeirrenanstalt zu Leubus/Schlesien 1830–1912. Wrocław: Fundacja Zdrowia Psychicznego, Wydawnictwo „Via nova" 2002. 112 S., 60 Abb. ISBN 83-911591-1-6.

Prof. Andrzej Kiejna, der Lehrstuhlinhaber und Leiter der Klinik für Psychiatrie der Medizinischen Hochschule Breslau/Wrocław, und die Kunsthistorikerin Małgorzata Wójtowicz vom Bauarchiv der Stadt Breslau haben – nach ihrer 1999 erschienenen Arbeit zur Geschichte der Klinik für Psychiatrie und Nervenkrankheiten in Breslau – nun einen Band vorgelegt über die Geschichte und die Architektur der Psychiatrischen Anstalt Leubus/Lubiąż, welche zunächst in den Gebäuden des ehemaligen Zisterzienserklosters Leubus untergebracht war. Die Geschichte dieser Anstalt wird von ihrer Gründung 1830 bis ins Jahr 1912 verfolgt, bis zur Pensionierung ihres langjährigen Direktors Wilhelm Alter, der den Neubau der Anlage, das sogenannten Städtel Leubus, und die Organisation der Klinik entscheidend beeinflußt hatte. Die Klinik war bis 1940 in Betrieb; während des Krieges wurde sie als Militärhospital genutzt. Unter dem Namen „Klinik der Woiwodschaft für Nerven- und psychisch Kranke" wurde der Betrieb 1957 wiederaufgenommen. Die Publikation gibt Aufschluß über die Anfänge der Pflege von psychisch Kranken in Schlesien und die Einrichtung der Leubuser Klinik auf Initiative des Arztes und Beamten Johann Gottfried Langermann. Breiten Raum nimmt die Beschreibung und Analyse der neuen Klinikgebäude und der raumplanerischen Struktur der Anlage ein. Vorgestellt werden auch bedeutende Persönlichkeiten, die mit der Geschichte der Klinik verbunden sind: die Ärzte Moritz Gustav Martini, Paul August Wilhelm Jung, Wilhelm Alter, Heinrich Neumann, Emil Kraepelin und Clemens Neisser.

Maria Zwierz

Alfred Konieczny (Bearb.): Uniwersytet Wrocławski na dawnych widokówkach = Die Universität Breslau auf alten Ansichtskarten (Acta Universitatis Wratislaviensis 2441). Wrocław: Wydawnictwo Uniwersytetu Wrocławskiego 2002. 141 S., 180 Abb. ISBN 83-229-2281-7.

Diese zweisprachige (polnische und deutsche) Publikation stellt anläßlich des 300jährigen Jubiläums der Universität Breslau/Wrocław eine Illustration zu deren Geschichte dar. Geboten wird eine Auswahl von über 180 Ansichtskarten aus der Privatsammlung des Professors der Rechtswissenschaften A. Konieczny. Die Postkarten sind nach einem bestimmten Schlüssel geordnet. Sie zeigen sowohl das gesamte barocke Gebäude der Universität als auch zahlreiche Details; es folgen einzelne Universitätsbauten (Institute, Kliniken, der Botanische Garten, die Bibliothek). Auch eine bildliche Darstellung des Studentenlebens im 19. und am Anfang des 20. Jahrhunderts fehlt nicht; so sind z. B. Ansichtskarten studentischer Verbindungen wiedergegeben.

Małgorzata Ruchniewicz

Małgorzata Konopnicka-Szatarska: Kontrreformacja w księstwie głogowskim (XVI–XVIII w.) [Gegenreformation im Glogauer Fürstentum (16.–18. Jh.)]. Zielona Góra: Wydawnictwo Uniwersytetu Zielonogórskiego 2002. 188 S. ISBN 83-89048-17-5.

Das Buch stellt gegenreformatorische Bestrebungen am Beispiel des Fürstentums Glogau dar, das in der zweiten Hälfte des 16. Jahrhunderts überwiegend von Protestanten bewohnt war. Ein besonderes Augenmerk gilt dabei politischen Aktivitäten der Habsburger in Schlesien und Maßnahmen zur Begrenzung der Einflüsse der Reformation in (Nieder-)Schlesien, dargestellt unter anderem am Beispiel der Städte Glogau/Głogów, Sprottau/Szprotawa und Schwiebus/Świebodzin. Die konfessionellen Auseinandersetzungen und die Brutalität der Rekatholisierung werden vor dem Hintergrund des Einmarsches der kaiserlichen Truppen Ende der 20er Jahre des 17. Jahrhunderts beschrieben. Darüber hinaus wird die Rolle der in Schlesien aktiven Orden, insbesondere des Jesuitenordens, und des katholischen Schulwesens betont. Die Protestantenverfolgung wurde erst mit dem Übergang Schlesiens unter die preußische Herrschaft beendet.

Paweł Zimniak

Bogusław Kopka: Obozy pracy w Polsce 1944–1950. Przewodnik encyklopedyczny [Arbeitslager in Polen 1944–1950. Ein enzyklopädischer Führer]. Warszawa: Niezależna Oficyna Wydawnicza „Nowa" i Ośrodek „Karta" 2002. 378 S., dt. u. engl. Vorworte. ISBN 83-88288-16-4.

Ziel der Arbeit ist es, eine erste komplette Liste der Arbeitslager, die in Polen in den Jahren 1944 bis 1950 unter der Aufsicht des Sicherheitsdienstes tätig waren, aufzustellen. In diesen Lagern wurden Deutsche, Ukrainer, Polen sowie Angehörige der sog. autochthonen Bevölkerung festgehalten. Quellengrundlage des Buches sind die im Archiv der Neuen Akten und im Zentralarchiv des Ministeriums für Innere Angelegenheiten und Verwaltung aufbewahrten Materialien. Im ersten Kapitel werden die juristischen und organisatorischen Grundlagen jener Lager (die Dekrete aus den Jahren 1944/45, die Organisation der Lager und ihre Verwaltung) dargestellt. Das nächste Kapitel enthält 206 Datensätze, die jedem einzelnen vom Autor identifizierten Lager gewidmet sind (Name, Zeit des Bestehens, Status des Lagers, Lokalisierung, Informationen über die Lagerinsassen, Lagerleitung). Im letzten Kapitel werden Quellenausschnitte publiziert, die die wichtigsten Ereignisse in den zentralen Arbeitslagern in Jaworzno, Potulitz/Potulice und Warschau/Warszawa betreffen. Sehr wertvoll ist der Anhang mit Dokumenten über die Zahl der Häftlinge und die Art ihrer Beschäftigung und mit Listen der Häftlingslager. In diesem Teil sind darüber hinaus Quellen aus der Zeit der Auflösung der Lager, die offizielle Korrespondenz, aber auch Briefe von Familienmitgliedern der festgenommenen Personen sowie Organisationsschemata und Situationspläne von einigen Lagern veröffentlicht.

Krzysztof Ruchniewicz

Elżbieta Kościk (Hg.): Wołów. Zarys monografii miasta [Wohlau. Abriß der Stadtgeschichte] (Monografie regionalne Dolnego Śląska [Regionale Monographien Niederschlesiens]). Wrocław, Wołów: Wydawnictwo DTSK Silesia 2002. 272 S., Abb., dt. Zusammenfassung. ISBN 83-85689-99-0.

Dies ist ein weiterer Band in der Reihe „Regionale Monographien Niederschlesiens", die bereits seit über 30 Jahren erscheint. Es handelt sich um die erste wissenschaftliche Abhandlung zur Geschichte der Stadt Wohlau/Wołów, welche die Vergangenheit vor einem breiten Hintergrund darstellt, um die wichtigsten Tendenzen der Stadtgeschichte besser veranschaulichen zu können. Die Urbesiedlung, die aus archäologischen Funden bekannt ist, behandeln A. Blażejewski und K. Jaworski. Mit dem Mittelalter und dem Beginn der Neuzeit beschäftigt sich S. Solicki. Die weitere Geschichte der Stadt bis hin zu den Napoleonischen Kriegen stellt T. Bogacz dar, der auch ein Kapitel über die Geographie der Umgebung und die Pflanzen- und Tierwelt verfaßt hat. Das 19. und 20. Jahrhundert bis zum Ende des Zweiten Weltkriegs behandelt K. Popiński, die Nachkriegszeit (bis 2000) T. Kościk. Außerdem befindet sich in dem Buch ein Aufsatz von R. Eysymontt über die Architektur und die Sehenswürdigkeiten der Stadt.

Małgorzata Ruchniewicz

Andrzej Kozieł, Beata Lejman (Hg.): Willmann i inni. Malarstwo, rysunek i grafika na Śląsku i w krajach ościennych w XVII i XVIII wieku = Willmann and others. Painting, Drawing and Graphic Art in Silesia and Neighbouring Countries in the Seventeenth and Eighteenth Centuries. Wrocław: Instytut Historii Sztuki Uniwersytetu Wrocławskiego i Oddział Wrocławski Stowarzyszenia Historyków Sztuki, Wydawnictwo „Via Nova" 2002. 304 S., 224 farb. u. s.-w. Abb., 52 Tf., engl. Zusammenfassung. ISBN 83-88649-51-5.

Die 35 Beiträge von Kunsthistorikern und Denkmalpflegern aus Polen, Tschechien, Deutschland und Ungarn wurden auf einer internationalen Tagung des Instituts für Kunstgeschichte der Universität Breslau/Wrocław vom 29. November bis 1. Dezember 2001 vorgetragen. Ziel war die Präsentation neuester Forschungsergebnisse nicht nur zu Michael Willmann, dem herausragenden schlesischen Maler der Neuzeit, sondern auch zu der Vielzahl der oft in Vergessenheit geratenen Maler, Zeichner und Grafiker der Barockzeit in Schlesien. Dazu gehören u. a. Karl Dankwart, Michael Rottmayr von Rosenbrunn, Georg Neunhertz und Franz Anton Sebastini.

Maria Zwierz

Waldemar Kozuschek (Hg.): Historia Wydziałów Lekarskiego i Farmaceutycznego Uniwersytetu Wrocławskiego oraz Akademii Medycznej we Wrocławiu w latach 1702–2002 = Geschichte der Medizinischen und Pharmazeutischen Fakultäten der Universität Breslau sowie der Medizinischen Akademie Wrocław in den Jahren 1702–2002 (Acta Universitatis Wratislaviensis 2434). Wrocław: Wydawnictwo Uniwersytetu Wrocławskiego 2002. 419 S., Abb., poln. u. dt. Text. ISBN 83-229-2252-3.

Der zweisprachige Band knüpft an das 300jährige Jubiläum der Universität Breslau/ Wrocław an und ruft die Geschichte von fast vergessenen Universitätsfakultäten in Erinnerung, die vom Anfang des 18. Jahrhunderts bis 1949 bestanden. Die Arbeit besteht aus zwei Teilen. Der erste, geschrieben von W. Kozuschek, ist der medizinischen Lehre in Breslau vor 1945 gewidmet und stellt gleichzeitig ein Novum in der polnischen Historiographie dar. Der Verfasser skizziert die Anfänge des medizinischen Schulwesens in Breslau (Theatrum Anatomicum und Medizinisch-chirurgische Schule bis 1849), die Arbeit der Medizinischen Fakultät an der Universität Breslau in den Jahren 1811 bis 1945 sowie die Geschichte der Breslauer Pharmazie bis 1945. Der zweite Teil besteht aus Abhandlungen von J. Jagielski, Z. Knapik, J. Pluta und A. Syroka, welche bereits vor Jahren veröffentlicht und für diese Ausgabe überarbeitet und ergänzt wurden. Sie beschäftigen sich mit der Entwicklung der Medizin und Pharmazie in Breslau nach dem Ende des Zweiten Weltkriegs – zuerst an der Universität (bis 1949), dann im Rahmen der Akademie für Medizin (1950–2002).

Krzysztof Ruchniewicz

Jarosław A. Krawczyk, Marek Minas, Piotr Tyczka, Jarosław Wroński: Dzieje Radzionkowa [Geschichte von Radzionkau]. Radzionków: Urząd Miasta Radzionkowa 2002. 351 S., Abb. ISBN 83-86293-34-9.

Diese Monographie geht auf die Arbeit von oberschlesischen Lokal- und Heimathistorikern zurück. Ihre Grundlage bilden Archivmaterialien und gedruckte Quellen (Lokalpresse). Dargestellt sind die geographische Lage des Ortes, der heute einen Stadtteil von Beuthen/Bytom bildet, seine Raumentwicklung und Architektur. Im ersten Teil des Buches ist die Geschichte von Radzionkau/Radzionków vom Mittelalter bis zum 18. Jahrhundert beschrieben. Schon zu dieser Zeit übte der Bergbau auf den Ort einen großen Einfluß aus. Der zweite Teil ist der preußischen und deutschen Zeit gewidmet. 1922 ging Radzionkau an Polen über. Der vorletzte Teil behandelt die Geschichte der Zwischenkriegszeit und die deutsche Okkupation während des Zweiten Weltkriegs. Schließlich folgt ein Kapitel über das Schicksal des Ortes von 1945 bis 1998, das der Alltagsgeschichte viel Platz einräumt. Ein Anhang, unter anderem mit einer Übersicht über die wichtigsten Daten zur Geschichte Radzionkaus, ergänzt das Buch.

Małgorzata Ruchniewicz

Leszek Kuberski, Michał Lis (Hg.): Rok 1918 w Polsce i w państwach sąsiednich. Osiemdziesięciolecie zakończenia I Wojny Światowej z perspektywy śląskiej [Das Jahr 1918 in Polen und in den Nachbarländern. 80 Jahre nach dem Ende des Ersten Weltkriegs aus schlesischer Perspektive]. Opole: Wydawnictwo Uniwersytetu Opolskiego [2000]. 265 S. ISBN 83-88796-34-8.

Der Sammelband enthält eine Reihe von Beiträgen, die sich mit der geopolitischen Situation nach dem Ende des Ersten Weltkriegs beschäftigen. Die Debatte über das neue Antlitz Europas, die nach 1918 fast alle europäischen Staaten und Völker in Aufregung versetzte, die Entstehung neuer Staaten und somit die Veränderung der politischen Karte Europas sind Hauptgegenstand der hier präsentierten Aufsätze. Diese lassen sich zu vier thematisch abgeschlossenen Gruppen zusammenstellen: Die erste und gleichzeitig umfangreichste behandelt Probleme, die mit der Beendigung des Ersten Weltkriegs und seinen Konsequenzen für das gesamte Europa zusammenhingen. Auch Fragen der Entstehung von neuen Nationalstaaten stehen hier im Mittelpunkt der wissenschaftlichen Reflexion. Diesen Themen gewidmet sind die Aufsätze von Karol Fiedor („Deutschland und Österreich nach dem Ersten Weltkrieg im Jahre 1919"), Adam Suchoński („Das Ende des Ersten Weltkriegs in den internationalen Geschichtslehrbüchern"), Mikołaj Iwanow („Gründungsversuche eines weißrussischen Staates im Jahre 1918"), Sergiej Ablamiejka („Das Jahr 1918 in der Geschichte der Wiederbelebung der griechisch-katholischen Kirche in Weißrußland"), Leszek Kuberski („Die sorbische Unabhängigkeitsbewegung nach dem Ersten Weltkrieg"), Pavol Martuliak („Der Abfall der Slowakei von Ungarn und ihr Eintritt in die Tschechoslowakei im Jahre 1918"), Adam Sokołowski („Die deutschen Parteien und politischen Vereine angesichts des Ersten Weltkriegs") und Mariusz Patelski („Der Regentschaftsrat und die Militärbehörde – ‚Polnische Wehrmacht' – um die Wende vom Oktober zum November 1918"). In der zweiten Gruppe der Beiträge wird das Problem der Grenzlandkämpfe und der Grenzziehungsversuche in den umstrittenen Territorien in den Blick genommen. Mit diesen Fragestellungen beschäftigen sich die Aufsätze von Julius Alberty („Die Befreiung der Slowakei und der Kampf um die südliche Grenze in den Jahren 1918–1920"), Vladimir Varinský („Die Grenzziehung im Norden der Slowakei in den Jahren 1918–1920"), Dan Gawrecki („Der polnisch-tschechoslowakische Konflikt um das Teschener Schlesien in den Jahren 1918–1920. Ursachen und Folgen"), Michał Heller („Der Streit um das Olsa-Gebiet nach dem Ersten Weltkrieg"), Leonid Zaszkilniak („Der Kampf um Lemberg/L'viv nach dem Ersten Weltkrieg. Genese, Verlauf und Folgen") und von Krzysztof Tarka („Der Streit um Wilna/Vilnius nach dem Ersten Weltkrieg"). Die dritte Reihe von Beiträgen ist um die Geschichte Oberschlesiens nach dem Ersten Weltkrieg zentriert. Hier wird das Problem der staatlichen Zugehörigkeit Oberschlesiens mit all seinen Implikationen und Konsequenzen für die deutsch-polnischen Beziehungen hervorgehoben. Diese Fragen werden in den Aufsätzen von Wiesław Lesiuk („Deutsche und Polen in Grenzlandkämpfen nach dem Ersten Weltkrieg"), Teresa Kulak („Die Situation in Oberschlesien am Ende des Ersten Weltkrieges aus der Sicht der Breslauer Provinzialbehörden"), Wanda Musialik („Die Inanspruchnahme der Genfer Konvention durch ethnische Minoritäten"), Marek Masnyk („Die Unterstützung der polnischen Minderheit in Deutschland durch die Schlesische Woiwodschaft"), Henryk Olszar („Die katholische Geistlichkeit angesichts der Angliederung des Teschener Schlesien an Polen") und Michał Piela („Die katholische Kirche angesichts der nationalen Probleme in Oberschlesien während der Grenzziehungen") aufgeworfen. Die letzte Gruppe bilden Beiträge zu biographischen Aspekten von Politikern, Publizisten und Militärs, wobei sich deren Ansichten über die Unabhängigkeitsbewegung artikulieren. Hierzu gehören die Beiträge von Miloš Štilla über die Unterstützung der Gründung eines tschechisch-slowakischen Staates durch die amerikanischen Slowaken, von Andrzej Szczepaniak über Erasmus Piltz und dessen Ansichten über die Unabhängigkeit sowie von Marek Białokur über den Politiker und Publizisten Sławoj Felicjan Składkowski und dessen Auffassungen über das Dombrowaer Becken (Zagłębie Dąbrowskie).

Izabela Surynt

Teresa Kulak, Mieczysław Pater, Wojciech Wrzesiński: Historia Uniwersytetu Wrocławskiego 1702–2002 [Geschichte der Universität Breslau 1702–2002] (Acta Universitatis Wratislaviensis 2402). Wrocław: Wydawnictwo Uniwersytetu Wrocławskiego 2002. 406 S., 165 Abb., engl. Zusammenfassung. ISBN 83-229-2311-2.

Dieses wegen des Großformats und seiner graphischen Gestaltung imponierende Werk ist eine der wichtigsten Publikationen zum 300jährigen Jubiläum der Breslauer Alma mater. Das Buch, das von drei namhaften, sich seit vielen Jahren mit der Geschichte dieser Universität beschäftigenden Historikern geschrieben wurde, schließt eine historiographische Lücke. Es stellt eine Zusammenfassung der Forschungsergebnisse sowohl dieser drei Wissenschaftler als auch anderer polnischer und deutscher Forscher dar. Das Buch behandelt unterschiedliche Epochen in der Universitätsgeschichte, in der es an Wendepunkten und dramatischen Veränderungen – wie etwa im Jahr 1945 – nicht fehlte. Es besteht aus drei Teilen mit über 30 Kapiteln. Mit dem Hochschulwesen in Schlesien vom Ende des Mittelalters über die Gründung der Leopoldina bis hin zur Tätigkeit der Universität im preußisch-deutschen Staat (bis 1918) beschäftigt sich M. Pater. Die Geschichte der Universität in der Weimarer Republik und in der Zeit des Nationalsozialismus stellt T. Kulak dar. Sie beschäftigt sich auch mit den Folgen des Ersten Weltkriegs für die Universität, der Krise ihrer Tätigkeit in den 20er Jahren, mit der Nazifizierung der Universitätskreise an der Wende der 20er und 30er Jahre und schließlich mit der Arbeit der Universität während des ‚totalen Krieges'. Die Geschichte der Universität im Rahmen des polnischen Staates vor dem Hintergrund der stürmischen Nachkriegsgeschichte Polens behandelt W. Wrzesiński. Er hebt die Verdienste der polnischen Forscher aus Lemberg/L'viv/Lwów hervor, die sich nach der Vertreibung aus den ehemaligen polnischen Ostgebieten („kresy") nach Westen an der Wiederaufnahme der Arbeit in Breslau/Wrocław engagiert haben, und beschäftigt sich auch mit der Stalinisierung der Universität in den 50er Jahren. Schließlich räumt er dem Kampf um die akademische Unabhängigkeit in den 80er Jahren viel Platz ein. Ferner behandelt Wrzesiński die Arbeit der Universität während der Zeit der Autonomie, die die Breslauer Hochschule nach der demokratischen Wende 1989 wiedererlangt hat, sowie die vielfachen Bemühungen um Integration des polnischen und des deutschen akademischen Erbes.

Małgorzata Ruchniewicz

Wojciech Kunicki (Hg., unter Mitarb. von Marta Kopij und Gabriela Połutrenko): Neisse: Texte und Bilder. Nysa: Oficyna Wydawnicza Państwowej Wyższej Szkoły Zawodowej w Nysie 2003. 331 S., zahlr. Abb. ISBN 83-917110-2-1.

Die Anthologie ist eine Sammlung von literarischen, historischen und kulturpolitischen Texten, die durch ihren Inhalt und/oder ihre Autorschaft mit dem Kultur- und Erinnerungsort Neisse/Nysa verbunden sind. Über die Struktur und den Ursprung des Buches gibt das Vorwort Auskunft. Darüber hinaus enthält das Werk Einleitungen zu den einzelnen Themenkomplexen, Anmerkungen, einen biographischen Anhang sowie ein deutsch-polnisch-tschechisches Ortsregister. Die Textsammlung vermittelt einen kritischen Überblick über die Neisse betreffenden Literatur- und Geschichtsbilder. Die Präsentation der Stadt in Bild und Schrift umfaßt den Zeitraum vom 16. Jahrhundert bis zum Zweiten Weltkrieg und erfolgt nach den vier Prinzipien der Differenzierung, der Nichtidentität, der Reflexion und der Multiperspektivität. Das erste Kapitel „Die Stadt als Ganzes" beschäftigt sich mit verschiedenen Wahrnehmungen und Veränderungen der Geschichtsbilder (interessant sind dabei kulturpolitische Aktivitäten in den 30er Jahren). Das zweite Kapitel unter dem Titel „Wunden dieser Stadt" ist den Wandlungen der Stadtbilder gewidmet. Im dritten Kapitel kommen die „Ereignisse" zur Darstellung, die für die Geschichte und Entwicklung der Stadt von besonderer Bedeutung waren, wie z. B. die Enthauptung des Herzogs Nikolaus II. von Oppeln. Es folgen die „Orte" (z. B. die Jesuitenkirche, die Friedhöfe, der Neisser Ratsturm, der Gedächtnisort Eichendorff), die das Bild der Stadt wesentlich mit geprägt haben, sowie „Sagen und Märchen" aus Neisse und schließlich der umfangreiche Komplex „Literatur und Neisse – Deutsche Nationalliteratur – Weltliteratur?", der u. a. folgende Texte enthält: Otto Karrer: „Angelus Silesius"; Annette von Droste-Hülshoff: „Nach dem Angelus Silesius"; Johann Peter Hebel: „Der Husar in Neiße"; Joseph von Eichendorff: „Erlebtes"; Hermann Kunibert Neumann: „Krieg dem Kriege"; Philo vom Walde: „Der Löwe zu Neisse"; Franz Jung: „Das Erbe"; Max Herrmann-Neisse: Gedichte. In den meisten Fällen haben wir es mit schwer zugänglichen oder verstreut veröffentlichten Texten zu tun. Das Buch ist in erster Linie als Unterrichtswerk für die Lehrenden und Studierenden der Staatlichen Fachhochschule in Neisse/Nysa gedacht. Indem hier zahlreiche regionale Aspekte der Neisser Kultur und Geschichte gezeigt werden, wird zugleich auf die Zusammengehörigkeit dieser Region mit der deutschen Kultur- und Literaturgeschichte hingewiesen.

Marta Kopij

Jolanta Kwiatek, Eleonora Sapia-Drewniak (Hg.): W klimacie śląskiej humanistyki. Księga jubileuszowa dedykowana Profesorowi doktorowi hab. Franciszkowi A. Markowi w pięćdziesięciolecie pracy dydaktycznej i naukowej [Im Geiste des schlesischen Humanismus. Festschrift für Prof. Dr. habil. Franciszek A. Marek zum 50. Jubiläum seiner didaktischen und wissenschaftlichen Arbeit]. Opole: Wydawnictwo Uniwersytetu Opolskiego [2001]. 451 S. ISBN 83-88796-51-8.

Der Sammelband enthält eine Reihe von Beiträgen, die – den verschiedensten Fragestellungen gewidmet – zu dem Thema ‚Schlesien' in engerer oder nur indirekter Beziehung stehen, was nur partiell dem im Titel umrissenen thematischen Schwerpunkt entspricht. Neben einigen Aufsätzen aus dem Bereich der Pädagogik (von Helmar G. Frank, Norbert F. B. Greger, Józef Jagas, Ewa Przybylska und anderen) und der Pädagogikgeschichte (von Stanisław Gawlik, Herbert Jeziorski, Eugenia Karcz, Alicja Kurcz und anderen) sind hier sprach- und literaturwissenschaftliche, theologische, moralphilosophische und psychologische Aufsätze veröffentlicht, die sich aufgrund ihrer thematischen Verschiedenheit nur schwer unter einem Leitgedanken subsumieren lassen. Die Zentrierung um das Problem ‚Schlesien' wird z. B. durch Texte über die Äußerungen Papst Johannes Pauls II. zur Ökumene (Beitrag von Erzbischof Alfons Nossol), über die Freundschaft zwischen Helena Modrzejewska und Stanisław Witkiewicz (Zdzisław Piasecki) oder über die Erinnerung an Adam Mickiewicz in Großpolen (Józef Półturzycki) gesprengt. Die schlesienbezogenen Aufsätze wie z. B. von Bogdan Cimała über die Erziehung der polnischen Jugend außerhalb der schulischen Institutionen in Oberschlesien bis 1918, von Joachim Glensk über die deutsche Presse im Schlesien des 19. Jahrhunderts, von Zenon Jasiński über die polnischen Lese- und Leihbibliotheken im Teschener Schlesien, von Karol Jonca über die Emigration aus dem Oppelner Land nach Texas sowie von Jan Górecki, Herbert Jeziorski, Ignacy Jeż, Włodzimierz Kaczorowski, Aleksander Kwiatek, Jolanta Kwiatek, Marek Masnyk, Feliks Pluta, Jerzy Pośpiech oder Zbigniew Zielonka konzentrieren sich auf die schlesische Problematik, wobei hier die polnische Optik deutlich dominiert, was u. a. darin zum Ausdruck kommt, daß nur einige wenige dieser Beiträge die deutschsprachigen Bewohner Schlesiens und deren Beitrag zur Entwicklung dieser Region mit berücksichtigen. Den Band schließen drei Gedichte (von Jakub Kania, Wiktor Bugla und Harry Duda) ab, die dem Jubilar gewidmet sind.

Izabela Surynt

Maciej Łagiewski (Hg.): Eugen Spiro i potomkowie [Eugen Spiro und seine Nachfahren]. Wrocław: Muzeum Miejskie Wrocławia 2002. 136 S., 94 farb. u. s.-w. Abb. ISBN 83-86626-56-9.

Die reich illustrierte Publikation erschließt das Werk des Malers Eugen Spiro (1874–1972) sowie seines Sohnes Peter und seiner Enkelin Elisabeth Spiro. Den Beitrag zur Biographie Eugen Spiros mit den Stationen Breslau/Wrocław, Paris und New York verfaßte Maciej Łagiewski. Piotr Łukaszewicz schreibt über Spiros künstlerisches Werk und seine Ausstellungstätigkeit während der Breslauer Jahre. Besonders bemerkenswert sind die Erinnerungen Spiros, die der Maler an seinem Lebensende niederschrieb, ein Text, der unvollendet blieb. Abgedruckt ist ein Auszug aus einem Manuskript, das sein Sohn zur Veröffentlichung freigab. Die Texte sind zweispaltig in polnischer und deutscher Sprache angeordnet, ebenso die Bildunterschriften. Der Band erschien als Katalog zur Spiro-Ausstellung, die vom 20. September bis 27. Oktober 2002 im Breslauer Rathaus zu sehen war.

Maria Zwierz

Magda Ławicka: Zapomniana pracownia. Wrocławski Instytut Witrażowy Adolpha Seilera (1846–1945) [Die vergessene Werkstätte. Das Breslauer Glasinstitut Adolph Seiler (1846–1945)]. Wrocław: Muzeum Architektury we Wrocławiu 2002. 194 S., 149 farb. u. s.-w. Abb. ISBN 83-91575-85-3.

Das Buch erschien zur gleichnamigen Ausstellung im Architekturmuseum Breslau/Wrocław vom 9. Mai bis 1. September 2002. Das Glasinstitut Adolf Seiler bestand fast 100 Jahre und war die größte und langlebigste Werkstätte dieser Art in Schlesien. Das Angebot der Firma Seiler war sehr breit: Es umfaßte Figuren- und Wappenfenster, ornamentale Glasmalereien sowie Schmuck- und einfache Verglasungen für Sakral- und Schloßbauten, öffentliche Bauten und Privathäuser, vor allem in Breslau und Schlesien, aber auch in Sachsen, Großpolen, Pommern, Galizien, Österreich und sogar in Südamerika. Die Autorin behandelt die gesamte Schaffenszeit der Werkstätte, von der Firmengründung über die Blütezeit von 1856 bis 1868 und die Jahre unter der Leitung von Eduard Franke bis hin zur neuen Prosperität von 1903 bis 1945. Der Band enthält einen ausführlichen Katalog der Glasfenster und Verglasungen des Glasinstituts A. Seiler, eine Bibliographie zum Thema und eine umfangreiche Zusammenfassung in deutscher Sprache.

Maria Zwierz

Michał Lis: Górny Śląsk. Zarys dziejów do połowy XX wieku [Oberschlesien. Abriß der Geschichte bis zur Mitte des 20. Jh.s]. Opole: Wydawnictwo Uniwersytetu Opolskiego 2001. 246 S., poln. u. dt. Inhaltsverzeichnis u. Zusammenfassung. ISBN 83-88796-62-3.

Das Buch zeigt in einem historischen Überblick die Entwicklung Oberschlesiens von seinen Anfängen (ein neun Seiten umfassendes Kapitel bietet die älteste Geschichte Oberschlesiens in einer sehr komprimierten Form dar, wobei die Konstituierung der polnischen Staatlichkeit zur Zeit der Piastenherrschaft als ein erster Höhepunkt der Landesgeschichte erscheint) bis zur Eingliederung Schlesiens in den polnischen Staat nach dem Zweiten Weltkrieg. Somit wird ein zeitlicher und zugleich thematischer Bogen gespannt, der die polnische Staatlichkeit als ein ordnendes und strukturierendes Prinzip hervorhebt und durch diese Konstellation den polnischen Belangen in Oberschlesien einen unbestreitbaren Vorrang gewährt. Die Geschichte der „einheimischen Bevölkerung" mitsamt ihren „polnisch-nationalen Wurzeln" steht im Mittelpunkt dieser historiographischen Studie. Besonderer Nachdruck wird auf die „Entnationalisierungsprozesse" gelegt, die auf die Wirkung des Staatsapparates der Habsburgermonarchie und des Germanisierungsprogramms der Hohenzollern sowie auf die rücksichtslose NS-Praxis zurückgeführt werden. Auch eine bewußte Abgrenzung von der Optik der deutschen Historiographie wird hier explizit intendiert. Das Augenmerk des Autors richtet sich gezielt auf die Herausbildung der polnischen Identität in Oberschlesien bzw. ihr „Wiedererwachen". Die Darstellung der ethnischen und nationalen Konflikte nimmt daher relativ viel Raum in Anspruch. Die Schilderung der historischen Entwicklung Oberschlesiens erstreckt sich über das Jahr 1945 hinaus: In dem abschließenden Kapitel „In den Grenzen des polnischen Staates" werden auch Fragen nach dem Umgang der polnischen Behörden mit der einheimischen Bevölkerung, dem Bevölkerungstransfer (Vertreibung der Deutschen und sog. ‚Repatriierung' der polnischen Bevölkerung aus den ehemaligen Ostgebieten Polens) sowie nach den wirtschaftlichen und kulturellen Leistungen in dieser Region aufgeworfen.

Izabela Surynt

Ewa Łużyniecka: Architektura klasztorów cysterskich. Filie lubiąskie i inne cyboria śląskie [Die Architektur der Zisterzienserklöster. Die Filiation Leubus und andere schlesische Zisterzen]. Wrocław: Oficyna Wydawnicza Politechniki Wrocławskiej 2003. 583 S., zahlr. Abb. ISBN 83-7085-675-6.

Die Architektur der Zisterzienser fasziniert seit Jahrhunderten durch die Monumentalität und die Würde der Konventsbauten, durch ihre gekonnte Einbindung in die Landschaft, durch das Gleichgewicht von Geist und Materie. Bereits 1998 hat Ewa Łużyniecka ihre langjährigen Forschungen zur Architektur der Zisterzienser in Schlesien in einem Band zusammengefaßt (s. „Berichte und Forschungen" 7, 1999, S. 291). In der nun vorliegenden, wesentlich umfangreicheren Publikation stellt die Autorin Zisterzienserbauten in Schlesien und Kleinpolen – Leubus/Lubiąż, Trebnitz/Trzebnica, Mogiła bei Krakau/Kraków, Heinrichau/Henryków, Kamenz/Kamieniec Ząbkowicki, Grüssau/Krzeszów, Rauden/Rudy und Himmelwitz/Jemielnica – in den breiten Kontext der mittelalterlichen Zisterzienserarchitektur in Europa. Sie analysiert Grundzüge der Planung und der Errichtung der Zisterzienserklöster, ihre Konstruktion und die funktionale Raumaufteilung. Sehr genau werden an Hand von Zeichnungen und Fotografien die Architekturdetails der einzelnen schlesischen Klöster bis hin zur Koloristik betrachtet. Eine umfangreiche Bibliographie schließt den Band ab.

Maria Zwierz

Augustyn Mańczyk, Paweł Zimniak (Hg.): Sprachkontakte und Literaturvermittlung. Prof. Dr. Eugeniusz Klin zum 70. Geburtstag (Germanistyka 1). Zielona Góra: Wydawnictwo Uniwersytetu Zielonogórskiego 2001. 298 S. ISBN 83-7268-056-6.

Der erste Band der neuen Folge der Grünberger Reihe „Germanistyka" ist eine Festschrift für Professor Eugeniusz Klin, Universität Grünberg/Zielona Góra. In der sprach- und kulturwissenschaftlichen Sparte findet man insgesamt 22 Beiträge, die u. a. folgende Themen berühren: das Textsortenspektrum des Frühneuhochdeutschen (Entwicklung, Funktion und Anwendungsbereiche im 16. Jahrhundert vor dem theoretischen Hintergrund kommunikationsbezogener Bewußtseinsbildung und kommunikativer Kompetenz); Martin Luthers, Philipp Melanchthons und Valentin Trozendorfs Einfluß auf Unterrichtsmethoden in ausgewählten niederschlesischen Städten im 16. Jahrhundert; das Problem der dichterischen Naturauffassung in komparatistischen Studien über Goethe und die polnische Romantik; das Motiv des Verrats für politische Ziele bei Heinrich von Kleist und Adam Mickiewicz – ein romantischer Vorgriff auf die Doppelmoral des 20. Jahrhunderts; die mythische Substanz in Gerhart Hauptmanns „Atriden-Tetralogie" und Ilse Langners „Griechenlanddramen". Der Band enthält darüber hinaus einen komparatistisch angelegten Aufsatz über Substantiv-Verb-Kollokationen im Deutschen und im Polnischen sowie kulturwissenschaftliche Beiträge, die sich thematisch mit weit gefaßten Identitätsfragen beschäftigen, z. B. über die Ich-Spaltung und das Doppelgängermotiv bei E. T. A. Hoffmann, über Hans Hellmut Kirst und seine masurische Heimat (wobei die Begriffe „Heimat" und „Heimatverlust" auch in nichtfiktionalen Dimensionen erörtert werden), über das Polenbild in „Mein Jahrhundert" von Günter Grass.

Paweł Zimniak

Augustyn Mańczyk, Paweł Zimniak, Tadeusz Zuchewicz, Robert Buczek (Hg.): Sinngebung. Zwischen Festlegung und Pluralität (Germanistyka 2). Zielona Góra: Wydawnictwo Uniwersytetu Zielonogórskiego 2002. 273 S. ISBN 83-89321-03-3.

Der zweite Band der neuen Folge der Grünberger „Germanistyka" orientiert sich an dem übergreifenden Gedanken, daß beim wissenschaftlichen Umgang mit Texten auch die Bedingungen des Verstehens eines Textes wahrgenommen und reflektiert werden müssen. Das schon deshalb, weil viele Texte hochgradig kontextualisiert sind. Dadurch gewinnen Texte an Bestimmtheit (ein Text besteht ja nicht nur aus Leerstellen). In der sprach- und kulturwissenschaftlichen Sparte des Bandes findet man insgesamt 21 Beiträge, u. a. zu folgenden Themen: Graphematische Untersuchungen der „schweren" Nebensilben in den Sprottauer Handschriften zu Anfang des 16. Jahrhunderts; die Rechtsprechung in Grünberg auf Grundlage der Grünberger Chronik aus den Jahren 1623–1795; die Lexeme „Besitz" und „Eigentum" in Standard- und Fachsprache – deutsche Bedeutung und polnische Entsprechungen; Konfrontative Analyse der deutschen „weg"-Verben; Aporien der Gattungsdefinition; der Motivbegriff bei Elisabeth Frenzel; „Sinn und Bedeutung. Zum Problem der Vielstimmigkeit lyrischer Texte" (Überlegungen zur Übersetzung von Goethes Balladen ins Polnische, zum Motiv der Liebe in Sophie Mereau-Brentanos Lyrik u. a.); Nationalsozialismus und Literatur (Beispiele: Ernst Jünger und die Poetik der Offenbarung; Jugend im Nationalsozialismus: Kempowski, Harig, Hermand, Gay; Inszenierungen von Werken der NS-Dramatiker auf den Breslauer Sprechbühnen 1933–1944); Schlesien-Literatur im 21. Jahrhundert; der „Selbstkreierungsprozeß der eigenen Identität" am Beispiel autobiographischer Romane Heinz Pionteks. Darüber hinaus ist noch ein praktischer Versuch der wechselseitigen Erhellung der Disziplinen Jugendforschung und Literaturwissenschaft zu erwähnen, den die deutsche Professorin Elke Mehnert unternimmt.

Paweł Zimniak

Beata Mesyńska-Gulij: Mapy księstw śląskich świdnickiego, jaworskiego i legnickiego II połowy XVII wieku Fryderyka Khünoviusa [Die Karten der schlesischen Fürstentümer Schweidnitz, Jauer und Liegnitz von Friedrich Khünovius aus der zweiten Hälfte des 17. Jh.s]. Wrocław: Wydawnictwo GAJT 2002. 133 S., Abb., Kt., dt. u. engl. Zusammenfassungen. ISBN 83-88178-17-2.

Die Landkarten von Friedrich Khünovius, einem Notar aus Goldberg/Złotoryja, wurden von späteren Kartographen wegen ihres reichen Inhalts und der individuellen Darstellung des Reliefs hoch geschätzt. Sie werden heute in der kartographischen Sammlung Machnitzky in der Bibliothek der Universität Breslau/Wrocław aufbewahrt. Ziel der Arbeit ist die Schließung einer Forschungslücke bei den schlesischen Karten vor der Zeit der exakten Landvermessung. Die Verfasserin beschäftigt sich mit der Entstehung der Karten von Khünovius, mit der Bestimmung ihres formalen Wertes (Genauigkeit, Beurteilung der Zeichnung des Reliefs), mit der Zusammenarbeit des Kartographen mit dem Zeichner J. G. Bartsch bei der endgültigen Ausgestaltung der Karten und schließlich mit späteren Kopien der Arbeiten von Khünovius. Eine kartometrische Analyse ausgewählter Elemente der besprochenen Karten schließt das Buch ab.

Małgorzata Ruchniewicz

Marta Młynarska-Kaletynowa (Hg.): Niemcza. Wielka historia małego miasta [Nimptsch. Die große Geschichte einer kleinen Stadt]. Wrocław: Wydawnictwo Dolnośląskie 2002. 200 S., Abb., dt. Zusammenfassung. ISBN 83-903888-1-2.

Die Darstellung entstand auf der Grundlage von gedruckten Quellen, Archivquellen und der älteren Sekundärliteratur. Sie ist chronologisch und problembezogen aufgebaut. Unter den Verfassern finden sich Autoren wieder, die bereits an anderen Monographien über niederschlesische Städte mitgearbeitet haben. Die Urgeschichte und das frühe Mittelalter im Spiegel der Archäologie ist Gegenstand des Beitrags von K. Jaworski. M. Młynarska-Kaletynowa beschäftigt sich mit der Entstehung und Entwicklung der Burg in Nimptsch/Niemcza vom 10. bis zum 13. Jahrhundert. Die Stadtordnung und die Entwicklung der Stadt stellt der deutsche Mitverfasser Jürgen Schölzel dar. Mit der Geschichte der Stadt in der Frühen Neuzeit beschäftigt sich L. Ziątkowski. Die Zeit von den Napoleonischen Kriegen bis zum Ende des 20. Jahrhunderts behandelt E. Kościk. Eine von R. Eysymontt verfaßte Beschreibung der Raumentwicklung, der Architektur und der Sehenswürdigkeiten von Nimptsch schließt das Buch ab.

Małgorzata Ruchniewicz

Ryszard Młynarski (Hg.): 300 lat Uniwersytetu Wrocławskiego 1702–2002. Z kart historii uczelni [300 Jahre Breslauer Universität 1702–2002. Aus der Geschichte der Hochschule]. Wrocław: Muzeum Uniwersytetu Wrocławskiego 2002. 80 S., 39 Abb. ISBN 83-918076-0-6.

Der Band erschien zur Eröffnung der gleichnamigen Dauerausstellung im Breslauer Universitätsmuseum im Longchamps-Saal des Mathematischen Turms. Dargestellt wird die 300jährige Geschichte der Alma mater. Besonders aufschlußreich ist die Aufstellung der Amtszeiten der Rektoren von 1702 bis 2002. Weiter finden sich Informationen zu den Exponaten der Ausstellung, z. B. der Goldenen Bulle, Grafiken des Universitätsgebäudes und seiner Umgebung, den Zeptern der Theologischen und der Philosophischen Fakultät, der Rektorenkette, Sonnenuhren und einem Teleskop aus dem 18. Jahrhundert.

Maria Zwierz

Lech M. Nijakowski: Dyskursy o Śląsku. Kształtowanie śląskiej tożsamości regionalnej i narodowej w dyskursie publicznym [Schlesiendiskurse. Konstituierung der schlesischen regionalen und nationalen Identität im Öffentlichkeitsdiskurs]. Warszawa: Interdyscyplinarne Koło Nauk o Społeczeństwie i Kulturze przy Zakładzie Socjologii Ogólnej, Inst. Socjologii Uniw. Warszawskiego 2002. 227 S. ISBN 83-915912-1-2.

Den Hauptgegenstand dieser soziologischen Studie bildet das Phänomen der ‚schlesischen regionalen Identität' vor dem Hintergrund der historischen Entwicklung Schlesiens, seiner eigenartigen Modernisierung und seiner Spezifik als kulturelles Grenzland. Der Autor der Untersuchung wählt ein interdisziplinäres Verfahren, also Zugriff auf die Ergebnisse der Soziologie, Historiographie, Kulturanthropologie, Ethnographie, Politologie, Sprachwissenschaft und Rechtswissenschaft, das seiner Überzeugung nach eine Erklärung für die Entstehung der besonderen regionalen Identität in Schlesien und der damit verbundenen „nationalen Animositäten" erst ermöglicht. Im Mittelpunkt der Arbeit steht die „einheimische Bevölkerung" Schlesiens, die im Oppelner Land zahlenmäßig die größte Gruppe ausmacht, daher also fast zum alleinigen Untersuchungsgegenstand erhoben wird. Die Situation im oberschlesischen Industrierevier wie auch die in Niederschlesien werden nur gestreift. Das Buch beginnt mit einer sehr allgemein gefaßten Einleitung in die Problematik des Diskursbegriffes und dessen Verwendung in der vorliegenden Studie. In den folgenden Teilen der Veröffentlichung wird die Problematik der Gruppenidentifizierung in Schlesien (polnische, deutsche und schlesische Identität) einer ausführlichen Analyse unterzogen. Die hier unternommene Diskursanalyse schließt den historischen Kontext mit ein, ohne den die Genese der „nationalen Animositäten" in Schlesien unverständlich bliebe. Die beiden abschließenden Kapitel beschäftigen sich mit der Konstituierung (bzw. Konstruktion) der schlesischen Nation sowie mit der Präsenz der schlesischen Thematik im Internet. Das Buch von Nijakowski leistet einen Beitrag zur Regional- und Konfliktforschung.

Izabela Surynt

Halina Okólska (Hg.): Piwo we Wrocławiu. Od średniowiecza po czasy współczesne [Die Geschichte des Bieres in Breslau vom Mittelalter bis zur Gegenwart]. Wrocław: Muzeum Miejskie Wrocławia 2002. 148 S., 102 farb. u. s.-w. Abb., dt. Zusammenfassungen. ISBN 83-917909-0-8.

Die Publikation macht mit der jahrhundertealten Tradition des „Schweidnitzer Kellers" bekannt, der im 13. Jahrhundert im Breslauer Rathaus gegründet wurde und dort bis heute besteht, und informiert über die Geschichte des Brauereiwesens in Breslau/Wrocław. Der Band enthält folgende Beiträge: Jan J. Trznadlowski stellt die Geschichte des Schweidnitzer

Kellers dar; Halina Okólska berichtet über die Zunft der Breslauer Schankwirte von der zweiten Hälfte des 13. bis zum Ende des 18. Jahrhunderts; Wacław Sobociński untersucht die Geschichte der Breslauer Brauereien vom 19. Jahrhundert bis 1945 unter besonderer Berücksichtigung der Firma Conrad Kiessling; Andrzej Wilk stellt die Industriedenkmäler des Breslauer Brauereiwesens des 19. Jahrhunderts vor. Alle Aufsätze besitzen eine deutsche Zusammenfassung, auch die Bildunterschriften sind zweisprachig. Das Buch erschien zur Ausstellung gleichen Titels, die im Oktober 2002 im Breslauer Rathaus gezeigt wurde.

Maria Zwierz

Piotr Oszczanowski: Kościół św. Elżbiety [Die Elisabethkirche (zu Breslau)]. Wrocław: Urząd Miejski Wrocławia, Studio „Sense" II, Wydawnictwo MAK 2002. 48 S., Abb. ISBN 83-916376-7-0.

Die populärwissenschaftliche Publikation aus der Serie „Zabytki Wrocławia" (Breslauer Denkmäler) soll in erster Linie als Führer für die Besucher der Elisabethkirche dienen, eines der „herrlichsten Sakralbauten in Breslau/Wrocław, Schlesien, Polen und diesem Teil Europas", so der Autor. Der Band erläutert Geschichte, Architektur und Ausstattungsstücke der Kirche; der Text wird durch Archivbilder und aktuelle Fotografien illustriert. Sehr ausführlich beschreibt der Verfasser die derzeit in der Kirche befindlichen Werke; er nennt aber auch die wichtigsten Denkmäler, die verlorengingen oder sich heute in Museen befinden. Oszczanowski ist einer der kenntnisreichsten Experten für protestantische Kunst in Schlesien, so enthält dieser Kunstführer nicht nur bereits Bekanntes, sondern auch neue Informationen zu den Kunstwerken in der Elisabethkirche aus der Zeit des Manierismus.

Adam Organisty

Jerzy Piekalski (Hg.): Rynek wrocławski w świetle badań archeologicznych [Der Breslauer Ring im Spiegel archäologischer Forschungen]. Cz. [Tl.] II (Wratislavia Antiqua 5). Wrocław: Uniwersytet Wrocławski & AKME – Zdzisław Wiśniewski 2002. 318 S., 260 Abb., dt. Zusammenfassung. ISBN 83-915048-5-9.

Es handelt sich um die Fortsetzung des ersten Teils der Materialauswertung, welcher die Untersuchungen im Westteil sowie von Abschnitten des Ostteils des Breslauer Rings umfaßte (s. „Berichte und Forschungen" 10, 2002, S. 246). Der nun vorliegende zweite Band stellt die Grabungsergebnisse im Nordteil des Rings sowie an der Westseite des Baublocks in der Mitte des Rings vor, ferner die Forschungen vor der östlichen Häuserreihe des Rings sowie auf dem Grundstück Ring 50/Nadlergasse 18 (Rynek/ul. Igielna). Die Ergebnisse werfen ein neues Licht auf die Anlage, die Erschließung und die Veränderungen des mittelalterlichen Hauptmarktes der Stadt Breslau/Wrocław. Die Bildunterschriften sind zweisprachig (polnisch und deutsch).

Maria Zwierz

Dariusz Przybytek: Kartografia historyczna Śląska XVIII–XX wieku [Historische Kartographie Schlesiens im 18.–20. Jh.] (Acta Universitatis Wratislaviensis 2456). Wrocław: Wydawnictwo Uniwersytetu Wrocławskiego 2002. 187 S., 32 Abb. ISBN 83-229-2346-5.

Die Studie analysiert die Errungenschaften der schlesischen Kartographie vom 18. bis zum 20. Jahrhundert vor dem Hintergrund der Entwicklung der europäischen Kartographie. Der Verfasser benutzte umfangreiches Quellenmaterial, das er in verschiedenen polnischen, tschechischen und deutschen Archiven und Bibliotheken ausfindig machte. Die Publikation, die als ein Vademecum gedacht ist, besteht aus fünf Kapiteln. In der Einführung werden die kartographischen Methoden der Darstellung historischer Ereignisse sowie die ältesten kartographischen Quellen über Schlesien präsentiert. Das erste Kapitel beschäftigt sich mit der Entwicklung der historischen Kartographie in Schlesien bis 1918 (Schlesien als Thema der deutschen historischen Kartographie in den Jahren 1780 bis 1918, Schlesien in der deutschen Atlas-Kartographie des 19. Jahrhunderts, die polnische historische Kartographie in ihrem Verhältnis zu Schlesien). Das nächste Kapitel ist dem Bild Schlesiens in der deutschen und polnischen historischen Kartographie in den Jahren 1918 bis 1945 gewidmet (die Kartographie und die oberschlesische Frage zur Zeit der Abstimmung, der erste Atlas zur Geschichte Schlesiens von 1933, die polnische Schulkartographie über Schlesien). Das dritte und das vierte Kapitel beschäftigen sich mit den Errungenschaften der polnischen sowie der ost- und westdeutschen historischen Kartographie in der Nachkriegszeit. Die Arbeit schließt mit einem fünften Kapitel über die historischen Karten Schlesiens, die in der Tschechoslowakei, Österreich und anderen europäischen Ländern im 19. und 20. Jahrhundert enstanden sind.

Krzysztof Ruchniewicz

Mirosław Przyłęcki: Wielonarodowe dziedzictwo kulturowe na Dolnym Śląsku i jego ochrona po 1945 roku [Das multinationale Kulturerbe in Niederschlesien und sein Schutz nach 1945]. Warszawa: Dom Wydawniczy Elipsa 2002. 94 S., Abb. ISBN 83-7151-490-5.

Diese von einem bekannten Kunsthistoriker und Konservator veröffentlichte Publikation reiht sich in die seit einiger Zeit sehr aktuelle Diskussion über das materielle und geistige historische Erbe der Nord- und Westgebiete Polens ein. Nach einer verhältnismäßig umfangreichen Zusammenfassung der Geschichte der Region stellt der Verfasser einige bekannte Kunstdenkmäler Niederschlesiens und ihr Schicksal nach 1945 dar. In den weiteren Kapiteln geht er ein auf die Kriegszerstörungen bei niederschlesischen Kunstdenkmälern und deren Wiederaufbau sowie auf deutsch-polnische Initiativen zum Schutz des gemeinsamen Kulturerbes an der Wende vom 20. zum 21. Jahrhundert.

Krzysztof Ruchniewicz

Rocznik Wrocławski [Breslauer Jahrbuch]. Bd. 8. Wrocław: Towarzystwo Przyjaciół Ossolineum 2002. 402 S., Abb., dt. Zusammenfassungen. ISBN 83-7095-064-7.

Dieses Jahrbuch genießt unter den Zeitschriften zur Geschichte und Gegenwart der Stadt Breslau/Wrocław großes Ansehen. Unter den 14 Aufsätzen des vorliegenden Bandes befinden sich Abhandlungen zur Architektur, darunter eine Darstellung der Geschichte des Städtischen Friedhofes an der Gräbschener Straße (H. Okolska) sowie Studien über das Dorf als Beginn der Breslauer Siedlungen (B. Miszewska) und über die Tätigkeit von C. J. Zimmermann als Breslauer Stadtbaurat in den Jahren 1863–1875 (D. Pikulska). Auch die Aufsätze von J. Nowosielska-Sobel über die Große Kunstausstellung von 1920 und von

A. Zieliński zur Rezeption des Werkes von Karl von Holtei in Polen sind erwähnenswert. Der Teil „Zeitgeschichte in Dokumenten" enthält Archivmaterialien über die gegen Breslauer Wissenschaftler gerichtete Tätigkeit des kommunistischen Sicherheitsdienstes und über die Reaktion der Breslauer auf die blutige Niederschlagung des Aufstandes der Werftarbeiter im Dezember 1970.

Małgorzata Ruchniewicz

Józef Rozynek, Józef J. Ziółkowski: Doktorzy honoris causa Uniwersytetu Wrocławskiego 1948–2002 [Ehrendoktoren der Universität Breslau/Wroclaw 1948–2002] (Acta Universitatis Wratislaviensis 2412). Wrocław: Wydawnictwo Uniwersytetu Wrocławskiego 2002. 330 S., Abb. ISBN 83-229-2356-2.

Diese Publikation entstand im Zusammenhang mit dem 300jährigen Jubiläum der Universität Breslau/Wrocław. Sie umfaßt über 120 biographische Angaben zu den Ehrendoktoren der Universität in den Jahren 1948 bis 2002. Damit stellt sie nach Ansicht der Autoren einen kleinen Beitrag zur Erforschung dieses Ehrentitels und seiner Verleihung während der sich insgesamt über drei Jahrhunderte erstreckenden Geschichte dieser Hochschule dar. Das Buch bietet darüber hinaus interessantes Material über den Einfluß der sich seit 1945 mehrfach verändernden politischen Situation auf das Universitätsleben. Zur Zeit des Kommunismus wurden einige Personen mit dem Ehrendoktorat ausgezeichnet, wobei die Universitätsleitung völlig übergangen wurde. Die Verleihungen der Ehrendoktorwürde in den 1990er Jahren spiegeln die demokratischen Veränderungen in Polen wider, die sich nicht zuletzt in der Öffnung Polens nach Westen und in der deutsch-polnischen Versöhnung manifestierten. Im Buch finden wir daher biographische Angaben zu Persönlichkeiten wie etwa Václav Havel, Hans-Georg Gadamer, Roman Herzog, Hans-Adolf Jacobsen und Fritz Stern.

Małgorzata Ruchniewicz

Małgorzata Smorąg-Różycka (Hg.): Sztuka średniowiecznego Wschodu i Zachodu. Osiągnięcia i perspektywy poznawcze u progu XXI wieku [Die Kunst des mittelalterlichen Morgen- und Abendlandes. Errungenschaften und Erkenntnisperspektiven an der Schwelle des 21. Jh.s] (Ars vetus et nova 6). Kraków: Towarzystwo Autorów i Wydawców Prac Naukowych „Universitas" 2002. 104 S., Abb., engl. Zusammenfassung. ISBN 83-7052-545-8.

Dieser sechste Band der vom Institut für Kunstgeschichte der Jagiellonen-Universität Krakau/Kraków herausgegebenen Reihe „Ars vetus et nova" ist das Ergebnis einer Tagung über Probleme und Methoden der Erforschung mittelalterlicher Kunst. Die ersten drei Beiträge berichten über den gegenwärtigen Stand der Mittelalterforschung unter besonderer Berücksichtigung des dualen Charakters der Kunst dieser Epoche zwischen Abendland und Byzanz. Im vierten Referat stellen Monika Branicka und Sławomir Skrzyniarz die Ergebnisse ihrer Forschungen zu der Ikone „Hl. Johannes der Täufer – Engel der Wüste" vor, die unlängst im Museum für historischen Hausrat in Münsterberg/Ziębice in Niederschlesien entdeckt wurde. Die Autoren berichten ausführlich über die langwierigen konservatorischen Arbeiten, die nach der Auffindung der Ikone notwendig waren. Das Werk stammt aus der Sammlung des Breslauer Malers Joseph Langer (1865–1918), der es wahrscheinlich während einer seiner Reisen nach Italien erwarb. Die Ikone entstand zu Anfang des 17. Jahrhunderts im griechischen Milieu, das sich auf die Tradition der kretischen Ikonenmalerei der zweiten Hälfte des 16. Jahrhunderts stützte, und war offenbar für den privaten Gebrauch bestimmt. Wegen ihres hohen künstlerischen Wertes und ihrer griechischen Provenienz stellt die Ikone in den polnischen Sammlungen der Ikonenmalerei ein einmaliges Objekt dar.

Adam Organisty

Ryszard Szopa: Kamienice Chorzowa [Wohnhäuser in Königshütte]. Chorzów: Muzeum w Chorzowie 2002. 76 S., farb. u. s.-w. Abb. ISBN 83-913421-5-8.

Ryszard Szopa, der Leiter der städtischen Denkmalpflege, präsentiert in diesem Band die Ergebnisse der Inventarisierungen von Wohnhäusern des 19. Jahrhunderts in Königshütte/Chorzów. Die Stadt Königshütte entstand 1868 aus dem Zusammenschluß dreier Orte: der preußischen Gründung Königshütte, des Dorfes Chorzow und der Industriesiedlung Bismarckhütte/Hajduki Wielkie. Der Autor skizziert zunächst die Geschichte der Stadt und stellt ihre drei ältesten, von Landvermessern namens Paner (1866, 1873/74) und Aust (1897) angefertigten Pläne vor. Es folgt ein Überblick über die Geschichte des (Miet-)Wohnhauses in Deutschland unter Einbeziehung des Bauvorgangs sowie verwaltungstechnischer und juristischer Aspekte des städtischen Bauwesens um 1900. Ferner stellt der Autor die Dekorationselemente vor, die während der jüngsten Restaurierungsarbeiten freigelegt werden konnten: Stuck, Wandmalereien, Portalreliefs, Reliefkacheln, künstlerisch gestaltete Treppenläufe und Balustraden in den Treppenhäusern, Öfen und Kamine in den Wohnräumen, Jugendstilfenster. Besonders hilfreich ist ein Register der Architekten und Baumeister der Königshütter Wohnhäuser mit 30 Namen von Architekten, die auch in anderen Städten des oberschlesischen Industriegebiets tätig waren. Einen wesentlichen Bestandteil des Bandes bildet der Katalog zu ca. 40 Einzelbauten, die durch Beschreibungen, aktuelle Fotografien, Grundrisse und Ansichtszeichnungen dokumentiert werden. Zusammen mit den bereits erschienenen Arbeiten über die Wohnhäuser in Kattowitz/Katowice von Barbara Klajmon und in Ratibor/Racibórz von Alicja Paduch bildet Ryszard Szopas Inventarisierung eine solide Basis für weitergehende Studien zum städtischen Wohnungsbau in Oberschlesien und zu den in der Region tätigen Baufirmen.

Irma Kozina

Agnieszka Tomaszewicz: Wrocławski dom czynszowy 1808–1918 [Das Breslauer Mietshaus von 1808 bis 1918]. Wrocław: Wydawnictwo „Via Nova" 2003. 175 S., 113 s.-w. Abb., dt. Zusammenfassung. ISBN 83-88649-52-3.

Die Autorin stützt ihre Untersuchungen vor allem auf die im Breslauer Architekturmuseum (Abteilung Bauarchiv der Stadt Breslau/Wrocław) erhaltenen Entwürfe und auf die Autopsie der heute noch bestehenden Mietwohnhäuser. Sie erläutert, wie sich die Größe der Baugrundstücke und damit auch deren Bebauung mit Vorder- und Nebengebäuden sowie Hinterhaus und die Form und Anlage des Innenhofs veränderten. Anhand von reichem Abbildungsmaterial werden verschiedene Grundrißtypen, Grundrißaufteilungen und die Größe der Wohnungen im Vergleich mit Bauten des 19. Jahrhunderts in anderen deutschen Regionen untersucht. Um das Bild der damaligen Bausituation zu vervollständigen, werden die rechtlichen Grundlagen, d. h. die Bauordnungen, erörtert, die sich im Laufe des 19. Jahrhunderts veränderten. Diese Änderungen fanden ihren Ausdruck in der Planung der Mietwohnhäuser hinsichtlich der Größe und Ausstattung der Wohnungen, der Gestaltung der Treppenhäuser und Einfahrten etc. Der Band enthält eine umfangreiche Bibliographie.

Maria Zwierz

Jadwiga Urbanik: Wrocławska wystawa Werkbundu WUWA 1929 [Die Breslauer Werkbundausstellung WuWA 1929]. Wrocław: Muzeum Architektury we Wrocławiu, Oficyna Wydawnicza Politechniki Wrocławskiej 2002. 343 S., 150 Abb. ISBN 83-89262-03-7 (Muzeum Architektury we Wrocławiu), 83-7085-654-3 (Oficyna Wydawnicza Politechniki Wrocławskiej).

Im Zusammenhang mit einem zunehmenden Interesse an der modernen Architektur des 20. Jahrhunderts erschien dieser Begleitband zur gleichnamigen Ausstellung im Breslauer Architekturmuseum vom 9. Oktober bis 17. November 2002. Damit liegt die erste monographische Darstellung in polnischer Sprache vor, die das Thema in komplexer Form und unter Auswertung der Archivalien behandelt. Die Autorin weist auf die Charakteristika der Versuchssiedlung hin und umreißt die Rolle, die Breslau/Wrocław dank dieser Siedlung in der Geschichte des neuen Bauens spielt. Der Band enthält einen umfangreichen Katalog der Objekte der „Wohn- und Werkraumausstellung", der dem Leser einen guten Überblick über das Projekt gibt und ihm zeigt, welche Bauten in welchem Zustand bis heute erhalten sind. Die Breslauer WuWA wird in den Kontext der zeitgenössischen Tendenzen des Wohnungsbaus in Europa gestellt und mit ähnlichen Siedlungen verglichen: Weißenhof in Stuttgart, Nový Dům in Brünn/Brno, Dammerstock in Karlsruhe, Eglisee in Basel, BABA in Prag (vgl. den Band „Osiedle Baba", S. 339), Lainz in Wien. Der Band wird ergänzt durch Kurzbiographien der beteiligten Architekten, eine umfangreiche Bibliographie und eine 80seitige englischsprachige Zusammenfassung.

Maria Zwierz

Zbliżenia. Polska – Niemcy = Annäherungen. Polen – Deutschland. Pismo Uniwersytetu Wrocławskiego [Zeitschrift der Universität Breslau]. Hg. von Karol Bal, Karol Fiedor, Romuald Gelles, Norbert Honsza. Wrocław 2000. [H.] 1 (25), [H.] 2 (26), [H.] 3 (27). 172, 160, 186 S. ISSN 00867-7417.

Die dreimal jährlich erscheinende Zeitschrift präsentiert ein breites Spektrum von kulturellen, kultur- und literaturwissenschaftlichen, philosophischen sowie aktuellen politischen Themen. Die einzelnen Bände sind gegliedert in zahlreiche Abteilungen wie „Gespräche", „Artikel", „Literarische Annäherungen", „Berichte", „Ereignisse", „Lexikon der Philosophen", „Rezensionen und Besprechungen". Die in der Zeitschrift publizierenden Autoren sind zum größten Teil Wissenschaftler der Universität Breslau/Wrocław. Die Beiträge sind teils polnisch-, teils deutschsprachig und meist mit einer Zusammensetzung in der jeweils anderen Sprache versehen. Viele Aufsätze beziehen sich auf die Geschichte und Kultur Schlesiens. Im Jahrgang 2000 wurden unter anderem folgende Beiträge veröffentlicht: In Heft 1: Karol Bal: „Deutsche Philosophie in Polen im Lichte von Übersetzungen und Editionen". In Heft 2: Norbert Honsza: „Pejzaże polityczne Güntera Grassa" (Die politische Landschaft G. Grass'); Julita Karaś: „Miejsce turystyki w Euroregionie ‚Szprewa-Nysa-Bóbr'" (Die Rolle des Tourismus in der Euroregion „Spree-Neiße-Bober"); Wolfdietrich Schmied-Kowarzik: „Der große Skandal an der Universität Breslau um die Nachfolge des Philosophen Richard Hönigswald im Jahre 1930"; Irena Światłowska: „Między tradycją a współczesnością. Trzydzieści lat istnienia i działalności naukowo-dydaktycznej Zakładu Literatury i Kultury Współczesnej Niemiec, Austrii i Szwajcarii w Instytucie Filologii Germańskiej Uniwersytetu Wrocławskiego“ (Zwischen Tradition und Gegenwart. Dreißig Jahre Forschung und Lehre an der Abteilung für Gegenwartsliteratur und -kultur Deutschlands, Österreichs und der Schweiz im Institut für Germanische Philologie der Universität Breslau); Ryszard Różanowski: „Abraham Geiger 1810–1874“ (in polnischer Sprache). In Heft 3: Jadwiga Wilk: „Gadamer a nazizm“ (Gadamer und der Nationalsozialismus); Siegfried Wollgast: „Zum Sozinianismus in Schlesien“; Norbert Honsza: „Horst Bienek: Abschied von der Kindheit“.

Marta Kopij

Zbliżenia. Polska – Niemcy = Annäherungen. Polen – Deutschland. Pismo Uniwersytetu Wrocławskiego [Zeitschrift der Universität Breslau/Wrocław]. Hg. von Karol Bal, Karol Fiedor, Romuald Gelles, Norbert Honsza. Wrocław 2001. [H.] 1 (28), [H.] 2 (29), [H.] 3 (30). 172, 184, 187 S. ISSN 00867-7417.

Der Jahrgang 2001 der Zeitschrift „Zbliżenia“, dessen erste Nummer Hans-Georg Gadamer zum 101. Geburtstag gewidmet ist, enthält unter anderem folgende Aufsätze: In Heft 1: Ivan Stupek: „Schlesisch-mährische Literatur: Bruno Hanns Wittek“; Kurt Schneider: „Was ist typisch deutsch? Wie wird Deutschland von außen betrachtet?“; Ewa Jarosz-Sienkiewicz: „Między fikcją a rzeczywistością. ‚Wanda‘ i ‚Fantom‘ – obraz Wrocławia u Gerharta Hauptmanna“ (Zwischen Fiktion und Wirklichkeit. „Wanda“ und „Phantom“ – Das Bild Breslaus bei G. Hauptmann). In Heft 2: Norbert Honsza: „Marcel Reich-Ranicki“ (Laudatio anläßlich der Verleihung des Samuel-Bogumił-Linde-Literaturpreises in Göttingen); Ryszard Różanowski: „Leo Baeck 1873–1956“, „Ernst Cassirer 1874–1945“ (jeweils in polnischer Sprache); Ewa Waszkiewicz: „Wrocławska Dzielnica Czterech Świątyń“ (Der Breslauer „Stadtteil der vier Konfessionen“). In Heft 3: Marcin Worbs: „Wielojęzyczne duszpasterstwo, czyli o ‚ślaskiej tolerancji‘ inaczej“ (Mehrsprachige Seelsorge oder Über die „schlesische Toleranz“ einmal anders); Eva Jarosz-Sienkiewicz: „‚Der Breslauische Erzähler‘. Zur Geschichte und Rezeption einer Wochenschrift“; Jan Kopiec: „Rola Kościola katolickiego w integracji Ziem Odzyskanych z Polską“ (Die Rolle der katholischen Kirche bei der Integration der Wiedergewonnenen Gebiete in Polen); Miroslava Kyselá: „Jüdischer Buch- und Kunstverlag in Brünn“.

Marta Kopij

Zbliżenia. Polska – Niemcy = Annäherungen. Polen – Deutschland. Pismo Uniwersytetu Wrocławskiego [Zeitschrift der Universität Breslau/Wrocław]. Hg. von Karol Bal, Karol Fiedor, Romuald Gelles, Norbert Honsza. Wrocław 2002. [H.] 1 (31), [H.] 2 (32), [H.] 3 (33). 168, 163, 177 S. ISSN 00867-7417.

Der Jahrgang 2002 der Zeitschrift enthält unter anderem folgende Beiträge: In Heft 1: Hans-Georg Gadamer: „Kilka słów o hermeneutyce“ (Einige Worte über die Hermeneutik); Jürgen Egyptien: „Höllenfahrt, Transit und Reise in die Kindheit. Wolfgang Koeppen und Polen“; Marek Hałub: „Stare uprzedzenia, nowe wyzwania. Refleksje z podróży wykładowcy“ (Alte Voreingenommenheiten, neue Herausforderungen. Reisebetrachtungen eines Hochschullehrers); Alfred Czesla: „Niemcy na Warmii i Mazurach w latach 1990–2000“ (Die Deutschen im Ermland und in Masuren in den Jahren 1990–2000); Anna

Mańko-Matysiak: „Meine ‚Erinnerungen' an Elisabeth Zimmermann (1898–1988)"; Anna Barteczko: „Mit pruski Hansa Lipinskiego-Gottersdorfa i jego literackie powinowactwa" (Der Preußenmythos bei H. Lipinsky-Gottersdorf und seine literarischen Abhängigkeiten). In Heft 2: Norbert Honsza: „Günter Grass. Czarna dziura we własnej pamięci?" (G. Grass. Ein schwarzes Loch im eigenen Gedächtnis?); Norbert Kapferer: „Antysemityzm w filozofii niemieckiej na przykładzie Uniwersytetu Fryderyka Wilhelma we Wrocławiu w latach 1930–1945" (Antisemitismus in der deutschen Philosophie am Beispiel der Friedrich-Wilhelms-Universität zu Breslau in den Jahren 1930–1945; Fortsetzung in Heft 3); Karol Bal: „Hans Georg Gadamer (1900–2002)" (mit drei Briefen Gadamers an K. Bal von 1993); Arkadiusz Hojny: „Filozofia Edyty Stein – od ateizmu do mistycyzmu" (Die Philosophie Edith Steins – Vom Atheismus zum Mystizismus). In Heft 3 (erschienen anläßlich der 300-Jahr-Feier der Universität): Romuald Gelles: „Uniwersytet Wrocławski – jubileusz trzechsetlecia uczelni" (mit deutscher Zusammenfassung: „Universität Wrocław – Jubiläumsfeier des 300. Gründungstags"); Ignacy Z. Siemion: „Między historią a tradycją" (Zusammenfassung: „Zwischen Geschichte und Tradition" [Zur Geschichte des Faches Chemie in Breslau/Wrocław und Lemberg/L'viv/Lwów]); Franciszek Biały: „Uniwersytet Wrocławski w strukturach narodowosocjalistycznej Rzeszy Niemieckiej" (Zusammenfassung: „Universität Breslau in den nationalsozialistischen Strukturen des Deutschen Reiches"); Józef Kosian: „Die Bedeutung von Böhmes Denken für die Weltkultur".

Marta Kopij

Andrzej Zieliński: Miasta dolnośląskie na dawnej rycinie [Niederschlesische Städte in alten Stichen]. Wrocław: Wydawnictwo Dolnośląskiego Towarzystwa Społeczno-Kulturalnego Silesia 2002. 103 S., 77 Abb., dt. Zusammenfassung. ISBN 83-88976-15-X.

Die Publikation enthält Stiche aus dem 19. Jahrhundert, welche die wichtigsten Bauwerke, aber auch Panoramen mehrerer niederschlesischer Städte zeigen. Die größten und bekanntesten von ihnen wie etwa Breslau/Wrocław, Hirschberg/Jelenia Góra, Schweidnitz/Świdnica oder Glatz/Kłodzko sind mit mehreren Stichen repräsentiert, kleinere Städte nur mit einem Stich. Die Bilder zeigen Veränderungen im Stadtbild während des ganzen 19. Jahrhunderts. Sie sind mit Texten von zeitgenössischen polnischen Autoren versehen. In der Einführung sind zudem Erinnerungen und Beschreibungen von Niederschlesien abgedruckt, welche von Polen verfaßt wurden, die dieses Land im 19. Jahrhundert bereist haben. Das Buch besitzt ein deutschsprachiges Verzeichnis der Stiche.

Krzysztof Ruchniewicz

6. Großpolen, Zentralpolen

Grażyna Balińska: Architektura przemysłowa XX wieku – Luboń koło Poznania [Industriearchitektur des 20. Jh.s – Luban bei Posen]. Wrocław: Oficyna Wydawnicza Politechniki Wrocławskiej 2000. 125 S., 86 Abb. ISBN 83-7085-472-9.

Der Band zeigt die Veränderungen in der Industriearchitektur des 20. Jahrhunderts an einem besonders eindrucksvollen Beispiel: der chemischen Fabrik in Luban/Luboń bei Posen/Poznań. Der große Komplex aus Fabrik- und Verwaltungsbauten, Magazinen, Arbeiterhäusern, Waschhaus und Direktorenvilla entstand zu Beginn des 20. Jahrhunderts; Architekt war u. a. Hans Poelzig. Die Autorin, Professorin der Fakultät für Architektur an der Technischen Universität Breslau/Wrocław und Leiterin der Abteilung für Baudenkmalpflege, konzentriert sich vor allem auf die Darstellung der Veränderungen, die der Komplex von seiner Entstehung bis heute erfahren hat. Die umfangreiche Bilddokumentation zeigt den jetzigen Zustand der Objekte sowie Vorschläge zur Revalorisierung der außergewöhnlichen Anlage, die unter Denkmalschutz steht.

Maria Zwierz

Antoni Czubiński: Wielkopolska w latach 1918–1939 [Großpolen in den Jahren 1918–1939]. Poznań: Wydawnictwo Poznańskie 2000. 226 S. ISBN 83-7177-099-5.

Die Monographie besteht aus sieben Teilen. Dargestellt wird die Zeit nach der preußischen Anwesenheit in Großpolen: die großpolnische Autonomie, die Zeit der parlamentarischen Demokratie (1922–1926), die Situation angesichts des Mai-Staatsstreiches von 1926, die Entwicklung in den Jahren 1930–1935, die Situation nach dem Tode von Piłsudski und die Teilnahme der Bewohner Großpolens am Zweiten Weltkrieg. Der in den Jahren 1918–1939 wiederaufgebaute polnische Staat bestand nur 21 Jahre, aber er leistete in der Zeit enorm viel für die Integration der durch die Teilungen getrennten polnischen Gesellschaft. In diesem Prozeß spielten die Bewohner Großpolens eine herausragende Rolle. Sie verursachten die Verschiebung der westlichen Grenze Polens und stoppten den fortschreitenden Germanisierungsprozeß. Dem wiederaufgebauten Staat dienten sie mit ihrer ökonomischen und geistigen Erfahrung. Als musterhafte Patrioten, Landwirte und hervorragende Organisatoren engagierten sie sich in den Jahren 1919–1926 in der Regierung und Staatsverwaltung. Der Mai-Staatsstreich verursachte einen wesentlichen Wandel. Seitdem besuchte Marschall Piłsudski Großpolen nicht mehr, und die meisten Posener wurden aus Staatsämtern entfernt. 1939 nahmen die Bewohner Großpolens in großer Zahl an dem Kampf gegen den Okkupanten teil.

Maria Wojtczak

Małgorzata Dubrowska: Auseinandersetzung mit der jüdischen Identität in Werken ausgewählter Schriftsteller aus der DDR. Lublin: Towarzystwo Naukowe Katolickiego Uniwersytetu Lubelskiego 2002. 208 S. ISBN 83-7306-065-0.

Die Arbeit der Lubliner Germanistin leistet einen Beitrag zu den Forschungen zum Problem der jüdischen Identität in der deutschsprachigen Literatur des 20. Jahrhunderts. Das Korpus der analysierten Werke bilden Autobiographien, autobiographische Romane, Memoiren, Gedichte, Lieder, Zeitungsartikel und Essays von Stefan Heym, Helmut Eschwege, Salomea Genin, Vera Friedländer, Günter Kunert, Wolf Biermann, Jurek Becker, Irene Runge und Wolfgang Herzberg. Die behandelten Autoren zeichnen sich durch eine jeweils andersartige, generationsbedingte Verarbeitung des Holocaust sowie durch ihr unterschiedliches Verhältnis zur jüdischen Identität aus. Im Kapitel über Jurek Becker analysiert Małgorzata Dubrowska am Beispiel von „Jakob der Lügner“, „Der Boxer“ und „Bronsteins Kinder“ das Verhältnis Beckers zu seiner jüdischen Herkunft – er wurde 1937 in Lodz/Łódź geboren – sowie den Reflex dieser Herkunft in seinem Romanschaffen.

Izabella Golec

Sophia Kemlein: Żydzi w Wielkim Księstwie Poznańskim (1815–1848) [Die Juden im Großherzogtum Posen (1815–1848)]. Poznań: Wydawnictwo Poznańskie 2001. 482 S. ISBN 83-7177-155-X.

Dies ist die überarbeitete polnische Version der 1977 in Hamburg erschienenen Monographie „Die Posener Juden 1815–1848. Entwicklungsprozesse einer polnischen Judenheit unter preußischer Herrschaft". Die größte Hoffnung der Autorin ist, daß ihre Veröffentlichung dazu beiträgt, daß in den zukünftigen Forschungsarbeiten über Großpolen die Anwesenheit der Juden auf diesem Gebiet mit berücksichtigt wird. Durch den Wiener Kongreß gerieten die Juden zusammen mit der polnischen und deutschen Bevölkerung des Großherzogtums Posen unter preußische Herrschaft. Die Autorin schildert, wie die Posener Juden in dieser preußischen Zeit von einer polnischen zur preußischen Judenheit wurden und wie sich ihr Selbstverständnis in diesem Prozeß entwickelte. Das Buch umfaßt vier Kapitel: über den historischen Hintergrund, die preußische Judenpolitik, die Wandlung des jüdischen Selbstverständnisses und schließlich die Stellung der Juden zwischen Deutschen und Polen im Großherzogtum Posen. Der Anhang enthält mehrere Dokumente, Tabellen und Verzeichnisse, u. a. eine Übersicht über den Anteil der jüdischen Einwohner an der Gesamteinwohnerzahl in den Städten des Großherzogtums Posen 1849 und ein Verzeichnis der deutschen und polnischen Ortsnamen im Großherzogtum Posen.

Maria Wojtczak

Edward Serwański: W kręgu myśli zachodniej. Wspomnienia i zapiski Wielkopolanina [Im Bereich des ‚Westgedankens'. Erinnerungen und Notizen eines Bewohners Großpolens]. Poznań 2003. 309 S. ISBN-83-7177-095-2.

Ein autobiographisches Buch eines Juristen und Historikers und zugleich eines mit Großpolen eng verbundenen Aktivisten, der seit 1948 über vierzig Jahre lang im Westinstitut in Posen/Poznań gearbeitet hat, wo er sich mit der deutsch-polnischen Problematik beschäftigte. Der Band enthält Tagebücher und Texte, die der Autor in den Jahren von 1958 bis 1997 verfaßt hat. Ein Personenverzeichnis mit mehr als 700 Namen zeigt, wie umfassend und inhaltsreich Serwańskis Erinnerungen sind. Besondere Aufmerksamkeit gilt der Zwischenkriegszeit, dann aber auch der Zeit der Konspiration während des Zweiten Weltkriegs und des Wiederaufbaus Großpolens nach dem Kriege. Serwański schildert die dreißiger, vierziger und fünfziger Jahre des 20. Jahrhunderts aus der Sicht eines sehr aktiven Repräsentanten des polnischen ‚Westgedankens' in Großpolen. Das Vorwort zu dem Band stammt von Władysław Bartoszewski, dem berühmten polnischen Historiker, Schriftsteller, Publizisten und Außenminister, zugleich Freund von Edward Serwański.

Maria Wojtczak

Zygmunt Zieliński: Katolicka mniejszość niemiecka w Wielkopolsce i na Pomorzu (1918–1939) [Die katholische deutsche Minderheit in Großpolen und Pommerellen (1918–1939)]. Poznań: Wydawnictwo Poznańskie 2001. 193 S. ISBN 83-7177-131-2.

Der deutschen Minderheit im Posenschen und in Pommerellen fiel nach 1918 die Aufgabe zu, das (teilweise) deutsche Gepräge dieser Gebiete zu erhalten. Im Gegensatz dazu versuchte der polnische Staat, die Spuren der deutschen Kultur auszulöschen. Das führte zu ständigen Zusammenstößen zwischen Deutschen und Polen. Da die evangelische Kirche durchweg deutsch war, betraf die Situation in besonderem Maße die deutsche katholische Kirche. Die Deutschkatholiken, vor allem ihre Führungsschicht in Posen/Poznań, Gnesen/Gniezno und Kulm/Chełmno, waren geneigt, ihr Deutschtum aufrechtzuerhalten, was aber eine Zusammenarbeit mit der Deutschen Stiftung, den Konsularstellen in Posen und Thorn/Toruń sowie anderen Einrichtungen, die die Unterstützung des Auslandsdeutschtums zum Ziel hatten, voraussetzte. Die hohe Subventionierung der Deutschtumsarbeit erweckte das Mißtrauen des polnischen Staates. Es gab manche deutschfeindliche Maßnahmen, besonders im Schulwesen. Die katholische Kirche in den polnischen Westgebieten bot mannigfache Gelegenheit, die polnisch-nationalen Werte in den Vordergrund zu rücken, was von den Deutschen als ein gegen sie gerichteter Übergriff empfunden wurde.

Maria Wojtczak

7. Böhmen, Mähren

Ingeborg Fiala-Fürst, Jörg Krappmann (Hg.): Lexikon deutschmährischer Autoren (Beiträge zur mährischen deutschsprachigen Literatur 5). Olomouc: Univerzita Palackého v Olomouci 2002. Loseblattsammlung, nicht durchgehend paginiert, Abb. ISBN 80-244-0477-X.

Das Lexikon enthält 120 Artikel zu den in Mähren geborenen bzw. wirkenden deutschsprachigen Schriftstellern. Die Struktur jedes Artikels ist durch Lebenslauf, Charakteristik des Gesamtwerkes und bibliographische Nachweise (Gliederung: Selbständige Publikationen; Beiträge in Zeitschriften und Zeitungen; ggf. Übersetzungen; Sekundärliteratur) bestimmt. Neben allgemein bekannten Autoren wie Charles Sealsfield, Ferdinand von Saar, Ludwig Winder oder Erica Pedretti nehmen den Großteil Autoren ein, die erst durch Recherchen wiederentdeckt werden mußten. Die Herausgeber versammelten Beiträge von 44 Verfassern aus Deutschland, Kanada, den Niederlanden, Österreich, Polen, Tschechien und den USA. Das Lexikon ist mit einer Einleitung von Jörg Krappmann und mit einem deutsch-tschechischen Konkordanzregister der Geburts- und Sterbeorte der Autoren versehen. Die Publikation der Beiträge in einem Ringordner ermöglicht Ergänzungen, die alle zwei Jahre nachgeliefert werden sollen.

Václav Maidl

Eva Hahnová, Hans Henning Hahn: Sudetoněmecká vzpomínání a zapomínání [Sudetendeutsches Erinnern und Vergessen]. Praha: Votobia 2002. 234 S., Abb. ISBN 80-7220-117-4.

Die in dieser Sammlung enthaltenen Essays, die teilweise bereits selbständig publiziert wurden, beschäftigten sich mit dem Phänomen des sudetendeutschen kollektiven Gedächtnisses. Die Verfasser interessieren sich dafür, welche Ereignisse darin dominieren und was verdrängt wird (Affinität zum Nationalsozialismus, Verknüpfung der führenden sudetendeutschen Politiker mit Hitlers Regime und ihre Einbindung in dieses Regime). Sie weisen auf sudetendeutsche stereotype Geschichtsbilder und die identifikatorische Symbolfunktion mancher Personen und Figuren (Adalbert Stifter, Ackermann, Witiko) hin und stellen deren Transferierung in die Tätigkeit sudetendeutscher Organisationen (einschließlich deren Publikationen) bis in die 1990er Jahre fest.

Václav Maidl

Pavel Kosatík: Menší knížka o německých spisovatelích z Čech a Moravy [Ein Büchlein über deutschsprachige Autoren aus Böhmen und Mähren]. Praha: Nakladatelství Franze Kafky 2001. 170 S., Abb. ISBN 80-85844-79-6.

Das Buch präsentiert die deutschsprachige Literatur aus den böhmischen Ländern von den Anfängen im 13. Jahrhundert bis in die zweite Hälfte des 20. Jahrhunderts (Johannes Urzidil) in chronologischer Übersicht, wobei sich die Aufmerksamkeit des Verfassers, was vor allem die letzten beiden Jahrhunderte betrifft, auf herausragende literarische Persönlichkeiten konzentriert. Das Buch ist vornehmlich für das tschechische Publikum bestimmt und verfolgt eine populärwissenschaftliche Intention. Es handelt sich um die erste tschechische Darstellung der Geschichte der deutschsprachigen Literatur aus dem eigenen Land seit 1933. Als wissenschaftlicher Berater stand der Prager Germanist Kurt Krolop dem Autor zur Seite.

Václav Maidl

Diether Krywalski: Weit von hier wohnen wir, weit von hier. Beobachtungen und Gedanken zur deutschsprachigen Literatur in den Böhmischen Ländern. Prag: Vitalis 2002. 410 S. ISBN 80-7253-038-0, 3-934774-34-2.

Das Buch ist eine Sammlung von Aufsätzen des Verfassers, die in den Jahren 1989–2000 entstanden sind und sich mit der deutschsprachigen Literatur der böhmischen Länder beschäftigen, wobei die ältere Literatur Vorrang hat (z. B. Ulrich von Etzenbach, Wenzel II., Iglauer Meistersang). Neben monographisch aufgefaßten Beiträgen enthält der Band auch Übersichtsdarstellungen (z. B. über die Anfänge der deutschsprachigen Moderne in Prag oder über die ältere deutschsprachige Literatur in Mähren). Ein Register zu dieser materialreichen Publikation fehlt leider.

Václav Maidl

Aneta Mazur: Transcendencja realistów. Motywy metafizyczne w polskiej i niemieckiej prozie II połowy XIX wieku [Transzendenz der Realisten. Metaphysische Motive in der deutschen und polnischen Prosa der zweiten Hälfte des 19. Jh.s]. Opole: Wydawnictwo Uniwersytetu Opolskiego 2001. 442 S. ISBN 83-88796-30-5.

Dieses Buch ist eine komparatistische Studie, die sich mit der Tradition des literarischen Realismus im 19. Jahrhundert beschäftigt und dabei den deutsch-polnischen Parallelen eine zentrale Position einräumt. Von größter Relevanz sind hier die metaphysischen Motive in der deutschen und polnischen Prosa, thematische und formale Überschneidungen sowie analoge Phänomene. Der erste Teil der Untersuchung ist metaphysischen Aspekten und Prämissen des ästhetischen Bewußtseins im literarischen Realismus gewidmet. Eine wichtige Rolle spielt hierbei die vergleichende Analyse des ästhetischen Programms des ‚poetischen' Realismus in der deutschsprachigen Literatur sowie des polnischen ‚kritischen' Realismus. Der zweite Teil der Arbeit ist der Auslegung der psychologischen, kosmologischen und theologischen Motive an einem repräsentativen Textkorpus gewidmet. Einer eingehenden Analyse werden literarische Texte von Stifter, Keller, Raabe, Storm, Fontane, Orzeszkowa, Prus, Sienkiewicz, Konopnicka und Dygasiński unterzogen. Die Verfasserin führt aus, daß diese Motivik als Relikt einer traditionellen metaphysischen Weltanschauung fungiert, zugleich aber stets den szientistischen Einflüssen ausgesetzt ist, die diese gefährden, neu konturieren bzw. vollständig ersetzen. Ihre Überlegungen gruppiert sie um einige Leitmotive, -bilder bzw. -ideen wie „Diätetik der Seele", „Psychomachien", „Unsterblichkeit", „Himmelsraum und Naturbild", die Gottidee und andere. Aneta Mazur behandelt die Werke von Stifter im dritten Kapitel, und zwar untersucht sie eingehend die philosophischen, formalen und inhaltlichen Überlappungen in den Texten Stifters („Die Sonnenfinsternis am 8. Juli 1842", „Ein Gang durch die Katakomben") und Prus' sowie Stifters („Der Nachsommer") und Orzeszkowas. Darüber hinaus analysiert sie vergleichend auch die folgenden Werke Stifters: „Der Condor", „Die Mappe meines Urgroßvaters", „Brigitta", „Der beschriebene Tännling", „Bunte Steine", „Prokopus", „Zuversicht" u. a. m. Den dritten Teil ihrer Studie machen literarische ‚Begegnungen' von polnischen und deutschen Schriftstellern in der intertextuellen Dimension aus. Dabei konstatiert die Autorin frappante Erzähl-, Handlungs- und Themenparallelen in den Werken von Stifter, Prus, Raabe und Orzeszkowa, die die motivische Trias „Seele – Kosmos – Gott" anschaulich zum Ausdruck bringen.

Izabela Surynt

Anna Rutka: Die Funktion des Lachens und Lächelns in den Romanen von Franz Kafka. Lublin: Towarzystwo Naukowe Katolickiego Uniwersytetu Lubelskiego 2002. 249 S. ISBN 83-7306-072-3.

In der fast unüberschaubaren Flut der Forschungsliteratur zu Franz Kafka und seinem Werk findet man nur zwei kurze Beiträge, die dem Problem des Lachens in seinem Schaffen gewidmet sind. Die Lubliner Germanistin Anna Rutka beschäftigt sich in einem theoretischen Teil ihrer Arbeit mit Funktionen des Lachens in dreierlei Bereichen: Sie fragt erstens nach der kommunikativen Funktion des Lachens, zweitens nach dem Gegenstand des Lachens und seinem Erkenntniswert und drittens nach den sozialen und psychischen Implikationen des Lachens. Den Kern der Arbeit bilden drei analytische Kapitel, in denen die Verfasserin nachzuweisen versucht, daß Kafka in „Amerika", „Das Schloß" und „Der Prozeß" eine gezielte und konsequente Destruktion der Machtstrukturen und der Autorität mit Hilfe des Lachens und des Lächelns seiner Helden durchführt. Diese Strukturen werden auf zwei Ebenen zerstört: von innen durch das Lachen der Vertreter der Macht und von außen durch das Lachen fremder Personen.

Izabella Golec

Tomáš Šenberger, Vladimir Šlapeta, Petr Urlich: Osiedle Baba. Plany i modele [Die Siedlung BABA in Prag. Pläne und Modelle]. Tłum. z języka czeskiego [Übersetzung aus dem Tschechischen von] Krzysztof Dackiewicz. Wrocław: Muzeum Architektury we Wrocławiu 2002. 204 S., zahlr. farb. u. s.-w. Abb. ISBN 83-89262-00-2.

Das Buch erschien zur Ausstellung „Zwei Mustersiedlungen des Werkbunds: BABA in Prag und WuWA in Breslau", die im Oktober/November 2002 im Breslauer Architekturmuseum zu sehen war (vgl. den von Jadwiga Urbanik verfaßten Band, S. 332). Es gibt einen breiten Überblick über die Planungsgeschichte der Prager Mustersiedlung aus den frühen 30er Jahren. Die Zusammenstellung von Entwürfen, zeitgenössischen und aktuellen Fotografien erlaubt es, den gegenwärtigen Zustand der Siedlungen mit den ursprünglichen Ideen und Ausführungen zu vergleichen.

Maria Zwierz

Jürgen Serke: Böhmische Dörfer = Putování opuštěnou literární krajinou. Prel. [Übersetzt von] Veronika Dudková, Michaela Jacobsenová, Věra Koubová, Petr Kitzler (Edice Paprsek 6). Praha: Triáda 2001. 535 S., zahlr. Abb. ISBN 80-86138-28-3.

Es handelt sich um die tschechische Ausgabe von Serkes berühmtem Buch (1987) über zu ihrer Zeit bekannte, inzwischen halbvergessene deutschsprachige Autoren aus den böhmischen Ländern, im Unterschied zur Originalfassung mit einem Vorwort von Jiří Gruša eingeleitet. Das literarische Porträt von Peter Kien wurde von Serke für die tschechische Fassung überarbeitet und erweitert. Der Autor begleitete die tschechische Ausgabe auch mit einem Nachwort. Der Band ist ferner ausgestattet mit einem aktualisierten Verzeichnis der Primär- und der Sekundärliteratur sowie einem Namenregister.

Václav Maidl

8. Galizien, Bukowina

Helmut Böttiger: Paul Celan. Miasta i miejsca [Städte und Stätten]. Übers. von Jakub Ekier (Odkrywanie Światów [Welten entdecken]). Olsztyn: Borussia 2002. 135 S., Abb. ISBN 83-915690-4-7.

Das vorliegende Buch (Originaltitel: „Orte Paul Celans“, Wien 1996) ist die erste Biographie Paul Celans in polnischer Sprache. Dem Leben und Werk des berühmten Lyrikers wird heute in Polen lebhaftes Interesse entgegengebracht: Nicht nur seine Gedichte werden publiziert und neu übersetzt, sondern auch seine verwickelte und tragische Biographie fasziniert die Leser. Böttiger erschließt den ganzen Reichtum der Persönlichkeit des österreichischen Dichters jüdischer Herkunft vor dem Hintergrund der vielfältigen Kultur Galiziens und der Bukowina. Auf der Suche nach den Spuren Celans begibt er sich zu den Quellen seines Schaffens, in die heutige Ukraine, nach Czernowitz/Černivci, wo einst „Menschen und Bücher lebten“; der Biograph besucht auch Bukarest, Wien und Paris und beschreibt die Schicksale von Menschen, die Celan wichtig waren, wie die Dichterinnen Ingeborg Bachmann und Nelly Sachs.

Alina Kuzborska

Mieczysław Czuma, Leszek Mazan: Austriackie gadanie czyli encyklopedia galicyjska [„Österreichisches Geschwätz“ oder Galizische Enzyklopädie]. Kraków: Oficyna Wydawniczo-Handlowa „Anabasis“ 1998. 598 S., Abb. ISBN 83-85931-06-6.

Das humorvolle Nachschlagewerk bringt die persönlichen Vorlieben, Leidenschaften und Emotionen der beiden Autoren, die aufs engste mit Galizien verbunden sind, zum Ausdruck. Der Band zeichnet sich – trotz der liebenswürdig-scherzhaften Darstellungsweise – durch einen hohen Informationsgehalt aus. Er will den Benutzern Aspekte der galizischen Problematik und deren kulturgeschichtliche Besonderheiten nahebringen: Personen und Persönlichkeiten, interessante Erscheinungen und Begebenheiten, Sehenswürdigkeiten, kulturelle und gesellschaftliche Eigentümlichkeiten, Sitten und Bräuche, Symbole, Namen von Orten und Ortschaften, kulturelle und politische Institutionen, historische Daten,

Erklärungen zur Topographie Galiziens, historische und kulturelle Traditionen und Zusammenhänge sowie zahlreiche andere geschichtliche, literarische, kulturelle, historische, politische, soziale Details, die die Spezifik des multikulturellen „Schmelztiegels" zum Ausdruck bringen sollen. Der Band enthält zahlreiche Abbildungen, eine Bibliographie und ein Stichwortregister.

Agnieszka Palej

Katarzyna Jaśtal: Erzählte Zeiträume. Kindheitserinnerungen aus den Randgebieten der Habsburgermonarchie von Manès Sperber, Elias Canetti, Gregor von Rezzori. Kraków: Aureus 1998. 229 S. ISBN 83-87887-04-8.

Die vorliegende Arbeit entstand als Dissertation an der Jagellonen-Universität in Krakau/Kraków unter der wissenschaftlichen Betreuung von Frau Prof. Dr. habil. Maria Kłańska. Den Gegenstand der Untersuchung bilden nach 1945 entstandene Kindheitserinnerungen dreier Schriftsteller, die verschiedenen Gebieten am Rande der Österreichisch-Ungarischen Monarchie bzw. an deren Grenze entstammen: Elias Canetti (Rustschuk/Ruse, Bulgarien), Manès Sperber (Galizien) und Gregor von Rezzori (Bukowina). Trotz geographischer Entfernungen und unterschiedlicher Herkunft verbinden die genannten Schriftsteller – unter dem Vorzeichen der habsburgischen Monarchie und der Zeitgeschichte – Gemeinsamkeiten, die ihre Lebensentscheidungen und Lebenshaltung mit geprägt haben. Die Verfasserin konzentriert sich auf die besondere Bedeutung des Verlustes der Kindheitswelt in ihren Autobiographien. Dieser Verlust wurde für die Autoren zum Impuls, die verlorene Welt in Worten festzuhalten. Die Arbeit versteht sich als Versuch, die Kindheitserinnerungen der beiden jüdischen Autoren und eine nicht-jüdische Kindheitsautobiographie unter dem Aspekt ihrer gemeinsamen historischen und geographischen Einbettung an der Peripherie des Habsburgerreiches zu analysieren. Der Band enthält Ausschnitte aus einem Gespräch mit Gregor von Rezzori sowie eine ausführliche Bibliographie.

Agnieszka Palej

M. Kolodij, Z. Dombrovs'ka (Ukl. [Hg.]): Johann Vol'fganh fon Gete. Kataloh knyžkovyx vydan' = Johann Wolfgang von Goethe. Bücherkatalog. Nauk. red. [wiss. Red.] K. Kus'ko; Red. kol. [Red.]: B. Jakymovyč (Hauptred.) u. a. (Serija „Katalohy knyhozbirni" [Reihe „Büchersammlungskataloge"] 4.1). L'viv: Vydavnyčyj centr L'vivs'koho universytetu 2001. 256 S., 21 Abb. ISBN 966-613-090-4.

Der Katalog präsentiert eine bibliographische Beschreibung der Sammlung von Goethes Werken, die sich in der ältesten Bibliothek der Ukraine, der Wissenschaftlichen Bibliothek der Nationalen Ivan-Franko-Universität Lemberg/L'viv, befinden. Diese Goethe-Sammlung ist eine einzigartige Kollektion, die die Werke des Dichters in der Originalsprache, in der ukrainischen Sprache und in verschiedenen anderen europäischen Sprachen umfaßt. Der zeitliche Rahmen des Katalogs reicht von 1816 bis in die 1990er Jahre. Das ermöglicht unter anderem Forschungen zur Rezeption Goethes in der Ukraine und in anderen Ländern. Das zweisprachige Vorwort der Professorin für Germanistik an der Ivan-Franko-Universität Kateryna Kus'ko bietet Informationen zur Aufnahme der Werke Goethes beim ukrainischen Publikum. Der Katalog enthält ein Verzeichnis von Goethes Werken und ein Namenverzeichnis. Im Anhang findet man eine Übersetzung der Goetheschen

Ballade „Erlkönig" („Vil'šanyj korol'") von dem ukrainischen Schriftsteller Volodymyr Lučuk.

Iryna Cvirkun[8]

Serhij Osačuk: Nimci Bukovyny. Istorija tovarys'koho ruxu (druha polovyna XIX – počatok XX st.) [Die Deutschen der Bukowina. Geschichte der deutschen Gesellschaften (zweite Hälfte des 19. bis zum Anfang des 20. Jh.s)]. Černivci: Zoloti lytavry 2002. 288 S. ISBN 966-8029-10-0.

Die Monographie befaßt sich mit den wichtigsten Perioden und Richtungen in der Geschichte der deutschen Vereinigungen in der Bukowina und mit der Vielfalt des kulturellen Lebens der dortigen Deutschen. Den Kern der Nationalbewegung der Deutschen in der Bukowina bildeten informelle Vereine, die vom Ende des 19. bis zum Anfang des 20. Jahrhunderts entstanden. In den deutschen Siedlungen wurde bis zum Anfang des 19. Jahrhunderts kein nationales Zusammengehörigkeitsgefühl entwickelt; erst später bildete sich die deutsche nationale Identität heraus. Gerade in der zweiten Hälfte des 19. Jahrhunderts entstanden günstige Bedingungen für die Entwicklung dieser Identität (Siedlungen). Auf solche Weise wurde die Grundlage geschaffen für eine demokratische Entwicklung und ein Zusammenleben der Ethnien in der multikulturellen Region Bukowina. Die „Gesellschaft der Christlichen Deutschen" betätigte sich erfolgreich im gesellschaftlichen und kulturellen Leben und wurde zu einem wichtigen Faktor des plurikulturellen Lebens des Landes. Die Deutschen gründeten für ihre Einrichtungen ein „Deutsches Haus" in Czernowitz/Černivci und organisierten im Jahre 1911 die erste Versammlung der Karpatendeutschen. Eine Blütezeit erlebte die deutsche gesellschaftliche Bewegung in den Jahrzehnten vor dem Ersten Weltkrieg, als sie in der Pflege der deutschen Kultur sehr erfolgreich war. Die vielfältige Tätigkeit der deutschen Vereine hat eine wichtige Rolle bei der Konsolidierung der deutschen Minderheit und bei der Herausbildung der nationalen Identität dieser ethnischen Gruppe gespielt. Im Buch wird der erhebliche Beitrag der gesellschaftlichen Bewegung der Bukowinadeutschen zu den Integrationsprozessen in der gesamten Karpatenregion betont.

Iryna Cvirkun

M. Pančuk (Kerivnyk [Leiter]), V. Vojnalovyč, Ju. Levenec' u. a., I. Kuras (Hol. red. [Red.]): Nacional'ni menšyny Ukrajiny u XX stolitti: polityko-pravovyj aspekt [Nationale Minderheiten der Ukraine im 20. Jh.: politisch-rechtlicher Aspekt]. Kyjiv: IPEiND 2000. 356 S., 3 Kt. ISBN 966-02-1746-3.

In dem Buch wird die Gesetzgebung dargestellt, die das politische, soziale und wirtschaftliche Leben der nationalen Minderheiten regelte, die auf dem Gebiet der Ukraine lebten: sowohl unter russischer Herrschaft und in den Jahren der Österreichisch-Ungarischen Monarchie als auch in der Zeit der Ukrainischen Volksrepublik, des Hetmanats und des Direktoriums, der Ukrainischen Sozialistischen Sowjetrepublik und schließlich des unabhängigen ukrainischen Staates. Der politisch-rechtliche Status der ethnischen Minderheiten ist sehr eng mit der Geschichte der Entwicklung der ukrainischen Staatlichkeit im 20. Jahrhundert verbunden, aber auch mit der Tatsache, daß das Territorium der Ukraine über lange

8 Die Übersetzung der Annotationen von Iryna Cvirkun aus dem Ukrainischen besorgte Svitlana Adamenko.

Zeit auf verschiedene Länder aufgeteilt war: Rußland, Polen, Rumänien, die Tschechoslowakei, Ungarn. Die Analyse der Dynamik der demographischen Entwicklung der ethnischen Minderheiten betrifft die Veränderung ihrer rechtlichen Stellung und die Teilnahme einzelner Angehöriger der Minderheiten am gesellschaftlichen und politischen sowie am geistig-kulturellen Leben der Ukraine. Die Arbeit stützt sich auf eine breite Quellenbasis, in erster Linie auf Archivdokumente. Aus den Ergebnissen der Forschung konnten Vorschläge zur Verstärkung der Teilnahme der Ethnien am staatlichen Leben der Ukraine und zur Gewährleistung ihres friedlichen Zusammenlebens entwickelt werden. Das Buch richtet sich an Wissenschaftler, Hochschullehrer und alle, die sich für die behandelte Thematik interessieren.

Iryna Cvirkun

Henryk Pierzchała: Den Fängen des SS-Staates entrissen. Die „Sonderaktion Krakau" 1939–1941. Übersetzung aus dem Polnischen von Roman M. Zawadzki. (Titel des polnischen Originals: Wyrwani ze szponów Państwa SS. Sonderaktion Krakau 1939–1941, Kraków 1997.) Kraków: Wydawnictwo Zakonu Pijarów 1998. 443 S. ISBN 83-85958-68-1.

Es handelt sich um die deutschsprachige Version des 1997 erschienenen polnischsprachigen Buches, erweitert durch ein Nachwort von Dr. Manfred Deselaers. Der Verfasser unternimmt den Versuch einer umfassenden Beschreibung der „Sonderaktion Krakau" des NS-Regimes gegen die Krakauer Universitätsprofessoren. Die ersten Kapitel präsentieren eine zusammenfassende Darstellung ausgewählter Ereignisse aus der Geschichte Polens und Krakaus sowie der polnischen und insbesondere der Krakauer Wissenschaft. Besonderes Gewicht wird dabei auf die Kontakte und die wissenschaftliche und technische Zusammenarbeit zwischen Polen und Deutschen gelegt. Es schließt sich dann eine ausführliche Darstellung der Funktionsweise des NS-Staats und seines Machtapparats sowie des SS-Staats als Teil des ‚Dritten Reiches' an. Gestützt auf die umfangreiche archivalische Dokumentationsüberlieferung zur „Sonderaktion Krakau" werden in den letzten Kapiteln des Buches detailliert die weltweiten Reaktionen der öffentlichen Meinung und die diplomatischen Interventionen sowie die Eingaben und Proteste der mit den Krakauer Professoren zusammenarbeitenden Wissenschaftler dargestellt. Der Band enthält ein ausführliches Quellen- und Literaturverzeichnis und ein Personenregister.

Agnieszka Palej

9. Slowenien, Kroatien

Marijan Bobinac (Hg.): Porträts und Konstellationen 1. Deutschsprachig-kroatische Literaturbeziehungen (Zagreber Germanistische Beiträge. Jahrbuch für Literatur- und Sprachwissenschaft, Beiheft 6). Zagreb: Abteilung für Germanistik an der Philosophischen Fakultät der Universität Zagreb 2001. 175 S. ISSN 1330-3481.

Der Sammelband bringt die Referate, die im Rahmen eines Kolloquiums gehalten wurden, das die im Laufe eines Jahres geleistete Arbeit am Forschungsprojekt der Germanistik in Agram/Zagreb „Deutschsprachig-kroatische Literaturbeziehungen" zusammenzufassen versucht hat. Der Großteil der Texte thematisiert die österreichisch-kroatischen Kultur- und Literaturzusammenhänge. Marijan Bobinac geht ein auf die Rolle des Wiener

Volkstheaters bei der Formung des kroatischen nationalen Theaterrepertoires und Milka Car (Zagreb) auf das Agramer Gastspiel des Burgtheaters von 1928. Dragutin Horvat bietet die Skizze einer möglichen Rezeptionsgeschichte Nestroys bei den burgenländischen Kroaten, und Ulrich Dronske vergleicht die Haltung Peter Handkes zum Kriegsgeschehen im ehemaligen Jugoslawien mit der Balkan-Thematik seiner Erzählprosa. Drei Arbeiten befassen sich mit deutschen und österreichischen Exilanten in Kroatien: Alma Kalinski (Zagreb) schreibt über Manès Sperber, Nenad Popović (Zagreb) über Tilla Durieux' Erinnerungen an ihre Zagreber Jahre und Vlado Obad (Osijek) über Franz Theodor Csokors und Alexander Sacher-Masochs Aufenthalt auf der Adriainsel Korčula 1942–1944. Um einen größeren Rahmen der literatur- und kulturgeschichtlichen Ausführungen bemüht sich Viktor Žmegač mit der Darstellung von Miroslav Krležas geschichtsphilosophischem Gedankengut und dessen europäischer Verwurzelung. Ein Porträt von Camilla Lucerna (1868–1963), der ersten international anerkannten Agramer Germanistin, entwirft Svjetlan Lacko Vidulić.

Dragutin Horvat

Vladimir Geiger: Folksdojčeri: pod teretom kolektivne krivnje [Volksdeutsche: unter der Last der Kollektivschuld]. Osijek: Njemačka narodnosna zajednica. Zemaljska udruga Podunavskih Švaba u Hrvatskoj [Volksdeutsche Gemeinschaft. Landsmannschaft der Donauschwaben in Kroatien] 2002. 204 S., Abb., dt. Zusammenfassung. ISBN 953-96090-5-4.

Dies ist der erste ernstzunehmende Versuch in Kroatien, das Schicksal der Volksdeutschen in Jugoslawien nach 1945 zu schildern. Entbürgerung, Enteignung, Arbeitslager, Vertreibung – auf alle diese tragischen Ereignisse geht der Autor in einer gründlichen und reich dokumentierten Weise ein, dadurch ein bis in die 1990er Jahre tabuisiertes Thema ins rechte historische Licht rückend.

Dragutin Horvat

Dragutin Horvat: Österreichische Literatur in Kroatien. Beiträge zu einer interkulturellen Literaturgeschichte. Zagreb: Artresor naklada 2000. 139 S., dt. und kroat. Zusammenfassung. ISBN 953-6522-24-1.

Wie schon im Untertitel angegeben, versteht sich das Buch des Zagreber Germanisten und Literaturhistorikers als ein Beitrag zur interkulturellen, österreichisch-kroatischen Literaturgeschichte. Am Beispiel von sieben österreichischen Autoren (Grillparzer, Horváth, Hofmannsthal, Schnitzler, Werfel, Kraus, J. Roth) und dem ‚Schicksal' ihrer Werke in Kroatien werden theoretische Überlegungen angestellt und praktische Rezeptionsdaten geboten, welche von der kultur- und literaturgeschichtlichen Kohärenz des mitteleuropäischen Raumes Zeugnis ablegen. Im Anhang bietet das Buch die bisher ausführlichste Bibliographie der Übersetzungen von Werken der genannten Autoren ins Kroatische von den Anfängen ihrer Rezeption bis zum Ende des 20. Jahrhunderts.

Dragutin Horvat

Mira Kolar-Dimitrijević: Skrivene biografije nekih Nijemaca i Austrijanaca u Hrvatskoj 19. i 20. stoljeća [Verschwiegene Biographien einiger Deutscher und

Österreicher in Kroatien im 19. und 20. Jh.]. Osijek: Njemačka narodnosna zajednica. Zemaljska udruga Podunavskih Švaba u Hrvatskoj [Volksdeutsche Gemeinschaft. Landsmannschaft der Donauschwaben in Kroatien] 2001. 330 S., Abb., dt. Zusammenfassungen. ISBN 953-96090-4-6.

Die zwölf in diesem Buch versammelten Studien zeugen von den Bemühungen der angesehenen Historikerin aus Agram/Zagreb, die kroatische Kultur- und Wirtschaftsgeschichte aus der Perspektive der Donauschwaben und Altösterreicher zu beleuchten. Die drei einleitenden Studien schaffen den notwendigen geographischen und geschichtlich-politischen Rahmen (Deutsche in der Region Podravina; die Rolle der deutschen Großgrundbesitzer in Slawonien; der Einfluß von Politik auf die wirtschaftliche Tätigkeit von Österreichern und Deutschen in Agram/Zagreb zwischen 1900 und 1945). Die acht folgenden Texte sind monographische Porträts von Persönlichkeiten, die zur Entwicklung, ja zur Herausbildung der kroatischen Kultur, Wirtschaft und Politik entscheidend beigetragen haben. Es sind dies der Agramer Wirtschaftsexperte Carl Heinrich Meyer von Klinggräff, der Banus Pavle Rauch, der Hofrat und Kulturförderer in Bosnien Kosta Hörmann und die deutsche Familie Göszl, die sich um das Bildungswesen im ganzen südslawischen Raum verdient gemacht hat. Gewürdigt werden auch der Journalist und Historiker Josip Hartinger aus Esseg/Osijek, der Agramer politische Journalist Antun Schlegel, der Agramer Rechtsanwalt und Politiker Ljudevit Zimperman sowie Dr. Erwin Edler von Schwuger, der Gespan mehrerer Gespanschaften im Jugoslawien der Zwischenkriegszeit. Der abschließende, zwölfte Text untersucht das Aufkommen der antideutschen Stimmung in Kroatien um 1900, angeregt und gefördert durch die Übersetzungen von Werken des polnischen Dichters Adam Mickiewicz. Die Relevanz des Buches liegt darin, daß es bislang kaum bekannte Daten und Fakten zur kroatischen Geschichte bietet.

Dragutin Horvat

Karmen Teržan Kopecky (Hg.): Dr. Mirko Križman zaslužni profesor Univerze v Mariboru 70 let. Jubilejni zbornik [Dr. Mirko Križman, der verdienstvoller Professor der Universität Marburg/Drau, 70 Jahre. Jubiläumsband]: Maribor: Pedagoška fakulteta Maribor 2003. 448 S., slowen. u. dt. Zusammenfassungen. ISBN 86-80693-67-7.

Professorin Dr. Karmen Teržan Kopecky (Maribor) gab zum 70. Geburtstag des hochverdienten Germanisten der Universität Marburg a. d. Drau/Maribor Professor Dr. Mirko Križman im Jahr 2003 eine Festschrift heraus, an der namhafte Linguisten und Literaturwissenschaftler aus dem In- und Ausland mitwirkten. Die Beiträge des Bandes sind in Slowenisch und Deutsch verfaßt und mit einer Zusammenfassung in der jeweils anderen Sprache versehen. Matjaž Birk (Maribor) untersucht das gesellschaftskritische Element in der Erzählung „Der Recensent und die Kleinstädter" von Rudolf Puff (1808–1865), einem Marburger Literaten des Vormärz, die in der Laibacher Zeitschrift „Carniolia" erschien. Er stellt fest, daß das Verhältnis dieses in Slowenien heute vergessenen Autors zur slowenischen Kultur literaturwissenschaftlich erschlossen werden sollte. Melanija Fabčič (Maribor) untersucht in ihrem Beitrag „Text und Leben" unter anderem den Texttyp des autobiographischen Notats und des Tagebuchnotats. Saša Jazbec (Maribor) widmet sich „Verfahren der Einfachheit" als einer „überraschend kompliziert" angelegten speziellen Kategorie der Kinder- und Jugendliteratur. Vida Jesenšek (Maribor) stellt fest, daß die deutschen Lexeme recht/rechts und link/links und ihre slowenischen Äquivalente „eine vergleichbare und vielfältige semantische sowie symbolische Ausprägung" zeigen. Brigita Kacjan (Maribor) versucht eine Definition des „Phänomen[s] Spiel" aus pädagogischer, psychologischer und didaktisch-methodischer Sicht, indem sie es gegen Begriffe wie Arbeit, Ernst und Kunst abgrenzt. Vesna Kondrič Horvat (Maribor) analysiert die Erzählperspektive in der Erzählung „Die Analphabetin" von Hanna Johansen. Uršula Krevs Birk (Ljubljana) versucht die Bestimmung von Charakteristika der Textsorte ‚schriftliche Reportage' im Deutschen und im Slowenischen. Mira Miladinović Zalaznik (Ljubljana) widmet sich in ihrem Beitrag über Ödön von Horváth der Gattung des Kunstmärchens, dem der Autor durch seine „Sportmärchen" neue Varianten abzugewinnen vermochte. Wegen der szenischen Darstellung des Erzählten und wegen ihrer Nähe zur leidenden Kreatur stellt die Autorin diese Texte in die Nachbarschaft des ergreifenden Märchens der Großmutter in Büchners Drama „Woyzeck". Teodor Petrič (Maribor) beschäftigt sich mit „Konsonantenverbindungen im Deutschen als Fremdsprache als Lernproblem für slowenische Deutschlehrer". Neva Šlibar (Ljubljana) befaßt sich am Beispiel von Ingeborg Bachmanns „Simultan" mit dem Prosawerk der österreichischen Dichterin, wobei sie feststellt, daß in dessen wissenschaftlicher Rezeption „generationsbedingte Projektions- und Kompensationsmechanismen" eine „Stereotypisierung bestimmter Interpretationsmuster" hervorrufen. Die imposante Bibliographie des Jubilars, zusammengestellt von Vida Jesenšek, schließt die Festschrift ab.

Mira Miladinović Zalaznik

[Nives Rittig-Beljak (Hg.)]: Prvi i drugi međunarodni seminar Zajednice Nijemaca u Hrvatskoj 2001/2002. Zbornik radova [Erstes und zweites internationales Seminar der Gemeinschaft der Deutschen in Kroatien 2001/2002. Beiträge]. Varaždin: Varteks Tiskara, Zagreb: Zajednica Nijemaca u Hrvatskoj [Gemeinschaft der Deutschen in Kroatien] 2002. 180 S., dt. Zusammenfassungen. ISBN 953-6964-06-6.

Die zwölf Beiträge der zwei Seminare sind zu drei thematischen Einheiten gruppiert worden. Die erste untersucht die Rolle der Deutschen und Österreicher in der Entwicklung von Westkroatien und geht auf die Bereiche der Ethnik, Politik, Bildung, Literatur und Gastronomie ein. Die zweite Gruppe der Beiträge behandelt die Deutschen in der Nachbarschaft: in Jugoslawien, in Slowenien (in der Untersteiermark) und in Ungarn. Die dritte Gruppe beschäftigt sich mit Visionen, Modellen und ethnischen Kontexten: mit der Kulturtradition der deutschen Minderheit in Kroatien, mit gemeinsamen österreichisch-kroatischen historiographischen Projekten und mit der Lage nationaler Minderheiten im heutigen Kroatien.

Dragutin Horvat

Nives Rittig-Beljak: Švapski kulinarij – dodir tradicija u Hrvatskoj [Schwäbisches Culinarium – Begegnung von Kochtraditionen in Kroatien]. Varaždin: Varteks Tiskara, Zagreb: Zajednica Nijemaca u Hrvatskoj [Gemeinschaft der Deutschen in Kroatien] 2003. 224 S., Abb., kroat. u. dt. Text. ISBN 953-6964-08-2.

Die Autorin bemüht sich im ersten Teil des Buches in einer Reihe von Einzelstudien um eine skizzenhafte Geschichte der kroatischen Gastronomie, die auch heute noch sowohl von mediterranen als auch von süddeutschen Einflüssen stark geprägt ist. Der zweite Teil des Buches, das „Schwäbische Culinarium", bietet eine Auswahl von Kochrezepten, welche noch immer ein wesentlicher Bestandteil der kroatischen Nationalküche sind.

Dragutin Horvat

Vlasta Švoger: Südslawische Zeitung 1849–1952. Organ nove epohe kod južnih Slavena [Die „Südslawische Zeitung" 1849–1952. Das Organ einer neuen Epoche bei den Südslawen] (Biblioteka: Hrvatska povjesnica. Niz 3: Monografije i studije [Bibliothek: Kroatisches Geschichtsbuch. Reihe 3: Monographien und Studien] 22). Zagreb: Hrvatski institut za povijest/Dom i svijet [Kroatisches historisches Institut/Heim und Welt] 2002. 290 S., dt. Zusammenfassung. ISBN 953-6491-83-4.

Das Buch ist eine monographische Studie über die liberal orientierte deutschsprachige Tageszeitung in Agram/Zagreb, die sich für die grundlegenden Ziele der kroatischen national-politischen Bewegung nach 1848 eingesetzt hat: für die territoriale Einheit und für die größere Autonomie Kroatiens im Rahmen der Donaumonarchie. In vielerlei Hinsicht kann die „Südslawische Zeitung" als die erste moderne Tageszeitung in Kroatien gelten.

Dragutin Horvat

Vestnik [Mitteilungen] 36 (2002). Nr. 1–2. (Hg.: Niko Hudelja.) Ljubljana: Društvo za tuje jezike in književnosti Slovenije. 519 S. ISSN 0351-3513.

Es ist dies eine Publikation des Verbandes für fremde Sprachen und Literaturen Sloweniens, die gewöhnlich einmal jährlich als Doppelnummer erscheint. Darin werden einzelne Beiträge auch von slowenischen und ausländischen Germanisten in deutscher oder slowenischer Sprache veröffentlicht. Alenka Kocbek gibt in ihrem Beitrag „Kategorisierung deutsch-slowenischer und slowenisch-deutscher Wörterbücher der Rechts- und Wirtschaftssprache nach lexikographischen Kriterien" unter anderem einen Überblick über die historische Entwicklung der slowenischen Rechtsterminologie. Vesna Kondrič Horvat bringt unter dem Titel „Erfahrungen von Fremdheit und Verlust" ein Interview mit dem in Leningrad geborenen, nun österreichischen Autor jüdischer Herkunft Vladimir Vertlib anläßlich von Lesungen in Laibach/Ljubljana und Marburg a. d. Drau/Maribor. In ihrem Essay „Fiktion und Phantasie als Autobiographie" stellt sie eine Autorin vor, die sich ebenfalls zwischen mehreren Sprachen und Kulturen bewegte: die 1962 in Bukarest/Bucureşti geborene und 2002 freiwillig aus dem Leben geschiedene Schweizer Schriftstellerin Aglaja Veteranyi, Verfasserin des Romans „Warum das Kind in der Polenta kocht". Ana Marija Muster analysiert die häufigsten Schwierigkeiten, mit denen sich slowenische Schüler angesichts der Pluralbildung im Deutschen konfrontiert sehen.

Mira Miladinović Zalaznik

Zagreber Germanistische Beiträge. Jahrbuch für Literatur- und Sprachwissenschaft. [Bd.] 9 (2000). Zagreb: Abteilung für Germanistik an der Philosophischen Fakultät der Universität Zagreb 2000. 255 S. ISSN 1330-0946.

Das 1992 ins Leben gerufene und von Marijan Bobinac redigierte Organ der Abteilung für Germanistik an der Philosophischen Fakultät der Universität Agram/Zagreb, das jedoch auch anderen kroatischen sowie ausländischen Germanisten seine Seiten zur Verfügung stellt, bringt in seinem neunten Band im literaturwissenschaftlichen Teil unter anderem Studien zum literarischen Tagebuch „Engelsbrücke" von M. L. Kaschnitz (Slavija Kabić, Zadar), zur Vergangenheitsbewältigung in der österreichischen Literatur nach 1945 (Jamil George Barcha, Ljubljana), zum österreichischen Volksstück bei Becher, Kortner und Bronnen (M. Bobinac), zu Christa Wolfs „Medea" (Herwig Gottwald, Salzburg). Neben einem Bericht über die Horváth-Tagung in Rijeka anläßlich des hundertsten Geburtstags des modernen Klassikers (Ute Karlavaris-Bremer) bietet der Band auch Besprechungen der eingegangen Fachliteratur (zur Geschichte des österreichischen Aphorismus, zu Ödön von Horváth, Karl Kraus, zur literarischen Moderne und zu anderen Themen).

Dragutin Horvat

Zagreber Germanistische Beiträge. Jahrbuch für Literatur- und Sprachwissenschaft. [Bd.] 10 (2001). Zagreb: Abteilung für Germanistik an der Philosophischen Fakultät der Universität Zagreb 2001. 175 S. ISSN 1330-0946.

Die zehnte Nummer des Zagreber germanistischen Jahrbuches bringt in ihrem sprachwissenschaftlichen Teil unter anderem einen Aufsatz von Tomislav Talanga (Osijek) über volksetymologisch beeinflußte deutsche Entlehnungen im Kroatischen. In dem der Fachdidaktik gewidmeten Teil behandeln Maja Häusler und Rita Stegen (Zagreb) die Landeskunde im DaF-Unterricht und Geriena Karačić (Zagreb) die Situation des Deutschunterrichts in Kroatien allgemein. Im kulturgeschichtlichen Teil des Bandes berichtet Matjaž Birk (Maribor) über die panslawistische Ideologie in der Laibacher Publizistik des Vormärz.

Dragutin Horvat

Zagreber Germanistische Beiträge. Jahrbuch für Literatur- und Sprachwissenschaft. [Bd.] 11 (2002). Zagreb: Abteilung für Germanistik an der Philosophischen Fakultät der Universität Zagreb 2002. 300 S. ISSN 1330-0946.

Der literaturwissenschaftliche Teil dieses Bandes bringt die Materialien des zweiten Kolloquiums „Porträts und Konstellationen", bei dem hauptsächlich neue Forschungsergebnisse des Projektes „Deutschsprachig-kroatische Literaturbeziehungen" vorgestellt wurden. Der erste Beitrag stammt von Viktor Žmegač und analysiert die Rezeption der Kunsttheorie expressionistischer Autoren bei ihren kroatischen Zeitgenossen Miroslav Krleža und Antun Branko Šimić. Die in Esseg/Osijek tätigen Germanisten Željko Uvanović und Vlado Obad gehen Themen aus dem 19. und beginnenden 20. Jahrhundert an: Uvanović untersucht deutsche und kroatische Gedichte des 19. Jahrhunderts in ihrer patriotischen, aber gelegentlich auch chauvinistischen Orientiertheit, während Obad auf den Spuren des Esseger deutschsprachigen Autors Victor von Reisner wandelt und um eine Bilanz seines Schaffens bemüht ist. Marijan Bobinac untersucht die kroatische Rezeption Theodor Körners, und Dragutin Horvat erinnert an den in Kroatien in Vergessenheit geratenen Wilhelm Busch. Milka Car behandelt in ihrem Beitrag die ‚Vertreibung der deutschen Schauspieler' aus dem Agramer Theater im Jahre 1860 und die Anfänge des Theaterspielens in kroatischer Sprache. Die letzten drei Aufsätze widmen sich österreichischen Themen: Uwe Baur (Graz) schreibt über Friedrich von Gagern und das Bild der Slawen in seinem Werk. Alma Kalinski skizziert das komplexe Verhältnis Manès Sperbers zum Nachkriegs-Jugoslawien, und Ulrich Dronske analysiert die Gegenüberstellung von Erzähl- und Naturgewalt in Doderers „Die Wasserfälle von Slunj". Der sprachwissenschaftliche Teil des Bandes bringt einen Beitrag von Stanko Žepić über die Geschichte der deutschen Sprache in Kroatien.

Dragutin Horvat

Mira Miladinović Zalaznik: Deutsch-slowenische literarische Wechselbeziehungen. Ljubljana: Oddelek za germanistiko z nederlandistiko in skandinavistiko Filozofske fakultete Univerze v Ljubljani 2002. 217 S. ISBN 961-237-031-1.

Die Monographie ist das Resultat einer langjährigen Beschäftigung der Autorin mit den deutsch-slowenischen literarischen Beziehungen, wie sie sich nicht nur in literarischen Werken, sondern auch in der deutschsprachigen Presse (sowohl auf dem Gebiet des heutigen Slowenien als z. T. auch in Deutschland und Österreich) manifestieren. Ihre den Zeitraum von 1820 bis 2001 umspannenden Untersuchungen weisen auf einen Umstand hin, der sich nach 1918, vor allem nach 1945 in aller Deutlichkeit manifestierte: Es geht um das diffizile, weil oft von politischen Animositäten belastete Verhältnis zwischen Slowenen und Deutschen, das in seiner langen Geschichte alle Grade der Freundschaft und Feindschaft aufweist. Nachdem jener Teil der eigenen Kultur, der der deutschen Sprache verpflichtet ist, früher oftmals als nichtslowenisch, mitunter sogar slowenenfeindlich bezeichnet wurde, hält es die Autorin für legitim und an der Zeit, auch diesen Bereich der Kulturgeschichte Sloweniens wissenschaftlich zu erschließen. Im ersten Kapitel wird die Publikationsgeschichte des „Tagebuch[s], geführt während des Congresses in Laibach von Heinrich Costa“ (1821) thematisiert, das erst 1997 im Original und in slowenischer Übersetzung veröffentlicht werden konnte. Das zweite Kapitel ist eine eingehende Analyse des 1838–1844 in Laibach/Ljubljana erschienenen Periodikums „Carniolia. Vaterländische Zeitschrift und Unterhaltungsblatt für Kunst, Literatur, Theater und geselliges Leben“, wobei das ‚vaterländische‘ Moment hervorgehoben wird, das sich in jener Zeit auf das Deutsche und Slowenische bezog und somit sowohl die österreichische Monarchie, das Land Krain als auch die jeweilige engere Region umfaßte. Dieses Kapitel stellt eine verkürzte Version der Habilitationsschrift der Autorin dar, welche die erste eingehende wissenschaftliche Studie in Slowenien ist, die ein einziges deutschsprachiges Blatt erschließt. Im nächsten Kapitel wird der Herausgeber der „Carniolia“ Leopold Kordesch vorgestellt, ein Krainer Literat deutscher Zunge, der sich für eine politische und/oder Kulturzeitschrift in Slowenisch, für ein ständiges slowenisches Theater und eine slowenische Universität einsetzte. Das darauffolgende Kapitel behandelt das Revolutionsjahr 1848, wie es sich in Laibacher Blättern deutscher und slowenischer Sprache niederschlägt. Ein weiteres Kapitel ist dem oberösterreichischen Autor und Germanisten Edward Samhaber gewidmet, der ein Jahrzehnt seines Lebens (1878–1888) in Laibach als Lehrer verbrachte und einige Gedichte des slowenischen Dichterfürsten France Prešeren (1800–1849) ins Deutsche übertrug, wodurch er ihn einem breiteren internationalen Lesepublikum zugänglich machte. Im letzten Kapitel befaßt sich die Autorin mit der Rolle der Slowenen in Werken von Joseph Roth, Peter Handke und Drago Jančar. Die Slowenen, die bei Roth als zuverlässig, fleißig, nicht sonderlich intellektuell, dafür aber kaiser- und österreichtreu dargestellt werden, wandeln sich bei Handke zu Landesverrätern, um bei Jančar zu einer Nation zu werden, deren ‚Dummheit einer Staatwerdung‘ genauso akzeptiert werden solle wie jene der Franzosen oder Engländer. Ein Personenregister schließt diesen Band ab.

Mira Miladinović Zalaznik

10. Ungarn, Rumänien

Ioan Albu (Bearb.): Inschriften der Stadt Hermannstadt aus dem Mittelalter und der Frühen Neuzeit (Quellen zur Geschichte der Stadt Hermannstadt. Hg. vom Arbeitskreis für Siebenbürgische Landeskunde. Bd. 3). Hermannstadt: hora Verlag, Gundelsheim/Neckar: Arbeitskreis für Siebenbürgische Landeskunde 2002. 344 S. ISBN 973-8226-11-2 (hora), 3-929848-21-X (AKSL)

In diesem Band, der in den Jahren 1983 bis 1996 entstand, sind 293 in Hermannstadt/ Sibiu gefundene mittelalterliche und frühneuzeitliche Inschriften aus der Zeit von 1350 bis 1711 ediert. 98 Inschriften waren bislang unbekannt, 90 sind nicht mehr erhalten, zwölf davon sind nur handschriftlich überliefert. Die Edition orientiert sich an den Bearbeitungsrichtlinien der Interakademischen Kommission für die Herausgabe der Deutschen Inschriften. Einleitend macht der Verfasser allgemeine Angaben zur Geschichte von Hermannstadt und zu den wichtigsten Standorten der Inschriften; außerdem erläutert er die damals gebräuchlichen Schriftformen. Ein umfassender Registerteil erschließt die reichhaltigen Informationen. Im Anhang werden Angaben zur Lokalisierung der Grabdenkmäler in der Hermannstädter Stadtpfarrkirche auf Grund von Übersichten aus den Jahren 1692, 1839 und 1853 geboten, außerdem eine Tafel der Steinmetz- und Meisterzeichen. Es handelt sich um ein wichtiges Quellen- und Grundlagenwerk zur Geschichte des siebenbürgisch-sächsischen Vorortes Hermannstadt.

Stelian Mândruţ

Tímea Amberg u. a.: Deutsche in Pápa und Umgebung = Németek Pápán és környékén. Red.: Károly Hauber. Pápa: Pápai Német Önkormányzat 2002. 178 S. Keine ISBN.

Der Band, herausgegeben von der Deutschen Minderheitenselbstverwaltung Pápa, berichtet von den reichhaltigen historischen und kulturellen Traditionen der Deutschen in der Stadt Pápa und ihrer Umgebung, den Dörfern Tewel/Tevel, Kowatsch/Nagykovácsi, Santiwan/Pilisszentiván und anderen. Es zeigt sich, daß die im 18. Jahrhundert angesiedelten Deutschen zu fleißigen und nützlichen Bürgern ihrer neuen Heimat wurden, wobei sie ihre Sprache und Traditionen noch lange bewahrten. Eine tragische Wende ihres Schicksals brachte ihre Vertreibung nach dem Zweiten Weltkrieg, wodurch die Zahl der Deutschen um die Hälfte zurückging. Nach den schweren Jahren der sozialistischen Diktatur, die ihre Identität bedrohte, brachte die ‚Wende' den Deutschen neue Möglichkeiten der Pflege und Bewahrung der Traditionen und des Erlernens der deutschen Sprache. Der zweite Teil des Bandes informiert über die Tätigkeit der Deutschen Minderheitenselbstverwaltung Pápa in den letzten vier Jahren.

Edina Zvara

Ionuţ Anghel, Cristi Mihai, Eduard Antonian (Hg.): Minorităţile naţionale din România. Dovezi istorice privind aşezarea şi evoluţia [Die nationalen Minderheiten in Rumänien. Nachweise über ihre Ansiedlung und Entwicklung]. Bucureşti: Editura Kham 2001. 292 S. ISBN 973-85139-0-1.

Das Buch schildert die Ansiedlung, Geschichte und Entwicklung von vierzehn in Rumänien bestehenden nationalen Minderheiten sowie deren Beitrag zur gemeinsamen Geschichte und Kultur des Landes. In alphabetischer Reihenfolge werden behandelt: Albaner, Armenier, Kroaten, Juden, Deutsche (von Edit Szegedi), Italiener, Magyaren, Polen, Roma, Russen (Lipowener), Serben, Tataren, Türken, Ukrainer. Das Buch ergänzt den von denselben Autoren herausgegebenen, 2000 erschienenen Band über den Beitrag der Minderheiten zum rumänischen Kulturgut (s. „Berichte und Forschungen" 9, 2001, S. 265 f.).

Stelian Mândruţ

Petru Baciu (Hg.): Orăştie. Enciclopedie [Broos. Enzyklopädie]. Deva: Editura Corvin 2001. 315 S., 207 Abb., 2 Kt. ISBN 973-8192-29-3.

Es handelt sich um eine Ortsmonographie in Form eines Lexikons mit 537 Stichworten. Besonders wertvoll sind die Artikel, die den aus Broos/Orăştie (Siebenbürgen) stammenden Persönlichkeiten gewidmet sind, außerdem jene über die in diesem Ort erschienenen Periodika. Zahlreiche Abbildungen und eine Auswahlbibliographie ergänzen das Nachschlagewerk.

Stelian Mândruţ

Erwin H. Bader, Radu F. Gurău: Fortificaţiile medievale din Transilvania [Mittelalterliche Befestigungen in Siebenbürgen]. Bucureşti: Editura Sfera 2001. 191 S., Abb. ISBN 973-589-021-6.

Die Verfasser ordnen die mittelalterlichen Befestigungen in Siebenbürgen folgenden Kategorien zu, denen nach einem allgemeinen Überblick jeweils ein Kapitel gewidmet ist: Bauernburgen, Wehrkirchen, Städte, Höhenburgen, bewehrte Schlösser (von Adligen, Knesen und Woiwoden sowie vom König). Ein umfangreicher Anhang mit „provisorischen" Auflistungen der Befestigungen, einem Glossar und einer Auswahlbibliographie ergänzen den reich illustrierten Band.

Stelian Mândruţ

Jüzsef Benedek: Organizarea spaţiului rural în zona de influenţă apropiată a oraşului Bistriţa [Die Gliederung des ländlichen Raums im Einflußbereich der Stadt Bistritz]. Cluj-Napoca: Presa Universitară Clujeană 2000. 217 S., engl. Inhaltsverzeichnis. ISBN 973-595-090-1.

Die Monographie ist den Stadt-Land-Beziehungen in Nordostsiebenbürgen gewidmet. Nach einer Abgrenzung und Beschreibung des ländlichen Raumes des Nösnerlandes (zona Bistriţei) und seiner natürlichen Ressourcen wird die Besiedlung des Gebietes im Laufe der Jahrhunderte dargestellt. Die Herausbildung und Verfestigung einer Hierarchie der Ortschaften und deren Veränderung im 19. und 20. Jahrhundert – verfolgt wird die Zeit bis 1992 – werden ebenso untersucht wie die Bauernhöfe als Mittelpunkte ländlichen Lebens, die Bewirtschaftung der Agrarflächen und der Handel mit und in dem Vorort Bistritz. Modelle dörflicher Organisation werden anhand von Fallbeispielen (Netz/Neţeni, Garndorf/Ardan, Floreşti, Mönchsdorf/Herina, Heidendorf/Viişoara und Tekendorf/Teaca) demonstriert. Außer einer Zusammenfassung der Ergebnisse der Untersuchungen bietet das Schlußkapitel auch einen Ausblick auf die künftige Entwicklung.

Stelian Mândruţ

Ioan Bolovan (Hg.): Transilvania în epocile modernă şi contemporană. Studii de demografie istorică [Siebenbürgen in der Neuzeit und der Gegenwart. Studien zur historischen Demographie]. Cluj-Napoca: Presa Universitară Clujeană 2002. 229 S. ISBN 973-610-125-8.

Der Band vereint Arbeiten jüngerer Wissenschaftler über Themen der historischen Demographie Siebenbürgens im 18., 19. und 20. Jahrhundert. Es handelt sich vor allem um Fallstudien zu einzelnen Gemeinden mit unterschiedlicher ethnischer Zusammensetzung, wobei besonders die Zahl der Ehen und der Familien, die Kinderzahl und die Sterblichkeitsraten in den Blick genommen werden. Bogdan Crăciun untersucht in diesem Kontext die historische Demographie der siebenbürgisch-sächsischen Gemeinde Schaas/Şaeş im 19. Jahrhundert und analysiert das Bild der Familie und der Frau in der siebenbürgisch-sächsischen Kalenderliteratur vom Anfang des 20. Jahrhunderts.

Stelian Mândruţ

Gyula Bondor: Az ürömi svábok kálváriája 1946 = Leidensweg der Ürömer Schwaben, 1946. Üröm: Attila Kult. és Ismterj. Kör 2001. 129 S. ISBN 963-00-6801-X, falsch: 963-00-6601-X.

Behandelt wird die Vertreibung der Ungarndeutschen aus Irm/Üröm, wo sich 1699 mit Peter Holzer der erste, aus Bayern kommende Siedler niedergelassen hatte. Am 25. und 27. April 1946 wurden 1.243 Personen, das waren 97,5% der Dorfbevölkerung, nach Deutschland ausgesiedelt. An ihre Stelle traten neue Ansiedler aus unterschiedlichsten Teilen des Landes. Die ausgesiedelten Personen wurden am Bahnhof Schaumar/Solymár in Güterzüge verladen und vom Alliierten Kontrollrat nach Baden-Württemberg gesandt. Dort hatten sie Integrationsprobleme: In Ungarn hatte man sie als Deutsche verfolgt, in Deutschland aber galten sie als Magyaren. Im zweiten Teil des Bandes sind persönliche Erinnerungen zu lesen. Der Verfasser wendet sich an die vertriebenen ehemaligen Einwohner von Irm, erinnert aber auch an jene, die einst im Arbeitslager Tiszalök gearbeitet haben.

Edina Zvara

Martin Bottesch: Landlerii transilvăneni [Die Landler in Siebenbürgen] (Seria Convergenţe transilvane [Reihe Siebenbürgische Konvergenzen]). Mediaş: Editura Central 2001. 44 S. ISBN 973-85183-0-X.

In der vom Demokratischen Forum der Deutschen in Rumänien herausgegebenen Heftreihe wird den rumänischen Mitbürgern diesmal die Gruppe der sogenannten Landler vorgestellt. Es handelt sich um Protestanten aus dem Salzkammergut und anderen Regionen, die im Zuge der österreichischen Gegenreformation in den Jahren 1732–1776 nach Siebenbürgen deportiert und in 20 Dörfern angesiedelt wurden und die sich in den Orten Neppendorf/Turnişor, Großau/Cristian und Großpold/Apoldu de Sus bis in die Gegenwart als Gruppen mit eigener Arbeits- und Wirtschaftsweise, Mundart und Tracht erhalten haben. Der Verfasser stellt Geschichte und Kultur der Landler vor und geht auch Fragen der Integration und des Zusammenlebens mit den Siebenbürger Sachsen nach.

Stelian Mândruţ

Vasile Ciobanu: Contribuţii la cunoaşterea istoriei saşilor transilvăneni 1918–1944 [Beiträge zur Kenntnis der siebenbürgisch-sächsischen Geschichte 1918–1944]. Sibiu: Editura hora 2001. 470 S., Abb. ISBN 973-8226-16-3.

Der Verfasser schildert die Geschichte und Kultur der Siebenbürger Sachsen in der Zeit zwischen den beiden Weltkriegen. Nach einer Einleitung, in der die siebenbürgisch-sächsische Geschichte bis 1918 dargestellt wird, konzentriert sich das erste Kapitel auf die sog. Anschlußerklärung von Mediasch/Mediaş vom 8. Januar 1919. Die Vorgeschichte und Bedeutung dieser Zustimmung der Siebenbürger Sachsen zur Vereinigung Siebenbürgens mit dem Königreich Rumänien werden eingehend untersucht. Das zweite Kapitel befaßt sich mit den wirtschaftlichen Aktivitäten dieser ethnischen Gruppe, das dritte mit ihren politischen Organisationen, speziell mit dem wachsenden Einfluß des Nationalsozialismus bis hin zu der von Berlin gesteuerten Deutschen Volksgruppe in Rumänien. Das vierte Kapitel ist dem reichhaltigen kulturellen Leben in der Zwischenkriegszeit gewidmet. Eine Literaturauswahl sowie Orts- und Personenregister schließen den informativen Band ab, der in objektiver und nuancierter Weise über die damalige Rolle der deutschen Minderheit Auskunft gibt und, auf Quellen gestützt, zum Verständnis ihrer Positionen beiträgt.

Stelian Mândruţ

Consiliul local Miercurea Sibiului, Primăria comunei Miercurea Sibiului (Hg.): Comuna Miercurea Sibiului – Reussmarkt [Die Gemeinde Reußmarkt] (Colecţia „Micromonografii locale" judeţul Sibiu [Sammlung „Kleine Ortsmonographien", Kreis Hermannstadt] 28). Sibiu: Editura Etape 2001. 39 S., dt., engl. u. französ. Zusammenfassungen. ISBN 973-9090-83-4.

Die vom Gemeinderat und dem Bürgermeisteramt von Reußmarkt/Miercurea Sibiului herausgegebene Broschüre schildert kurz die Geschichte des Ortes, weist auf bedeutende Persönlichkeiten hin, die aus dieser Gemeinde stammen, widmet ein gesondertes Kapitel den Aktivitäten der ausgesiedelten Deutschen im Rahmen der Heimatortsgemeinschaft und listet schließlich öffentliche Einrichtungen und Handelsgesellschaften von Reußmarkt auf.

Stelian Mândruţ

Ela Cosma: Presa săsească şi revoluţia în Transilvania la 1848/1849 = Sächsische Presse und Revolution in Siebenbürgen 1848/1849. Cluj-Napoca: Presa Universitară Clujeană, Gundelsheim/Neckar: Arbeitskreis für Siebenbürgische Landeskunde 2002. 447 S. ISBN 973-610-086-3 (PUC), 3-929848-26-0 (AKSL).

Die zweisprachige Publikation behandelt das siebenbürgisch-sächsische Pressewesen allgemein und seine Rolle während der Revolution von 1848/49 im besonderen. Nach einem einleitenden Kapitel über die deutsche Presse und die Zensur im Vormärz analysiert Ela Cosma im zweiten Abschnitt die Darstellungen des Revolutionsgeschehens in der Presse von Hermannstadt/Sibiu („Siebenbürger Bote", „Transsilvania", „Siebenbürgischer

Volksfreund" u. a.) und Kronstadt/Braşov („Siebenbürger Wochenblatt", „Satellit", „Blätter für Geist, Gemüth und Vaterlandskunde" u. a.). Das dritte Kapitel ist dem Thema „Politik und Ideologie der sächsischen Presse" vorbehalten und behandelt deren Haltung zu Fragen der Union Siebenbürgens mit Ungarn, der Beziehungen zu Rußland sowie des Liberalismus oder Konservatismus. Deutlich wird, daß die siebenbürgisch-sächsischen Periodika keineswegs eine einheitliche Haltung vertraten; vielmehr reflektieren sie die Suche nach einem noch nicht definierten Standort in einer Umbruchzeit. Im Anhang sind einige herausragende Artikel aus den genannten Periodika veröffentlicht, sowohl im Original als auch – im rumänischen Teil des Buches – in einer von der Autorin stammenden Übersetzung.

Stelian Mândruţ

Florea Costea, Dorina Negulici: The Rural Fortress of Râşnov in the Medieval Defensive System of Ţara Bârsei = Cetatea ţărănească a Râşnovului în sistemul defensiv medieval al Ţării Bârsei. Braşov: Editura Ecran Magazin/Rotoioni Tipo 2000. 38 S., Abb. ISBN 973-99599-5-4.

Das vom Geschichtsmuseum Kronstadt/Braşov herausgegebene zweisprachige Heft hebt die Besonderheiten der Bauernburg von Rosenau/Râşnov hervor, die von siebenbürgisch-sächsischen Siedlern zum eigenen Schutz sowie zur Verteidigung der Südgrenze Siebenbürgens im 14. Jahrhundert errichtet und in der Folgezeit massiv ausgebaut wurde. Die auf einer Anhöhe über dem Dorf befindliche, mit Steinmauern, Türmen und Basteien befestigte Anlage, die größte ihrer Art in Rumänien, kontrollierte einen schon im Mittelalter wichtigen Handelsweg zwischen Kronstadt und der Walachei. Nach 1848 büßte die Burg rasch ihre strategisch-defensive Funktion ein.

Stelian Mândruţ

Mária Demeter Zayzon: Kisebbségek – közösségek határon innen és túl. Válogatott írások a kisebbségkutatás köréből, 1988–2002 [Minderheiten – Gemeinschaften diesseits und jenseits der Grenze. Ausgewählte Aufsätze zur Minderheitenforschung, 1988–2002]. Budapest: BIP 2002. 331 S. ISBN 963-9500-28-3, falsch: 963-9450-31-6, 963-9450-21-9.

Die Sammlung von Aufsätzen der Soziologin Mária Demeter Zayzon enthält die wissenschaftlichen Ergebnisse ihrer Forschungen im Bereich der Minderheitenfragen sowie einige populärwissenschaftliche Beiträge zu diesem Thema. Der Band widmet sich – neben komplexen Fragen – insbesondere dem Leben und den Aktivitäten der in Ungarn lebenden Deutschen, Slowaken, Kroaten, Serben, Zigeuner und Slowenen. Die Aufsätze zeigen die unmittelbaren gesellschaftlichen Folgen der Entwicklung der nationalen Minderheitenpolitik. Für das öffentliche Leben der Minderheiten und deren Interessenvertretungen kann man die Schaffung des Minderheitengesetzes oder die Gründungen und Tätigkeiten von Minderheitsselbstverwaltungen als Fortschritt bewerten. Außerdem, manchmal auch in Zusammenhang damit, zeigten die Entwicklung des Identitätsgefühls, die zunehmende oder abnehmende Stärke der Bindungen untereinander Auswirkungen auf die Pflege der jeweiligen Muttersprache und der kulturellen und konfessionellen Traditionen sowie auf die Forschungstätigkeiten und publizistischen Aktivitäten der Minderheiten.

Edina Zvara

Anton E. Dörner, Vasile Ionaş, Ioachim Lazăr, Mihai Căstăian: Orăştie 775 [Broos 775 Jahre]. Deva: Editura Omnia 1999. 204 S., Abb., engl. Zusammenfassung. ISBN 973-99214-0-X.

Im Freibrief der Siebenbürger Sachsen von 1224 wird der Ort Broos/Orăştie erstmals urkundlich erwähnt. Anläßlich seines 775. Jubiläums wurde diese Monographie veröffentlicht. Die fünf Kapitel behandeln die geographischen Grundlagen, die mittelalterliche Geschichte, die Zeit von 1848 bis 1948, das kulturelle und wissenschaftliche Leben, die Jahre 1948 bis 1998. Faksimiles, Fotografien und Porträts illustrieren den Band, der auch den Beitrag der siebenbürgisch-sächsischen Bewohner zur Entwicklung des Ortes würdigt.

Stelian Mândruţ

Ion Dumitraşcu, Mariana Maximescu: O Istorie a Braşovului (din cele mai vechi timpuri până la începutul secolului XX) [Eine Geschichte von Kronstadt (von den ältesten Zeiten bis zum Beginn des 20. Jh.s)]. Braşov: Editura Phoenix 2001. 208 S. ISBN 973-85235-6-7.

Die Monographie stellt die Geschichte von Kronstadt/Braşov in drei Kapiteln vor. Deren erstes behandelt die Frühzeit – von den in die Steinzeit zurückreichenden archäologischen Funden bis zur Ansiedlung der Slawen. Die Episode des Deutschen Ordens im Burzenland (1211–1225), die Ansiedlung der Siebenbürger Sachsen (12.–13. Jahrhundert), Wirtschaft, Verwaltung, Stadtbefestigungen, Bautätigkeit und auswärtige Beziehungen der Stadt sowie deren Kirchen- und Kulturgeschichte im Mittelalter und in der Frühen Neuzeit sind Schwerpunkte des zweiten Kapitels. Das dritte und umfangreichste Kapitel ist dem 19. und 20. Jahrhundert gewidmet: der historischen Demographie, der Verwaltung, dem politischen und kulturellen Leben. Den beiden Autoren ist es gelungen, das facettenreiche Zusammenleben von Rumänen, Magyaren und Deutschen in Kronstadt einfühlsam und ausgewogen, im Geiste der Toleranz, darzustellen.

Stelian Mândruţ

Horst Fassel (Hg.): Teatru şi politică. Teatre minoritare de limba germană din sud-estul Europei în secolul al 20-lea = Theater und Politik. Deutschsprachige Minderheitentheater in Südosteuropa im 20. Jahrhundert (Seria Karl Kurt Klein = Karl-Kurt-Klein-Reihe 1). Cluj-Napoca/Klausenburg: Presa Universitară Clujeană 2001. 348 S. ISBN 973-610-028-6.

Der Band dokumentiert eine wissenschaftliche Tagung, die ein vom Institut für donauschwäbische Geschichte und Landeskunde (Tübingen), dem Institut für Auslandsbeziehungen (Stuttgart) und dem rumänischen Kulturministerium im September 2000 in Klausenburg/Cluj-Napoca veranstaltetes Treffen deutschsprachiger Minderheitenbühnen begleitet hat. An der Tagung nahmen Fachleute aus Rumänien, Ungarn, Italien, Kroatien, Deutschland und Kanada teil. Die Vorträge boten einen Einblick in die neuere Geschichte der Minderheitentheater und forderten zu einer Debatte über deren Stellenwert heute auf. Im Buch sind die Referate folgenden Abschnitten zugeordnet: I. „Voraussetzungen und Rahmenbedingungen"; II. 1. „Deutschsprachige Minderheitentheater in der Zwischenkriegszeit in bürgerlichen Demokratien" (mit Beiträgen über die Bühnen in Preßburg/Bratislava, Bessarabien, Czernowitz/Černivci und Ödenburg/Sopron); II. 2. „Deutschsprachige Minderheitentheater in der Zwischenkriegszeit in Diktaturen (Fronttheater, 1940–1944)" (mit Beiträgen über die Landestheater der deutschen ,Volksgruppen' in Rumänien und Jugoslawien); III. 1. „Deutschsprachiges Minderheitentheater nach 1945 in kommunistischen Diktaturen" (mit Beiträgen über das jiddische Theater und die Deutschen Staatstheater in Temeswar/Timişoara und Hermannstadt/Sibiu); III. 2. „Deutschsprachiges Minderheitentheater nach der ,Wende'" (mit Beiträgen über die deutschen Theater in Szekszárd, Almaty und Temeswar/Timişoara). Im Anhang sind das Programm der Veranstaltung, eine Teilnehmerliste und eine Presseschau veröffentlicht.

Stelian Mândruţ

Attilané Fogarasy (Hg.): A pilisvörösvári Német Nemzetiségi Általános Iskola jubileumi évkönyve [Jubiläumsjahrbuch der Deutschen Nationalitäten-Grundschule in Werischwar]. Pilisvörösvár: Német Nemzetiségi Ált. Isk. 1999. 87 S. ISBN 963-03-7978-3.

Die Schule spielt im Leben einer Minderheitengemeinschaft eine wichtige Rolle. Aus Anlaß des 60jährigen Bestehens der heute so bezeichneten Deutschen Nationalitäten-Grundschule von Werischwar/Pilisvörösvár erschien diese Festschrift. Die Schule hatte in ihrer Geschichte verschiedene Funktionen. Als Grundschule wurde sie den Schülern am 5. Dezember 1935 übergeben. In der Nachkriegszeit wurde Deutsch lange Zeit nur in sog. Zusatzstunden unterrichtet.

Edina Zvara

Zsuzsa Font: Erdélyiek Halle és a radikális pietizmus vonzásában [Siebenbürger unter dem Einfluß von Halle und dem radikalen Pietismus]. Szeged: SZTE 2001. 246 S. ISBN 963-482-547-8.

Die Autorin beschreibt in ihrer Dissertation die frühen Wurzeln des deutschen Pietismus und die Vielfalt der Ereignisse, die auch das Geistesleben Siebenbürgens beeinflußt haben. Im ersten Teil werden die Kontakte zwischen Halle, dem Pietismus und Siebenbürgen dargestellt, mit Unterkapiteln über Siebenbürger in den Schulen und an der Universität zu Halle, über die frühere Rezeption des Halleschen Pietismus und seine Vorgeschichte im siebenbürgisch-sächsischen Kulturleben, über die frühen Religionsstreitigkeiten und über den Prozeß gegen Christoph Nikolaus Voigt. Der zweite Teil befaßt sich mit dem radikalen Pietismus und den Anhängern von Johann Wilhelm Petersen in Siebenbürgen. Hier werden die Beziehungen der Radikalen und des Halleschen Zentrums zur Philosophie und zu dem Kreis um Andreas Teutsch untersucht. Das Thema des dritten Kapitels ist das Zusammentreffen der reformierten Kultur mit den Institutionen von Halle. Im Anhang finden sich die Matrikelangaben zu den siebenbürgischen Studenten und andere Dokumente.

Edina Zvara

Miklós Füzes (Hg.): Nemzetiségi ügyek dokumentumai Baranyában 1938–1944 [Dokumente der Minderheitenangelegenheiten in der Baranya 1938–1944] (Tanulmányok és források Baranya megye történetéből [Studien und Quellen aus der Geschichte des Komitats Branau/Baranya] 5). Pécs: Baranya Megyei Levéltár 2000. 297 S. ISBN 963-8100-42-7.

Die veröffentlichten Dokumente stammen aus dem Zeitraum 1938–1944, also von der Gründung des nationalsozialistisch orientierten Volksbundes der Deutschen in Ungarn bis zur sowjetischen Besetzung Ungarns. Sie beziehen sich auf das Komitat Branau/Baranya, bis zum Jahr 1941 auf den durch den Friedensvertrag von Trianon (1920) begrenzten ungarischen Teil, danach auf das gesamte historische Gebiet, das bis 1944 von Ungarn besetzt war. Das zweite Kapitel ist der deutschen Minderheit gewidmet; dabei geht es um folgende Themen: Propaganda, Arbeit in Deutschland, Gründung der Ortsgruppen des Volksbundes, Struktur des Volksbundes, Verbrechen, kulturelle Aktivitäten, SS-Anwerbungen, SS-Rekrutierungen. Unter den 221 Schriftstücken beziehen sich die Nummern 35–213 auf die Deutschen; Themen sind z. B.: Deutsche Nationalitätenbewegungen im Januar 1941 (Nr. 35); Volksbundagitation in der Gemeinde Lapantsch/Lapáncsa (Nr. 45); Kontrolle der Pangermanischen Bewegung (Nr. 56); Deutschlandsreisen zwecks Arbeitssuche (Nr. 68); Bildung der Ortsgruppen des Volksbundes (Nr. 84); Behandlung der in die deutschen SS-Truppen einberufenen Personen und ihrer Familienmitglieder (Nr. 194).

Edina Zvara

Miklós Füzes (Hg.): Nemzetiségi ügyek dokumentumai Baranyában 1923–1938 [Dokumente der Minderheitenangelegenheiten in der Baranya 1923–1938] (Tanulmányok és források Baranya megye történetéből [Studien und Quellen aus der Geschichte des Komitats Branau/Baranya] 8). Pécs: Baranya Megyei Levéltár 2001. 323 S. ISBN 963-8100-45-1.

Nach dem Friedensvertrag von Trianon wurde dem ungarischen Staat, der große Gebiete eingebüßt hatte, eine gerechtere Handhabung der Nationalitätenfrage nahegelegt. Die Regierung traf 1923 zur Lösung dieser Aufgabe umfassende Maßnahmen in Form von Verordnungen. Im selben Jahr wurde vom Büro des Ministerpräsidenten bzw. vom Innenministerium je eine selbständige Abteilung für Nationalitäten eingerichtet. Die Dokumente des Obergespans des Komitats Branau/Baranya und der freien königlichen Stadt Fünfkirchen/Pécs ermöglichen dank einem reichen Informationsstrom eine profunde Untersuchung der Nationalitätenfrage zwischen 1923 und 1950. Der vorliegende Band enthält beinahe alle Dokumente der Periode 1923–1938. Die Dokumente Nr. 8–18 und Nr. 44–123 beschäftigen sich mit der deutschen Nationalität, unter anderem mit folgenden Themen: Bericht der Präsidentschaft über die Bildung des Ungarländischen Deutschen Volkbildungsvereins (1924, Nr. 44); Beziehungen von deutschen Oberschulstudenten zu Ungarn (1925, Nr. 53); Verbreitung der deutschen Bewegung in Abaliget (1934, Nr. 66); Beobachtung der Pangermanischen Bewegung im Kreis Baranyavár (1935, Nr. 78); Verweis gegen den deutschen Weltreisenden Xaver Steppich (1934, Nr. 84); Lieferung des Werkes „Adolf Hitler. Ein Mann und sein Volk" (1936, Nr. 87).

Edina Zvara

Miklós Füzes (Hg.): Nemzetiségi ügyek dokumentumai Baranyában 1945–1950 [Dokumente der Minderheitenangelegenheiten in der Baranya 1945–1950] (Tanulmányok és források Baranya megye történetéből [Studien und Quellen aus der Geschichte des Komitats Branau/Baranya] 9). Pécs: Baranya Megyei Levéltár 2002. 213 S. ISBN 963-8100-46-1.

In diesem Band werden Dokumente veröffentlicht, die sich auf die Minderheitenangelegenheiten im Komitat Branau/Baranya und in der Stadt Fünfkirchen/Pécs in der unmittelbaren Nachkriegszeit beziehen. Das zweite und das dritte Kapitel mit den Dokumenten Nr. 24–142 betreffen die deutsche Minderheit, und zwar (Kapitel II) Stellungnahmen der Nationalen Komitees der Stadt Fünfkirchen und des Komitats Baranya bzw. (Kapitel III) Maßnahmen gegen die deutschsprachige Bevölkerung. Unter anderem sind hier Dokumente zu folgenden Angelegenheiten veröffentlicht: Inanspruchnahme von Deutschen für öffentliche Arbeit (Nr. 25); Internierung von Volksbundmitgliedern in Mohács (Nr. 32); Verordnungen des Ministeriums für Landwirtschaft in Sachen verlassene Besitztümer in den Schwabendörfern (Nr. 47); Aufnahme von schwäbischen Personen jugoslawischer Herkunft (Nr. 68); Bewachung der leeren Häuser nach der Aussiedlung der deutschen Bevölkerung (Nr. 78); Verwendung der von der nach Deutschland ausgesiedelten ungarndeutschen Bevölkerung zurückgelassenen Gebrauchsgegenstände (Nr. 99); Angaben über die Aus- und Ansiedlung im Komitat Baranya und die sozialen Umstände der Ansiedler (Nr. 105); Befreiung der Schwaben in Ohfall/Ófalu von der Aussiedlung (Nr. 109 a); Vermögen der ausgesiedelten Schwaben (Nr. 133).

Edina Zvara

Ioan Gabor: Axente Sever. Carte deschisă de istorie, cultură şi legende [Frauendorf. Offenes Buch der Geschichte, der Kultur und der Sagen] ([Reihe:] Monografii săteşti [Dorfmonographien]). Sibiu: Editura Tribuna 2001. 391 S. ISBN 973-8009-28-6.

Das Buch, anläßlich der 700-Jahr-Feier der Ersterwähnung von Frauendorf/Axente Sever herausgegeben, beruht auf langjährigem Quellenstudium. Es handelt sich um eine klassisch strukturierte Dorfmonographie, in der zunächst die geographischen Bedingungen (einschließlich der langjährigen Umweltverschmutzung durch die benachbarten chemischen Werke von Klein-Kopisch/Copşa Mică) geschildert werden, dann der Ortsgeschichte (unter anderem der Ansiedlung der Siebenbürger Sachsen, urkundlichen Nennungen, der Revolution von 1848/49 und dem aus Frauendorf stammenden Revolutionsführer Axente Sever sowie den Auswirkungen der Agrarreform von 1945 und der Vergenossenschaftung der Landwirtschaft) eine umfassende Darstellung gewidmet ist. Ebenfalls berücksichtigt werden Schulwesen und Kirchengeschichte, wobei ausführlich über jene der Sachsen und deren Wehrkirche in Frauendorf informiert wird, sowie schließlich die wirtschaftliche Entwicklung, demographische Fragen, herausragende Persönlichkeiten und bedeutende Besucher, Folklore, Trachten und Bräuche. Das Zusammenleben unterschiedlicher Ethnien und Religionsgemeinschaften in der Gemeinde wird als vorbildlich dargestellt.

Stelian Mândruţ

Teodor Octavian Gheorghiu: Cetăţile oraşelor. Apărarea urbană în centrul şi estul Europei, în Evul Mediu = Fortified Towns. Urban Defense in Medieval Central and Eastern Europe. Bucharest: Editura Simetria 2000. 214 S. ISBN 973-97972-7-X.

Nach einem allgemeinen Überblick über die bisherigen Forschungen sowie über die Stadtentwicklung in Mittel-, Ost- und Südosteuropa werden die unterschiedlichen Befestigungsarten mittelalterlicher Städte auf dem Gebiet des heutigen Rumänien vorgestellt. Innerhalb des Karpatenbogens, in Siebenbürgen, überwogen die von Mauern, Türmen und Basteien umgebenen Städte, jenseits der Karpaten, in der Moldau und in der Walachei dienten Burgen oder befestigte Klöster, Kirchen oder Herbergen auf dem ansonsten kaum geschützten Stadtgebiet der Defensive und als Refugium der Bevölkerung.

Stelian Mândruţ

Victor V. Grecu (Hg.): Turnu Roşu. Repere ale evoluţiei. Sinteză monografică [Schweinsdorf. Kennzeichen seiner Entwicklung. Monographie]. Sibiu: Editura Etape 2000. 46 S. ISBN 973-9090-74-5.

Die am Durchbruch des Alt/Olt durch die Südkarpaten entstandene Gemeinde Turnu Roşu/Schweinsdorf profitierte von und litt gleichermaßen unter ihrer geographischen Lage am Roten-Turm-Paß, dessen Name 1964 offiziell auf den bis dahin Porceşti genannten Ort übertragen wurde. In den Mittelpunkt der Betrachtung wird in dieser kleinen Monographie die hier seit Urzeiten lebende rumänische Bevölkerung gestellt. Man findet Angaben zur wirtschaftlichen Entwicklung, über Kirchen, Schulen, Tracht, Kultur, bedeutende Persönlichkeiten aus der Gemeinde, Verwaltungseinrichtungen und das Dorfmuseum. Ein Ausblick auf die Möglichkeiten touristischer Erschließung des Gebietes rundet das Heft ab.

Stelian Mândruţ

Farkas-Zoltán Hajdú, Lajos Kántor, Gyöngy Kovács Kiss, Sabine Spors (Red.): Siebenbürgen. Magie einer Kulturlandschaft. Klausenburg: Korunk 1999. 315 S. ISBN 3-00-004804-9.

Anstelle der traditionellen Anthologien der in Klausenburg/Cluj-Napoca erscheinenden ungarischsprachigen Kulturzeitschrift „Korunk" wurde diese Sammlung von Essays, Interviews, Aufsätzen und Meinungsäußerungen ungarischer, rumänischer und rumäniendeutscher Autoren veröffentlicht. Sie zeichnet ein umfassendes Bild der Kulturlandschaft Siebenbürgen und ist zugleich ein Zeugnis der gegenwärtigen Identitätssuche der Magyaren Siebenbürgens. Die Beiträge sind folgenden Kapiteln zugeordnet: „Siebenbürgisches Bewußtsein", „Das Tor zum Balkan", „Ungarisch-deutsche Beziehungen", „Korunk (Unser Zeitalter) – Europa". Alle Mitarbeiter erkennen die Notwendigkeit des interethnischen Dialogs, doch beschränkt sich dieser in der vorliegenden Sammlung auf die Erörterung der ungarisch-deutschen Interferenzen.

Stelian Mândruţ

Farkas-Zoltán Hajdú: Székelyek és szászok. A kölcsönös segítség és intézményei a székelyeknél és az erdélyi szászoknál [Szekler und Sachsen. Die gegenseitige Hilfe und ihre Institutionen bei den Szeklern und den Siebenbürger Sachsen] ([Reihe:] A Kríza János Néprajzi Társaság Könyvtára [Bibliothek der Ethnographischen Gesellschaft János Kríza]). Marosvásárhely [Târgu Mureş]: Mentor Kiadü 2001. 176 S., dt. und rumän. Zusammenfassungen. ISBN 973-8002-96-6.

Die Abhandlung untersucht die im Gemeinschaftsleben der Szekler und Sachsen bis zur Jahrhundertwende eine wichtige Rolle spielende Nachbarschaftshilfe und deren institutionellen Rahmen, die szeklerischen „Kaláka" und die siebenbürgisch-sächsischen „Nachbarschaften". Der Verfasser streicht das weitgehend stabile und die jeweiligen Gruppen stabilisierende System der gegenseitigen Hilfe heraus, das in den szeklerischen und sächsischen Dorfgemeinschaften überlebenswichtig war, da hier auf Selbstversorgung konzentrierte Wirtschaftsformen betrieben wurden. Deshalb sind die beiden Institutionen (als Objekte) und auch das sie generierende gesellschaftliche Umfeld (als Kontext) miteinander vergleichbar. Ein Ortsnamenregister sowie Quellen- und Literaturverzeichnisse bereichern den Band.

Stelian Mândruţ

Stefan Heinz-Kehrer: Im Zangengriff der Zeiten. Ein langes Leben in kurzen Geschichten. Bukarest: ADZ Verlag 2001. 454 S. ISBN 973-99655-7-1.

Der Autor dieser Autobiographie (geb. 1913) ist ein im Banat und insbesondere in Temeswar/Timişoara bekannter und vielseitiger Künstler (Sänger, Komponist, Dirigent von Kirchenchor und Gesangverein, Mundartsprecher und Märchenzähler, Schauspieler, Dramatiker, Übersetzer, Schriftsteller). Seine Erinnerungen sind als persönlich gefärbtes Zeitzeugnis überaus aufschlußreich. Herauszufinden, wieviel davon „Dichtung" und wieviel „Wahrheit" ist, bleibt dem Leser überlassen. Dies gilt etwa hinsichtlich seiner Aussagen über das politische Engagement der an der „Banatia" ausgebildeten banatschwäbischen Lehrer in den dreißiger und vierziger Jahren, über seine Mitgliedschaft in der Sozialdemokratischen Partei, seine in den 1950er Jahren veröffentlichten proletkultistischen Gedichte und anderes mehr.

Stelian Mândruţ

Gerhardt Hochstrasser: Historische und philologische Untersuchung des Ortsnamens Castrum de Tymes – Castrum Temesiensis – Temeschburg – Temesvár (Temeswar) – Temišvar – Tamişvar – Timişoara. Timişoara: Editura Eurobit 2001. 72 S. ISBN 973-8181-26-7.

Unter Berücksichtigung der Quellen und des geschichtlichen Kontexts – der Frühgeschichte der Burg (ungarisch „vár") und der Siedlung im Temescher Banat – widmet sich der Verfasser der umstrittenen Frage nach dem korrekten deutschen Namen der Stadt Temeswar/Timişoara. Er kommt zu dem Schluß, daß der deutsche Ortsname „Temeschburg" lauten müßte. Gleichfalls analysiert er die anderen urkundlich erwähnten Namensformen in lateinischer, ungarischer, serbischer, türkischer und rumänischer Sprache.

Stelian Mândruţ

Rosemarie Hochstrasser: Die siebenbürgisch-sächsische Gesellschaft in ihrem strukturellen Wandel 1867–1992. Unter besonderer Berücksichtigung der Verhältnisse in Hermannstadt und Brenndorf. Hermannstadt: hora Verlag, Heidelberg: Arbeitskreis für Siebenbürgische Landeskunde 2002. 263 S. ISBN 973-8226-14-7 (hora), 3-929848-28-7 (AKSL), falsch: 3-829848-28-7 (AKSL).

Die Grazer Dissertation geht den von 1867 bis 1992 sich wiederholt grundlegend verändernden politischen Verhältnissen und dem dadurch bedingten Wandel der wirtschaftlichen, sozialen und kulturellen Bedeutung der Siebenbürger Sachsen nach. In vier Kapiteln untersucht die Autorin die demographische Entwicklung, die Veränderung der Gesellschaftsstruktur, die Rolle der identitätsstiftenden Institutionen und die letztlich abnehmende Bedeutung der Gruppe innerhalb Siebenbürgens in der Zeit zwischen dem österreichisch-ungarischen Ausgleich (1867) und der ersten Volkszählung, die in Rumänien nach dem Sturz des kommunistischen Regimes und dem danach einsetzenden Massenexodus der Siebenbürger Sachsen durchgeführt wurde (1992). Im Mittelpunkt stehen dabei, aus Sicht der Verfasserin repräsentativ für ländliche bzw. für städtische Strukturen, die Burzenländer Gemeinde Brenndorf/Bod und der siebenbürgisch-sächsische Hauptort Hermannstadt/Sibiu. Die Schlußfolgerungen der Autorin zeigen auf, daß der Verlust der politisch bedeutenden und autonomen Stellung der Siebenbürger Sachsen durch den Wandel von einer staatstragenden „ständischen Nation" zu einer Minderheit nach 1867 die Gesellschaft langsam, aber radikal verändert hat.

Stelian Mândruţ

Gheorghe Iancu: Problema minorităţilor etnice din România în documente ale Societăţii Naţiunilor (1923–1932) = Le problème des minorités ethniques de la Roumanie dans des documents de la Société des Nations (1923–1932) = Ethnic Minorities from Romania in Documents from the Nations' Society (1923–1932) (Seria Documente – Istorie – Mărturii [Reihe Urkunden – Geschichte – Zeugnisse]). Cluj-Napoca: Editura Argonaut 2002. 392 S. ISBN 973-9350-69-0.

Der dreisprachige Band enthält – nach einer umfangreichen geschichtlichen Einführung – die Berichte über die Rumänienreisen, die Erik Colban (in den Jahren 1923, 1924, 1926) und Pablo Azcarate (1930, 1932) in ihrer Eigenschaft als Leiter der Abteilung Verwaltung und Minderheiten beim Völkerbund unternommen haben. Sie werfen ein Licht sowohl auf die Meinungsbildung im Völkerbund über den Umgang Rumäniens mit seinen Minderheiten als auch auf die Lage und das Selbstbild der Minderheiten in Rumänien sowie auf die unterschiedlichen Konzepte zur Lösung des Minoritätenproblems. Hilfreich sind die auch viele ausländische Titel umfassende Bibliographie und ein Namenregister.

Stelian Mândruţ

Identitate, alteritate, multiculturalitate. Lucrările Simpozionului Internaţional Interdisciplinar 26–27 aprilie 2001 [Identität, Alterität, Multikulturalität. Beiträge zum internationalen und interdisziplinären Symposium 26.–27. April 2001] (Complexul Muzeal Arad. Colecţia minorităţi [Museenkomplex Arad. Sammlung Minderheiten] 3). Arad: Complexul Muzeal Arad 2001. 350 S., dt. Zusammenfassungen. ISBN 973-0-02517-7.

Der Sammelband dokumentiert das dritte interdisziplinäre Symposium, das der Komplex der Arader Museen im April 2001 veranstaltet hat. Im Mittelpunkt stand die Wahrnehmung des ‚Anderen' in der multikulturellen Gesellschaft des Banats, dies- und jenseits der rumänisch-ungarisch-serbischen Grenze. Neben Beiträgen über die rumänischen Minderheiten in Ungarn und Serbien und die ungarische Minderheit in Rumänien enthält der Band auch Arbeiten über die Slowaken, Juden, Deutschen, Roma, Serben und Türken in Rumänien. Maria Mândroane widmet sich der deutschen Minderheit in Orawitza/Oraviţa, Cornel Pădureanu den Mischehen im Komitat Arad in der zweiten Hälfte des 19. Jahrhunderts.

Stelian Mândruţ

Tamás Ivett: A zirci régió németsége. Monográfia [Das Deutschtum der Sirtzer Region. Monographie]. Zirc: Zirci Német Hagyomány és Származáskutató Egyesület 2000. 111 S. ISBN 963-03-9824-9.

Die Besiedlung der nördlich des Plattensees/Balaton gelegenen Hochfläche von Sirtz/Zirc wurde nach dem Ende der osmanischen Herrschaft von den Habsburgern betrieben, um den neuen Besitz wirtschaftlich zu erschließen. Die sogenannten Donauschwaben kamen aus Baden, Württemberg, Moselfranken, Hessen und der Pfalz. Die Bevölkerung des Vorortes Sirtz stieg zwischen 1785 und 1960 von 1.247 auf 5.438 Personen. Der Anteil der deutschen Bewohner an der Gesamtbevölkerung fiel kontinuierlich von 54 % (1881) auf 5 % (1941). Die vom ungarischen Ministerrat am 22. Dezember 1945 beschlossene Vertreibung betraf deshalb die Bevölkerung des Ortes nur in geringem Maße. 1994 gründeten die Sirtzer Deutschen den Verein zur Herkunftsforschung und Traditionspflege, der dieses Heft herausgegeben hat, 1995 einen Verein der Freunde der deutschen Sprache, der auch die Minderheitenselbstverwaltung vor Ort wahrnimmt.

Edina Zvara

Hans Matthias Just (Hg.): In den Krallen des roten Drachen. Pater Paulus Anton Weinschrott SDS, ein Märtyrer des 20. Jahrhunderts. Eine Dokumentation. Temeswar: Mirton-Verlag 1999. 394 S. ISBN 973-578-808-X.

Der Band würdigt den Lebens- und Leidensweg des im Banat wirkenden Salvatorianerpaters Paulus Anton Weinschrott (1919–1960) durch die Veröffentlichung von Gesprächen, Erinnerungen und Aufzeichnungen einiger Zeitgenossen, von Briefen und Brief-Predigten des Priesters an die in die Bărăgan-Steppe verschleppten Banater Schwaben sowie von Auszügen aus dem Strafdossier, dem Vernehmungsprotokoll und dem Protokoll des Schauprozesses gegen Weinschrott. Eine kurze Darstellung der Geschichte der römisch-katholischen Kirche und des Salvatorianerordens im Banat ergänzen den Band. Die Dokumentation zeigt die schwierige Lage der Kirche unter den erdrückenden Bedingungen der totalitären kommunistischen Diktatur.

Stelian Mândruţ

Horst Klusch: Zur Ansiedlung der Siebenbürger Sachsen (Reihe Transylvanica). Bukarest, Klausenburg: Kriterion Verlag 2001. 156 S., Abb., Kt. ISBN 973-26-0655-X.

Horst Klusch hat seine zuerst 1997 (im Eigenverlag, Hermannstadt/Sibiu) erschienene Studie zu diesem Thema wesentlich erweitert und argumentativ untermauert, bleibt aber weiterhin oft im Bereich des Spekulativen. Mit kritischem Blick betrachtet er die klassischen Ansiedlungstheorien und entwirft hierzu eigene Hypothesen. Neben seiner bereits 1997 skizzierten Ansiedlungstheorie, den ebenfalls schon dort angestellten Überlegungen zu den Kreuzzügen und dem Deutschen Orden im Burzenland geht der Verfasser im vorliegenden Band auch auf Detailfragen ein, etwa nach der Bekleidung der Ansiedler im 12. Jahrhundert. Ausführlich bezieht er sich auf die von den Brüdern Grimm überlieferte und mit der Ansiedlung der Siebenbürger Sachsen in Verbindung gebrachte Sage vom Rattenfänger von Hameln.

Stelian Mândruţ

Horst Klusch: Siebenbürgisch-sächsische Trachtenlandschaften. Hermannstadt: Demokratisches Forum der Deutschen in Rumänien 2002. 178 S., zahlr. Abb. ISBN 973-0-02595-9.

Das reich bebilderte Buch beruht auf Vorarbeiten verschiedener Künstler, die im Laufe des 20. Jahrhunderts in vielen siebenbürgisch-sächsischen Gemeinden Trachtenaquarelle gemalt haben, die heute den Volkskundlern Informationen aus zurückliegender Zeit bieten. Der Verfasser selbst sammelte noch viel Bildmaterial im südlichen Teil Siebenbürgens und im Gebiet um Bistritz/Bistriţa und Reen/Reghin. Die Darstellung beginnt mit der Bekleidung der deutschen Ansiedler in Siebenbürgen im 12. Jahrhundert und folgt dann der geschichtlichen Entwicklung der sächsischen Tracht, wobei sie sowohl auf die Bürger- als auch auf die Bauerntracht eingeht. Anhand von Fallbeispielen werden die unterschiedlichen Trachtenlandschaften mit ihren spezifischen Merkmalen beschrieben; hinzu kommen Angaben über Volks- und Festbräuche und über die traditionellen Kostüme. Als Quellen dienen – außer einschlägigen wissenschaftlichen Arbeiten – alte Kleiderordnungen, Handschriften mit Trachtenbildern, Grabsteine, Fresken und anderes.

Stelian Mândruţ

Lívia Kölnei, Erzsébet Balázs: In omni hora = Minden órában. A Tizennégy Segítőszent kultusza Magyarországon [Zu jeder Stunde. Die Verehrung der Vierzehn Nothelfer in Ungarn]. Budapest: Kairosz 2002. 158 S. ISBN 963-9406-43-0.

Die Verehrung der Vierzehn Nothelfer (Feiertag ist der 12. Juli) dürfte sich von Süddeutschland nach Mitteleuropa ausgebreitet haben. In Ungarn wurde dieser Kultus im letzten Viertel des 15. Jahrhunderts bekannt. Er bürgerte sich insbesondere in den Gebieten ein, in denen deutsche Siedler wohnten. Erhalten geblieben sind Altäre in Leutschau/Levoča, Neusohl/Banská Bystrica, Bartfeld/Bardejov, Kaschau/Košice (heute Slowakei) sowie in einigen Museen. Inschriften, die an die Vierzehn Nothelfer erinnern, finden sich in Kaschau, Kelénpatak (bei Ödenburg/Sopron) und in der Magdalenenkirche in der Burg von Ofen/Buda. Nach der Vertreibung der Türken breitete sich diese Heiligenverehrung weiter aus, was an einer Reihe von Barockaltarbildern deutlich wird.

Edina Zvara

Karl Manherz (Hg.): Die Ungarndeutschen (Welt im Umbruch – Mehrsprachige Bibliothek. Geschichte: Epochen, Menschen, Ideen, Geschichtswissenschaft 1). Budapest: Útmutató Verlag [1999]. 128 S. ISSN 1219-5235, ISBN 963-9001-35-X.

Der erste Band der von Todor Simeonov als Hauptherausgeber betreuten Reihe „Welt im Umbruch" ist die deutschsprachige Version der 1998 im selben Verlag erschienenen ungarischsprachigen Ausgabe (s. „Berichte und Forschungen" 7, 1999, S. 314). Es handelt sich um ein kleines Taschenbuch, welches den Begriff „Ungarndeutschtum" aus geschichts- und sprachwissenschaftlicher sowie aus volkskundlicher Sicht definiert. Dabei beschränken sich seine Autoren, die Mitarbeiter des Ungarndeutschen Forschungs- und Lehrerbildungszentrums am Germanistischen Institut der Geisteswissenschaftlichen Fakultät der Loránd-Eötvös-Universität Budapest (András F. Balogh, Marietta Boross, Mária Erb, Elisabeth Hajdú, Elisabeth Knipf, Mária Keszler, András Kocsis, Vince Paál, Johann Schuth, Dezső Szabó, Katharina Wild, János Fatuska) auf das Wesentlichste der Identitätsproblematik der ethnisch definierten Minderheit, weil das Taschenbuch vor allem für das interessierte Laienpublikum gedacht ist.

Krisztina Kaltenecker

Karl Manherz, Katharina Wild: Zur Sprache und Volkskultur der Ungarndeutschen. Lehrbuch zur Minderheitenkunde (Ungarndeutsches Archiv. Schriften zur Sprache, Literatur, Kultur und Geschichte der Deutschen in Ungarn 3). Budapest: ELTE [Loránd-Eötvös-Universität], Germanistisches Institut 2002. 184 S. ISBN 963-463-573-3.

Der vorliegende Band in der von Karl Manherz herausgegebenen Reihe „Ungarndeutsches Archiv" wurde als Lehrbuch zur Minderheitenkunde für Germanistikstudenten der Loránd-Eötvös-Universität zusammengestellt, welche nach dem Abschluß ihres Studiums in Institutionen (z. B. Schulen, Selbstverwaltungen, Medien oder Forschungsinstituten) der ethnischen und sprachlichen Minderheiten Ungarns arbeiten wollen. Somit umfaßt das Lehrbuch das Grundmaterial für die theoretische Ausbildung von Fachleuten der Minderheitenfrage im Budapester Ungarndeutschen Zentrum für Forschung und Lehrerausbildung. Obzwar auch die Geschichte der Ungarndeutschen von der Ansiedlungszeit bis heute und der aktuelle Stand der ungarndeutschen Mundartforschung gestreift werden, gehört das Hauptaugenmerk der Autoren den bisherigen Ergebnissen der ungarndeutschen Volkskunde (darunter vor allem den Sitten und Bräuchen im Jahreslauf, den Kinderreimen und Kinderliedern, dem Volksschauspiel und dem Volkslied).

Krisztina Kaltenecker

Iacob Mârza, Ana Dumitran (Hg.): Spiritualitate transilvană și istorie europeană = Transylvanian Spirituality and European History [Siebenbürgischer Geist und europäische Geschichte]. Alba Iulia: Muzeul Național al Unirii 1999. 534 S., engl. Zusammenfassung. ISBN 973-4-00681-4.

Der Band enthält Beiträge in rumänischer, ungarischer, deutscher, englischer und französischer Sprache, die vier Kapiteln zugeordnet sind: „Konfession, Ethnikum und politische Macht"; „Kirchliche Institutionen"; „Buch- und Schriftwesen"; „Geschichte und Nation". Besonderen Bezug auf die Siebenbürger Sachsen nehmen mehrere Beiträge über die Gegenreformation (Maria Crăciun, Botond Gúdor, Lucian Periș), die Aufklärung (Pompiliu Teodor) und die interkonfessionellen Beziehungen in Siebenbürgen (Viorica Lascu) sowie eine Bibliographie der im Ausland gedruckten Werke des Humanisten und Reformators Johannes Honterus (Gernot Nussbächer).

Stelian Mândruț

Vintilă Mihăilescu (Hg.): Vecini și Vecinătăți în Transilvania [Nachbarn und Nachbarschaften in Siebenbürgen]. București: Editura Paideia 2002. 151 S. ISBN 973-596-058-3.

Auf einen allgemeinen Überblick über die Thematik und ihre aktuelle Bedeutung (von Vintilă Mihăilescu) folgt eine umfassende Analyse der Einrichtung der Nachbarschaften bei den Siebenbürger Sachsen und den Magyaren, mit Blick auch auf die Kalandsbruderschaften der Gesellen (von Ferenc Pozsony). Die Rolle der Nachbarschaften der Frauen wird am

Fallbeispiel Schäßburg/Sighişoara illustriert (von Anne Schiltz), der Einfluß der Institution der Nachbarschaften und der Nachbarschaftsartikel auf die Rumänen am Beispiel von Drăguş (von Vasile Şoflău). Die heutige Lage in vielen Gemeinden wird unter dem Titel „Nachbarschaften ohne Nachbarn" (von Gabriela Coman) behandelt. Hierbei geht es um die Aussiedlung der Siebenbürger Sachsen und ihre Folgen auf das traditionelle Gefüge der siebenbürgischen Dörfer, um die Zuwanderung neuer Bewohner („Stafettenübergabe") und die Fortdauer der nachbarschaftlichen Institution unter veränderten Bedingungen.

Stelian Mândruţ

Ioan Munteanu, Rodica Munteanu: Timişoara. Monografie [Temeswar. Monographie]. Timişoara: Editura Mirton 2002. 574 S., Abb., Kt., engl. Zusammenfassung. ISBN 973-585-650-6.

Das Buch ist die erste umfassende Monographie über die Großstadt im Banat in rumänischer Sprache seit fast 60 Jahren. Die Verfasser, ein Historiker und eine Geographin, bemühen sich vor allem um eine nüchterne und objektive Darstellung der Sachverhalte. Nach einem Überblick über die geographischen Grundlagen und einem geschichtlichen Abriß werden folgende Themen behandelt: die demographische Entwicklung, der Städtebau vom Mittelalter bis zur Gegenwart, Wirtschaft und Gesellschaft, Gesundheits- und Bildungswesen, Kultur, Wissenschaft, Geistesleben und Sport. Im Anhang sind sämtliche Temeswarer Bürgermeister seit 1718 aufgeführt, zudem werden die bedeutendsten Bauten der Stadt vorgestellt. Reiches Bildmaterial und eine Reihe von Stadtplänen illustrieren den Band. Die Bibliographie umfaßt nicht weniger als 20 Seiten.

Stelian Mândruţ

Petre Munteanu Beşliu: Biserici dispărute, biserici regăsite [Verschwundene Kirchen, wiedergefundene Kirchen]. Sibiu: Editura Universităţii „Lucian Blaga" 2001. 143 S., Abb. ISBN 973-651-398-X.

Der am Brukenthal-Museum in Hermannstadt/Sibiu tätige Archäologe vereint in diesem Band die Berichte über seine Grabungen zur Erforschung von Kirchen und Kapellen in Hermannstadt (Minoritenkirche, Elisabethkirche, mittelalterliche Hauskapelle), Selischte/Sălişte (Kapelle eines Adelshofes) und Budenbach/Sibiel (Hofkapelle). Neben reichen Erläuterungen und Anmerkungen sind die weiterführenden Literaturhinweise, ein Namenregister und der Abbildungsnachweis sehr hilfreich.

Stelian Mândruţ

Werner Niederkorn: Schwowisches und Herrisches. Beiträge zur Ethnografie der Banater Schwaben. Zeichnungen von Hans Parison. Temeswar: Eurobit Verlag 2001. 324 S. ISBN 973-881-68-2.

Der Verfasser druckt in diesem Band eine Reihe von Beiträgen ab, die in den letzten 25 Jahren als Artikelserien in der deutschsprachigen Presse Rumäniens erschienen sind. Im ersten Teil finden sich Aufsätze über die „Banater Eßgewohnheiten im Wandel der Zeiten", über „Herkunft und Namen der Kulturpflanzen im Banat", über „Heilkräuter und Hausmittel in der Banater Volksmedizin" sowie über Obst- und Weinbau in der Region; der zweite Teil enthält Untersuchungen über banatschwäbische Vornamen in Perjamosch/Periam und über die Ortsnamen des Banats und deren Veränderungen. Eine anläßlich einer Fahrradfahrt durch die Region unternommene „Bestandsaufnahme 1999" sowie eine „selektive Bibliographie" schließen den interessanten Band ab.

Stelian Mândruţ

Gernot Nussbächer: Contribuţii la istoria Braşovului [Beiträge zur Geschichte von Kronstadt] (Caietele Corona-Hefte 1). Braşov/Kronstadt: aldus Verlag 2002. 52 S. ISBN 973-9314-78-3.

Der bekannte Historiker und Archivar macht in diesem zweisprachigen Büchlein mit den alten Wehranlagen der Stadt Kronstadt/Braşov bekannt. Als ältestes in Teilen erhaltenes Baudenkmal wird die ehemalige Brassovia-Burg auf der Zinne präsentiert. Elf Wehrtürme und Verteidigungsanlagen werden des weiteren ausführlich beschrieben. Einleitend bietet der Autor einen geschichtlichen Überblick über die Stadt und ihr Umland und stellt dann die Zinnenstadt bis zur Mitte des 16. Jahrhunderts vor, wobei er mit vielen Details aus der Zeit von 1235 bis 1600 aufwartet.

Stelian Mândruţ

Gernot Nussbächer: Liceul teoretic Johannes Honterus [Das Theoretische Lyzeum „Johannes Honterus"] (Caietele Corona-Hefte 2). Braşov/Kronstadt: aldus Verlag 2002. 54 S. ISBN 973-9314-78-3.

Die zweisprachige Arbeit vermittelt einen Überblick über die Geschichte der bedeutenden Lehranstalt in Kronstadt/Braşov. Dieser reicht von der ersten Erwähnung Kronstädter Schulen über die Gründung des Gymnasiums durch den – heute ihm den Namen gebenden – Humanisten und Reformator Johannes Honterus bis zur Gegenwart. Aufschlußreich sind auch die Angaben über schulische und außerschulische Aktivitäten, über die zur Schule gehörigen Gebäude, Klassenräume, Labore, Verwaltungsbüros, Bibliotheken usw. Beeindruckend ist die Liste bedeutender Persönlichkeiten, die diese Unterrichtsanstalt besucht oder an ihr gelehrt haben.

Stelian Mândruţ

Laurenţiu Oprea: Mediaş [Mediasch]. Sibiu: Casa de Presă, Editura Tribuna 2001. 62, 10 S., zahlr. Abb. Keine ISBN.

Das reich illustrierte Bändchen stellt die Stadt Mediasch/Mediaş in Siebenbürgen in rumänischer, deutscher, französischer und englischer Sprache vor. Der Anteil der siebenbürgisch-sächsischen Einwohner an der Entwicklung von Geschichte und Kultur dieser Stadt wird angemessen gewürdigt. Eine Bibliographie ist vorhanden.

Stelian Mândruţ

Judit Pál, János Fleisz (Hg.): Erdélyi várostörténeti tanulmányok [Studien zur Stadtgeschichte Siebenbürgens] ([Reihe:] Múltunk könyvek [Bücher über unsere Vergangenheit]). Csíkszereda: Pro-Print Könyvkiadü 2001. 280 S. ISBN 973-9311-81-4.

Der Band dokumentiert Ergebnisse der nach 1989 wieder belebten siebenbürgisch-ungarischen Forschungen zur Städtegeschichte. Judit Pál bietet einleitend einen Rückblick auf die nach dem Zweiten Weltkrieg erschienenen einschlägigen Arbeiten. Enikő Rüsz Fogarasi untersucht die Vororte der mittelalterlichen Komitate und die Möglichkeiten ihrer Entwicklung zur Stadt. István Petrovits wendet sich den kirchlichen Verhältnissen im Dreieck zwischen Donau, Theiß und Mieresch, insbesondere aber in Temeswar/Timişoara, zu. Károly Vekov stellt die zentralörtliche Funktion von Weißenburg/Alba Iulia im Mittelalter und in der Frühen Neuzeit dar. Über die Anfänge der Historiographie in Kronstadt/Braşov im Mittelalter und zu Beginn der Neuzeit referiert Edit Szegedi. Weitere Beiträge sind der Stadt Klausenburg/Cluj-Napoca in der Zeit des Vormärz (Gábor Sonkoly) und während der Revolution von 1848 (Ákos Egyed) gewidmet. Aus der Zeit des österreichisch-ungarischen Ausgleichs (1867–1918) werden Fragen der sozialen Struktur von Mittelschicht und gehobenem Bürgertum (Gábor Gyáni), der Modernisierung im Szeklerland im Widerstreit von örtlicher Autonomie und staatlichem Zentralismus (Judit Pál), der Urbanisierung und Urbanität bei den Siebenbürger Rumänen (Ábrahám Barna) und der Entwicklungstendenzen der Stadt Großwardein/Oradea (János Fleisz) behandelt.

Stelian Mândruţ

Rudolf Poledna: Sint ut sunt, aut non sint? Transformări sociale la saşii ardeleni după 1945. O analiză sociologică din perspectivă sistemică [Gesellschaftliche Veränderungen bei den Siebenbürger Sachsen nach 1945. Eine soziologische Untersuchung aus systemischer Sicht]. Cluj-Napoca: Presa Universitară Clujeană 2001. 257 S. ISBN 973-8095-98-0.

Die Arbeit geht von Ansätzen der sog. systemischen Theorie aus und versteht die Gruppe der Siebenbürger Sachsen als ein soziales System, in dem die Interaktionen der Mitglieder von einem wechselseitigen Abhängigkeitsverhältnis geprägt sind. Zunächst werden die bisherigen empirischen und theoretischen Untersuchungen vorgestellt, die in Rumänien vom Forschungsinstitut für Gesellschaftswissenschaften in Hermannstadt/Sibiu, in Deutschland vom Arbeitskreis für Siebenbürgische Landeskunde vorangetrieben wurden. Sodann geht der Verfasser der Einwanderung der Siebenbürger Sachsen und der Herausbildung ihres sozialen Gefüges und ihres Selbstbewußtseins vom 12. Jahrhundert bis 1876 nach. Im nächsten Kapitel schildert er die Modernisierung der siebenbürgisch-sächsischen Gesellschaft im letzten Viertel des 19. und in den ersten Jahrzehnten des 20. Jahrhunderts; sie führte zu einer Veränderung des Identitätsbewußtseins, das sich von einem „sächsischen" zu einem „deutschen" verlagerte und schließlich gegenüber nationalsozialistischen Strömungen relativ offen war. Als einschneidendes Gruppenerlebnis und -trauma wird die Deportation in die Sowjetunion (1945–1949) dargestellt. Zusammen mit der Agrarreform von 1945, den Enteignungen von 1948, der ab 1949 eingeleiteten Vergenossenschaftung der Landwirtschaft und der kommunistischen Verfolgung Andersdenkender habe dieses Trauma zur Auflösung des Sozialsystems der Siebenbürger Sachsen geführt. Das hatte eine Entfremdung von der angestammten Heimat zur Folge und mündete in der Emigration, die nach 1989 zu einem Massenexodus wurde. Abschließend untersucht der Autor die Lage in einigen Ortschaften, die über einen starken siebenbürgisch-sächsischen Bevölkerungsanteil verfügten, und spricht die Frage nach dem Umgang mit dem von den früheren Bewohnern hinterlassenen Erbe an. Neben einer Bibliographie präsentiert der Anhang statistisches Material in sehr wertvollen Tabellen.

Stelian Mândruţ

Aurel Răduţiu, Viorica Pervain, Susana Andea, Lidia Gross: Documenta Romaniae Historica. [Reihe] C. Transilvania. Vol. XIV (1371–1375). Bucureşti: Editura Academiei Române 2002. 815 S. ISBN 973-27-0864-6, 973-27-0428-4.

In dem vom Klausenburger Geschichtsinstitut der Rumänischen Akademie herausgegebenen Band sind 441 Urkunden entweder vollständig ediert und mit rumänischer Übersetzung versehen oder in Regestenform zusammengefaßt. Sie bieten einen Einblick in die vielfältige Geschichte und Kultur Siebenbürgens und seiner Völker in der Spätzeit des Ungarnkönigs Ludwig I. der Große von Anjou. Zahlreiche Verzeichnisse ergänzen den Band: Listen der Fälschungen (nicht in den Band aufgenommen) und falsch datierter Urkunden, Personen-, Orts- und Sachregister sowie je ein Verzeichnis der benutzten Literatur, der Editionen und der Archivquellen.

Stelian Mândruţ

Ioan Romoşan (Hg.): Monografia oraşului Sînnicolau Mare [Monographie der Stadt Großsanktnikolaus]. Timişoara: Editura Solness 2000. 270 S. ISBN 973-8145-09-0.

Die von acht Autoren und elf Mitarbeitern erarbeitete Monographie skizziert die Geschichte des im Temescher Banat gelegenen Ortes Sânnicolau Mare/Großsanktnikolaus, der schon in der Römerzeit bestanden hat, in dem ein Schatz aus der Awarenzeit gefunden wurde und in dem im 18. Jahrhundert Banater Schwaben angesiedelt wurden. Auf einen geschichtlichen Rückblick folgen zwei zeitgenössische Momentaufnahmen aus den Jahren 1957 und 1985. Traditionen und Bräuchen, dem Chor „Doina", dem Schatzfund sowie den aus dem Ort stammenden berühmten Persönlichkeiten (unter ihnen der in Berlin lebende Publizist William Totok) sind weitere Kapitel gewidmet.

Stelian Mândruţ

Traian Rotariu (Hg.), Maria Semeniuc, Elemér Mezei: Recensământul din 1941. Transilvania [Die Volkszählung von 1941. Siebenbürgen] ([Reihe:] Studia Censualia Transsilvanica). Cluj-Napoca: Presa Universitară Clujeană 2002. 381 S. ISBN 973-610-083-9.

Der vom Soziologielehrstuhl der Universität Klausenburg/Cluj-Napoca veröffentlichte Band enthält Informationen über die ethnische und konfessionelle Struktur Siebenbürgens auf Grund der Volkszählung aus dem Jahr 1941, die unter den besonderen Umständen des Krieges und der Besetzung Nordsiebenbürgens durch das horthystische Ungarn durchgeführt wurde und deren Ergebnisse kaum bekannt sind. Es fanden – nicht zeitgleich und unter Anwendung unterschiedlicher Verfahrensweisen – zwei Zählungen statt, eine im rumänisch verbliebenen und eine im ungarisch gewordenen Teil Siebenbürgens (veröffentlicht 1944 bzw. 1947). Bei der ungarischen Zählung wurden die Kategorien Ethnie und Muttersprache nicht berücksichtigt, so daß diese Angaben auch in dem im vorliegenden Band gebotenen Gesamtüberblick fehlen.

Stelian Mândruţ

Ágnes W. Salgó, Ágnes Stemler (Hg.): Honterus-emlékkönyv. Emlékülés és kiállítás Johannes Honterus halálának 450. évfordulója alkalmából az Országos Széchényi Könyvtárban, 1999 = Honterus-Festschrift. Wissenschaftliche Tagung und Ausstellung zum 450jährigen Todestage von Johannes Honterus in der Ungarischen Széchényi Nationalbibliothek, 1999 ([Reihe:] Libri de libris). Budapest: OSZK – Osiris Kiadó 2001. 241 S., Abb., dt. Zusammenfassungen. ISBN 963-200-433-7.

Anläßlich des 450. Todestages des siebenbürgischen Humanisten Johannes Honterus (1498–1549) veranstaltete die Széchényi-Nationalbibliothek in Budapest eine wissenschaftliche Tagung, begleitet von einer Ausstellung mit Exponaten aus ihren Sammlungen. Die vorliegende Festschrift dokumentiert diese Tagung und ist mit Abbildungen von Ausstellungsstücken illustriert. Der Band enthält folgende Aufsätze: „Honterus und die Kronstädter Schule" (István Mészáros); „Der Begriff ‚reformatio' im Honterus-Büchlein aus dem Jahre 1543" (Zoltán Csepregi); „Johannes Honterus, der Rechtsgelehrte – Vermittler des europäischen ‚ius commune'" (Béla S. Szabó); „Honterus: Rudimenta Cosmographica (1542) – Kosmographie und/oder Geographie" (Zsolt Török); „Kartographie-Quellen Siebenbürgens im 16. Jahrhundert" (Katalin Plihál); „The Celestial Map of Johannes Honterus" (Lajos Bartha); „An Attempt to Reconstruct the Honterus-Press" (Judit V. Ecsedy); „Versuch einer Bibliographie der ausländischen Ausgaben der Werke des Kronstädter Humanisten Johannes Honterus" (Gernot Nussbächer); „Johannes Honterus, 1498–1549. Ausgewählte Bilder aus dem Material der Ausstellung in der Sammlung Alter Drucke in der Széchényi-Nationalbibliothek (10. Mai – 26. Juli 1999)" (Ágnes W. Salgó, Katalin Velenczei).

Edina Zvara

István Schlett (Hg.): A nemzetiségi törvényjavaslat országgyűlési vitája 1868 [Die Parlamentsdebatte des Minderheitengesetzesantrags 1868] ([Reihe:] Magyar néző [Ungarischer Beobachter]). Budapest: Természet- és Társadalombarát Fejlődésért Közalapítvány – Kortárs Kiadó 2002. 208 S. ISBN 963-9297-48-8.

In Ungarn wurde das erste moderne Minderheitengesetz ein Jahr nach dem österreichisch-ungarischen Ausgleich von 1867 erlassen. Die vorausgehenden Parlamentsdebatten von hohem Niveau sind in diesem Band dokumentiert. Nach Meinung des Herausgebers entstand das Gesetz im Konflikt zwischen dem ungarischen Nationalliberalismus und dem Nationalismus der Minderheiten. Die Debatte war von hohem Niveau, es wurde sehr fachgerecht argumentiert. Der Band enthält im Anhang den Gesetzesantrag über die Regelung und Sicherung der Landesminderheiten und Landessprachen in Ungarn vom 11. Februar 1867 und den Gesetzesantrag von Ferenc Deák zur Frage der Gleichberechtigung der Minderheiten vom 24. November 1868.

Edina Zvara

Ionel Şotropa, Maria Şotropa: Moşna, monografie [Meschen. Monographie]. Sibiu: Editura Etape 2001. 264 S., zahlr. Abb., Kt. ISBN 973-9090-86-9.

Der erstmals 1280 urkundlich erwähnte und bereits in zwei deutschsprachigen Monographien untersuchte Ort Meschen/Moşna bei Mediasch/Mediaş wird in dem vorliegenden Buch in einer rumänischsprachigen Überblicksdarstellung vorgestellt. Die Gliederung des Buches folgt traditionellen Schemata; geboten werden neben demographischen Angaben Informationen zu folgenden Themen: geographischer Rahmen, Geschichte, Wirtschaft, Verwaltung, Toponomastik. Im zweiten Teil werden Traditionen und Entwicklungen im kulturellen Leben der Gemeinde geschildert; ein Schwerpunkt liegt auf der durch die Aussiedlung der siebenbürgisch-sächsischen Bevölkerung entstandenen heutigen Lage. Im Anhang finden sich Zeittafel, Literaturhinweise, Karten, Zeichnungen, Fotografien und andere Abbildungen sowie Tabellen.

Stelian Mândruţ

Edit Szegedi: Identităţi premoderne în Transilvania [Frühneuzeitliche Identitäten in Siebenbürgen]. Cluj-Napoca: Editura Fundaţiei pentru Studii Europene 2002. 182 S. ISBN 973-8254-33-7.

Das Buch vereint mehrere in den Jahren 1994–2002 verfaßte Aufsätze der Klausenburger Historikerin Edit Szegedi, die sich mit Fragen der Identität von ethnischen und religiösen Gruppen auseinandersetzen, welche im Reformationszeitalter erstmals virulent wurden. Die Verfasserin rückt damit einige Aspekte, die bis heute den interethnischen und interreligiösen Dialog gerade in Klausenburg/Cluj-Napoca belasten, in die richtige historische Perspektive. Die Aufsätze widmen sich folgenden Themen: Reformation als „Krisenmanagement" in einer siebenbürgischen Stadt; Johannes Honterus bei den Magyaren und den Rumänen; Konfessionalisierung, Toleranz und Intoleranz in der Religionspolitik des Fürstentums Siebenbürgen (1545–1645); Reformation und Identitätsbewußtsein in Klausenburg; Identität der Antitrinitarier in Klausenburg (1570–1655).

Stelian Mândruţ

Transilvania şi saşii ardeleni în istoriografie. Din publicaţiile Asociaţiei de Studii Transilvane Heidelberg [Siebenbürgen und die Siebenbürger Sachsen in der Geschichtsschreibung. Aus den Veröffentlichungen des Arbeitskreises für Siebenbürgische Landeskunde Heidelberg]. Sibiu: Editura hora, Gundelsheim/Neckar: Arbeitskreis für Siebenbürgische Landeskunde 2001. 224 S. ISBN 973-8226-01-5 (hora), 3-929848-20-1 (AKSL).

Anläßlich seiner Jahrestagung 2001 in Klausenburg/Cluj-Napoca hat der Arbeitskreis für Siebenbürgische Landeskunde zwölf für seine wissenschaftlichen Publikationen repräsentative Beiträge ins Rumänische übersetzt und veröffentlicht, um neuere Forschungsergebnisse einem größeren Publikum in Rumänien bekannt zu machen. Die Zusammenstellung illustriert den europäischen Geist des Vereins, der sich Siebenbürgen in seiner multiethnischen und plurikonfessionellen Gesamtheit zugewandt hat, also ältere historiographische Ansätze zu überwinden versucht, die sich auf eine einzige Gruppe konzentrieren. Die Studien behandeln Fragen der politischen Geschichte, der Geschichtsschreibung, des Ständewesens, des Regionalismus, der Reformation und der religiösen Toleranz, der habsburgischen Herrschaft in Siebenbürgen, des Schulwesens, der Sozialstruktur, des Zusammenpralls von Traditionsbewußtsein und nationalsozialistischer Erneuerungsbewegung (1930–1944) und schließlich der demographischen Lage auf Grund der Ergebnisse der Volkszählung in Rumänien von 1992.

Stelian Mândruţ

Ioan Marian Ţiplic: Breslele producătorilor de arme din Sibiu, Braşov şi Cluj, secolele XIV–XVI [Die Zünfte der Waffenhersteller in Hermannstadt, Kronstadt und Klausenburg, 14.–16. Jh.] ([Reihe:] Bibliotheca Septemcastrensia). Sibiu: Editura Universităţii „Lucian Blaga" 2001. 167 S., engl. Zusammenfassung. ISBN 973-651-337-8.

Dieses willkommene Grundlagenwerk zur siebenbürgischen Wirtschaftsgeschichte untersucht die Zünfte der waffenproduzierenden Gewerbe in den drei wichtigsten siebenbürgischen Städten. Nach einem Überblick über den Forschungsstand analysiert der Verfasser die Organisation der Zünfte auf Grund der Zunftordnungen und anderer einschlägiger Quellen. Die Rolle der Zünfte im sozialen und wirtschaftlichen Gefüge der Stadt, aber auch bei deren Verteidigung und im Alltagsleben wird eingehend dargestellt. Der Autor geht darüber hinaus den Beziehungen zu Waffenherstellern in der Moldau und der Walachei nach und fragt nach dem Einfluß auf dort entstandene Organisationen von Gewerbetreibenden.

Stelian Mândruţ

Árpád E. Varga: Erdélyi etnikai és felekezeti statisztikája [Ethnische und konfessionelle Statistik Siebenbürgens]. [Bd.] II. Bihar, Máramaros, Szatmár és Szilágy megye népszámlalási adatok 1850/1869–1992 között [(Komitate) Bihar, Marmarosch, Sathmar und Zillenmarkt. Daten der Volkszählungen zwischen 1850/1869 und 1992]. Csikszereda: Pro-Print Könyvkiadü 1999. 869 S., Kt. ISBN 973-00-4954-6.

[Bd.] III. Arad, Krassü-Szörény és Temes megye népszámlalási adatok 1869–1992 között [(Komitate) Arad, Karasch-Severin und Temesch. Daten der Volkszählungen zwischen 1869 und 1992]. Csikszereda: Pro-Print Könyvkiadü 2000. 654 S., Kt. ISBN 973-9311-59-8.

[Bd.] IV. Fehér, Beszterce-Naszüd és Kolozs megye népszámlalási adatok 1850–1992 között [(Komitate) Weißenburg, Bistritz-Nassod und Kolosch. Daten der Volkszählungen zwischen 1850 und 1992]. Csikszereda: Pro-Print Könyvkiadü 2001. 781 S., Kt. ISBN 973-9311-85-7.

Wie im ersten Band (s. „Berichte und Forschungen" 9, 2001, S. 281) folgen auch in diesen Bänden auf eine zweisprachige (ungarische und rumänische) Einleitung tabellarisch angeordnete Daten zur ethnischen (aufgrund von Muttersprache und Nationalität) und konfessionellen Zugehörigkeit sowie zur beruflichen Gliederung der Bevölkerung der jeweiligen Komitate. Im Anhang finden sich ein zweisprachiges Ortsnamenverzeichnis und ein Überblick über Verwaltungszugehörigkeiten in den Jahren 1850, 1869, 1880, 1910, 1930, 1941, 1956 und 1966. Insgesamt wurden 14 offizielle Volkszählungen und drei weitere Konskriptionen berücksichtigt. Die beigegebenen Karten bieten eine willkommene Orientierungshilfe.

Stelian Mândruţ

Gerald Volkmer: Das Fürstentum Siebenbürgen 1541–1691. Außenpolitik und völkerrechtliche Stellung (Veröffentlichungen von Studium Transylvanicum). Kronstadt: aldus Verlag, Heidelberg: Arbeitskreis für Siebenbürgische Landeskunde 2002. 242 S., Kt. ISBN 973-9314-76-7 (aldus), 3-929848-31-7 (AKSL).

Der Verfasser analysiert Außenpolitik und völkerrechtliche Stellung Siebenbürgens in der Zeitspanne von der Dreiteilung Ungarns (als Folge der Schlacht bei Mohács, 1526) bis zur Integration in das Habsburgerreich (Leopoldinisches Diplom, 1691). In zwölf Kapiteln, die durch Regententafel, Landkarte, Quellen- und Literaturverzeichnis ergänzt werden, zeichnet Volkmer die wechselvolle Geschichte des Fürstentums Siebenbürgen nach, wobei er insbesondere das Verhältnis zum Osmanischen Reich und die siebenbürgisch-habsburgischen Beziehungen analysiert. Die wichtigsten zwischenstaatlichen Verträge mit den Habsburgern, mit Frankreich und Schweden sowie mit den benachbarten Fürstentümern der Moldau und der Walachei werden im Kontext des säkularen Gegensatzes zwischen dem Osmanischen Reich und dem Habsburgerreich betrachtet. Der Frage, ob Siebenbürgen in die Staatssukzession zum untergegangenen ungarischen Königreich der Stephanskrone eingetreten ist oder, rechtlich gesehen, mit diesem identisch war, wird ebenso nachgegangen wie der internationalen Beurteilung dieses Rechtsstatus. Dem Leopoldinischen Diplom, das die staatsrechtliche Stellung Siebenbürgens im Habsburgerreich bis 1848 bzw. 1867 besiegelte, ist ein eigenes Kapitel gewidmet. Das letzte Aufbäumen der von Franz II. Rákóczi angeführten siebenbürgischen Stände gegen die habsburgische Herrschaft wird abschließend untersucht.

Stelian Mândruţ

Marc van Wijnkoop Lüthi, Paul Brusanowski (Hg.): Creştinismul în Sibiu. Ghid al confesiunilor şi lăcaşurilor de cult = Christentum in Hermannstadt. Wegweiser zu Konfessionen und Kirchen. Sibiu/Hermannstadt: hora Verlag 2002. 213 S., Kt. ISBN 973-8226-19-8.

Der zweisprachige Band enthält Beiträge von Studierenden des Evangelischen Theologischen Instituts mit deutscher Unterrichtssprache in Hermannstadt/Sibiu. Verzeichnet werden dreizehn in dieser Stadt bestehende Glaubensgemeinschaften, dazu sämtliche Kirchen und Gemeindehäuser. Ein Literaturverzeichnis und ein Stadtplan ergänzen dieses nützliche Buch.

Stelian Mândruţ

11. Rußland

T[at'jana] S[urenovna] Aleksandrova, D[mitrij] O[legovič] Dobrovol'skij, R[amil'] A[sbachovič] Salachov: Slovar' nemeckich ličnych imen. Proischoždenie, Značenie, Upotreblenie = T. S. Alexandrova, D. O. Dobrovol'skiy, R. A. Salachov: Lexikon der deutschen Vornamen. Herkunft, Bedeutung, Gebrauch. Moskva: Russkij jazyk 2000. 248 S. ISBN 5-200-02969-4.

Dieses Lexikon entspricht einem gesellschaftlichen Interesse für die Probleme der Landeskunde und Kulturwissenschaft. Es ist das erste russischsprachige Wörterbuch dieser Art. Wie bei den meisten Völkern Europas und Amerikas hat sich in den deutschsprachigen Ländern das zweigliedrige anthroponymische System gebildet, d. h. jeder Bürger hat einen Nach- und einen Vornamen (seltener: zwei oder drei Vornamen), obwohl diese Zahl nicht offiziell reglementiert ist. Das vorliegende Lexikon gibt ausführliche Informationen über verschiedene Vornamen, ihre Genera, Aussprache, Etymologie und Diminutivformen. Ins Wörterbuch wurden auch einige mythologische und biblische Namen aufgenommen sowie die Namen mancher berühmter Persönlichkeiten und bekannter literarischer Figuren (mit Erklärungen). Die kulturwissenschaftlichen und landeskundlichen Aspekte des Lexikons machen es ergiebig für Schüler, Studenten, Übersetzer, Journalisten und Sprachwissenschaftler.

Nadja Wulff

T[amara] N. Černova: Rossijskie nemcy. Otečestvennaja bibliografija, 1991–2000 gg. Ukazatel' novejšej literatury po istorii i kul'ture nemcev Rossii. Pril.: Ėtničeskie nemcy v Rossijskoj imperii i v SSSR. Krat. bibliogr. ukaz. lit. (1945–1991 gg.) [Rußlanddeutsche. Vaterländische Bibliographie, 1991–2000. Verzeichnis der neuesten Literatur zur Geschichte und Kultur der Rußlanddeutschen. Anhang: Ethnische Deutsche im Russischen Reich und in der UdSSR. Ein kurzes bibliographisches Verzeichnis (1945–1991)]. Moskva 2001. 272 S. Keine ISBN.

Der Band bietet die neueste russischsprachige thematische Bibliographie zur Geschichte und Kultur der ethnischen Deutschen in Rußland vor der Oktoberrevolution 1917, in der sowjetischen Periode und im heutigen Rußland. Die Bibliographie versucht, die wissenschaftliche und publizistische Literatur sowie Nachschlagewerke zu Problemen der Rußlanddeutschen zu systematisieren. Als Grundlage ihres Aufbaus dienen das thematische und das regionale Prinzip: Getrennt behandelt (vor der Oktoberrevolution 1917) werden die Wolgadeutschen, die Deutschbalten, die Deutschen im Norden und im Zentrum Rußlands und im Kaukasus, die deutschen Kolonisten auf der Krim, am Schwarzen und am Asowschen Meer, die Deutschen im Ural, die Deutschen in Sibirien und im Fernen Osten, die Deutschen in Kasachstan und in Kirgisien, die Deutschen in Moldawien, die Deutschen in den russischen Großstädten wie Moskau, St. Petersburg und anderen. Einen selbständigen Teil des Bandes bildet die Bibliographie der Werke zur Quellenkunde, zur Ethnosoziologie und zur Dialektologie der Rußlanddeutschen sowie ein Verzeichnis einschlägiger Museen und Ausstellungen. Im Anhang findet sich Literatur zum Thema aus sowjetischer Zeit (1945–1991).

Nadja Wulff

A[lla] N. Česnokova: Nemcy v Peterburge. Severnaja stolica v starych otkrytkach = Die Deutschen in Petersburg. Die noerdliche Hauptstadt in alten Bildkarten. Text russ. u. dt. Sankt-Peterburg: „Satis" 2001. 55, [32] S., Abb. ISBN 5-94383-002-2.

In der Geschichte St. Petersburgs nehmen die Deutschen einen besonderen Platz ein; sie bildeten immer den größten Teil der hier wohnenden Ausländer und stellten Angehörige aller Gesellschaftsschichten: von Mitgliedern der Zarenfamilie bis zu Bäckern oder Apothekern. Die ersten Deutschen kamen auf Einladung Peters I. zusammen mit anderen Ausländern in die Stadt an der Newa. Die Autorin widmet sich der Rolle der Deutschen in der Stadtgeschichte bis zum Anfang des 20. Jahrhunderts. Unter den ersten Architekten (A. Schlüter, G. J. Mattarnovy), Bildhauern und Malern in St. Petersburg waren zahlreiche Deutsche. Die ersten Akademiemitglieder waren meistens Wissenschaftler aus Deutschland und der Schweiz. Im Laufe des 19. bis zum Anfang des 20. Jahrhunderts hatten Persönlichkeiten deutscher Herkunft dreimal den Posten des Ministerpräsidenten, viermal den des Finanzministers, siebenmal den des Ministers für das Verkehrswesen inne. Den in diesem Band präsentierten Stoff, der durch zahlreiche alte Ansichtskarten vom Anfang des

20. Jahrhunderts illustriert wird, kann man in drei Themengruppen einteilen: Porträts berühmter Deutscher und ihnen zu Ehren errichtete Denkmäler; von deutschen Meistern geschaffene Werke der Bau- und Bildhauerkunst; mit dem Aufenthalt der Deutschen in Petersburg verbundene Orte.

Nadja Wulff

Natal'ja (I.) Ivanova: Nemcy v Sankt-Peterburge i okrestnostjach (materialy issledovanij) = Natalia (I.) Ivanova: Die Deutschen in St. Petersburg und Umgebung (die [sic] Forschungsmaterialien). S.-Peterburg = St. Petersburg 1999. 83 S., Abb. ISBN 5-93287-003-6.

Die Deutschen in St. Petersburg und seiner Umgebung leisteten einen großen Beitrag zum Fortschritt der russischen Wissenschaft, Kultur und Kunst, zur russischen Armee sowie zum Finanzwesen und zur Industrie des Landes. Der Band zeichnet sich durch einen überschaubaren und gut strukturierten Aufbau aus. Die einzelnen Kapitel sind den wichtigsten Ebenen der Kultur der Petersburger Deutschen gewidmet. Im ersten Kapitel wird die Geschichte der deutschen Kirchengemeinden in Petersburg vom 18. bis ins 20. Jahrhundert verfolgt. Das zweite Kapitel setzt sich mit dem Thema der deutschen Unternehmer auseinander. Im darauffolgenden Abschnitt wird eine demographisch-soziale Untersuchung der Deutschen in Petersburg im Jahre 1804 unternommen. Der Schlußteil behandelt die deutsche Bevölkerung in Petersburgs Umgebung. Im Anhang wird Anschauungsmaterial (Tabellen und Abbildungen) aus drei Jahrhunderten dargeboten.

Nadja Wulff

N[atal'ja] I. Ivanova: Nemeckie predprinimateli v Sankt-Peterburge (XVIII–XX vv.) [Die deutschen Unternehmer in St. Petersburg vom 18. bis 20. Jh.] (Russko-nemeckie kontakty v biografii Sankt-Peterburga [Russisch-deutsche Kontakte in der Biographie von St. Petersburg] [6]). Sankt-Peterburg 2002. 266 S., Abb. ISBN 5-93287-017-7.

Die Untersuchung wendet sich der Geschichte der deutschen Unternehmer in St. Petersburg zu, der langjährigen Hauptstadt Rußlands. Deutsche Handwerker wurden schon in der Zeit vor Peter dem Großen ins Land geholt. Unter Peter dem Großen, der das Russische Reich ‚europäisieren' wollte, wurde der Strom der Ausländer in die Hauptstadt um ein Beträchtliches größer. In erster Linie wurden diejenigen Handwerker eingeladen, die zur Unterstützung der Armee beitrugen oder für den Zarenhof von Nutzen sein konnten: Tischler, Juweliere, Kutschenbauer usw. Die Praxis der Einladung deutscher Handwerker und Unternehmer blieb während der gesamten historischen Entwicklung St. Petersburgs erhalten. Zu Beginn des 20. Jahrhunderts gehörte Rußland zu den führenden Industriestaaten in der Welt, und St. Petersburg wurde zu seinem industriellen Zentrum. Das deutsche Kapital spielte eine bedeutende Rolle in der industriellen Entwicklung des Landes. Nach der Oktoberrevolution 1917 wurden die meisten Unternehmen St. Petersburgs nationalisiert, die Mehrheit der Großindustriellen verließ die Stadt. Heutzutage gibt es in St. Petersburg wieder eine ganze Reihe von deutschen Firmen. Das Buch ist den deutschen Unternehmen und Unternehmern in St. Petersburg gewidmet, die zur Entwicklung Rußlands betrugen und damit auch die Geschichte der Stadt und des Landes beeinflußten.

Nadja Wulff

L[arisa] I[vanovna] Moskaljuk: Sociolingvističeskie aspekty rečevogo povedenija rossijskich nemcev v uslovijach bilingvizma [Soziolinguistische Aspekte des Sprachverhaltens der Rußlanddeutschen unter den Bedingungen des Bilingualismus]. Barnaul: izd. BGPU 2000. 166 S. ISBN 5-88210-060-7.

Die Monographie ist dem Thema der linguistischen Kompetenz und des Sprachverhaltens der ethnischen Deutschen im Altaigebiet gewidmet. Zum ersten Mal wurden der Deutsche Nationale Bezirk und der Tabuner Bezirk des Altaigebietes einer systematischen Untersuchung unterzogen. In der demographischen und soziolinguistischen Struktur dieser Bezirke spielt die deutsche nationale Minderheit die dominierende Rolle. Die Verfasserin beschreibt diejenigen Faktoren, die bei den Bilingualen die Sprachwahl in verschiedenen Bereichen der Kommunikation beeinflussen. Die Sprachsituation der Rußlanddeutschen im Altaigebiet spiegelt die typischen Verhältnisse in einer relativ geschlossenen mehrsprachigen Gesellschaft wider. Die eingehende Untersuchung einer Reihe miteinander verbundener soziolinguistischer Aspekte des Sprachverhaltens einer derartigen Gesellschaft und die Ermittlung der Gründe, die im Laufe ihrer Entwicklung zu bestimmten Veränderungen in der Kommunikationsstruktur geführt haben, liefern wichtiges Material für die allgemeine und besonders für die germanistische Sprachwissenschaft.

Nadja Wulff

L[arisa] I[vanovna] Moskaljuk: Sovremennoe sostojanie ostrovnych nemeckich dialektov [Der heutige Zustand der deutschen Inseldialekte]. Barnaul: izd. BGPU 2002. 292 S. ISBN 5-88210-211-1.

In der Monographie werden die Eigenschaften der Struktur und des Funktionierens der deutschen Inseldialekte auf dem derzeitigen Stand ihrer Entwicklung untersucht. Es handelt sich dabei um die Dialekte der Rußlanddeutschen im Altaigebiet. Die Wichtigkeit der Untersuchung des Phänomens der deutschen Dialekte auf dem Territorium der ehemaligen UdSSR ist insofern unbestritten, als viele noch unerforschte Dialekte entweder schon verlorengegangen sind oder sich im Prozeß des Aussterbens infolge der Ausreise der ethnischen Deutschen befinden. Im ersten Kapitel widmet sich die Autorin dem Problem der Mehrsprachigkeit als einem Resultat der geschichtlichen Entwicklung und thematisiert die heutige Sprachsituation in den deutschen Siedlungen in der Kulunda-Steppe (Altai). Das zweite Kapitel stellt eine linguistische Analyse der gemischten hoch- und niederdeutschen Dialekte des Altaigebietes dar. Die Arbeit bietet unter anderem vielfältiges empirisches Material: die Auswertung von linguistischen Fragebögen (schriftlich) und Befragungen (mündlich) zur Feststellung der Sprachkompetenz der Informanten.

Nadja Wulff

Larisa Ivanovna Moskaljuk: Nemeckie dialekty na Altae [Deutsche Dialekte im Altaigebiet]. Sankt-Peterburg: Sankt-Peterburgskij Gosudarstvennyj Universitet 2003. 845 S. Keine ISBN.

Die Habilitationsschrift stellt eine typologische Beschreibung der homogenen Systeme der hochdeutschen und niederdeutschen Inseldialekte sowie einen Versuch der Bestimmung ihrer Funktionsregeln dar. Im Mittelpunkt der Untersuchung stehen die deutschen Inseldialekte, die unter der deutschen Bevölkerung des Altaigebietes verbreitet sind. Zum

Vergleich wurden das Material der Dialekte der Bundesrepublik Deutschland wie auch die Ergebnisse russischer Dialektforscher herangezogen. In Rußland sind immer noch einige geschlossene Sprachregionen erhalten geblieben, in denen die Nachkommen derjenigen Deutschen leben, die in der zweiten Hälfte des 18. Jahrhunderts nach Rußland gekommen waren. Zu diesen Regionen gehören die Siedlungen mit deutschsprachiger Bevölkerung im Deutschen Nationalen Bezirk im Altaigebiet sowie in der Nähe liegende Dörfer der Tabuner, Blagoveščensker, Kulundiner und Burliner Bezirke. In diesen Bezirken dienen die deutschen Dialekte neben der russischen Sprache als Mittel der Kommunikation. Neu ist der in dieser Arbeit unternommene Versuch einer komplexen linguistischen Beschreibung der phonetischen, grammatischen und lexikalischen Systeme einer ganzen Reihe deutscher Dialekte im Altaigebiet sowie die Beschreibung der Regelmäßigkeiten ihrer Entwicklung und ihres Funktionierens in konkreten Kommunikationssituationen.

Nadja Wulff

Rossijskie nemcy. Istoriografija i istočnikovedenie. Nemcy SSSR v gody Velikoj Otečestvennoj Vojny i v pervoe poslevoennoe desjatiletie 1941–1955 gg. Materialy 7-j meždunarodnoj naučnoj konferencii. Moskva, 19–22 oktjabrja 2000 g. [Die Rußlanddeutschen. Historiographie und Quellenkunde. Die Deutschen in der UdSSR während des Zweiten Weltkriegs (‚Großen Vaterländischen Krieges') und im ersten Nachkriegsjahrzehnt 1941–1955. Materialien der 7. internationalen wissenschaftlichen Konferenz in Moskau, 19.–22. Oktober 2000]. Moskva: Gotika 2001. 568 S., dt. u. russ. Vorwort. ISBN 5-7834-0081-5.

Der Sammelband enthält die wissenschaftlichen Beiträge einer Tagung, die von der „Internationalen Assoziation zur Erforschung der Geschichte und Kultur der Rußlanddeutschen" veranstaltet wurde. Die Aufsätze sind einer der tragischsten Epochen in der Geschichte der Rußlanddeutschen gewidmet – der Zeit des Zweiten Weltkriegs und des ersten Nachkriegsjahrzehnts. Zu den wichtigsten historischen Ereignissen dieser Jahre gehören die Deportation der Deutschen aus dem europäischen Teil der Sowjetunion, die Verbringung aller arbeitsfähigen Deutschen in die Arbeitsarmee („Trud-Armee"), die Beteiligung der deutschen Bevölkerung am Kampf gegen die Okkupanten, die Zwangsrepatriierung ehemaliger Sowjetbürger deutscher Herkunft nach dem Ende des Krieges, das Leben der Rußlanddeutschen unter den Bedingungen der Sondersiedlung. Der Sammelband gliedert sich in fünf Abschnitte. Im ersten Abschnitt werden einige allgemeine Probleme des Lebens der deutschen Bevölkerung in der Sowjetunion am Vorabend des Krieges untersucht. Der zweite Abschnitt enthält wissenschaftliche Arbeiten, die den Problemen der Deportation und der Arbeitsarmee gewidmet sind. Der dritte Abschnitt behandelt bislang unbekanntes Material über das Leben der Sowjetdeutschen unter deutscher Besatzung. Der vierte Abschnitt widmet sich der Sondersiedlung. Im letzten Abschnitt werden anhand konkreter soziologisch-demographischer und sprachwissenschaftlicher Daten die irreparablen negativen Folgen für die deutsche Bevölkerung in Rußland untersucht, die sich aus der jahrelangen diskriminierenden Politik des sowjetischen Regimes ergeben haben.

Nadja Wulff

I[rina] L. Ščerbakova (Red.): Nakazannyj narod. Repressii protiv rossijskich nemcev. Po materialam konferencii „Repressii protiv rossijskich nemcev v Sovetskom Sojuze v kontekste sovetskoj nacional'noj politiki", provedennoj Nemeckim kul'turnym centrom im. Gete v Moskve sovmestno s Obščestvom „Memorial“ 18–20 nojabrja 1998 goda [Das bestrafte Volk. Repressionen gegen die Rußlanddeutschen. Nach den Materialien der Konferenz „Repressionen gegen die Rußlanddeutschen in der Sowjetunion im Kontext der sowjetischen nationalen Politik“, veranstaltet vom Deutschen Kulturzentrum (Goethe-Institut) zusammen mit der Gesellschaft „Memorial“ in Moskau, 18.–20. November 1998]. Moskva: Zven'ja 1999. 288 S., dt. Inhaltsverzeichnis u. Zusammenfassungen. ISBN 5-7870-0035-8.

Der Sammelband enthält die Ergebnisse der Forschungsarbeit von russischen und deutschen Historikern. Die Autoren untersuchen die Gründe, Bedingungen und Nachwirkungen der Deportation zu Beginn der 1940er Jahre sowie die Geschichte der Rußlanddeutschen während des Bürgerkrieges und zur Zeit der darauffolgenden Kollektivierung. Drei Aufsätze sind den Repressionen der 1930er Jahre gewidmet; sie machen deutlich, in welcher Weise die Rußlanddeutschen verdächtigt und warum sie 1941 des Vaterlandsverrats bezichtigt wurden. Einen besonderen Wert haben die Angaben, die den persönlichen Akten der beschuldigten deportierten Rußlanddeutschen entnommen wurden: Sie werfen ein Licht auf den allgemeinen Mechanismus der Repressionen – nicht nur auf der Ebene von Direktiven und Erlassen, sondern auch in ihrer Auswirkung auf die einzelnen Menschen und Schicksale. In dem Band ist umfangreiches Faktenmaterial zum Thema „Repressionen gegen Rußlanddeutsche“ bearbeitet; mehrere Fragen werden aufgeworfen, zu deren Beantwortung es noch weiterer Forschung bedarf.

Nadja Wulff

A[leksandr] G[lebovič] Tereščenko, A[leksandr] L[eonidovič] Černenko: Rossijskie nemcy na Juge Rossii i na Kavkaze. Ėnciklopedičeskij spravočnik [Rußlanddeutsche im Süden Rußlands und im Kaukasus. Enzyklopädisches Lexikon]. Rostov-na-Donu: OOO „Rostizdat“ 2000. 384 S. ISBN 5-7509-0404-0.

In diesem Buch zweier Rostower Wissenschaftler werden das Leben und die Tätigkeit der Rußlanddeutschen im Süden Rußlands und im Kaukasus in der Zeit von der zweiten Hälfte des 18. bis zur Mitte des 20. Jahrhunderts behandelt. Der erste Teil des Bandes gilt der Geschichte der Besiedlung der Orte und Bezirke im Süden Rußlands durch Deutsche. Unter anderem werden die bibliographischen Quellen zur Geschichte der Besiedlung der jeweiligen Territorien angegeben. Der zweite Teil stellt die Deutschen in den genannten Regionen als Unternehmer dar und bietet einen alphabetischen Katalog der deutschen Firmen und Fabriken. Der dritte Teil ist ein ausführliches Verzeichnis der Themen und Begriffe, die im Zusammenhang mit der Besiedlung und den kulturellen, sozialen und wirtschaftlichen Aspekten des Lebens der Deutschen im Süden Rußlands stehen. Der letzte Teil ist den Deutschen in den Kaukasuskriegen und den Deutschen als Wissenschaftlern gewidmet und stellt die erste diesbezügliche Untersuchung dar. Das Buch, das über Orts-, Sach- und Personenregister verfügt, ist ein unentbehrliches Nachschlagewerk.

Nadja Wulff

Gerchard [Andreevič] Vol'ter: Zona polnogo pokoja. Rossijskie nemcy v gody vojny i posle nee. Svidetel'stva očevidcev [Die Zone der totalen Ruhe. Die Rußlanddeutschen während und nach dem Krieg. Aussagen von Augenzeugen]. Moskva: LA „Varjag" 1998. 416 S. ISBN 5-87943-045-6.

Das Thema dieser eher publizistischen Untersuchung ist das Schicksal der Rußlanddeutschen während und nach dem Zweiten Weltkrieg: vor allem die schweren Demütigungen, die sie in der UdSSR wegen ihres Status als angebliche „Vaterlandsverräter" erleiden mußten. Das Buch basiert auf zahlreichen Aussagen von Zeitzeugen und auf eigenen Erinnerungen des Autors, dessen Biographie im Vorspann in russischer und deutscher Sprache dargestellt ist. Es werden einzelne Punkte der sowjetischen Maßnahmen gegen die Rußlanddeutschen (Zwangsdeportation, Repatriierung usw.) aufgegriffen und mit Dokumenten aus einzelnen Biographien belegt. Das Thema der letzten zwei Kapitel des Buches sind die Probleme des Überlebens der Rußlanddeutschen als Ethnie unter den neuen Bedingungen in den heutigen GUS-Staaten und in der Bundesrepublik Deutschland.

Nadja Wulff

Berichte und Forschungen 11 (2003), S. 379–385.

Autorenregister zum Jahrbuch des Bundesinstituts für Kultur und Geschichte der Deutschen im östlichen Europa „Berichte und Forschungen“ 1–10 (1993–2002)

Bahlcke, Joachim: Die tschechische Geschichtsschreibung über Schlesien. Von Palacký biszum Zusammenbruch des kommunistischen Systems. In: Jahrbuch 3 (1995), S. 189–213.

Enzyklopädie und Aufklärung im literarischen Deutschland. Zu Leben und Wirken des schlesischen Bibliothekars Johann Samuel Ersch (1766–1828). In: Jahrbuch 5 (1997), S. 81–99.

„Mit den Waffen der Wissenschaft“. Der sudetendeutsche Jurist und Rechtshistoriker Wilhelm Weizsäcker (1886–1961). Biographisch-bibliographische Anmerkungen. In: Jahrbuch 6 (1998), S. 175–210.

Bendel, Rainer: Kirche und Armut in den böhmischen Reformbewegungen des 14. und 15. Jahrhunderts. In: Jahrbuch 5 (1997), S. 171–202.

Beuke, Arnold: Die Australien-Auswanderung altlutherischer Glaubensflüchtlinge aus Ost- Brandenburg und Niederschlesien. In: Jahrbuch 4 (1996), S. 175–189.

Brodersen, Per: Enttäuschte Hoffnungen. Kaliningrader Industriearbeiter und die Neubesiedlung des nördlichen Ostpreußen in der sowjetischen Nachkriegszeit (1945– 1953). In: Jahrbuch 10 (2002), S. 117–143.

Chmiel, Peter: Sprache als Identifikationsfaktor. Soziolinguistische Überlegungen zur Funktion der oberschlesischen Mundart. In: Jahrbuch 5 (1997), S. 157–170.

Conrads, Norbert: Bilder aus der schlesischen Vergangenheit. Der Briefwechsel Colmar Grünhagens mit Gustav Freytag. In: Jahrbuch 4 (1996), S. 7–38.

Von Schlesien nach Amerika. Der Weg des Abgeordneten der Frankfurter Nationalversammlung Gustav Adolf Rösler (1818–1855). In: Jahrbuch 7 (1999), S. 109–138.

Dröge, Kurt: Bibliographie zum volkskundlichen Museumswesen in Pommern bis 1945. In: Jahrbuch 2 (1994), S. 87–99.

Bibliographie zur Trachtenforschung in Pommern. In: Jahrbuch 3 (1995), S. 49–68.

(Red.) Wissenschaftlicher Informationsdienst. Dokumentation aktueller Forschungen zu Kultur und Geschichte Ost- und Westpreußens, Pommerns, Ostbrandenburgs, Schlesiens sowie der Deutschen im östlichen Europa 1995/96. In: Jahrbuch 4 (1996), S. 213–317.

Die volkskundlichen Feldforschungen des Nationalmuseums Stettin/Muzeum Narodowe w Szczecinie in Mittelpommern 1965 bis 1980. Ein Forschungsbericht zur historischen Sachkultur Pommerns. In: Jahrbuch 5 (1997), S. 17–46.

(Red.) Wissenschaftlicher Informationsdienst. Dokumentation aktueller Forschungen zu Kultur und Geschichte Ost- und Westpreußens, Pommerns, Ostbrandenburgs, Schlesiens sowie der Deutschen im östlichen Europa 1997. In: Jahrbuch 5 (1997), S. 247–362.

Dadow/Dziadowo – Kontinuitäten und Brüche in einer Dorfkultur in Pommern. Eine ethnographische Projektskizze. In: Jahrbuch 6 (1998), S. 75–85.

(Red.) Wissenschaftlicher Informationsdienst. Dokumentation aktueller Forschungen zu Kultur und Geschichte Ost- und Westpreußens, Pommerns, Ostbrandenburgs, Schlesiens sowie der Deutschen im östlichen Europa 1998. In: Jahrbuch 6 (1998), S. 259–373.

(Red.) Wissenschaftlicher Informationsdienst. Dokumentation aktueller Forschungen zu Kultur und Geschichte Ost- und Westpreußens, Pommerns, Ostbrandenburgs, Schlesiens sowie der Deutschen im östlichen Europa 1999. In: Jahrbuch 7 (1999), S. 327–457.

(Red.) Wissenschaftlicher Informationsdienst. Dokumentation aktueller Forschungen zu Kultur und Geschichte Ost- und Westpreußens, Pommerns, Ostbrandenburgs, Schlesiens sowie der Deutschen im östlichen Europa 2000. In: Jahrbuch 8 (2000), S. 201–352.

(Red.) Wissenschaftlicher Informationsdienst. Dokumentation aktueller Forschungen zu Kultur und Geschichte Ost- und Westpreußens, Pommerns, Ostbrandenburgs, Schlesiens sowie der Deutschen im östlichen Europa 2001. In: Jahrbuch 9 (2001), S. 285–426.

(Red.) Wissenschaftlicher Informationsdienst. Dokumentation aktueller Forschungen zu Kultur und Geschichte Ost- und Westpreußens, Pommerns, Ostbrandenburgs, Schlesiens sowie der Deutschen im östlichen Europa 2002. In: Jahrbuch 10 (2002), S. 275–418.

Engel-Braunschmidt, Annelore/Susanne Neufeldt: Briefe aus St. Petersburg. Ein schleswig-holsteinischer Lehrling im Geflecht der deutsch-russischen Wirtschaftsbeziehungen. In: Jahrbuch 10 (2002), S. 145–168.

Ennen, Jörg: Ausgaben der Werke historisch-ostdeutscher Autoren des 18. und frühen 19. Jahrhunderts. Eine annotierte bibliographische Übersicht mit Hinweisen auf Editionsdesiderata. In: Jahrbuch 7 (1999), S. 153–246.

Feldmanis, Inesis: Deutschbalten in Lettland während der deutschen Okkupation 1941–1945. Materialien in den Archiven Lettlands im Überblick. In: Jahrbuch 7 (1999), S. 59–62.

Garleff, Michael: Georg von Rauch. 1904–1991. Würdigung und Bibliographie. In: Jahrbuch 1 (1993), S. 123–145.

Deutschbaltische Publizisten: Ewald Ammende – Werner Hasselblatt – Paul Schiemann. In: Jahrbuch 2 (1994), S. 189–229.

[und Konrad Gündisch, Heike Müns, Beate Störtkuhl]: Von Danzig bis Memel. Aspekte einer Kulturlandschaft an der Ostsee. In: Jahrbuch 3 (1995), S. 223–232.

[und Michael Imhof]: Paul Schiemanns Veröffentlichungen in der „Revalschen Zeitung" und „Rigaschen Rundschau". In: Jahrbuch 6 (1998), S. 7–74.

Gernhäuser, Susanne: Frühneuzeitliche Armen- und Gesundheitsfürsorge in Breslau. Quellen zur Sozialgeschichte im Staatsarchiv Breslau/Archiwum Państwowe we Wrocławiu. In: Jahrbuch 4 (1996), S. 71–83.

Gładkiewicz, Ryszard: Forschungen zur Geschichte Schlesiens in Polen. In: Jahrbuch 1 (1993), S. 225–228.

Grunewald, Eckhard: Das Register der Ordensliberei Tapiau aus den Jahren 1541–1543. Eine Quelle zur Frühgeschichte der ehem. Staats- und Universitätsbibliothek Königsberg. In: Jahrbuch 1 (1993), S. 55–91.

Die Hedwig-Bilderzyklen des Mittelalters und der frühen Neuzeit. In: Jahrbuch 3 (1995), S. 69–106.

Der verlorene Hedwigskodex Herzog Ruprechts von Brieg aus dem Jahre 1380. Überlegungen zum Versuch einer Rekonstruktion. In: Jahrbuch 5 (1997), S. 47–54.

Gündisch, Konrad: Urkundenbücher und Regestenwerke zur mittelalterlichen Geschichte Siebenbürgens. In: Jahrbuch 5 (1997), S. 203–217.

Gwiazdowska, Ewa [und Kurt Dröge]: Der Zeichenunterricht an pommerschen Gymnasien im 19. Jahrhundert. In: Jahrbuch 7 (1999), S. 7–58.

Hahn, Hans Henning: (Vorw.) Polen, Deutsche und Juden in Thorn/Toruń. In: Jahrbuch 2 (1994), S. 242.

Hartmann, Idis Birgit: Der Kunsthistoriker Willi Drost (1892–1964). Biographisch- bibliographische Notizen. In: Jahrbuch 3 (1995), S. 177–187.

Die Breslauer Museen 1810–1945. In: Jahrbuch 5 (1997), S. 101–136.

Hauser, Przemysław: Existenzgrundlage und Kulturleben der Deutschen in Wolhynien in den Jahren 1918 bis 1932. In: Jahrbuch 4 (1996), S. 203–211.

Hutter-Wolandt, Ulrich: Die Geschichte des schlesischen Gustav-Adolf-Vereins. In: Jahrbuch 6 (1998), S. 145–163.

Ilkosz, Jerzy: Die Pläne für das Breslauer Krematorium. Ein Gemeinschaftsprojekt von Max Berg und Oskar Kokoschka. In: Jahrbuch 4 (1996), S. 133–173.

Jarzewicz, Jarosław: Expansion der Architektur – Architektur der Machtexpansion. Zu einigen Fragen der Baukunst in der Neumark in der zweiten Hälfte des 13. Jahrhunderts. In: Jahrbuch 6 (1998), S. 87–116.

Joachimsthaler, Jürgen: Die Zukunft der Vergangenheit. Die Auseinandersetzung der polnischen Germanistik mit den deutschen Spuren in Polen. In: Jahrbuch 8 (2000), S. 7–32.

Jürjo, Indrek: Das Archiv des Historischen Museums Estlands. In: Jahrbuch 1 (1993), S. 147–175.

Karge, Marion: (Red.) Wissenschaftlicher Informationsdienst. Dokumentation aktueller Forschungen zu Kultur und Geschichte Ost- und Westpreußens, Pommerns, Ostbrandenburgs, Schlesiens sowie der Deutschen im östlichen Europa 1992. In: Jahrbuch 1 (1993), S. 233–347.

(Red.) Wissenschaftlicher Informationsdienst. Dokumentation aktueller Forschungen zu Kultur und Geschichte Ost- und Westpreußens, Pommerns, Ostbrandenburgs, Schlesiens sowie der Deutschen im östlichen Europa 1993. In: Jahrbuch 2 (1994), S. 299–396.

(Red.) Wissenschaftlicher Informationsdienst. Dokumentation aktueller Forschungen zu Kultur und Geschichte Ost- und Westpreußens, Pommerns, Ostbrandenburgs, Schlesiens sowie der Deutschen im östlichen Europa 1994. In: Jahrbuch 3 (1995), S. 233–348.

Keil, Gundolf: Forschungen zur mittelalterlichen Geschichte Schlesiens – Stand und Aufgaben. Studien des Gerhard-Möbus-Instituts für Schlesienforschung (e.V.) an der Universität Würzburg. In: Jahrbuch 1 (1993), S. 201–223.

Kneip, Matthias: Die politische Rolle der deutschen Sprache in Oberschlesien in den Jahren 1950–1990: In: Jahrbuch 8 (2000), S. 47–64.

Koch, Klaus-Peter: Ziele und Geschichte des Instituts für deutsche Musik im Osten e.V. Bergisch Gladbach. In: Jahrbuch 3 (1995), S. 215–222.

Kostowski, Jakub: Spätgotische Wandmalereien im ehem. Altaristenhaus an der Elisabethkirche in Breslau/Wrocław. In: Jahrbuch 7 (1999), S. 75–82.

Kubiak, Tadeusz: Zur volkskundlichen Dokumentation ländlicher Baukultur in Pommern. Der Hof Köpsell in Gostyń/Groß Justin. In: Jahrbuch 10 (2002), S. 59–97.

Kussek, Sigune: Ein schlesischer Schreibschrank als Dokument der Popularisierung von Druckgraphik in Preußen. In: Jahrbuch 4 (1996), S. 113–131.

Langer, Andrea: Protestantische Kunst im katholisch regierten Schlesien. Die Gnadenkirchen in Hirschberg und Landeshut. In: Jahrbuch 5 (1997), S. 55–80.

Loew, Peter Oliver: „Jibb dem Labs hier oppen Kopp!“ Danziger Dialektliteratur und lokale Identität. Ein Überblick. In: Jahrbuch 10 (2002), S. 99–115.

Michałowski, M. Piotr: Die Sammlung baltischer Kunst im Nationalmuseum Posen. In: Jahrbuch 2 (1994), S. 231–240.

Müns, Heike: Ulrich Tolksdorf. 1938–1992. Würdigung und Auswahlbibliographie. In: Jahrbuch 1 (1993), S. 113–121.

Neue handschriftliche Musikaufzeichnungen der Deutschen in Ungarn. In: Jahrbuch 5 (1997), S. 219–245.

Nowak, Zenon Hubert: Zwischen Assimilation und Identität. Zur Geschichte der jüdischen Gemeinde in Thorn vom Ende des 18. Jahrhunderts bis 1939. In: Jahrbuch 2 (1994), S. 285–298.

Päsler, Ralf G.: Zur Herkunft von Handschriften und alten Drucken der ehemaligen Staats- und Universitätsbibliothek Königsberg. Ernst Kuhnerts Provenienzregister. In: Jahrbuch 3 (1995), S. 39–48.

Zu den mittelalterlichen Handschriften der Gottholdschen Bibliothek. Ein Beitrag zur Rekonstruktion des Handschriftenbestands der ehem. Staats- und Universitätsbibliothek Königsberg. In: Jahrbuch 5 (1997), S. 7–15.

Peters, Jelko: Zum Begriff ‚Deutschordensdichtung‘. Geschichte und Kritik. In: Jahrbuch 3 (1995), S. 7–38.

Herzog Albrecht III. von Österreich und der Schlackenwerther Codex. Untersuchungen zur lateinischen Vorlage der ersten deutschen Übersetzung der Hedwigslegende. In: Jahrbuch 7 (1999), S. 63–73.

Pfeiler-Breitenmoser, Heike: Tapiau/Gwardeisk, ein Jugendarbeitslager im Gebiet Königsberg/Kaliningrad 1946. In: Jahrbuch 8 (2000), S. 65–78.

Pijola, Sarmite: Deutschbaltische Archivalien im Historischen Staatsarchiv Lettlands. In: Jahrbuch 1 (1993), S. 177–185.

Plate, Ralf: Zum Verbleib mittelalterlicher deutscher Handschriften der ehemaligen Königsberger Bibliotheken. Mit einem vorläufigen Verzeichnis der Handschriften in der Universitätsbibliothek Thorn. In: Jahrbuch 1 (1993), S. 93–111.

Rabe, Carsten: Der Weg zur ersten schlesischen Hochschule. Zur Vorgeschichte der Breslauer Jesuitenuniversität. In: Jahrbuch 4 (1996), S. 85–112.

Rózsa, Maria: Deutschsprachige Presse in Ungarn 1850–1920. 1. Teil: Zeitschriften und Fachblätter. In: Jahrbuch 9 (2001), S. 7–198.

Ruchniewicz, Krzysztof: Die Problematik der Aussiedlung der Deutschen aus polnischer und deutscher Sicht in Vergangenheit und Gegenwart. In: Jahrbuch 10 (2002), S. 7–26.

Störtkuhl, Beate: Die Pläne zur Breslauer „Ausstellung für Handwerk und Kunstgewerbe" von 1904 im Bauarchiv der Stadt Breslau/Archiwum Budowlane Miasta Wrocławia. In: Jahrbuch 2 (1994), S. 59–85.

Die Wohn- und Werkraumausstellung „WuWA" in Breslau 1929. In: Jahrbuch 3 (1995), S. 107–176.

Die Schrägluftbildsammlung im Bildarchiv des Marburger Herder-Instituts als architekturhistorische Quelle. In: Jahrbuch 5 (1997), S. 137–156.

Verfemte Moderne – vergessene Moderne: Die Breslauer Siedlung Pilsnitz 1930– 1939. In: Jahrbuch 7 (1999), S. 139–152.

Stüben, Jens: Auswahlbibliographie zum Polenbild in der deutschen Literatur. In: Jahrbuch 2 (1994), S. 123–188.

(Red.) Annotationen. Neuerscheinungen aus Ostmitteleuropa. In: Jahrbuch 6 (1998), S. 211–257.

(Red.) Annotationen. Neuerscheinungen aus Ostmitteleuropa. In: Jahrbuch 7 (1999), S. 247–325.

(Red.) Annotationen. Neuerscheinungen aus Ostmitteleuropa. In: Jahrbuch 8 (2000), S. 109–199.

(Red.) Annotationen. Neuerscheinungen aus Ostmitteleuropa. In: Jahrbuch 9 (2001), S. 199–283.

(Red). Annotationen. Neuerscheinungen aus Ostmitteleuropa. In Jahrbuch 10 (2002), S. 169–273.

Sziling, Jan: Polen und Deutsche in Thorn in der Zeit des Nationalsozialismus (1939–1945). In: Jahrbuch 2 (1994), S. 273–283.

Szukała, Maciej: Stettiner Archivare und die „deutsche Ostforschung". Die Korrespondenz zwischen Adalbert Brackmann und Adolf Diestelkamp in den Jahren 1935 bis 1941. In: Jahrbuch 10 (2002), S. 27–58.

Torbus, Tomasz: Die Burgen des Deutschen Ordens in Preußen. Ausgewählte Fragen der Kunstgeschichtsschreibung. In: Jahrbuch 2 (1994), S. 101–122.

Torge, Reimund: Der Physiker Otto Lummer in Breslau. Kulturelle und politische Aktivitäten von 1918 bis 1920. In: Jahrbuch 6 (1998), S. 165–174.

Unterstell, Rembert: Lokalgeschichte zwischen Heimathistorie und Politik. Der pommersche Geschichtsschreiber und historische Publizist Erich Gülzow (1888– 1954). In: Jahrbuch 4 (1996), S. 191–202.

Wajda, Kazimierz: Kooperation – Koexistenz – Konfrontation. Deutsche und Polen in Thorn 1871–1914. In: Jahrbuch 2 (1994), S. 243–256.

Weber, Matthias: Bauernkrieg und sozialer Widerstand in den östlichen Reichsterritorien bis zum Beginn des 30jährigen Krieges. 1. Teil: Überblick über die Historiographie. In: Jahrbuch 1 (1993), S. 11–53.

Schlesien in der gegenwärtigen historischen Forschung – Stand und Perspektiven. Bericht über die Fachtagung des Bundesinstituts für ostdeutsche Kultur und Geschichte am 21. und 22. Oktober 1991 in Oldenburg. In: Jahrbuch 1 (1993), S. 187–199.

Bauernkrieg und sozialer Widerstand in den östlichen Reichsterritorien bis zum Beginn des 30jährigen Krieges. 2. Teil: Die historischen Ereignisse. In: Jahrbuch 2 (1994), S. 7–57.

Quellen zur ländlichen Geschichte Schlesiens in der Frühen Neuzeit. 1. Grundherrschaft und Gutsherrschaft in der Historiographie bis 1945. In: Jahrbuch 6 (1998), S. 117–143.

Quellen zur ländlichen Geschichte Schlesiens in der Frühen Neuzeit. 2. Gerichtswesen (Erster Teil). In: Jahrbuch 7 (1999), S. 83–108.

Quellen zur ländlichen Geschichte Schlesiens in der Frühen Neuzeit. 2. Gerichtswesen (Zweiter Teil): Die „Zaude"; Gerichtsprotokolle. In: Jahrbuch 8 (2000), S. 33–45.

Werner, Klaus: Die galizische Vertikale. Soma Morgenstern im Kontext eines spezifischen Kapitels deutsch-jüdischer Literaturgeschichte. In: Jahrbuch 8 (2000), S. 79–108.

Wojciechowski, Mieczysław: Polen und Deutsche in Thorn in den Jahren 1914–1939. In: Jahrbuch 2 (1994), S. 257–272.

Wünsch, Thomas: Zur Geschichte des Bistums Breslau im Spätmittelalter. Forschungsüberblick und Forschungsperspektiven. In: Jahrbuch 4 (1996), S. 39–69.

Zernack, Klaus: Möglichkeiten und Perspektiven der Arbeit an der Geschichte Ostdeutschlands. In: Jahrbuch 1 (1993), S. 229–231.

Berichte und Forschungen 11 (2003), S. 387–389.

Mitarbeiterinnen und Mitarbeiter

Per Brodersen, Winsstr. 16, 10405 Berlin.

Iryna Cvirkun, Naukova biblioteka, L'vivskoho nacionalnoho universytetu imeni Ivana Franka, vul. Drahomanova 17, 79005 L'viv, Ukraine.

Dr. Victor Dönninghaus, Schlippehof 6, 79110 Freiburg.

Dr. Kurt Dröge, Bundesinstitut für Kultur und Geschichte der Deutschen im östlichen Europa, Johann-Justus-Weg 147 a, 26127 Oldenburg.

Beate Dudek, Roggenweg 9, 28816 Stuhr.

Dr. Izabella Golec, Uniwersytet Marii Curie-Skłodowskiej, Zakład Filologii Germańskiej, pl. Marii Curie-Skłodowskiej 4, 20-031 Lublin, Polen.

Prof. Dr. Eike Gringmuth-Dallmer, Museum für Vor- und Frühgeschichte – Staatliche Museen zu Berlin, Preußischer Kulturbesitz, Schloß Charlottenburg, 14059 Berlin.

Dr. Ewa Gwiazdowska, Muzeum Narodowe w Szczecinie, ul. Staromłyńska 27, 70-561 Szczecin, Polen.

Dorothee Herbert, Frongasse 24, 53121 Bonn.

Prof. Dr. Dragutin Horvat, Sveučilište u Zagrebu, Filozofski fakultet, Odsjek za germanistiku, Ivana Lučića 3, 10000 Zagreb, Kroatien.

Krisztina Kaltenecker, Eötvös Loránd Tudományegyetem, Germanistisches Institut, Ajtósi Dürer sor 19-21, 1146 Budapest, Ungarn.

Prof. Dr. Lech Kolago, Uniwersytet Warszawski, Instytut Germanistyki, ul. Browarna 8-10, 00-311 Warszawa, Polen.

Beata Kołodziejczyk, Eichenstr. 107, 26131 Oldenburg.

Dr. Marta Kopij, Uniwersytet Wrocławski, Instytut Filologii Germańskiej, pl. Nankiera 15, 50-140 Wrocław, Polen.

Dr. Irma Kozina, Uniwersytet Śląski, Zakład Historii Sztuki, ul. Bankowa 11, 40-007 Katowice, Polen.

Alina Kuzborska, M. A., Uniwersytet Warmińsko-Mazurski, Katedra Filologii Germańskiej, ul. Ks. Feliksa Szrajbera 11, 10-007 Olsztyn, Polen.

Doz. PhDr. Miroslava Kyselá, Výškovická 156, 70030 Ostrava 3, Tschechien.

Dr. Karen Lambrecht, Am Breter 19, 74653 Ingelfingen.

Andris Levans, Liepu iela 9 dz. 22, 3118 Lapmezciems, Lettland.

PhDr. Václav Maidl, Svornosti 33, 15000 Praha 5, Tschechien.

Dr. Stelian Mândruţ, Institutul de Istorie, Str. Napoca 11, 3400 Cluj, Rumänien.

Kurt Markel, Mohlstr. 11, 72074 Tübingen.

Ralf Meindl, Haslacher Str. 85, 79115 Freiburg.

Dr. Adam Organisty, Uniwersytet Jagielloński, Instytut Historii Sztuki, ul. Grodzka 53, 31-001 Kraków, Polen.

Prof. Dr. Mirosław Ossowski, Uniwersytet Gdański, Instytut Filologii Germańskiej, ul. Wita Stwosza 55, 80-952 Gdańsk, Polen.

Agnieszka Palej, Uniwersytet Jagielloński, Instytut Filologii Germańskiej, al. Mickiewicza 9–11, 31-320 Kraków, Polen.

Dr. Rimvydas Petrauskas, Vilniaus Universitetas, Istorijos fakultetas, Universiteto 7, 2734 Vilnius, Litauen.

Sebastian Plüer, Roncallistr. 18, 53123 Bonn.

Dr. Maria Rózsa, Országos Széchényi Könyvtár (Széchényi-Nationalbibliothek), Budavári Palota F épület, 1827 Budapest, Ungarn.

Dr. Krzysztof Ruchniewicz, Centrum Studiów Niemieckich i Europejskich im. Willy Brandta na Uniwersytecie Wrocławskim, ul. Straznicza 1–3, 50-206 Wrocław, Polen.

Dr. Małgorzata Ruchniewicz, Uniwersytet Wrocławski, Instytut Historyczny, Zakład historii gospodarczej, ul. Szewska 49, 50-139 Wrocław, Polen.

Dr. Elke Schlenkrich, Kleiner Ahornweg 6, 04828 Bennewitz.

Katinka Seemann, Sonnenstr. 13, 26123 Oldenburg.

Prof. Dr. Helēna Šimkuva, Nīcgales iela 20-53, 1035 Rīga, Lettland.

Dr. Norbert Spannenberger, Industriestr. 49, 04229 Leipzig.

Dr. Izabela Surynt, Uniwersytet Opolski, Instytut Filologii Germańskiej, ul. Oleska 48, 45-052 Opole, Polen.

Dr. Maciej Szukała, Archiwum Państwowe w Szczecinie, ul. Św. Wojciecha 13, 70-410 Szczecin, Polen.

Kersti Taal, Tartu Ülikooli Raamatukogu (Universitätsbibliothek), Struve 1, 51003 Tartu, Estland.

Lea Teedema, Deutsches Kulturinstitut Tartu, Kastani 1, 50409 Tartu, Estland.

Annemarie Weber, M. A., Donauschwabenstr. 18, 33609 Bielefeld.

Dr. Maria Wojtczak, Uniwersytet im. Adama Mickiewicza, Instytut Filologii Germańskiej, al. Niepodległości 4, 61-874 Poznań, Polen.

Dr. Nadja Wulff, Ėntuziastov 40-II-276, 195279 Sankt-Peterburg, Rußland.

Univ.-Doz. Dr. Mira Miladinovič Zalaznik, Filozofska fakulteta, Germanistika, Askerčeva 2, 1000 Ljubljana, Slowenien.

Dr. Piotr Zariczny, Uniwersytet im. Mikołaja Kopernika, Katedra Filologii Germańskiej, Fosa Staromiejska 3, 87-100 Toruń, Polen.

Dr. Paweł Zimniak, Uniwersytet Zielonogórski, Instytut Filologii Germańskiej, al. Wojska Polskiego 71 A, 65-762 Zielona Góra, Polen.

Edina Zvara, Dipl.-Bibl., József-Attila-Universität, Universitätsbibliothek, Egyetem u. 2, 6722 Szeged, Ungarn.

Maria Zwierz, Archiwum Budowlane Miasta Wrocławia, ul. Cieszyńskiego 9, 50-136 Wrocław, Polen.